財産法の新動向

謹しんで
平井一雄 先生に捧げます

一　同

##　はしがき

　平井一雄先生は，2012年3月21日めでたく喜寿をお迎えになられました。

　先生は，1935年3月に東京でお生まれになり，小学校ではなく，国民学校に入学，卒業という時代の中で勉学を始められました。しかも，その後の学制改革のため，いわゆる新制一期生でもあったそうです。その後，1958年に中央大学法学部を卒業後，同年同大学大学院法学研究科に入学され，中島弘道先生，吉田久先生の御指導を受けられました。

　1966年獨協大学に奉職され，約40年近く，同大学において，教育に携わられ，民法を中心としつつ，特に担保法の分野において秀れた御研究を重ねてこられました。さらに，2004年法科大学院制度の開始とともに，中京大学大学院法務研究科教授に就任され，多くの院生を合格に導かれました。2009年に同大学院を退職されましたが，1999年には弁護士登録をされ，2010年まで実務家としても活躍されました。

　先生は，単に大学内外において御貢献されたのみでなく，永年にわたって，日本の法学界に寄与された功績は多大なものであったと存じます。

　先生の御研究は，2000年に出版されました『民法拾遺第1巻，第2巻』（信山社）に所収されておりますが，前述のように，担保法関連に関心がおありで，また1995年の「非典型担保論史（譲渡担保論史――明治初期から昭和20年まで――）」にみられますように，歴史的側面からも問題をとらえていくという研究姿勢をお持ちであると推察します。

　また，先生が中心となられて，学者と実務家との共同研究の場である「民法判例研究会」を長きにわたって開催され，その研究会において，直接，間接に先生の御教示にあずかった者も少なくありません。

　そこで，このたび，われわれは，日頃，敬愛する先生の学恩に報いるべく，喜寿をお祝いし，記念論文集を刊行，献呈しようと企画いたしました。幸いにして，先生にゆかりの深い多数の方々の御賛同を賜わり，優れた御論稿をお寄せいただき，ここに『財産法の新動向』を出版することができました。御執筆いただいた諸先生に対して，厚く御礼を申し上げる次第です。

　先生には，ささやかではありますが，心からこの論文集を献呈いたしたく存

はしがき

じます。

　本論文集は寄稿頂きました論題を大きく3つにわけ，Ⅰ「担保法関連」，Ⅱ「債権法関連」，Ⅲ「民法総則・民事執行法・商法関連」の順に配列しております。

　先生におかれましては，ますます御健康に留意されまして，法学界の発展のために御尽力下さいますとともに，今後も，御懇切な御指導を賜りますようお願いいたす次第です。

　本書刊行にあたっては，信山社，および同社の袖山貴社長ならびに稲葉文子氏に多大の御助力を得ました。心から御礼申し上げます。

　2012年3月31日

編集代表

清水　　元

橋本　恭宏

山田　創一

目　次

はしがき

I

1　担保法における消費者保護
　　――米国統一商事法典第9編に関する消費者保護を中心に――
　　………………………………………………………………〔執行秀幸〕… *3*

　　1　は じ め に（*3*）
　　2　第9編の全体像と消費者保護規定（*6*）
　　3　第9編等の消費者保護の基礎（*20*）
　　4　第9編等の消費者保護規定（*27*）
　　5　結　　語（*35*）

2　抵当権に基づく物権的請求権による抵当権者の
　　原状回復請求について
　　――近時の裁判例を素材として――　………………〔小杉茂雄〕…*41*

　　1　問題の所在（*41*）
　　2　抵当権の各種侵害に対応する物権的請求権（*43*）
　　3　物権的請求権の一態様としての原状回復請求（返還請求）（*46*）
　　4　抵当目的物の修理，修補請求としての原状回復請求（*52*）
　　5　結　　び（*61*）

3　抵当権者の不動産明渡請求
　　――最大判平11年11月24日と最判平17年3月10日を素材に――
　　………………………………………………………………〔松井宏興〕…*65*

　　1　は じ め に（*65*）
　　2　平成3年最高裁判決とその後の執行実務の対応・民事執行法
　　　の一部改正（*66*）
　　3　平成11年最高裁大法廷判決と平成17年最高裁判決の検討（*70*）
　　4　結びに代えて（*80*）

目　次

4 抵当不動産の不法占有に関する不法行為 ………〔渡邉知行〕…*81*

  1　問題の所在 (*81*)
  2　判例の動向 (*83*)
  3　不法行為の成立要件の検討 (*90*)
  4　まとめ (*95*)

5 時効による抵当権の消滅について ……………〔古積健三郎〕…*97*

  1　はじめに (*97*)
  2　判例・学説の検討 (*100*)
  3　民法 396 条・397 条の沿革 (*120*)
  4　民法 396 条・397 条についての一解釈論 (*131*)
  5　むすび (*138*)

6 担保不動産収益執行開始決定後の賃料債権と
  保証金返還請求権との相殺 …………………〔清原泰司〕…*141*

  1　はじめに (*141*)
  2　最高裁平成 21 年 7 月 3 日判決 (*143*)
  3　検　討 (*148*)
  4　結　語 (*161*)

7 集合動産譲渡担保に基づく物上代位の効力に
  関する覚書……………………………………〔池田雅則〕…*163*

  1　はじめに (*163*)
  2　譲渡担保に基づく物上代位の承認 (*164*)
  3　集合動産譲渡担保に基づく物上代位 (*174*)
  4　むすびに代えて (*188*)

8 集合動産譲渡担保権に基づく保険金請求権への
  物上代位……………………………………〔藤村和夫〕…*191*

  1　はじめに (*191*)
  2　抵当目的物の滅失，毀損と物上代位の対象 (*191*)
  3　譲渡担保に基づく物上代位 (*194*)
  4　集合動産譲渡担保権に基づく保険金請求権への物上代位 (*196*)
  5　おわりに (*207*)

9 動産譲渡担保権の円滑な実行に関する一試論
――担保目的物の自力引揚げ，第三者等占有スキーム，動産競売の活用可能性――　………………………〔山口　明〕…209

1　動産譲渡担保権の実行方法（209）
2　担保目的物の自力引揚げ（211）
3　第三者等占有型スキーム（215）
4　動 産 競 売（222）
5　ま と め（233）

10 所有権留保の対抗要件に関する一考察…………〔田髙寛貴〕…235

1　は じ め に（235）
2　所有権留保の意義と倒産法上の地位（238）
3　対抗要件具備の必要性とその方法（239）
4　三者間での所有権留保の場合（242）
5　結　語（251）

11 所有権留保に基づく物上代位の可否　〔小山泰史〕…253

1　問題の所在（253）
2　個別動産の譲渡担保に基づく売却代金債権への物上代位と所有権留保（255）
3　譲渡担保の判例法理（「弁済期到来時」ルール）と所有権留保（258）
4　所有権留保に基づく物上代位と目的債権の種別（263）
5　結語――残された課題（270）

12 留置権の実行 ……………………………………〔清水　元〕…273

1　は じ め に（273）
2　留置権実行の実体法的基礎（274）
3　民事執行法195条による留置権実行（277）
4　む す び（281）

目　次

13　連帯保証債務の別個債務性（独立性）と附従性の関係
　　──主たる債務の時効完成の場合を例として──………〔今西康人〕…283

　　1　はじめに（283）
　　2　保証人による債務の弁済及び求償の可否（285）
　　3　保証人による主債務の時効利益の放棄及び保証人の債務の性質（297）
　　4　結びに代えて（301）

**14　担保権信託とパラレル・デットによる担保権
　　設定の代替補完性** ……………………………………〔長谷川貞之〕…303

　　1　問題の所在（303）
　　2　担保権信託による担保権の一元的管理（306）
　　3　パラレル・デットによる担保権設定と連帯債権関係（318）
　　4　パラレル・デット方式の代替補完性（324）
　　5　結　び（326）

Ⅱ

15　消費者契約法の改正課題 ……………………………〔後藤巻則〕…331

　　1　はじめに（331）
　　2　消費者・事業者間の一般的な格差をふまえたルール
　　　の見直し（333）
　　3　特定の消費者につけ込む不当な勧誘に対する新たな
　　　ルールの必要性（349）
　　4　紛争解決過程における消費者・事業者間の格差をふ
　　　まえた対応（352）
　　5　むすびに代えて（354）

16　債権譲渡における画一性と相対性 ………………〔小野秀誠〕…355

　　1　はじめに（355）
　　2　債務者対抗要件と第三者対抗要件の連動（357）
　　3　連動しない場合（361）
　　4　むすび（368）

17 併存的債務引受における引受人の抗弁権
　　——債務者型契約を中心として——……………〔濱﨑智江〕…373

　　1　問題の所在 (*373*)
　　2　ドイツ法における併存的債務引受について (*375*)
　　3　併存的債務引受における引受人の抗弁権 (*377*)
　　4　結　語 (*388*)

18 営業譲渡・債権譲渡に伴う債務承継に関する一考察
　　——貸金業者の企業再編と過払金返還債務の承継問題を
　　　素材として——………………………………〔遠藤研一郎〕…395

　　1　問題の所在 (*395*)
　　2　下級審判決の動向とその分析 (*397*)
　　3　最高裁判決とその分析 (*405*)
　　4　若干の考察 (*410*)
　　5　おわりにかえて (*414*)

19 要求払預金の拘束 ……………………………〔宮根宏一〕…415

　　1　はじめに (*415*)
　　2　要求払預金の拘束に関する利益状況等 (*416*)
　　3　要求払預金の拘束についての裁判例及び学説 (*422*)
　　4　私　見 (*429*)
　　5　まとめ (*434*)

20 自動継続定期預金と消滅時効 ………………〔柴崎　暁〕…437

　　1　問題の所在と近時の注目すべき事例 (*437*)
　　2　自動継続定期預金と消滅時効 (*440*)
　　3　おわりに (*444*)

21 誤振込みと相殺 ………………………………〔石垣茂光〕…445

　　1　問題の所在 (*445*)
　　2　多様な理論構成 (*446*)
　　3　結びに代えて (*456*)

目　次

22　不動産担保融資取引に関わる金融機関の説明義務
　……………………………………………〔草野　類〕…459
　　1　はじめに (459)
　　2　最高裁判決 (462)
　　3　検　討 (467)
　　4　むすびに代えて (477)

23　寄付について ……………………………〔小島奈津子〕…479
　　1　問題提起 (479)
　　2　日本法の特色 (481)
　　3　贈与の目的と贈与の解消 (487)
　　4　まとめ (499)

24　賃貸借関係の存続の期間的保障
　〔紹介：マルティン・ホイブライン（Martin Häublein）著
　Die zeitliche Sicherung des Bestandes des Mietverhältnisses〕
　………………………………………………〔藤井俊二〕…503
　　1　はじめに (503)
　　2　当事者間の諸利益と賃貸借法における存続保護に関する
　　　法的構成 (504)
　　3　住居賃借人保護のための社会的賃貸借法による賃貸借関
　　　係の存続保護 (505)
　　4　賃貸人の利益における存続保護 (511)
　　5　紹介を終えて (518)

**25　賃貸不動産の心理的瑕疵をめぐる自死遺族への
　　　不当請求について** …………………………〔山田創一〕…519
　　1　はじめに (519)
　　2　素材となる判例 (521)
　　3　自死による賃借人の債務不履行責任 (534)
　　4　損害賠償の範囲 (540)
　　5　連帯保証人の遺族に対する請求 (541)
　　6　終わりに (543)

26 入居一時金の法的性質
——利用権方式の有料老人ホームを中心として—— ……〔太矢一彦〕…545

1 はじめに（545）
2 有料老人ホームにおける入居一時金の現況（547）
3 入居一時金に関する裁判例（552）
4 入居一時金に関する学説（557）
5 検　　討（559）
6 今後の課題（570）

───── III ─────

27 権利能力なき社団とその財産関係
——宗教法人下の壇信徒会の債権を手がかりとして——
　　　　　　　　　　　　　　　　………………〔橋本恭宏〕…575

1 はじめに（575）
2 権利能力なき社団論（576）
3 銀行預金等の帰属者の認定について（595）
4 おわりに（599）

28 民法（債権関係）改正における「代理権濫用」の明文化の検討の覚書……………〔平山也寸志〕…601

1 はじめに（601）
2 民法改正研究会の改正試案及び民法（債権法）改正検討委員会編「債権法改正の基本方針」の概観（603）
3 法務省法制審議会民法（債権関係）部会の改正作業の概観（611）
4 学説等（625）
5 若干の検討（632）
6 おわりに（635）

xvii

29 旧民法における時効の援用権者
　　――考察への展望――……………………………〔草野元己〕…637

　　1 はじめに (637)
　　2 旧民法の時効の性質 (645)
　　3 旧民法の時効援用規定 (648)
　　4 考察への展望 (653)
　　5 本稿の結び (668)

30 過払金返還請求における消滅時効をめぐる若干の問題――近時の裁判例を素材として――………〔石松　勉〕…673

　　1 はじめに (673)
　　2 債務の承認による消滅時効の中断に関する裁判例 (675)
　　3 消滅時効の援用と信義則に関する裁判例 (682)
　　4 今後の展望 (693)
　　5 結びに代えて (695)

31 要件事実(論)の所属法域は，民法その他の民事実体法である……………………………〔並木　茂〕…697

　　1 要件事実（論）の所属法域についての二つの考え方 (697)
　　2 司研説の個々の要件事実についての考え方とそれに対する個別的な疑問点 (698)
　　3 司研説が要件事実を民法以外の法に所属するとする理由 (715)
　　4 要件事実（論）の所属法域についての私見 (717)

32 フランス法における強制退去(明渡し)執行不能と救済
　　――コンセイユ・デタ 1923 年クイテアス判決について――
　　………………………………………………〔小柳春一郎〕…721

　　1 はじめに (721)
　　2 1908 年占有訴訟判決 (725)
　　3 1923 年コンセイユ・デタ判決 (732)
　　4 おわりに (737)

33 株主会員制ゴルフ会員権に対する強制執行 …〔安斉 勉〕…741

　　1　ゴルフ会員権の種類と執行適格（741）
　　2　会員権に対する強制執行（742）
　　3　会員権の差押手続（743）
　　4　差押手続における株券の取扱い（744）
　　5　株券の占有がない場合の手続進行の可否（745）
　　6　株券の占有がない場合の差押えの効力（746）
　　7　差押手続における株券引渡執行の意義（748）
　　8　民事執行148条の適用範囲（749）
　　9　民事執行法165条の配当等を受けるべき債権者（751）
　　10　占有取得ができない場合の差押命令の効力（753）

34 取締役会決議がないままなされた取締役の違法行為の効果と監査役の対応 …………………〔石山卓磨〕…757

　　1　はじめに（757）
　　2　代表取締役の専断的行為に対する第三者からの無効の主張の可否に関する近時の最高裁判例（759）
　　3　競業避止義務に違反する取引の効果（763）
　　4　利益相反取引規制違反の行為の効果（763）
　　5　利益相反取引における第三者からの無効主張に関する判例（765）
　　6　むすび（769）

平井一雄先生略歴・主要業績（巻末）

執筆者紹介

● 執筆者紹介 ●
(掲載順)

執行秀幸（Hideyuki SHIGYO）
1948年生。1976年早稲田大学大学院法学研究科博士課程単位取得退学。現在，中央大学大学院法務研究科教授
〈主要著作〉『ケースブック要件事実・事実認定〔第2版〕』〔共著〕（有斐閣，2005年），「要件事実論と消費者契約法」『要件事実論と民法学との対話』（商事法務，2005年），「不動産工事の先取特権──アメリカ合衆国における統一建設リーエン法の検討」『担保制度の現代的展開』（日本評論社，2006年），「第三者与信型消費者信用取引における提携契約関係の法的意義」ジュリスト878号879号（1987年）

小杉茂雄（Shigeo KOSUGI）
1947年生。1975年大阪大学大学院法学研究科修士課程終了（法学博士），現在，大阪学院大学大学院法務研究科教授，大阪大学名誉教授，弁護士
〈主要著作〉田中整爾編『物権法（第2版）』〔分担執筆〕（法律文化社，1998年），柚木馨＝高木多喜男『新版 註釈民法(9)物権(4)』〔共著〕（有斐閣，1998年），奥田昌道＝安永正明＝池田真朗編『判例講義 民法Ⅱ債権（補訂版）』〔分担執筆〕（悠々社，2010年），平井一雄＝清水元編『基本講座民法1（総則・物権）』〔分担執筆〕（信山社，2011年）

松井宏興（Hirooki MATSUI）
1947年生。1976年大阪市立大学大学院法学研究科博士課程単位取得満期退学。現在，関西学院大学大学院司法研究科教授
〈主要著作〉『抵当制度の基礎理論』（法律文化社，1997年），『民法の世界2 物権法』〔編著〕（信山社，2002年），『プリメール民法2 物権・担保物権法〔第3版〕』〔共著〕（法律文化社，2005年），『導入対話による民法講義（物権法）〔第2版〕』〔共著〕（不磨書房，2005年），『導入対話による民法講義（総則）〔第4版〕』〔共著〕（不磨書房，2007年），『担保物権法〔補訂第2版〕』（成文堂，2011年）

渡邉知行（Tomomichi WATANABE）
1964年生。1993年名古屋大学大学院法学研究科博士後期課程単位取得退学。現在，成蹊大大学院法務研究科教授
〈主要著作〉「アスベスト被害救済と因果関係の認定」『損害賠償法の軌跡と展望』（日本評論社，2008年），「薬害イレッサ訴訟における製薬会社及び国の責任について」成蹊法学74号（2011年），「被害救済法」『環境法大系』（商事法務，2012年）

古積健三郎（Kenzaburo KOZUMI）
1965年生。1993年京都大学大学院法学研究科博士後期課程民刑事法専攻単位取得退学。現在，中央大学大学院法務研究科教授
〈主要著作〉「換価権としての抵当権──占有および収益の権利に対する関係──(1)～(5・完)」中央ロー・ジャーナル6巻1号・2号・3号・4号，7巻1号（2009～2010年），『物権・担保物権法〔第2版〕』〔共著〕（弘文堂，2008年），「保証人の事前求償権の法的性質」法学新報113巻7＝8号（2007年），『ハイブリッド民法3 債権総論』〔共著〕（法律文化社，2006年）

執筆者紹介

清原泰司（Yasushi KIYOHARA）
　1950年生。1977年大阪大学大学院法学研究科博士前期課程修了，博士（法学）。現在，南山大学大学院法務研究科教授
　〈主要著作〉『物上代位の法理』（民事法研究会，1997年），『土地家屋調査士の業務と制度（第2版）』〔共著〕（三省堂，2010年），「動産売買先取特権の物上代位論――相殺との優劣を通して――」南山法学32巻3・4号（2008年），「保険金請求権に対する質権と抵当権に基づく物上代位権の優劣」南山法学35巻1号（2011年）

池田雅則（Masanori IKEDA）
　1964年生。1994年北海道大学大学院法学研究科博士後期課程民事法専攻単位修得退学，博士（法学）。現在，筑波大学ビジネスサイエンス系教授（大学院ビジネス科学研究科担当）
　〈主要著作〉「集合財産担保に関する基礎的考察――日独諸制度の横断的比較――(1)～(8・完)」北大法学論集45巻4号・5号，46巻1号・4号・5号・6号，47巻1号・2号（1994-1996）ほか

藤村和夫（Kazuo FUJIMURA）
　1951年生。1984年早稲田大学大学院法学研究科博士課程満期退学，博士（法学）。現在，筑波大学ビジネスサイエンス系教授（大学院ビジネス科学研究科担当）
　〈主要著作〉『交通事故賠償理論の新展開』（日本評論社，1998年），『契約法講義』（成文堂，2002年），『民法を学ぼう』（法学書院，2008年），「連邦イミシオン防止法」〔翻訳〕，「季刊環境研究108号」（1998年）

山口　明（Akira YAMAGUCHI）
　1977年生。2004年早稲田大学大学院法学研究科修士課程修了。現在，弁護士（野田総合法律事務所）
　〈主要著作〉『ABLの法律実務――実務対応のガイドブック――』（日本評論社，2011年）

田髙寛貴（Hirotaka TADAKA）
　1969年生。1996年名古屋大学大学院法学研究科博士課程（後期課程）単位取得満了退学，博士（法学）。現在，名古屋大学大学院法学研究科教授
　〈主要著作〉『担保法体系の新たな展開――譲渡担保を中心として』（勁草書房，1996年），『クロススタディー物権法』（日本評論社，2008年），『民法3 担保物権（第2版）』〔共著〕（有斐閣，2005年），『コンビネーションで考える民法』〔共著〕（商事法務，2008年）

小山泰史（Yasushi KOYAMA）
　1966年生。神戸大学大学院法学研究科博士課程単位取得退学，法学博士。現在，立命館大学法学部教授
　〈主要著作〉『流動財産担保論』（成文堂，2009年），「流動動産譲渡担保における『弁済期到来時』の持つ意味」みんけん（民事研修）637号（2010年），「英米不当利得法における『不当性要素』（unjust factor）の意義」立命館法学336号（2011年），「サブリース契約をめぐる判例法理の意義――借地借家法32条との関係で――」立命館法学293号（2004年）

xxi

執筆者紹介

清水　元（Gen SHIMIZU）
　1949年生。1972年早稲田大学大学院法学研究科後期課程満期修了，博士（法学）。現在，中央大学大学院法務研究科教授
　〈主要著作〉『留置権概念の再構成』（一粒社，1998年），『民法総合判例研究・留置権』（一粒社，1995年），『同時履行の抗弁権の判例総合解説』（信山社，2004年），『新版 注釈民法⑬〔補訂版〕』〔共著〕（有斐閣，2010年），『プログレッシブ民法〔物権法〕第2版』（成文堂，2010年），『プログレッシブ民法〔担保物権法〕補訂版』（成文堂，2009年），『プログレッシブ民法〔債権総論〕』（成文堂，2010年），『プログレッシブ民法〔債権各論Ⅰ〕』（成文堂，2012年）

今西康人（Yasuto IMANISHI）
　1952年生。1983年神戸大学大学院法学研究科博士後期課程単位取得退学。現在，関西大学大学院法務研究科教授
　〈主要著作〉「土地家屋調査士の業務に関する委託契約の性質と内容〔改訂版〕」〔共著〕（三省堂，2010年），「土地家屋調査士の業務と制度〔第2版〕」（日本土地家屋調査士連合会研究所），「ドイツ法における公証人の教示義務の拡大」41巻（関西大学法学研究所研究叢書，2010年）〔共著〕，「日本民法の現代化の動向」関西大学・関西大学法科大学院ジャーナル2号（2007年），「予約と本契約の準備段階」〔共著〕，椿寿夫編『予約法の総合的研究』（日本評論社，2004年），「消費者売買指令と目的物の瑕疵に関する売主の責任」判例タイムズ1117号（2003年）

長谷川貞之（Sadayuki HASEGAWA）
　1958年生。1988年慶應義塾大学大学院法学研究科博士課程満期退学，博士（法学）。現在，日本大学法学部・大学院法学研究科教授，弁護士
　〈主要著作〉『担保権信託の法理』（勁草書房，2011年），『メディアによる名誉毀損と損害賠償』〔共編著〕（三協法規，2011年），「EU取引法と日本民法への示唆──『ユーロ抵当』構想をめぐる議論を中心に」法学紀要53巻（日本大学法学研究所，2012年），「第三者のためにする契約と適用範囲の類型化をめぐる問題」日本法学77巻1号（2011年）

後藤巻則（Makinori GOTO）
　1952年生。1985年早稲田大学大学院法学研究科博士後期課程満期退学，博士（法学）。現在，早稲田大学大学院法務研究科教授
　〈主要著作〉『消費者契約の法理論』（弘文堂，2002年），『要件事実論と民法学との対話』〔共編著〕（商事法務，2005年），『契約法講義〔第2版〕』（弘文堂，2007年），『割賦販売法』〔共著〕（勁草書房，2011年）

平山也寸志（Yasushi HIRAYAMA）
　1963年生。1996年獨協大学大学院法学研究科博士後期課程単位取得満期退学。現在，下関市立大学経済学部准教授
　〈主要著作〉「代理論史──代理権濫用論を中心として──」水本浩＝平井一雄編『日本民法学史・各論』（信山社，1997年），「代理権の客観的濫用に関する一考察──代理人に背任的意図がない場合──」獨協法学46号（1998年），「代理権濫用と相手方保護範囲」椿寿夫＝伊藤進編著『代理の研究』（日本評論社，2011年），「ドイツ代理法　代理の法的構成論を中心に」椿寿夫＝伊藤進編著『代理の研究』（日本評論社，2011年）

執筆者紹介

小野秀誠（Shusei ONO）
　1954 年生。1981 年一橋大学法学研究科博士課程単位取得，法学博士。現在，一橋大学大学院法学研究科教授
　〈主要著作〉『危険負担の研究』（日本評論社，1995 年），『大学と法曹養成制度』（信山社，2001 年），『司法の現代化と民法』（信山社，2004 年），『民法における倫理と技術』（信山社，2006 年），『契約における自由と拘束』（信山社，2008 年），『利息制限の理論』（勁草書房，2010 年）

濱﨑智江（Chie HAMASAKI）
　1974 年生。2005 年神戸大学大学院法学研究科満期退学。現在，中京大学法学部准教授
　〈主要著作〉「免責的債務引受と担保及び保証の関係について」中京法学 41 巻 3・4 号合併号（2007 年），「数個の債権を被担保債権とする抵当権と，そのうちの一個の債権の代位弁済について」中京法学 41 巻 1・2 号合併号（2006 年），「振込依頼人と受取人との間に振込みの原因となる法律関係が存在しない場合における受取人による当該振込みに係る預金の払戻請求と権利の濫用」中京法学 44 巻 3・4 号合併号（2010 年）

遠藤研一郎（Kenichiro ENDO）
　1971 年生。1996 年中央大学大学院法学研究科博士前期課程修了。現在，中央大学法学部教授
　〈主要著作〉「債務引受のための対抗要件制度の導入可能性」法学新報 117 巻 9・10 号（2011 年），「担保のための併存的債務引受（担保的債務加入）契約の有効性に関する一考察（上）・（下）」法学新報 114 巻 7・8 号，9・10 号（2008 年），『民法〔財産法〕を学ぶための道案内』（法学書院，2011 年），『民法 3（債権総論）』（中央大学通信教育部，2009 年）

宮根宏一（Koichi MIYANE）
　1958 年生。1981 年東京大学法学部卒業。現在，弁護士（山本柴﨑法律事務所）
　〈主要著作〉「モラルリスクに対する法的な対応手段の要件等の研究（累積的な保険加入を伴う不正入院の事案との関係を中心として）」保険学雑誌 602 号（2008 年），「重大事由解除に関する包括条項」金融法務事情 1898 号（2010 年），「改定保険検査マニュアルの解説——法令等遵守，保険募集管理，顧客保護等管理の各態勢を中心に——」（共著）金融法務事情 1920 号（2011 年），「片面的強行規定の「趣旨」との抵触に関する判断と脱法行為論——保険法との関係を中心にして——」保険学雑誌第 614 号（2011 年）

柴崎　暁（Satoru SHIBAZAKI）
　1965 年生。2004 年早稲田大学大学院博士後期課程修了，博士（法学）。現在，早稲田大学商学学術院教授
　〈主要著作〉『手形法理と抽象債務』（新青出版，2002 年），「主観的更改と純粋指図」池田＝平野＝西原編『民法（債権法）改正の論理』（新青出版，2010 年）

石垣茂光（Shigemitsu ISHIGAKI）
　1956 年生。1997 年獨協大学大学院法学研究科博士後期課程満期退学，博士（法学）。現在，東北学院大学大学院法務研究科教授
　〈主要著作〉『民法 3』〔共著〕（青林書院，2002 年），『法学講義　民法 4』〔共著〕（悠々社，2007 年），『基本講座民法 1』〔共著〕（信山社，2011 年），「相殺における担保的機能論に関する一考察」獨協法学 43 号（1996 年），「将来債権譲渡と相殺」法学新報 110 巻 1・2 号（2003 年），「相殺の遡及効と相殺適状の意味」東北学院大学論集・法律学 62 号（2004 年），「振込依頼人と受取人との間に振込の原因となる法律関係が存在しない場合における受取人による当該振込に係る預金の払戻請求と権利の濫用」東北学院法学 68 号（2009 年）

執筆者紹介

草野　類（Rui KUSANO）
　1976年生。2005年中央大学大学院法学研究科博士後期課程単位取得満期退学。現在，亜細亜大学法学部准教授
　〈主要著作〉「履行不能概念の再評価——積極的債権侵害論・付随義務論の再検討を視野に入れて——」法学新報111巻11・12号（2005年），「契約関係における義務構造の再編成に関する一視座——ドイツにおける『契約上の責任制限』問題を手がかりとして——」法学新報113巻7・8号（2007年），「契約関係における義務構造論の整理に向けて——近時ドイツの議論状況を踏まえて——」山梨学院大学法学論集67号（2011年）

小島奈津子（Natsuko KOJIMA）
　1970年生。法政大学大学院社会科学研究科満期退学。現在，桐蔭横浜大学法学部准教授
　〈主要著作〉『贈与契約の類型化——道徳上の義務の履行をてがかりにして』（信山社，2004年），「報償的贈与に関する一考察——アメリカ法を中心として——（一）（二）（三・完）」桐蔭法学14巻1号（2007年），15巻1号（2008年），16巻2号（2010年）

藤井俊二（Shunji FUJII）
　1949年生。早稲田大学大学院法学研究科博士後期課程単位取得満期退学。博士（法学）。現在，創価大学大学院法務研究科教授
　〈主要著作〉『現代借家法制の新たな展開』（成文堂，1997年），『借地権・借家権の存続保護』（成文堂，2006年），『コンメンタール借地借家法〔第3版〕』〔共著〕（日本評論社，2010年），『クルツ・レーアブーフ民法総則』（成文堂，2011年）

山田創一（Souichi YAMADA）
　1960年生。1986年中央大学大学院法学研究科博士課程前期修了，1990年中央大学大学院法学研究科博士課程後期退学。現在，専修大学大学院法務研究科教授，弁護士
　〈主要著作〉「医療法人における退社社員の出資の払戻請求権——医療法人愛全会訴訟最高裁判決を素材として——」専修ロージャーナル6号（2011年），「ULTRA VIRES 法理の機能と課題」専修ロージャーナル4号（2009年），「権利能力なき社団の不動産を代表者の個人財産と信頼した第三者の保護」法学新報113巻7・8号（2007年），「群馬司法書士会震災復興支援金事件最高裁判決をめぐる学説の検討」専修法学論集96号（2006年）

太矢一彦（Kazuhiko TAYA）
　1968年生。獨協大学大学院法学研究科博士課程修了。現在，東洋大学法学部准教授
　〈主要著作〉「抵当権に基づく妨害排除請求」東洋法学49巻2号（2006年），「抵当権に基づく妨害排除請求における『抵当権侵害』の概念」『東洋大学法学部創設五十周年記念論文集』（2007年），「不動産譲渡担保における実行と受戻権」東洋法学52巻1号（2008年）

橋本恭宏（Yasuhiro HASHIMOTO）
　1947年生。明治大学大学院法学研究科博士課程単位取得退学，法学博士。現在，日本大学大学院法務研究科教授
　〈主要著作〉『長期間契約の研究』（信山社，1999年），「予約と基本契約」椿寿夫編『予約法の総合的研究』（日本評論社，2004年），「反射的効果序説」（日本大学『法務研究』6号，2009年），「定点観測　今期の学校事故裁判例——紹介と検討」（季刊教育法166号　2010年），『基本講座　民法Ⅰ（総則・物権）』（第1章担当）（信山社，2011年）

執筆者紹介

草野元己（Motomi KUSANO）
　1950年生。1981年明治大学大学院法学研究科博士後期課程単位取得満期退学。現在，関西学院大学法学部教授
　〈主要著作〉『取得時効の研究』（信山社，1996年），「相続と取得時効──民法187条の『占有承継』をめぐって──」松商短大論叢39号（1991年），「抵当権と時効」玉田弘毅先生古稀記念論文集『現代民法学の諸問題』（信山社，1998年），「筆界と所有権界──取得時効制度の観点から『境界』を考察する──」三重大学法経論叢21巻1号（2003年），「生命保険契約における保険金請求権と消滅時効の進行（上）（下）──高度障害保険金請求権の時効を中心に──」判例時報1985号，1986号（2008年），「取得時効における『所有の意思』と旧民法の占有規定──容仮占有との関連を中心に──」法と政治62巻1号（上）（2011年）

石松　勉（Tsutomu ISHIMATSU）
　1959年生。1991年福岡大学大学院法学研究科博士後期課程満期退学。現在，福岡大学大学院法曹実務研究科教授
　〈主要著作〉『権利消滅期間の研究』〔共著〕（信山社，2006年），「除斥期間論の運命──ドイツにおける新消滅時効法を素材として──」法学新報110巻1・2号（2003年），「民法724条後段における20年の除斥期間の起算点に関する一考察──ハンセン病訴訟熊本地裁判決および筑豊じん肺訴訟最高裁判決を機縁として──」香川法学25巻1・2号（2005年），「民法724条後段の20年を除斥期間と解する説でなぜいけないのか──東京地判平成18年9月26日判例時報1945号61頁を機縁として──」法学論叢52巻2・3号（2007年）

並木　茂（Shigeru NAMIKI）
　1934年生。中央大学法学部卒業，1997年判事を退官。東洋大学法学部，中京大学法科大学院各教授等を経て，現在，関東学園大学法学部非常勤講師
　〈主要著作〉「民事訴訟における主張と証明の法理はどうあるべきか（上）（中）（下）」判例タイムズ969号，971号，974号（1998年），「わが民事訴訟法に定める自由心証主義は，ドイツ民事訴訟法の定めるそれをそのまま継受したものか」法曹時報50巻12号（1998年）．『要件事実原論』（悠々社，2003年），『要件事実概論 契約法』（信山社，2009年），『要件事実論概説Ⅱ 時効・物権法・債権法総論他』（信山社，2010年）

小柳春一郎（Shunichiro KOYANAGI）
　1954年生。1982年東京大学大学院法学政治学研究科単位取得退学，博士（法学）。現在，獨協大学法学部教授
　〈主要著作〉『近代不動産賃貸借法の研究──賃借権・物権・ボワソナード』（信山社，2001年），『震災と借地借家──都市災害における賃借人の地位』（成文堂，2003年），『日本立法資料全集93 裁判所構成法』〔蕪山厳と共編著〕（信山社，2010年）

安斉　勉（Tsutomu ANZAI）
　1955年生。1988年明治大学大学院法学研究科博士前期課程修了，現在，弁護士
　〈主要著作〉「裁判にみる金額算定事例集」〔共著〕（第一法規，2004年），「公正証書の作り方と活用法」〔共著〕（自由国民社，2009年）

xxv

執筆者紹介

石山卓磨（Takuma ISHIYAMA）
　1947年生。1975年早稲田大学大学院法学研究科博士課程満期退学，法学博士。現在，日本大学大学院法務研究科教授，弁護士
　〈主要著作〉『事実上の取締役理論とその展開』（成文堂，1984年），『現代会社法・保険法の基本問題』（成文堂，1997年），『現代会社法講義（第2版）』（成文堂，2009年），『最新判例にみる会社役員の義務と責任』（中央経済社，2010年）

財産法の新動向

I

1 担保法における消費者保護
――米国統一商事法典第9編に関する消費者保護を中心に――

執 行 秀 幸

1 はじめに
2 第9編の全体像と消費者保護規定
3 第9編等の消費者保護の基礎
4 第9編等の消費者保護規定
5 結　語

1　はじめに

(1)　わが国における担保法と消費者保護

民法改正において，消費者保護のルールを民法典の中に導入すべきか否かにつき，現在議論がなされている[1]。昨年（2011年）の私法学会のシンポジウムでは制定から10年を経た消費者契約法が取りあげられた。ただ，基本的には，契約法における消費者保護が問題とされており，担保法に関する消費者保護が論じられることはほとんどない。

もっとも，担保法に関する消費者保護が全く問題とされてこなかったというわけではない。たとえば，最判昭和50年2月28日民集29巻2号193頁（自動車のディーラーが，サブディーラーの代金不払いを理由に，代金を完済して自動車の引渡しを受けているユーザーに対する留保した所有権に基づく引渡し請求を，権利濫用によって斥けた事例）は，担保法の消費者保護の問題を扱うものと捉えることもできよう。また，担保適正評価義務・債務者の物的有限責任，保証人の保護が論じられている[2]が，これも広い意味での消費者保護の問題ともいえよう。さらに，独立

---

(1) 文献も含めて，宮下修一・特集学界回顧「消費者法」法時81巻13号（2009年）181-182頁，横山美夏「民法改正と消費者法」廣瀬和久・河上正二編『消費者判例百選』（2010年）59頁参照。
(2) 後藤巻則『消費者契約の法理論』329-330頁（弘文堂，2002年）参照。

行政法人福祉医療機構以外では年金の受給権を担保として貸付を行うことは禁止されている（国民年金法24条，厚生年金保険法41条1項等）。

宅地建物取引業法43条は，宅地または建物を割賦販売する場合に，売主に先取特権の登記または抵当権の設定・登記を認める一方で，売主が所有権留保を行うこと，または譲渡担保を設定することを原則的に禁止している。

長尾治助教授の先駆的論文である「消費者信用と担保」[3]も存在する。そこでは，現行法の欠点として，この分野の法規則がきわめて貧弱である等を指摘した後，「担保によって得られる被担保債権の性格が消費生活資金であること，受信者が消費者であることを重視して担保法の再構成」が求められるとする。そして，今後の課題として，書面の作成交付，不動産担保取引におけるクーリングオフの導入，清算義務，受戻権，相殺の禁止等を指摘する。発表されてから時間が経っているが，担保法に関する消費者保護の問題を考える上では，重要な文献である。

(2) 本稿の課題

他方，アメリカ合衆国の統一商事法典（Uniform Commercial Code）第9編（以下，単に「第9編」という）には，少なからざる消費者保護規定が存在する。また，動産担保法[4]における消費者保護につき多くの議論がある。しかも，第9編の当初の起草および1999年改正（以下，単に「改正」という場合も1990年の改正をいう）にあって，消費者保護の問題を，どのように取り扱うべきかにつき議論があり，1999年の大改正にあっては，この点が最大の問題のひとつであった[5]。ところが，第9編については，わが国において，多くの研究がある[6]が，これ

---

[3] 長尾治助「消費者信用と担保」『消費者信用法の形成と課題』366頁以下（商事法務，1984年）。

[4] このような表現は正確なものではないが，人的財産および不動産の定着物に関する担保法を便宜上，このように呼ぶことにしたい。

[5] Marion W. Benfield, Jr. Consumer Provisions in Revised Article 9, 7 74 Chi.-Kent L. Rev. 1255 (1999).

[6] 大和田実「米国における動産担保法の形成(1)～(2)」法協95巻2号（1978年）369頁，4号（1978年）746頁，沖野眞已「約定担保権の意義と機能——第9編の『効率性』に関する議論の素描——」学習院大学法学会雑誌34巻1号75頁（1998年），森田修『アメリカ倒産担保法——「初期融資者の優越」の法理』（商事法務，2005年），角紀代恵『受取勘定債権担保金融の生成と発展』（有斐閣，2008年），小山泰史『流動財産担保論』（成

〔執行秀幸〕　　　　　　　　　　　　　　***1*** 担保法における消費者保護

までの研究は，基本的には，企業金融における担保付取引が中心である。第9編全体を紹介・解説するもの[7]で，消費者保護規定についても論じているものもあるが，必ずしも，この問題に焦点を当てて，まとまった形で論じているわけではない。

　そこで，第9編における消費者保護の問題を取り上げ分析・検討することが本稿の課題である。このことは，わが国で参照されることが多く，国際的にも注目されている[8]第9編を十分理解するために，これまで研究が手薄であった消費者保護の問題を取り上げ，第9編の全体像をより明らかにしようとの意図もある。なお，第9編が適用される取引にあっても，消費者のために異なったルールを定めた州，または連邦の消費者保護法・規則・法原則があれば適用があり（§9-201(b)），両者が抵触する場合，他の法律が優先する（§9-201(c)）。そこで，これらの州法，連邦法も重要なものは視野にいれていきたい。

　具体的には，主として，次のような問題意識のもとで検討していきたい。第1は，第9編に関連して，アメリカにあっては，なぜ，多くの消費者保護の規定が存在するとともに，多くの議論があるのか。第9編全体の原則・基本的考え方等の特徴と関係があるのであろうか。第2に，第1と密接に関係するが，第9編に関係する消費者保護規定は，どのような問題を，いかなる考え方・方法により解決しようとしているのか。その問題は，アメリカにおける社会経済的背景・法的環境による特殊なものなのか。わが国でも共通するものなのか。その程度はどうか。考え方の特色はどうか。問題解決の方法としては，どのような特色があるか。これらの検討によって，第9編全体の理解を深めるとと

文堂，2009年），青木則幸「アメリカ統一商事法典第9編における浮動担保制度の史的考察(1)〜(5)」早法79巻2‐4号（2004年），80巻1‐2号（2005年），藤沢治奈「アメリカ動産担保法の生成と展開(1)〜(7)」法協125巻1‐4，6，7号（2008年），126巻1号（2009年）等。

(7) 田澤元章「アメリカ統一商事法典」IMES Discussion Paper 2000 -J-26, 61頁以下（2000年），田島裕『UCCコンメンタリーズ第9巻担保付取引』（LexsisNexis, 2009年），国生一彦『改正米国動産担保法』（商事法務，2001年）。なお，1999年改正前のUCC9に関するものであるが，ブラッドフォード・ストーン（渋谷年史訳）『アメリカ統一商法典』384-544頁（木鐸社，1994年）。本稿の第9編の条文訳は，必ずしも同じではないが，田島裕『第9編担保付取引』（全訳，2002年）http://www.tulips.tsukuba.ac.jp/limedio/dlam/B21/B2182988/3.pdf（2012年1月10日）を参考にさせていただいた。

(8) 国生・前掲注(7)20-21頁。

5

もに，第9編に関連する消費者保護の全体像を理解することができるだけなく，わが国の動産担保制度のあり方，動産担保制度における消費者保護のあり方につき，立法論ないし解釈論上，参考になる点を導くことができるのではないかと思われる。

(3) 本稿の順序・限定

まずは，第1に，第9編等の消費者保護規定を理解する限りで，第9編の全体像・概要を明らかにするとともに，その中で，どのような消費者保護規定が設けられているかを簡単に述べておきたい。第2に，第9編等の消費者保護規定を，より深く理解するために必要な諸問題をとりあげたい。第3に，第9編等の消費者保護規定につき，第1で取り上げた消費者保護の規定を必要な範囲で補充するとともに，いくつかの規定につき若干詳しく検討する。そして，第4に，アメリカ動産担保法における消費者保護の全体像を整理することにしよう。もっとも，本稿で，これらのすべてを詳細に論ずる余裕はない(9)。そこで，詳細な論証およびわが国の動産担保制度における消費者保護あり方に，どのようなことが参考となるかについては別の機会に行うこととしたい。

2　第9編の全体像と消費者保護規定

　第9編に関連する消費者保護規定を理解するに必要な範囲で，第9編の基本方針，基本構造等の全体像を述べ，消費者保護規定が，そのなかにどのように位置づけられるかを，適用範囲等，担保権の成立，担保権の完成，担保権の実行の順序で，まずは概観しよう。

(1) 第9編の目的・方針

　第9編の目的は，非常に多くの様々な今日の担保付取引が，第9編制定前の法よりも，よりコストがかからず，より安定的になされるような単純かつ統一な構造をもつ法律を提供することにある(10)。第9編制定前は，動産質，譲渡担保，動産抵当，ファクターのリーエン，所有権留保売買，トラストレシート等の独立した担保手段が存在し，独自の成立要件，登録制度，実行手続を有して

---

(9) また，紙数の関係で，参考文献，注も十分でないがお許しねがいたい。
(10) 改正前 UCC§9-101 コメント。

〔執行秀幸〕　　**1**　担保法における消費者保護

いた。起草者は，それらの独立した担保手段に内在する共通の性質を抽出して，§1-201(37)に定義されている一般的な「担保権（security interest）」を作り出し[11]，一連の担保契約の要件，州ごとではあるが登録制度，一連の債務不履行後の手続きを用意した。それにより，誰でも，どのような取引によっても，いかなる人的財産に対しても，「担保権」を取ることができる。要するに，このスキームのもとでは，基本的には，「担保権の完全に自由な市場[12]」が存在するという。

1999年の改正では，担保権の成立（attachment）（それにより，担保権が当事者間で効力を有する）・完成（perfection）（それにより，担保目的物における権利を主張するほとんどの第三者に対して担保権を対抗できるようになる）の要件・優劣関係を簡素化し，目的物の適用範囲を拡大した。そのことにより，新たな金融取引についても対処できるようにする。簡便な手続きにより，債権者は担保権設定者の保有財産に迅速に担保権を設定し効率的に有担保取引を遂行し，担保権設定者も機動的かつ低コストで資金調達を行うことができることが目指された[13]。

債務不履行段階における手続においても，担保権者は，「平穏を害さない（without breach of the peace）」限りは訴訟手続によらないで担保目的物を占有取得できる。その実質的根拠はコスト削減にあるという[14]。また，担保権者は，担保目的物の占有取得後，司法上の手続によることなく，事前の通知と商事上の合理的（commercially reasonable）な処分であれば，自らで担保目的物を処分し売却代金により被担保債権の弁済にあてることが認められている。

---

(11) Julian B. McDonnell, Secured Transactions Under the Uniform Commercial Code §2.02[1][c] (2010). 原則的には，法的形式によって区別がなされない。ただ，一定の目的のもとに，担保目的物を構成する財産の種類に基づき区別がなされており，必要に応じて，特定の種類の財産が含まれる金融取引に適用される規定が設けられている。

(12) McDonnell, supra note11, §3B.02[3][a].

(13) 第9編の1999年改正のレポーター達は，効率的な担保権の移行は，できるだけ容易で費用のかからない，しかも信頼できるものであるべきだとの信念を率直に述べている，という（Steven L. Harris and Charles W. Mooney, Jr., A Property-Based Theory of Security Interests: Taking Debtors' Choices, Seriously, 80 Va. L. Rev. 2021(1994).)。それゆえ，改正された第9編は，改正前の第9編の背後にある基本的な方針を維持しかつ強化している。より広い範囲の財産に対して担保権を，より容易に設定し完成させることを目指した。改正第9編は，金融が容易である経済発展の時代に起草されており，疑いなく，より多くの金融が得られれば得られるほど，より好ましいとの前提があった（McDonnell, supra note11, §1A.02[1]）。

(14) 注47参照。

財産法の新動向　Ⅰ

　要するに、「第9編は規制から自由な市場の活動の推進に転換するもの[15]」で、金融業者の取引費用を削減し、権限のかなりの多くを裁判所から当事者に移して、結局、担保権者には、担保権設定者との関係を築くにあたり、より多くの自由が与えられているのである[16]。

(2)　第9編と契約自由の原則

　第9編は契約により担保権を創設する取引に適用がある（§9-109(a)）。そこで、第9編の担保権は、担保権設定者（debtor[17]）と担保権者との私的な合意の産物である。しかも、前述した第9編の基本方針からもわかるように、第9編は、担保契約で定める規定について広範な契約の自由を認めている[18]。担保権の実行段階にあっては、契約自由の原則が妥当するが、担保権設定者の権利で、担保権設定者が放棄または変更できないものも少なくない[19]。とはいえ、債務不履行段階にあっても、前述のように、基本的には、担保権者は、自らのイニシャチブのもと担保権の実行を進めていくことができるのである。

(3)　第9編における消費者保護規定の適用基準

　一般的に、消費者保護規定を設ける際、その適用基準が問題となる。第9編の全体像と直接関係するものではないが、「(4)」以下で、第9編の全体像とその中で消費者保護規定が占める地位をみていくので、その前提として、この問

---

[15]　McDonnell, supra note11, §3B. 02 [3].

[16]　McDonnell, supra note11, §3B. 02 [3][h].

[17]　§9-102(a)(28)(A)は、「debtor」を、担保目的物に、担保権または他のリーエン以外の権利を有する者で、その者が、「obligor」（担保されている債務の支払い、または履行義務を負う者（§9-102(a)(28)）であるか否かは問わない、と規定する。そこで、「担保権設定者」と訳しておきたい。

[18]　Richard B. Hagedorn, Secured Transaction, 75-76 (2007). ただしUCCに定められた信義則・勤勉・合理性・注意義務は別段の規定がなければ、合意によって排除することはできない[18]。第三者に影響をもたらすような、その他のいくつかの規定（担保権者と第三者間との優劣関係）も、担保権設定者と担保権者との契約により変更を加えることはできない[18]。担保権設定者の担保目的物に対する権利の移転を禁止する規定（§9-401(b)）は無効となる

[19]　これは、債務不履行後の権利に関しては、アメリカの法制度は伝統的に担保権設定者の権利を切り詰め、担保権者から、その義務を免れさせることを意図した合意には疑いの目でみてきているとの考えが反映しているという（Hagedorn, supra note18, at329）。

〔執行秀幸〕　　　　　　　　　　　　　*1*　担保法における消費者保護

題を第9編ではどのように解決しているか簡単にみておこう。1999年改訂前の第9編は，「消費者物品」を，主として個人，家族または世帯の使用のために用いるまたは購入する物品と定義して（§9-109(1)），担保目的物が「消費者物品」の取引に適用される消費者保護規定を設けた[20]。一般的無体財産（general intangible）[21]のような物品でない担保目的物は，通常，事業財産であると考えられていたからである。しかし，現在では，消費者資産は物品だけに限定はされない。そこで，1999年第9編は，この点が考慮され，「消費者取引」（consumer transaction），「消費者物品取引」という概念を追加した。「消費者取引」とは，個人が主として自ら，家族または世帯目的に引き受けた債務で，担保権がその債務を担保し，担保目的物が主として個人，家族または世帯の目的のために保持または取得するものである（§9-102(a)(26)）。消費者取引には，消費者物品取引も含まれる。「消費者物品取引」は，個人が主として自ら，家族または世帯目的に引き受けた債務で，消費者物品に対する担保権が，その債務を担保する取引である（§9-102(a)(24)）。なお，担保目的物または当該債務の一部が事業用であった場合，取引の主たる目的如何によって，「消費者取引」・「消費者物品取引」か否か，が決まると解されている（§9-102 Comment 7）。

(4) 適用範囲等
(a) 適用範囲

人的財産は，物品（goods），権原証券（certificate of title），動産抵当証券（tangible chattel paper），売掛債権（accounts）その他の無体財産等，その範囲は広い。1999年改正では，さらに拡大され，銀行預金口座（deposit accounts）や商事不法行為に基づき発生した損害賠償請求権（commercial tort claim）も含まれることになった。しかし，**消費者取引**にあっては，銀行預金口座の担保は制限された。商事不法行為請求権以外の不法行為請求権の譲渡は適用範囲外とされてた（§9-109(d)(12)）[22]。

---

[20] 前述の爾後取得動産に対する効果の制限（§9-204(2)）および，求められる担保権実行手続きに従わない場合の法定損害賠償（§9-506）である。もっとも，事業目的の信用にあっても，担保目的物が消費者物品である場合には，消費者ルールが適用される。

[21] §9-102(a)(42)。無体財産とは，物品，口座，動産証書，文書，証書，金銭等以外の債券を含む動産を意味する。

財産法の新動向　Ⅰ

(b) 購入代金担保権，非購入代金担保権

　購入代金担保権は，担保権設定者が担保目的物を購入することができるように，担保権者が信用を供与した場合に生ずる（§9-103）。非購入代金担保権とは，購入代金担保権でない担保権である。これらの区別は，消費者保護の視点からも重要である。なぜなら，購入代金担保権は，担保権者に有利なルールが定められている。原則として，消費者物品に対する購入代金担保権は，その成立によって自動的に第三者に対し対抗でき[23]，完成していれば，同一の物品に対する競合する担保権に優先する（§9-324(a)）。これに対し，非購入代金担保権につき，破産債務者は，主として債務者または債務者の扶養家族の個人，家族，世帯の使用のための家庭用品，家財道具，衣服，電化製品，およびその他の品目における非占有の非購入代金担保権を無効にできるからである（11 U.S.C.§522(f)(B)）[24]。そこで，問題となっている担保権が購入代金担保権か否かは重要となる。

　たとえば，購入代金債務につき，支払が困難となり再融資がなされたり，他のローンと一本化したりするような場合，当該担保目的物につき購入代金担保権の地位は失われるか否かについて議論があった[25]。失われて，非購入代金担保権となるとの見解と，再融資や他のローンの一本化等，後の事象で変わることはなく，物品を購入した債務が残存する範囲で，購入代金担保権の地

---

[22]　身体傷害に対する不法行為請求権および他のビジネスと関係のない個人の不法行為請求権の譲渡が適用範囲から除外されている。なお，爾後に取得した商事不法行為請求権に対しては担保権を取得することはできないとしている（§9-204(b)(2)）。

[23]　購入代金担保権が問題となる取引はきわめて多く，信用額は，どちらかといえば少なく，担保目的物もかなり低い価値しかない場合に，登録をするデメリットが登録のメリットを上回ることも少なくない。そこで，このような場合，登録を要求することは賢明でないとの考えによる（Hagedorn, supra note18, at127）。ただ，ファイナンシング・ステイトメントがファイルされないと，消費者である債務者から消費者物品を購入する第三者が，その第三者が，その物品を消費者目的で使用する場合には，担保権が完成されていたとしても，その担保権の制約を受けない（§9-302(b)）。また，消費者物品でも，自動車に関しては，権原証書に関する法律がある場合，それによらなければ第三者に対して対抗できない（UCC§§9-309(1), 9-311(a) and (b)）。

[24]　破産裁判所は，担保権が破産法上，購入代金担保権か否かは，州法（第9編）により判断しているという（Benfield, supra note5, at1292, e.g., Gille v. First State Bank (In re Gile), 96 (Bankr N.D. Tex. 1989); Bond's Jewler's, Inc. v. Linklater (in re Linklater), 48 B. R. 916, 918 (Bankr. D. Nev. 1985).）。

[25]　Benfield, supra note5, at1292-1293.

10

〔執行秀幸〕　　　　　　　　　　　　　　*1*　担保法における消費者保護

位が残るとの見解とに分かれていた。改正第9編は，消費者物品取引以外の取引にあっては，購入代金担保権の地位は失わないとした（§9-103(f)）。しかし，**消費者物品取引**にあっては，購入代金担保の地位は消滅するとして（§9-103 comment 7(a)），消費者の保護が図られているわけである。

　なお，信用慣行に関する連邦取引委員会取引規制規則[26]（以下「FTC規則」という）は，**消費者の家財道具に対して非占有の非購入代金担保権**の設定を禁止する。また，非購入代金担保権に対して消費者を保護する多くの州法も存在する。

(5)　担保権の成立
(a)　**担保権の成立要件**

　担保権が成立すると，少なくとも担保権設定者に対し，その権利を強行できる。成立の要件は，適切な「担保合意」，対価（value）が与えられているという事実，担保権設定者が担保目的物に権利[27]を有することである（§9-203(a)(b)）。「担保合意」には，担保目的物の記載が含まれてなければならない（§9-203(b)(3)(A)）。適切な「担保合意」であるためには，原則として，担保権設定者の署名又は電子的方法での認証がなされた担保合意の記録（record[28]）が必要である（§9-203(b)(3)(A)）[29]。**消費者信用取引**においては，連邦貸付真実法（Truth in Lending Act）[30]が，担保権者に担保権の開示を求める[31]。担保権者は，担保権取得にあたり，貸付真実法に従った方法で消費者に担保権を開示し，消費者から書面による承諾を得なければならない[32]。

---

[26]　連邦取引委員会（FTC）とは，連邦の独占禁止法と消費者保護法を管轄する組織である。信用慣行に関する連邦取引委員会取引規制規則は，1985年3月1日に施行された（16C.F.R.444）。この規則は，FTC法第5条が定める「不公正な行為または欺瞞的な慣行」と解される消費者信用に関する6つの慣行を禁止する（Gene A. Marsh, Consumer Protection Law 3rd Ed. 273-280 (1999)）。

[27]　または担保権者に対して担保目的物に対する権利を移転する権限。

[28]　記録とは，有形の媒体に書かれ，または電子的もしくは他の媒体に保管され認知できる形式に取り出すことができる情報をいう（§9-102(a)(69)）。

[29]　担保権者が当該担保目的物を占有している場合，預金口座，電子的動産抵当証券等の一定の担保目的物であり担保権者が，それらの担保目的物を支配している場合にあっては，認証された記録は不要で，口頭の合意があれば，担保権が成立する。

[30]　15U.S.C §§ 1601-1666j.

[31]　15U.S.C §§ 1637(a)(6)（open-end credit），1638(a)(9)（closed-end credit）.

(b) 担保目的物の記載

担保目的物の記載は，それが具体的であるか否かにかかわらず，記載されているものが何かを合理的に特定できればよい（§9-108(a)）。特定のリストやカテゴリー，第9編で定める担保目的物の種類，数量などによって担保目的物を特定でき，その特定が客観的になされうるのであれば，合理的な特定の記載といえる（§9-108(b)参照）。だが，「担保権設定者の全ての財産（all the debtor's assets）」または「担保権設定者の全ての人的財産（all the debtor's personal property）」のような記載は，合理的な特定の記載とはいえない（§9-108(c)参照）。きわめて一般的な記載の禁止が，消費者取引に限定されていないのは，そのような記載は，実際に意図されることはまれで，しかも，定型的な文言にみられ，担保権設定者に読まれることはないからだと推測されている[33]。

消費者取引にあっては，「消費者物品」，「証券上の権利」，「証券取引上の権利」，「証券取引口座」，「商品取引口座」のような担保目的物のカテゴリーでは十分でない（§9-104(e)(2)）。不注意にも，そのような財産に担保権を設定しないようにするためという（§9-108 Comment 5）。

(c) 爾後取得財産

担保契約に定められた規定に関しては，前述のように広範な契約自由の原則が認められている。原則として，担保契約により担保設定後に取得する財産（商事不法行為に基づき発生した損害賠償請求権を除く）に，あらかじめ担保権を設定できる（§9-204(a)）。この爾後取得財産（after-acquire property）条項により，担保目的物の範囲が拡大され，特に長期融資に際して，担保物が新陳代謝を繰り返す場合に担保力を保全・強化でき，「浮動担保」が実現する[34]点で重要である。しかし，**消費者物品**の爾後取得動産については制限がなされている（§9-204(b)(1)）。

(d) 将来貸付条項

第9編は，明確に将来貸付条項，つまり，最初の貸付における条項で，その貸付における担保目的物が将来の債務をも担保するとの条項を認める（§9-204

---

[32] 貸付真実法の開示が十分でなければ，他で担保権が認められなければ，その担保権は強行できない（Consumer Credit Law Manual §10.02[1]「b」「ⅲ」）。
[33] Benfield, supra note5, at 1296.
[34] 森田修『アメリカ倒産担保法――「初期融資者の優越」の法理』（商事法務，2005年）121頁参照。

[執行秀幸] ***1*** 担保法における消費者保護

(c))。爾後取得動産とは異なり，消費者物品に関して特別な規定は設けられていない。しかし，FTC 規則[35]，貸付真実法[36]が将来貸付条項の使用を制限しており，将来貸付条項を強行することに躊躇する判例も存在する[37]。

(e) **譲受人に対する抗弁の放棄**

担保権およびその担保権により担保された債務の支払いを求める権利が第三者に譲渡された場合，原則として，担保権設定者は，譲渡人に対してなし得た抗弁または請求権を譲受人に行使できる（§9-404）。しかし，担保権設定者が譲渡人に対して有する請求権・抗弁を譲受人に主張できないとの合意は，譲受人が，有償で信義誠実に譲渡を受け，担保権設定者が譲渡人に対して一定の請求権または抗弁を有することを知らない場合には，原則として有効である（§9-403(b)）。

だが，担保権設定者の譲渡人に対する請求権・抗弁を放棄する合意の有効性に関しては，**個人で，主として本人，家族または世帯のために債務を負う担保権設定者**のために異なるルールを定める本編以外の法律によると規定されている（§9-403(e)）。多くの州は，消費者物品の売買・リースにあっては，そのような抗弁の放棄を禁止する[38]。連邦取引委員会規則 433 条は，譲受人の権利は，担保権設定者が元の担保権者に対して主張しうる請求または抗弁に従う，という趣旨の説明を当該文書になされることを要求する。それにもかかわらず，そ

---

[35] 将来貸付条項で「家財道具」を担保としてとる場合，FTC 規則に違反する非占有，非購入代金担保権となる。また，同規則は，貸主が，購入代金担保権を，つぎの借換え（refinancing）および整理統合（consolidation）に継続することは許されるが，借換えではない，将来貸付のためだけに，購入代金担保権を継続することは認めていない（Fed. Trade Comm'n, Informal Staff Opinion Letter from David G. Grimes, Jr., Div. of Credit Practices, to Patricia A. Torkildson, Esq., Cudis Ins. Soc'y (July 1, 1985); accord Fed. Reserve Bd. Staff Guilines, 50 Fed. Reg. 47, 036, 47, 040 (Nov. 14, 1985)。

[36] 貸主がローンで将来貸付条項を用いた場合，その貸主との次のローンにおいて，貸主は，貸付真実法に基づき，最初の債務を担保する目的物が，次のローンをも担保することを開示しなければならない（Fed. Reserve Bd., Official Staff Commentary to Reg. Z, 12 C. F. R. §226. 18(m)-5.)。

[37] National Consumer Law Center, Repossessions §10. 1. 1. (7th ed. 2010)（以下，「Repossessions」で引用する）。また，Note, Ripping Hole in the Dragnet: The Fallings of U. C. C. §9-204(c) as Applied to Consumer Transactions, 87 Tex. L. Rev. 1249 (2008-2009) 参照。

[38] たとえば，Cal. Civ. Code §1804. 2.

13

のような説明がなされていない場合でも，§9-403(d)は，そのような説明があったと同じ効果が生ずるとして，**消費者取引**にあっては抗弁の放棄条項は無効とした。

(6) 担保権の完成

担保権者が，その権利を，担保権設定者だけでなく，担保権設定者の他の債権者，担保目的物の譲受人などの担保目的物に対して権利を主張する第三者に対して，強行しようとするためには，担保権の完成が必要である。完成の方法は担保目的物の種類によって異なる。ほとんどの担保目的物にあっては，ファイナンシング・ステイトメント (financing statement)[39]のファイル (file) によることにより完成でき，または，そのファイルによらなければ完成できない。ただ，担保目的物の占有 (possession)，支配 (control) による場合，ないし自動的に完成する場合もある（§§9-308(a), 9-310 参照）。原則として登録の先後によって利害関係人間の優劣関係が決定される（§9-504(a)(1)）が，優劣関係については，詳細な規定がもうけられている。

(7) 担保権の実行[40]

1920年代および1930年代におけるアメリカ不動産担保法にあって，担保権設定者と担保権者との間で，担保目的物の売却価格を巡る紛争が問題となり，担保権設定者を保護するために詳細な規定が州法に設けられた。しかし，第9編の当初の起草者らは，それらの法律の目的が達成されないことを十分認識していたため，担保権者に裁判所を介さずに担保目的物の売却を認めるとともに，債務の履行として担保目的物の受領を認め，不動産担保権の売却や実行の方法についての詳細な規定を設けなかった[41]。当初の起草者らは，担保権者に，より柔軟性を与えることにより担保目的物をより高額に換価して全ての当事者に利益を与えることができると期待した[42]。ただ，担保権者の不正な行為の危険

---

[39] ファイナンシング・ステイトメントには，担保権の概要　担保権設定者，担保権者，担保目的物の表示を記載する必要がある。担保目的物の記載は，全部の資産または全部の動産でも十分特定されていると解されている（§9-504）。

[40] Gail Hillebrand, The Uniform Commercial Code Drafting Process: Will Article 2, 2B and 9 Be Fair to Consumer? 75 WASH. U. L. Q. 69, 120 (1977).

[41] James J. White & Robert S. Summers, Uniform Commercial Code 6th ed. 1325 (2010).

〔執行秀幸〕　　　　　　　　　　　　　　*1* 担保法における消費者保護

性を防止するため，担保権者は担保権設定者への合理的な通知，担保目的物の処分の際に商業上合理的であることを求めた。しかし，商業上合理的等の文言を巡って多くの訴訟が起こり，担保権者にとっては，改正前の第9編は不要なコストのかかる訴訟の原因となるものと考える傾向が強かった[43]。他方，消費者にとっては，改正前第9編の最も一般的な問題は，担保目的物が低い価格で売却され高額の不足額の請求がなされることであった[44]。また，債務不履行および担保権の実行が，1999年改正の起草過程で消費者代表が最も懸念する事項であったという[45]。

　(a)　**担保権者の救済方法**

　債務不履行があった場合，担保権者には，つぎの3つの救済方法がある。①債務の履行としての担保目的物の受領（§-620(a)），②担保目的物の売却その他の処分（§9-610(a)，「担保目的物の売却」という），最後に，③訴訟を提起して，その請求に対して判決を得て，債務者の財産に対して強制執行を行うこと（§9-601(a)）[46]である。ただ，②の前提として，担保権者は占有を取得する必要がある。しかし，「平穏を害さない」限りは訴訟手続による必要はない[47]。

　(b)　**「平穏を害さない」の基準**

　第9編は広範な契約の自由を認めているが，担保権の実行段階では，担保権設定者の権利は基本的には強行規定となっている。だが，§9-603(a)は，担保権設定者の権利，担保権者の義務の履行基準を，明らかに不合理でなければ合意により定めることができると規定する。消費者側は，占有取得が平穏を害さないか否か，より具体的に規定すべきと主張したが退けられた。結局，妥協により，平穏を害さないか否の履行基準を合意で定めることはできないとされた

---

[42]　1999改正前§9-504 Comment1.
[43]　McDonnell, supra note11, §8.02[1].
[44]　Jean Braucher, Deadlock: Consumer Transactions Under Revised Article 9, 73 Am. Bank. L. J. 83, 104 (1999).
[45]　Benfield, supra note5, at1262.
[46]　アメリカにおける動産執行のプロセスについては，森田・前掲注[34]161頁参照。
[47]　§9-609(b)(2). その理論的根拠は，担保目的物に担保権を設定する際に，債務者は契約により，債務不履行の際，私的に担保目的物の占有を取得する権限を債権者に与えたと理解されている。ただ，裁判手続きによれば多くの費用がかかり，それは結局，債務者の負担となる。そこで，その実質的根拠は，コストの削減にある（McDonnell, supra note11, §8.05[2]）。

(§9-603(b))[48]。要するに，担保権者の契約の自由を（従来通り）制約して，一般的に担保権設定者を保護し，その限りで消費者保護を図ったといえよう。

(c) 債務の履行としての担保目的物の受領

債務の履行として担保目的物の受領が認められた場合，すべて，または一部につき担保された債務は，担保権設定者によって同意された範囲で消滅する（§9-622）。別段の定めがなければ，担保権者には清算義務はない。だが，すべての債務の履行として担保目的物を受領する場合（便宜上，「代物弁済」という[49]）には不足額があっても請求できない。これに対して，一部の債務の履行として担保目的物を受領する場合（便宜上，「一部代物弁済」という）には，不足額の請求は可能である（§9-622 Comment 2）。いずれの場合にも，担保権設定者の同意が必要である[50]。しかし，**消費者物品に対する担保権**にあっては，一定割合の支払いがある場合に担保権者は担保目的物を処分しなければならない（§9-620(e)，「強制的処分」という）。また，**消費者取引**では，一部代物弁済は認められていない（§9-620(g)）。

(d) 担保目的物の売却

(i) 担保目的物の売却の基本構造　　担保権者は，担保目的物を処分して受け取った金銭で被担保債権の弁済にあてることができる（§9-615(a)）。第9編は，担保目的物の処分につき，きわめて柔軟性をもったものとしている。売却以外にリース，ライセンス等の処分も可能である（§9-610(a)）。とはいえ，売却による処分がほとんどであるという[51]。公的な手続き（オークションによる方法）だけでなく，その他の私的手続きによっても担保目的物を処分できる（§9-610(b)）。債務の履行としての担保目的物の受領の場合と異なり，剰余金がでれば，担保権者は，担保権設定者に，その返還をしなければならない（§9-615(d)(1)）。反

---

[48] Julian B. McDonnell and James P. Nehf, Secured Transactions Under the Uniform Commercial Code §20.13 (2010).

[49] Strict Foreclosure といわれ，「古典的受戻権喪失手続」（田中英夫編『英米法辞典』816頁（東京大学出版会，1991年）と従来訳されている。

[50] 具体的には，債務不履行後，担保権設定者が認証された記録の中で受領の条件に合意する必要がある（§9-620(a)(1)(c)）。代物弁済では，担保権者が，その旨の提案を通知し，通知後20日以内に担保権設定者から異議の通知を受け取らない場合にも同意があったと解される。異議を受諾した場合には，担保権者は担保目的物を売却しなければならない。一部代物弁済の要件は，より厳格である（§9-621(b)）。

[51] Repossessions, supra note 37, §10.1.1.

〔執行秀幸〕　　　　　　　　　　　　*1*　担保法における消費者保護

対に，不足額が生ずれば，不足額を請求できる（§9-615(d)(2)）。担保権者の処分権限に対する実質的な唯一の制限は，担保権者は，すべての側面，つまり，手段，方法，時間，場所，その他の事項において，商業上合理的に行動しなければならないという点である（§9-610(b)）。

　担保目的物の売却に関しては，①担保権者の通知義務，②剰余金の返還・不足額の請求，③担保権設定者の受戻権（right of redemption），さらには，④担保権者が債務不履行規定に従わない場合の効果が問題となる。

　(ii)　通知　　担保権者は，原則として，目的物を処分する際，処分することの合理的な認証がなされた通知をする義務がある（§9-611(b)）。①通知の内容については，§9-613(1)が詳細に定める。だが，**消費者物品取引**にあっては，さらに追加的な情報（通知を受けた者の不足額の責任，受戻すために担保権者に支払わなければならない金額，処分および担保された債務の追加情報を得ることができる電話番号または郵便の宛先）が求められている（§9-614(1)）[52]。

　なお，消費者物品取引以外の通知内容を定める§9-613と異なり，§9-614(1)は，些細な間違いでも許されない。その要件は厳格に遵守される必要がある。②通知は，債務不履行後，担保目的物の処分日前，合理的な期間内に送付されなければならない（§9-612(a)）。消費者取引以外の取引にあっては，10日以上前であれば合理的な期間内だとされている（§9-612(b)）。だが，**消費者取引**では，通知の合理性は事実の問題として事例ごとに，裁判所で判断される（§9-612(a)）。③通知の相手方は，担保目的物が消費者物品以外のものである場合，担保権設定者，連帯保証人，保証人，一定の担保権者等，消費者物品の場合には，担保権設定者，連帯保証人，保証人である。

　通知は，担保権設定者および他の担保権者が処分をモニターする，担保目的物を購入する，他の担保権者が剰余金を求める権利を行使する上で重要である[53]。担保権設定者にどの程度の期間中に担保目的物を受け戻す必要があるかを知らせるという意味があるとの指摘もある[54]。

---

[52]　いずれの場合も，モデル様式が定められ，それによれば担保債権者は通知内容につき責任は問われない（§§9-613(5), 9-614(3)）。

[53]　Richard H. Nowka, Mastering Secured Transactions, 252-253 (2009).

[54]　Timothy R. Zinnecker, The Default Provisions of Revised Article 9 the Uniform Commercial Code: Part I, 54 Bus. Law. 1113, 1160 (1990). もっとも，White & Summers, supra note 41, 1340 は，通知制度は疑問だとする。

財産法の新動向　I

(iii) 剰余金・不足額　　原則として，売却代金が，剰余金・不足額決定の基礎となる[55]。売却代金が低いのは，担保権者が適切に売却していないのか，適正な手続きに基づいたものであるにもかかわらず，消費者側の視点からすると低いにすぎないのかについて，改正過程で消費者側と債権者側との間で大いに論争があった[56]。しかし，この点に関連しては，担保目的物の処分が，担保権者に関係する者になされる場合，§9-615(f)が特別なルールを設けられているにすぎない。このような場合，担保権者には，処分金額を最大化するインセンティブに欠ける可能性があるからである（§9-615(f)Comment 6)。なお，売却された金額が適正な市場価格より下回るものだとしても，それだけで，常に，商業的合理性に欠けるということにはならないが，判例法からすると，受け取るであろうよりも，大幅に下回る場合にあっては，商業上合理的とはいえないとの兆候が見られるという[57]。

改正前の第9編にあっては，消費者である担保権設定者は，債務不履行により担保目的物の占有が取得された後，不足額を支払う義務があるのか，剰余金を請求できるのかを判断することが難しかった[58]。改正前第9編では，担保権者に，それらの計算を説明する義務が課されていなかったからである。そこで，**消費者物品取引**にあっては，担保権者は，剰余金・不足額がどのように計算されたのかについての説明を担保権設定者に送る義務が定められた（§9-616)[59]。剰余金または不足額の金額だけでなく，どのような方法で計算したのかを規定に従って説明するとともに，取引に関する付加的情報が利用できる電話番号，郵便の宛先が求められている（§9-616(a)(1)）。担保権者が不足額を請求する予定がない場合には，上記のような説明を送る必要はない（§9-616 Comment 2)。しかし，担保権者は，その説明要求の受領から14日以内に不足額に対する権利放棄の書面を消費者に送らなければならない（§9-616(b)(2)）。その通知を怠った場合には，担保権者は現実の損害賠償と500ドルの懲罰的損害賠償の責任を負う（§9-625(b)(e)）。

---

[55] Schabler v. Indianapolis Moris Plan, 234 N. E. 2d 655 (ind. 1968).
[56] McDonnell and Nehf, supra note 47, §20. 13 [5].
[57] Hagedorn, supra note18, at 350.
[58] McDonnell and Nehf, supra note 47, §20. 13 [3].
[59] 担保目的物の処分後，不足額の支払いを要求する，または剰余金を支払う前に，また，説明の要求を受け取ってから14日以内になさなければならない。

〔執行秀幸〕　　　　　　　　　　　　　　　*1*　担保法における消費者保護

なお，第9編以外の多くの法律によって，少なくとも一定の消費者取引において，消費者物品の担保権に対する担保権者の占有取得，目的物の売却，不足額の請求についての権利が制限されてきている。

(e) 担保権設定者の受戻権

担保権設定者等[60]は，債務不履行に陥ったとしても，担保目的物を受戻す，つまり未払額を支払うことにより，担保目的物から担保権等の負担をなくし絶対的権利を取り戻すことができる。これを受戻権という。担保権設定者等は，債務不履行後に，一定の方式に従った合意によって受戻権を放棄できるが，**消費者物品取引にあっては受戻権を放棄できない**とされている（§9-624(c)）。

(f) 担保権者が債務不履行規定に従わない場合の効果

(i) エクイティ上の救済・損害賠償　　担保権者が，第9編の債務不履行に関する規定に従って手続を行わない場合，§9-625は，エクイティ上の救済（裁判所の命令・差止）および損害賠償請求を規定する。損害賠償は，現実の損害の賠償が原則である（§9-625(c)(1)）。ただし，**消費者物品取引にあっては**，法定の最低の損害賠償額が定められている。つまり，担保権者は，いかなる場合も，信用サービス料に負債の元本額の10％を加算した額，または時価差額（time-price differential）に現金代金の10％を加算した額より少なくない額を賠償しなければならない（§9-625(c)(2)）。一定の規定[61]に違反した場合，現実の損害に加え，500ドルの損害賠償を支払わなければならない（§9-625(e)-(f)）。

(ii) 不足額の請求の否定

不足額または剰余金が争点の訴訟に関しては，消費者取引の場合とそれ以外の場合とで異なったルールが定められている。消費者取引以外の取引の場合，「反証を許す推定ルール（rebuttable presumption rule）」が採用されている（§9-626(a)）。担保権者がルールを遵守していたならば得たであろう売却代金は，担保権者が反証しない限り担保された債務等支払うべき総額と推定される（§9-626(a)(4)）。そこで，原則として，担保権者は不足額の請求をなしえない。しかし，

---

[60]　受戻権者としては，他に，二次的債務者，その他の担保権者，リーエン保持者があげられている（§9-623(a)）。受戻権は，当該担保物によって担保されるすべての債務の履行，および合理的な諸経費・弁護士報酬の供託によってすることができるが（§9-623(b)），担保目的物の処分または処分の契約締結，担保される債務の全部または一部の弁済として担保目的物の受領の時までになさなければならない（§9-623(c)）。

[61]　§§9-208。9-209，9-509(a)，9-513(a)または(c)，9-616(b)(1)，9-616(b)(2)，9-210。

担保権者がルールを遵守しても，売却代金が，右総額よりも少ないことを立証できれば，その差額を不足額として請求できることになる。

これに対して，消費者取引にあっては，「反証を許す推定ルール」の適用はない。起草段階では，消費者側は，多数の判例に従い，消費者取引においてルールに違反した担保権者は，絶対的に不足額の請求ができないとのルール（「絶対的阻却ルール」）を採用すべきだと主張したが，認められなかった。そして，結局，裁判所に適切なルールを定めることを委ねた。消費者取引以外の取引の場合に，「反証を許す推定ルール」の適用を限定しことから，消費者取引における適切なルールの性質を推定してはならず，判例法上確立したルールを適用し続けることができるとされた（§9-626(b)）。

だが，約半数の州が，少なくとも何らかの消費者信用取引にあっては，判例，立法によって絶対的阻却ルールを採用している[62]。絶対的阻却ルールをとらないほとんどの州は反証を許す推定ルールを採る[63]が，そのルールを取るほとんどの判例は，商人間のケースであるという[64]。

3　第9編等の消費者保護の基礎

では，改めて，第9編等の消費者保護規定をより深く理解するとともに，わが国の動産担保法の消費者保護との比較やあり方を考える上でも重要と思われるつぎのような点につき簡単にみていこう。アメリカの消費者信用の実態，消費者信用における担保の実態・機能，第9編における消費者保護規定制定の経緯，消費者動産担保権[65]の基本方針である。

(1)　消費者信用の実態・消費者法の発展

第9編に関して多くの消費者保護規定が存在する背景として，アメリカにおける消費者信用の発展をあげることができよう。アメリカにおいて，消費者信用が急激に発展したのは第2次世界大戦後のことである。中流階級が耐久消費財を購入するためのクレジット取引が整備されたため，消費者信用残高は，

---

[62]　Repossessions, supra note 37, §12.6.2.1.
[63]　ibid.
[64]　Repossessions, supra note 37, §12.6.3.1.
[65]　消費者資産（不動産を除く）に関する担保権を，このようにいうことにしたい。

〔執行秀幸〕　　　　　　　　　　　　　　　*1* 担保法における消費者保護

1945年の26億ドルから1960年の450万ドルに達したのである[66]。1971年は1371億ドル[67]、2009年、2010年は24兆ドルである[68]。アメリカ消費経済は、信用を中心に展開しているという[69]。

また、そもそも、アメリカにおいて、消費者運動が大きな力をもち[70]、1968年には、消費者信用保護法が制定されるなど1960年後半以降、消費者保護法の発展が著しく、アメリカ社会において消費者法が重要な地位を占めていることも無視できないであろう。1980年までには、ワシントンの行政の考え方も保護から自由市場アプローチに変わり、消費者保護は膠着状態または後退状況となったが、州議会は消費者保護にむしろ積極的となったという。連邦取引委員会は、不公正または欺瞞的慣行問題の中心的機関として重要な役割を果たしている。現在、州のレベルでは何らかの形態の消費者保護法があり、ほとんどすべてのロースクールで消費者法が教えられており、消費者事件を専門とする弁護士も多く存在する[71]。

---

[66] ジョセフ・ノセラ（野村総合研究所訳）『アメリカ金融革命の群像』34-35頁（野村総合研究所、1997年）。

[67] National Commission on Consumer Finance, Consumer Credit in the United States 5 (1972). Dee Pridgen, Consumer Credit and the Law §1.01 (ClarkBordman, 2000). 高木仁『アメリカの金融制度　改訂版』207-215頁（東洋経済新報社、2006年）、片岡善広＝山本信司監修・ビーケーシー編『消費者信用ビジネスの研究』37-60頁（株式会社ビーケーシー、2001年）等参照。

[68] Federal Reserve Statistical Release G.19 Consumer Credit (http://www.federalreserve.gov/releases/g19/current/g19.htm [2011年12月19日])。

[69] Dee Pridgen & Richard M. Alderman,Consumer Credit and the Law §1.01 (2009).

[70] U. S. Consumer Movement: History and Dynamics, in Brobeck et al., Encyclopedia of the Consumer Movement 584-601 (1997).

[71] Dee Pridgen Richard M. Alderman, Consumer Protection and the Law, §1:1 (2011-2012 ed.); Marsh, supra note 26, 6-11. アメリカの消費者信用規制の動向については、拙稿「アメリカ合衆国の消費者信用法制」クレジット研究31号8-11頁（2003年）参照。また、クレジット研究31号には、蓑輪靖博「貸付真実法からみたアメリカ消費者信用法制について」、牛嶋仁「アメリカ合衆国における金融機関の個人情報保護規制」、川島四郎「アメリカ合衆国における消費者破産の現況・素描」、拙稿「アメリカ合衆国における消費者信用と差別」、Dee Pridgen（桶舎典哲訳）「アメリカ合衆国の金利規制」、アメリカ連邦消費者信用保護法およびアメリカ貸付真実規則Zの試訳（蓑輪靖博）、アメリカ消費者保護法制関連文献リスト（概要）が納められている。

(2) 消費者信用における動産担保の実態・機能
(a) **消費者信用における動産担保の実態**
　消費者信用の発展だけではなく，その中で，動産担保が重要な役割を担っていることも第9編に関する消費者保護が大きな問題となっている背景にはあろう。

　自動車，ボート等を購入する際，現金や銀行のクレジットカードで購入する以外の場合には，購入した商品によって担保されているのが通常である。また，個人が小口金融業者からお金を借りる場合，その個人が所有している特定の消費者の財産に対して担保権を設定することが求められることがほとんどであるという。担保として，テレビ，ステレオ，ビデオカセットデッキ，コンピュータ機器，スポーツ用品，動力工具，ネックレス等も利用されているようである。さらには，消費者が，多くの小売業者のクレジットカード契約にあっては，カードの保有者が購入した物品に担保権が設定されている。もっとも，ビザやマスターカードのような銀行クレジットカードの勘定は，購入された物品により担保されていないという[72]。ただ，最近は，無担保のクレジットカードを利用できない信用力のない顧客のために，担保付クレジットカード[73]が登場している。典型的には，カードを発行する銀行の預金口座，譲渡性預金証書が担保とされている。

　わが国と比較すると，個人が小口金融業者から消費者がお金を借りる場合に最も大きな相違があろう。わが国でも，自動車金融などが存在するが，無担保である場合が多いと思われる。ところが，アメリカでは，無担保の小口ローンは大きな比重を占めていたが，現在では，「リスク管理上の問題がある」ことから，少なくとも大手の消費者金融サービス会社では主力商品にはなっていないという[74]。

(b) **動産担保の機能**
　消費者動産は担保価値は低いものが少なくない。この点は，アメリカでも同様である。では，なぜ，そのような動産が担保として用いられているのであろ

---

[72] McDonnell, supra note11, § 1.04 [1].

[73] Robert Cole & Lon Mishler, M. A., Consumer and Business Credit Management, 67 (11th ed. 1998).

[74] 片岡＝山本監修・前掲注(67) 37 頁。

[執行秀幸]　　　　　　　　　　　　　　　*1*　担保法における消費者保護

うか。McDonnell は，債権者が担保をとる動機に関して，つぎのようにいう。債権者が担保をとる動機として，経済的な分析が常に又はほぼ常に見過ごしているものがあるという。それは，債権者は担保目的物に債権回収手段そのものを求めている点であるという。販売業者や小口金融業者が限られた転売価値しかもたない消費者の日常生活の財産に担保権を設定するような場合にあっては，そのことは明らかであるという。債権者は担保目的物の占有を取得して担保目的物を売却する意図はない。債権者はエコノミストよりも人間の感情的な側面に注目して，債務者の担保目的物に対する感情的な愛着に頼る。その愛着が，債務の支払いを工面しようとする強力なインセンティブをもたらすことを期待するという[75]。

　同様なものであろうが，次の指摘も参考となろう。小売業者のクレジットカード契約において，カード保有者が購入した物品に担保権が設定されるが，小売業者は中古の消費者物品を占有取得して売却する利益はほとんどない。そのような財産は，急速に価値が下がり，ほとんどの大型小売店は中古品を売らない。そのような中古品の占有取得，保管，売却のコストは，その売却益を超えるであろう。ほとんどのステレオ，テレビ，家庭電気製品，その他の消費者物品を占有取得することは採算がとれない。結局，それらの物品は小売店にとっては価値がないが，消費者にとっては価値がある場合が少なくなく，小売業者が担保目的物を占有取得すると威嚇することによって，たとえ，占有取得するつもりがなくても，消費者に強力なインパクトを有するという[76]。

(3)　第9編における消費者保護規定制定の経緯

　第9編の全体のなかでどのような消費者保護規定が存在するのか，その概略については，先にみた。では，なぜ，消費者保護規定が必要だと考えられたのか。どのような経緯のもと，消費者保護規定が設けられたのであろうか。簡単にみておこう。

(a)　第9編の起草段階

　アメリカにあっても，伝統的には，私法上のルールは，商人間か商人と消費者間に適用されるか否かにかかわらず，同じように適用されると解されてい

---

[75]　McDonnell, supra note11, §1.04[2][a].
[76]　Repossessions, supra note 37, §3.6.1.

た。だが，1940年代および1950年代において，商人間によく機能するルールは，消費者が含まれる取引にあっては，同様にはうまくは機能しないと解されるようになってきたという[77]。

　第9編の当初の起草段階にあって，消費者物品取引に用いられる契約の方式，契約の譲受人に対する消費者の抗弁を放棄する条項を無効とする規定等，多くの消費者保護規定が設けられていたのも，このような考え方の影響があってのことであろう。だが，消費者保護規定は，「社会立法（social legislation）」で，一般的な法典化された法律には適するものではない，その規定は，消費者金融に従事する銀行や金融機関を不当に差別するものである，それらの規定は弱いもので，保護の幻想を与えるものにすぎなく，保護が存在すると信ずる誤用を防止するのに効果がない等の論争がなされた。この論争は，第9編の最初の起草過程において，最も激しいものの一つであったという[78]。そして，消費者保護規定について激しい論争の結果，妥協がなされ，わずかなものだけが残されたにすぎない[79]。しかし，妥協により初版の第9編は広く立法化され，他方，消費者保護ルールのほとんどは第9編の外で発展していったという[80]。

(b)　**1999年改正論議**

　消費者保護規定をどのように取り扱うかは1999年改正でも重大な問題となった。多くの消費者は，担保付取引を含む自らに不利になる可能性のある契約条項を十分に理解できず，また，その条項につき相手方と交渉可能性がないこと，同様に，債務不履行に陥った消費者は，商人である借主よりも，より多くの情報および保護が必要とされる。そこで，政策的には，消費者を特に保護する追加的な，または異なるルールが正当化されると考えられる。ところが，具体的に，その範囲・程度となると意見が分かれる。消費者代表は，より厚く広い消費者保護を強く主張していった。これに対し，第9編はモデル法でしかなく，50州以上で，州法として制定されてはじめて，動産担保法の統一を達成することができる。だが，州における社会，経済および政治状況の相違は多

---

[77]　Fred H. Miller, Consumers and the Code: The Search for the Proper Formula, 75 Wash.U. L. Q. 187, 187-188（1997）.

[78]　Grant Gilmore, Security Interests in Personal Property vol. 1, 293（1965）.

[79]　ibid.

[80]　Fred H. Miller, supra note 77, 191. 第2編でも同様であったという。

〔執行秀幸〕　　　　　　　　　　　　　　　*1*　担保法における消費者保護

様であり，どの程度の消費者保護規定が好ましいかは，州により異なりうる。そのため，全国的なコンセンサスを得ることは極めて困難であるという問題がある。

　結局は，第9編の改正が州法として受け入れられることが優先され，最終的に妥協がなされ，1999年改正にあっても，前述のように限られた消費者保護規定が設けられたにすぎない[81]。もっとも，この領域での，消費者保護の必要性については，一般的には否定できず，前述のように，他の州法や連邦法に多くの消費者保護の規定が存在している。しかも，それらの規定の適用があり，第9編の規定と抵触する場合，他の州法等の規定が優先することから，第9編の全体を理解するためには，それらの規定の理解も不可欠なのである。

(4)　消費者資産[82]に関する担保権の基本方針

　アメリカにおける動産担保付取引につき，消費者保護の根拠として，自らに不利になる可能性のある契約条項の理解困難性・交渉不可能性，債務不履行に陥った消費者により多くの情報・保護の必要性を紹介した。ここでは，さらに，第9編だけでなく連邦法や州法をも含めたアメリカにおける消費者資産の担保権に関する基本方針につき，McDonnellおよびNehf説くところをみておこう[83]。

　企業金融における1999年改正前第9編の制限の多くは取り払われ，ほとんどすべての事業資産が融資の担保として利用できるようになった。学者間で多くの論争がなされてきたが，広範囲にわたる浮動担保は効率的な慣行だとのコンセンサスに達したように思われる。これに対して，消費者資産については，同様なコンセンサスは存在しない。もっとも，高額の消費者資産における購

---

[81]　最終草案から削除された，消費者保護規定については，Tomas J. Buiteweg, The New Consumer Provisions in Revised UCC Article9, 54 Consumer Fin.L. Q. Rep185, 190-191 (2000) 参照。消費者が分割債務を怠った後に，購入代金の信用供与者が，信用供与者が，消費者が取得できるようにした自動車やボートを回収できないとすれば，消費者信用経済は存在しえないし，また，消費者は，分割払いで購入し支払わなかった場合，信用供与者は物品を回収するであろうという取引の基本構造を理解していると考えられるからであるという。

[82]　ここでは，消費者が有する資産のうち不動産を除くものをいうことにしたい。

[83]　以下は，基本的に，次の文献によっている。McDonnell and Nehf, supra note 48, §20. 01.

25

入代金担保権は必要かつ正当なものと，一般的に受け取られている[84]。そこで，企業金融と消費者金融における担保についての政策上の相違は，消費者が将来取得する可能性のある財産に対する担保権，および，非購入代金担保権に関して，である。前述のように，第9編は，企業金融にあっては通常である爾後取得財産条項を，消費者物品については制限している。第9編は消費者が現に所有する資産に対する非購入代金担保権を認めるが，一連の連邦および州レベルの規制・制定法によって，多くの場面で禁止・制限されてきているのである。なお，非購入代金担権とされているが，非占有の非購入代金担保権のとだと考えられ，ここでは，その意味で，「非購入代金担権」と述べておきたい。

　消費者資産に対する非購入代金担保権は，少なくとも次の3つの理由で疑問視されている[85]。第1に，これらの担保権が過度な影響力をもたらす恐れがある点である。担保権は債権者に，担保権設定者の資産を形に取り担保権設定者を支配する力を与える。懸念されるのは，債権者により信用供与されていない消費者資産に対する一般的な担保権によって，債権者は，担保権設定者に金銭の工面を強いるために過剰な圧力を行使できることである。消費者にとっての担保権が設定された財産の価値は，担保目的物としての価値よりも高く，債権者がそのような担保目的物を要求する動機は，債権者が売却によって経済的回復を図ることよりも債権回収の圧力のために担保権を用いることが多いという。第2は，ほとんどの消費者は，特に一般的定型的な文言によって担保権が設定された場合には担保権に対して意味のある（meaningfully）同意をしていない。つまり，個人的資産に対する担保権が強力な強制力をもたらすことを十分に認識して消費者の同意がなされていないという点である。第3は，消費者が債務不履行に陥ったときに，自らの権利を守る能力に対する疑問である。第9編は，私的な占有取得および債権者による消費者物品の売却が認められている。消費者の擁護者は，第9編にあっては，消費者である担保権設定者は，担保権者の恣意的な占有取得に対して適切な保護がなされていず，担保権者に，その後の

---

[84] 消費者が分割債務を怠った後に，購入代金の信用供与者が，信用供与者が，消費者が取得できるようにした自動車やボートを回収できないとすれば，消費者信用経済は存在しえないし，また，消費者は，分割払いで購入し支払わなかった場合，信用供与者は物品を回収するであろうという取引の基本構造を理解していると考えられるからであるという。

[85] McDonnell and Nehf, supra note 48, § 20.01.

〔執行秀幸〕　　　***1***　担保法における消費者保護

担保目的物の処分に関するルールに従う十分なインセンティブが提供されていないとする。改正にあたり，債務不履行段階における一連の消費者保護の規定が設けられたが，必ずしも十分なものでない。以上である。

　もっとも，購入代金担保権の実行段階でも，消費者が自らの権利を守ることができるかは問題となろう。また，クレジットカードによる消費者資産の購入により，購入代金担保権が問題となるが，そこでは，第1の理由が妥当するとの指摘もある[86]。さらには，第2の理由は，購入代金担保権にあっても問題となりえよう。ただ，消費者資産に対する非購入代金担保権にあっては，第1の理由だけでなく，第2および第3の理由を考慮すると，購入代金担保権と比較すれば，より一層，その存在に対して疑問が生ずるということであろう。また，企業金融の担保との政策上の相違として，非購入代金担保権への懐疑の他に，爾後取得財産条項の制限しかあげていないが，銀行預金口座への担保の制限等もある。だが，その点が最も重要なものと考えてのことであろう。

4　第9編等の消費者保護規定

　では，以上述べたことを踏まえて，第9編等の重要と思われるいくつかの消費者保護規定につき，やや詳しく検討していこう。

(1) 爾後取得動産条項に対する制限

　企業金融の担保との政策上の重要な相違としてあげられているものである。爾後取得動産条項は，消費者物品については，担保権者が対価を与えた後，10日以内に取得した消費者物品についてのみ担保の効力が及ぶとする（§9-204(b)(1)）[87]。その理由として，現在および将来のすべての財産を担保にとることから，貧困な消費者を保護することがあげられている[88]。企業は，担保の合意が将来の事業資産に対して担保権を設定することになることを理解することを期待で

---

[86] Repossessions, supra note 37, §3. 6. 1.
[87] ただ，消費物品が付属物（「当初の物品（original goods）の同一性が失われないような方法で物理的に他の物品と結合される物品」（§9-102(a)(1)））であれば，そのような制限はない。そこで，たとえば，自動車に担保が設定され，その自動車に新しいエンジンが取り付けられた場合，その担保権は，そのエンジンにも及ぶ（Hagedorn, supra note18, at81.）。
[88] ibid.

きるのに対して，消費者には，そのような期待はできないとの理由も指摘されている[89]。

(2) 消費者預金口座

1999年改正前第9編では，債権者は，他の担保目的物のプロシーズ（proceeds（担保権設定者が担保目的物を売却，リース，交換等することにより得られるもの））としては，預金口座（deposit accounts）に担保権を取得できるが，設定時に，預金口座を担保目的物とすることはできないとされていた（1972UCC§9-104(1)）。しかし，1999年改正により，消費者取引でない取引にあって，「預金口座」[90]を担保目的物とすることができるとした[91]。

これに対して，消費者取引における預金口座の譲渡は，他の担保目的物のプロシーズは別として，第9編の適用はないとされている（§9-109(13)）。もっとも，預金口座は，銀行にある口座に限定されている（§9-102(a)(29)）[92]。他の適用基準を設けることが困難であったからだという[93]。だが，そのような限定があっても，消費者の擁護者が，消費者から日々の支出のための必要な手段を奪うことになりうるとの，消費者の擁護者が抱いた懸念をほとんど払拭するであろうと指摘されている[94]。注意すべきは，コモンロー上の担保権を設定すること自

---

[89] McDonnell and Nef, supra 48, §20.02[1]. §9-204(b)(1)は，消費者の証券または一般無形財産に関する爾後取得財産条項を用いることを制限していないが，それは問題だと指摘されている（Id）。

[90] 「預金口座」とは，銀行が有する請求時払い，定期，貯金，通帳等の口座を意味する。ただし，「投資財産権」（investment property）および証書により証明される口座は含まれない。UCC§9-102(a)(26).

[91] UCC§9-109(d)(13)の反対解釈。改正により，原則として設定時に，預金口座を担保目的物とすることができることにしたのは，つぎのような理由による。改正前でも，債権者は，預金口座に，コモンロー上担保権を設定することはできたが，きわめて困難であった（Michael D. Sabbath, Deposit Accounts Under UCC Article 9 (2010)[http://www.sbli-inc.org/archive/2010/documents/DD.pdf]（2011年10月27日））。また，預金口座を開設している銀行は，顧客に貸付けを行っている場合，その顧客の債権を受動債権として相殺を行使しうる地位にあるが，他の債権者の有する在庫担保権等から生じたプロシーズ担保権によって制約を受ける等により弱いものであったためである

[92] 銀行は，銀行事業を営む組織と定義されている（UCC§9-102(8)）。

[93] Benfield, supra note5, at1305.

[94] ibid. Dwight L. Greene, Deposit Accounts as Bank Loan Collateral Beyond Setoff to Perfection-The Common Law Alive and Well, 39 Drake L. Rev. 259 (1989-1990) 参照。

体は禁止されていない点である。しかし，実際問題としては，コモンロー上の権利の完成の方法としては安定性に欠け，消費者銀行預金口座を第9編の適用から排除することは，結局，その担保物件としての利用の妨げとなっているという[95]。

消費者取引において制限がなされている理由については意見が分かれている。①預金口座を担保目的物と認めると，預金口座は消費者が日々の支出のための必要な手段であり，それを奪うことになる。②消費者が担保目的物の増大につき認識が欠けていることを理由とする見解もある。第9編により，債権者は，預金口座に対し容易に担保権を設定し完成させることできるため，担保付消費者金融において，他の担保権とともに預金口座にも担保権が及ぶような定型的文言が用いられるようになろう。ところが，消費者は，担保目的物の増大を認識せず，利息を低くしたり，他の譲歩を引き出したりすることによって，担保目的物の増大から利益を得ないことになってしまうというのである[96]。これらの見解は，消費者預金口座につきコモンロー上の担保権しか利用できないとした理由を十分説明できないとして，次のような見解も主張されている[97]。消費者預金口座につきコモンロー上の担保権しか利用できなくすることにより，債務者の担保権設定コストがかなり増大し，債務不履行のリスクが正確に評価されるようになる。つまり，消費者預金口座につき第9編の適用を認めると担保権設定のコストが低減して，消費者である債務者が，より多く借り過ぎてしまうことになる[98]ので，そのようにならないよう，第9編の適用を排除しているという。

(3) 信用慣行に関する連邦取引委員会取引規制規則

企業金融と消費者金融における担保についての政策上の重要な相違として，後者においては非購入代金担保権の設定が制限されていることは前述した。よ

---

[95] ibid..
[96] Braucher, supra note 44, at 94.
[97] Steven Walt, Underestimation Bias and the Regulation of Secured Consumer Debt, 40 UCCL. J. 169 (2007).
[98] 他の条件が同一であれば，担保権創設のコストが軽減されれば，消費者である債務者の担保付債務の需要が増大する。債務不履行のリスクの過小評価により返済のすべてのコストを過小評価し，そのため，より多くの担保付債務を負うことになるという。

り具体的にみていこう。FTC 規則は，消費者の家財道具に対する非占有，非購入代金担保権の設定を禁止する（16C. F. R. §444. 2(a)(4)）[99]。ただ，①質入れされた品目又は他の占有担保権，②代金購入担保権，③家財道具以外の担保目的物には適用がない。また，保護される家財道具は，比較的狭く定義され，その定義には，衣類，家具，電化製品，一台のラジオ，一台のテレビ，リネン，陶磁器，陶器，台所用品，および，消費者およびその被扶養者の身の回り品が含まれる（16C. F. R. §444. 1(i)）。FTC 規則は，債権者が家財道具につき購入代金担保を取ることは，不公正かつ欺瞞的慣行と規定し，その規則違反に対しFTC は強行措置を取ることができる。また，裁判所は，一貫して，FTC 規則違反の担保権は強行できないとする[100]。

　FTC が，債権者が上記のような担保権を取ることを不公正かつ欺瞞的慣行としたのは，すでに一般的に述べたが，要する次のような理由による[101]。担保目的物は，担保目的物としてほとんど価値がなく，そのような物品の占有取得の脅威（まれには現実の占有取得）が債権者に強力な債権回収の心理的手段を与える。しかも，これらの脅威は，精神的な苦痛，不安，自責の念，苦悩をもたらし，病気を引き起こし，家族関係を損なう。占有取得の脅威は，債務者にとり，きわめて強いものであるため，債務者は，通常，より好ましくない条件で再度融資を受けローンを返済することを強いることになる。もっとも，家財道具に担保権を設定することを禁止することに批判的な見解もないではなかった[102]。

[99] FTC 規則は，金融会社，信用組合，小売業者および FTC が管轄する他の信用供与者にしか適用がない。しかし，貯蓄監督局，連邦準備制度理事会が貯蓄貸付機関（12C. F.R.pt.535）および他の銀行（12C. F. R. pt. 227）につき，それぞれ，ほぼ同様な規則を規定している（Repossessions, supra note 37, §3. 4. 2. 3）。
[100] Repossessions, supra note 37, §3. 4. 2. 5.
[101] Repossessions, supra note 37, §3. 4. 2.
[102] それは道徳的に非難に値するものでなく，何らかの脅迫的効果については，担保権の設定を禁止することによるのではなくデュープロセスによる方法によるべきとの意見（Schwartz, The Enforceability of Security Interests in Consumer Goods, 26 J. of Law & Econ. 117, 150 (1983)）。また，Schwartz, The Enforceability of Security Interests in Consumer Goods, 26 J. of Law & Econ. 117, 150 (1983) は，次のようにいう。消費者の債権者は，債権回収につき限られた選択肢しかもっていない。消費者に家財道具につき担保権を認めると，両当事者に利益をもたらすような方法で，借主と貸主は絆を形成する。その動産は，債務者は不正を行わないように保証する債権者に与えられた人質であるが，それは経済的に小さな価値しかないため債権者が不適切な占有取得をしようとさせるものではない。

〔執行秀幸〕　　　　　　　　　　　　　　*1*　担保法における消費者保護

だが，FTC 規則の適用がない場合にあっても，多くの州法は，非購入代金担保権に対して，さまざまな消費者保護を図っている[103]。たとえば，カルフォルニア州にあっては，家財道具に対して，非占有かつ非購入代金担保権の設定を禁止する（FTC 規則と同様な内容である）。家族の住居に使用されている夫婦の財産，または，家族の家具または衣類を売却したり担保権を設定するためには両配偶者の同意が必要とされる。消費者物品・サービスの売主は，売却される財産以外の財産に対して担保権を設定することはできない[104]。自動車の売主についても同様である[105]。消費者信用契約は，一定の前提でのみ投資用財産に対して担保権を設定できる[106]。

(4) 債務の履行としての担保目的物の受領

前述のように，「債務の履行としての担保目的物の受領」が推奨されるべきで，多くの場合，すべての関係者にとり担保目的物の売却よりも，好ましい結果をもたらすとの考え方（§9-620 comt. 2）から，1999 年改正により，その手続が軽減され（§§9-620, 9-621），一部代物弁済が認められることが明確にされた[107]（§9-620）。しかし，消費者に対する特別な規定が設けられている。

①消費者物品の購入代金担保権の場合にあっては，現金販売価格の 60 パーセントが支払われたとき，または，消費者物品に関する他の担保権の場合にあっては融資額の 60 パーセントが返済されたとき，債権者は，債務の全部の履行として担保目的物を受領できない（§9-620(e)）[108]。このような場合，消費者は担保目的物にエクイティを有し，担保目的物の価値は債務残高を超える。

---

[103]　Repossessions, supra note 37, §3. 4. 3.
[104]　Cal.Civi.Code. §1804. 3.
[105]　Cal.Civi.Code. §2984. 2.
[106]　Cal.Civi.Code. §1799. 103.
[107]　改正前の§9-505 は，明らかでなかったが，判例では，そのような合意は認められていた（Benfield, supra note5, at 1286），See S, Fickinger Co. v. 18 Genesee Corp., 423 N. Y. S. 2d 73, 76 (N. Y. App. Div. 1979).
[108]　債務不履行後，担保権設定者が合意に署名ないし認証することによって，この権利を放棄しない場合には，債権者は占有取得の 90 日以内に担保目的物を売却しなければならない（§9-620(f)）。U. C. C. の 60 ％ルールを，改めて表明している，ないし，割賦販売につき，より厳格な状況のもと，または，いかなる場合にも担保権の売却を要求する州法が存在する（Repossessions, supra note 37, §9. 4. 2）。

それゆえ，担保権設定者が何らの行為をすることなく清算の請求を保証しようとするものである[109]。

②消費者取引にあっては，債務の一部履行としての担保目的物の受領は認められていない（§9-620(g)）。消費者は，特に自動車の取引においては，担保目的物の価値を適正に判断できない[110]。債権者の提案が，債権者が担保目的物を受け取り，しかも不足額を請求することもできるということを理解できないかもしれないからだという[111]。

③担保目的物が消費者物品である場合，担保権設定者が受領に同意したときに，担保目的物が担保権設定者の占有のもとにある場合，債権者は，債務の全部の履行としての担保目的物を受領することはできない（§9-620(a)(3)参照）。これは，消費者である担保権設定者が担保目的物を物理的に支配している限り，債権者は債務の全部の履行としての担保目的物を受領できないと考えるかもしれないことを配慮してのことであろうと指摘されている。そのような誤った信念により消費者は債権者の提案を適時に拒否しない可能性がある。その場合，黙示の同意があったことになる（§9-620(c)(2)参照）。何もしないことから生ずる厳しい結果に対して消費者を保護するため，法律は消費者物品を占有している担保権設定者の同意を無効としているというのである[112]。

担保権設定者は，代物弁済の場合，剰余金に対する権利を失う。だが，担保目的物の売却の場合には剰余金に対する権利を有する。そこで，担保目的物の価値が債務よりもかなり高いときには，担保権者は，担保目的物の売却よりも代物弁済を選択しようとするであろう。だが，§9-620 comt. 11 は，担保権設定者が拒否することを忘れるであろうことを期待して，100ドルの債権の満足を得るために1000ドルの価値のある担保目的物を受領する提案を債権者が行うことは，信義に則したものといえないという。そして，Benfield は，明らか

---

[109] Douglas J. Whaley, Secured Transactions, §555 (12th ed, 2002). 60％以上支払われた後には消費者は何らのエクイティを有するであろうとの期待にもとづくものであろうとの指摘もある（White & Summers, supra note 41, 1340.）。なお，この強制的処分は，債務不履行後，認証された合意により担保権設定者は放棄できる（§9-624(b)）。

[110] Benfield, supra note5, at1286.

[111] Braucher, supra note 44 at 9 ; Dianne M. Bartek & H. Joseph Acosta, The Effect of Revised Article 9 on Consumer Transactions. 9 J. Bankr. L. & Prac. 571, 580 (2000).

[112] Timothy R. Zinnecker, The Default Provisions of Revised Article 9 of The Uniform Commercial Cod Part II, 54 Bus. Law. 1737, 1770 (1999).

〔執行秀幸〕　　　　　　　　　　　　　*1*　担保法における消費者保護

に，債権の満足を得る以上の担保目的物を債権者が取ることは，おそらく，債権者は，信義則[113]に違反し，消費者取引にあって，その違反により6章で課されている法定の損害賠償を負うであろうという[114]。

①③は，第9編では，担保権者に，担保目的物の売却では清算義務があるが，代物弁済にあっては，清算義務がないことから生ずる問題を解決するための規定である。わが国では，譲渡担保，所有権留保につき清算義務が一般的に認められている[114a]ことから，これらの規定自体は，わが国において参考になることはないようにも思われる。だが，①にあっては，①のような明らかな不利益が消費者に生ずる可能性が高い場合に，②では，通常の消費者からすると法的に誤解して不利益を被る可能性がある場合にも，消費者を保護しているということ自体，十分意味があるといえよう。

(5) 不足額の請求

UCCにあっては，原則として，債権者は占有取得した担保目的物を売却した後には，不足額を請求することができる（§9-615(d)(2)）。しかし，約半数の州が，少なくとも一定の消費者取引において，不足額の請求を制限している。不足額の請求を認めない州の法律は「救済選択法」または「反不足額法（anti-deficiency statute）」と呼ばれている。債権者が担保目的物の占有を取得する場合には，不足額を債務者，保証人いずれに対しても請求できない。他方，債権者が債務者に対して訴訟で債務の全額の請求を行う場合には，債権者は担保目的物の占有を取得できない。多くの反不足額法は1964年または1974年の統一消費者信用法典（Uniform Consumer Credit Code）5-103条をモデルとしている。ほとんどが，適用の上限金額を設けている[115]。信用売買にのみ適用があるとするものもある。通常は，消費者取引にのみ適用がある[116]。

---

[113] 1999年改正第9編は，信義則の定義には，「事実としての正直さ（honest in fact）」だけでなく，「公正な取引の合理的な商的基準を遵守すること（observance of reasonable commercial standard of fair dealing）」も含まれる（§9-102(a)(43)）。

[114] Benfield, supra note5, at1287-1288.

[114a] 道垣内弘人『担保法物権法第3版』317，365頁（有斐閣，2008年）等。

[115] カリフォルニア州，イリノイ州にあっては，制限はない。だが，多くの州は，通常，1000ドルから2000ドルの上限がある（Consumer Credit Law　Manual, §10. 09 [3][b](2011))。

[116] Repossessions, supra note 37, §12. 4.

(6) 受戻権・治癒権（right to cure）・復活権（right to reinstate）

担保権設定者は，占有取得された担保目的物を，目的物により担保されたすべての債務の履行および合理的な経費等を提供することによって，担保目的物を処分するまで，いつでも受け戻すことができる（§9-623）。だが，前述のように，担保権設定者は，債務不履行後で，しかも，放棄する旨の認証された合意によってのみ受戻権を放棄できるが，そのような時期，方法によっても，消費者物品取引にあっては受戻権を放棄できない（§9-624(c)）。なお，期限利益喪失条項がある場合には，滞納している賦払金の提供ではなく，残額の全てが提供されなければならない（§9-623 Comment 2）。

受戻権とは別に，州によっては，債務不履行治癒権（right to cure a default），契約復活権（right to reinstate）が消費者に認められている。

多数の州では，一定のまたはすべての消費者信用取引において，債務不履行を治癒する権利が規定されている[117]。詳細は州ごとに異なるが，一般には，次の通りである。債権者は，債務者に，まず，債務不履行および治癒権につき書面による通知を送り，期限の利益の喪失，占有取得または担保権の司法上の実行まで，法律で定める特定の期間を待たなければならない。消費者は，その期間内に，滞った支払い，および遅延利息を支払うだけで，当該信用取引は，債務不履行がなかったことになる。統一消費者信用法典を採用している州[118]にあっては，治癒権はすべての消費者信用取引に適用があるが，より典型的には，小売割賦販売法，自動車小売割賦販売法，移動式住宅（manufactured homes）に適用されるような他の特別の法律にのみ，みられる。

また，破産法13章における破産を申し立てた消費者は，ローンの期限の利益が喪失した場合にあっても，また，一定の場合には，担保目的物の占有が取得された場合にも，長期に渡る債務につき治癒権を有する[119]。また，住宅用モービルホームの第一順位のモーゲージローンに関して，貯蓄監督局（Office of Thrift Supervision）規則が通知後30日の治癒権を認めている[120]。

---

[117] Repossessions, supra note 37, §4.5.
[118] コロラド，アイダホ，インディアナ，アイオア，カンザス，メーン，オクラホマ，ユタ，ワイオミング，サウス・キャロライナ，ウィスコンシンの9州である。
[119] 11 U.S.C. §1322(b)(5).
[120] 12 C.F.R. §§590.2(a), 590.4(h). Repossessions s, supra note 37, §4.5.3.

〔執行秀幸〕　　　　　　　　　　　　　　　　　*1*　担保法における消費者保護

　さらに，州によっては，債権者は，消費者に，債務不履行，占有取得後，契約の復活を認めなければならないとする[121]。この復活権は，次のような点で受戻権とは異なる。消費者である買主は，期限の利益喪失前に，履行していない金額および占有取得の手数料を支払えば，担保目的物の占有を回復し契約を復活させることができる。占有取得から特定の期間（たとえば15日）に限られ，担保目的物の処分前に，その権利は失効する。消費者である買主が，担保目的物を毀損すると威嚇する，または毀損しようとするような不誠実な場合には，適用ない。他方，治癒権との相違は次の点にある。復活権は，担保目的物の占有取得後に認められるものであるのに対して，治癒権は，その占有取得前に生ずる。だが，両者とも，契約を元の条件に戻すという意味で共通する。もっとも，一定の復活権を認める法律は，消費者が，その権利を行使する回数を制限している[122]。

5　結　語

　i　以上，アメリカ動産担保制度における消費者保護につき，第9編に関連して，なぜ，多くの消費者保護の規定・議論があるのか，第9編に適用される取引に関する消費者保護規定は，どのような問題を，いかなる考え方・方法により解決しようとしているのかという問題意識をもって検討してきた。もっとも，きわめて多くの条項，法律が関係していることから，より詳細な検討は今後の課題であるが，本稿で検討した限りで，まとめておくことにしたい。

　ii　アメリカの動産担保権が，その内容も基本的には法律で定められ，その実行も，裁判所の介入のもと厳格なルールのもとでなされていることになっているとすれば，基本的には，消費者保護の規定の必要性は，それほど大きくないであろう[123]。だが，第9編は，より広い範囲の財産に対して，より容易にコストをかけずに，担保権を設定し完成させることができ，しかも，担保権の

---

[121]　Repossessions s, supra note 37, §9.2. Repossessions s, supra note 36, §8.6.3.

[122]　カリフォルニア自動車販売信用法は契約の期間2回，12ヶ月に1回の制限がある（Cal. Civ. Code §2983.3（West）（Automobile Sales Finance Act））。

[123]　法定担保にあっても，消費者保護が問題となりうる。たとえば，でアメリカ合衆国のメカニクスリーエンにつき，住宅所有者の保護が図られている州が存在する（151-152, 155156, 165-166頁　拙稿「不動産工事の先取特権——アメリカ合衆国における統一建設リーエン法の検討」堀龍兒他『担保制度の現代的展開』（日本評論社，2006））。

実行にあっても，自力救済，私的実行を認めている。これらは，「規制緩和」，「契約自由の原則」によって達成され，担保権者により多くの自由が与えられていることになる。このようなシステムは，担保権設定者が十分な情報をもち関係する法律をよく理解でき交渉力をもっているような企業が金融を得るため金融機関と担保を設定するような場合には，基本的には合理的なものといえなくはない。だが，十分な情報と交渉力を有せず，しかも，第９編等の複雑な法的知識も有しない消費者が，消費者金融のために消費者物品等に担保権を設定するような場合には，必ずしも，第９編の動産担保法の原則的なルールは常に適合的だとはいえない。そこで，一般的には，何らかの消費者保護の規定を設けることについて異論はないとしても，具体論となると議論の余地はある。特に第９編はモデル法で，社会・経済，政治状態の大きく異なる各州で立法化する必要があるため，第９編では，消費者保護規定は限定的なものとなり，多くの消費者保護規定は連邦法，その他の州法によって定められることになった。

iii 第９編に適用される取引に関係する多くの消費者保護規定が存在する背景には，アメリカにおいて消費者信用が高度に発展し，動産担保権が重要な役割を果たしていることがあげられよう。また，第９編の当初の起草段階で，すでに，商人間のルールとは異なる消費者保護のルールの必要性が認められていたこと，さらには，アメリカにあっては，消費者信用保護法を含む消費者保護法の発展が著しいことも重要であろう。

なお，アメリカでも，消費者動産の担保価値は低い場合が少なくないことに変わりはない。しかし，そのような場合でも，担保権者の担保目的物の占有取得，またはその威嚇が債権回収の強力な心理的手段となるため，それを得るために担保が利用されているという[124]。

iv では，次の問題を整理しよう。①適用範囲等，②成立，③完成，④担保権の実行とに分けると，取り上げた限りでは，最も消費者保護規定が多く議論があったのが④であった。①と②に関しても，重要な規定があり議論があった。

---

[124] 債権者の苛酷な取立が厳格に規制され（公正債務取立慣行法（Fair Debt Collection Practices Act）および州法が制定されている），消費者たる債務者の保護が強く図られていることも関係しているものと思われる。このような規制が効果的になされていなければ，債務者に心理的圧迫を加えるために，わざわざ動産担保権を設定する必要はないからである。

〔執行秀幸〕　　　　　　　　　　　　*1*　担保法における消費者保護

　担保権の実行段階での目標は，効率かつ公正な実行であろう。第9編は，基本的には効率を重視する。裁判所を介在することなく，担保権者は，担保目的物の占有を取得し，債務の履行として担保目的物を受領する，または換価できる。担保権者が適切な行動をとり理想的な状況下であれば，公正な実行が実現できよう。だが，現実には必ずしもそうはいかない。そこで，その問題解決に，つぎのような3つの選択肢が考えられよう。①効率よりも公正を重視して，すべて裁判所が関与するようにする。②自力救済，私的実行は維持しつつ，担保権設定者が消費者か否かにかかわらず，担保目的物の評価を鑑定人による鑑定を要求するなど，より厳格な適正な手続のルールを定める，③一般的には，緩やかな適正な手続のルールを定めて，担保権の実行システム全体としては，効率性をできるだけ維持しつつ，消費者取引等にあっては，より厳格な適正な手続のルールを採用する。

　第9編は，③の選択肢をとっている。つまり，「平穏を害さない」，「事前の通知」，「商業上の合理性」等のルールを一般的に定めた上で，消費者にあっては，より適切に対処できるように，より多くの情報の提供を求める。たとえば，剰余金・不足額の計算の説明義務を担保権者に課す。当該条項により不利益を受けるにもかかわらず十分に理解できない，消費者は，相手方との交渉可能性がない場合も少なくない。そのような理由で，消費者取引では一部代物弁済は認められていない（§9-620(g)）。また，受戻権は放棄できないとする（§9-624(c)）。さらに，「反不足額法」は，担保権者が担保目的物を占有取得する場合には，不足額の請求をなしえないとすることによって，効率性を犠牲にしても消費者をより厚く保護しているのである。

　ｖ　②での，貸付真実法による担保権の開示義務は，消費者にとり担保権の設定は法的に重要な意味をもつので，十分納得して契約を締結させるべきだとの趣旨であろう。これは，消費者法における一般的な手法といえよう。

　では，爾後取得動産条項の制限，銀行預金口座の担保の制限は，どのように理解できるか。第9編は，担保権設定者が現在有している，また将来取得するであろう，基本的にすべての人的財産に対して，きわめて容易に担保権を設定できるようになっている。このような担保権は，企業金融における担保として適合的なものと考えられている。だが，必ずしも消費者金融の担保として適合的なものとはいえない。むろん，契約自由の原則が採られていることから，消

37

費者金融の担保として適合的になるように当事者間で契約により定めることも理論的には可能である。だが，現実には，そのようなことは期待できない。むしろ，定型的な契約書に爾後取得動産条項があり，銀行預金口座が担保の対象となっていても，消費者は十分認識せず，また，その法的意義を十分理解できずに，消費者が受ける利益以上に，大きな不利益を被る可能性は高い。①爾後取得動産条項の制限，②銀行預金口座の担保の制限は，実質的には，このような理由で制限がなされているものと推測される。そのような不利益とは，具体的には，①は，困窮した消費者が現在および将来のすべての財産に担保がとられ，完全に困窮に陥ること，②については議論は分かれるが，消費者の「必需品」ともいえる銀行預金口座が奪われることが，消費者側の懸念であった。

　むろん，企業金融の担保としても，その内容がきわめて限定されたものであれば，消費者保護規定は特に必要とはされないであろう。つまり，第9編が，アメリカにおける企業金融の担保として，より適合的になるように定めたルールを，消費者金融の担保にも適用されるとしていることから，上記のような消費者保護規定が必要とされたと理解できよう。

　vi　消費者の家財道具に関する非占有・非購入代金担保権が禁止されていることをどのように理解したらよいか。担保権の設定が禁止されているような家財道具（以下，単に「家財道具」という）の担保は，担保権者にとって価値はほとんどないが，担保目的物の占有取得の威嚇が強力な債権回収の心理的手段として使われ，そのことにより消費者に，しばしば重大な精神的損害をもたらしており，それを上回る利益をもたらしていない。また，家財道具の担保権設定を消費者は回避できないとして，FTCは，家財道具に関する非占有・非購入代金担保権を禁止したのである。なお，公正取立慣行法（The Fair Debt Collection Practice Act）では，明文で担保目的物の占有取得の意図がないのに，占有取得するとの威嚇行為は禁止されている（15U. S. C. §1692 f(6)(B)）。また，クレジットカードにつき，つぎのような指摘もある。クレジットカードで購入したほとんどの担保目的物は債権者にとり経済的価値がない。したがって，そのような財産を占有取得すると威嚇することは一般的に虚偽である。どの担保目的物にリスクがあるか否かの記録がないような場合には，公正債務取立慣行法，州の債務取立法，州の欺瞞的慣行法に違反する[125]。このような取立規制との整合性からも，家財道具に関する非占有・非購入代金担保権を規制すべきものと考え

〔執行秀幸〕　　　　　　　　　　　　　　*1*　担保法における消費者保護

られているのではないかと推測される。このことからすると，消費者金融における担保の不合理性の判断基準を考える際には，少なくとも担保を取り巻く消費者信用法の関連条文との整合性が重要だと考えられるのではないか。

　vii　以上の分析も必ずしも十分なものでなく網羅的でもない。そこで，詳細な検討，また，わが国の動産担保制度における消費者保護を考えるにあたり，どのようなことが参考となるかについては，別の機会に取り組むことにしたい。

　だが，これまでの検討からしても，次のような指摘はできよう。第9編の原則規定の具体的内容が，わが国の動産担保法と異なることから，消費者保護規定も特殊なもののように思われる。たしかに，第9編では，債務の履行としての担保目的物の受領にあっては，清算義務が原則として認められていないため，その不合理性を消費者保護という形で部分的に解消しているとみることができる。しかし，消費者保護規定が必要とされる問題としては，わが国でも共通する，ないし共通することになるであろうものも少なくないと考えられる。そこで，アメリカにおける，それらの問題解決の考え方，手法は十分に参考になるものと思われる。

　すでに長尾教授の提言があるが，UCC第9編に関連する消費者保護法規に関する本稿の考察からしても，わが国の「動産担保法」の解釈論・立法論において，どのような結論になるかは別として，消費者信用における担保のあり方，消費者保護の視点からの検討は重要である。「消費者信用法」の検討にあっても，その担保のあり方にも注目していく必要がある。

　　＊本稿は，2009年中央大学特別課題研究費による成果の一部である。

---

(125)　Repossessions, supra note 36, §3.6.6.

2 抵当権に基づく物権的請求権による抵当権者の原状回復請求について
――近時の裁判例を素材として――

小 杉 茂 雄

1 問題の所在
2 抵当権の各種侵害に対応する物権的請求権
3 物権的請求権の一態様として
の原状回復請求（返還請求）
4 抵当目的物の修理，修補請求としての原状回復請求
5 結　び

1　問題の所在

(1)　債権の履行担保のために，不動産に抵当権を設定した場合，抵当不動産の担保価値の把握を抵当権者がしっかりしておけば，すなわち，抵当不動産の値踏みを過たなければ，確実に債権の回収ができることになる。もちろん，抵当権設定時に抵当不動産の値踏みを過たなければそれで安心かというと必ずしもそうでない場合があるであろう。

抵当不動産（土地，建物）のうち，土地はバブル経済が崩壊する前までは，価値的には，右肩上がりの堅い担保価値の抵当目的物であった。もうひとつの建物の（担保）価値は，改修築等せずに，そのままにしておけば，年を経るごとに，経年劣化して，右肩下がりとなっていくのが通常であるといえる。

抵当権者は，抵当権設定時に把握した担保価値が，経済的要因以外の理由によって下落，低減しないように，抵当不動産の担保価値の維持を考えなくてはならない。

抵当権は，目的物の交換価値，とりわけ抵当権の優先弁済権を侵害され，またはそのおそれがあるかぎりで，その妨害の排除または予防を請求することができる[1]。

---

(1)　大判昭和 6 年 10 月 21 日民集 10 巻 913 頁。同判決は，競売開始決定後でも，債務者の抵当不動産の事実上の侵害行為の排除請求ができるとしている。好美清光『新版注釈

ことの順序としては，どのような場合に，抵当権の侵害となるかが問題とされなければならないが，抵当権侵害論より抵当権の効力の効果論，物権的請求権の行使，態様の部分に未検討の部分があると考えるので[2]，その点を以下に論じてみたい。

　(2)　抵当権の侵害があって，物権的請求権を行使する段階になって，「抵当権は占有すべき権利ではないから，無権限者が目的物を占有・使用しているだけでは，当然にこれを排除することはできない……。抵当不動産から分離物が搬出されてしまった場合に，抵当権の効力が及ぶ……と解する……としても，抵当権は占有すべき権利ではないから，自己にではなく，抵当権設定者（＝所有者）に（厳密には旧所在場所に）返還せよと請求することができるだけと解すべきであろう。判例は，工場抵当法2条により……抵当権の目的とされた動産について，……抵当権の効力はなおこの搬出動産に及んでおり……，抵当権者はこの動産を元の備付け場所である工場に戻すことを請求しうる，としている（最判昭57・3・12民集36・3・349）。これらを，侵害者の手許から取り戻す点に着眼して返還請求権と把握するか，占有すべき権利者でない抵当権者に引き渡すのでないことに注目して妨害請求権と理解するかは，用語の問題に帰する。」[3]とされている。抵当権が侵害されたときに，その侵害除去のための物権的請求権の態様の内容（中身）について，「抵当権は占有すべき権利ではない」という抵当権の特性が行使の態様に影響を与えていて，どこまで，どのようなかたちで物権的請求権行使するのか。また，どのようなかたちでできるのか。網羅的に明らかにはされておらず，明確でない部分が残っているように思われる。

　金融機関などの債権管理において，担保価値維持のために，どのようなかたちで，物権的請求権によって，侵害除去ができるのかは，明確でなかった部分が残っていて，その答えがだされていないようにも思われるのである[4]。

　かかる前提のもと，最大判平成11年11月24日民集53巻8号1899頁にお

　　民法(6)〔補訂版〕』127頁。
(2)　物権的請求権に対応する抵当権侵害論は，最大判平成11年11月24日民集53巻8号1899頁で一応のかたちが形成され，判例理論は，一応の収束をみたといえよう。
(3)　好美・前掲注(1)127頁，128頁。
(4)　具体的には，抵当不動産が損壊し，その修理・補修をするという原状回復請求が認められる場合であれば，どのような原状回復をするかというその内容，中身を検討するのである。

いて，奥田昌道判事の補足意見が，抵当不動産の所有者が受領を拒んだり所有者が受領することが期待できないといった事情があるときは，原則として，直接自己に明け渡すよう求めることができ，その場合の抵当権者の取得する占有は，「抵当権のために管理する目的での占有，いわゆる『管理占有』である」とされたことによって，従来に比して，抵当権に基づく物権的請求権の行使による侵害の除去が容易になったといえるのである。

この点の確認，検討と以前から私が抵当権侵害と物権的請求権の行使についてわからないところ，考えてきたところを掃き出し，今まで真正面から論じられるところが少なかった部分の抵当権に基づく物権的請求権の具体的態様（原状回復請求の内容）を本稿において明らかにし，抵当権に基づく物権的請求権の内容を少しながら明らかにしてみたい[5]。

2 抵当権の各種侵害に対応する物権的請求権

(1) 抵当権侵害の態様

我妻榮博士は，抵当権の侵害となりうる具体例として，

① 抵当家屋を取り壊すこと，

② 抵当不動産の附加物や従物を不当に分離すること，

③ 抵当目的物の自然的損傷を修理しないこと，

などをあげられている[6]。

上記②の侵害の態様について，返還請求は認められないが，抵当権の効力として，一括して競売することの便宜のために，抵当不動産の所在場所に戻すように請求する権利は認め得る，とされる。

認め得る理由は，抵当権の**本来の価値を回復する**手段だから，ということである。「一括して競売することの便宜のため」に，抵当不動産の所在場所に戻すことは，物権的請求権による侵害除去にはぴったりな手段と思われる。

---

[5] 私だけが答えがわかっていないだけなのかもしれない。わからない箇所は，抵当権の物権的請求権による「原状回復」請求の内容・中身であり，その検討をしてみたい。「原状回復」請求の内容・中身は，不動産賃貸借の終了時においても問題になり，種々紛争が生じている（マンションの居室の賃貸借の原状回復については，国土交通省のガイドラインが公表されている）。原状回復の内容・中身（範囲といってもよいかもしれない）は，実務的にはさほど明確ではない。

[6] 我妻榮『新訂担保物権法（民法講義Ⅲ）』383頁。

財産法の新動向　Ⅰ

「一括して競売することの便宜のため」という理由は後に取り上げる最判昭和57年3月12日民集36巻3号349頁もその趣旨を踏まえて、抵当権者の原状回復請求を認容している[7]。

上記①と上記③については、我妻博士は、それに対応する手段を具体的に明らかにされていない。

上記③の侵害の態様については、抵当権設定者は、抵当権設定後は、自然的損傷があれば、抵当権者のために修理、修補しなければ、不作為の抵当権侵害となって、抵当権者の物権的請求権行使による原状回復が求められるということになる。

本稿において、この点の我妻博士の「抵当目的物の自然的損壊を修理しないこと」という不作為の抵当権侵害の態様に対応する物権的請求権の内容、中身、すなわち、物権的請求権の一態様である原状回復請求を中心に検討してみたい。

(2) 元の場所に戻すという原状回復

抵当権の侵害があれば、その侵害を除去するために、物権的請求権を行使し得るということになるが、上記②の態様の侵害の場合について、我妻博士は、もちろん、不当分離の対象である附加物、従物が動産であって、第三者が即時取得する前のことに限定されるのであろうが、抵当権に基づく返還請求権は認められないとされている[8]。

上記②の抵当不動産の所在場所に戻す請求権は、原状回復請求権という言葉、用語にさほど大きな違和感はなく、それどころかむしろぴったりしているといってよい。

上記①については、取り壊し中であれば、妨害予防請求権としての差し止め請求ということになるが、あわせて、取り壊し部分の原状回復請求の可否が問題となる。

抵当不動産の全部の取り壊しの場合は、抵当権は消滅するが、部分的な取り

---

(7) 同判決は、「抵当権の担保価値を保全するためには、目的動産の処分等を禁止するだけでは足りず、搬出された目的動産をもとの備付場所に戻して、原状回復すべき必要がある」としている。

(8) 我妻・前掲注(6)384頁、385頁は、旧版の説を修正され「一括して競売することの便宜のために、抵当不動産の所在場所に戻すように請求する権利は認めうるのではあるまいか」とされている。

壊しであった場合，その後も，原状回復の必要性がでてくる[9]。

上記③についても，原状回復請求の可否の問題となろうが，地震や台風などの自然災害で，抵当建物が部分損壊したり，半壊したり，抵当土地が（部分的に）陥没した場合に，抵当権設定者（所有者）は，しばらくの間でも，放置しておくことができないのか。

放置していれば，抵当権者から修復請求され，修理，修補（義務）の履行を迫られることになるのだろうか。

抵当権者は，損壊等した場合に，設定者（所有者）に，抵当権侵害の不法行為に基づく損害賠償請求は，設定者（所有者）に概ね帰責事由がないであろうからできないが，物権的請求権による現状回復請求はできるということでよいのであろうか，などという疑問が私のなかででてくるのである[10]。

(3) 原状回復の位置づけ

自然災害による目的物の（部分的）物理損壊の場合，設定者（所有者）は，応急的な修理をすることもあろうが，部分的損害であっても，全面的に改築，建て替えられることも多いであろう。建て替えられたら，抵当建物が無くなった時点で，設定された抵当権は，消滅するから，抵当権者は，建て替え後の建物に新たに抵当権の設定が必要となってくる。

工事建物の解体をストップさせても，何ら担保価値の維持がはかられないのはあきらかなことであろう。

建て替えの途中の解体工事中にその状況を抵当権者が把握して，物権的請求権によって，解体差し止めを求めても，担保価値の維持に寄与することはない。それどころか，差し止めを求めたことによって，竣工が遅れるだけで，ますます担保価値の維持は図れないことになる。

上記①ないし上記③について，抵当権侵害による損害賠償請求の問題として処理できる（ただし，上記③については，その余地がある）のであるが，抵当権侵害

---

[9] 抵当不動産の一部損壊の場合でも，その程度が大きければ，当該部分だけの修理・補修では足りず，建て替えをする必要性が高い場合が比較的多いであろう。

[10] 物権的請求権の内容，費用負担の大問題に踏み込まなければならないのであろうが，私の能力の限界を超えているので，その点，きちんと検討しないままで，先に進めさせていただきたい。

について，物権的請求権で対応することを認めるのであれば，その手段が具体的に明らかにされなければならない。

原状回復請求が，物権的請求権の一態様であるとすれば，妨害排除請求，妨害予防請求，返還請求のほかに原状回復請求があるとするのか，返還請求の一態様として，原状回復請求を包摂してしまうのか，後述のように，そのことが言葉の問題であるのか否か[11]，原状回復の具体的な現実的の内容，中身，すなわち，抵当権の物権的請求権としての原状回復請求の態様を少しながら考えてみたい。

3　物権的請求権の一態様としての原状回復請求（返還請求）

(1)　最判昭和57年3月12日前掲からの示唆

(a)　我妻博士は，上記②の態様の侵害の場合について，返還請求権は，認められないとされるが，抵当不動産の所在場所に戻す請求権は認められてもよいであろう，といわれる[12]。

しかし，この元に戻す請求権と返還請求権とはどう違うのか。好美博士がいわれたように，「用語の問題に帰する」ことなのであろうか[13]。

我妻博士は，抵当権者が占有すべき権原を持たないということに配慮されたのであろう。しかし，抵当権者にもとの所在場所に戻す請求権を認める以上，戻したものを受け取れないのであれば，この請求権はほとんど実効性をもたない請求権といわざるをえない。

返還請求であれば，抵当権者が受け取ることが前提となるが，元に戻す請求であれば，抵当権者が受け取ることは必ずしも前提とはならない。理論上は異なるものであるが，現実の（強制）執行の場合は，同じやり方になるから（民執168条参照。これに関連して後述(2)(b)参照。），「用語の問題」と言ってよいのかもしれない。

(b)　最判昭和57年3月12日前掲の判例評釈において，大塚直教授は，「従来の学説の用語によるいわゆる返還請求権に関しては，民法上，否定説……と

---

(11)　また，元の場所に戻す請求を返還請求というか，原状回復請求というかが，言葉の問題かどうかは，原状回復請求の具体的内容如何に関わってくると考えている。
(12)　我妻・前掲注(6)385頁。
(13)　好美・前掲注(1)128頁。

〔小杉茂雄〕　　2　抵当権に基づく物権的請求権による抵当権者の原状回復請求について

肯定説……とが一応存在する。しかし，両説は必ずしも実質的に対立しているわけではない。すなわち，否定説の論者は，抵当権の内容には，本来，目的物を占有すべき権利は含まれないから，『返還請求』はできないとするにすぎず，『返還請求』の語を抵当権者自身への引渡請求の意味だけで用いている可能性も大きい……。少なくとも，原状回復請求を否定する議論を実質的に展開している見解は全く見受けられないのである。他方，肯定説の論者（我妻博士；筆者注）は，『抵当権者自身への引渡請求は認められないとしても，一括して競売することの便宜のために，抵当不動産の所在場所に戻すように請求する権利は認めうるのではあるまいか。けだし，抵当権の本来の価値を回復する手段だからである。』として，原状回復請求を認めるべきことを論じているのである。ただ，原状回復請求が認められるためには，抵当権の追及力が残っていることが必要であるが」と整理されている[14]。

　後にも触れるが，抵当権の追及力が残っているかどうかは，抵当権の公示の範囲内か，公示に含まれるかで決まってくるものと思われる。

　大塚教授は，最判昭和57年3月12日前掲は，「学説上実質的な論争が展開されていなかった問題に関するもの」とされ，最判昭和57年3月12日前掲の判例研究で，問題の議論がなされ，ひとつの結論がだされたものである，としている[15]。

　しかし，この結論は，最大判平成11年11月24日民集53巻8号1899頁が，抵当権者に抵当目的物の「管理占有」を認めるに至って，少なくとも，学説などの補足の議論の必要性がでてきたように思われる。

　(c)　最判昭和57年3月12日の判例批評において，高木多喜男教授は，抵当権の効力が及ぶ場合，抵当権（の物権的請求権）に基づいて原状回復請求をなしうるか，の問題について，抵当不動産の分離物，分離動産の原状回復請求は，抵当設定者の占有下に置かしめるために相手方に占有移転を求めるので，純粋に妨害排除請求ではないので，学説は，返還請求権のカテゴリーに含めて議論するのが通常であるが，抵当権は，占有を内容とする本権ではないので，そもそも返還請求権はないというテーゼと衝突することとなり，否定説の根拠となる。結論的には，用語の問題に帰すると考えるのが正当である，とされている[16]。

---

[14]　大塚直「最判昭和57年3月12日判例評釈」法協101巻3号140頁。
[15]　大塚・前掲評釈140頁，141頁。

47

財産法の新動向　I

(d)　また，林良平教授は[17]，抵当目的物の「附加物が分離された場合，抵当権は分離物に及ぶか，抵当権の侵害としてどの範囲の物権的請求権が認められるのか，についても，難問を提起している」とされ，最判昭和57年で，問題となった工場抵当の抵当権の範囲については，特に争われておらず，問題は，抵当権侵害に対する効力（物権的請求権）についてである。抵当権侵害に対する効力については，民法上の抵当権と共通な問題といえる。そして，そもそも抵当権の効力が附加物に及ぶという原則は，最少限度の「物」の利用の状態を破壊しないで抵当権の実行をすることが望ましいための措置である。第三者の手に渡っているときには，占有を設定者に戻すことも含むであろう。これは，もとより返還請求権型の物権的請求権ではなくむしろ，抵当権支配の妨害の排除の一型態であろう，とされる。

極めて明解，かつ，正鵠を得た指摘をされているのである。

すなわち，原状回復させる物権的請求権は，「その給付内容が，請求権者たる抵当権者への占有回復とか占有妨害排除でなく，設定者のがわでの占有回復につながる給付内容つまり設定者の占有の回復であることが，従来問題を残させたのではないかと考えられる。この請求権の履行は相手方が請求権者になすのであるが，その給付内容は他の方向つまり設定者の方を向いており，抵当権者に帰属する給付結果は，抵当権の実行の容易化という担保物支配の妨害排除であった，ということが，本件のごとき結論が明瞭にされなかった理由ではないかと考えられる。」「このようにみれば，本件のごとき原状回復を請求できる物権的請求権は，一般の抵当権の分離物についても，抵当権の効力の及んでいる限りは認められることになる。単に工場抵当に限らない法理として妥当すべきである」とされているのである。

(e)　最大判平成11年11月24日前掲以前の「管理占有」の認知されない段階でも，有力説は，返還請求権を認めていたのである。

抵当権者の返還請求権が認められるに至って，「用語の問題」かどうかも解

---

[16]　高木多喜男「最判昭和57年3月12日判例評釈」判評294号（判時295号）175頁。私（「抵当権に基づく物権的請求権の再構成」西南学院大学法学論集14巻2号153頁）が，原状回復請求を妨害排除請求の一態様として位置づけ，かかる理論問題を解決しようとする考え方も用語の問題に帰する，とされている。

[17]　林良平「最判昭和57年3月12日判例批評」民商88巻1号117頁以下参照。

〔小杉茂雄〕　　2　抵当権に基づく物権的請求権による抵当権者の原状回復請求について

決している，といえる。

(2)　最大判平成11年11月24日前掲が認めた，抵当権者の「管理占有」

(a)　抵当不動産の占有が移転されない抵当権者が，「管理占有」できるというのであれば，抵当権者は，侵害者から戻された物を受け取っておける，その物の「管理占有」ができるということにもなる。この抵当権者の「管理占有」を認めた場合，抵当権者に占有の移転がなされることにより，抵当権者に，用語的にも，実質的にも返還請求権が認めらるといってよいことになるのではないか。

民事執行法上の保全処分より以前に，抵当権者としては，元に戻す請求権は行使可能であろうから，この場合の原状回復請求は，返還請求として，抵当権者にとって，使い勝手がある請求権となってくる。

(b)　では，なぜ，「管理占有」が必要とされたのか。抵当不動産の無権原占有者に対する抵当権者の明渡請求において，なぜ，抵当権者に「管理占有」を認める必要があるのか。

不動産の引渡し（明渡し）の強制執行は，民事執行法168条1項により，「執行官が債務者の不動産等に対する占有を解いて債権者にその占有を取得させる方法により行う。」と規定されている。また，同条3項において，「第1項の強制執行は，債権者又はその代理人が出頭した場合に限り，することができる。」と規定されている。

(c)　最大判平成11年11月24日前掲までは，抵当権者が（執行）債権者となった場合，民法369条1項で，抵当権は，「占有を」抵当権者に「移転しない」権利であるとされており，民法上占有移転を受けることのないことが明記されており，抵当権者に，執行官は，（執行）債務者（無権原占有者）の占有を解いた建物を，（執行）債権者（抵当権者）に占有取得させなければならない，ことになっている。

抵当権設定者（所有者）が（執行）債権者となった場合は，同条1項の占有権原（所有権）はあるから抵当建物の占有を取得できるが，設定者（所有者）が夜逃げしたりして，行方不明となっているときは，民事執行法168条3項により，明渡し執行が開始しないことになる。また，同条1項の占有を取得させることも現実にはできない。

49

財産法の新動向　I

それらを避けるために，1項の(執行)債権者(抵当権者)の占有は，かりに，民事執行法168条1項の規定自体に占有権原(根拠)があるとしてみても(民事執行法上の占有権原)，その占有権原は，明渡し執行のときだけ，抵当権者に占有権原があるだけであり，明渡し執行が終われば，抵当権者に，占有権原が無くなってしまう。したがって，債務者の占有を解いて執行官から，引き渡された建物は，強制執行が終わった途端，抵当権が無権原占有していることになってしまうのである。だから，抵当者の「管理占有」が必要とされたのであろうと思う。

(3)　従来の抵当権の効力論と分離された附合物，従物

従来，上記②の場合の問題は，抵当権の効力が及ぶか，抵当権の公示が及んでいるか，の問題として論じられている。

具体的には，抵当権の追及力が残存していないと抵当権の物権的請求権が認められないから，抵当権の追及力が認められるかという観点からの論議である[18]。

最判昭和57年3月12日前掲の工場抵当法2条の場合は，登記(公示)が施されているから，抵当権の効力が及び，物権的請求権としての原状回復請求権が認められる，としている。

しかし，通常の抵当権は，分離された附合物，従物にまで登記(公示)は及ばないから，抵当権の効力は及ばず，原状回復は認められないとする考え方(学説)が多い。

抵当権者に抵当目的物の「管理占有」を認めることになると，少なくとも，抵当権設定の当事者の間においては，分離された附加物や分離従物の原状回復請求において，明確に，返還請求が認められても，実際的にも，理論的にも問題はないといえるであろう。

抵当権者の「管理占有」が認められるとした場合の考え方として，抵当権者は，返還請求した返還物を受け取って「管理占有」をすることができる。逆に，抵当権者は，「管理占有」できるから返還物の返還請求ができる，ということにもなりそうである。

---

[18]　我妻・前掲注(6)258頁以下，270頁以下など参照。

もちろん，抵当権者の「管理占有」の内容がいかなるものかが問題になってくることはいうまでもない[19]。

(4) その後に抵当権者の「管理占有」を認めた判例

(a)　最大判平成11年11月24日前掲の奥田裁判官の補足意見に続いて，最判平成17年3月10日民集59巻2号356頁が「抵当権者は，抵当不動産に対する第三者の占有により賃料相当額の損害を被るものではない」と判示する理由のなかで，抵当権者の「管理占有」は，「抵当不動産の使用及びその使用による利益の取得を目的とするものではない」として「管理占有」の具体的内容を明らかにしている[20]。この判決では，「管理占有」の内容は，原状凍結程度のものが明らかにされたにすぎない，ともいわれている[21]。

(b)　抵当権者の「管理占有」という占有が認められたということは，「管理占有」の占有権原が管理（権）ということにもなる。不法占有であっても，不法占有者の占有は，使用及びその使用による利益の取得を目的としたものといえるから，「管理占有」は違法に侵奪したことによる不法占有よりも，占有の権限が狭いことにもなりかねない[22]。

(c)　田中整爾博士は，「法上意味ある契約は，通常眼に見える財貨について占有処分を内容とするか，少なくともそのように解釈されることが可能であるかでなければならず，財貨が引き渡されることによってそれに対する債務の履行が義務づけられ，契約と占有の結びつきが必然化されているのである」とされている[23]。

　約定担保物権である抵当権は，本来，抵当権設定契約と占有の結びつきが必

---

[19]　抵当権者の「管理占有」については，小杉茂雄「抵当権者のいわゆる『管理占有』について」銀行法務21　668号78頁以下参照。
[20]　戸田久『最高裁判例解説民事篇平成17年度』167頁は，管理占有下における抵当権者の地位，管理占有において生じ得る法律問題など，判決で示唆される点もあるが，多くの点が今後の課題として残されている，とされる。
[21]　三上徹「最判平成17年3月10日判例評釈」NBL807号5頁，松岡久和「最判平成17年3月10日判例評釈」ジュリスト1313号79頁。原状凍結程度であっても占有権原はあるのだから，その権原からでてくる占有，使用権限は種々考えられるであろう。
[22]　私は，「管理占有」が占有のはじめはもちろん権原のある占有で，自己占有であると考えている。
[23]　田中整爾『占有論の研究』137頁。

然化されるはずであるが，あえて法規定によって，契約と占有の結びつきを「占有を移転しないで」と規定して断ち切ったものと考える。

（d）　そして，抵当権の交換価値の実現段階に近づくと，設定時には，潜在化してしまった交換価値の占有権原が顕在化するのである。この顕在化した「管理占有」は，占有訴権をもつが，法定果実は取得できないものであると，現時点では考えている[24]。

（e）　管理占有が実体法上（民法上）の根拠をもつ占有なのか，民事執行法上の根拠をもつ占有なのかも必ずしも明らかではないようである。「抵当不動産の使用及びその使用による利益の取得を目的とするものではない」のであるから，「管理占有」は民事執行法上の占有といわざるを得ないのではないか。けだし，実体法上，不法占有であっても，その占有者は，占有による利益取得を目的としているからである。だから，不法占有者は，所有者に対し，賃料相当損害金を支払うのを常とするのである[25]。

（f）　「分離物に対する抵当権の実行は，抵当不動産と一括して競売する必要があり，また，搬出された状態であると第三者の即時取得の機会も増大するゆえに，返還請求を認めるべきである」[26]とされた返還請求権は，抵当権者に，「管理占有」が認められたことによって，抵当不動産の分離物を抵当不動産の元に戻す原状回復請求は，「用語の問題」から進んで，用語的にも，実質的にも，抵当権者に文字通り「返還請求」が認められることになったのである。

4　抵当目的物の修理，修補請求としての原状回復請求

(1)　妨害予防請求権，不作為請求権，自然的，不可抗力的損壊

（a）　上記①の抵当山林の不当伐採，抵当家屋の取壊しが抵当権の侵害になる場合，その侵害の除去のための物権的請求権の態様は，妨害予防請求権が，まず，考えられる。

　妨害予防請求権の内容は，侵害のおそれの態様に応じて種々である。土地が

---

[24]　小杉・前掲注(19) 80 頁，81 頁。

[25]　どちらであっても，「管理占有」の実質，内容が重要であるが，使用・利益の取得を目的としない占有である以上，民事執行が終っても，占有権限がある，という意味で，民事執行法上の占有といわざるを得ないのではないか，と考えている。

[26]　柚木馨＝高木多喜男『新版注釈民法(9)』188 頁。

崩壊の危険にさらされている場合は，土砂の崩壊を防ぐ補強工事を，水利に影響を生ずべき工事をしたために水害の危険が生じた場合は，水利を旧に復させる工事を，伐採木材の持ち出しでは，持ち去ることを禁ずる不作為請求を，求められることになる。

不当伐採されてしまった場合，原状回復（元の山林に戻す）ということは，実際問題として無理である。この場合の原状回復は物理的に可能ではないといってよい。したがって，抵当権者は，侵害者への抵当権侵害の損害賠償請求に甘んずるほかはない。

抵当家屋が取り壊し中の場合は，これ以上の取り壊しをするな，との不作為請求はできるが，取り壊した部分を，修理，補修せよとか，取り壊してしまった家屋を元に戻せ，復旧，再築せよとの請求は，物権的妨害予防請求としては，でてこないのではないか[27]。

(b) 上記③の目的物の自然的損傷を修理しないことが抵当権侵害となる場合，どのような物権的請求権で，侵害の除去，損傷の修理請求ができるのであろうか。

抵当家屋が取り壊されてしまえば，その行為が抵当権の侵害であっても，物権的請求権では，侵害の除去はできず，不法行為の損害賠償請求しかできないことになる。すなわち，そもそも抵当家屋が取り壊されてしまえば，抵当権は，消滅せざるを得ず，当然のことながら，物権的請求権も消滅することになるからである。

あとは物上代位の余地の有無の問題でしかないであろう。物権的請求権が消滅した以上，再築，新築せよという原状回復請求は，できないということになる。

同じ物権編に規定のある占有権の場合は，占有物を奪われ，占有が失われても，民法200条の占有回収の訴えで，占有の回復ができ，民法203条で，占有回収の訴えを提起したときは，占有権は消滅しないとされている。

他方で，抵当権の場合は，占有権のような規定は存しないから，抵当目的物が物理的に無くなれば抵当権は消滅してしまい，抵当権復活の余地はないのである。

---

[27] わが国の妨害予防請求権は，ドイツ民法のように，一度現実の侵害があったことを要件としていない。好美・前掲注(1)212頁以下参照。

財産法の新動向　Ⅰ

(c)　抵当家屋が一部取り壊された段階で，ストップしている場合，台風や地震などの自然災害で，抵当家屋が部分損壊した場合，抵当権者は取り壊された部分，損壊した部分の修理，修補請求が物権的請求権によってできるのか。

抵当目的物の自然的損傷を修理しない場合にも，抵当権者は，設定者（所有者）に修理，修補請求ができるのであろうか。

抵当目的物の物理的毀損という，ある意味では典型的な抵当権の侵害であるから，自然災害によるものも含めて，行為請求権だと考えた物権的請求権であれば，相手方（抵当権設定者＝所有者）に，行使できることにならなければいけないようにも思われる[28]。

(d)　第三者が抵当目的家屋を物理的に損壊した場合に，

(ⅰ)　抵当権設定者（抵当目的家屋の所有者）に抵当権者は修理，修補請求ができるのか？

(ⅱ)　現実に物理的損壊を実行した第三者に修理，修補請求ができるのか？

(ⅰ)については，物権的請求権の行使には，相手方の帰責事由は要求されないとすれば，抵当権設定者（抵当家屋の所有者）は，第三者が行った自己の所有する家屋の損壊について，修理，修補する義務を負うことになる。

最大判平成11年11月24日前掲が判示したように，抵当権設定者に対し，抵当権者は，担保価値維持請求権を有しているから[29]，その請求権を保全するために，物権的請求権が認められるとして，抵当権者は，修理，修補請求が認められるということになるのではないか。

(ⅱ)についても，抵当権は物権であるから，抵当権を侵害した第三者にも損害賠償請求だけではなく，修理，修補請求ができることになる。

結論的には，抵当目的物の抵当権設定者や第三者の物理的損壊に対して，行為請求権とした物権的請求権の行使として，原状回復請求（損壊修復請求）ができるということにもなる。

---

[28]　物権的請求権は，行為請求権か忍容請求権かについて，物権的請求権の費用負担の観点からも論じられていた。判例は，相手方の費用負担でその積極的な除去行為を請求する権利として解してきたとされる。好美・前掲注(1)168頁，169頁以下参照。

[29]　最大判平成11年11月24日前掲は，債権者代位権の被保全債権として，抵当権者に，抵当不動産の所有者に対し，その有する権利を適切に維持又は保存するように求める請求権があるとしている。

(2) 不可抗力，自然災害による抵当権侵害と物権的請求権

(a) 不可抗力の自然災害による物理的損壊に対して，そもそも，物権的請求権による原状回復請求を抵当権設定者に対して行使させて問題はないのだろうか。

抵当権の物権的請求権の成立要件が[30]，①抵当権を有していること，②抵当権が侵害されたこと，であれば，抵当権侵害について，不可抗力の抵当権侵害にも原状回復請求ができるということを否定することはできないといえるだろう。

(b) 好美清光教授は，(所有権の) 物権的請求権の内容について，不可抗力による場合，「判例は，妨害のおそれが譲渡人または他の第三者によって惹起された場合にも，その妨害物件の現在の所有者にその費用負担による予防措置を請求しうるとしながら，妨害の『おそれ』が『自然ニ存在スルモノ』[31]……あるいは『不可抗力ニ基因スル場合』[32]には，──その費用負担での予防措置請求を意味する──物権的請求権を否定するかのような判示をしている（傍論）。」ことを指摘されている[33]。そして，不可抗力によって現実に侵害状態を生じた場合と，侵害の「おそれ」を生じた場合を，いちおう区別されたうえで，現実の侵害状態を生じた場合，たとえば，土砂等の崩落のときには，被妨害土地所有者は，妨害物所有者に対してその費用負担による除去行為請求権をもつと解すべきであるが，例外的に，個人間の民事的救済の可能性ないし限界を超えると評価される大規模災害のときには，その後始末は国家・社会の使命である。個人間の物権的請求権の行使は，もはや濫用として許されないこともありうる。不可抗力の場合の妨害の「おそれ」のときには，他人への現実の発生を予防すべきは相隣関係上の相互顧慮義務から当然であり，行為請求権としての物権的妨害予防請求権をもつ，と解されている[34]。

---

[30] 所有権に基づく物権的請求権の要件事実は，①原告がその物を所有している。②被告がその物を占有している。という2要件であり，被告の物の侵害を主張する必要がない。けだし，原告の所有物を被告が占有している事実により，侵害が明らかになるからである。

[31] 大判昭和7年11月9日民集11巻2277頁。

[32] 大判昭和12年11月19日民集16巻1881頁。

[33] 好美・前掲注(1)180頁。

[34] 好美・前掲注(1)183頁。

(3) 抵当目的物の物理的損壊に対する物権的請求権による原状回復請求

(a) 物権的請求権の一態様として目的物の物理的損壊にも，原状回復請求ができるとした場合，どのような内容の原状回復が認められることになるのであろうか。

原状回復請求の内容について，明文の根拠のある貸借目的不動産の返還の際の原状回復の内容を対比してみよう。

原状回復としての修理，修補請求の問題は，不動産賃貸借契約や使用貸借契約の終了時の賃借人，使用借人の原状回復義務においてもみられる。

使用貸借の場合は，民法598条に使用借人に原状回復義務が規定されており，賃貸借の場合は，民法616条の使用貸借準用規定にその根拠があるということになる。

そして，この使用借人，賃借人の原状回復義務の内容は，契約成立時当時の原状に復するというものではなく，貸借目的物の自然損耗，経年劣化の部分は除かれるということにもなってくる。

もっとも，民法598条は，原状回復義務を前提に，使用借人に，附加物収去義務を課している。原状回復義務を規定している598条は，物権的請求権の一態様の原状回復請求とは，その内容が異なっている，ということができるであろう。

(b) 抵当権者の「管理占有」が認知されていなかった時代は，抵当権の効力が及ぶ分離物の返還請求は，認めず（というより明言せず），また，物権的請求権は，返還請求権，妨害排除請求権，妨害予防請求権の3態様に，講学上は分類されているが，それだけに限らないとされ，結論的には，原状回復請求も，物権的請求権の一態様であることは間違いがないとされた[35]。

物権的請求権は，いうまでもなく物権が侵害されたときに，その侵害をストレートに除去，排除するためにでてくる権利，請求権である。

(c) 除去，排除の態様に応じて，返還請求であれば持っていかれた物を，返還請求する，元に戻せと請求することを認めることは，直接的に物権の侵害除去，侵害排除の結果をもたらすのである。

分離された附加物，従物の返還請求，この場合の原状回復請求は，持って

---

[35] 本稿で論じる原状回復請求の具体的態様は，①返還請求権と②修理，修補請求権の2態様である。

いった物を返還ないしは元に戻す請求である。

(d) 修理，修補を前提とする原状回復請求は，物権の侵害除去，排除であり，侵害予防であるが，返還請求の意味合いは通常もたない，といってよい。

具体的にいうと，中古家屋を物理的に損壊して修理，修補し，その部分新しくなった（新品となった）場合，担保価値が損なわれたことを契機として，担保価値が増えることにもなる。その場合，侵害時の侵害状態が除去，排除されたといえるのであろうか，ないしは，そのようにいってよいのであろうか。

(e) 不法行為の損害賠償請求，すなわち，抵当権の侵害による損害賠償請求において，不法行為の損害賠償であるから，損害の公平な分担という観点から，損益相殺が認められることにもなる。被害者は，不法行為により生じた不利益を填補されることがあっても，不法行為から利益を獲得することは許されないという（損益相殺）考慮に立つと[36]，担保価値が以前より増える侵害除去を認めるのは，不法行為においては，公平を損なうということにもなろう。

また，損害の意味を判例がとっている差額説（不法行為がなければ被害者が置かれているであろう財産状態と不法行為があったために被害者が置かれている財産状態との差額が損害である）で理解すれば，修理，修補して，増えた担保価値部分は，そもそも損害とはならないともいえると思われる[37]。

(f) 抵当権設定者（所有者）に帰責事由がある場合も，現実の取り扱いとしては，物理的損壊を行った者に対し，とりわけ，いわゆる「抵当権飛ばし」のために物理的損壊を行った者が，実際上，物理的損壊の修理，修補請求に応ずることはなく，抵当権者は，修補にかわる損害賠償請求をすることに甘んずるしかない，というのが現実であろう。

また，理論的にも，現実に修補された場合，担保価値が増えることがあっても，その増加部分を簡単に分離できない以上，それは，事実上，担保価値が増える修補請求の原状回復が物権的請求権で認めることになってくる。しかし，この点問題はないのか。

(4) **抵当権の不可分性と修理・補修による担保価値増加部分**

(a) 担保価値増加部分は，抵当権が不可分性を有し，この不可分性の理論を

---

[36] 潮見佳男『債権各論Ⅱ不法行為法第2版』110頁。
[37] 潮見・前掲書54頁。

用いて，抵当権者が取得できるのではないか。

不可分性は，「被担保債権の全部弁済があるまで，**目的物の全部の上に**その効力を及ぼす」，「担保物権の効力を強大ならしめることを目的とするものである」[38]。

抵当目的物の担保価値が増えれば，抵当権者は，その抵当目的物全部の上に効力が及ぶから，担保価値が増えた価値を把握することになる。したがって，残っている被担保債権の範囲で，増加価値分を把握できることになるであろう。

ただし，従前の特定が変わるほど変化がある担保価値の増加については，公示（登記）の点で，大きな問題がでてくると思われる[39]。

安永正昭教授は，「第三取得者が被担保債権額を抵当権者に第三者弁済することで（民474条），抵当権を消滅させることができる（差額は売主に代金として支払う）。しかし，被担保債権額が抵当不動産の価額より多い場合には，不動産価額以上の金銭を支払って抵当権を消滅させる必要がある……（抵当権の不可分性）」として，抵当権の不可分性を説明されている[40]。このような不可分性の性質からは，残っている被担保債権の範囲で，抵当権の不可分性を用いて，担保価値の増加価値分を把握できることになる。

(b) 原状回復の内容について違うかたちで問題となる請負契約の瑕疵担保責任の場合，民法634条は，担保責任に瑕疵の修補に代えて損害賠償請求が認めている。請負の担保責任は，作った物（新品）に瑕疵（欠陥）があり，その欠陥（瑕疵）の修補であり，賠償請求である。瑕疵修補を行って，価値が増すことは，原則ないといえる。

これに対して，抵当権侵害の原状回復の修理，修補の場合は，結果として価値が増すことがあり，修理，修補の結果，現実問題として，担保価値が増すことが多いこともみられるのである。

(c) 実際の問題としては，上述のように，抵当目的物を物理的に損壊し，抵当権侵害をした者に対し，抵当権者が原状回復の修繕，修復を求めても，侵害

---

[38] 我妻・前掲注(6)17頁。
[39] 不動産登記手続が整備され，問題は生じなくなったが，最判平成6年5月12日民集48巻4号1005頁は，建物を合体させて建物の滅失登記がなされ，抵当権設定登記も抹消された事案で，抵当権に基づく妨害排除請求として，元の登記面の回復を認めている。詳しくは，小杉茂雄「最判平成6年5月12日判例解説」ジュリスト1068号71頁を参照。
[40] 安永正昭『講義物権・担保物権法』316頁。

〔小杉茂雄〕　　2　抵当権に基づく物権的請求権による抵当権者の原状回復請求について

者は，現実に原状回復をするということはほとんどない，といってよい。

　抵当目的物の高価な附加物，従物が分離され，担保価値が低減した場合に，元に戻すよう請求することなどは，現実味のある原状回復請求であり，強制執行のやり方もある場合があるが，物理的損壊された抵当目的物の修理，修繕を求める原状回復請求は，その旨の債務名義をとっても，債務者が修理，修繕を行わない場合は，抵当権者が代替執行（民事執行法171条）によって，結局，最終的には，その執行費用を抵当権侵害者に，金銭的に請求するということになる。

　物権的請求権の行使ではあるが，代替執行によって，原状回復された場合には，結果的には，金銭請求となってしまい，抵当権侵害の損害賠償請求（金銭請求）をするのとでは，金銭請求ということに変わりがないことになる。

　(d)　ところが，抵当権者に原状回復請求を認めて，抵当権者が代替執行を行った場合，代替執行の金銭請求のときには，不法行為の損害賠償と違って，必ずしも実害を，金銭で見積もる，評価するものではないから，担保価値が以前より増加した場合，その調整の可否について，相違が出てくるものと思われる。

　この相違は，抵当権に不可分性が認められていることに由来するともいえよう。

　抵当権侵害に対して損害賠償請求する場合は，抵当権の不可分性により，損益相殺や損害算定の差額説にいずれも修正を加える必要があるのではないかと考える（損益相殺しない。価値増加額を容認する。）[41]。

　金額の差がでてくる可能性のほか，現実の問題として，物権的請求権による原状回復請求を代替執行でやったときは，修理，修補成った目的物からある程度回収できるが，修理，修補できていない目的物からは，前者より低額の回収しか見込めない，というアンバランスな結果が出てくる。

(5)　**担保価値増加を不可分性以外の考え方で処理すること**

(a)　抵当権の場合，さらに問題が複雑化するのは，抵当権設定後に，抵当目

---

[41]　理論だけからは，修理・補修の原状回復請求（物権的請求権）の代替執行の費用と抵当権侵害に基づく不法行為の認容損害賠償額とに大きな乖離（差）があるのは問題であろう。

59

的物に附加物，従物が付着されたときに担保価値が増加した場合，たとえば，劇場として利用する建物に，抵当権設定時には，古い旧来の照明設備，音響設備が備え付けられていたが，抵当権設定後に費用をかけて最新式のコンピューター制御の照明設備，音響設備にリニューアルして，建物である劇場の価値が飛躍的に増加したような場合，リニューアルしたコンピューター制御の照明設備，音響設備に抵当権の効力が及ぶときに，抵当権者は，設定時に予定した担保価値が増加したものに抵当権設定し，抵当権の実行となれば，予定外（予想外）の高い担保価値を把握して，予定より多くの債権回収が図れることとなる。

抵当権の場合，このように考えていくときは，物理的に損壊された抵当目的物の一部分が原状回復により新しいものに取り替えられ，担保価値が増加してもそれは許容の範囲だ，それがなければ，抵当目的物として機能しないのであれば，新しいものとなって，担保価値が増加しても当たり前のことだ（修理，修復しなければ，抵当目的物が機能しないのだから，結果的に担保価値が増加することになっても，許容の範囲だ）ともいえそうである。

この場合は，不可分性の考え方で，処理する必要は必ずしもない。

(b)　抵当権設定後の附加物，従物に抵当権の効力が民法370条により及ぶとするか，民法87条により及ぶとするかはさておき[42]，設定後の附加物，従物に抵当権の効力が及ぶか否かは，結論的には，抵当権設定契約の合理的な意思解釈の問題でもあると，私は考えている[43]。

民法370条の適用によるか，民法87条の適用によるかは，結論的には，抵当権設定契約の契約当事者の合理的な意思解釈の問題でもあるとも考えている。どちらの条文の適用によるかで，抵当権の効力が及ぶか否かの結論は変わらないのではないかとも考えるからである。

劇場として利用される建物に抵当権が設定され，劇場設備が設定後リニューアルし，建物の価値が増加しても，設定時の当事者の合理的な意思，とりわけ抵当権者の担保価値の把握は，設定時の劇場の諸設備が古くなっていて，被担

---

[42] この点について，林・前掲判例評釈民商88巻1号125頁は，抵当権の対象は，設定時固定原則を考えるが，「この考え方では，抵当権設定時の附加物に一たん抵当権が及べば，その後，性質の変化があっても及ぶべきだ，という議論も立ちうるところである。しかし，抵当権では同時に，抵当権設定時における合理的予測の可能な限りで，抵当目的物の変化が認められるべきである。」とされている。

[43] 好美・前掲注(1)183頁。

保債権の完済までには，リニューアルの必要があることを予測していたならば，担保価値の把握は，予想，予定したとおりということにもなろう。設定時より実行時のほうが担保価値が増加していても，抵当権者の価値予測の範囲内のことであり，僥倖の恵みに浴したことにならない。

（c）修理・補修による原状回復によって，抵当目的物の担保価値がそれ以前より増加した場合，必ずしも，不可分性によって処理するばかりでなく，抵当権設定契約の当事者の合理的な意思解釈（予測，予定の範囲内，想定内とうること）によっても，担保価値の後の増加を処理すべきではないか。

5　結　び

(1)　抵当権に基づく物権的請求権による原状回復請求のうち，返還請求権の態様のものは，抵当権者に抵当目的物の「管理占有」が認められることにより，問題なく認められることとなったといってよい。

抵当目的物の物理的損壊の物権的請求権による原状回復請求は，原状回復の結果，抵当権者が設定時に予測，予定した範囲を越えた担保価値の増加があった場合であっても，抵当権の不可分性で抵当権者は，増加価値部分を把握できるが，抵当権設定者サイドが「抵当権飛ばし」のために，意図して抵当目的物の物理的損壊をし（ただし，部分的損壊）抵当権の侵害を行った場合は，原状回復して，新しいものに取り替えられ，抵当権者の予測，予定以上に担保価値が増加しても，違法性が強い行為の原状回復であるから，信義則の点からも，不可分性をもちだすまでもなく，そもそも，増加部分を問題にする必要はないともいえるのである。

(2)　抵当権設定者にとって，不可抗力の自然災害で，物理的損壊があった場合に，そもそも抵当権設定者に原状回復義務を負わせるのは問題がないのか。

現実の問題としては，自然災害で，抵当不動産が損壊して，居住等が困難になったときは，抵当権者に原状回復を求められるまでもなく，抵当権設定者（所有者）は，居住できるよう修理，修補するのが原則であろう。大災害による場合は，その修理・大幅補修は，好美教授のいわれたように[43]，国家・社会の問題であり，抵当権者の物権的請求権の行使は，権利濫用となりうることでもあろう。

大災害の場合の不動産の修理，大幅補修等を国家や社会が負担するのではな

く，もちろん，抵当権者に物権的請求権の行使をさせることなく，多額の改修費用が必要な場合などには，一部損壊や半壊であっても[44]，特別立法で，抵当権を消滅させ，修理，改築が終った建物に被担保債権額が増額された新たな抵当権を設定する，被担保債権の履行猶予，免除の問題で，国家が処理し，比較的軽微な部分の損壊の補修，修理においては，銀行（金融機関）が実質上の危険をいくら負担するかの問題等で処理されることにもなるだろう[45]。

抵当権者は，損害保険を掛けさせ（災害の損害保険で実害の塡補ができない場合，その差額の補塡をどうするかという難しい問題はあるが），侵害を回復させることも可能である。この場合は，抵当権者に物権的請求権による原状回復請求を否定しても，抵当権者は物上代位権行使で，保険金請求権を差押さえることによっても同じ結果が得られる。

(3) 現状の通説的な物権的請求権によって，その一態様の原状回復請求の限界を画してみたもので，担保価値が増加する原状回復請求も認められ，抵当権の不可分性で増加部分は吸収されるが，抵当権侵害の不法行為に基づく損害賠償請求により処理される場合は，担保価値の増加分を損益相殺するかであるが，ここでも抵当権は不可分性をもつ権利として損益相殺を不要，ないしは，できないとし，残っている被担保債権額の範囲で，増加分を取得させてよいであろう[46]。

大災害による抵当目的物の修理，修復については，抵当権者の原状回復請求は，積極的には勧められないが，抵当目的物の使い勝手を悪くする「抵当権飛ばし」（もちろん，その場合に限らないが）などの抵当目的物の物理的損壊には，修理・補修させる原状回復請求権を行使すべきである。

原状回復請求箇所の特定が難しい場合もあろうが[47]，抵当権者は，積極的に

---

[44] 私の当時住んでいた分譲マンションは，阪神淡路大震災で，被災した。マンションの管理人室は全壊し，マンションの居住棟本体は一部損壊の状態であった。市の認定は，あわせて半壊とする認定であった。修理をして震災前の価値より低い，ある程度の価値あるマンションとして復旧した。

[45] 大災害の場合は，政治，行政によって対処する部分が多いといえる。民法等の対処には当然に限界がある。

[46] 私の研究テーマの担保（物）権の法律上の性質の検討のうち，附従性，物上代位性については少し考えてきたが，意外と問題が潜んでいる不可分性については，手つかずである。本稿を契機に，検討をしてみたい。

[47] どのような修理・補修を求めるのか請求内容の特定が難しい場合も考えられる。登記

〔小杉茂雄〕　　2　抵当権に基づく物権的請求権による抵当権者の原状回復請求について

修理・補修の原状回復請求の訴えを提起し，原状回復の債務名義をとるようにつとめるべきである。

相手方は，無資力等の理由で，損壊の修理・補修を放置するのがほとんどであるが，通常の代替執行とは異なり，代替執行の立て替え費用の回収がまったくできないということにはならないのではないか。抵当権者には，代替執行で実質（結果的）かけた費用は，担保価値の増加した抵当目的物の実行により，ある程度は，回収できる見通しも立つように思われる。

本稿が，抵当債権管理の一助となれば，幸いである。

＊私が今，まがりなりにも学者として日々を送れるのは，恩師田中整爾先生と平井一雄先生お二人のおかげである。平井先生は，ご自身が主宰されている研究会でのご発表は，最後に「雑駁なもので」と謙遜されて締めくくられる。私の研究発表は，自信（？過信）満々で行うのが常であった。しかし，先生に献呈させていただく，肝心の本稿は，雑駁どころか，情けないの一言に尽きる。弁護士業務に追われたことを言い訳にして，伏してご海容を賜りたい。

上も，最判平成6年5月12日前掲に垣間見られたような問題が多く潜んでいるものと思われる。

3 抵当権者の不動産明渡請求
——最大判平 11 年 11 月 24 日と最判平 17 年 3 月 10 日を素材に——

松 井 宏 興

1 はじめに
2 平成 3 年最高裁判決とその後の執行実務の対応・民事執行法の一部改正
3 平成 11 年最高裁大法廷判決と平成 17 年最高裁判決の検討
4 結びに代えて

1 はじめに

　周知のように，平成 11 年最高裁大法廷判決（最大判平 11・11・24 民集 53・8・1899——以下では，「平成 11 年大法廷判決」という）は，解除された短期賃貸借を基礎とする抵当不動産の転借人に対する抵当権者の明渡請求を否定した平成 3 年最高裁判決（最判平 3・3・22 民集 45・3・268——以下では，「平成 3 年判決」という）を変更して，抵当不動産の不法占有者に対する抵当権者の明渡請求を肯定した。
　このような平成 11 年大法廷判決が出るに至った社会経済的および政治的な事情として，わが国のバブル経済の崩壊によって生じた，いわゆる金融機関の不良債権の回収問題が当時の政府にとって喫緊の課題となり，そのために債権回収手段の整備が早急に図られるようになってきたことを挙げることができる[1]。その 1 つは，民事執行制度の改正，特に不動産執行の大きな阻害要因になっていた不法占有者排除策の強化を中心とする平成 8 年の民事執行法の改正である。もう 1 つは，抵当権実行の確保や抵当権の効力の強化のための新たな判例法の展開である。すなわち，抵当権実行の確保については，土地と地上建物を共同抵当に取った後に建物が再築された場合における法定地上権の成立を原則として否定した判例（いわゆる全体的価値考慮説の採用）（最判平 9・2・14 民集 51・

---

[1]　以下の叙述は，吉田克己「90 年代日本法の変容」法時 72 巻 9 号 11 頁（2000）による。

2・375頁など）や不法占有者に対する抵当権者の明渡請求を肯定した本稿で取り上げる平成11年大法廷判決があり，これらは抵当権の執行妨害への対処ということができる。抵当権の効力の強化については，抵当不動産の賃料債権に対する物上代位を無条件に肯定した判例（最判平元・10・27民集43・9・1070），賃料債権の譲渡に対する物上代位の優位を肯定した判例（最判平10・1・30民集52・1・1など）および賃料債権との相殺に対する物上代位の優位を肯定した判例（最判平13・3・13民集55・2・363）がある。

上記の平成11年大法廷判決は，無権原の占有者に対する明渡請求の事案であり，適法な占有権原に基づく占有者に対する明渡請求が認められるかどうかについては不明のままであった。これについて判断を行ったのが，平成17年最高裁判決（最判平17・3・10民集59・2・356—以下では，「平成17年判決」という）であった。

そこで，本稿では抵当権者による不動産明渡請求の問題について，まず平成11年大法廷判決によって変更された平成3年判決とその後の執行実務の対応および民事執行法の一部改正を述べ（2），次いで平成11年大法廷判決と平成17年判決を取り上げて若干の検討を行うことにしたい（3）。

2 平成3年最高裁判決とその後の執行実務の対応・民事執行法の一部改正

(1) 平成3年最高裁判決について

抵当権者が抵当不動産の不法占有者に対して明渡しを求める方法として，①抵当権者が，被担保債権を被保全債権として，抵当不動産の所有者が有する返還請求権または妨害排除請求権を債権者代位権（民法423条）に基づいて代位行使する方法と，②抵当権者が抵当権に基づく妨害排除請求権を行使する方法の2つが考えられていた。

ところが，平成3年判決は，抵当土地建物に短期賃貸借を設定された抵当権者が短期賃貸借の解除判決の確定を条件として土地建物の転借人に建物の明渡しなどを請求した事案について，次のような判断を下した。

すなわち，①抵当権は非占有担保であって，抵当不動産の占有はその所有者に委ねられており，第三者が抵当不動産を無権原で占有している場合でも，抵当権者は，抵当不動産の占有関係に干渉できず，第三者が抵当不動産を不法に

〔松井宏興〕　　　　　　　　　　　　　　**3**　抵当権者の不動産明渡請求

占有しているというだけでは，抵当権が侵害されるわけではないこと，②短期賃貸借の解除（民法旧395条但書）は，短期賃貸借に基づく占有自体が抵当不動産の担保価値を減少させ，抵当権者に損害を及ぼすことを理由に認められているのではなく，また，短期賃貸借の解除の効力は，賃借人または転借人の占有を排除できる権限を抵当権者に付与するものではないこと，③抵当権に対抗できない賃借人などや不法占有者の占有は，抵当権実行における不動産の買受人が引渡命令（民執188条・83条）または所有権に基づく明渡請求による判決によって排除できることを理由に，抵当権者は，民法旧395条但書によって解除された短期賃貸借またはこれを基礎とする転貸借に基づく抵当不動産の占有者に対して，抵当権に基づく妨害排除請求および抵当権設定者の所有権に基づく返還請求権の代位行使によって，抵当不動産の明渡しを求めることができないと判示した(2)。

この平成3年判決は，非占有担保という抵当権の性質から，抵当権者は抵当不動産の占有関係に干渉できず，抵当不動産の不法占有というだけでは抵当権の侵害にならないことを大前提にして，解除された短期賃貸借を基礎とする転借人に対する抵当権者の不動産明渡請求を否定したものであった。

(2)　その後の執行実務の対応と民事執行法の一部改正
(a)　売却のための保全処分の活用

前述したように，平成3年判決は，抵当不動産の不法占有を排除する手段として，買受人の申立てによる引渡命令や所有権に基づく不動産明渡請求の訴えを想定していた。しかし，このような手段では，事前に不法占有を排除して抵当権実行手続を円滑に進めることが困難であることから，執行実務では，この平成3年判決を境として，上記の引渡命令や不動産明渡請求といった手段に依らずに，売却のための保全処分（民執旧55条）を積極的に活用して，執行妨害目的などの占有を事前に排除する試みが行われようになってきた（特に東京地裁

---

(2)　平成3年判決の主な判例批評や判例解説として，生熊長幸「判研」法時63巻9号44頁（1991），片山直也「判批」ジュリ989号97頁（1991），田中康久「判批」金法1298号8頁（1991），安永正昭「判批」金法1304号40頁（1991），小杉茂雄「判批」民商105号519頁（1992），安永正昭「判批」判時1400号154頁（1992），山田文「判批」法学56巻2号194頁（1992），湯浅道男「判批」法時64巻2号196頁（1992），滝沢孝臣・最判解説民事篇平成3年度6事件（法曹会，1991）などがある。

67

執行部において)⁽³⁾。

　この際に解釈論上問題となったのは，抵当不動産の占有者に対して売却のための保全処分を命ずることができるかということであった。というのは，平成8年改正前の民事執行法旧55条1項によれば，債務者が不動産の価格減少行為等をするときは，執行裁判所は，債務者に対しこれらの行為を禁止しまたは一定の行為を命ずることができ，同条2項は，債務者が1項の命令に違反したときは，執行裁判所は，債務者に対し不動産の執行官保管を命ずることができるとしていたからである（傍点―筆者）。しかし，執行実務では，保全処分の相手方の拡大について新たな実務理論の構築が試みられ，①第三者が債務者の関与のもとに競売不動産を占有していること，および，第三者が執行妨害目的を有していることを要件に，債務者の占有補助者と同視できる第三者は保全処分の相手方になるとし（占有補助者同視説・準占有補助者説），さらには，②競売手続の円滑化・適正化の確保が民事執行法旧55条の法意であることから，直截に，執行妨害や占有による不当な利益の取得を目的として不動産を占有した者に対しても保全処分が発せられるようになっていった（執行妨害者包含説）。

　このようなことから，濫用的短期賃借人や不法占有者による抵当不動産の占有も価格減少行為等に当たるとして，売却のための保全処分が命じられた。

(a)　**民事執行法の一部改正**

(i)　平成8年の一部改正

　平成8年の民事執行法の一部改正は，いわゆるバブル経済の崩壊により住宅金融専門会社をはじめとする各種金融機関が抱えることになった不良債権の迅速かつ適正な回収のために，その阻害要因となっている不動産競売における執行妨害を予防・排除することを主眼としたものであった。一部改正の主な内容は，次のとおりである⁽⁴⁾。

　① 売却のための保全処分（民執55条）　保全処分の相手方を債務者だけでなく不動産の占有者にも拡大し（同条1項），第2次的な処分であった執行官保管命令も，相手方が禁止命令・行為命令に違反しただけでなく，それらの命令

---

(3)　以下の叙述は，中野貞一郎「民事執行における実務と学説」判タ1000号30頁以下（1999）による。

(4)　以下の叙述は，中野・前注(3)31頁，深山雅也「民事執行法の一部を改正する法律の解説」NBL598号26頁以下（1996）による。

によっては不動産価格の著しい減少を防止できないと認めるべき事情がある場合には，直ちに発令できるものとした（同条2項）。そして，債務者以外の占有者に対し保全命令を発する場合，必要と認めるときは，その者を審尋しなければならないという規定（同条3項）が付け加わった。

② 売却実施後の最高価格買受申出人または買受人のための保全処分（民執77条）　売却のための保全処分と同様に，保全処分の相手方の範囲が債務者だけでなく不動産の占有者に拡大された（同条1項）。

③ 売却不動産の引渡命令（民執83条）　改正前の規定では引渡命令の相手方の範囲について議論が分かれていたことから，相手方の範囲を，債務者のほかに，事件の記録上買受人に対抗できる権原により占有している者を除く占有者として，議論の混乱を収拾した（同条1項）。そして，債務者以外の占有者については，事件の記録上買受人に対抗できる権原により占有していないことが明らかであるときには審尋は不要であるとして（同条3項），不動産競売手続のより円滑な遂行を図ることにした。

④ 不動産競売開始決定前の保全処分（民執187条の2）の追加　担保権実行としての不動産競売の開始前に，債務者・所有者または占有者が不動産の価格減少行為等をする場合には，執行裁判所は，担保権実行者の申立てにより価格減少行為等の禁止を命ずることができ（同条1項），さらに一定の場合には，執行官保管の処分命令を命ずることができる（同条2項）とした。

(ii)　平成10年の一部改正

平成10年に再び民事執行法の一部が改正されたが，この一部改正では，買受けの申出をした差押債権者のための保全処分の規定（民執68条の2）の追加が特に注目される。

この規定は，不動産の売却を実施したが買受けの申出がなった場合において，不動産を占有する債務者または占有権原を差押債権者に対抗できない占有者が不動産の売却を困難にする行為をし，またはその行為をするおそれがあるときは，執行裁判所は，差押債権者の申立てにより，不動産の占有を解いて執行官または申立人による保管を命ずることができるとするものである（同条1項）。そして，保管命令は，改めて実施される不動産の売却において買受申出人が現れないときは差押債権者が不動産を買い受けるという条件の下で発せられる（同条2項）。

この民事執行法68条の2は不動産担保権の実行について準用されるので（民執188条），非占有担保権者である抵当権者による抵当不動産の保管（占有）がこの規定によって認められることになる（傍点―筆者）。

(iii) 民事執行法一部改正の意義と抵当権による占有排除の必要性

平成8年と10年の民事執行法一部改正によって，売却のための保全処分等や引渡命令のような執行妨害者の不動産占有を排除する手段が執行手続において確保され，その実際的意義は極めて大きいといえよう。それにもかかわらず，抵当権それ自体の効力によって執行妨害者の占有を排除することの可否を検討する必要性はなくなったとはいえない。というのは，売却のための保全処分等や引渡命令のような執行手続上の手段には，内在的な限界のあることが指摘されているからである。すなわち，執行機関は，大量の事件を迅速に処理しなければならないが，競売不動産の占有関係・権利関係を確定的に判定できるための調査機構や手続構造を十分に備えているわけでなく，そのことから売却のための保全処分等や引渡命令が十分に機能できない場合があり，そのような場合に備えて，やはり抵当権自体の効力の問題として，執行妨害者の不動産占有を排除する可能性を検討する必要性があるからである[5]。このような理論的・実務的な背景のもとで現れたのが，次に取り上げる平成11年大法廷判決であるといえよう。

3 平成11年最高裁大法廷判決と平成17年最高裁判決の検討

(1) 両最高裁判決の内容

(a) 平成11年大法廷判決の内容

平成11年大法廷判決は，債務者所有の土地・建物につき根抵当権の設定を受けた債権者が根抵当権を実行したところ，抵当建物に無権原の占有者（無効な建物賃貸借に基づく転借人）がいるために競売手続が進行しないので，根抵当権者である債権者が，被担保債権である貸金債権を保全するために，債務者の所有権に基づく妨害排除請求権を代位行使して，無権原占有者に対し建物の明渡しを請求した事案に関するものである。

このような事案について，大法廷判決は，非占有担保である抵当権は，「抵

---

[5] 中野・前注(3)31頁以下。

[松井宏興]　　　　　　　　　　　　　　**3**　抵当権者の不動産明渡請求

当不動産の所有者が行う抵当不動産の使用又は収益について干渉することはできない」という原則論を述べた後，「第三者が抵当不動産を不法占有することにより，競売手続の進行が害され適正な価額よりも売却価額が下落するおそれがあるなど，抵当不動産の交換価値の実現が妨げられ抵当権者の優先弁済請求権の行使が困難となるような状態があるときは，これを抵当権に対する侵害と評価」でき，「抵当不動産の所有者は，抵当権に対する侵害が生じないよう抵当不動産を適切に維持管理することが予定されている……。したがって，右状態があるときは，抵当権の効力として，抵当権者は，抵当不動産の所有者に対し，……右状態を是正し抵当不動産を適切に維持又は保存するよう求める請求権を有する……。そうすると，抵当権者は，右請求権を保全する必要があるときは，民法423条の法意に従い，所有者の不法占有者に対する妨害排除請求権を代位行使することができる」と判示した。さらに，なお書（傍論—筆者注）であるが，抵当権に基づく妨害排除請求として，不法占有により抵当不動産の交換価値の実現が妨げられ抵当権者の優先弁済請求権の行使が困難となる状態の排除を求めることも許されるとした。

そして，本件の事実関係の下では，原告は，「所有者……に対して本件不動産の交換価値の実現を妨げ原告の優先弁済請求権の行使を困難とさせている状態を是正するよう求める請求権を有するから，右請求権を保全するため，所有者の被告らに対する妨害排除請求権を代位行使し，所有者のために本件建物を管理することを目的として，被告らに対し，直接原告に本件建物を明け渡すよう求めることができる」とした[6][7]。

この平成11年大法廷判決によって平成3年判決が変更された理由として，次の2点を挙げることができる。第1は，平成3年判決が，抵当権者に不法占

---

[6]　平成11年大法廷判決では，奥田裁判官の詳細な補足意見が述べられているが，これについては2の検討のところで必要に応じて言及する。

[7]　平成11年大法廷判決の主な判例批評や判例解説として，石口修「判批」新報106巻11・12号207頁（2000），梶山玉香「判批」法時72巻7号75頁（2000），高橋智也「判批」熊法98号117頁（2000），滝沢孝臣「判研」金法1569号6頁（2000），平井一雄「判批」ジュリ1189号100頁（2000），山野目章夫「判研」金法1569号46頁（2000），椿寿夫「判批」金法1581号118頁（2000），椿寿夫＝生熊長幸＝佐久間弘道＝福永有利＝吉田光碩＝三上徹「判研」銀法572号5頁（2000），松岡久和「判研」NBL681号6頁，682号36頁，683号37頁（2000），八木一洋・最判解説民事篇平成11年度（下）35事件（法曹会，1999）などがある。

有者を排除できる権限が付与されなくても，競売手続における買受人が引渡命令（民執83条）や所有権に基づく明渡請求の執行によって不法占有者を排除できるとした点が問題の解決にとって現実的でなかったことである。すなわち，ここで問題とされているのは，買受人に売却不動産の利用を確保すること自体ではなくて，競売不動産を適切な価格で売却することができるということであり，売却時に不法占有者が排除されていなければ，そもそも適切な価格での売却ができないのである。したがって，引渡命令や明渡しの執行という買受人による排除手段を持ち出しても，問題の解決にはならないということである。

第2は，すでに2(2)で述べたところから明らかなように，執行実務では，平成3年判決の見解とは異なる民事執行法上の保全処分が次々と行われ，さらに民事執行法の改正によってこれらの執行実務のやり方が法律の上でも認知されたことである。言い換えれば，平成3年判決が売却後の買受人による占有排除によって問題を解決できると考えたのに対し，その後の執行実務や民事執行法の改正は売却時またはそれ以前における占有排除の方向へ進み，平成3年判決との矛盾が生じてきたことである。

すでに述べたように，この平成11年大法廷判決は，短期賃貸借の解除により無権原となった不法占有者に対する明渡請求の事案であり，適法な占有権原に基づく占有者に対する明渡請求が認められるかどうかについては不明であった。そして，これについて判断を行ったのが，次に述べる平成17年判決である。

(b) **平成17年判決の内容**

平成17年判決は，建築請負会社が未払いの請負残代金債権の担保のために建築建物と敷地に抵当権などの設定を受け，登記の後建築建物を注文会社に引き渡したが，当該建物が注文会社によって賃貸され，さらに賃借会社によって転貸され，その後注文会社が銀行取引停止処分を受けて事実上倒産したために，建築請負会社が抵当権の実行を申し立てたところ，競売手続が進まないことから，当該建物を占有している転借会社に対し，原審において抵当権に基づく妨害排除請求として建物の明渡しを，そして抵当権侵害による不法行為に基づく賃料相当損害金の支払いを求めたという事案に関するものである。

このような事案について，平成17年判決は，平成11年大法廷判決を引用して，「第三者が抵当不動産を不法占有することにより，抵当不動産の交換価値

の実現が妨げられ，抵当権者の優先弁済請求権の行使が困難となるような状態があるときは，抵当権者は，占有者に対し，抵当権に基づく妨害排除請求として，上記状態の排除を求めることができる」としたうえで，「抵当権設定登記後に抵当不動産の所有者から占有権原の設定を受けてこれを占有する者についても，その占有権原の設定に抵当権の実行としての競売手続を妨害する目的が認められ，その占有により抵当不動産の交換価値の実現が妨げられて抵当権者の優先弁済請求権の行使が困難となるような状態があるときは，抵当権者は，当該占有者に対し，抵当権に基づく妨害排除請求として，上記状態の排除を求めることができる……。なぜなら，抵当不動産の所有者は，抵当不動産を使用又は収益するに当たり，抵当不動産を適切に維持管理することが予定されており，抵当権の実行としての競売手続を妨害するような占有権原を設定することは許されないからである」と判示した。

そして，「抵当権に基づく妨害排除請求権の行使に当たり，抵当不動産の所有者において抵当権に対する侵害が生じないように抵当不動産を適切に維持管理することが期待できない場合には，抵当権者は，占有者に対し，直接自己への抵当不動産の明渡しを求めることができるものというべきである」として，抵当権に基づく妨害排除請求により抵当権者自身への不動産の明渡請求を肯定した。

しかし，抵当権侵害による賃料相当額の損害については，「抵当権者は，抵当不動産を自ら使用することはできず，民事執行法上の手続等によらずにその使用による利益を取得することもできないし，また，抵当権者が抵当権に基づく妨害排除請求により取得する占有は，抵当不動産の所有者に代わり抵当不動産を維持管理することを目的とするものであって，抵当不動産の使用及びその使用による利益の取得を目的とするものではない」ことを理由に，「抵当権者は，抵当不動産に対する第三者の占有により賃料額相当の損害を被るものではない」と否定した[8]。

---

(8) 平成17年判決の主な判例批評や判例解説として，片山直也「判批」金法1748号45頁（2005），清水元「判批」判時1912号190頁（2006），太矢一彦「判批」金判1247号44頁（2006），道垣内弘人「判研」私法判例リマークス32号20頁（2006），松岡久和「判解」ジュリ1313号77頁（2006），生熊長幸「判研」民商133巻4・5号791頁（2006），戸田久・最判解説民事篇平成17年度8事件（法曹会，2005）などがある。

(2) 両最高裁判決の検討
(a) **抵当権の侵害**

　抵当権の侵害について，平成 11 年大法廷判決の法廷意見は，①第三者による抵当不動産の不法占有によって，②競売手続の進行が害され適正な価額よりも売却価額が下落するおそれがあるなど，③抵当不動産の交換価値の実現が妨げられ抵当権者の優先弁済請求権の行使が困難となる状態と捉えている。もっとも，抵当権に基づく妨害排除請求について述べた傍論部分では，②の部分が省略されていることなどから，この部分は不法占有による抵当権侵害の例示と解される。したがって，平成 11 年大法廷判決によれば，抵当権の侵害とは，第三者による抵当不動産の不法占有によって，抵当不動産の交換価値の実現が妨げられ抵当権者の優先弁済請求権の行使が困難となる状態であるということができよう。

　これに対し，平成 17 年判決では，抵当権設定登記後に占有権原の設定を受けて占有する者について，①その占有権原の設定に抵当権の実行としての競売手続を妨害する目的が認められ，②その占有により抵当不動産の交換価値の実現が妨げられ抵当権者の優先弁済請求権の行使が困難となる状態が抵当権の侵害と捉えられている。すなわち，抵当権の侵害の要件として，①占有権原の設定に抵当権実行の妨害目的があることという主観的要件と，②占有による交換価値実現の妨害と優先弁済請求権行使の困難という客観的要件の 2 つが挙げられている[9]。この要件について特徴的なことは，抵当権の侵害につき①の主観的要件を要求することによって，賃貸借による抵当不動産の競売価額の下落（いわゆる占有減価）ではなくて，妨害目的という賃貸借の内容を問題としていることである。そして，平成 17 年判決では，問題となった賃貸借契約と転貸借契約の内容について，賃料の額が適正賃料を大きく下回るものであることや敷金または保証金が賃料額に比べて著しく高額であるという事実認定が適示されている[10]。

　平成 11 年大法廷判決は不法占有の事案であるのに対し，平成 17 年判決は権原に基づく占有の事案であるという違いから，抵当権侵害の要件についても違

---

[9] 森田修「抵当権に基づく権原占有の排除——最一小判平 17・3・10 を機縁として——」金法 1762 号 20 頁（2006）。

[10] 森田・前掲注(9)20 頁。

いがみられるが[11]，いずれにも共通する要件は，第三者の占有による交換価値実現の妨害と優先弁済請求権行使の困難という客観的要件である。これは，抵当不動産を抵当権の実行による売却にかけてその代金から優先弁済を受けるという抵当権の優先弁済的効力に基づき，抵当不動産の換価権と優先弁済権が抵当権の中心的権能であるといえることから，交換価値実現の妨害（＝換価権行使の妨害）と優先弁済請求権行使の困難がまさにこの中心的権能の侵害になるからであると解される[12]。

(b) **不動産所有者の妨害排除請求権の代位行使と抵当権に基づく妨害排除請求権**

(i) 不動産所有者の妨害排除請求権の代位行使

平成11年大法廷判決の法廷意見では，抵当権の侵害状態がある場合において，抵当権者が抵当不動産の所有者に対して有する抵当権侵害「状態を是正し抵当不動産を適切に維持し又は保存するよう求める請求権」（以下では，「不動産適切維持保存請求権」という）を保全する必要があるときは，抵当権者は，この請求権を被保全権利として，「民法423条の法意に従い，所有者の不法占有者に対する妨害排除請求権を代位行使することができる」としている。そして，奥田裁判官の補足意見も，抵当権者は，抵当不動産の所有者に対する「抵当不動産の担保価値を維持又は保存するよう求める請求権（担保価値維持保存請求権）」を被保全権利として，所有者の有する妨害停止または妨害排除請求権を代位行使できると述べている（以下では，債権者代位権による妨害排除請求権の代位行使の方法を「代位構成」という）。

法廷意見が述べる不動産適切維持保存請求権も補足意見のいう担保価値維持保存請求権も同じ内容のものと考えられるが（以下では，両者をまとめて「不動産適切維持保存請求権」という），この請求権については，第1に，この請求権の認められる根拠とその法的性質が，第2には，代位構成をとるに当たってこの請求権を被保全権利とした理由が，それぞれ問題となる。まず，不動産適切維持保存請求権が認められる根拠として，抵当権が非占有担保であり，抵当不動産

---

[11] 森田・前掲注(9)19頁は，平成17年判決では，平成11年大法廷判決が傍論で認めた抵当権に基づく妨害排除請求権とは別個の類型としての妨害排除請求権が抵当権者に認められたと解している。

[12] 松井宏興・担保物権法［補訂第2版］56頁（成文堂，2011）。

の管理はその所有者に委ねざるを得ないことから，所有者は，抵当権の侵害が生じないように抵当不動産を適切に管理（維持保存）することが義務づけられているということが挙げられる[13]。すなわち，従来の通説によれば，抵当権は物の担保価値（交換価値）を支配する価値権とされているが，この担保価値の前提として物の使用価値（有用性）があり，この使用価値がなければ物は交換されず，担保価値は生まれない[14]。したがって，抵当権者が抵当不動産の売却価額から十分に債権の満足を受けるためには，その担保価値の前提となる使用価値，言い換えれば不動産の占有状態や利用状態を適切に管理することが必要となるが，抵当権は非占有担保であるために，抵当権者自らがこれを行うことは許されず，所有者に委ねざるを得ない。このことから，所有者には抵当権者のために不動産を適切に管理する義務があり，その反面として抵当権者には所有者に対し不動産を適切に維持保存するよう求める請求権が認められると解することができる。

　次に，この請求権の法的性質は，抵当権に基づく物権的請求権と捉えることができよう。①法廷意見が，抵当権者は「抵当権の効力として」不動産適切維持保存請求権を有するとしていること，②補足意見も，抵当権設定者や第三取得者といった抵当不動産所有者に対して，抵当権者が担保価値維持保存請求権を有するとしており，この請求権が債権的な性質のものであれば，設定者でない第三取得者に対しては，この請求権を主張できないのではないかと考えられること，③この請求権が不動産を適切に維持保存することによって抵当権を侵害状態から保護するためのものである以上，それは法理論的には抵当権に基づく物権的請求権であり，それが抵当権者と所有者との間では不動産適切維持保存請求権という形を取っているに過ぎないと考えられることが，その理由である[15]。

---

[13]　松井・前掲注[12] 59 頁。したがって，担保物の占有を権利者に移転する占有担保である質権では，質権者自らが目的不動産を管理することになるので（350 条・298 条参照），このような所有者の義務は出てこないものと考えられる。

[14]　松井宏興・抵当制度の基礎理論 114 頁（法律文化社，1997）。

[15]　近江幸治・民法講義Ⅲ担保物権〔第 2 版補訂〕174 頁（成文堂，2007）は，不動産適切維持保存請求権の法的性質について，抵当権設定当事者間に存在する担保関係から信義則上設定者に生じる「担保価値維持」義務に対応した抵当権者の権利であるとする。しかし，本文で述べたように，この請求権は抵当権の効力として生じると解されていることを考慮に入れると，この見解に与することはできない。

〔松井宏興〕

不法占有者に対して抵当不動産の明渡しを求める方法として代位構成が議論される場合，これまでは被担保債権が被保全権利と考えられていた。しかし，平成11年大法廷判決は，不動産適切維持保存請求権を被保全権利として債権者代位権の行使を認めた。それでは，何故被担保債権ではなく，この不動産適切維持保存請求権を被保全権利としたのであろうか。その理由として，①被担保債権である金銭債権を被保全権利にすると，設定者である債務者に資力があるときには，いわゆる無資力要件との関係で債権者代位権を使えない場合があること，②当該抵当権の被担保債権の保全のために抵当権の侵害状態の排除(不法占有者に対する不動産の明渡し)を求めることは，総債権者のために債務者の一般財産を保全するという債権者代位権の目的とは異なるので，被担保債権を被保全権利とするのは問題であること，③物上保証人に対しては抵当権者は債権を有しないので，被担保債権を被保全権利にできないことが挙げられる(16)。

(ii) 抵当権に基づく妨害排除請求権

(i)で検討した代位構成には，次のような問題点があった。それは，平成11年大法廷判決では，抵当不動産の不法占有の事案であったために所有者の妨害排除請求権を被代位権利とすることが可能であったが，賃借権などの適法な権原に基づく占有については，所有者との関係では不法占有にならないことから所有者の妨害排除請求権は生じず，したがって，抵当権者によるその代位行使もできないということである。そのために，適法な占有者に対する明渡請求が問題となった平成17年判決では，代位構成ではなく，抵当権に基づく妨害排除請求権という直接的な方法が取られるに至った（以下では，この抵当権に基づく妨害排除請求権の方法を「抵当権構成」という）。

この抵当権構成は，平成11年大法廷判決の傍論や補足意見でも述べられていたが，平成17年判決では，すでに述べたように，単に占有によって交換価値実現の妨害と優先弁済請求権行使の困難が生じたことだけではなく，その占有権原の設定に妨害目的があることという主観的要件を要求することによって，抵当権に基づく妨害排除請求権を肯定したわけである。

平成11年大法廷判決と平成17年判決ではともに抵当権が実行されているので，抵当権者が代位請求または妨害排除請求をすることができる時期について

---

(16) 八木・前掲注(7)857頁，松井・前注(12)59頁。

は，両判決は特に述べていないが，①抵当権実行の申立時以降とする説，②被担保債権の弁済期の到来時以降とする説および③抵当権設定時以降で足りるとする説などが主張されている[17]。抵当権者の代位請求または妨害排除請求は，事前に妨害となる占有を排除して抵当権実行手続を円滑に進めるためのものであることを考えると，被担保債権の弁済期が到来すれば抵当権の実行手続が可能となるので，弁済期到来以降であれば請求できるとする②説が妥当といえよう。

(c)　**抵当権者への直接の明渡し**

　平成11年大法廷判決の法廷意見と補足意見のいずれも，所有者の妨害排除請求権の代位行使によって，抵当権者が自己への抵当不動産の明渡しを請求できるとしている。また，平成17年判決も，所有者に抵当権の侵害が生じないように抵当不動産を適切に維持管理することが期待できないことを要件にして，抵当権者への抵当不動産の明渡しを肯定している。

　代位構成による場合，抵当権者は所有者への明渡ししか請求できないとすれば，所有者が受領を拒んだり受領することができない（たとえば所有者の所在不明など）事情がある場合には，債権者代位権の行使を認めた意義が失われることになるという実際的な理由が挙げられる。しかし，理論的な理由としては，不動産適切維持保存請求権を保全するためということは，所有者に抵当不動産を適切に維持保存することが期待できないことを意味するのであり，そのような所有者に不動産を明け渡しても再び抵当権の侵害が生じる可能性があるからだといえよう。そして，抵当権構成による場合でも，所有者に抵当不動産を適切に維持保存することが期待できないときには，同様の理由から抵当権者への明渡請求を肯定することになる。

　この明渡請求によって抵当権者自身が占有を取得することになるが，このような抵当権者による占有の内容について，平成11年大法廷判決の法廷意見と補足意見は，所有者のために不動産を管理する目的での占有（管理占有）と解し，また平成17年判決も，この管理占有は抵当不動産を使用・収益する目的のものではないとしている。管理占有については今後の検討に譲らざるを得ないが，基本的な疑問として，非占有担保である抵当権において，そもそも抵当権者に

---

[17]　八木・前掲注(7) 875頁注(33)およびそこで引用されている文献を参照。

よる占有それ自体が認められるのかどうかということが考えられる。抵当権者への明渡しを肯定する以上，抵当権者による占有を認めざるを得ないが，抵当権は目的物の占有を設定者に留めてその担保価値のみを支配する価値権であるという理解を突き進めていけば，抵当権者による目的物の占有は価値権という抵当権の本質に反することになろう。

しかし，仮に抵当権は目的物の担保価値を支配するという考え方を採ったとしても，目的物の担保価値はそれ自体で決まるわけではなく，1つには目的物の占有状態や利用状態によって左右されるものであり，その意味において目的物の占有状態や利用状態は抵当権者にとって無視できないものであり，抵当権は目的物の担保価値だけではなく，目的物そのものに対して効力を及ぼしているということができる。したがって，第三者の占有により担保価値の実現が妨げられたり優先弁済請求権の行使が困難となる状態が生じているにもかかわらず，所有者が是正措置をとろうとしない場合または是正措置をとることが難しい場合には，抵当権者が引渡しを受けて所有者に代わって管理をすることが認められても，それは何ら抵当権の本質に反しないのではないかと考えられる。

さらに，平成15年改正前の民法旧371条では，抵当権の実行着手後は抵当不動産の果実にも抵当権の効力が及ぶとされ，現行371条では債務不履行後の抵当不動産の果実に抵当権の効力が及ぶと規定されていて，民法は，一定の時期になれば抵当権の効力が抵当不動産の使用・収益状態にも及ぶことを認めていると解される。そして，学説でも，非占有担保という抵当権の性質が問題となるのは実行までのことであり，実行段階に入れば占有に介入でき，執行手続への協力の態様として，抵当権者自らが管理することも認められるべきであるとする，有力な考え方が主張されている[18]。

このように考えることができるならば，被担保債権の弁済期以降において第三者の占有による抵当権の侵害状態が生じている場合に，所有者に適切な管理が期待できないときには，管理のために抵当権者への明渡請求を認めても差し支えないと解される[19]。

---

[18] 内田貴・民法Ⅲ[第3版]439頁以下(東京大学出版会，2005)。

[19] 平成17年判決については，さらに，抵当権者による明渡請求が認められたことの効果として，賃貸借契約の効力がどうなるのかいうことが問題となる。これについては，依然として有効であるとする説と無効になるとする説の対立があるが，詳細は森田・前掲注(9)20頁以下およびそこに引用されている文献を参照。

4　結びに代えて

　平成11年大法廷判決と平成17年判決を素材として，抵当権者による不動産明渡請求の問題を検討してきたが，平成17年判決において直截に抵当権に基づく妨害排除請求権による抵当権者自身への明渡請求が認められたことから，代位構成という回り道の方法は今後は必要性がなくなってくるものと予想される。すなわち，不法占有により抵当不動産の交換価値の実現が妨げられ抵当権者の優先弁済請求権の行使が困難となる場合（不法占有による抵当権侵害の場合）においても，所有者に抵当不動産の適切な維持管理が期待できないときには，抵当権に基づく妨害排除請求権によって抵当権者への明渡請求が認められることになろう。これについては，現在のところ判例はまだ現れていないが，今後の判例の動きに注目したいと思う。

　　＊本稿は，今から10年ほど前にある研究会で報告したまま放置していた原稿に，平成17年判決に関する検討を新たに加筆して全体的に修正を施したものである。大変失礼なことではあるが，日頃の不勉強のために，このようなお粗末な内容のものを尊敬する平井一雄先生の喜寿のお祝いとして献呈せざるを得なかった。先生のご海容を切にお願いしたい。そして，平井先生には，健康に留意されながらいつまでもお元気で活躍されることを，心から祈念しております。

4 抵当不動産の不法占有に関する不法行為

渡邉知行

1 問題の所在
2 判例の動向
3 不法行為の成立要件の検討
4 まとめ

1 問題の所在

　抵当権は，目的物の交換価値から優先弁済を受ける権利である。通説によれば，「抵当権は，目的物の物質的存在から全く離れた価値のみを客体とする権利」であるとされている[1]。抵当権が侵害されて抵当権の目的物の交換価値が減少する損害が発生して不法行為が成立する場合には，抵当権者は侵害者に損害賠償を請求することができる。これまで抵当権侵害の不法行為について，次のような問題点が論じられてきた[2]。

　第一に，抵当権者が損害賠償を請求するためには，抵当権が実行されて損害額が確定される必要があるか。判例・通説は，損害賠償請求時に損害が発生していることが確定できれば請求できると解している（大判昭和7年5月27日民集11巻1289頁など）[3]。これに対して，抵当権が実行されるまでは損害額が確定し

---

[1] 我妻栄『新訂担保物権法』208-209頁（岩波書店，1968）。
[2] 抵当権侵害に関する不法行為に関する論考として，新美育文「抵当権の侵害と損害賠償責任」手形研究404号72頁（1987），加藤雅信「担保権侵害とその救済」『現代民法学の展開』215頁（有斐閣，1993），道垣内弘人「担保の侵害」山田=藤岡編『新・現代損害賠償法講座2』306頁（日本評論社，1998），田高寛貴「担保権侵害による損害賠償請求に関する一考察」名古屋大学法政論集227号341頁（2008），「抵当権の侵害」『クロススタディ物権法』211頁（日本評論社，2008）。
[3] 我妻・前掲注[1] 386頁。同旨，高木多喜男『担保物権法（第4版）』186頁（有斐閣，2005），道垣内弘人『担保物権法（第3版）』186-187頁（有斐閣，2008），潮見佳男『不法行為法Ⅰ（第2版）』89頁（信山社，2009），石田穣『担保物権法』403頁（信山社，2010）。

ないので，賠償額と損害額が異なることを回避すべく，抵当権が実行されて損害額が確定するまでは賠償請求できないと解する見解も有力である(4)。

第二に，抵当不動産の所有権者が第三者に対して損害賠償請求権を有し，抵当権者が当該賠償請求権に物上代位権を有する場合に，抵当権者は侵害者に損害賠償請求をすることができるか。判例は，抵当権者が物上代位権を行使することなく，第三者に損害賠償請求権を行使することを認めている（競合説，前掲大判昭和7年5月27日参照）(5)。物上代位権を取得する抵当権者には損害がないと評価できるので，抵当権者は物上代位権のみを行使できると解する非競合説も有力である(6)。

抵当不動産について所有権者から賃借権の設定を受けるなどして抵当不動産を占有する者が競売を妨害する場合には，抵当権者が被担保債権の優先弁済を受けることが困難になる。抵当権者が抵当不動産の競売を申立てても，その不動産の買受を希望する者が占有者らに妨害されることを恐れて入札することを躊躇して申出をしないために競売手続が進行せず，抵当権者が配当を受けることが困難になる。

最判平成11年11月24日民集53巻8号1899頁は，第三者が抵当不動産を無権限で占有して競売を妨害した場合に，所有権が違法に侵害されていると評価されて，抵当権者が所有権者の妨害排除請求を代位行使できると判示し（以下に「平成11年最判」と記す。），非占有担保権者である抵当権者が抵当不動産の占有に干渉できないとして，抵当権者による妨害排除請求を否定した最判平成3年3月22日民集45巻3号268頁を変更した。次いで，最判平成17年3月10日民集59巻2号356頁は，抵当権設定後に競売を妨害するために抵当不動

---

(4) 柚木馨・高木多喜男『担保物権法（第3版）』298-299頁（有斐閣，1982），鈴木禄弥『物権法講義（五訂版）』252頁（創文社，2007）。

(5) 競合説を支持する見解として，栗田隆「抵当権者の損害賠償請求権と所有者の損害賠償請求権」関大法学論集42巻3＝4号511頁以下（1992），道垣内・前掲注(2)306-307頁，田髙・前掲注(2)350-351頁。

(6) 鈴木・前掲(4)252-253頁，高木・前掲注(3)186頁，四宮和夫『事務管理・不当利得・不法行為』319頁（青林書院，1985），新美・前掲注(2)74頁，幾代通（徳本伸一補訂）『不法行為法』74頁（有斐閣，1993），内田貴『民法Ⅲ（第3版）』493頁（東京大学出版会，2005）。抵当権者は故意に抵当権が侵害された場合にのみ賠償請求権を行使できると解する見解として，前田達明『民法Ⅳ2（不法行為法）』79-80頁（青林書院，1980）。

産の所有者から賃借権の設定を受けた占有者によって、競売が妨害されて所有権者が適切に抵当不動産を維持管理できない場合に、抵当権が違法に侵害されていると評価されて、抵当権者が占有者に明渡し請求ができると判示した（以下に「平成17年最判」と記す。）。

平成17年最判の事案では、抵当権者は、抵当不動産の明渡しを請求するほかに、不法行為に基づいて抵当不動産の賃料相当額の損害賠償を請求したが、最高裁で後者の請求は認められなかった。

本稿では、抵当不動産の占有による不法行為について、まず、判例の動向を一瞥し、これらの判例がどのように評価されているのか考察する（2）。次に、不法行為の成立要件として、権利侵害と損害に関して検討するとともに、冒頭に示した問題点についても検討することにしたい（3）。

2　判例の動向

抵当不動産の競売妨害に関して、不法行為に基づく損害賠償請求を巡って争われた判例として、上述した平成17年最判、下級審判例として福岡高判平成17年6月14日判時1922号86頁（以下に「福岡判決」と記す。）がある。いずれの事案も、平成16年に改正された民事執行法が施行される前の事案であり、競売手続においては、現行法の売却基準価格でなく、最低売却価格が公示されている。本項では、これらの判例について、その事案と損害賠償に関する判旨を詳述し、判例評釈においてどのように評価されているのかみていこう。

(1)　平成17年最判[7]

Xは、平成元年9月5日、A社との間で、A社所有の土地上に地下1階付9階建ホテル（本件建物）を請負代金17億9,014万円で建築する旨の請負契約を

---

[7] 本判決の評釈で損害賠償請求についてふれるものとして、滝澤孝臣・銀法647号4頁、堂園昇平・銀法647号14頁、三上徹・NBL807号4頁、丸山絵美子・法セ607号120頁、吉田光碩・判タ1182号116頁、田高寛貴・法教301号82頁（2005）、民法判例百選I（第6版）178頁（2010）浅井弘章・銀法646号65頁、658号39頁、清水元・判評564号28頁、道垣内弘人・リマークス32号20頁、本田純一・銀法657号74頁、太矢一彦・金判1247号44頁、松岡久和・ジュリ1313号77頁、工藤祐巌・ひろば59巻1号55頁、生熊長幸・民商133巻4＝5号211頁（2006）。本判決の原審の評釈で損害賠償請求にふれるものとして、平井一雄・銀法591号62頁、住友隆行・銀法598号72頁（2001）。

締結し，平成3年4月30日，本件建物を建築して完成させたが，A社が請負代金の大部分を支払わなかったため，その引渡しを留保した。

A社は，平成4年4月ころ，Xとの間で，請負残代金が17億2,906万円余であることを確認し，これを同年5月から8月まで毎月末日限り500万円ずつ支払い，同年9月末日に残りの全額を支払うこと，Xの請負残代金債権を担保するため，本件建物及びその敷地についてXを権利者として抵当権及び停止条件付賃借権を設定すること，及び，本件建物を他に賃貸する場合にはXの承諾を得ることを合意した（本件合意）。本件停止条件付賃借権は，本件抵当権実行としての競売申立てなどを停止条件とし，本件建物の使用収益を目的とするものではなく，本件建物及びその敷地の交換価値の確保を目的とするものである。そして，A社は，本件合意に基づき，同年5月8日，本件抵当権設定登記と本件停止条件付賃借権設定仮登記を経由し，Xは，A社に本件建物を引渡した。

A社は，本件合意に違反して上記分割金の弁済を一切行わず，平成4年12月18日，Xの承諾を得ずに，B社に対し，賃料月額500万円，期間5年，敷金5,000万円の約定で本件建物を賃貸して引渡した（本件賃貸借契約）。その後，平成5年3月に敷金を1億円に増額し，同年5月1日に賃料を月額100万円に減額するとの合意がなされた。敷金が交付されたか否かは定かでない。

B社は，平成5年4月1日，Xの承諾を得ずに，Yに対し，賃料月額100万円，期間5年，保証金1億円の約定で本件建物を転貸して引渡した（本件転貸借契約）。不動産鑑定士の意見書によれば，本件建物の適正賃料額は，平成7年1月31日時点で月額592万円，平成10年10月26日時点で月額613万円とされており，本件転貸借契約の賃料額は，適正な額を大幅に下回るものであった。

YとB社の代表取締役は同一人である。また，A社の代表取締役は，平成6年から平成8年にかけてYの取締役の地位にあった者である。A社は，平成8年8月6日に銀行取引停止処分を受けて事実上倒産した。

Xは，平成10年7月6日，東京地方裁判所八王子支部に対し，本件建物及びその敷地につき，本件抵当権の実行としての競売を申立てた。本件建物の最低売却価額は，平成12年2月23日に6億4,039万円であったものが，同年10月16日には4億8,029万円に引下げられたものの，本件建物及びその敷地の売却の見込みは立っていない。このように，本件建物及びその敷地の競売手

続による売却が進まない状況のもとで、A社の代表取締役は、Xに対し、本件建物の敷地に設定されている本件抵当権を100万円の支払と引換えに放棄するように要求した。

　Xは、Yに対し、Yによる本件建物の占有により本件停止条件付賃借権が侵害されたことを理由に、賃借権に基づく妨害排除請求として本件建物を明渡すこと、及び、賃借権侵害による不法行為に基づき賃料相当損害金を支払うことを求めて東京地裁に提訴した。判決は、これらの請求をいずれも棄却した（東京地八王子支判平成11年5月26日）。

　Xは、東京高裁に控訴し、第一審の請求と選択的に、Yによる本件建物の占有により本件抵当権が侵害されたことを理由に、抵当権に基づく妨害排除請求として本件建物を明渡すこと、及び、抵当権侵害による不法行為に基づき賃料相当損害金の損害賠償を支払うことを追加して請求した。判決は、本件建物の明渡し請求を認容するとともに、次のように判示して、損害賠償請求も認容した（東京高判平成13年1月30日判タ1058号180頁）。

　「本件建物の賃料相当額は、前記の事実関係からみて、少なくとも1ヶ月500万円を下回らない」「抵当権の侵害（賃貸借及び転貸借としての占有移転）が始まった後である平成10年7月6日から侵害が終了する（本件建物のXへの明渡し完了）まで、Yらに対して各自上記金額の損害金の支払を求めるXの請求も、認容する」、と。

　Yが上告したところ、本件建物の明渡し請求に関する上告を棄却したが、損害賠償請求については職権で次のように判示して、原判決を取消した。

　「抵当権者は、抵当不動産に対する第三者の占有により賃料額相当の損害を被るものではないというべきである。なぜなら、抵当権者は、抵当不動産を自ら使用することはできず、民事執行法上の手続等によらずにその使用による利益を取得することもできないし、また、抵当権者が抵当権に基づく妨害排除請求により取得する占有は、抵当不動産の所有者に代わり抵当不動産を維持管理することを目的とするものであって、抵当不動産の使用及びその使用による利益の取得を目的とするものではないからである。」

　「本件停止条件付賃借権は、本件建物の使用収益を目的とするものではなく、本件建物及びその敷地の交換価値の確保を目的とするものであったのであるから、Yによる本件建物の占有によりXが賃料額相当の損害を被るということは

できない」，と。

(2) 福岡判決[8]

昭和60年7月23日，A銀行は，土地甲に，Bを債務者とする，極度額1,500万円の根抵当権を設定した。昭和61年1月18日，Aは，土地甲に係る根抵当権の極度額を2,500万円とし，土地甲を共同担保として，土地甲上の建物乙に，Bを債務者とする，極度額2,500万円の根抵当権を設定した。

同年4月18日，Aは，土地甲及び建物乙に係る上記根抵当権の極度額を2,800万円とし，土地甲及び建物乙を共同担保として，建物乙の敷地である土地丙に，Bを債務者とする，極度額2,800万円の根抵当権を設定した。

平成6年1月18日，本件根抵当権に基づき，本件不動産の競売開始決定がされ，本件根抵当権の被担保債権は確定した。被担保債権は，AのBに対する保証債務履行請求権650万円，貸金債権2,694万1,040円及び遅延損害金の内金である2,800万円である。

平成11年，指定暴力団の組長であるY_1は，建物乙の占有を開始した。占有開始後の同年6月22日，建物乙の敷地である土地丁について，Y_1の娘婿であるY_2への所有権移転登記がされた。

平成12年9月28日，Aは，Xに対し，Bに対する貸金債権及びこれに付帯する債権と，本件根抵当権とを譲渡した。

Xは，Yらが共同して根抵当権に基づく不動産競売を妨害しているとして，Yらに対し，共同不法行為に基づく損害賠償を求めて福岡地裁に提訴した。損害額について，Xは，「Yらが本件競売を妨害しなければ，本件不動産は，少なくとも1,200万円以上で，早期に落札された。しかしながら，Yらの妨害のため，本件不動産は，最低売却価額が699万円になっても買受希望者が現れず，Xは，得べかりし配当金500万円を失うという損害を被った」，予備的に，「Yらが本件競売を妨害しなければ，本件不動産は，平成11年12月10日の開札期日において，少なくとも1,659万円で落札され，同月16日に売却許可決定がされ，その2か月後である平成12年2月16日に，Xは1,659万円の配当を受けられた。しかしながら，Yらの妨害のため，Xへの配当は4年以上遅延し，

---

[8] 判例評釈として，谷本誠司・銀法662号39頁，塩崎勤・民事法情報242号64頁（2006）佐藤陽一・判タ1245号97頁（2007）。

Xは，上記配当額に対する年5分の割合による遅延損害金の4年分である331万8,000円の損害を被った」，と主張した。

判決は，Y₁及びY₂の共同不法行為が成立するとしたうえで，Xの損害額について次のように判示した（福岡地判平成16年9月3日）。

「最低売却価額は，入札の最低限度額を示すものに過ぎず，その下落が，直ちにXが受ける配当額の下落を意味するものではない。また，Yらの競売妨害は，単に買い手をつきにくくする（市場流通性を低下させる）種類のものであり，不動産自体の損壊のように，その客観的価値を低下させるものではない。しかも，妨害を取り除くことにより，市場流通性の回復は可能である。さらに，得べかりし配当額を得られないという損害は，配当段階においてはじめて発生する損害であり，本件不動産が売却されていない現段階においては，その額のみならず，発生自体が不確実である。これらのことからすれば，Xが，Yらの競売妨害により，得べかりし配当金500万円を得られないという損害を被ったとは認められない。」

「本件不動産は，最低売却価額を999万円とする平成14年3月の期間入札においては，Yらの競売妨害がなければ，少なくとも999万円で落札されたものと認められる。したがって，YらのK競売妨害によるXの損害は，上記落札価額999万円を前提とした，配当が遅れた期間に対応する年5分の遅延損害金である」，と。

Xが控訴したところ，福岡高裁は，次のように判示して原判決を変更した。

「一般に，抵当権者がその抵当権に対する侵害行為により被った損害の賠償を請求するに当たり，その損害額の算定等を巡って議論はあるものの，抵当権者は，競売の結果を待つことなく，その売却前であっても，抵当権に対する侵害行為がなければ売却が実現できたであろう時期以後において，当該侵害行為により交換価値が減少し，到底従前の交換価値を回復する見込みがないと認められる場合には，その差額を損害として賠償請求できると解するのが相当である（大判昭和11年4月13日民集15巻630頁参照）。そこで，本件をみるに，まず，上記説示のように暴力団関係者であるYらによる本件不動産の不法な使用占有という事情以外に，本件不動産の売却を妨げるべき特段の要因の存在を認めるに足りる証拠はな」い。「また，引用する原判決認定の競売手続の経過ないし最低売却価額の推移に照らすと，Y₁が本件建物に入居した後である平成11年

12月当時の期間入札における本件不動産の最低売却価額（1,659万円）か，少なくとも平成13年7月ころの期間入札におけるそれ（1,428万円）程度では本件不動産を売却できたものと認められるところである。加えて，かかる最低売却価額が競売手続における価格として適正でないことをうかがわせる事情は見当たらない。ところが，上記のとおり，平成14年8月当時の期間入札においては，最低売却価額が699万円（この金額は，Y₁が本件建物に入居する以前の平成10年11月当時の期間入札における最低売却価額1,951万3,000円の約3分の1である。）であったにもかかわらず，この金額によっても売却が実現できず，結局，その後，執行裁判所において，更に売却を実施させても売却の見込みがないと認めて競売手続を停止させたものである。そして，Y₁は，その間本件建物の使用占有を続けたばかりでなく，当審第3回口頭弁論期日においても本件建物の明渡しを拒否したことからして，今後とも本件建物の使用占有を継続する意思があるものと認められる。これらの事実を前提にすると，Yらによる本件不動産の不法な使用占有により，競売手続を前提とする本件不動産の交換価値である本件根抵当権の価値は，少なくとも上記最低売却価額の低下額に相当する額だけ減少させられた」。

「一般に，最低売却価額の下落が直ちにXの配当額の下落を意味するものでない」。「本件においては，Yらによる本件不動産の不法な使用占有が原因で本件不動産の買受けの申出が妨げられ，それに伴って最低売却価額が次々と低下していった反面，他にこのことが生じる特段の要因を見出し難いから，最低売却価額の下落をもってこれに相当する額の交換価値の下落があることを推認するのに何らの妨げもない」。「現在もYらの妨害行為が継続しており，将来においても継続する可能性が高いのであるから，本件口頭弁論終結時においても，到底従前の交換価値を回復する見込みがない」。「仮に，Yらによる本件不動産の不法な使用占有を終了させることにより，将来本件不動産の交換価値が回復することがあるとしても，これをもって本件のような法秩序無視の不法行為者が負わなければならない損害賠償義務が軽減ないし消滅すると解することは極めて不当である」。「Xには，主位的に主張する500万円を超える損害が生じた」，と。

(3) 判例の評価
(a) 平成17年最判

本判決の原審の判断について，平成11年最判の奥田裁判官補足意見にしたがって[9]，「抵当権者が明渡しの結果有するに至る占有はあくまで使用収益権を有する所有者のための管理占有であり，占有による利得を抵当権者が自らのものとすることができないはずである」，という批判がなされていた[10]。本判決は，抵当不動産に使用収益権がない抵当権者が賃料相当額の損害を被ることはないとして，抵当不動産の占有による不法行為の成立を否定した。

調査官解説において，競売妨害を目的とする抵当不動産の占有について，「換価権の行使を妨害することにより抵当権者に損害を生じさせ得る違法な行為」であり，「抵当権者に，いつ，どのような損害が確定的に生じ，その賠償請求が可能となるのかについて」，今後の課題となることが示された[11]。

銀行法務部からは，「平成4年に抵当権に対する侵害が発生しており，平成10年に明渡請求訴訟が提起されてからも7年が経過している。その間に債務の弁済はなされず，不動産の占有者が不動産の使用収益を享受した」という事実に照らせば，むしろ原審の判断が「訴訟の信頼性を高めるものとして評価できる」という批判もなされている[12]。抵当不動産の競売を妨害した占有者に占有による利得を保持させるのは公平に反しよう。

本件では賠償請求がなされていないが，判例評釈において，競売妨害によって抵当権が被る損害として，抵当不動産の売却価格（抵当権者の配当額）の下落分[13]，売却遅延による売却代金の運用利益[14]，などが挙げられている。さらに，銀行法務部からは，賃料相当分の賠償請求についても，建物は現代では消耗品であり，賃料が不動産価値のなし崩し的実現という通説的見解に照らせば[15]「賃料相当分が執行遅延による損害といえないこともない」，と主張されてい

---

(9) 民集53巻8号1908頁。
(10) 住友・前掲注(7)72頁，平井・前掲注(7)62頁。
(11) 戸田久・平成17年度最高裁判所判例解説民事篇166-167頁，同旨，丸山・前掲注(8)120頁。
(12) 堂園・前掲注(7)17頁，同旨，吉田・前掲注(7)121頁。
(13) 田高・前掲注(7)83頁，本田・前掲注(7)77頁，松岡・前掲注(7)79頁，工藤・前掲注(7)59頁，生熊・前掲注(7)228頁。
(14) 三上・前掲注(7)5頁，道垣内・前掲注(7)23頁。
(15) 我妻・前掲注(1)275頁。

る[16]。適正価格よりも廉価な賃料で抵当不動産に賃借権が設定されて，抵当権者の物上代位権が侵害されて賃料相当額の損害が発生していると評価できると解する見解もある[17]。

(b) 福岡判決

本件事案では，抵当権者は，主位的に配当額の下落分，予備的に売却代金の運用利益について損害賠償を請求した。第一審判決は，抵当不動産が売却されていない段階では売却価格が下落するか否か，下落する金額が不確実である，として主位的請求を棄却し，予備的請求を認容した。これに対して，控訴審判決は，抵当不動産の交換価値が「少なくとも最低売却価格の低下分に相当する額だけ減少させられた」として，主位的請求を認容した。判決は，仮に不法占有が終了して抵当不動産の交換価値が回復しても，「法秩序無視の不法行為者」を減免責することが「極めて不当である」と付言し，評釈では，「懲罰的賠償の趣旨が背景に込められている」とも評価されている[18]。

3 不法行為の成立要件の検討

本項では，不法占有による抵当権侵害に関する不法行為の成立要件として，抵当権がいかなる権利でいかなる侵害がなされたと評価されるのか，抵当権侵害による損害がいかなる内容でその金額がどのように算定されるのか検討する。抵当権侵害の不法行為についてこれまで論じられてきた問題点である，損害賠償請求権を行使できる時期や物上代位権との競合に関しても検討する。

(1) 権利侵害

通説によれば，抵当権は，その目的物の交換価値を把握する権利であり，抵当権侵害の不法行為の典型的な事案として，抵当不動産が損傷される事案，抵当山林から通常の範囲を超えて木材が伐採されて搬出される事案などが挙げられる。これらの事案では，抵当不動産の物理的状態が変化して客観的な交換価値が減少するのである。

---

[16] 三上・前掲注(7) 5 頁。
[17] 田高・前掲注(7)法教 301 号 83 頁，判例百選 179 頁。同旨，本田・前掲注(7) 77 頁，清水・前掲注(7) 32 頁。
[18] 佐藤・前掲注(8) 98 頁。

これに対して，抵当不動産の不法占有の事案では，占有が中止されるなど占有状態が変更する可能性があり，目的物の交換価値が客観的に減少するとは評価できない[19]。平成11年最判の調査官解説では，「抵当不動産の価値を不可逆的，絶対的に損なう物理的毀損行為」とは異なり，「売却及び配当等の現実の実施と不可分」で流動的である，と説明されている[20]。

平成11年最判の事案において，不法占有によって抵当権が侵害されていると評価されたのは，「抵当不動産の交換価値の実現が妨げられ抵当権者の優先弁済請求権の行使が困難となるような状態」であり，その具体例として「競売手続の進行が害され適正な価格よりも売却価格が下落するおそれがある」場合が挙げられている。調査官解説は，本判決の趣旨について，「抵当権者が配当等を受ける蓋然性が存在することを前提に，たとえ最終的には全額の満足を受けるとしても，現実の満足に遅れが生じる場合には，これらにつき救済を考慮すべきである」，と解している[21]。佐久間教授は，本判決がいう「抵当権の侵害状態」について，優先弁済権の侵害であり，「優先弁済権は，抵当権の実行としての換価権と被担保債権の弁済として受ける配当受領権を要素とする」と分析されている[22]。

平成17年最判において，抵当不動産の所有権者から競売妨害を目的として賃借権を設定された占有者が抵当権者の優先弁済権の行使を困難にする場合には，平成11年最判の無権限占有と同様に，抵当不動産の売却価格を下落させるおそれがある賃借人の占有が違法と評価されて，抵当権者の明渡し請求が認められた。

古積教授は，ドイツ法の担保権の性質論の考察を通じて，民法369条において目的物から優先弁済を受ける権利として規定される抵当権について，目的物の換価によって優先弁済が実現することから物上の換価権が内在する，と解された[23]。この見解によれば，「換価の方法には物の売却処分のみならず，その収益も包含され，かかる権能が行使される段階には権利者自身が目的物の占有

---

[19] 鎌田薫「抵当権の効力」司法研修所論集91号16-17頁（1994）。
[20] 八木一洋・平成11年度最高裁判所判例解説民事篇848頁。
[21] 八木・前掲注[20]850-851頁。
[22] 佐久間弘道「平成11年最判批」銀法572号22頁（2000）。
[23] 古積健三郎「換価権としての抵当権(1)～(5)完」中央ロージャーナル6巻1号，2号，3号，4号，7巻1号（2009-2010）。

を取得することも，抵当権の本質に反することにはならない」[24]。抵当不動産の不法占有による抵当権侵害は，目的物を売却する換価権の侵害にほかならない。まさしく平成11年最判や平成17年最判の事案のように，「自ずから抵当権の実行段階において」問題となるものである[25]。

(2) 損　害

抵当不動産の不法占有によって抵当権の優先弁済機能，すなわち換価権が侵害されることによって発生する損害は，競売手続によって抵当権者が受領できる配当額の減少である。抵当権者が抵当不動産の妨害排除を請求する場合には，配当額の下落について具体的な金額を示す必要はなく，配当額が減少する蓋然性が高いことを証明すればよい。抵当権侵害による損害賠償を請求する場合には，正常な競売手続が行われた場合に予見される配当額との競売妨害のなかで競売手続が行われた場合に予見される配当額との差額を算定する必要がある。

福岡判決の第一審判決では，競売妨害について，抵当不動産を損傷して客観的価値を低下させるのではなく，妨害が中止されればその価値が回復できる，さらに，配当額の減少は，抵当不動産が売却されていない段階では発生の有無や金額を確定できないとして，賠償請求が否定された。

控訴審判決では，最低売却価格の下落について競売妨害のほかの要因を見出し難いとして，最低売却価格の下落した金額を競売妨害による交換価値の下落を推認するものとして，賠償請求が認められた。判決は，抵当権について交換価値を把握する権利と解する通説的見解に従って，交換価値の下落分の損害について検討している。競売妨害で問われる抵当権の侵害は，換価権の侵害であると解すれば，その侵害によって配当額の減少がいかなる程度に発生しているか検討すればよい。

不法占有された抵当不動産について，裁判所が売却基準価格を決定するにあたっては，引渡命令等で不法占有を排除できるにせよ，不法占有を評価して減額されるのが一般的である。しかし，売却基準価格の下落には，不動産の時価

---

[24] 古積・前掲注[23]「換価権としての抵当権(4)」44-45頁。
[25] 古積・前掲注[23]「換価権としての抵当権(5)」18頁。反対，太矢一彦「抵当権に基づく妨害排除請求」東洋法学49巻2号55頁以下（2006）。抵当権設定時より問題となると解する。

の変動など不法占有以外の要因が関わり得る。さらに，実際に競売手続が行われた場合に，買受人がいかなる金額で買い受けて，抵当権者にいかなる金額が配当されるのか算定するのは困難である。

　民事訴訟法248条は，「損害が生じたことが認められる場合において，損害の性質上その額を立証することが極めて困難であるときは，裁判所は，口頭弁論の全趣旨及び証拠調べの結果に基づき，相当な損害額を認定することができる。」と規定する。抵当不動産の不法占有による競売妨害によって抵当権者に配当額の減少という損害が発生している場合には，性質上証明が極めて困難であり，本条が適用されるものと解される[26]。

　最判平成20年6月10日判時2042号5頁は，採石権侵害に関する損害賠償請求について，採石行為によって損害が発生したことが明らかである場合に，違法な採石行為によって採石した量と，和解後に採石権に基づいて採石した量とを「明確に区別することができず，損害額の立証が極めて困難であったとしても，民訴法248条により，口頭弁論の全趣旨及び証拠調べの結果に基づいて，相当な損害額が認定されなければならない」，と判示して，損害額が算定できないとして賠償請求を棄却した原審を破棄して差戻した。本判決によれば，損害の発生が証明されている場合には，裁判所は裁量で損害額を認定しなければならないことになる[27]。裁判所の裁量による相当な損害額の認定は，訴訟資料・証拠資料，経験則，論理的整合性，当事者間の公平などに照らして合理的なものである必要がある[28]。

　不法占有による競売妨害は，競売手続が円滑に進行して抵当不動産が買受人に売却されて抵当権設定者が抵当不動産の所有権を失うことを阻止するために行われる。一定の売却基準価格によって競売手続が開始されても買受を希望する者が現れず，その後の競売手続のなかで売却基準価格が引き下げられていくことになる。売却基準価格の下落は，不動産の時価の下落など他の要因が関わっていると考えられる場合でも，競売妨害に起因するものである。他方，競

---

[26]　石田・前掲注(3)403頁。
[27]　三木浩一「判批」リマークス39号117頁，加藤新太郎「判批」ジュリ1376号151-152頁（2009）
[28]　三木浩一「民事訴訟法248条の意義と機能」井上治典先生追悼論文集『民事紛争と手続理論の現在』432頁（法律文化社，2008），加藤・前掲注(27)152頁。

売を申立てる抵当権者は，売却基準価格の下落に全く関与していない。このような事案の性質に照らせば，売却基準価格の下落分について抵当権者の配当額に相当する損害額であると認定するのが当事者の損害コストの負担の公平にかなうといえるであろう。民事執行法改正前の事案である福岡判決の事案における最低売却価格は，売却基準価格を20％減額した価格に相当する。当該価格の下落を相当な損害額と認定する余地もあろうが，競売の促進を目的として民事執行法が改正され，売却基準価格が市場価格を減額して算定されることを考慮すれば，売却基準価格の下落を相当な損害額と解するのが合理的であるといえる。

　平成17年最判では，抵当不動産の所有権者から賃借権を設定された占有者への賃料相当額の賠償請求が否定された。これに関して，2(3)でみたように，適正価格よりも廉価な賃料で抵当不動産に賃借権が設定されて，抵当権者の物上代位権が侵害されて賃料相当額の損害が発生していると評価できると解する見解が主張されている。しかし，本件事案では，換価権の行使として競売手続が妨害されることによって配当額の減少という損害が発生しているのであり，物上代位権の行使が妨害されて損害が発生しているのではない。不法占有による競売妨害の事案では，抵当権における物上代位権の侵害による損害を観念することはできない。不法占有者に抵当不動産から得られた使用利益を保持させるのは不当であるという点に着目するのであれば，抵当権者による損害賠償請求権の問題というよりむしろ，抵当権者が物上代位権を行使する場合に，名目的な賃料債権でなく適正な金額で賃料債権を行使できると解するべきではないか。

(3)　損害賠償請求権を行使できる時期

　福岡判決は，判例・通説を踏襲して，仮処分による競売妨害の事案である大判昭和11年4月13日を引用して[29]，抵当不動産の交換価値が減少して回復する見込みがない場合には，抵当権が実行されて損害額が確定しなくても，抵当権者が，損害賠償請求権を行使することができると解している。その第一審判

---

[29]　仮処分による競売妨害は，抵当不動産を物理的に損傷するものではないが，抵当不動産を処分して客観的価値を減少させるものと評価できるので，抵当不動産の不法占有とは異なって，抵当不動産の損傷に準じる事案であるといえる。

決は，抵当不動産の客観的価値が減少するものでなく，損害の発生や金額が不確実であるという事案の性質を考慮して，抵当権者は，抵当権が実行されて損害額が確定しなければ，損害賠償請求権を行使できないと解した。

抵当不動産の不法占有による抵当権侵害について，目的物の交換価値を把握する権利が侵害されると解する通説的理解によれば，抵当不動産が損傷された事案と同様に，不法占有による抵当不動産の交換価値の減少が損害と解されることになるので，福岡判決のような争いが生じることになる。

抵当権者が優先弁済を受ける権能である換価権を行使して競売手続を進める場合に，抵当不動産の不法占有によって換価権が侵害されて，抵当権者が受領する配当額が減少する損害が発生すると解するならば，競売手続が進行するなかで損害の発生が観念できるのであり，賠償請求権の行使できる時期が問題とされる余地はないといえる。

(4) 所有権者の物上代位権との関係

平成11年最判の事案のように，抵当不動産の不法占有が無権限占有である場合には，抵当不動産の所有権者は占有者に損害賠償請求権を有することなる。抵当権者は，所有者の損害賠償請求権に物上代位権を行使できる。無権限占有によって抵当権の交換価値が減少すると解するのであれば，非競合説のように，物上代位権を行使して損害を填補できる抵当権者に不法占有による損害を観念できないと解する余地もあろう。

抵当不動産の無権限占有によって換価権が侵害されると解するならば，抵当権に対する権利侵害と所有権に対する権利侵害は同質であるといえないので，抵当権者が物上代位権を有することを理由に，損害賠償請求権を行使できないと解することはできない。

4 まとめ

これまで，抵当権侵害に関する不法行為については，抵当不動産が損傷されて交換価値が減少する事案を中心に，その問題点が考察されてきた。本稿では，抵当不動産が不法占有される事案について，判例や学説の考察を通じて，競売手続において，抵当権の本質である換価権が侵害されて抵当権者の配当が減少するという損害が発生して不法行為が成立する，損害の算定について，民事訴

訟法248条が適用されて，売却基準価格の下落分を相当の損害額と認定すべきある，という見解を提示した。

抵当権を実行する方法としては，競売のほかに，担保不動産収益執行がある。収益執行手続に関する妨害行為がなされて，抵当権者による損害賠償請求が問題となることが考えられる。今後の課題としたい。

5 時効による抵当権の消滅について

古積健三郎

1 はじめに
2 判例・学説の検討
3 民法396条・397条の沿革
4 民法396条・397条についての一解釈論
5 むすび

1 はじめに

(1) 抵当権が時効によって消滅する場面としては，理論的には3つのケースを考えることができる。第一は，被担保債権の消滅時効の完成による抵当権の消滅，第二は，被担保債権から独立した抵当権自体の消滅時効，そして，第三は，抵当不動産について取得時効が完成することによる抵当権の消滅である。

これらのうち，第一のケースについては，時効の援用権者の範囲に問題を残すものの，付従性の原理により被担保債権の消滅とともに抵当権も消滅することには異論はないであろう。しかし，第二については，被担保債権への付従性との関係が問題になり，第三についても，具体的にいかなる要件の下で抵当権を消滅させる取得時効が完成するのかが問われる。これらの問題に関連して，現行民法は396条と397条の2つの条文をおいているが（以下において，民法の条文に言及する場合にはその条数のみを記す），その意義・射程自体が必ずしも明らかではなく，判例・学説による解釈論が展開されてきた。

(2) 大審院の判例は，396条は債務者または抵当権設定者が被担保債権から独立して抵当権の消滅時効を主張することを否定したにすぎず，第三取得者や後順位抵当権者は，167条2項に従い抵当権自体の消滅時効を主張することはできるという理解をとる[1]。ただし，この判例は抵当権の被担保債権の消滅時

効の援用権を第三取得者に容認していなかった頃のものであり[2]，その後，最高裁判所が第三取得者にも被担保債権の消滅時効の援用権を認めているため[3]，今日でも第三取得者に抵当権自体の消滅時効の利益を認めるべきかには疑問の余地がある。

他方で，判例は，397条を抵当不動産について所有権の取得時効が完成した場合の効果を示すものと捉える。すなわち，債務者または抵当権設定者はそのような取得時効によって抵当権の消滅を主張することができないが，その他の第三者はかかる取得時効によって抵当権の消滅を主張できるという[4]。ただし，抵当不動産の第三取得者の取扱いについては判例にも変動があり，大審院判例は，抵当不動産の所有権を有する第三取得者には397条の適用が認められないとしていたが[5]，最高裁の判例は，第三取得者は抵当権の実行における買受人に対して取得時効による所有権の取得を対抗しうるという立場をとっており[6]，むしろ，第三取得者に397条の適用を容認する立場に親和的になっている。

このように，判例の考え方は，396条は抵当権自体の消滅時効を債務者・抵当権設定者との関係でのみ制限する規定であるのに対し，397条は抵当不動産の取得時効に関する規定であるとする点で，両者を別個・独立の規定として位置づけるものといえる。そこでは，396条・397条の適用範囲に第三取得者が包含されるか否かが特に問題となった。

(3) 判例に対し，学説では様々な見解が主張されてきたが，大きく分ければ，判例のごとく396条と397条を切り離し，396条を抵当権自体の消滅時効を債務者または抵当権設定者との関係で制限する規定，397条を抵当不動産の取得時効による抵当権の消滅に関する規定と理解する立場[7]と，抵当権については

---

[1] 大判昭和15年11月26日（民集19巻2100頁）。
[2] 大判明治43年1月25日（民録16輯22頁）は，抵当不動産の第三取得者を被担保債権の消滅時効によって間接に利益を受ける者と見て，その時効援用権を否定していた。
[3] 最二小判昭和48年12月14日（民集27巻11号1586頁）。もっとも，判例は後順位抵当権者については被担保債権の消滅時効の援用権を否定した（最一小判平成11・10・21民集53巻7号1190頁）。
[4] 大判昭和15年8月12日（民集19巻1338頁）。
[5] 前掲注[4]大判昭和15年8月12日。
[6] 最三小判昭和43年12月24日（民集22巻13号3366頁）。
[7] 柚木馨「判例批評」民商法雑誌13巻2号（1941年）99-101頁，我妻栄『新訂担

一般の消滅時効（167条2項）を否定する立場をとりつつ、396条と397条を一連の規定と理解して、これらは抵当権が時効によって消滅すべき場合を規定したものであり、特に397条は抵当権自体が被担保債権から独立して時効によって消滅する場合を規定したものとする立場[8]がある。

前者の見解は、大審院判例と同様に397条の第三取得者への適用を基本的に否定しているが、後者の見解は、第三取得者が本来は397条の適用範囲にあると見るものである。ところが、後者の立場でも、第三取得者を殊更に保護する必要性に疑問を呈して、結論としては第三取得者に同条を適用するのを否定する見解が有力のようである[9]。

(4) 以上のように、従来の議論においては、396条・397条の規定の趣旨そのものについて大きな対立があり、それに関連して各規定と抵当不動産の第三取得者との関係についても見解が分かれている。近時では、2つの条項の立法過程について詳細な検討を加える研究も現れているが[10]、なお、学説上の議論は収束しているとはいえない。

そこで、本稿では、396条・397条の規定の趣旨・射程について検討を加え

保物権法』（岩波書店、1968頁）421-423頁、川井健『担保物権法』（青林書院、1975年）139-140頁、鈴木直哉「抵当権と時効制度」高島平蔵教授古稀記念『民法学の新たな展開』（成文堂、1993年）293頁、316頁、鈴木禄弥『物権法講義〔四訂版〕』（創文社、1994年）191頁、丸山英気『物権法入門』（有斐閣、1997年）424-426頁、船越隆司『担保物権法〔第3版〕』（尚学社、2004年）263-265頁、清水元『プログレッシブ民法〔担保物権法〕』（成文堂、2008年）115-117頁、安永正昭『講義　物権・担保物権法』（有斐閣、2009年）328-329頁、山川一陽『担保物権法〔第3版〕』（弘文堂、2011年）166-167頁、松井宏興『担保物権法〔補訂第2版〕』（成文堂、2011年）114-115頁。

(8) 来栖三郎「判例批評」法学協会雑誌59巻1号（1941年）169頁、同「判例批評」法学協会雑誌59巻5号（1941年）835頁、有泉亨「判例批評」民商法雑誌13巻5号（1941年）103-104頁、原島重義「判例批評」民商法雑誌58巻2号（1968年）286頁、星野英一『民法概論II』（良書普及会、1976年）293頁、内田貴『民法III債権総論・担保物権〔第3版〕』（東京大学出版会、2005年）473-474頁、道垣内弘人『担保物権法〔第3版〕』（有斐閣、2008年）229-230頁、高橋眞『担保物権法〔第2版〕』（成文堂、2010年）246-247頁。

(9) 来栖・前掲注(8)法学協会雑誌59巻1号169頁、有泉・前掲注(8)105頁参照。

(10) 草野元己「抵当権と時効」玉田弘毅先生古稀記念『現代民事法学の諸問題』（信山社、1998年）45頁以下、田中克志「民法三九六条及び同法三九七条に関する序論的考察」静岡大学法政研究14巻3＝4号（2010年）1頁以下。

たい。以下では，まず，従来の判例・学説上の議論を整理してその問題点を指摘し，次に，2つの条項の沿革について検討を加え，最後に，かかる沿革を考慮しつつ現代において望ましい解釈論とは何かを探求してみたい。

2 判例・学説の検討

(1) 序

すでに述べたように，396条および397条の解釈論においては，これらを別個・独立の規定として捉える説と双方を一連の規定として捉える説があるが，このような見解の違いは学説上早くから存在していた。その後，大正期後半から昭和期前半にいくつかの判例が現われ，判例法の確立を受ける形で学説上の議論がさらに展開された。

大審院の判例では，まず397条の意義・射程，とりわけこれを抵当不動産の第三取得者に適用することができるかが問題となり，当初の判例は，第三取得者への適用可能性を認めながら実際の適用を限定する解釈をとっていた。しかしその後，判例は一般的にこれを否定する立場をとるに至り，他方で，396条によっては第三取得者が抵当権自体の消滅時効を援用することは制限されないという判断を下した。

以下では，まず主要な判例を参照した後に，学説の展開を描写して，従前の議論の問題点を浮き彫りにしたい。

(2) 判 例

(a) 大判大正9年7月16日（民録26輯1108頁）

Y（国）は甲土地をその所有者Aから贈与され，以後甲土地を占有していたが，所有権移転登記がなされなかった。AY間の贈与の当時には，甲土地にはすでにBらのために抵当権が設定されており，その登記もなされていた。その後，甲土地に抵当権の設定を受けたXが競売を申し立て，自らが競落人となった上で，Yに対して所有権の確認等を訴えた。原審は，甲土地についてはその競売の前にYの取得時効が完成し，397条によってXの抵当権は消滅していたとして，その請求を棄却した。

大審院も原審の判断を支持したが，判決理由の中で，次のように述べていた。

〔古積健三郎〕　　　　　　　　　　　　　　5　時効による抵当権の消滅について

　「民法第三百九十七条ノ場合ニ於テハ取得時効ノ完成ニ因リ抵当権カ消滅スルモノナレハ抵当権者ハ所有者ト同様ニ時効ノ当事者ナリト解スヘク同法第百七十七条ニ所謂第三者ニ該当スヘキモノニアラス従テ右時効ニ因ル所有権ノ取得ハ登記ナクシテ抵当権者ニ対抗シ得ルモノト解スルヲ相当トス」

　「民法第百六十二条第二項ニ所謂善意トハ自己ニ所有権アリト信シテ占有ヲ為シタル場合ヲ謂フモノニシテ其占有ノ目的物ニ対シ抵当権ノ設定アリタルコトヲ知リタルヤ否ヤヲ問フモノニアラス占有者カ抵当権ノ存在ヲ知リタルトキハ其抵当権ニ対シテハ悪意ナリト謂フコトヲ得ヘキモ所有権ニ対シテハ善意ノ占有者ナリト謂フニ何等妨ケナキモノトス又同条ニ『不動産ノ所有権ヲ取得ス』トアルハ必シモ常ニ不動産ニ関シ完全ナル所有権ヲ取得スト謂フ意義ニアラス如何ナル範囲ノ所有権ヲ取得スヘキヤノ問題ハ其所有権取得ノ前提タル占有ノ範囲如何ニ依リテ決定セラルルモノトス即チ例ヘハ不動産全部ヲ占有シタルトキハ全部ノ所有権ヲ取得スヘキモ一部ヲ占有シタルトキハ一部ノ所有権ヲ取得スルニ過キス又不動産ヲ完全ニ占有シタルトキハ完全ナル所有権ヲ取得スヘキモ第三者ノ権利ヲ認メ制限的ニ不動産ヲ占有シタルトキハ第三者ノ権利附著ノ儘制限的所有権ヲ取得スルニ過キサルモノトス」

　この判決は，397条が取得時効の効果を定めたものと解している。ただ，この事案で消滅するとされた抵当権は取得時効の基礎となる占有の開始の後に設定されたものであり，これに397条の射程が及ぶか否かは問題であろう。また，この判決は，取得時効によって常に第三者の権利，すなわち抵当権が消滅するわけではなく，抵当権の存在を認めた占有をしているに過ぎない場合には，抵当権の負担がついた所有権しか取得し得ないとしている点には注意しなければならない。この準則は次の判例において現実化することになる。

(b)　**大判昭和13年2月12日**（判決全集5輯6号8頁）

　XはYの抵当権の目的である甲土地をその所有者Aから買い受けたが，その買受けの時点で抵当権設定登記は具備され，Xは抵当権の存在を承認していた。その後，Xは，397条に基づき10年間の占有によって抵当権が消滅したとして，Yに対して抵当権設定登記の抹消を請求した。

　大審院は次のように述べて請求を棄却した。

　「民法第三百九十七条ハ債務者又ハ抵当権設定者ニ非サル者カ抵当不動産ニ付何等抵当権ノ如キ物上負担ナキモノトシテ之レヲ占有シ取得時効ニ必要ナル条件ヲ具備セル占有ヲ継続シタル場合ニ抵当権ハ時効ニ因リ消滅スルコトヲ規定シタルモノト解セサル可カラス蓋シ抵当権設定シアル不動産ヲ占有スル右ノ第

101

三者ニ於テ抵当権ノ存在ヲ承認シテ之レヲ占有スルトキハ其占有カ如何ニ継続スルモ此者ニ対シ抵当権ヲ消滅セシメテ之ヲ保護スヘキ何等ノ理由存セサルヲ以テナリ」

すなわち，この判決は，397条は第三取得者に適用されうることを認めつつも，その要件としての占有は抵当権の負担がないことを前提にしたものでなければならないとして，実際にこれが第三取得者に適用される範囲を限定したものであった。ところが，判例はさらに進んで，一般的に397条が第三取得者には適用されないという立場をとるに至った。

(c) **大判昭和15年8月12日（民集19巻1338頁）**

XはYの抵当権の目的である甲土地等の不動産を所有者Aから買い受けたが，397条により，買受けから10年が経過して抵当権は消滅したとして，Yに対して，抵当権の不存在の確認，抵当権設定登記の抹消等を請求した。原審は，397条が第三取得者にも適用されることを前提にしつつ，ただそのためにはXは買受けの際に抵当権の存在につき善意無過失でなければならないとして，本件ではこの要件が充たされないことを根拠にXの請求を棄却した。

これに対して，大審院は，本条が第三取得者に一般的に適用されないものと述べて，Xの請求を棄却した。すなわち，

「第三百九十七条ニ所謂取得時効ニ必要ナル条件ヲ具備セル占有トハ所有者ニ非サル債務者若ハ抵当権設定者以外ノ者カ第百六十二条ノ規定ニ依リ所有ノ意思ヲ以テ同条所定ノ要件ノ下ニ抵当不動産ノ占有ヲ遂ケタル為メ取得時効完成シテ当該不動産ノ所有権ヲ取得シタル場合ヲ指称セルモノナルコト第三百九十七条ノ規定ノ文理上ヨリスルモ将又取得時効ノ性質ニ鑑ルモ洵ニ明ニ領得シ得ルトコロニシテ」，「従テ抵当不動産ヲ買受ケ其ノ所有者ト為リタル第三取得者ニ対シテハ其ノ買受ケ当時抵当権ノ設定アル不動産ナルコトヲ知レリヤ否ヤヲ問ハス第三百九十七条ノ規定ヲ適用スヘキ限ニ在ラスト云ハサルヲ得ス」。

この判決が397条を所有権の取得時効の完成による抵当権の消滅を定めた規定と捉えているのは，明らかである。そして，第三取得者に同条の適用を認めない根拠は，すでに所有権を有する者には取得時効を容認し得ないという点にあると思われる。しかし，このことは，自己の物の時効取得を認める判例が確立しているために[11]，決定的な根拠とはなりえなくなっている。

(d) **大判昭和15年11月26日**（民集19巻2100頁）

　Xは，YのAに対する債権を担保するために抵当権の設定された甲土地をAから譲り受けた。その後，XはYのAに対する債権の消滅時効を援用しつつ，さらに，被担保債権の弁済期から20年が経過したことによる抵当権の消滅時効を援用して，抵当権設定登記の抹消等をYに対して請求した。原審は，Yの債権の消滅時効についてのXの援用権を否定したが，抵当権の消滅時効の援用は認めた。これに対して，Yは上告理由において，抵当権の時効については396条と397条の規定によって債務者および抵当権設定者のための時効とその他の者のための時効が区別され，債務者および抵当権設定者以外の者に対する時効については民法397条が適用されるだけであると主張した。

　大審院は，以下のように述べて原審の判断を維持した。

　「抵当権ハ債務者及抵当権設定者ニ対シテハ其ノ担保スル債権ト同時ニ非サレハ時効ニ因リ消滅スルコトナキモ此ノ二者以外ノ後順位抵当権者抵当物件ノ第三取得者ニ対シテハ被担保債権ト離レ民法第百六十七条第二項ニ依リ二十年ノ消滅時効ニ因リ単独ニ消滅スヘキモノトス」

　この判例によって，396条を債務者および物上保証人との関係で抵当権の独立した消滅時効を制限する規定，397条を抵当不動産の取得時効による抵当権の消滅に関する規定と位置づけ，第三取得者は抵当権自体の消滅時効（167条2項）によって保護されるという判例法理が確立した。しかし，最高裁判所の時代になって，特に397条の射程について疑義を生じさせる判例が現れる。

(e) **最三小判昭和43年12月24日**（民集22巻13号3366頁）

　Xは，昭和27年6月20日，所有者であるAから甲土地および乙建物の贈与を受け，以後これらを所有の意思をもって平穏かつ公然と占有してきたが，この贈与の前にすでに甲土地および乙建物にはBのために抵当権が設定されその登記が経由されていた。Y1は，昭和30年5月31日，上記の抵当権に基づく競売において甲土地および乙建物を競落し，昭和34年2月9日，その所有権移転登記手続が経由され，さらに，Y2は，昭和35年8月17日，Y1から乙建物を買い受け，同月29日にその所有権移転登記手続を経由した。そこで，Xは時効によって甲土地および乙建物の所有権を取得したとして，Yらに対し

---
(11) 最二小判昭和42年7月21日（民集21巻6号1643頁）参照。

てこれらの所有権移転登記を請求した。原審が短期取得時効の成立を認めてXの請求を認容したのに対し、Yらが上告した。上告審では、短期取得時効の要件である善意無過失の対象が争点となった。

最高裁は、次のように述べて上告を棄却した。すなわち、

「民法一六二条二項にいう占有者の善意・無過失とは、自己に所有権があるものと信じ、かつ、そのように信じるにつき過失がないことをいい、占有の目的物件に対し抵当権が設定されていること、さらには、その設定登記も経由されていることを知り、または、不注意により知らなかったような場合でも、ここにいう善意・無過失の占有というを妨げないものと解すべきである。」

この判決は162条2項の時効についての主観的要件を判断するにすぎず、また、紛争当事者は抵当権者自身ではなく、抵当権に基づく競売における競落人とその承継人であった。しかし、このように取得時効によって競落人らの地位を覆すということは、結局は、その基礎となる抵当権の効力をその限りで否定することを意味する。それゆえ、かかる取得時効を容認した本判決の立場は、当然、397条を取得時効による抵当権の消滅を規定するものと見つつ、かつ第三取得者にはそのような時効の利益を認めないとした(c)の大審院判例と対立する。それゆえ、従前の判例との関係では、その結論自体に疑問の余地があったというべきである。

(3) 学　説
(a) **民法制定当時の学説**

民法起草者の梅博士は、その注釈書において、396条・397条の規定を一連のものとして説明していた。

すなわち、396条は債務者および抵当権設定者のための時効に関し、397条はその他の者のための時効に関する。債務者および抵当権設定者に対しては、抵当権は債権と同時でなければ時効によって消滅することはない。抵当権は債権の従たるものであり、その担保を目的とする。債務の弁済を怠った債務者または抵当権設定者が、たとえ抵当権者が抵当権を行使しないとしても、債権が時効にかかって消滅しない間は抵当権が時効によって消滅したとは主張し得ないということには、普通の観念より疑いの余地はない。これに対し、債務者ま

〔古積健三郎〕　　　　　　　　　　　　　　**5　時効による抵当権の消滅について**

たは抵当権設定者ではない者については，そのような理由がないために，たとえ債権がいまだ時効によって消滅しなくとも抵当権だけがその者のために消滅することは怪しむに足らない。しかしながら，元来抵当権は他の物権または債権と大いにその趣旨を異にするため，167条2項に定めた一般の消滅時効によっては消滅しない。もっとも，抵当不動産の買主が162条の条件を具備するときは，その者は完全なる所有権を取得すべきであるがゆえに，その結果として抵当権もまた消滅せざるを得ない。その買主が不動産を買い取る際に抵当権の存在につき善意無過失であるとき，たとえば登記官吏が誤ってその抵当権を登記簿謄本から脱落させたときは10年間の不動産の占有によって抵当権は消滅し，それ以外の場合でも，20年間これを占有するときは抵当権は消滅する[12]。

岡松博士も，抵当権についての時効には，目的不動産が債務者または抵当権設定者の占有にある場合と目的不動産が第三取得者の占有に帰した場合があり，396条は前者の場合を定め，397条は後者の場合における規定であると説明していたが，さらに，抵当権自体が被担保債権から独立して消滅時効にかかることはなく，抵当権が被担保債権から独立して時効によって消滅するのは397条が規定する場合に限定されるという点をより強調した。

すなわち，抵当不動産が債務者または抵当権設定者の占有にある場合には，抵当権はその担保する債権と同時でなければ時効によって消滅しない。主たる債権が消滅するときは抵当権もまた消滅し，債権の時効が中断されれば抵当権の時効もまた中断され，債権の時効を停止させる原因は抵当権の時効をも停止させる。抵当権だけが債権に先んじて消滅することはなく，債権が消滅して抵当権だけが残留する理由はない。これに対して，抵当不動産が第三取得者の占有に帰したときは，債権の時効と抵当の時効とは互に独立し，債権が消滅するときは抵当権はこれと同時に消滅するが，抵当権が消滅するときになお債権が消滅しない場合がある。しかして，抵当権を消滅させる原因となる時効の性質は取得時効なのか，あるいは消滅時効なのか。旧民法は抵当権の消滅時効と明言しているけれども[13]，その作用が消滅時効に類似するにすぎず，その性質は取得時効であることには疑いの余地がない。けだし，その時効が取得時効と同

---

[12]　梅謙次郎『民法要義巻ノ二』（和仏法律学校，1896年）530-533頁。
[13]　この部分の岡松博士の説明には，後に触れる旧民法時の議論に照らすと疑問がある（3(1)(c)参照）。

一の条件に従うからである。すなわち，第三取得者が時効によって完全な所有権を取得する結果，抵当権が消滅するのである[14]。

このように，現行民法制定当時の学説は，2つの条項を一連の規定として理解し，かつ，397条の時効の性質を取得時効と見て，完全円満な所有権を取得させるという点において，第三取得者にもこれを適用する立場をとっていた。この考え方は，後述のように，2つの条文の沿革に忠実なものであった。ただ，396条に関する説明については，梅博士と岡松博士との間で差異がある。岡松博士は債権の消滅時効の中断があればその効力は抵当権にも及び，抵当権の消滅時効は債権のそれに一般的に服するという考えをとっており，これは後述のように396条の沿革に相応するものであった。これに対して，梅博士は，抵当権の消滅時効が債権のそれに服するのはむしろ債務者と抵当権設定者との関係に限られるかのような説示もしながら，結論的にはその他の者との関係においても抵当権自体の消滅時効を容認しない立場をとっている。この梅博士のやや一貫しない説明に，その後の改説の萌芽を見ることができたといえよう。

(b) **一般の消滅時効を容認する学説の定着**

梅博士は，その注釈書の改訂版において従前の説を修正した。すなわち，396条が債務者および抵当権設定者のための時効，397条がその他の者のための時効，という立場を維持しつつも，397条の注釈において，旧版で述べていた抵当権と他の物権との差異に言及しなくなり，抵当権も167条2項の一般の消滅時効によって消滅することがあるとするに至った[15]。本来，396条と397条を一連の規定として理解する立場は，時効による抵当権の消滅はもっぱらこの2カ条によって律せられるという前提の下でこそ説得的となる。そうすると，この改説は，その後の学説がそのような解釈から離れ，2つの条文を別個・独立のものとして理解する傾向を生み出したかもしれない。

はたして，大正前期に現れた中島博士の注釈書においては，そのような解釈が前面に出ている。中島説は一方で，396条を抵当権の独立した消滅時効を債務者および物上保証人との関係でのみ否定したものに過ぎず，その他の者との関係では167条による抵当権自体の消滅時効が認められるべき旨を説く。すな

---

[14] 岡松参太郎『民法理由物権編』（有斐閣，1897年）581-583頁。
[15] 梅『民法要義巻ノ二［訂正増補改版第参拾壱版］』（私立法政大学，1911年）588頁，590頁参照。

〔古積健三郎〕　　　　　　　　　　　　　　**5**　時効による抵当権の消滅について

わち，抵当権が従たる権利であることを争うことはできないが，抵当権と債権とは別個の権利であるがゆえに，一方の権利に対する時効の中断は他の権利に対する時効の中断となることはない。それゆえに，債権については時効の中断あって時効がいまだ完成しなくとも，抵当権については中断がなく時効が完成することはありうる。しかしながら，この理論を貫くときは，債務者および抵当権設定者のごとき債務の弁済の義務またはこれを担保する責任のある者が，債務が弁済されないにもかかわらず担保権の消滅を援用しうる結果となり，徳義に反することはなはだしい。それゆえ，396条は時効の効力に制限を加えた[16]。

他方で，中島説は，397条を抵当不動産の取得時効の効果を定めたものと位置づけ，善良の風俗を理由に債務者および物上保証人にはその効果が認められないことを示したものと見る。すなわち，抵当不動産につき所有権の取得時効に必要な条件を具備する占有をなした者があるときは，抵当権はこれによって消滅する。所有権の取得時効と抵当権とは両立し得ないためである。本条には単に取得時効とあって所有権の取得時効という文字はないが，抵当権と両立し得ない権利は所有権のみである。債務者が所有権の取得時効を得るのは第三者が抵当権を設定した場合であり，抵当権設定者が所有権の取得時効を得るのはいったんその所有権を第三者に譲渡した後である。けだし，所有者自身は所有権の取得時効を得ることができないのが当然だからである。これらの場合に抵当権が消滅しないのは，債務弁済の義務のある者または担保を供しその弁済を確実にすべき者が債務消滅前に抵当権の消滅を主張するのが善良の風俗に反するためである[17]。

このように，中島説は396条と397条を切り離し，前者を抵当権の消滅時効に関する規定，後者を所有権の取得時効の効果を定める規定と解している。397条が第三取得者に適用されるか否かは明言していないが，取得時効が所有権を有しない者のみに認められるという説明からは，当然第三取得者には本条の適用はないという立場にあるのだろう。まさしく，この考え方はその後の大審院判例に通じている。この中島説以降，学説上は，396条を債務者および物上保証人との間でのみ抵当権自体の消滅時効を否定する規定，397条を所有権の取得時効による効果を定める規定と捉える説が支配的となった[18]。

---

[16]　中島玉吉『民法釈義巻ノ二下』（金刺芳流堂，1916年）1189-1190頁。
[17]　中島・前掲注(16)1192-1193頁。

(c) 反対説の台頭

(2)の(c)および(d)の大審院判例は，まさに当時の支配的学説と同様の立場にあったといえよう。ところが，これらの判例が登場する頃になって，397条の時効を明確に抵当権の消滅時効と位置づける見解が現われ，また，396条と397条を一連の規定として解釈する説が改めて有力に主張されるようになった。

(i) 鈴木説と土屋説

最初に397条が抵当権の消滅時効に関する規定であると明確に主張したのは，鈴木於用弁護士の論文であった[19]。鈴木説の要点は次のとおりである。

仮に397条によって抵当権が消滅することを債務者または物上保証人ではない者が取得時効によって所有権を取得する結果として説明すれば，第三取得者にはおのずから同条の適用はないことになる。すでに所有権を有する第三取得者が重ねて時効によって所有権を取得することはありえないからである[20]。

しかし，397条の元である旧民法債権担保編296条では，第三取得者が抵当不動産を一定期間占有することによって抵当権が消滅することとされており，現行の条文も「債務者又ハ抵当権設定者ニ非サル者」とのみ規定し，第三取得者を除外する文意はなくこれを除外すべきものとして解釈する他の根拠もない。かえって，所有権を有しないで占有をなす第三者にすら抵当権消滅の利益を与えるならば，真に所有権を有して占有をなす第三取得者のためにはよりいっそ

---

[18] 末弘厳太郎「債権総論」『現代法学全集第八巻』（日本評論社，1928年）103-104頁，田島順『担保物権法』（弘文堂書房，1934年）275-276頁，石田文次郎『担保物権法論上巻』（有斐閣，1935年）328-329頁，我妻栄『担保物権法』（1936年，岩波書店）195頁，近藤英吉『物権法論』（弘文堂書房，1937年）313頁，314頁，勝本正晃『担保物権法下巻』（有斐閣，1949年）532-533頁参照。

ただし，我妻説，近藤説および勝本説は，396条が167条2項によって一般に認められる抵当権の消滅時効を抵当権設定者との関係で制限したものとは理解せず，むしろ，債権に従属する抵当権は本来債権から独立して消滅時効に服さないが，396条が特別規定として抵当権設定者以外の者との関係ではこれを容認したものと捉えている。このような理解はすでに鳩山博士によって示されていた（鳩山秀夫『日本民法総論［改訂合巻］』（岩波書店，1927年）639-640頁）。しかし，結論においてはその他の見解との違いはない。

[19] 鈴木於用「民法第三百九十七条論」正義15巻3号（1939年）58頁以下。すでに，高頭宏信「民法397条論に関する一考察――第三取得者に適用することの可否――」中央学院大学商経論叢1巻1号（1986年）61頁以下（70-73頁）が，この鈴木説を詳細に紹介している。

[20] 鈴木・前掲注[19]60-61頁。

うかかる利益を付与すべきである[21]。

このように第三取得者にも397条が適用されるとすれば，同条を所有権の取得時効の効果を定めたものと理解することはできない。条文が，簡潔に「取得時効ノ完成シタルトキハ」とは云わず，殊更に「取得時効ニ必要ナル条件ヲ具備セル占有ヲ為シタルトキハ」と云っている点をよく玩味すべきである。さらに，397条を取得時効の効果を定めたものと解すると，たとえば，抵当権の被担保債権の弁済期限が20年後に到来するためにそれまでは抵当権の実行ができない場合でも，第三者が抵当不動産について取得時効の要件を具備した占有をしてしまうと抵当権が消滅してしまうが，これははなはだ不都合である[22]。

地役権に関する289条は，290条との関連で地役権の消滅時効に関する規定といえる。したがって，これと同趣旨の規定といえる397条も消滅時効の規定と解すべきである。この場合，その適用のためには抵当権者の権利の不行使が必要であり，この消滅時効は抵当権者がその権利を行使しうるときより進行するものといわなければならない[23]。

この鈴木説に応接したのが土屋潔弁護士の論文であった[24]。同氏は，397条の適用を第三取得者にも認めるという点では鈴木説に賛意を示しつつ，しかし，この時効を消滅時効とすることには次のように反対した。

すなわち，消滅時効の進行は権利者が権利を行使しないために開始するものであり，権利が行使された時には明文の規定を待つまでもなく性質上当然に時効が中断される。289条と397条は地役権や抵当権の不行使を権利消滅事由としているのではなく，これとは無関係な占有の継続を権利消滅事由としているから，これは性質上消滅時効ではない。289条が消滅時効の規定であるならば，地役権者の権利行使によって時効が中断するという290条の規定は不要である[25]。

抵当権は167条2項により20年の消滅時効にかかるが，396条は債務者や抵当権設定者に対しては被担保債権から独立して抵当権のみが消滅時効にかか

---

(21) 鈴木・前掲注(19) 61-62 頁。
(22) 鈴木・前掲注(19) 62-64 頁。
(23) 鈴木・前掲注(19) 66-68 頁。
(24) 土屋潔「鈴木於用氏の『民法第三百九十七条論』を読みて卑見を述ぶ」正義15巻4号（1939年）10頁以下。
(25) 土屋・前掲注(24) 16 頁。

らないことを規定する。それゆえ，397条が抵当権の消滅時効の規定であるならば，当然そこでも396条の適用を受け債務者および抵当権設定者は除外されるから，397条が重ねてこれらを除外する旨を規定する必要はない。それにもかかわらず397条がそのように規定した所以は，397条の場合には396条が適用されないことを前提にしたものであり，そのことは397条が抵当権の消滅時効に関するものではないことを意味する[26]。

かくして，土屋説は，289条または397条による権利の消滅はいずれも取得時効ではなく，また消滅時効でもなく，特殊な占有継続の効果であると主張する[27]。このさい，鈴木説が指摘した，抵当権を実行できないにもかかわらず抵当権が消滅してしまうという不都合については，民法が抵当権の長期存続を欲しないで特別の最長期を規定する以上，その最長期を超える弁済期の債権が不利益を蒙るのはやむを得ない，という[28]。

以上の鈴木説と土屋説からは，次のような示唆が得られよう。すなわち，397条の沿革からは，同条は第三取得者にも適用されるべきであるが，これをそのまま認めてしまうと抵当権者が権利を行使し得ない段階でも抵当権が消滅する危険がある。そこで，この規定を消滅時効に関する規定と解すれば，時効の起算点を抵当権を行使しうる時点に引き伸ばすことができ，不測の事態を防止することができる。しかし，396条が抵当権設定者との関係でのみ抵当権の消滅時効を否定したものと解する限り，397条を端的に消滅時効に関する規定と理解することは難しくなる。

(ii) 来栖説と有泉説

来栖博士は，396条・397条の意義を次のように捉える。396条・397条は旧民法債権担保編295条・296条・297条，遡ってフランス民法旧2180条に由来し，この沿革に即して考えると，396条は，抵当不動産が債務者および抵当権設定者の手許に留っているかぎり被担保債権から独立して抵当権だけが時効によって消滅することはないとの意味であり，同条から，それ以外の者，たとえば後順位抵当権者や第三取得者に対しては抵当権が独立して時効によって消滅するとの結論が出るものではない。抵当不動産が第三者の手中に帰した場合に

---

[26]　土屋・前掲注(24)17頁。
[27]　土屋・前掲注(24)18頁。
[28]　土屋・前掲注(24)19-20頁。

〔古積健三郎〕　　　　　　　　　　　　　　*5*　時効による抵当権の消滅について

は抵当権が被担保債権から独立して消滅することがあるが，397条はまさにその要件を規定したのである。したがって，397条が判例のいうように第三者による抵当不動産の時効取得の効果であるか否かは措くとして，抵当権が被担保債権から独立して消滅するのは397条の規定する場合のみであると思われる[29]。

それにもかかわらず，来栖博士は，(2)(c)の大審院判例の結論に対しては反対しない立場をとる。すなわち，抵当権について公示主義がとられている以上，397条は適当な規定ではない。この規定の由来するフランス民法旧2180条は古法の隠れた抵当権の時代には効用を有したが，現在においては無用有害であり，1850年および1851年の抵当権法の改正案に際しては削除の提案がなされた。したがって，わが国の従来の判例も，占有者が抵当権の存在を承認したときには抵当権が消滅しないとして，397条の適用を狭めようとしたが，(2)(c)の判例はこれを徹底したといえる。その態度は近代法における抵当権強化の傾向にも合致し，首肯できる[30]。

来栖説とほぼ同様の立場をとったのが，有泉博士である。有泉博士も，396条と397条を来栖説とほぼ同様に捉えつつ[31]，ただ，単に担保物権が債権に従たる権利である点をあげるだけでは抵当権自体の消滅時効が認められない積極的理由としては十分ではないとして，次のように述べる。

担保物権は，用益物権が目的物の現実的利用をその本体とするのに対して，目的物の交換価値を押えておくことをその本体とする。もとより，いざという場合には目的物を換価し，優先弁済をうける権利が伴う。しかし，換価権を発動しなければ担保物権の行使がないわけではなく，交換価値の上に座っていることによって，担保権は，経済的な意味ではもちろん，法律上も充分働いているのである。すなわち，166条にいわゆる「行使」があると見ることができる。このことは，価値の上への座り方が占有という形で成り立つ留置権，質権においても，登記によって成り立つ抵当権においても同様である。したがって，担保物権は有効に価値の上に座っているかぎり行使されているのであるから，消滅時効が進行するはずがない[32]。

---

(29)　来栖・前掲注(8)法学協会雑誌59巻5号151頁。
(30)　来栖・前掲注(8)法学協会雑誌59巻1号169頁。
(31)　有泉・前掲注(8)103-104頁。
(32)　有泉・前掲注(8)102-103頁。

そして有泉説も，(2)(c)の大審院判例には文理解釈の点で大いに問題があることを指摘しながらも[33]，抵当権強化の意義の重要性や抵当権が登記簿上は行使されているという点を根拠に，その結論には賛成する立場をとる[34]。

来栖説や有泉説は，立法の沿革に忠実に従えば本来は397条の適用を第三取得者に認めざるを得ないところ，そのことは抵当権を不安定にしてしまう点で適切ではないことを主張したものといえる。また，抵当権には167条2項による一般の消滅時効が認められないという前提をとる点で，来栖説には前述の鈴木説のような難点もない。ただ，抵当権の安定のためには，第三取得者への397条の適用を一切否定するのではなく，鈴木説のようにこれを消滅時効の規定と解し，その起算時点を被担保債権の弁済期到来時に定めるという解釈もありえたかもしれない。来栖説がそのような立場をとらなかったということは，むしろ397条には取得時効の性質があることも暗に認めていたことを示すものではないか。後年，来栖説を397条を消滅時効として位置づけた説として紹介する見解が多いが[35]，それは必ずしも正確ではない。来栖博士は，決して本条の時効を「消滅時効」とは表現していなかった。

(iii) 我妻説による来栖説の応接

学説でふたたび396条と397条を一連の規定として理解する説が有力に主張される一方で，なお判例の考え方を基本的に支持する見解も主張された。

まず，柚木博士は，(2)(c)の判例の評釈において，396条と397条を一連の規定として位置づける解釈を曲解に近いと批判した。すなわち，本来抵当権と債権とは別個の権利であるから，債権が消滅時効に罹らない間に抵当権のみが消滅時効によって消滅しうるのが理屈である以上，396条は債務者と抵当権設定者との関係でのみ信義則によってこれを制限したものと解すべきである。他方で，第三取得者に継続占有による抵当権消滅の利益を与える実質的理由は存在しない。いやしくも不動産については登記という公示方法が存する以上，そ

---

[33] 397条の文言からは，同条は第三取得者に適用されるというのが素直である。この点に関しては，すでに前田直之助「大審院は法律の明文を知れりや（三・完）」法律新聞4666号（1941年）3頁以下が，前掲大判昭和15年8月12日（民集19巻1338頁）を厳しく批判していた。

[34] 有泉・前掲注(8)105頁。

[35] 横山・後掲注(48)1385頁，遠藤・後掲注(50)168頁，平野裕之『民法総合3担保物権法[第二版]』（信山社，2009年）202頁，高橋・前掲注(8)246頁（注11）参照。

〔古積健三郎〕　　　　　　　　　　　　　　　*5*　時効による抵当権の消滅について

の取得時効は本来登記との関係において決しなければならないからである[36]。

　これに対して，我妻博士は，民法が制限物権の客体について第三者の一定の占有状態が継続する結果としてそれが消滅することを消滅時効の一態様と考えたと推測しうる点から（地役権の289条・290条を引用する），来栖説を民法の体系としても合理性があるものと評価しつつ，しかしなお，判例理論が簡明であり不当な結果とならないとしてこれを支持する[37]。というのは，仮に397条を抵当権の消滅時効の規定と見ると，長期の年賦償還債務の抵当権について最後の弁済期の到来する前に第三取得者について397条の要件を充たす占有が完成するというのは不合理であるため，被担保債権の弁済期を考慮しなければならないが，その根拠の説明の点において問題は必ずしも簡単ではないからである[38]。

　この我妻説の背景には，我妻博士自身による比較法の研究もあると思われる。そこでは，次の点が指摘されていた。第三取得者の占有によって抵当権の消滅を認めるフランス民法旧2180条4号3項は，不合理なものとして位置づけられている。というのは，第三取得者は登記簿によって抵当権の存在を知っているから特別の不利益を蒙らないにもかかわらず，債権の効力を確保する抵当権のみを消滅させて債権者に不当の損失を与えるのは至当な態度ではないからである。他方で，フランス法の解釈論においては，同項の時効が取得時効か消滅時効なのかが議論されているが，実務上は，被担保債権に条件または期限が付けられているときには，同項による抵当権自体についての時効の進行も止められるという判例理論が確立して以来，かかる性質論によって格別の差異が生ずることはなくなっている[39]。

　おそらく，我妻説は，登記による公示が完備している抵当権が第三取得者の占有によって消滅することの不合理を考慮して，フランス判例のように時効の進行を弁済期到来後にのみ認めるという解釈の可能性は意識しながら，その解釈論的根拠に疑問が残るために端的に第三取得者には397条が適用されないと

---

[36]　柚木・前掲注(7) 99-100頁。ただし，その後，柚木博士は，自己の物の取得時効が認められることとの関係で，397条の第三取得者への適用を容認するにいたった（柚木『担保物権法』（有斐閣，1958年）356頁）。

[37]　我妻・前掲注(7) 422頁。

[38]　我妻・前掲注(7) 423頁。

[39]　我妻「抵当不動産の第三取得者の時効援用権」（初出，1936年）『民法研究Ⅱ』（有斐閣，1966年）199頁以下，214頁参照。

いう立場をとったのではないか。

(d) **我妻説以降の学説**

(i) 第三取得者に対し397条の適用を否定する立場の一般化

上記の我妻説以降，学説は，396条と397条の意義について判例のような立場をとる説と来栖説のように両者を一連の規定として理解する説に分かれた感がある。しかし，いずれにしても，397条を第三取得者に適用することには疑問を呈する見解が多い[40]。

たとえば，前者の立場をとる鈴木禄弥博士は，397条について，被担保債権の最終弁済期以降の占有が取得時効の要件を充たす場合にのみ抵当権は消滅すると解し，さらに，第三取得者は抵当権の存在を登記によって承認したうえで目的不動産を譲り受けたものと見られるから，第三取得者に対する関係では397条にかかわらず抵当権は存続するという[41]。川井博士も，第三取得者は抵当権の負担を覚悟すべき立場にあり，これを物上保証人に準じて扱ってよいという[42]。さらに，鈴木直哉教授は，有効に所有権を譲り受けた第三取得者のみならず，譲渡契約の無効等によって所有権を得られなかった譲受人に対しても397条の適用を否定する立場をとる[43]。

他方で，後者の立場をとる野村教授も，抵当権の存在につき悪意で目的不動産を譲り受けた第三取得者の占有によって抵当権が消滅することを不当と見て，立法論として，抵当権の存在につき悪意で占有が開始された場合には，たとえ20年間占有がなされても抵当権の負担の付いた所有権しか取得されないとすべきとする[44]。また，星野博士は，解釈論として，抵当権につき悪意で占有を

---

[40] 397条の第三取得者への適用を肯定する見解としては，後述の清水説と道垣内説のほかには，草野・前掲注[10] 70-74頁，高橋・前掲注[8] 247頁があるが，いずれもこれを積極的に評価しているわけではない。

そのような中で，石田穣『担保物権法』（信山社，2010年）479-481頁は，抵当権者に対して抵当権を否認する意思表示をなせば第三取得者のみならず抵当権設定者にも397条の適用が認められるという見解を主張している。この説は，397条を長期間の経過により抵当権の不存在の証拠を持たない占有者を保護する規定と位置づけているが（石田・前掲476頁），後述のように，そのような理解は同条の沿革に合致せず，また抵当権を徒に不安定にする点で支持できない。

[41] 鈴木・前掲注(7) 191-192頁。

[42] 川井・前掲注(7) 140頁。

[43] 鈴木・前掲注(7) 311-312頁。

[44] 野村豊弘「判例批評」法学協会雑誌87巻5号（1970年）681頁。

〔古積健三郎〕　　　　　　　　**5** 時効による抵当権の消滅について

開始した第三取得者に対する関係では抵当権は消滅しないという立場をとる[45]。さらに平野教授は，有効に所有権を譲り受けた第三取得者のみならず，契約の無効によって所有権を得られなかった譲受人に対しても397条の適用を制限する立場をとる[46]。

また，後者の立場をとる学説の多くは，397条の時効の性質を明確に消滅時効として位置づけるようになっている。つまり，396条も397条も消滅時効に関する規定として理解し，397条は抵当権が独立して消滅時効に服する場合を定めたものと解する[47]。

(ⅱ) 一般の取得時効と397条との関係を問題とする見解

さらに，我妻説以降の学説の中には，一般の取得時効の効果と397条との関係に焦点を当てるものが多い。その契機となったのが，前述の最三小判昭和43年12月24日（民集22巻13号3366頁）とこれに関する横山調査官の解説である。

横山解説は，取得時効によって取得される権利の内容が時効の基礎たる占有の態様によって定まり，占有者が抵当権の存在を容認して占有を継続したと認められる場合には，所有権の取得時効が完成しても抵当権は消滅しない，という大審院判例の立場（(2)(a)参照）は上記の最高裁判例によっても変更されないとして，なお，裁判においては抵当権の存在を容認した占有であることが示されれば抵当権の消滅が否定される余地がある旨を指摘した[48]。このさい，抵当権が登記により公示され交換価値の上に座っている状態（前述の有泉博士の命題）を占有者が知りつつ放置してきたという客観的事実が，抵当権を容認した占有と判断する要素として考えられる旨を示唆した[49]。

この横山調査官の見解を受けて主張されたのが遠藤博士の説である[50]。遠藤説も，取得時効が占有を要件とする以上，取得される所有権は占有の態様に応ずるものでなければならず，目的不動産に付着している権利を認容しつつ占有すればその権利の付着した所有権を取得し，それを排斥した占有をすればそれ

---

[45] 星野・前掲注(8) 293頁。
[46] 平野・前掲注(35) 198頁。
[47] 内田・前掲注(8) 474頁，平野・前掲注(35) 202-203頁，高橋・前掲注(8) 246頁参照。
[48] 横山長『最高裁判所判例解説民事篇昭和43年度（下）』1388頁。
[49] 横山・前掲注(48) 1388-1389頁参照。
[50] 遠藤浩「取得時効における占有の態様」我妻先生追悼記念『私法学の新たな展開』（有斐閣，1975年）157頁以下。

が付着しない所有権を取得するという(51)。その上でこう主張する。問題はいかなる占有が抵当権を排斥した占有と判定されるのかであるが，抵当権は価値権であるが故にこれを排斥する占有は考えられない。なぜなら，抽象的な交換価値を事実上の支配で無に帰することはありえないからである。だからこそ，397条が設けられた。すなわち，397条は，占有の態様，抵当権を認容した占有か否かを問わず，取得時効の要件を充たす占有の継続によって抵当権が常に消滅することを定めたといえる(52)。

　遠藤説は397条の時効を取得時効と捉えるものといえるが，全く別の立場から一般の取得時効の効果と397条との関係を論じたのが清水博士の研究であった(53)。清水説は，時効によって抵当権が消滅するケースとして4つを挙げる。すなわち，第一は，被担保債権の消滅時効による抵当権の消滅，第二は，167条2項による抵当権自体の消滅時効，第三は，162条による所有権の取得時効の反射的効果としての抵当権の消滅，そして，第四が，397条による抵当権の消滅である(54)。このことを前提に，清水博士は次のように主張する。判例では，第三と第四が分別されず，むしろ397条は所有権の取得時効の効果として説明されているが，仮にそうであれば，397条の表現は「債務者又ハ抵当権設定者ニ非サル者カ抵当不動産ニ付キ時効ニ因リ所有権ヲ取得シタルトキハ」となるはずである。むしろ，397条は，第三取得者が自己の所有権取得を前提としながら，さらに占有継続を根拠として抵当権の消滅を主張することを認めたものであり，その第三取得者の抵当権に関する主観的態様によって抵当権消滅に要する占有期間を区別するのがよい(55)。かかる主張は，来栖説から示唆を受けたものとされているが，来栖説とは異なり，清水説は，第三取得者への397条の適用によって抵当権の長期存立に歯止めをかけることはむしろ妥当であると評価している(56)。

　このように，遠藤説と清水説は，397条の時効の性質については異なる立場

---

(51)　遠藤・前掲注(50) 176頁。
(52)　遠藤・前掲注(50) 180頁。
(53)　清水誠「抵当権の消滅と時効制度との関連について」加藤一郎編『民法学の歴史と課題』（東京大学出版会，1982年）165頁以下。
(54)　清水・前掲注(53) 166頁以下参照。
(55)　清水・前掲注(53) 176-177頁，181頁。
(56)　清水・前掲注(53) 181-182頁。

をとりながら、一般の取得時効（162条）とは異なる独自の意義を397条に見出そうとするものであった。

近時でも、道垣内教授は、抵当権自体については167条2項による消滅時効は認められないという立場をとりつつ、397条の意義を次のように説明する。すなわち、抵当権を排斥する態様の占有がなされた場合には一般の取得時効により抵当権が消滅するとしても、前述の横山調査官の見解によれば抵当権設定登記のあるケースではほとんどが抵当権を排斥しない態様の占有と判定されることになりかねない。しかし、被担保債権が消滅時効に罹らない限り抵当権が永続するというのも妥当ではない。そこで、被担保債権からはなれた抵当権の時効消滅についてはもっぱら397条が適用され、取得時効と同じ要件が充たされれば、所有権の取得時効の効果としてではなく、同条の効果によって抵当権が時効消滅すると解すべきである。この際、抵当権消滅に要する占有期間は、占有者が占有開始時に抵当権の存在につき善意無過失であれば10年、その他の場合には20年とすべきである[57]。

角教授は、397条の独自の意義を次のように説明する。すなわち、所有権の時効取得は原始取得ではあるが、時効によって取得される所有権の内容や範囲はその基礎である占有の態様によって決まるから、取得時効の対象物に存した制限物権が常に消滅するわけではない。しかし、非占有担保である抵当権については、そもそも抵当権の存在を前提とする占有を観念しうるのかという問題もあるため、時効によって取得される権利の内容はその基礎となる占有の態様によって定まるといっても、取得時効における抵当権の運命ははっきりしない。そこで、397条は、取得時効の効果として抵当権が消滅することを特別に定めたものと解すべきである[58]。

道垣内説も角説も、一般の取得時効の理論では認められない帰結をもたらす点に397条独自の意義を求めるものといえる。ただ、道垣内説は397条の時効を消滅時効と解し、第三取得者への適用を容認する立場をとるのに対し（ここには抵当権の長期存続に対する否定的評価がある）[59]、角説は、同条の時効も取得時効

---

[57] 道垣内弘人「時効取得が原始取得であること」法学教室302号（2005年）46頁以下、52頁。
[58] 角紀代恵「抵当権の消滅と時効」民事研修595号（2006年）13頁以下、19頁。
[59] 道垣内・前掲注[57]52頁参照。

の一種と見て，公示の原理との関係でこれを第三取得者に適用することに対しては否定的立場をとっている[60]。

(4) **検討**——従前の議論の問題点——

(a) 以上のように，古くから学説には396条・397条について2つの見方があった。その後，396条と397条を切り離して後者を取得時効の効果に関する規定と位置づける判例が確立し，これを受けて学説は多様化し深化していったといえる。しかしなお，従来の議論には以下のような問題点が残っている。

(b) まず，判例のごとく396条はあくまで債務者および抵当権設定者との関係でのみ167条2項による抵当権自体の消滅時効を否定するものと解する場合，なぜこれらとの関係でだけ消滅時効が否定されたのかを説明しなければならない。従前の学説は，その理由を債務ないし抵当権を自ら負担した者が消滅時効を主張することが信義に反する点に求める。しかし，そもそも一般の債権の消滅時効においては，自ら債務を負担した債務者が時効を援用できるとする点に異論はなく，むしろそのような債務者こそが消滅時効の第一次的な援用権者として容認されてきた。それにもかかわらず，抵当権についてのみこれを負担した者が信義則を根拠に時効を主張し得ないというのは，到底一貫した説明とはいえない。

これに対して，396条と397条を一連の規定として理解する学説は，抵当権自体には一般の消滅時効が認められないという前提をとり，その根拠をこれらの規定の沿革に求める。ただし，そこではなぜ抵当権の独立した消滅時効が認められなかったのかが明らかにされていない。しばしば，抵当権が債権に従属する点が独立した消滅時効の否定の根拠とされている。しかし，この点もすでに有泉博士が指摘したように十分な根拠とはいいがたい。本来，債権への付従性とは，抵当権が債権の担保・満足を目的とする権利である点から，債権が不存在である場合にはこれが認められないという原理を意味するが，この原理は逆に債権から独立して抵当権が消滅することまで否定するものではない。たとえば，抵当権者が被担保債権を存続させつつ抵当権のみを放棄する意思表示をした場合，この放棄の意思表示は有効といえる。そうであれば，なぜ時効だけ

---

[60] 角・前掲注(58) 17-18頁参照。

〔古積健三郎〕　　　　　　　　　　　　　**5**　時効による抵当権の消滅について

が債権から独立して認められないのかは，付従性だけでは十分に説明できない。

　現行法の解釈論として，債権から独立した消滅時効を否定する立場をとろうとするならば，まず，なぜ沿革的にそのような時効が否定されてきたのかを探求し，そのうえでその理由が今日においても同様に妥当し得るかを検討すべきであろう。この意味で，従来の議論はなお十分ではない。

　(c)　次に，大審院判例のように，397条が所有権の取得時効の効果を示したものに過ぎないと解すると，なぜそのような規定があえて設けられたのかという点が問題となる。近時の学説が一般の取得時効と本条との関係を問題にしたのも尤もなことである。ここでは，所有権の取得時効が抵当権などの制限物権に対していかなる影響を及ぼすのかが究極的に問われることになる。もともと，起草者の梅博士が，本条の時効期間を左右する占有者の善意無過失の対象を所有権の欠如ではなく抵当権の存在と見ていた点からも，この時効が本当に所有権の取得時効の効果を示したものなのかは疑わしい。もちろん，抵当不動産についての所有権の取得時効によって抵当権が当然に消滅するという立場をとりつつ，397条は債務者と抵当権設定者がその効果を享受し得ないことを規定した点に意味があるという説明も可能ではある。しかし，そのような立場をとるにしても，なぜ債務者と抵当権設定者が除外されたのかを明らかにしなければなるまい[61]。

　これに対して，396条と397条を一連の規定として理解する学説は，沿革上は第三取得者が397条の適用範囲にあったことを指摘しているが，なぜ本条が抵当権設定者を排除しつつ第三取得者を保護しようとしたのかについては十分な説明をしていない。それゆえ，この点についてもさらなる沿革的研究の必要性は否定できない。

　さらに，396条と397条を一連の規定として理解する近時の学説は，397条を消滅時効の規定として理解するが，これも疑問である。もともと，来栖博士

---

[61]　加賀山教授は，397条が取得時効の効果を定めたものにすぎないとすると，自己の物についての取得時効を容認するかぎり，なぜ397条が抵当権設定者らを除外しているのかを説明できないとしつつ，これを抵当権を債権と解する自説の傍証とする（加賀山茂『現代民法担保法』（信山社，2009年）577-580頁）。確かに，かかる判例の問題点の指摘自体は正しい。しかし，ここでの問題の核心は，397条を所有権の取得時効の効果と位置づけ，しかも所有権の取得時効によって抵当権が消滅するとする解釈の是非にあるのであって，この制度との関係で抵当権を債権と解する必然性はない。

の説は，ここでの時効を明確に消滅時効として位置づけていたわけではない。むしろ，397条の時効を消滅時効として位置づけたのは，それよりも前の鈴木弁護士の説であった。鈴木説は，397条を消滅時効と解することにより，かかる時効の起算時を単なる占有開始時ではなく抵当権の被担保債権の弁済期限に求めていた。本来，消滅時効が権利を行使しうる時点から進行するものである以上，鈴木説はその限りでは一貫したものといえる。ところが，397条の時効の要件としてはそのような点は一切触れられておらず，むしろ，その要件は一般の取得時効と変わらないものとして規定されている。この点で，はたして同条の規定が消滅時効として設けられていたのか自体が疑わしい。すでに我妻博士が指摘しているように，397条の母法であるフランス民法旧2180条の解釈論においても，ここでの時効を取得時効と見るべきか，消滅時効と見るべきかについて議論があったのである。我妻説が来栖説を合理的なものとして評価しながらなお判例の立場に従ったことは，この点と無関係ではない。

(d) このように，396条・397条の意義を理解するためには，まずは，それぞれが沿革上具体的にいかなる趣旨で設けられるに至ったのかをさらに探求しなければならない。そこで，次章では2つの規定の沿革に焦点を当てることにしたい。

3 民法396条・397条の沿革

(1) 民法制定段階の議論

(a) 旧民法の規定

すでに触れたように，396条・397条が旧民法債権担保編295条・296条・297条を承継したものであり，さらに，旧民法のこれらの規定がフランス民法旧2180条に由来していることは，来栖博士の研究によって指摘されていたところである。そこでまず，旧民法の条文を以下に列挙しよう。

旧民法債権担保編第295条
① 抵当ノ時効ハ不動産カ債務者ノ資産中ニ存スル場合ニ於テハ債権ノ時効ト同時ニ非サレハ成就セス
② 右ノ場合ニ於テ債権ニ関シ時効ノ進行ヲ中断スル行為及ヒ之ヲ停止スル原因ハ抵当ニ関シテ同一ノ効力ヲ生ス

同第 296 条

　　抵当不動産ノ所有者タル債務者カ其不動産ヲ譲渡シテ取得者又ハ其承継人カ之ヲ占有スルトキハ登記シタル抵当ハ抵当上ノ訴訟ヨリ生スル妨碍ナキニ於テハ取得者カ其取得ヲ登記シタル日ヨリ起算シ三十个年ノ時効ニ因リテノミ消滅ス但債権カ免責時効ニ因リテ其前ニ消滅ス可キ場合ヲ妨ケス

同第 297 条

①　真ノ所有者ニ非サル者カ不動産ヲ譲渡シタルトキハ占有者ハ其善意ナルト悪意ナルトニ従ヒ所有者ニ対シテ時効ヲ得ル為メニ必要ナル時間ノ経過ニ因リ抵当債権者ニ対シテ時効ヲ取得ス

②　無権原ニテ不動産ヲ占有スル者ニ付テモ亦同シ

(b)　**396 条・397 条の制定の経緯**

　旧民法の起草者であるボワソナードがいかなる趣旨で上記の規定の草案を設けたのか，また，それが現行民法制定段階でどのように受けとめられたのか，については，近時の草野教授や田中教授の研究によって，およそ以下の内容までは明らかにされている[62]。

　まず，旧民法の段階では現行法 167 条 2 項のような消滅時効の一般規定はなく，抵当権の時効消滅はもっぱら上記の規定によって処理されていた。ボワソナードは，旧民法草案の理由書で，債権担保編 295 条に関し，債権の時効を中断した者がその抵当権を保存するために特殊の配慮をしなければならないというのは認めがたい旨を述べており[63]，これは抵当権が債権から独立して消滅時効にかかることを否定する趣旨であったといえる。

　次に，旧民法債権担保編 297 条では，時効期間が，抵当不動産を非所有者から譲り受けた者が抵当権の存在につき善意であれば 15 年，悪意であれば 30 年とされているのに対し，同 296 条では，常に時効期間が 30 年とされている点について，ボワソナードは旧民法草案の理由書で次のように述べる。すなわち，抵当不動産の所有者からこれを譲り受けた第三取得者は，登記によって抵当権の存在を知ることができるから，いかなる場合でも第三取得者は法律上抵当権の存在につき悪意と判定される[64]。

---

[62]　草野・前掲注(10) 56-65 頁，田中・前掲注(10) 4-16 頁参照。
[63]　ボワソナード氏起稿『再閲修正民法草案注釈第四編』628 頁参照。
[64]　ボワソナード・前掲注(63) 628-629 頁。

現行民法396条は旧民法債権担保編295条を，現行民法397条は旧民法債権担保編296条および297条を受け継いだが，法典調査会において，梅起草委員はこの点につき次のように説明していた[65]。まず，396条についてはこうである。この規定は基本的に旧民法の規定の文字を改めただけであり，ただ，旧民法の「債務者」という文言では物上保証人が包含されない恐れがあるから，これに「抵当権設定者」を付け加えた。また，時効の中断に関する旧民法債権担保編295条2項の部分については総則において規定が設けられるから，これは削ることにした。次に，397条については，旧民法では真の所有者から抵当不動産を譲り受けた第三取得者とそれ以外の者との間で抵当権の消滅に要する時効期間が区別されていたが，むしろ前者こそ保護に値すると考えられるため，これらの区別は廃止することにした。

最後に，特に物権に関する消滅時効の規律に不足が生じないように，現行民法には消滅時効一般の規定を設けることにしたが，このことは特別の規定があればそれが優先することを否定するものではなかった[66]。

(c)　未解明の問題

しかし，上記の先行研究においては，2(4)において指摘した問題点に関して明確な解答が示されていない。すなわち，民法起草者らが，被担保債権の時効中断の効力が抵当権にも及ぶことにより，抵当権の独立した消滅時効は認められない，という立場を採用したとしても，なぜ被担保債権の時効の中断にそのような効力が認められたのか，債務者および抵当権設定者が397条の時効の利益を享受できないとされた理由は何か，397条は一般の所有権の取得時効との関係でいかなる意味を持つのか，そして，397条の時効の性質は取得時効と消滅時効とのいずれであったのか，という問題である。

もっとも，397条の時効の性質については，旧民法の段階で多少の議論があった。ボワソナードは，旧民法草案の理由書において，抵当権の時効が不動産の自由を取得するという性質を有するか，あるいは抵当権の負担から免責するという性質を有するかについて疑いがあるとしつつ，ただ，この時効は，取

---

[65]　法務省大臣官房司法法制調査部監修『法典調査会民法議事速記録二』（商事法務研究会，1984年）961頁，962-963頁参照。

[66]　法務省大臣官房司法法制調査部監修『法典調査会民法議事速記録一』（商事法務研究会，1983年）529-530頁［梅謙次郎発言］，田中・前掲注(10)10頁参照。

〔古積健三郎〕　　　　　　　　　　　5　時効による抵当権の消滅について

得時効，すなわち完全に自由な所有権の取得を推定させる時効のルールに従う点には疑いがない，と述べていた[67]。さらに，ボワソナードは，旧民法ではかかる時効が被担保債権の期限と条件によっては停止されない旨が規定されていた点（債権担保編298条2項）について，第三所持者は目的不動産を負担のないものとして占有するから，債権者はこれに対して争わなければならない，とも説明していた[68]。これはおそらく，この時効の性質を取得時効と見るものと思われる[69]。

井上博士による旧民法債権担保編296条・297条の注釈においては，そこでの時効がより明確に取得時効の一つとして説明されていた。井上博士はこう述べる。296条の時効は取得時効の一つであるが，そこではいかなる権利が取得されるのだろうか。第三所持者は所有権を既に債務者たる所有者から取得しているため，時効によってこれを取得するべき理由はない。この場合，第三所持者が取得すべきものは，目的不動産の支分権といわざるをえない[70]。これに対し，297条の場合には，第三所持者が目的不動産につき完全な所有権を取得するには，第一に所有者に対して時効を得，第二に抵当債権者に対して時効を得なければならない。そこで疑問となるのが，抵当権の時効を得るには必ず所有権の時効を得なければならないのか，換言すれば，抵当権の時効は所有権の時効の結果として得られるべきものか，あるいは，所有権と抵当権とは全く別個のものであり，抵当権の時効が所有権の時効と同一の条件によって成就するものであるのか，換言すれば，所有権の時効を得なくとも抵当権についてのみ時効が生じうるのか，である。これを法理上から考察すれば，所有権に対して時効が得られなくとも，抵当債権者に対して所有権の時効を得るために必要な時間が経過したときは，抵当権の時効は生じうる[71]。

このように，旧民法時には，債権担保編296条ないし297条の時効を取得時効と位置づけ，しかも，かかる取得時効を所有権の取得時効とは異なるものとして捉える学説があった[72]。実は，梅博士も，フランスの学説にはこの時効の

---

[67]　ボワソナード・前掲注[63] 627頁。
[68]　ボワソナード・前掲注[63] 631頁。
[69]　抵当権の時効に関するボワソナードの見解については，藤原明久『ボワソナード抵当法の研究』（有斐閣，1995年）239-248頁参照。
[70]　井上操『民法詳解債権担保編下巻』（1892年）745-746頁。
[71]　井上・前掲注[70] 748-749頁。

123

性質を取得時効と捉えるものがあることを認識していた[73]。もちろん，はたしてそれが一般的な考え方であったのかはなおはっきりしない。そこで，このような時効の性質やその他の問題点の解明のためには，母法であるフランス民法における議論，さらにはその基礎となったローマ法の議論に遡ることが必要となろう。

(2) フランス民法とローマ法
(a) フランス民法旧2180条4号の解釈論

フランス民法旧2180条は，先取特権および抵当権の消滅事由を定める規定であった。同条4号は，第2項で，目的財産が債務者の手中にある場合には主たる債権のために規定された期間の経過によって先取特権および抵当権の時効が完成する旨を規定し，第3項で，目的財産が第三取得者の手中にあるときには所有権を取得すべき時効期間の経過によって先取特権および抵当権の時効が完成する旨を規定していた。

そもそも，フランス民法旧2180条1号では，主たる債務の消滅が抵当権の消滅事由とされており，被担保債権が消滅時効にかかればこれによって抵当権が消滅することは明らかになっている。それにもかかわらず同条4号の第2項の規定が設けられた理由は，ローマ法やフランス古法において，被担保債権の時効完成より10年間抵当権が存続するという事態が認められていたため，これを明確に否定する点にあるとされている[74]。したがって，第2項の規定は，債務者との関係でのみ被担保債権から独立した抵当権自体の消滅時効を否定するというものではなく，第3項の場合のほかに第2項が債務者以外の者との関係で抵当権の独立した時効を認めるわけではない。

そして，第3項の規定は，第三取得者が目的不動産を占有する場合には，被

---

[72] 田中教授は，本文に示した民法制定時の議論を参照しながら，もともと396条・397条のいずれも抵当権の消滅時効に関する規定であったとしているが（田中・前掲注(10) 14頁），これは疑問である。

[73] 梅博士は，166条2項の原案の説明においてその旨を述べていた（法務省大臣官房司法法制調査部監修・前掲注(66) 531頁参照）。

[74] Marcel Planiol et Georges Ripert, Traité élémentaire de droit civil, tome 2, 4e éd, 1952, n° 4013; Ambroise Colin et Henri Capitant, Cours élémentaire de droit civil français, tome 2, 10e ed, 1953, n° 1925; Henri Léon et Jean Mazeaud, Leçons de droit civil, tome 3, 3e éd, 1966-1969, n° 564.

〔古積健三郎〕　　　　　　　　　　　　　　**5**　時効による抵当権の消滅について

担保債権が存在してもなお抵当権のみが所定期間の経過によって消滅することを定めたものであり，これは，ローマ法において担保権の時効の一つであった長期占有の抗弁（longi temporis praescriptio）ないしは自由状態の使用取得（usucapio libertatis）をフランス古法が受け継ぎ，さらにそれをフランス民法典が受け入れたものとされている[75]。この時効は所有権の取得時効とは別個・独立のものとされており，それゆえに，それは所有権を有しないで抵当不動産を占有する第三者のみならず，所有権を有する第三取得者にも認められ，また，時効期間の長短を左右する占有者の善意の対象は所有権の存否ではなく，抵当権の存否であると解されている[76]。

　この第3項の規定は立法論として問題視され，その削除の案が出されたことがあった[77]。というのは，抵当権が公示されなかったローマ法においてはかかる時効は有用であったが，フランス民法では抵当権は登記によって公示されるから，第三取得者はその存在を登記によって調べれば足りるし，他方で，この時効は，毎年利息を受領して目的不動産の所有者の変更に配慮せず，時効を中断する行為もしない債権者にとって非常に危険であるからである。しかし，結果的には第3項は存置され，2006年の担保法に関する改正の後においても，この規定は2488条4号の中に存続している[78]。

　この時効の性質を取得時効と見るべきか，あるいは消滅時効と捉えるべきかについては議論がある。たとえば，Mazeaudは，これを取得時効と見れば取得されるべきは抵当権からの自由となる点に疑問を呈し，むしろこれを消滅時効と見る[79]。しかし，従前の学説は，これが抵当権からの解放を目標とする点で消滅時効に近い面を有することを認めつつも，その要件として継続的占有が

---

[75] Colin et Capitant, op. cit.（note 74）, n° 1927; Mazeaud, op. cit.（note 74）, n° 572.

[76] C. Aubry et C. Rau, Cours de droit civil français d'après la méthode de Zachariæ, tome 3, 6ᵉ éd, 1938, §293（p. 664）; Planiol et Ripert, op. cit.（note 74）, n° 4026-4027; Colin et Capitant, op. cit.（note 74）, n° 1926.

[77] G. Baudry-Lacantinerie et P. de Loynes, Traité theorique et pratique de droit civil: Du nantissement des privilèges & hypothèques et de l'expropriation forcée, tome 3, 3ᵉ éd, 1906, n° 2272; Colin et Capitant, op. cit.（note 74）, n° 1933.

[78] 2006年のフランス担保法改正については，平野裕之＝片山直也訳『フランス担保法改正オルドナンス（担保に関する2006年3月23日のオルドナンス2006-346号）による民法典等の改正及びその報告書』慶應法学8号（2007年）163頁以下参照。

[79] Mazeaud, op. cit.（note 74）, n° 577.

求められる点を重視し、これを取得時効と解していた[80]。

　ところが、被担保債権に条件や期限が付されている場合、この時効の起算時点をその条件成就時や期限到来時に定める判例法理が確立した[81]。本来、第3項の時効を取得時効と見るならば、かかる判例に対しては異論もありえよう。この時効が取得時効であるならば、抵当権を行使しうる時期にかかわりなく、あくまで占有開始時が起算時点になるべきであるからである。実際に、かつては、被担保債権に条件や期限が付されていても、この時効が停止することはないと解されていた[82]。しかし、学説は上記の判例に対して特に異論を唱えなくなってきており、むしろ、時効の性質論は理論的なものでしかないと評する説すら見られる[83]。判例が理論的な問題を抱えながらも反対されないのは、この時効制度が孕む前述の危険性に関連していると思われる。というのは、かかる時効の起算時点を被担保債権の弁済期限に定めれば、そのリスクは抵当権を実行しうる権利者のみに負担させることになり、危険を和らげることができるからである[84]。

　このように、フランス民法旧2180条4号は、ローマ法の時効制度に由来している。それゆえ、この制度の本来の趣旨を理解するにはローマ法にまで遡る必要があろう。そこで参考となるのが、ローマ法に関するドイツの普通法学説である。

(b) ローマ法と普通法学説

　ユスティニアヌス帝法以前のローマ法においては、所有権の時効については、市民法上の所有権の取得の原因として、正当な権原をもって善意で物を1年ないし2年（対象が土地の場合には2年、その他の場合には1年）占有した者に使用取

---

[80] M. Troplong, Le droit civil expliqué suivant l'ordre du code: Des privilèges et hypothèques, ou commentaire du titre 18 du livre 3 du code civil, tome 4, 2ᵉ éd, 1835, nº 878; Baudry-Lacantinerie et de Loynes, op. cit. (note 77), nº 2273-2274.

[81] Cf. Baudry-Lacantinerie et de Loynes, op. cit. (note 77), nº 2293-2294; Planiol et Ripert, op. cit. (note 74), nº 4028; Colin et Capitant, op. cit. (note 74), nº 1930; Mazeaud, op. cit. (note 74), nº 574.

[82] Cf. Troplong, op. cit. (note 80), nº 886; Baudry-Lacantinerie et de Loynes, op. cit. (note 77), nº 2295.

[83] Planiol et Ripert, op. cit. (note 74), nº 4028.

[84] Cf. Colin et Capitant, op. cit. (note 74), nº 1930, 1933; Mazeaud, op. cit. (note 74), nº 574.

〔古積健三郎〕　　　　　　　　　　**5**　時効による抵当権の消滅について

得（usucapio）が認められたほか，正当な権原をもって善意で物を 10 年ないし 20 年（当事者が異なる都市に住所を有する場合には 20 年，同じ都市に住所を有する場合には 10 年）占有した者は，所有者からの返還請求・訴えを拒絶しうるとする長期占有の抗弁（longi temporis praescriptio），さらには，正当な権原または善意という要件を欠く場合でも 30 年ないし 40 年占有を継続すれば所有者からの返還請求・訴えを拒絶しうるとする最長期占有の抗弁（longissimi temporis praescriptio）が認められていた[85]。

　使用取得に対して，後二者はもともと所有権に基づく訴権に対する抗弁であり，消滅時効の性質を持つものであったが，長期占有の時効に関しては，所有者からの請求に対する抗弁だけでなく，占有を喪失した場合に現在の占有者に対する回復請求も認められるようになり，その性質はユスチニアヌス帝の時期までは取得時効に転化していった。そして，ユスチニアヌス帝法は，使用取得と長期占有の抗弁を統合していわゆる通常取得時効の制度を確立した。すなわち，正当な権原によりかつ善意で動産の占有を取得した者は 3 年占有を継続すればその所有権を取得することとし，同じように不動産の占有を取得した者は 10 年ないし 20 年占有を継続すればその所有権を取得することとした。また，ユスチニアヌス帝法は，最長期占有の抗弁のうち善意で占有が取得されたケースも取得時効とするに至った（非常取得時効）[86]。

　他方で，担保権は所有権の取得時効たる使用取得によっては消滅しないとされていたが，担保権に基づく訴権に対しては，所有権に基づく訴権の場合と同じように，長期占有の抗弁と最長期占有の抗弁が容認されていた[87]。ここでの長期占有の抗弁は，正当な権原に基づき抵当権につき善意で占有を取得した者を保護するものであるから，担保不動産の第三取得者には認められるが，担保権設定者には認められなかった。また，これはあくまで担保権について善意の占有者を保護するものであるから，担保権について悪意で占有を取得した第三取得者はこれによっては保護されない。したがって，担保権設定者と悪意

---

[85]　Vgl. Karl August Dominik Unterholzner, Ausführliche Entwickelung der gesamten Verjährungslehre aus den gemeinen in Deutschland geltenden Rechten, Bd. 2, 1828, S. 71ff.

[86]　Unterholzner, a. a. O.（Anm. 85），S. 89ff. 以上については，船田享二『ローマ法第二巻〔改版〕』（岩波書店，1969 年）481-507 頁も参照。

[87]　Unterholzner, a. a. O.（Anm. 85），S. 280f.

財産法の新動向　Ⅰ

の第三取得者は最長期占有の抗弁によって保護されることになる[88]。しかし，使用取得と長期占有の抗弁が取得時効として統合されたこととの関係で，担保権に対する長期占有の時効の性質をどのように位置づけていくべきかが問題となり，ドイツ普通法学説において議論されたのである。

まず，長期占有の時効が取得時効に編入されたことに伴い，所有権の取得時効によって担保権も消滅するというように説明する見解もあったが[89]，これは異説にとどまった。支配的見解は，所有権の取得時効によっては担保権は消滅しないとする[90]。そのうえで，担保権の時効のうち，従前の長期占有の時効に相当するものの性質については2つの見解が主張された。すなわち，一方では，長期占有の時効がもともと有した性質を根拠に担保権に対するこの時効を消滅時効と位置づける見解が主張された[91]。特に，Dernburg は，かかる時効は消滅時効であるがゆえに，時効の開始時点を単なる占有の開始時ではなく担保権を行使しうる時点に求めるべきと解していた[92]。しかし，長期占有の時効が取得時効に組み入れられたことから，これに対応する担保権の時効も，担保権の負担からの自由を獲得するという意味において，取得時効の一つとして捉える見解が有力になっていった[93]。とりわけ，これを所有権の取得時効とは異なる

---

[88]　Unterholzner, a. a. O.（Anm. 85), S. 284.

[89]　Unterholzner, Die Lehre von der Verjährung durch fortgesetzten Besitz, 1815, §44（S. 293); Wilhelm Hameaux, Die Usucapio und longi temporis Praescriptio, 1835, §22; Christian Friedrich Mühlenbruch, Lehrbuch des Pandekten- Rechts, Teil 2, 3. Aufl., 1836, §316（S. 208f.).

[90]　Karl Friedrich Ferdinand Sintenis, Handbuch des gemeinen Pfandrechts, 1836, S. 571; Karl Adolph von Vangerow, Leitfaden für Pandekten-Vorlesungen, Bd. 1, 3. Aufl., 1843, §324 Anm.（S. 543); J. Christiansen, Institutionen des Römischen Rechts oder erste Einleitung in das Studium des Römischen Privatrechts, 1843, S. 275; K. R. Schmitthenner, Die Ersitzung der Pfandfreiheit, Archiv für practische Rechts-Wissenschaft aus dem Gebiete des Civilrechts, des Civilprozesses und des Criminalrechts, Bd. 1（1852), S. 92ff., S. 95f; Albert Schmid, Die Grundlehren der Cession, Teil 1, 1863, S. 105（Anm. 95); Heinrich Dernburg, Das Pfandrecht nach den Grundsätzen des heutigen römischen Rechts, Bd. 2, 1864, S. 596; Ludwig Arndts Ritter von Arnesberg, Lehrbuch der Pandekten, 9. Aufl., 1877, §390 Anm. 2（S. 661); Bernhard Windscheid, Lehrbuch des Pandektenrechts, Bd. 1, 6. Aufl., 1887, §248（S. 865).

[91]　Dernburg, a. a. O.（Anm. 90), SS. 597-599; Schmid, a. a. O.（Anm. 90), S. 105（Anm. 95).

[92]　Vgl. Dernburg, a. a. O.（Anm. 90), S. 599.

〔古積健三郎〕　　　　　　　　　　　*5*　時効による抵当権の消滅について

担保権からの自由の取得時効として強調したのが Schmitthenner であった[94]。

これに関連して，担保権の時効の射程をめぐる興味深い議論もある。すなわち，ある物を無権利者が善意で占有し始めた後に，その所有者が自己の全財産につき第三者に一般抵当権を設定した場合の取扱いが問題とされ，Vangerow らは担保権の時効の起算時点をその成立時点と解したのに対し[95]，かかる時効がまさに占有を基礎とする点から占有開始時をその起算時点とすべきとする見解もあった[96]。後者の見解は，所有権の取得時効によって担保権を消滅させるものとして批判されているが[97]，もともと上記のようなケースでは，占有物は一般抵当の対象外となるため担保権に対する時効は問題とならないとする見解もある[98]。本来，担保権に対する長期占有の時効はその存在につき善意で占有を開始した者を保護するものだった点からは，そもそも，占有開始時に存在していなかった担保権についてこれを適用すること自体に問題があるのかもしれない。あくまで憶測の域を出ないが，むしろ，所有権の取得時効が担保権を左右しないという古来の原理は，かかる取得時効のための占有開始前に存在していた担保権には当てはまるとしても，占有開始後に成立した担保権については妥当しないのかもしれない。

担保権につき善意で占有を取得した者に認められる時効に対し，担保権につき悪意の者についても認められる最長期占有の時効が消滅時効であることには異論がなかった。ユスチニアヌス帝法は，担保権設定者も最長期占有の時効を主張しうるとしたが，かかる抗弁のための占有の期間を 40 年とした[99]。他方

---

(93) Christiansen, a. a. O. (Anm. 90), S. 275f.; Schmitthenner, a. a. O. (Anm. 90), S. 95; Georg Friedrich Puchta/Adolf August Friedrich Rudorff, Vorlesungen über das heutige römische Recht, Bd. 1, 4. Aufl., 1854, §191 (S. 425f.); Arnesberg, a. a. O. (Anm. 90), §390 Anm. 2 (S. 661); Windscheid, a. a. O. (Anm. 90), §248 (Anm. 17).

　なお，Sintenis は，担保権の時効全般を消滅時効として位置づけていたが，同時にここでの時効を実質的に担保権からの自由を得るものとも解していた（vgl. Sintenis, a. a. O. (Anm. 90), S. 571, 576)。

(94) Vgl. Schmitthenner, a. a. O. (Anm. 90), S. 103ff.

(95) Vangerow, a. a. O. (Anm. 90), §324 Anm. (S. 543); Schmitthenner, a. a. O. (Anm. 90), S. 106.

(96) Unterholzner, a. a. O. (Anm. 85), S. 283.

(97) Vgl. Schmitthenner, a. a. O. (Anm. 90), S. 93.

(98) Sintenis, a. a. O. (Anm. 90), S. 576f (Anm. 5).

(99) Unterholzner, a. a. O. (Anm. 85), S. 284.

で，同法は債権について30年の消滅時効を認め，さらに，担保権の被担保債権に関する時効の中断事由は担保権の時効の中断事由ともなるとされていた[100]。Unterholzner によれば，担保権に基づく訴えの前提としては被担保債権の訴えが必要とされていたために，被担保債権の訴えは担保権の訴えのために不可欠な準備行為とされ，被担保債権の訴えは担保権の時効の中断事由となったという[101]。その結果，被担保債権より先に担保権のみが消滅時効に服することは阻止されたが，担保権設定者が担保不動産を所有・占有している場合には，被担保債権の消滅時効が完成した後になお10年間担保権が存続するという事態がありうることとなった。このため，付従性の原理との関係が問題となり，この点については，被担保債権について消滅時効が完成してもそれは自然債務（naturalis obligatio）として残存するという説明がなされている[102]。

(3) まとめ

以上のように，396条・397条の起源はローマ法にまで遡る。ローマ法においては，抵当権の訴えの前提として被担保債権の訴えが要求され，そのために被担保債権に関する時効の中断の効力は抵当権にも及ぶとされていたようである。他方で，ローマ法では被担保債権の消滅時効の完成の後にも抵当権が存続するという事態が生じ，396条の基礎となったフランス民法旧2180条4号2項は，このことを明確に否定するために設けられた規定であった。このような沿革にかんがみれば，396条はもともと抵当権設定者以外の者との関係で独立した消滅時効を認める意味を持たなかったのである。

また，397条の起源であるローマ法上の長期占有の時効は，あくまで抵当権について善意で占有を開始した者にのみ認められ，それゆえに抵当権設定者自身にはこれは容認されなかった。本来，ローマ法においては所有権の取得時効は目的物上の担保権ないし抵当権に影響を及ぼさないとされたのであり，抵当不動産についての所有権の取得時効と抵当権に対する時効とはそれぞれ別個の

---

[100] Unterholzner, a. a. O.（Anm. 85），S. 286.
[101] Unterholzner, a. a. O.（Anm. 85），S. 287. Vgl. auch Sintenis, a. a. O.（Anm. 90），S. 577f.
[102] Unterholzner, a. a. O.（Anm. 85），S. 310f. もっとも，この説明に対しては，債権の消滅時効の完成にもかかわらず抵当権の存続自体が認められたという前提自体に疑問を呈する見解もあった（vgl. Sintenis, a. a. O.（Anm. 90），S. 578f.）。

時効として捉えられていた。だからこそ、この時効は単なる占有者のみならずもともと有効に所有権を取得した第三取得者にも認められていたのである。かかる時効の性質が取得時効であるか、消滅時効であるかは問題であるが、ユスチニアヌス帝法以降では、これを取得時効の一種として理解するのが穏当であろう。実際に、ドイツ普通法学説においてはこれを取得時効として理解する立場が有力であり、さらに、フランス法学説においてもそのような立場が有力であった。すなわち、本来、この時効は抵当権の負担から解放され完全な権能を獲得する取得時効だったといえよう。

したがって、わが国の近時の学説では、397条を端的に消滅時効の規定と理解する見解が有力となっているが、それは必ずしも同条の沿革に相応しているといえない。確かに、フランスの判例理論は、事実上をこれを消滅時効に近づけた運用をしたが、それは、かかる制度の弊害を防止するための政策判断とも評価しうる。すなわち、もともと、長期占有の時効は、抵当権の公示がなされていなかったローマ法において、抵当権の存在につき善意でこれを占有した者を保護するという点で、取引の安全に寄与する意味を持っていた。しかし、今日では登記制度が導入されることによって、第三者の取引の安全を考慮する必要性は減少した。それにもかかわらず、今日なおその制度を維持すると、それは単に抵当権を不当に侵害する要因となりかねない。というのは、たとえ抵当権設定登記によって第三取得者が抵当権の存在を知ることができても、また、被担保債権の弁済期限が到来せず抵当権者が権利を行使できない状況にあっても、とにかく取得時効の要件が充たされれば抵当権が消滅する恐れが生ずるからである。フランスの判例理論は、いわば抵当権の行使できない段階でそれが消滅してしまう危険性を除去するものともいえる。

それでは、このような396条・397条の沿革に鑑み、今日においてはこれらの規定の意義をどのように解釈すべきであろうか。

4　民法396条・397条についての一解釈論

(1)　民法起草者らの見解に忠実な立場

396条・397条の規定について、民法制定時の考え方に忠実な解釈をするとすれば、次のようになるかもしれない。

抵当権の時効による消滅には、特別の規定である396条・397条が優先的に

適用され，時効の一般規定は排除される。その具体的内容は次のとおりである。

まず，396条は，被担保債権から独立した抵当権自体の消滅時効は認められないことを前提にしつつ，抵当権設定者が抵当不動産を所有・占有している場合には，被担保債権の消滅時効が唯一の時効による抵当権の消滅であることを示したものと解すべきである。それゆえ，抵当不動産について第三取得者や後順位抵当権者が現れたとしても，これらの者との関係で抵当権の独立した消滅時効が認められるわけではない。これに対して，397条は，抵当不動産が第三取得者やその他の第三者によって占有されている場合には，被担保債権の存続にもかかわらず，取得時効に要する期間の占有によって抵当権が消滅する旨を定めたものといえる。ここでは，占有者が抵当権の存在につき善意無過失で占有を開始した場合には10年間の占有で，悪意または有過失で占有を開始した場合には20年間の占有で，抵当権が消滅する。

なお，396条・397条の「債務者」という文言は制限的に解すべきである。本来，397条は担保権設定者以外の者を保護する規定であったのであり，債務者以外の第三者が担保権を設定したケースでは，なお債務者自身も保護される余地があったからである。これらの規定の基礎となったフランス民法旧2180条4号2項および3項が債務者という文言を用いたのは，これが抵当権のみならず先取特権に関する規定であり，目的財産が債務者の手中にあるか否かを問題としている点からは，債務者自身が抵当権設定者であることを想定していたからと思われる。

(2) 現行法の解釈論

しかし，396条・397条の起源であるローマ法における他の周辺事情と現行法との差異も考慮すると，民法制定時の考え方をそのまま維持することはできず，むしろ今日においては以下のように解すべきである[103]。

---

[103] 筆者は，担保物権法の教科書において，396条・397条につき民法制定段階の議論をいわば中途半端に斟酌した解釈論を唱えていた。とりわけ，397条については，所有権の取得時効と抵当権に対する時効を峻別せず，かつ，登記による公示を軽視してこれを第三取得者にも適用する見解を唱えていたが（松尾弘＝古積健三郎『物権・担保物権法［第2版］』（弘文堂，2008年）380-381頁［古積執筆］），今これを改めることにしたい。

〔古積健三郎〕　　　　　　　　　　　　**5**　時効による抵当権の消滅について

(a)　396条の意義

　まず，ローマ法において抵当権の独立した消滅時効が否定されたのは，もともと，抵当権の訴えのためには被担保債権の訴えが必要とされ，被担保債権の訴え，すなわちその時効の中断は抵当権の時効の中断と位置づけられるという理論に基づいていたようである。しかし，現行法では，抵当権の実行は被担保債権の行使如何にかかわりなくその弁済期限が到来すれば認められている。しかも，もともと上記の理論によっては承認による中断（147条3号）を正当化することは難しい。したがって，現行法ではもはや，被担保債権の時効の中断が抵当権の時効の中断にもなりうるとはいえない。また，抵当権の被担保債権に対する付従性を考慮するとしても，両者が別個の権利である以上，理論的には抵当権自体の消滅時効を考えることができる。付従性とは，主たる権利がないにもかかわらず従たる権利が存在することは許されないという原理を意味するが，この原理だけからは，従たる権利のみが消滅することはなお許されるはずだからである。

　もっとも，結論としては，沿革とは全く異なる理由から，被担保債権から離れた抵当権の消滅時効を否定するのが今日的にも妥当な解釈論といえよう。

　本来，消滅時効の制度は，権利不行使の状態が長時間継続したため，権利の存在自体に疑義が生じ，むしろその不存在の蓋然性が高まる点をその根拠の1つとしている[104]。ところが，抵当権については登記制度が導入され，登記されている抵当権であるかぎり，その存在については公的に一応の証明がなされている。したがって，登記した抵当権には消滅時効の適用は親しまない。このことは，ドイツ民法において登記された権利に関する消滅時効が否定されている点に明確に現れている[105]。そして，実際の紛争に現れる抵当権は登記を具備しているのがほとんどである以上，被担保債権から独立した抵当権の消滅時効を

---

[104]　消滅時効の効果が実体法上の権利消滅である以上，長時間の経過による権利不存在の推定はこれを基礎づけることができないという見解もあるが（松久三四彦『時効制度の構造と解釈』（有斐閣，2011年）23頁以下），時効制度の背景にはかかる推定の問題があったことは否定し得ないだろう。

[105]　ドイツ民法902条1項は，登記された権利に基づく請求権が消滅時効に服さない旨を規定する。もちろん，形式的審査によって登記申請が受理されるわが国の法制においては，ドイツ法ほど登記に強力な権利推定力を認めることはできないであろう。しかし，登記によって権利の存在が一応推定されることは否定し得えず，実際に判例も所有権の登記についてこれを容認している（最一小判昭和34・1・8民集13巻1号1頁）。

否定するという当初の立法的決定は，そのまま維持されるのがよい。

このように登記を重視する考え方に対しては，167条2項は少なくとも他の用益物権については登記が具備されていても消滅時効を認めていると解さざるを得ず，抵当権だけを登記を根拠に除外することは難しい，という批判がありえよう。しかし，他の用益物権は継続的な占有をその権利内容としており，権利者が長時間占有をしない状況は，登記があっても権利の不存在の蓋然性を高める(106)。これに対して，抵当権は非占有担保であり，権利行使による占有への干渉も本来的に一時的なものであり，それだけ登記の持つ権利の推定力は大きくなるといえよう(107)。

したがって，396条は，抵当権の独立した消滅時効が認められないことを前提に，抵当権設定者がなお目的不動産を占有している場合には，被担保債権の消滅時効によってしか抵当権の時効消滅を主張し得ないことを明示したものと解すべきであろう。大審院の判例は，第三取得者との関係では被担保債権から独立した抵当権の消滅時効を容認していたが，本稿の冒頭でも述べたように，この判例は被担保債権の消滅時効の援用権を第三取得者に認めないという旧判例法理を前提にしていたものであり，被担保債権の時効の援用権を第三取得者らに認める以上，それ以外の特別のメリットを認めるべきではない。

(b) **397条の意義**

以上に対して，397条については，まさに登記制度との関係で，立法当初に考えられた結論をとることは困難というべきである。

---

(106) 188条は占有の権利推定力を認めるが，逆に言うと，占有を内容とする権利については占有の欠如は権利の不存在を推定させる。もちろん，一般論としては登記による権利推定力はこれに優越するといえようが，長時間の占有の欠如は登記の推定力を上回るものと評価しうるのではないか。

(107) 有泉博士は，抵当権自体の消滅時効が認められないことの根拠として，抵当権が交換価値を支配し，登記によってかような権利の行使がなされているとの命題を提示したが（2(3)(c)(ii)参照），このような命題は，比喩的かつフィクションを伴ったものである点で適切ではない。

　筆者は交換価値支配という命題自体の不当性をすでに別稿で論じており，むしろ，換価権としての抵当権に基づく目的物の占有はその実行段階のみにおいて容認され，それ以前にはかかる支配は否定されるべきと解している（拙稿「換価権としての抵当権──占有および収益の権利に対する関係──(1)～(5・完)」中央ロー・ジャーナル6巻1号3頁，同2号3頁，同3号3頁，同4号3頁，7巻1号3頁（2009-2010年）参照）。むしろ，ここでの問題の本質は登記による権利の推定力にあるというべきなのである。

〔古積健三郎〕　　　　　　　　　　　　**5　時効による抵当権の消滅について**

　ローマ法において，もともと担保不動産が第三者によって占有され所有権の取得時効が完成しても担保権が消滅しないとされた理由はわからない。しかし，次のような推論は成り立つであろう。問題となる担保権が非占有担保である限り，所有権の取得時効の基礎となる占有と担保権との間には矛盾は生ぜず，2つは両立しうるとすれば，所有権の取得時効の完成によって担保権が消滅することはない。だからこそ，抵当権に対する時効が特別に語られ，抵当権の存在について善意で占有を開始した者のみがかかる時効を主張しえたのであろう。すなわち，占有に善意という要素が加わることにより，抵当権と第三者による占有との間に衝突が生じ，それが抵当権を覆す時効の基礎となったと思われる。

　このように抵当権に関する特別の時効の基礎にある，抵当権と第三者による占有との並立関係は今日でも基本的に承認してよい。しかし，そうだとすると，フランス民法が，抵当権の登記制度を導入したにもかかわらず，なお，このローマ法由来の制度も導入し，しかも，所有権の取得時効の場合と同様に，抵当権につき善意で占有を開始した者のみならず，悪意の占有開始者にまでその利益を与えたことは，もともと立法として大いに問題であった。というのは，登記による公示により第三者も抵当権の存在を了知すべき地位に置かれた以上，抵当権と第三者の占有との並立関係，すなわち所有権の取得時効によって抵当権が消滅しないという関係をそのまま維持すべきであるからである。

　それゆえ，登記制度を導入したわが国においても，抵当権と所有権の取得時効との両立関係は基本的に維持されなければならない[108]。すなわち，日本民法の解釈論でも，抵当不動産の占有が開始され所有権の取得時効が完成しても抵当権は消滅しないという原則をとるべきであり，この原則をいわば修正する397条の適用は，登記制度との関係において制限されなければならない。397条の適用を制限する手法としては，フランスの判例のごとく，この時効の起算時点を抵当権を行使しうる時点に求めるという解釈もありえようが，そのためにはこれを消滅時効と位置づけなければならない。しかし，それはあまりにも397条の要件からはなれた解釈であろう。ローマ法の沿革からも，本来はこの

---

[108]　この意味で，遠藤博士が抵当権を排斥する占有は考えられないとした点は正当であろう（遠藤・前掲注(50)180頁参照）。しかし，その根拠は，交換価値支配という曖昧な命題よりも，非占有担保としての抵当権は所有権の行使としての占有と抵触しないという点にある。

135

時効は取得時効の性質を有すると解するのが穏当である。むしろ，問題の本質が，登記によって抵当権の存在が明らかであるにもかかわらず第三者を保護してしまう点にある以上，同条の性質を取得時効と位置づけつつ，公示制度が機能するかぎりにおいてその適用を排除するという解釈が妥当である。

そのような解釈の1つとして，筆者は次のような立場をとりたい。すなわち，第三取得者は，登記制度によって抵当権設定者と同様に当然に抵当権の存在を前提にすべき地位にあるといえるから，397条の適用から除外される。同条の適用が認められる者は，登記が十分に機能しないために抵当不動産を占有するに至った者，たとえば，土地を譲り受けた際にこれに隣接する抵当不動産の一部も目的物と誤信していた者などに限定されよう。あえて一般的命題を立てるとすれば，397条の適用が認められる者は，登記制度があってもなお抵当権の存在につき善意無過失で目的不動産の占有を開始した者と解すべきである。

かつて，大審院判例は，第三取得者には397条が適用されないという結論をとっていたが（2(2)(c)参照），これは登記制度との関係においては穏当であった。ところが，397条が前面に出なかったにせよ，前掲最三小判昭和43年12月24日（民集22巻13号3366頁）が抵当不動産の第三取得者に抵当権の効力を覆す取得時効を容認したことは問題であった。抵当不動産の占有によって所有権の取得時効が完成しても，原則として抵当権は消滅しないと解すべきであり，むしろ，抵当権に基づく競売による買受人に対しては，その買受人の登場を起算時点とする取得時効しか主張しえないというべきである。前述のように，横山調査官は，所有権の取得時効によって制限物権が消滅するか否かは占有の態様による，という大審院判例を引用しつつ，占有の態様が抵当権を前提にしたものであるならば取得時効によって抵当権は消滅しない可能性を指摘しているが[109]，本来，抵当権と第三者の占有は両立しうる以上，所有権の取得時効によって抵当権は消滅しないと解すべきなのである。その意味で，取得時効の基礎となる占有の態様を論ずる判例法理も抵当権との関係では見直す必要がある。横山調査官が，抵当権設定登記が具備されているかぎり第三者の占有が抵当権を前提にしたものになるかような判断基準を提示していたことも，結局は，所有権の取得時効と抵当権との両立関係を認めるものではないだろうか。

---

[109] 横山・前掲注(48)1388-1389頁参照。

〔古積健三郎〕　　　　　　　　　**5**　時効による抵当権の消滅について

　このような筆者の立論に対しては，登記制度を根拠として抵当権に対する時効を制限するのであれば，取得時効による原所有権の消滅についても同じような制限を加えるべきではないかとの疑問が生ずるであろう。確かに，登記を具備した所有者に対する関係では，占有者が取得時効によって当該所有権の消滅を主張しうることになっている。しかし，このケースでは，原所有者は通常はすみやかに権利を行使して占有を回復し時効を阻止できるのに対し，抵当権者は基本的にはその実行要件が具備されるまでには占有に干渉することができない(110)。この点に，所有権よりも抵当権については特に登記による公示の原理を優先させるべき理由があるといえよう(111)。

　なお，397条の起源であるローマ法の長期占有の時効は，担保権の存在につき善意で占有を取得した第三者を保護するものであり，そこでの抵当権は基本的に占有開始前に存在するものであった。では，占有開始後に目的不動産に抵当権が成立した場合はどう扱うべきか。この場合の占有の取得は，客観的には完全なる所有権を目指したものといえよう。それゆえ，その中途段階で抵当権が成立しても，その取得時効完成によって従前の所有権とともに抵当権も消滅するというのが取得時効制度の趣旨に合致するだろう。したがって，この場面ではむしろ，所有権の取得時効によって抵当権も消滅するという原則をとるべきである。そこでは，397条の適用は問題にはならないと解すべきである。

　もっとも，不動産を原所有者から譲り受けて占有を開始したが登記を具備していない者が，その後当該不動産に抵当権が設定された場合に，対抗要件の不備を補うために所有権の取得時効によって抵当権の消滅を主張しうるかは問題である。判例はこのような取得時効を容認すると思われるが(112)，かかる時効取

---

(110)　古積・前掲注(107)中央ロー・ジャーナル6巻4号44-46頁，7巻1号17-21頁参照。

(111)　大久保邦彦「自己の物の時効取得について（二・完）」民商法雑誌101巻6号（1990年）782頁以下，809-811頁は，397条を所有権の取得時効の反射的効果を注意的に規定したにすぎないものと位置づけ，また，所有権の不存在について悪意の者も所有権を時効取得しうる以上，たとえ抵当権の存在につき悪意であっても所有権の取得時効によって抵当権は常に消滅するという結論をとる。しかし，この見解は所有権の取得時効と397条の時効を同一視する点で問題であり，また，その結論も本文で述べた抵当権と所有権との差異に鑑みると支持できない。

(112)　最二小判昭和42年7月21日（民集21巻6号1643頁）は，不動産の譲受人が登記を具備しないうちに目的不動産に抵当権が設定されこれが競売に付された事案において，最初の譲受人が取得時効による所有権の取得を買受人に主張しうることを認めた。この

得は登記による公示の原理に抵触する側面があり，397条を制限的に解釈するのであれば，むしろこの場合にも取得時効を否定すべきかもしれない。ただ，占有を開始した後に抵当権が設定された場合の利益状況が，すでに抵当権が確定的に存在する状況で占有を開始した場合のそれと全く同じになるわけではない。その意味で，この問題については結論を留保しておきたい。

5 むすび

(1) 本来，396条と397条は現行法とは異なる事情を前提としていたものであるから，根本的にはこれらの改正が必要であろう。とりわけ，抵当権を不安定なものとしかねない397条はより限定的な規定に改めなければなるまい。かかる立法論も意識しつつ，解釈論としての筆者の見解は，以下のようにまとめることができる。

(a) 抵当権自体が被担保債権から独立して消滅時効にかかることはない。この前提に下に，396条は，抵当権設定者が被担保債権の消滅時効によってしか抵当権の時効消滅を主張しえないことを示したものである。

(b) 所有の意思を持って抵当不動産の占有を開始した者が現われ，所有権の取得時効（162条）が完成しても，抵当権が消滅することはない。このことを前提に，397条は，抵当権設定者以外の者が抵当不動産の占有を開始した場合には，特別に抵当権からの自由を獲得する時効を認めたものである。ただし，その適用は抵当権の存在につき善意無過失で目的不動産の占有を開始した者にしか認められず，抵当不動産の第三取得者には通常同条は適用されない。

(c) 第三者による占有が開始された後に目的不動産に抵当権が設定された場合は，397条の射程外にあるとみるべきである。この場合，当該占有は抵当権を前提としないものと判定されるため，特段の事情がない限り，所有権の取得時効（162条）の完成によって抵当権の消滅を主張することもできる[113]。

判例は，取得時効による抵当権の消滅そのものを認めたわけではないが，買受人に対して取得時効の効果を対抗できるとする以上，取得時効による抵当権の消滅を容認する立場をとるに等しいものといえよう。

[113] 最二小判平成15年10月31日（判例時報1846号7頁）は，土地所有権の取得時効が完成した後に当該土地に抵当権が設定され，抵当権設定登記の後に時効取得者が時効の援用によって所有権の登記を具備した場合に，時効取得者は抵当権設定登記時を起算点とした再度の取得時効を援用して抵当権の消滅を主張することはできないとした。この

(2) 近時の教科書には，所有権の取得時効によって目的不動産上の制限物権が必然的に消滅するかのように説くものがあるが[114]，すでに道垣内教授が指摘しているように[115]，そのような必然性は存在しない。もともと，大審院判例は既存の制限物権の帰趨は取得時効の基礎たる占有の態様によって決せられるとの立場をとり（2(2)(a)参照），従前の通説も同様の立場をとっていた[116]。しかし，より根本的には，そもそも所有権の取得時効の基礎となる占有が非占有担保としての抵当権と抵触するのかを熟考しなければならない。制限物権の中には，所有権の取得時効の基礎となる占有と対立する権利もあれば，そうでないものもあり，非占有担保たる抵当権はまさにこれと両立しうる性質を有する。それゆえに，抵当権はその設定後の占有に基づく所有権の取得時効によっては影響を受けないと解すべきであり，だからこそ，抵当権の消滅については397条が特別の規定として必要となったのである。これに対して，地上権や永小作権は土地の排他的占有を権利内容とするものであり，取得時効の基礎たる占有はこれらと対立する。したがって，地上権や永小作権は所有権の取得時効によって消滅すると解さなければならない。両者については397条のような特別の規定がないことも，このことを暗に示したものと理解できよう[117]。

　　判例の事案は，時効のための占有が開始された後に抵当権が設定されたケースであり，397条の射程外になるといえる。しかし，所有権の登記を具備した後の占有は明らかに抵当権の存在を前提にしたものといわざるを得ない。それゆえ，そのような占有による新たな取得時効を観念しうるとしても，抵当権はその影響を受けないと解すべきである。その意味で，判例の結論は妥当なものといえよう。

[114] 加藤雅信『新民法大系Ⅰ民法総則［第2版］』（有斐閣，2005年）387頁，大村敦志『基本民法Ⅰ総則・物権総論［第3版］』（有斐閣，2007年）246頁，山野目章夫『物権法［第4版］』（日本評論社，2009年）290頁参照。

[115] 道垣内・前掲注(57)53頁参照。

[116] 鳩山・前掲注(18)617-618頁，我妻栄＝有泉亨『物権法［補訂版］』（岩波書店，1983年）425頁。

[117] 大久保・前掲注(111)809頁は，地上権や永小作権について地役権に関する289条のような規定がないのは，起草者であった梅博士がこれらについては所有権の取得時効による消滅を認めない意図を有していた点による旨を指摘している。
　　確かに，法典調査会において，梅博士は，地上権や永小作権について289条のような規定をおかなかった理由として，これらの価値が高く，所有権の取得時効によって消滅させることに疑問がある旨を述べている（法務省大臣官房司法法制調査部監修・前掲注(65)314-316頁参照）。しかし，このことは，地上権を排斥する態様の占有によって所有権の取得時効が完成した場合でも，なお地上権を存続させる趣旨であったとは断定でき

このような観点に立つ場合に，特に問題となるのが地役権の取扱いである。地役権は，土地の排他的占有を権利内容とするものではないが，その利用が権利内容となる点では，抵当権と地上権との中間に位置するからである。397条に類似する289条が存在するのもそのためであろう。はたして，これまでも289条との比較において397条の意義を検討する研究が少なくなかった。ただ，従前の研究は両者を同じ意義に解する傾向にあるが[118]，抵当権と地役権との差異に鑑みれば，両者を全く同様に解釈することはできないのではないか。その意味で，地役権に関する289条の意義の検討は重要な課題となろう。

ない。むしろ，所有権の取得時効のための占有は地上権を排斥するのが通常であり，一般に所有権の取得時効によって地上権は消滅するのに対し，独占的な占有を権利内容としない地役権が承役地の取得時効によって当然には消滅しない点にこそ，289条の存在意義があると解すべきではないか。

[118] 鈴木・前掲注[19] 66-68頁，遠藤・前掲注[50] 180頁，道垣内・前掲注[57] 52頁参照。

6 担保不動産収益執行開始決定後の賃料債権と保証金返還請求権との相殺

清 原 泰 司

1 はじめに
2 最高裁平成21年7月3日判決
3 検　　討
4 結　　語

1 はじめに

　抵当権の実行方法の一つである担保不動産収益執行（以下，「収益執行」という）は，平成15年(2003年)の民事執行法改正により創設されたものであり（民執188条2号），抵当不動産の「果実（収益）」に対して抵当権を実行するものである。すなわち，収益執行とは，担保不動産競売（民執188条1号）と同じく，担保権の存在を証する文書が提出されたときに開始し，執行裁判所が債務者または所有者の有する不動産を差し押さえ，管理人を選任し，管理人に当該不動産の管理・収益の収取をさせ，その収益を抵当権者等の債権者に分配して債権回収を図る執行手続である。その手続は強制管理手続に類似するので，強制管理の規定（民執93条以下）が全面的に準用されている（民執188条後段）。

　ところで，平成15年改正前の民法371条1項は，抵当不動産の「果実」に対する抵当権の効力につき，その本文において，抵当権の効力が「果実」には及ばないと定めていたが，そのただし書において，抵当不動産の差押え後に抵当権の効力は「果実」に及ぶと定めていた（改正前民371条：「前条ノ規定ハ果実ニハ之ヲ適用セス但抵当不動産ノ差押アリタル後又ハ第三取得者カ第381条ノ通知ヲ受ケタル後ハ此限ニ在ラズ」）。そのため，この「果実」に「法定果実」が含まれるか否かが問題となった。この点に関し，前記の改正前民法371条は，抵当権の効力が，抵当不動産の「付加一体物」に及ぶと定めた民法370条を受けた規定であるため，「果実」とは有体物である「天然果実」のみを指し，抵当不動産の使用対

141

価である「法定果実」については，抵当不動産の価値代替物（価値変形物）とみなし，民法372条・同304条1項に基づき抵当権の効力（物上代位効）が及ぶというのが，民法起草者および判例（最判平成元年［1989年］10月27日・民集43巻9号1070頁）［以下，「最判〔二小〕平成元年」という］・通説の立場であった（民法304条適用説）。

これに対し，抵当権の非占有担保性を重視し，抵当不動産の差押え後においてのみ，前記の改正前民法371条に基づき，抵当権の効力は「天然果実」および「法定果実」のいずれにも及ぶというのが，近時の多数説となっていた（民法371条1項ただし書適用説）。もっとも，同説によっても，法定果実に対する抵当権の実行方法は，平成15年改正前民法および民事執行法のもとでは，物上代位の手続によるほかなかった（民執193条1項後段）。

これらの見解の対立に終止符を打ったのが，平成15年改正の民法371条である。同条が，抵当権の効力は，債務不履行後に生じた抵当不動産の「果実」に及ぶと定め（改正民371条：「抵当権は，その担保する債権について不履行があったときは，その後に生じた抵当不動産の果実に及ぶ」），この「果実」に「天然果実」と「法定果実」の双方が含まれることになったからである。そして，同条に基づく「果実」に対する抵当権の実行手続につき，民事執行法に新設されたのが収益執行の制度である。

このような状況下，最高裁（二小）平成21年（2009年）7月3日判決（民集63巻6号1047・金判1340号54頁）［以下，「最判平成21年」という］は，抵当権に基づく収益執行の開始決定がなされ，その効力が生じた後に，抵当不動産の賃借人が，抵当権設定登記前に取得した賃貸人に対する保証金返還請求権を自働債権とし，賃料債権を受働債権とする相殺をもって当該不動産の管理人に対抗することができるか否かが争われた事案に関し，抵当権の物上代位権と相殺の優劣に関して判示した最高裁（三小）平成13年（2001年）3月13日判決（民集55巻2号363頁）［以下，「最判平成13年」という）を引用し，賃借人は，その相殺をもって管理人に対抗することができる，と判示した。

私は，従来から，最判平成13年の結論には賛成するが，その理由づけには賛成できないと主張している[1]。したがって，最判平成21年の論理に賛成で

---

(1) 清原泰司「抵当権の物上代位と相殺の優劣──最高裁平成13年3月13日判決をめぐって──」市民と法10号7頁（2001年），同・「判批」銀行法務21・592号81頁（2001年），

〔清原泰司〕 **6** 担保不動産収益執行開始決定後の賃料債権と保証金返還請求権との相殺

きないのは当然であるが，今回はその結論にも賛成することができない。本稿では，その理由を明らかにしたい。

2 最高裁平成21年7月3日判決[2]

[事実]

(1) 本件建物の過半数の共有持分を有するA株式会社（以下，Aという）は，平成9年(1997年)11月20日，Y（被告・被控訴人・上告人）との間に，本件建物の1区画について次の約定でYに賃貸する契約を締結し，同区画をXに引き渡した。

- (ア) 期　間：20年間，
- (イ) 賃　料：月額700万円（他に消費税相当額35万円）・毎月末日までに翌月分を支払う，
- (ウ) 保証金：3億1,500万円（以下，「本件保証金」という），賃貸開始日から10年が経過した後である11年目から10年間にわたり均等に分割して返還する，
- (エ) 敷　金：1億3,500万円，上記区画の明渡し時に返還する。

(2) Aは，上記契約の締結に際し，Yから本件保証金および敷金として合計4億5,000万円を受領した。

(3) Aは，平成10年(1998年)2月27日，本件建物の他の共有持分権者と共に，株式会社B銀行のために，本件建物につき，債務者A，債権額5億5,000万円とする抵当権を設定し，その旨の登記を経た。

　同「動産売買先取特権の物上代位論──相殺との優劣を通して──」南山法学32巻3・4号70頁以下（2009年）。
(2) 最判平成21年に関し以下の論考がある。生熊長幸「判批」民商141巻4・5号485頁（2010年），同・ジュリ1398号87頁（2010年），藤澤治奈「判批」法教353号別冊「判例セレクト」2009 [1] 16頁（2010年），同「判批」立教法務研究3号133頁（2010年），吉永一行「判批」法セミ663号120頁（2010年），石毛和夫「判批」銀法21・59頁（2010年），上河内千香子「判批」金判1341号8頁（2010年），西杉英将・鈴木尚太「判批」民研640号17頁（2010年），菱田雄郷「判批」判評617号188頁（2010年），深川裕佳「判批」法時82巻8号114頁（2010年），内山衛次「判批」法時別冊「私法判例リマークス」41号126頁（2010年），松岡久和「判批」現代民事判例研究会編『民事判例I──2010年前期』168頁（日本評論社，2010年），新井剛「判批」独協ロー・ジャーナル6号31頁（2011年）。

143

(4) Aは，平成11年(1999年)6月22日，Yとの間で，Aが他の債権者から仮差押え，仮処分，強制執行，競売または滞納処分による仮差押えを受けたときは，本件保証金等の返還につき当然に期限の利益を喪失する旨合意した。

(5) Aは，平成18年(2006年)2月14日，本件建物の同社持分につき，C市から滞納処分による差押えを受けたことにより，本件保証金の返還につき期限の利益を喪失した。

(6) 本件建物については，平成18年5月19日，抵当権に基づく担保不動産収益執行の開始決定があり，X（原告・控訴人・被上告人）がその管理人に選任され，同月23日，本件開始決定に基づく差押えの登記がされ，そのころ，Yに対し本件開始決定の送達がされた。

(7) Yは，平成18年7月から同19年2月までの間，毎月末日までに，各翌月分である同18年8月分から同19年3月分までの8か月分の賃料の一部弁済として各367万5,000円の合計2,940万円（消費税相当額140万円を含む額）をXに支払った。

(8) Yは，Aに対し，平成18年7月5日，本件保証金返還残債権2億9,295万円を自働債権とし，同年7月分の賃料債権735万円（消費税相当額35万円を含む額）を受働債権として，対当額で相殺する旨の意思表示をし，さらに，控訴審口頭弁論終結直前の同19年4月2日，本件保証金返還残債権2億8,560万円を自働債権とし，同18年8月分から同19年3月分までの8か月分の賃料残債権各367万5,000円の合計2,940万円（消費税相当額140万円を含む額）を受働債権として，対当額で相殺する旨の意思表示をした（以下，これらの相殺を「本件相殺」と総称し，その受働債権とされた賃料債権を「本件賃料債権」と総称する）。

(9) Xは，本件賃貸借契約に基づく平成18年7月分から同19年3月分までの賃料は，本件相殺によって消滅していないと主張し，提訴した。

(10) 第一審（甲府地裁平成18年12月20日判決・金判1340号62頁）は，Xの請求を棄却した。X，控訴。

(11) Xは，原審において，①管理人は，民事執行法95条1項に基づき，不動産の管理収益権を原始的に取得し，賃貸借契約そのものの関係，更にはこれに付随する敷金関係は，不動産所有者と賃借人との関係として残存し，管理人には管理権限だけが帰属するので，管理人は保証金返還債務を負わない，②本件収益執行開始決定後の賃料債権は，管理人Xが原始的に取得しており，賃

貸人Aには生じていないから、賃借人Yが本件相殺の意思表示をしても、Aには本件収益執行開始決定後の賃料債権が帰属していないから、その部分について受働債権が存在しないと主張した。

⑿　これに対し、Yは、①収益執行は、執行の一つの方法にすぎず、単に抵当権の権利の発動として、またはその延長として認められているものであるから、収益執行の管理人が、賃貸人や抵当権者の地位、権限を超えた地位、権限を取得するわけではない、②Yは、Xの賃料請求に対して、平成18年4月11日付け、翌12日到達の内容証明郵便において、本件保証金返還請求権と賃料債務の包括的相殺により賃料債務が消滅していることを主張し、その効力を執行法上の管理人Xに主張しているだけである、③収益執行制度の法的性格は、賃料に対する差押えと同じと解されるから、最判平成13年の理論は、収益執行の場合にも当てはまる、と主張した

⒀　原審（東京高裁平成19年6月28日判決・金判1340号58頁）は、以下の理由により、Yの請求を認容した第一審判決を取り消す一方、平成18年7月分の賃料700万円（以下、いずれも消費税相当額を含まない額）および同年8月分から同19年3月分までの8か月分の賃料の本件弁済後の残額2,800万円の合計3,500万円並びに同18年7月分の賃料700万円に対する遅延損害金の支払を認める限度で、Xの請求を認容した。

（i）本件相殺の効力について

Yは、平成9年11月20日、Aとの間で本件賃貸借契約を締結し、3億1,500万円の本件保証金返還請求権を取得し、C市が同18年2月16日にAに対し行った滞納処分により、本件保証金返還請求権の全額について弁済期が到来したことから、Yが本件相殺をした同年4月12日より前の同年2月16日の時点において、自働債権である本件保証金返還請求権の弁済期が到来したことが認められる。しかし、本件相殺において受働債権とされた、本件賃貸借契約に基づく平成18年5月分以降の賃料請求権は、本件相殺の時点において未だ発生していない。賃貸借契約における賃料は、目的物が使用可能な状態に置かれたことに対する対価として発生するものであり、本件賃貸借契約に基づく同年5月分の賃料債権が発生するのは同年4月末日であり、以後毎月末日に翌月分の賃料債権が発生し、本件相殺の時点では未だ受働債権は発生していないからである。したがって、本件相殺は、受働債権が発生していないから、その効力は

財産法の新動向　I

生じない。

　(ⅱ)　当審における相殺の主張について

　①　Yは，Aに対し，平成18年4月11日付け，翌12日到達の内容証明郵便において，本件保証金返還請求権残金3億0,765万円を自働債権とし，本件賃貸借契約に基づく平成18年4月末日以降に発生する月額735万円の賃料を受働債権として，対当額で相殺する旨の意思表示をしたと主張する（包括的相殺の主張）が，同主張は，結局，本件相殺に期限が付されていたとの主張と解され，そのような相殺の意思表示は無効である（民506条1項後段）。

　②　Yは，個別の相殺として，Aに対し，❶平成18年7月3日付け内容証明郵便において，本件保証金返還請求権残金2億9,295万円を自働債権とし，本件賃貸借契約に基づく同18年7月分の賃料債権735万円を受働債権として，その対当額で相殺する旨の意思表示をし，❷同19年3月30日付け内容証明郵便において，本件保証金返還請求権残金を自働債権とし，本件賃貸借契約に基づく同18年8月分から同19年4月分までの月額735万円のうち既払分を控除した月額367万5,000円を受働債権として，それぞれ対当額で相殺する旨の意思表示をし，その結果，平成18年7月分から同19年4月分までの賃料債権は消滅した旨主張する。しかし，上記相殺で受働債権とされている賃料は，いずれも本件収益執行開始決定の効力が生じた後の賃料であって，本件物件の管理，収益の収取の権限（管理収益権）がAにはなくなり，管理人に属する（民執188条，95条1項）ようになってから発生したものである。その一方，本件保証金に関する関係は，本件物件の管理収益権とは無関係であるから，管理人にその権限はない。よって，上記各賃料債権と本件保証金返還請求権との関係は，同一当事者間において互いに同種の目的を有する債務を負担する関係にあるとは言い難いから，民法505条1項の要件を充たさず，相殺の効力を生じない。

　⒁　X，上告受理申立て。

［判旨］　破棄自判

　「原審の上記判断はいずれも是認することができない。その理由は，次のとおりである。

　⑴　担保不動産収益執行は，担保不動産から生ずる賃料等の収益を被担保債権の優先弁済に充てることを目的として設けられた不動産担保権の実行手続の一つであり，執行裁判所が，担保不動産収益執行の開始決定により担保不動産

〔清原泰司〕 *6* 担保不動産収益執行開始決定後の賃料債権と保証金返還請求権との相殺

を差し押さえて所有者から管理収益権を奪い，これを執行裁判所の選任した管理人にゆだねることをその内容としている（民事執行法188条，93条1項，95条1項）。管理人が担保不動産の管理収益権を取得するため，担保不動産の収益に係る給付の目的物は，所有者ではなく管理人が受領権限を有することになり，本件のように担保不動産の所有者が賃貸借契約を締結していた場合は，賃借人は，所有者ではなく管理人に対して賃料を支払う義務を負うことになるが（同法188条，93条1項），このような規律がされたのは，担保不動産から生ずる収益を確実に被担保債権の優先弁済に充てるためであり，<u>管理人に担保不動産の処分権限まで与えるものではない</u>（同法188条，95条2項）。

このような担保不動産収益執行の趣旨及び管理人の権限にかんがみると，<u>管理人が取得するのは，賃料債権等の担保不動産の収益に係る給付を求める権利（以下「賃料債権等」という。）自体ではなく，その権利を行使する権限にとどまり，賃料債権等は，担保不動産収益執行の開始決定が効力を生じた後も，所有者に帰属しているものと解するのが相当であり</u>，このことは，担保不動産収益執行の開始決定が効力を生じた後に弁済期の到来する賃料債権等についても変わるところはない。

そうすると，<u>担保不動産収益執行の開始決定が効力を生じた後も，担保不動産の所有者は賃料債権等を受働債権とする相殺の意思表示を受領する資格を失うものではないというべきであるから</u>（最高裁昭和37年（オ）第743号同40年7月20日第三小法廷判決・裁判集民事79号893頁参照），本件において，本件建物の共有持分権者であり賃貸人であるAは，本件開始決定の効力が生じた後も，本件賃料債権の債権者として本件相殺の意思表示を受領する資格を有していたというべきである。

(2) そこで，次に，<u>抵当権に基づく担保不動産収益執行の開始決定の効力が生じた後において，担保不動産の賃借人が，抵当権設定登記の前に取得した賃貸人に対する債権を自働債権とし，賃料債権を受働債権とする相殺をもって管理人に対抗することができるかという点について検討する。被担保債権について不履行があったときは抵当権の効力は担保不動産の収益に及ぶが，そのことは抵当権設定登記によって公示されていると解される。そうすると，賃借人が抵当権設定登記の前に取得した賃貸人に対する債権については，賃料債権と相殺することに対する賃借人の期待が抵当権の効力に優先して保護されるべきで</u>

147

あるから（最高裁平成11年(受)第1345号同13年3月13日第三小法廷判決・民集55巻2号363頁参照），担保不動産の賃借人は，抵当権に基づく担保不動産収益執行の開始決定の効力が生じた後においても，抵当権設定登記の前に取得した賃貸人に対する債権を自働債権とし，賃料債権を受働債権とする相殺をもって管理人に対抗することができるというべきである。本件において，上告人は，Aに対する本件保証金返還債権を本件設定登記の前に取得したものであり，本件相殺の意思表示がされた時点で自働債権である上告人のAに対する本件保証金返還残債権と受働債権であるAの上告人に対する本件賃料債権は相殺適状にあったものであるから，上告人は本件相殺をもって管理人である被上告人に対抗することができるというべきである。

(3) 以上によれば，Xの請求に係る平成18年7月分から平成19年3月分までの9か月の賃料債権6,300万円は，本件弁済によりその一部が消滅し，その残額3,500万円は本件相殺により本件保証金返還残債権と対当額で消滅したことになる」（下線，筆者）と判示した。

3 検　　討

(1) 相殺の効力

本件の争点は，①抵当不動産の賃借人Yが行った本件相殺の効力が生じているか，②本件相殺の効力が生じているとして，その効力を当該不動産の管理人に対抗することができるか，である。そして，①本件相殺の効力が生じているかという争点の前提として，(ⅰ)本件収益執行開始決定の効力が生じた後の賃料債権は誰に帰属しているのか，(ⅱ)本件相殺の意思表示の受領資格は誰にあるのか，という問題がある。

まず，①本件相殺の効力の前提である(ⅰ)の問題について，原審は，本件収益執行開始決定の効力が生じた後の賃料債権は担保不動産の管理人Xに帰属すると述べたのに対し，最判平成21年は，当該不動産の所有者（過半数の共有持分権者）Aに帰属すると述べた。そして，最判平成21年は，(ⅱ)の問題についても，抵当不動産の所有者Aは，本件相殺の意思表示の受領資格を有することを認めた。結局，最判平成21年の論理によれば，争点①について本件相殺の効力が生じていることになる。

収益執行は，担保不動産の収益を被担保債権の優先弁済に充てるための不動

〔清原泰司〕 *6* 担保不動産収益執行開始決定後の賃料債権と保証金返還請求権との相殺

産担保権の実行手続であるから，担保不動産の管理人に与えられる管理および使用収益権限は，収益執行の目的に照らして必要な範囲にとどまると解される[3]。つまり，管理人は，不動産所有者（債務者）に帰属している管理収益権の移転を受けただけであり，賃貸借契約関係自体は，所有者と賃借人との関係として残存しているのである[4]。したがって，最判平成21年が，「管理人が取得するのは，賃料債権等の担保不動産の収益に係る給付を求める権利自体ではなく，その権利を行使する権限にとどまり，賃料債権等は，担保不動産収益執行の開始決定の効力が生じた後も，所有者に帰属している」と述べているのは妥当であり，民事執行法188条により準用される同法93条の文言にも符合する[5]。

そうであれば，当然，最判平成21年が述べているように，「担保不動産収益執行の開始決定の効力が生じた後も，担保不動産の所有者は賃料債権等を受働債権とする相殺の意思表示を受領する資格を失うものではない」ということになる。同所で引用されている最高裁(三小)昭和40年(1965年)7月20日判決が，受働債権について第三債務者が相殺の意思表示をする相手方について，「債権の差押債権者が被差押債権について取立権を有する場合には，第三債務者が債務者に対して有する反対債権をもって被差押債権を相殺するには，差押債権者に対して相殺の意思表示をすることもできるが（昭和37年(オ)第212号，同39年10月27日第三小法廷判決），差押債務者に対する意思表示によってもこれをすることができると解すべきである。けだし，民法506条1項の『相手方』は，普通には，相殺によって消滅すべき債権関係の帰属者を指称するのであり，受働債権について差押債権者が取立権を有する場合でも，債権そのものは差押債務者に帰属しているのであるから，当該債務者は相殺の意思表示を受領する資格を失うものではないからである」と判示していることからも妥当である。したがって，賃借人Yが所有者Aに対して行った本件相殺の意思表示は有効であり，この結論に対する異論は存しない。

では，Yは，本件相殺の効力を管理人Xに対抗することができるか。この

---

[3] 中村隆次・野田恵司ほか「担保不動産の収益執行の諸問題」判タ1319号7頁，9頁（2010年）。
[4] 道垣内弘人・山本和彦ほか『新しい担保・執行制度［補訂版］』46頁［道垣内弘人］（有斐閣，2004年）。
[5] 西杉・鈴木・前掲注(2)29頁。

財産法の新動向　Ⅰ

争点につき，最判平成21年は同13年を引用しているので，同13年を検証しなければならない。

(2) 抵当権の物上代位権に基づく差押えと相殺
(a) 最高裁平成13年3月13日判決
最判平成13年の事案は，以下のとおりである。

xがkに対し貸金債権を有し，k所有の建物（本件建物）につき根抵当権の設定を受け，その旨の登記を経た後，kがyに本件建物を賃貸し，yから保証金の預託を受けた。その後，kとyの間で従前の賃貸借を解消し，改めて新しい賃貸借契約を締結するとともに，新賃貸借の保証金には，従前yからkに預託された保証金の一部を充当し，残額をkがyに返還することを約した。ところが，kがその保証金返還債務を期限までに履行しなかったため，yとkの間で，yのkに対する保証金残返還請求権と，kのyに対する賃料債権とを対当額で相殺する旨の合意がなされた。ところが，その後，kがxに対する貸金返還債務を履行しなかったため，xが根抵当権の物上代位権に基づき，kのyに対する賃料債権を差し押さえ，同差押命令による取立権に基づき，yに対し賃料の支払を求めたところ，yが相殺合意の抗弁を提出し，xに対する賃料支払いを拒絶した。

第一審（京都地判平成11年[1999年]2月15日・金商1091号10頁）および原審（大阪高判平成11年7月23日・金商1091号3頁）はいずれも，物上代位権が，yに対しては抵当権設定登記により公示されており，抵当権設定登記後に賃貸借契約を締結したyは，その賃貸借をxに対抗できないため，xの物上代位権に基づく差押えが，yの相殺合意に優先すると判示した。y，上告。

最判平成13年は，「抵当権者が物上代位権を行使して賃料債権の差押えをした後は，抵当不動産の賃借人は，抵当権設定登記の後に賃貸人に対して取得した債権を自働債権とする賃料債権との相殺をもって，抵当権者に対抗することはできないと解するのが相当である。けだし，物上代位権の行使としての差押えのされる前においては，賃借人のする相殺は何ら制限されるものではないが，上記の差押えがされた後においては，抵当権の効力が物上代位の目的となった賃料債権にも及ぶところ，物上代位により抵当権の効力が賃料債権に及ぶことは抵当権設定登記により公示されているとみることができるから，抵当権設定

〔清原泰司〕 **6** 担保不動産収益執行開始決定後の賃料債権と保証金返還請求権との相殺

登記の後に取得した賃貸人に対する債権と物上代位の目的となった賃料債権とを相殺することに対する賃借人の期待を物上代位権の行使により賃料債権に及んでいる抵当権の効力に優先させる理由はないというべきであるからである。

そして、上記に説示したところによれば、抵当不動産の賃借人が賃貸人に対して有する債権と賃料債権とを対当額で相殺する旨を上記両名があらかじめ合意していた場合においても、賃借人が上記の賃貸人に対する債権を抵当権設定登記の後に取得したものであるときは、物上代位権の行使としての差押えがされた後に発生する賃料債権については、物上代位をした抵当権者に対して相殺合意の効力を対抗することができないと解するのが相当である」（下線，筆者）と判示し、Yの上告を棄却した。

第一審および原審は、抵当権と賃借権の対抗力の優劣問題として処理したが、本事案は、そのような優劣問題ではなく、抵当権（物上代位権）の効力と相殺の優劣問題であり、結論は妥当としても、理論構成には賛成できない。その点、最判平成13年のアプローチの方が妥当である。同最判の論理の骨子は、以下のとおりである。

① まず、一般論としての結論として、「抵当権者が物上代位権を行使して賃料債権の差押えをした後は、抵当不動産の賃借人は、抵当権設定登記の後に賃貸人に対して取得した債権を自働債権とする賃料債権との相殺をもって、抵当権者に対抗することはできない」＝抵当権の物上代位権に基づく差押え後は、賃借人は、抵当権設定登記後に取得した債権を自働債権として、賃料債権を受働債権とする相殺をもって抵当権者に対抗できない、と述べ、その理由として次の2点を挙げている。すなわち，

② 「差押えがされた後においては、抵当権の効力が物上代位の目的となった賃料債権にも及ぶ」＝抵当権の効力は、物上代位権に基づく差押え後に、代位目的債権である賃料債権に及ぶ，

③ 「物上代位により抵当権の効力が賃料債権に及ぶことは、抵当権設定登記により公示されている」＝物上代位権は、抵当権設定登記により公示されている。

そして、以上の論理を本件事案に当てはめ，

④ 「物上代位権の行使としての差押えの後に発生する賃料債権については、抵当権者に対し相殺合意の効力を対抗できない」と結論付けるのである。

151

財産法の新動向　I

　本事案では，賃借人（第三債務者）yと賃貸人kとの間で相殺合意がなされてはいたが，yが相殺の意思表示を未だしないでいたところ，抵当権者xが，物上代位権を行使し，物上代位の目的債権（以下，「代位目的債権」という）＝「物上代位権の付着した賃料債権」を差し押さえている。すなわち，yによる代位目的債権（賃料債権）の消滅行為の前に，xが権利行使をしたのであるから，xが優先するのは当然であり，上記の①と④は正当である。また，最判平成13年が，「物上代位権の行使としての差押えのされる前においては，賃借人のする相殺は何ら制限されるものではない」と述べているが，「物上代位権行使としての差押え」の前においては，物上代位権が未だ行使されていないのであり，その間，第三債務者は，「物上代位権の付着した債権（賃料債権）」を自由に消滅させることができ，それでもって完全に免責されるのであるから（民372条・304条1項ただし書），この説示も当然の事理を述べているにすぎない[6]。しかし，上記②と③の理由付けには到底賛成することができない。以下，その理由を述べる。

---

[6] 最判平成13年が，物上代位に基づく差押え前の賃借人の相殺は何ら制限されないと述べたことについて，「最高裁は，差押え前の賃料債権処分は物上代位に対抗できないとした前掲最判平10・1・30（債権譲渡の事例）とは異なり，差押え前の賃料債権処分の有効性を認める点で，登記時基準説のバリエーションである二段階基準説を採用するものとも解されるが，平成10年判決との整合性に問題を残す」（松岡久和「物上代位」鎌田薫ほか編『民事法Ⅱ［第2版］』80頁（日本評論社，2010年））という見解がある。しかし，この見解には賛成できない。なぜなら，最判平成13年は，物上代位権に基づく差押えの前＝物上代位権行使の前に，相殺により受働債権たる代位目的債権（賃料債権）が消滅すれば，それは民法304条1項ただし書の「払渡し又は引渡し」に該当するから，「相殺の効力は何ら制限されない」と，当然の事理を述べているだけであり，他方，最判平成10年は，物上代位に基づく差押え前において，代位目的債権（賃料債権）が譲渡されただけなので，それは同項ただし書の「払渡し又は引渡し」に該当せず，債権譲渡は，物上代位権に対抗できないと判示しただけだからである。最判平成10年も，第三債務者が「現実の弁済」をしていれば，物上代位権に対抗できることを明言しており，両判決は共に，「差押え」前に，第三債務者が代位目的債権を消滅させれば物上代位権に対抗できると解しており，両判決は整合性を有しているのである。また，松岡教授は，最判平成13年につき，「差押え前の賃料債権処分の有効性認める点で」，二段階基準説を採用したと述べるが，相殺は，第三債務者がその一方的意思表示をもってする第三債務者の権利であり，債務者（賃貸人）の処分ではないから（杉原則彦「判解」『最高裁判所判例解説民事篇平成13年度（上）』265頁（法曹会，2004年）），二段階基準説を採用しているのではない。最判平成13年は，単に，物上代位権を行使していない抵当権者に対して，第三債務者は相殺を対抗できると述べているだけである。

(b) 賃借人に対する物上代位権の公示は何か

本事案の賃料債権（代位目的債権）の優先的攫取をめぐる争いは，最高裁（二小）平成10年[1998年]1月30日判決（民集52巻1号1頁）[以下，「最判平成10年」という]の事案における抵当権者（物上代位権者）と債権譲受人という純然たる第三者間のものとは異なり，抵当権者（物上代位権者）と第三債務者（賃借人）間のものである。すなわち，最判平成10年では，抵当権の被担保債権の債務不履行後，「物上代位権の付着した賃料債権（代位目的債権）」が譲渡されたため，同債権を譲り受けた債権譲受人と物上代位権者（抵当権者）が同債権の優先取得を争ったのに対し，本事案では，抵当権の被担保債権の債務不履行後，賃料債権（代位目的債権）の債務者たる第三債務者（賃借人）が同債権を受働債権とする相殺を主張したため，同債権の優先取得を主張する物上代位権者と同債権の消滅を主張する第三債務者が争っているからである。

この点に関し，本事案の賃借人yは第三債務者であると同時に，賃貸人に対する債権者でもあり，しかも相殺への期待権という一種の担保権を有する債権者であることから，単なる第三債務者として理解するだけでは不十分であるという見解がある[7]。しかし，一般の第三者は，「代位目的債権＝物上代位権の付着した賃料債権」についての債権者であり，同債権の債務者，つまり第三債務者になることはあり得ず，同債権について弁済義務を負うこともあり得ない。これに対し，本事案の賃借人yは，代位目的債権たる賃料債権の債務者，つまり第三債務者として物上代位権者に対し直接の弁済義務を負っている。このように，代位目的債権（賃料債権）についての債権者となるか，それとも債務者となるかという点において両者は決定的に異なる。また，yが，相殺への期待権を有する債権者であるといっても，相殺は，事実上の担保にすぎず，本来，法律が定める優先権（物上代位権）の優先を甘受すべきものである。したがって，yの「第三者」性を強調することは，結局，yが，代位目的債権＝受働債権の債務者であることを看過し，本事案が，代位目的債権の「消滅」をめぐる事案であることを見失わせるだけである。本事案は，直接的・第一次的には，代位目的債権に対する物上代位権（優先権）の行使と同債権の消滅をめぐる争いであることを直視すべきである。

---

(7) 生熊長幸『物上代位と収益管理』281頁（有斐閣，2003年），内山・前掲注(2)129頁。

以上から，最判平成13年の③「物上代位権は，抵当権設定登記により公示されている」という説示は，同10年の事案における第三者間の優劣基準としては正当であっても，物上代位権者（抵当権者）と「第三債務者」間の優劣基準としては正当ではない。そして，「差押え」の趣旨について第三債務者保護説を採った同10年の論理に従えば，第三債務者たる賃借人に対する物上代位権の公示は「差押え」であり，抵当権設定登記は，「第三債務者以外の第三者」に対する公示となる。それゆえ，賃借人yに対する物上代位権の公示は，「差押え」と解すべきである。この点につき，yは，以下のように，上告受理申立て理由において極めて正当な見解を述べている。すなわち，

①「第三債務者（賃借人）に対する関係では，抵当権設定登記のみでは物上代位権の公示方法としては不十分であると考える。なぜなら，社会的にみて，第三債務者（賃借人）は，賃借目的物件の登記を調査しないのがむしろ一般的であるし，さらに，賃借人は，賃料債権が抵当権者によって差し押さえられるまでは，賃貸人に賃料を支払わなければならず，差押え後は抵当権者に賃料を支払わなくてはならないという立場にある。つまり，賃借人は，差押えの有無・時期にきわめて大きな利害関係を持っているのであるから，少なくとも賃借人との関係では，差押えこそが，物上代位権の公示方法とみるべきである」。

②「物上代位と機能的に類似する債権譲渡の場合でも，第三債務者に対する通知又は承諾が第三債務者に対する対抗要件となっている。このことからも，第三債務者に通知がなされる差押えこそ第三債務者に対する関係では公示方法と見るべきことを示しているといえよう」。

③ 最判平成10年および同年2月10日（金商1037号3頁）は，「いずれも，『抵当権の効力が物上代位の目的債権についても及ぶことは抵当権設定登記により公示されているとみることができ』と判示したが，これらの判決はいずれも，物上代位と債権譲渡の優劣が問題となった事例であり，公示の対象として主に予定されているのは債権の譲受人すなわち第三者である」と。

もっとも，yが，上記の主張と並んで，本事案には民法511条が適用されると述べ，「差押えと相殺」に関し無制限説を採った最高裁（大法廷）昭和45年（1970年）6月24日判決（民集24巻6号587頁）を引用し，相殺合意の優先を主張した点については賛成できない。同条は，一般債権に基づく差押えによる処分禁止効と相殺の可否に関する規定であり，実体法上の特別優先権の行使として

〔清原泰司〕 *6* 担保不動産収益執行開始決定後の賃料債権と保証金返還請求権との相殺

の被担保債権の優先性と相殺との調整について規定するものではないからである[8]。物上代位権に基づく差押えと一般債権に基づく差押えとは峻別すべきであり，物上代位権に基づく差押えには同条を適用すべきではない。

(c) **賃料債権に対する物上代位権はいつ発生するか**

次に，最判平成13年の②「抵当権の効力は，物上代位権に基づく差押え後に，代位目的債権である賃料債権に及ぶ」という説示も正当ではない。

まず，基本的な前提問題として，賃料債権に対し抵当権の物上代位権の効力が及ぶか否か，すなわち賃料債権が物上代位権の客体となるか否かという問題があり，これに関し肯定説と否定説がある。近時は，抵当権の非占有担保性に鑑み，賃料（法定果実）の収受は抵当権設定者の使用収益権限に属するべきであるとして，民法372条・同304条の適用を否定しつつ，平成15年改正前民法371条1項ただし書に基づき，抵当権実行後にのみ抵当権の効力が賃料に及ぶと解する否定説が多数説であった。すなわち，否定説は，抵当権の効力が抵当権実行後にのみ賃料に及ぶことを肯定する一方，民法372条・同304条の適用を否定し，賃料が物上代位権の客体となることを否定するわけである。

これに対し，最判平成元年は，抵当権の非占有担保性は先取特権と異ならないし，また，「抵当権設定者が目的物を第三者に使用させることによって対価を取得した場合に，右対価について抵当権を行使することができるものと解したとしても，抵当権設定者の目的物に対する使用を妨げることにはならない」と述べ，民法372条・同304条に基づいて賃料に対し，明確に，物上代位権を行使できると判示した。

民法372条が準用する同304条の沿革を辿れば，同条に相当するボアソナード民法草案1638条（フランス語原文では1138条）2項本文および旧民法（明治23年[1890年]4月21日法律28号）債権担保編133条2項は共に，先取特権につき，賃料が物上代位権の客体となることを肯定し，現行民法304条1項本文も同様に肯定していた。他方，抵当権については，ボアソナード民法草案および旧民法では，賃料への物上代位を認める明文規定は存在しなかったが，現行民法では，同372条が同304条を準用する。この「準用」に関し，民法起草者の梅博士は，民法304条がそのまま同372条に適用される旨を明言する[9]。

---

(8) 杉原・前掲注(6) 266頁。
(9) 民法372条立法の沿革と趣旨については，清原泰司「転貸料債権に対する抵当権の物

本来，どのような担保物権について，また，どのような範囲で物上代位権を認めるべきかという問題は，立法政策の問題であり[10]，現行民法は，先取特権と同様，抵当権についても，「賃料」を物上代位権の客体として認め，ボアソナード民法草案や旧民法よりも，物上代位権（優先弁済権）の客体の範囲を拡大したと考えればよい。それゆえ，肯定説を採ることに問題はない。ただ，それを無制限に肯定するのではなく，非占有担保権としての抵当権の本質に反しない限度に限定すべきであろう。すなわち，「賃料」が，物上代位権の客体となること＝抵当不動産の価値代替物（価値変形物）となることに時的限界を設けるべきである。

この問題につき，かつての通説は，抵当不動産の賃料が交換価値の済し崩し的な具体化とみていた[11]ことから，民法304条1項本文の文言通り，抵当目的物の賃貸と同時に，賃料が価値代替物となるというのが一般的な理解であった。しかし，抵当権は，非占有担保権であるから，債務不履行が惹起されていない限り，法定果実である賃料は，抵当権設定者に収受権限があり，物上代位権の客体とすることはできない。仮に，抵当目的物の「賃貸」と同時に，その目的物から生じる賃料を価値代替物と解したとしても，手続法上，債務不履行が生じていない限り，賃料債権に対する物上代位権の行使はできない（民執193条1項後段・2項）。手続法上，物上代位権行使が不可であるのは，物上代位権が，抵当権の優先弁済権確保の手段であり，債務不履行の惹起が前提だからである。目的物本体に対する抵当権実行が，債務不履行を前提とするのと同じことである。したがって，債務不履行前においては，抵当権の非占有担保性から，賃料（果実）の収受権は抵当権設定者にあるから，債務不履行前の段階において，賃料を抵当目的物の価値代替物（価値変形物）と認めることは論理的にはあり得ないことになる。

他方，一旦，債務不履行が惹起されれば，抵当権者は抵当権を実行することができ，抵当権設定者の使用収益権は制限されるのであるから，債務不履行時を起点として，抵当目的物から生じる「賃料」にも抵当権の効力が及ぶ，つまり，賃料は，債務不履行時に抵当目的物の「価値代替物」になるのであり，賃

上代位(1)」桃山法学4号4頁以下（2004年）。
[10] 清原泰司『物上代位の法理』56頁（民事法研究会, 1997年）。
[11] 我妻栄『新訂　担保物権法（民法講義Ⅲ）』281頁（岩波書店, 1968年）。

〔清原泰司〕 **6** 担保不動産収益執行開始決定後の賃料債権と保証金返還請求権との相殺

料に対する物上代位権が発生すると解すべきである[12]。このような解釈は，現行民法371条が，債務不履行以後，抵当権は抵当不動産の「果実」に及ぶと規定していることとも整合するのである[13]。

では，判例の見解はどうであろうか。前掲の最判平成元年は，競売開始後売却までに供託された賃料，つまり債務不履行後の賃料の還付請求権に対し，抵当権に基づく物上代位権の行使を無条件に肯定しただけであり，賃料に対する物上代位権の成立（発生）時期については何も言及していない。実際，これまで，賃料債権に対する物上代位権行使が争われた事案は，すべて，債務不履行後の物上代位権行使であったが，それは当然であろう。債務不履行が生じていなければ，抵当権者が，設定者の使用収益権限に干渉することはあり得ないし，法律上も債務不履行が生じていなければ，抵当権実行（民執180条1号）も，物上代位権行使（民執193条1項後段）もあり得ないからである。つまり，債務不履行前の物上代位権行使の事案はあり得ず，判例としては，物上代位権の成立時期に言及する必要性がなく，債務不履行時以降，賃料上に物上代位権がすでに成立していることを前提として，その行使の可否を論ずれば良かったからである。そのことは，債務不履行前において物上代位権は成立しないという証左でもある。

したがって，賃料に対する物上代位権は，債務不履行時に発生し，それと同時に，賃料は抵当目的物の「価値代替物」となるのである。また，そのような「価値代替物」たる賃料は，抵当目的物自体の価値が具現化であるから（そのように考えて，抵当権者を保護するのが物上代位制度である），「価値代替物」に対する抵当権の公示，つまり，物上代位権の公示は，原抵当権の公示たる抵当権設定登

---

[12] 清原・前掲注(9)7頁以下，同・「判批」金商1077号55頁以下（1999年）参照。

[13] 民法372条・同304条の解釈として，債務不履行前に発生している未払賃料債権について，物上代位権行使が許されると解する一方，それは，担保不動産収益執行の対象とならないとして，民法372条と同371条が規律する抵当権の効力について差異を指摘する見解が多い（中野貞一郎『民事執行法［増補新訂五版］』658頁の注(20)（青林書院，2006年），松岡久和「物上代位」鎌田薫ほか編『民事法Ⅱ［第2版］』75頁（日本評論社，2010年），遠藤功「不動産およびその付加一体物・代位物」佐藤歳二・山野目章夫・山本和彦編『新担保・執行法講座＜第3巻＞』23頁（民事法研究会，2010年））。しかし，抵当権の非占有担保性に鑑み，債務不履行前に発生した賃料に対しては，抵当権の効力（物上代位権）は及ばないと解すべきであり，372条と371条は共に，債務不履行以後の賃料に抵当権の効力が及ぶことを規定していると解すべきである。

157

記で十分なのである(14)。

　以上から，賃料債権上に物上代位権が成立する債務不履行時において，当該賃料債権上には物上代位権が付着することになる（それゆえ，同債権を，物上代位の目的債権＝代位目的債権というのである）。これが，民法304条1項本文が定めるものである。そして，賃料債権という代位目的債権上に成立した物上代位権の行使方法について定めているのが同項ただし書である。換言すれば，民法372条・同304条1項本文に基づき，賃料債権上にはすでに物上代位権が潜在的に成立しており，そのようにして潜在的に成立している物上代位権が，その行使要件たる「差押え」により具現化するだけである(15)。

　ところが，最判平成13年は，「抵当権の効力は，物上代位権に基づく差押え後に，代位目的債権である賃料債権に及ぶ」と述べ，調査官も，物上代位権につき，「自ら差押えをすることにより，抵当権設定登記時に設定され，かつ，対抗要件を備えた質権となるような権利(16)」と述べる。逆に言えば，「差

---

(14)　「差押え」の趣旨に関する優先権保全説の論者は，「不動産上の抵当権の公示方法（抵当権設定登記）が，債権の上の優先権の公示方法となるという点や，物上代位の目的債権が火災保険金請求権の場合のように，抵当権の目的不動産が滅失し，実体的に無効となった登記をなお債権の上の優先権の公示方法として認めようとする点など，理論的に問題が多い」（生熊長幸『わかりやすい民事執行法・民事保全法』267頁（成文堂，2006年））として，第三債務者保護説を批判する。しかし，物上代位権の目的債権，すなわち物上代位権（抵当権）が付着した賃料債権や火災保険金請求権は，抵当不動産の価値代替物であり，抵当不動産の価値そのものを体現していると考え，抵当不動産と同視すべきであると考えるから，抵当不動産自体の公示により物上代位権も公示されると考えるのである。そのように考え，創設されたのが物上代位制度であり，理論的な問題は存在しない。だからこそ，諸国の立法例では，物上代位権が目的物に及ぶ場合の優先順位は，担保権本来の順位に従うとされているのである（清原・前掲注(10)55頁以下参照）。

(15)　民法304条立法の沿革を検証し，ボアソナード博士が，同条の淵源であるボアソナード民法草案1638条（フランス語原文では1138条）1項ただし書にいう「異議（opposition）」の趣旨が第三債務者保護にあることを指摘した吉野氏は，「物上代位権は，差押えによって，その時にはじめて成立するわけではない」（吉野衛「物上代位に関する基礎的考察（下）」金法971号7頁（1981年）と実に正当に指摘している。もっとも，吉野氏は，抵当権の物上代位権行使と債権譲渡との優劣問題に関し，債権譲渡が，民法304条1項ただし書の「払渡し又は引渡し」に含まれると解し，債権譲受人優先の結論を支持するなど，私見と若干異なる（私見と吉野説との差異については，清原・前掲注(10)281頁，清原泰司「保険金請求権に対する質権と抵当権に基づく物上代位権の優劣」南山法学35巻1号60頁の注(28)（2011年）参照）。

(16)　杉原・前掲注(6)267頁。杉原調査官は，「物上代位による差押えを条件として担保権

押え」がなければ，物上代位権は発生していないと解するのであろう。しかし，「差押え」がなければ，物上代位権が賃料債権上に及ばないというのであれば，「差押え」の対象となる賃料債権を，「代位目的債権（物上代位権の付着した債権）」と称することはできないし，「差押え」の前においては，賃料債権には物上代位権が付着していないため，「差押え」の対象となる賃料債権（受働債権）は無担保債権となり，民法511条が適用されることになろう。ところが，最判平成13年は，同条の適用を排斥したのである[17]。まさに論理矛盾である。

(3) 担保不動産収益執行開始決定と相殺

最判平成13年の事案は，結局，賃料債権の優先的摑取をめぐる抵当権者（物上代位権者）と第三債務者（賃借人）との競合問題であり，事案解決のためには，①賃借人に対する物上代位権の公示は何か，②賃料債権に対する物上代位権の発生時期はいつか，ということを明確にする必要がる。

最判平成13年は，①賃借人という第三債務者に対しても，物上代位権の公示は抵当権設定登記であるとし，かつ，②物上代位権は，「差押え」を条件として，「抵当権設定登記時に設定され，かつ，対抗要件を備えた質権となるような権利」と考えているからである。すなわち，この見解は，物上代位権につき，「差押え」がなければ発生しない一方，「差押え」があれば，抵当権設定登記時に発生（成立）し，同時に「第三債務者を含む第三者」に対する対抗要件を具備した質権のような権利となる，と考えているため，「抵当権設定登記」だけが，物上代位権と相殺権との優劣基準となると解するのである。それゆえ，自働債権が抵当権設定登記前に取得されている場合には，第三債務者が相殺の意思表示をする前に，たとえ物上代位権に基づく差押えがなされても，差押え前においては，もともと，物上代位権は発生せず，何ら効力が生じていなかっ

がその上（代位物の上―筆者注）に存していることになる」（杉原・前掲注(6)263頁）と述べる。同様のことは，随所で述べている（杉原・前掲注(6)269頁）。このような理解は，「差押え」の趣旨に関する優先権保全説に近接する立場であり，同説は，最判平成10年により排斥された見解である。物上代位権は，差押えを条件として代位物の上に及ぶのではなく，差押え前から，代位物の上に及んでいるのであり，だからこそ，「代位物＝物上代位権の目的物」と称するのであり，第三債務者の二重弁済の危険も生じるのである。「差押え」は，民法304条1項本文の所定の事由に成立した物上代位権の行使要件であり，第三債務者に対する物上代位権の効力保存要件なのである。

[17] 杉原・前掲注(6)266頁。

たのであるから，相殺権の期待は100パーセント保護されるべきであると考えているのである[18]。

このように，自働債権の取得時期が，抵当権設定登記前であれば，相殺権者が完全に優先するというのが，最判平成13年であり，同最判を引用するのが，最判平成21年である。すなわち，同21年の事案は，抵当権設定登記の前に，第三債務者たる賃借人が自働債権（保証金返還請求権）を取得していた事案であり，第三債務者の相殺優先を判示したのである。その論理は，以下のとおりである。

①「被担保債権について不履行があったときは，抵当権の効力は担保不動産の収益（賃料）に及ぶ（民法371条）」，

②「抵当権の効力が賃料に及ぶことは，抵当権設定登記によって公示されている」と述べ，この2点を理由として，

③「賃借人が抵当権設定登記の前に取得した自働債権については，賃料債権（受働債権）と相殺することに対する賃借人の期待が，抵当権の効力に優先して保護されるべきである（最判平成13年を引用）」と述べ，

④「担保不動産の賃借人は，抵当権に基づく担保不動産収益執行の開始決定の効力が生じた後においても，抵当権設定登記の前に取得した賃貸人に対する債権を自働債権とし，賃料債権を受働債権とする相殺をもって管理人に対抗することができる」と結論付けたわけである。

収益執行による場合，抵当権の効力が賃料債権に及ぶのは，債務不履行時であり，これについては民法371条という明文規定が存するので，上記①について異論は存しないであろう。

問題は上記②である。賃料という法定果実は，抵当目的物の価値の一部が具現化したものであるから，抵当権の効力が賃料に及ぶことは，抵当権設定登記により公示されているのは確かであるが，その公示の対象はあくまでも，一般の第三者と考えるべきである。他方，物上代位権に基づく「差押え」に相当するのは，収益執行開始決定であるから，「収益執行開始の決定」の送達こそ，「第三債務者」に対する抵当権の公示になると考えるべきである。そう考えれば，上記③が述べるような抵当権設定登記は，「第三債務者」に対する優劣基

---

[18] 杉原・前掲注(6)269頁以下。

〔清原泰司〕 *6* 担保不動産収益執行開始決定後の賃料債権と保証金返還請求権との相殺

準とはなり得ない。

したがって，上記④の「担保不動産の賃借人は，抵当権に基づく担保不動産収益執行の開始決定の効力が生じた後においても，抵当権設定登記の前に取得した賃貸人に対する債権を自働債権とし，賃料債権を受働債権とする相殺をもって管理人に対抗することができる」という説示は不当ということになる。逆に，「担保不動産の賃借人は，<u>抵当権に基づく担保不動産収益執行の開始決定の効力が生じた後においては</u>，抵当権設定登記の前に取得した賃貸人に対する債権を自働債権とし，賃料債権を受働債権とする<u>相殺をもって管理人に対抗することができない</u>」という結論に至るのである。収益執行開始決定の送達により，賃貸人の債務不履行時から受働債権（賃料債権）上に抵当権という優先権が付着していることが，賃借人（第三債務者）に直接知らされるからである。

さらに，最判平成21年が同13年を引用していることも不当である。なぜなら，同13年は，物上代位権＝抵当権は，「差押え」を条件として賃料債権上に及ぶと解しているのに対し，同21年においては，収益執行開始決定（物上代位権に基づく「差押え」に相当）がなくても，民法371条に基づき，債務不履行時から賃料債権上にすでに抵当権の効力が及んでいるからである。それゆえ，賃借人（第三債務者）は，抵当権設定登記前に自働債権を取得していても，賃貸人の債務不履行時から賃料債権（受働債権）上に抵当権が付着していることを収益執行開始決定の送達により知らされるから，その優先を甘受しなければならないのである。要するに，受働債権である賃料債権に対する物上代位権の発生時期についての最判平成13年の解釈は，同21年の事案には妥当しないのである。

以上から，最判平成21年の事案では，賃借人Yは，自働債権を抵当権設定登記前に取得しているが，収益執行開始決定後に相殺の意思表示をしているため，抵当不動産の管理人Xに相殺を対抗することはできない，ということになる。もっとも，Yが，収益執行開始決定前に相殺の意思表示をしていれば，Yが優先することになる。

4 結　語

最判平成13年および同21年はいずれも，賃料債権の優先的摑取をめぐり，抵当権者と賃借人（第三債務者）が争った。このような事案を解決するためには，第一に，賃料債権上にいつから抵当権（物上代位権）が付着しているのか，第二

に，当該賃料債権に付着した抵当権（物上代位権）の賃借人（第三債務者）に対する公示は何なのか，という問題を正確に理解することが必要である。

最判平成13年は，第一の問題について，物上代位権は，「差押え」を条件として抵当権設定時に効力を生ずるとし，第二の問題について，抵当権設定登記であるとした。そのため，賃借人が，抵当権設定登記前に自働債権を取得した場合には，抵当権者が物上代位権に基づく差押えを行い（民372条・同304条1項ただし書），適正に権利行使した後に相殺の意思表示をしたとしても，すなわち，賃借人が，抵当権者の権利行使に後れて権利行使をしたとしても，同人が優先すると解した。そして，同21年は，まさに賃借人が，抵当権設定登記前に自働債権を取得し，収益執行開始決定の後に相殺の意思表示した事案であったため，同13年をそのまま引用し，賃借人優先を判示したのである。

しかし，収益執行の場合，その開始決定がなくても，賃貸人の債務不履行時から賃料債権に抵当権の効力が及んでいるのであるから（民371条），差押えを条件として，抵当権設定登記時に賃料債権上に抵当権（物上代位権）の効力が及ぶとする最判平成13年の論理は妥当しない（なぜ，物上代位権の効力が抵当権設定登記時に生ずるのか，調査官解説では不明確である）。また，同13年は，物上代位権の公示に関し，第三債務者とそれ以外の第三者を峻別していない点においても難点がある。物上代位権が，「差押えにより抵当権設定登記時に対抗要件を備えた質権となるような権利」というのであれば，債権質権の公示と同様，「第三債務者」に対する公示（民364条・同467条1項）と「第三債務者以外の第三者」に対する公示（民364条・同467条2項）とを峻別すべきである。

そう考えれば，民法372条・同304条に基づく物上代位権（＝抵当権）の場合，「第三債務者」に対する物上代位権の公示は「差押え」であり，「第三債務者以外の第三者」に対する物上代位権の公示は「抵当権設定登記」となり，他方，民法371条に基づく収益執行の場合には，「第三債務者」に対する抵当権の公示は「収益執行開始決定」であり，「第三債務者以外の第三者」に対する抵当権の公示は「抵当権設定登記」ということになる。したがって，収益執行開始決定の効力が生じた後になされた賃借人の相殺は，抵当権者（担保不動産管理人）に対抗することができないのである。

7 集合動産譲渡担保に基づく物上代位の効力に関する覚書

池 田 雅 則

1 はじめに
2 譲渡担保に基づく物上代位の承認
3 集合動産譲渡担保に基づく物上代位
4 むすびに代えて

1 はじめに

　近年，物上代位に関していくつかの最高裁判例が蓄積されている。たとえば，集合動産譲渡担保の目的物が滅失した場合に損害保険金請求権に対して譲渡担保権者が物上代位することが可能かが問題となった最決平成22年12月2日（民集64巻8号1990頁）や動産売買先取特権に基づく物上代位と債権譲渡の優劣に関わる最判平成17年2月22日（民集59巻2号314頁），さらに抵当権に基づく物上代位と債権譲渡の優劣に関する最判平成10年1月30日（民集52巻1号1頁）など多くの裁判例が登場している。これらは，物上代位によって担保権者が代位目的物に対して担保権の効力を及ぼしうるのかという観点からは，いずれも共通するものである。しかし，同時に物上代位の根拠となった担保権の内容がどのようなものであるのかという観点からすれば，前述した裁判例だけを考えても，集合動産譲渡担保や動産売買先取特権，抵当権とさまざまである。とりわけ，周知のように，同じ債権譲渡との優劣をめぐる紛争でありながらも，物上代位によって対象債権に効力を及ぼす権利が動産売買先取特権であるのか，それとも抵当権であるのかによって，結論が異なっている。

　このことは，集合動産譲渡担保に基づく物上代位を検討するにあたっても，単純に他の担保権における法律構成や優劣決定基準がそのまま適用可能だということを意味しないのではないかということを示唆する。そして，むしろ個別

の担保権毎に，ふさわしい効力がどのようなものであるのかを検討する必要性を示しているものと考えられる。

また，このこととの関係において，集合動産譲渡担保に基づく物上代位の場合には，そもそも物上代位を肯定する必要性自体もまた問題となる。とりわけ，譲渡担保それ自体が非典型担保として理解されているものの，その法律構成の点で，所有権移転形式をとっていることから，物上代位を担保だからという理由で単純に承認してよいのか疑問視する見解[1]があり，この点は，集合動産譲渡担保にあっても同様に妥当すると考えられるからである。もっとも，通説[2]は，現在においても譲渡担保に基づく物上代位それ自体を譲渡担保の有する担保としての共通性を根拠として肯定しており，判例もまたそれを前提としているようである[3]。しかし，他方では，集合動産譲渡担保の場合においては，その本質的な内容として目的動産の流動性を確保する必要があり，この流動性の確保との関係において物上代位を全面的に肯定することが認められるべきであるのかについては議論の余地がある。というのは，仮に物上代位を認めるのであれば，集合動産譲渡担保の効力の範囲に含まれている動産が流動することにより獲得された代金債権に対しても物上代位によって効力が及ぶことになる。しかし，そうとすれば，その代金債権を債務者がその経営の継続のために用いることとの関係が問題となるからである。

本稿においては，以上の観点から集合動産譲渡担保における物上代位がどのような範囲で承認されうるのかを検討する。

2　譲渡担保に基づく物上代位の承認

物上代位をめぐっては，従来から，担保法のいくつかの領域において，かつ，そのときどきの必要性に応じて，議論がなされてきた。そこで，以下では，歴史的にみて，物上代位の可否がどのように議論されてきたのかを検討する。これは，このような検討によって物上代位固有の問題とその基礎となった担保権

---

[1] 道垣内弘人『担保物権法［第3版］』299～300頁および308～309頁（有斐閣，2008）。
[2] 髙木多喜男『担保物権法［第4版］』343頁（有斐閣，2005）。
[3] 周知のように，動産譲渡担保に関するものとして，最決平成11年5月17日（民集53巻5号863頁）があり，集合動産譲渡担保に関するものとして，最決平成22年12月2日（民集64巻8号1990頁）がある。

の問題とをどのような観点から切り分けることが可能であるかを確認できると考えるためである。

(1) 抵当権に基づく物上代位の可否とその議論の焦点

(a) 代位原因　まず，物上代位に関しては，物上代位の目的となる代位物ないし代位原因をめぐる議論がある。民法上，物上代位は，304条1項本文において「売買，賃貸，滅失または損傷」に基づく代位物に対して認められているにすぎない。このため，債務者のもとにおいて発生したものがこれらの代位原因に基づくものであるのか否かがまず問題となる。この代位原因に関しては，とりわけ，二つの原因に関して議論がなされてきた。一方が滅失であり，他方が賃貸である[4]。具体的には，前者を原因とする保険金と後者を原因とする賃料債権に対する抵当権に基づく物上代位の可否についてである。

とりわけ，前者の保険金に関しては，保険料の対価であって抵当不動産の価値代表物ではないとの主張から物上代位を否定する立場[5]と保険金もまた抵当不動産の価値代表物であるとの立場[6]との対立があった。また，賃料債権に関しても，抵当権が非占有担保権であって，抵当不動産の使用収益に対して干渉しない権利であることを強調して，賃料債権に対する物上代位を否定する立場[7]が主張されていた。もっとも，これに関して，現在では，賃料債権に対する物上代位は否定されておらず[8]，また，民法上も被担保債権の債務不履行以後については収益である賃料債権に抵当権の効力が及ぶことが明文の規定に

---

(4) 条文上の代位原因のうち，売却に関しては，抵当権の場合，追及力が認められるために抵当権者が売買代金に対して物上代位を主張することは少なく，直接は問題となりにくい。また，抵当権の追及力を根拠として，物上代位を認める必要はないとの見解もある（たとえば，鈴木禄彌『物権法講義［五訂版］』249頁（創文社，2007））。

(5) たとえば，柚木馨編『注釈民法(9)［増補再訂版］』60頁［柚木馨＝西沢修］（有斐閣，1982）がある。

(6) たとえば，我妻栄ほか編『判例コンメンタールⅢ担保物権法』300頁［清水誠］（日本評論社，1968）などを参照のこと。

(7) たとえば，鈴木・前掲注(4)250頁などを参照のこと。

(8) 周知のように，最判平成元年10月27日（民集43巻9号1070頁）は，未払賃料が供託された事件に関して，非占有担保権としての性格は先取特権と何ら変わらないこと，目的物使用の対価に対して物上代位を認めても，設定者による目的不動産の使用を妨げることにはならず，明文の規定に反して物上代位を否定する理由はないと判示して，賃料債権に対する物上代位を承認した。

よって認められるようになった[9]。

　(b)　**規定の沿革**　そもそも物上代位は，現行民法典では，先取特権に関する304条が372条によって抵当権に準用されている[10]。そしてこの304条ないし372条の規定の沿革[11]によれば，物上代位に関しては，旧民法債権担保編133条に規定されており，抵当権に関しては，目的物の範囲に関するものとして旧民法債権担保編200条および201条に規定されていた。200条によると，「意外及ヒ無償ノ原因ニ由リ或ハ債務者ノ所爲及ヒ費用ニ因」る抵当不動産の「増加又ハ改良」(200条) に抵当権の効力が及んでいた[12]。他方で，201条によれば，「意外若クハ不可抗ノ原因又ハ第三者ノ所爲ニ出テタル」抵当不動産の「滅失、減少又ハ毀損」が債権者の負担となること（同条1項）を規定しつつ，債務者には一定の場合に補充責任があること（同条2項）と，その補充責任が果たされていないときには，弁済期前の実行（同条3項）とを認めている[13]。

---

(9)　平成15(2003)年のいわゆる担保・執行法改正によって，371条が修正され，被担保債権の債務不履行後の果実に対する抵当権の効力が承認されている。これ以前においては，目的物の範囲を定めた370条との関係から371条は，差押後を除いて，果実には及ばないとの規定であり，賃料のような法定果実に対して適用があるのかについては議論があった。この点については，たとえば，鈴木・前掲注(4)250頁などを参照のこと。

(10)　このような規定方式は，現行民法典の起草にあたって，旧民法において多用された定義規定を極力回避し，規定を簡潔にしようとしたためとされている（たとえば，法務大臣官房司法法制調査部監修『日本近代立法資料叢書13　法典調査會　民法主査會議事速記録』591頁（商事法務研究会，1988））。

　なお，304条および372条の沿革については，生熊長幸「民法三〇四条・三七二条（先取特権・抵当権の物上代位）」広中俊雄・星野英一編『民法典の百年――個別的観察(1)総則・物権編』537頁以下（有斐閣，1998）も参照のこと。

(11)　物上代位の沿革をめぐる議論は，後述するいわゆる「第三債務者保護説」の登場に際して詳細に検討されてきた。たとえば，吉野衛「物上代位における差押えの意義」民法の争点Ⅰ（総則・物権・親族・相続）160頁（1985），清原泰司「抵当権の物上代位性をめぐる実体法上の問題点」加藤一郎・林良平編『担保法大系第1巻』338頁（金融財政事情研究会，1984）など参照のこと。

(12)　旧民法債権担保編200条は以下の通りである。

　「抵當ハ意外及ヒ無償ノ原因ニ由リ或ハ債務者ノ所爲及ヒ費用ニ因リテ不動産ニ生スルコト有ル可キ増加又ハ改良ニ當然及フモノトス但他ノ債權者ニ對シテ詐害ナキコトヲ要シ且前章ニ規定シタル如キ工匠、技師及ヒ工事請負人ノ先取特權ヲ妨ケス

　抵當ハ債務者カ縦令無償ニテ取得シタルモノナルモ其隣接地ニ及ハサルモノトス但新囲障ノ設立又ハ旧囲障ノ廃棄ニ因リテ隣接地ヲ抵當不動産ニ合體シタルトキモ亦同シ」

(13)　旧民法債権担保編201条は以下の通りである。

　「意外若クハ不可抗ノ原因又ハ第三者ノ所爲ニ出テタル抵當財産ノ滅失、減少又ハ毀

これらの規定を設けた理由について，ボアソナードの説明[14]によれば，前者はフランス民法2133条と同趣旨のものであり，それを明確にしたものである。また，後者の201条は，200条と裏表の関係にある規定であって，抵当不動産の価値の減少または毀損の場合の規定であるとする。つまり，債務者に原因のない価値増加について抵当権者が当然に権利を及ぼすことの裏面として，同様に債務者に原因のない価値減少についても抵当権の効力の範囲が縮小することによって両者の均衡が図られているというのである[15]。その上で，抵当権者は，債務者によらない価値の減少に際しては，債権担保編133条によって，代償を確保することができるとする[16]。そうとすると，200条および201条それ自体は，いずれも，現行民法典の規定する物上代位とはその趣旨を異にしているといえよう。もっとも，明治民法典の起草にあたって，この債権担保編201条を踏まえて，民法372条が起草され，そこでは，先取特権による物上代位を規定した304条の準用が定められていた。このように規定が整理されたのは，同一内容のことを既に先取特権と質権において規定しているので，それを準用した方がよいだろうという点にあった[17]。つまり，抵当不動産の減少に際しては抵

　損ハ債権者ノ損失タリ但先取特権ニ関シ第百三十三條ニ記載シタル如ク債権者ノ賠償ヲ受ク可キ場合ニ於テハ其権利ヲ妨ケス

　　若シ抵當財産カ債務者ノ所爲ニ因リ又ハ保持ヲ爲ササルニ因リテ減少又ハ毀損ヲ受ケ此カ爲メ債権者ノ擔保カ不十分ト爲リタルトキハ債務者ハ抵當ノ補充ヲ與フル責ニ任ス

　　此補充ヲ與フルコト能ハサル場合ニ於テハ債務者ハ擔保ノ不十分ト爲リタル限度ニ應シ満期前ト雖モ債務ヲ辨済スル責ニ任ス」

(14)　債権担保編200条は，ボアソナードの起草した草案1706条においては，次の通り規定されていた（ボアソナード民法典研究会編『ボワソナード民法典資料集成後期1-2　ボアソナード氏起稿再閲修正民法草案註釈第Ⅴ巻（第四編）』381頁以下（雄松堂出版，2000））。

　「抵當ハ漸積地ノ如キ意外及ヒ無償ノ原由ニ因リ或ハ建築，植付又ハ其他ノ工作ノ如キ債務者ノ所爲及ヒ費用ニ因リテ不動産ニ生スルコト有ルヘキ増加又ハ改良ニ當然及フモノトス但他ノ債権者ニ對シテ詐僞ナキコトヲ要シ且前章ニ規定シタル如キ工匠及ヒ工事請負人ノ増價ニ對スル先取特権ヲ妨ケス

　其抵當ハ債務者カ新園障ノ設立ニ因リ又ハ舊園障ノ廢棄ニ因リ隣接地ヲ抵當不動産ニ合體シタルトキト雖モ債務者ノ有償ハ勿論無償ニテ得取シタルモノタリトモ其隣接地ニ及ハサルモノトス」

(15)　宮城浩蔵『日本立法資料全集別巻61 民法［明治23年］正義債権擔保編巻之貳』56～58頁（信山社出版，復刻版，1995）。

(16)　宮城・前掲注(15)58頁。

(17)　法務大臣官房司法法制調査部監修『法典調査会2民法議事速記録二』819頁（商事法

当権者が損失を被ることを前提に，債務者がその反面として利益を得るときに，その利益への効力の拡張を定めたものである。

また，304条1項本文においては，物上代位による先取特権の行使に関わって，「払渡または引渡前の差押え」が求められるようになった[18]。

（c）　差押えの趣旨　その後，抵当権に基づく物上代位に関しては，もっぱら，この304条1項但書の趣旨をめぐって議論が蓄積されてきた。すなわち，大審院民事聯合部大正12年4月7日判決（民集2巻209頁）においてそれまでの判例理論と異なって，抵当権者自らが目的債権を差し押えなければならず，他の債権者が差押・転付命令を得た場合には，転付命令の効力によってその限度で転付債権が債務者から差押債権者に移転するため，もはや債務者に帰属していないため，抵当権の効力が及ばないと判示した。

これに対しては，周知のように，抵当権の価値権的性格を強調して，抵当権者自らが差押えるまでもなく，他の債権者による差押えであっても，目的債権の特定性が保持され，その結果，抵当権が保全されるとする立場[19]からの批判がなされていた。この立場では，抵当権が設定された時点で，目的物の交換価値は抵当権者によって把握されており，それが具体化して債権となったとしても，既に当該債権は抵当権者の価値支配の下にあるとの理解から，目的債権に対する優劣は抵当権の順位によって決定されることになる。他方で，大審院の立場を支持し，抵当権者自らが差押えを行わなければ，優先権は保全できないとする見解[19a]も主張されていた。この立場では，抵当権はあくまで物権であるので，目的物の滅失の場合には本来であれば，物権たる抵当権もその対象を失って消滅するはずであるが，しかし，抵当権者は抵当権を失う一方で，債務者が目的物の消滅を機縁として抵当権の負担のない金銭その他の物を取得するのでは，両者の間での公平を保てないために，法が特別の保護として物上代位

務，1984）などを参照のこと。
[18]　民法304条1項但書の差押えの趣旨をめぐる議論において，第三債務者保護説は，その沿革から「差押え」の意義が変化しており，手続法と実体法との狭間で，当初の意義が失われたとする。この点については，前掲注[11]の第三債務者保護説の見解を参照のこと。
[19]　いわゆる特定性維持説の立場であり，たとえば，我妻栄『新訂擔保物權法』288〜292頁（岩波書店，7刷，1976）などを参照のこと。
[19a]　いわゆる優先権保全説の立場であり，たとえば，石田文次郎『擔保物權法論　上巻』81〜82頁（有斐閣，1935）などを参照のこと。

を認めたと解している。このために，特別の保護を求める抵当権者自らがその優先権を保全しなければならないことになる。

その後，304条1項但書の差押えに関する沿革を踏まえて，その趣旨を第三債務者保護のための差押えであると理解する立場[20]が主張された。これによれば，抵当権者自らが差押えをしなければならないものの，目的債権に対する関係では差押えの順位ではなく，抵当権の順位によって優劣が決定されることになる。

(d) 抵当権に基づく物上代位の判例　抵当権に基づく物上代位に関する従来の判例は，賃料債権に対する物上代位を肯定した後は，物上代位の対象となる賃料債権の帰趨をめぐって積み重ねられてきた。すなわち，賃料債権が第三者に債権譲渡された場合[21]や，第三債務者の有する反対債権によって相殺の対象とされた場合[22]，さらに第三債務者が賃貸借にあたって敷金を債務者に差し入れていた場合[23]などである。このうち，とりわけ債権譲渡との競合に関して，最高裁は，次のように判示している。

　「民法三〇四条一項の趣旨目的に照らすと，同項の『払渡又ハ引渡』には債権譲渡は含まれず，抵当権者は，物上代位の目的債権が譲渡され第三者に対する対抗要件が備えられた後においても，自ら目的債権を差し押さえて物上代位権を行使することができるものと解するのが相当である。
　けだし，㈠民法三〇四条一項の『払渡又ハ引渡』という言葉は当然には債権譲渡を含むものとは解されないし，物上代位の目的債権が譲渡されたことから必然的に抵当権の効力が右目的債権に及ばなくなるものと解すべき理由もないところ，㈡物上代位の目的債権が譲渡された後に抵当権者が物上代位権に基づき目的債権の差押えをした場合において，第三債務者は，差押命令の送達を受ける前に債権譲受人に弁済した債権についてはその消滅を抵当権者に対抗することができ，弁済をしていない債権についてはこれを供託すれば免責されるのであるから，抵当権者に目的債権の譲渡後における物上代位権の行使を認めても第三債務者の利益が害されることとはならず，㈢抵当権の効力が物上代位の目的債権についても及ぶことは抵当権設定登記により公示されているとみることができ，㈣対抗要件を備えた債権譲渡が物上代位に優先するものと解するな

---

[20]　いわゆる第三債務者保護説の立場であり，前掲注(11)の文献などを参照のこと。
[21]　最判平成10年1月30日民集52巻1号1頁。
[22]　最判平成13年3月13日民集55巻2号363頁。
[23]　最判平成14年3月28日民集56巻3号689頁。

財産法の新動向　I

らば、抵当権設定者は、抵当権者からの差押えの前に債権譲渡をすることによって容易に物上代位権の行使を免れることができるが、このことは抵当権者の利益を不当に害するものというべきだからである。」

そして，この判旨からは，抵当権の場合においては，物上代位の目的債権に対して抵当権の効力が及んでいることがあらかじめ抵当権の設定登記によって公示されており，また，第三債務者にとっては債権の譲受人に弁済しても抵当権者に弁済しても，二重弁済にならない限り不利益がないといえる。つまり，抵当権の物上代位の場合においては，対第三者関係は抵当権の設定登記により判断し，対第三債務者関係についてのみ，差押えが必要とされていると解されることになる[24]。

(2) 先取特権に基づく物上代位

他方で，先取特権に基づく物上代位に関する事件が目立って裁判例に登場するようになったのは，昭和50年代[25]からであった。そして，最高裁判例としては，周知のように昭和59年2月2日判決（民集38巻3号431頁）および昭和60年7月19日判決（民集39巻5号1326頁）がある[26]。これらは，債務者に対して動産を供給し，代金を未だ受領していない債権者が，その債務者の破綻に際して転売代金債権に対する物上代位を主張したものであった。すなわち，これらの事案においては，債務者についてなされた破産宣告ないしは仮差押と債権

---

[24] 賃料債権の一括譲渡自体がいわゆる抵当権侵害的であることが多いため，この判決への反対は強くないものの，正常な債権譲渡との関係でも同様に解するのかが問題であるとの指摘がある（高木・前掲注(2)147頁）。

[25] もちろん，これ以前にまったく先取特権に基づく物上代位をめぐる紛争がなかったわけではない。たとえば，清酒の売掛代金債権を被担保債権として物上代位による先取特権の行使が問題となった事件として大判明治35年7月3日民録8輯7巻9頁や請負人に建築材料を供給したものが請負人の注文者に対する請負代金債権に対して材料供給代金の先取特権に基づいて物上代位できるかが争われた事件として大判大正2年7月5日民録19輯609頁などがある。

[26] これらの事件以降，先取特権，とりわけ動産売買先取特権に基づく転売代金債権への物上代位は，商品販売債権者のいわば最後のよりどころとして利用されることになった。その上で，たとえば，昭和60年代は，物上代位が可能であることを前提として，物上代位権に行使のための差押えにはどのような文書が必要であるのか，あるいは，物上代位のための差押えが直ちに可能でない場合にいかにして物上代位権を保全するのかが問題となった。

〔池田雅則〕　**7**　集合動産譲渡担保に基づく物上代位の効力に関する覚書

者による物上代位に基づく先取特権の行使との間での優劣が争点であった。そして，最高裁は，先に挙げた昭和 59 年 2 月 2 日判決において，物上代位に基づく先取特権の行使に際して行われる債権者による差押えの趣旨を次のように判示した。

> 「先取特権者のする右差押によつて，第三債務者が金銭その他の目的物を債務者に払渡し又は引渡すことが禁止され，他方，債務者が第三債務者から債権を取立て又はこれを第三者に譲渡することを禁止される結果，物上代位の対象である債権の特定性が保持され，これにより物上代位権の効力を保全せしめるとともに，他面第三者が不測の損害を被ることを防止しようとすることにあるから，第三債務者による弁済又は債務者による債権の第三者への譲渡の場合とは異なり，単に一般債権者が債務者に対する債務名義をもつて目的債権につき差押命令を取得したにとどまる場合には，これによりもはや先取特権者が物上代位権を行使することを妨げられるとすべき理由はないというべきである。」

この判決によれば，物上代位によって先取特権を行使しようとする場合においては，差押えは，債権の特定性の保持を図って物上代位権の効力が保全されるとともに，第三者の不測の損害を防止することを目的としているとする[27]。このような差押えの機能は，先に紹介した抵当権の場合における差押えの機能とは異なって理解されている。すなわち，上述の通り，抵当権に基づく物上代位において対第三者関係は，抵当権の設定登記によって規律され，差押えは，対第三債務者関係のみを対象とするものと解されているからである。このことは，動産売買先取特権に基づく物上代位と転売代金債権の譲渡とが競合した場合に関する最判平成 17 年 2 月 22 日判決（民集 59 巻 2 号 314 頁）においてより顕著である。すなわち，この平成 17 年判決においては，民法 304 条における差押えの意義を「抵当権とは異なり公示方法が存在しない動産売買の先取特権については，物上代位の目的債権の譲受人等の第三者の利益を保護する趣旨を含むもの」であると判示した上で，目的債権の譲渡後はもはや物上代位によって先取特権の効力を及ぼし得ないとしている。このことは，物上代位の基礎となっている担保物権における相違，すなわち公示方法の有無によって，明文の規定において同じように要求されている差押えの持つ意義が異なって理解され

---

[27]　最判昭和 60 年 7 月 19 日は，債務者に対する破産宣告ではなく，その目的債権に対する仮差押がなされた事案ではあるものの，判示内容はほぼ同様である。

ているということを示している。

(3) 譲渡担保に基づく物上代位

抵当権や先取特権などの典型担保物権に基づく物上代位については，議論の余地はあるとしても，根拠規定があり，それに依拠した議論が可能であるし，また，なされてきた。これに対して，非典型担保である譲渡担保に関しては，そもそも譲渡担保それ自体についても明文の規定はない。したがって，物上代位にしてもその根拠規定がない。しかし，譲渡担保に基づく物上代位については，これを承認する学説が一般的である[28]。その理由として，それらの学説の挙げるのは，譲渡担保の担保としての法的性質である。すなわち，譲渡担保はその法的性質において担保権であって，担保物権における通有性である物上代位性が認められるのは当然であると理解している。

もっともこのような肯定的な理解に対して，物上代位を否定する見解がある。すなわち，物上代位の認められる個々の局面を分析し，その必要性を検証した上で，物上代位を否定する立場である[29]。これによれば，譲渡担保に基づく物上代位を承認する必要性はないことになる。たしかに，所有権的構成の下においては，所有者ですら物上代位できないのに，担保の目的の範囲でのみ所有権の移転を受けた譲渡担保権者がなぜ物上代位できるのかを説明することは難しいかもしれない。しかし，他方で，所有権的な構成の下においてもその債権担保の目的に基づいて，単なる所有者には課されない清算義務が導かれていることを考えれば，物上代位もまた債権担保の目的から導入可能といえるのではないだろうか[29a]。そうとすれば，むしろ物上代位を認める実質的な根拠こそが重要であろう。そのように考えると，譲渡担保であるからといって，すべて類型の譲渡担保に物上代位が肯定されると考えたり，逆にすべての類型において否定されると考えるのではなく，目的物や物上代位の原因に応じて個別に検討することが必要になると思われる。

---

[28] たとえば，高木・前掲注(2) 343頁，我妻・前掲注(19) 621頁などがある。

[29] 道垣内・前掲注(1) 308～309頁。このほか，646条2項の類推適用を主張するものとして，平野裕之『民法総合3 [第2版]』270頁（信山社，2009）がある。

[29a] 田高寛貴「判批」金判1372号3頁（2011）も譲渡担保の担保としての実質に着目し，物上代位を肯定できると指摘する。

［池田雅則］　　*7*　集合動産譲渡担保に基づく物上代位の効力に関する覚書

　そして，この動産譲渡担保に関しては，担保価値の把握を根拠として物上代位を認めているとの指摘[30]がある。この担保価値把握は，従来の価値権的な理解でないとしても，債権者に帰属するものが担保的な権利であるとの理解に基づくものということができ，その意味において，動産譲渡担保の法的構成が所有権的構成であるとしても，なお，担保的な性質から物上代位が肯定できるということを意味しているのではないかと考えられる。

　少なくとも，動産譲渡担保に基づく物上代位に関する従来の判例においては，事例決定ではあるものの，転売代金債権への物上代位は肯定されている。この最高裁平成11年5月17日決定（民集53巻5号863頁）は，輸入商品に関して行われた商品の貸渡しによって生じた転売代金債権に対して，動産譲渡担保権者が物上代位によって差押えを行った事件である。最高裁は，「右の事実関係の下においては、信用状発行銀行である相手方は、輸入商品に対する譲渡担保権に基づく物上代位権の行使として、転売された輸入商品の売買代金債権を差し押さえることができ」ると判示した。

　この事件においては，輸入商品の販売が商品の処分権限を付与しつつ行われる「貸渡」による必要があり，その経済的な実態からは動産譲渡担保というよりも，動産売買先取特権に基づく物上代位に近似するとも評価されている[31]。たしかに，転売代金債権に対する物上代位を認めないのであれば，譲渡担保によって与信をした信用状発行銀行は，貸し付けた債権の回収を図り得ないのであるから，この場合においては物上代位を認めやすいのではないだろうか。というのは，この場合には，譲渡担保の客体はすでに第三者に転売され，しかも処分授権に基づくものであるから，譲渡担保目的物からの回収は債権者にとって期待しえないといってよいからである。しかし，このことが直ちにすべての譲渡担保において転売代金債権への物上代位を肯定することに帰着するのかについては慎重に考慮すべきであろう。すなわち，抵当権に基づく物上代位において，その目的物の売却代金債権に対する物上代位は，抵当権の追及効との関係から，必ずしも肯定されてきただけではないからである[32]。つまり，少なく

---

(30)　河邉義典「判解」最判解平成11年度（上）463頁（2002）。
(31)　角紀代恵「判批」金法1588号45頁（2000）。
(32)　売却代金債権への抵当権に基づく物上代位について疑問を呈するものとして，たとえば，鈴木・前掲注(4)249頁。

とも追及効が否定されていた本件の動産譲渡担保の場合にあっては，抵当権よりもむしろ先取特権に類似した状況をみてとれるためである。

このように従来の判例の発展を踏まえるならば，物上代位については，その根拠となる権利によって効力の及ぶ範囲が異なりうることや，代位の原因によって物上代位が認められるか否かなどが異なりうるのではないかと考えられうる。そうであるとすれば，集合動産譲渡担保における物上代位においても，単に譲渡担保に基づくという視点やあるいは担保であるという視点だけではその効力を考察するには不十分であるということになろう。

3 集合動産譲渡担保に基づく物上代位

(1) 集合動産譲渡担保の法的構成

(a) 判例と学説　まず，集合動産譲渡担保の法的構成について確認しておきたい。すでに述べたように，物上代位は，それ自体独自の内容の権利であるというよりも，根拠となる担保権の効力の拡張であるととらえることができるのであり，そうであるとすれば，集合動産譲渡担保それ自体がどのような担保であるのかがまず問題となると考えるからである。

まず，判例は，現在では，集合物論を支持している。すなわち，以前は集合物論を承認するか否かをめぐって争いがあったものの，最判昭和54年2月15日（民集33巻1号51頁）は一般論として集合物論を承認し，その後の最判昭和62年11月10日（民集41巻8号1559頁）は，具体的な結論においても集合動産譲渡担保の有効性を集合物論に基づいて肯定している。これらの判例によって支持された集合物論は，次のような内容であった。

> 「構成部分の変動する集合動産であっても、その種類、所在場所及び量的範囲を指定するなどの方法によって目的物の範囲が特定される場合には、一個の集合物として譲渡担保の目的とすることができる」。

そして，とりわけ集合動産譲渡担保を構成する個別の動産をめぐる第三者との利害調整については，次のように判示されている。

> 「債権者と債務者との間に、右のような集合物を目的とする譲渡担保権設定契約が締結され、債務者がその構成部分である動産の占有を取得したときは債権者が占有改定の方法によってその占有権を取得する旨の合意に基づき、債務者

が右集合物の構成部分として現に存在する動産の占有を取得した場合には、債権者は、当該集合物を目的とする譲渡担保権につき対抗要件を具備するに至ったものということができ、この対抗要件具備の効力は、その後構成部分が変動したとしても、集合物としての同一性が損なわれない限り、新たにその構成部分となった動産を包含する集合物について及ぶものと解すべきである」。

つまり、内容の変動する集合物が譲渡担保の目的であり、その集合物に備えられた占有改定の効果によって、対抗力が確保されることになる。また、一度獲得された対抗力は、構成動産の変動によって集合物の一体性が失われない限り、維持されると解されている。他方で、この昭和62年判決の事案が集合動産譲渡担保と動産売買先取特権の衝突する事案であり、その解決として、譲渡担保による所有権の移転をもって動産売買先取特権の追及力が遮断されると判断されていることから、いわゆる所有権的な構成に立つものと解されている[33]。

もっとも、この所有権的構成であるのかそれともいわゆる担保的構成であるのかをめぐっては、不動産譲渡担保をも含めて譲渡担保一般に関して最高裁は、「債権担保の目的の範囲内において所有権が移転する」との構成しつつ、具体的な解決において、担保の実質を重視していると評価されている[34]。これに対して、学説においても、集合動産譲渡担保の法的構成に関する議論については、従来、集合物論を中心として、複数の動産を一括して対象とするためにどのような構成をとるのかに焦点があったと思われる。すなわち、集合物論のほかにも分析論[35]をはじめとするさまざまな見解がある。これらは、伝統的な集合物論のとるいわゆる二重帰属構成を否定する点で一致しているといえる。いわゆる伝統的な集合物論は、複数の動産からなる集合物を譲渡担保の目的物とすると同時に、個別の動産もまた譲渡担保の目的であると解し、集合物の帰属と個別動産の帰属を譲渡担保権者と設定者とに分離することによって、一括担保化と流動化を根拠づけようとするものであった。しかし、このように構成することは、同一動産が集合物のレベルと個別動産のレベルで異なる帰属を示すとい

---

(33) 高木・前掲注(2)336頁など。
(34) 高木・前掲注(2)334〜338頁。
(35) 松尾弘＝古積健三郎『物権・担保物権法』421，422頁（弘文堂，2版，2008）[古積]，古積健三郎「流動動産譲渡担保の理論的考察(1)(2・完)」論叢133巻2号16頁以下(1993)，同巻6号51頁以下(1993)である。

ういわゆる「二重帰属構成」となる。これに対して，伝統的な集合物論を修正する諸見解は，譲渡担保の目的を集合物と個別動産のいずれか一方に限定しようとしてきた。たとえば，同じように集合物論にたちつつも，譲渡担保の目的はあくまで集合物それ自体であり，流動性が維持されている限り，個別動産には譲渡担保の効力は及ばないとする立場[36]や，譲渡担保の客体は「価値枠」であって，物理的な動産そのものではないとする見解[37]，さらに譲渡担保は「特定範囲」内の動産が直接包括的にその対象となると解する見解[38]などである。もっとも，このような学説の対立それ自体は，流動性を認めるための根拠をめぐるものであったといえるものの，いわゆる中途処分についてはいずれの見解もその有効性を承認しており，その差はそれほど大きくはないといえる[39]。というのは，集合動産譲渡担保の対象動産が商品在庫や肥育中の家畜あるいは養殖中の魚などであって，それらの動産を用いて設定者の営業が継続される必要があることは異論のないところだからである。

(b) 集合動産譲渡担保の特質と物上代位 そうであるとすると，物上代位との関連において，後述するように，集合動産譲渡担保の法的構成の議論の焦点は，流動性を維持することとの両立という点にあると思われる。というのは，流動性を維持するということは，集合動産譲渡担保の効力の範囲にある動産を売却し，その転売代金債権を用いて，新たな動産を購入して効力の範囲に加えるという営業サイクルが継続するということを意味しているためである[40]。つまり，このとき，物上代位によって，たとえば転売代金債権が債権者の譲渡担

---

[36] 道垣内・前掲注(1) 328〜330頁。

[37] 伊藤進「集合動産譲渡担保理論の再検討」ジュリ699号92頁以下 (1979)，同「集合動産譲渡担保の法律関係」法論別冊『明治大学法学部創立100周年記念論文集』117頁以下 (1980)。

[38] 下森定「集合物（流動動産）の譲渡担保」下森定・須永醇監修『物権法重要論点研究』108頁以下 (酒井書店，1991)，山野目章夫「流動動産譲渡担保の法的構成」法時65巻9号21頁以下 (1993)。

[39] 従来の議論は，対抗力の確保のために行われてきたと指摘するものとして，森田宏樹「事業の収益性に着目した資金調達モデルと動産・債権譲渡公示制度」金融法研究21号91，92頁 (2005) がある。また，より早期に，米倉教授は，端的に集合物概念の道具概念性を指摘している (「〈シンポジウム〉集合動産譲渡担保の研究」金融法研究6号92頁 (1990) [米倉発言])。

[40] この点をたとえば小山泰史「判批」NBL950号28頁 (2011) は，「キャッシュフローの循環」と表現している。

保権の行使によって把握されるということは，もはや営業サイクルが維持できなくなるからである。もっとも，実際上は，単発の貸付債権などの個別債権を被担保債権とするというよりも，たとえば飼料供給会社と養殖業者などの間の継続的に発生する飼料代金債権を担保するような根担保として集合動産譲渡担保が用いられている[41]。そうであるとすると，根譲渡担保権者の被担保債権が債務不履行に陥っている状況というのは債務者ないし設定者の営業サイクル自体がすでに崩壊している可能性が大きいのではないだろうか[42]。しかし他方では，物上代位による集合動産譲渡担保の権利行使の対象が転売代金債権の場合にあっては，たしかに，転売代金債権が発生しているのであれば，基本的には，債務者ないし設定者の営業サイクルはなお崩壊していないといえよう。この点が，後述する「通常の営業の範囲」として問題となる。

なお，集合動産譲渡担保に基づく物上代位に関しては，未公表ではあるが，下級審においては否定されている[43]。

(2) 最高裁平成 22 年 12 月 2 日決定

このような状況の中で，近時，集合動産譲渡担保に基づく物上代位に関して，最決平成 22 年 12 月 2 日（民集 64 巻 8 号 1990 頁）[44]が登場した。これは，集合動

---

[41] 最決平成 22 年 12 月 2 日（民集 64 巻 8 号 1990 頁）について，これが「根担保」であり，集合動産譲渡担保の場合に，根担保が原則的形態であると指摘するものに，田髙・前掲注(29a) 4〜5 頁がある。他方，集合動産譲渡担保には，「実行時回収型」と「常時収益回収型」とがあり得ると指摘するものに，片山直也「判批」金法 1929 号 32 頁（2011）がある。

[42] もっともこのようにいうことは，物上代位による譲渡担保権の行使要件（発動要件）を検討する必要がないということを意味するわけではないことはいうまでもない。

[43] 森田浩美「譲渡担保と物上代位」山﨑恒・山田俊雄編『新・裁判実務大系 12 民事執行法』315 頁（青林書院，2001）によれば，事案は，店舗内の商品に譲渡担保が設定された後，弁済期徒過後，商品の一部が売却されたため，債権者が転売代金債権の差押えを申し立てたものである。東京地決平成 11 年 12 月 22 日は，集合物が変動しうる状態では差し押さえることができないとして申立てを却下し，抗告審である東京高決平成 12 年 9 月 21 日も，通常の営業の範囲での転売が許されている以上は，物上代位を観念できないとして執行抗告を棄却している。

[44] 当該決定に関する評釈として，すでに，古積健三郎「判批」TKC ローライブラリー速報判例解説民法（財産法）No. 48 1 頁（2011），田村耕一「判批」広法 35 巻 1 号 77 頁（2011），山本哲生「判批」損保 73 巻 2 号 201 頁（2011），粟田口太郎「判批」事業再生と債権管理 133 号 13 頁（2011），今尾真「判批」明学 91 号 157 頁（2011），小山・前掲注[40] 25 頁，

産譲渡担保に基づく物上代位を承認したものであり、同時に、その行使に関して一定の要件を示している。

この事件においては、債務者が債権者から金銭の貸付けを受け、自己所有の養殖設備とともに養殖魚を集合物として譲渡担保に供し、占有改定により引渡しを行っていた(45)。他方で、債務者は、養殖魚に関して共済契約を締結して、その滅失に備えていたところ、赤潮のために養殖魚が全滅し、債務者は廃業するに至ったというのである。そこで、債権者が貸金の回収のために譲渡担保に基づいて養殖施設を売却した上で、共済契約によって生じた損害填補の共済金債権について物上代位に基づく差押えを申し立てた。この差押えの申立てが認められたため、債務者が執行抗告を行い、さらに抗告が棄却されたために、債務者が許可抗告を申し立てたものであった。

最高裁は、次のように判示して、債務者の抗告を棄却した。

「構成部分の変動する集合動産を目的とする集合物譲渡担保権は、譲渡担保権者において譲渡担保の目的である集合動産を構成するに至った動産(以下「目的動産」という。)の価値を担保として把握するものであるから、その効力は、目的動産が滅失した場合にその損害をてん補するために譲渡担保権設定者に対して支払われる損害保険金に係る請求権に及ぶと解するのが相当である。もっとも、構成部分の変動する集合動産を目的とする集合物譲渡担保契約は、譲渡担保権設定者が目的動産を販売して営業を継続することを前提とするものであるから、譲渡担保権設定者が通常の営業を継続している場合には、目的動産の滅失により上記請求権が発生したとしても、これに対して直ちに物上代位権を行使することができる旨が合意されているなどの特段の事情がない限り、譲渡担保権者が当該請求権に対して物上代位権を行使することは許されないというべきである。」

この判旨に関しては、いくつかの観点から評価されている。まず一つは、物

小山泰史「判批」判時 2120 号 162 頁 (2011)、田髙・前掲注(29a) 2 頁、片山・前掲注(41) 29 頁、印藤弘二「判批」金法 1921 号 4 頁 (2011)、森田修「判批」金法 1930 号 54 頁 (2011)、門口正人「判批」金法 1930 号 46 頁 (2011)、遠藤元一「判批」銀法 731 号 12 頁 (2011)、澤重信「判批」銀法 735 号 44 頁 (2011)、古積健三郎「判批」速報判例解説 9 巻 83 頁 (2011)、松本恒雄「判批」現代民事判例研究会編『民事判例Ⅲ 2011 年前期』144 頁 (日本評論社、2011)、池田雅則「判批」筑波ロー 9 号 209 頁 (2011) などがある。

(45) 池田・前掲注(44) 215 頁において、動産債権譲渡特例法による対抗要件具備がなされたと記述した点は誤りであった。ここに謹んで訂正させて頂きたい。

上代位の成立と行使とを分けて構成しているとの評価である[46]。それによれば，上述の説示は，損害保険金債権に対して，集合動産譲渡担保の効力が物上代位によって及ぶことを認めた上で，その行使に関して，営業が継続している限り許されないと理解できる。そしてこのように考えた場合には，物上代位の通常の行使要件である「払渡しまたは引渡前の差押え」以外に，「通常の経営の継続」という行使阻害のための要件が付加されることになる。このことによって，代位原因によって発生した債権に対して物上代位により譲渡担保の効力が及ぶこととその行使とを分離して考えることができるとする[47]。他方で，集合動産譲渡担保の行使に関わって，従来必要であるとされてきた「固定化」の議論との関わりで，それを不要とするという評価もある[48]。

(3)　「通常の営業の範囲」概念と物上代位の効力

(a)　「通常の営業の範囲」概念　この「通常の営業の範囲」に関しては，すでに最判平成18年7月20日（民集60巻6号2499頁）において一定の判示がなされている。すなわち，最高裁は，目的物の処分が行われた場合に，その処分が「通常の営業の範囲」になければ，処分の相手方が目的物を承継取得できないとした。つまり，設定者の行う処分行為が「通常の営業の範囲」にない場合には，相手方の目的物取得の可能性が限定されることになる。すなわち，設定者の処分行為を有効と解して，それに基づいて相手方が取得するのではなく，取引に基づいて例外的に即時取得する可能性があるにすぎない。しかし，最高裁は，「通常の営業の範囲」の内容がどのようなものであるのかについては直接的な説示を行っていない。この点に関して，従来は学説においてもそれほど詳細な議論がなされていたわけではない。たとえば，伝統的な集合物論の立場では，集合物の利用権限の範囲が通常の営業の範囲と解されており，通常の営業の継続過程での個別動産の処分行為が許されていると考えられている[49]。また，分析論の立場にあっても，設定者に許されている処分権限の範囲が「通常

---

[46]　松本・前掲注(44)145頁，森田・前掲注(44)58～59頁，片山・前掲注(41)31～32頁（2011），粟田口・前掲注(44)14頁，遠藤・前掲注(44)15頁など。

[47]　松本・前掲注(44)145頁。なお，同147頁は，両者を分離して，物上代位権が成立するものの，行使できないと考える局面があるとすることが論理的であると指摘する。

[48]　森田・前掲注(44)59～60頁。

[49]　たとえば，我妻・前掲注(19)666頁，道垣内・前掲注(1)333頁など。

の営業の範囲」と解されており，やはり集合物論と同様に，通常の営業の継続過程での個別動産の処分が許されているとされているに過ぎない[50]。

むしろ，問題とされてきたのは，そもそも設定者の処分行為が「通常の経営の範囲」に含まれるか否かの点にある。これに関して，学説には，まず，処分行為の時期とのその内容に着目するものがある。すなわち，危機時期に接近した時点での設定者による投売行為[51]や無償譲渡[52]を「通常の営業の範囲」外の行為とする立場である。さらに，より詳細に，譲渡担保契約の解釈や設定者の営業活動の態様，処分行為の反覆継続性と補充可能性，さらに優先権侵害の有無の四要素によって判断すべきであるとする見解[53]がある。他方で，より端的に，担保価値の維持が図られているか否かを基準とするもの[54]，あるいは，抜け駆け的な債権回収に応じて処分行為を行う場合を範囲外とするもの[55]などがある。このように，「通常の営業の範囲」は，その内部に含まれる処分行為を具体的に示すことによってではなく，むしろ，その外延を示すことによって具体化されてきたといえる。もっともこのように外延を定めるとするのであれば，そもそも「通常の営業」が行いえない時期においてはその範囲外と解しうることになろう。この点で，たとえば上述した平成22年決定の事案が示すように，設定者がその営業を廃業している場合は，まさに「通常の営業」を観念し得ないことになろう。

もっとも，この平成22年決定の説示で示された物上代位の行使阻害要件は，「通常の営業の継続」であって，「通常の営業の範囲」ではない。したがって，「通常の営業の範囲」と「通常の営業の継続」とが必ずしも同じ内容を意味するとは限らない[56]。しかし，この事案における集合動産譲渡担保が本質的には個別動産の処分と補充によって営業が継続されることを前提とした担保形態で

---

[50] 松尾＝古積・前掲注(35) 373頁〔古積〕。

[51] 道垣内弘人「〈シンポジウム〉集合動産譲渡担保の再検討──『目的物』の中途処分」金融法研究・資料編(5) 131, 132頁（1989）。

[52] 古積健三郎「集合動産譲渡担保と動産売買先取特権」鎌田薫ほか編『民事法Ⅱ〔第2版〕』149頁（日本評論社，2010）。

[53] 武川幸嗣「判批」判時1968号202頁（2007）。

[54] 渡邊博己「集合動産譲渡担保権設定者の担保目的物処分とその効力」NBL867号26頁（2007）。

[55] 花井正志「判批」銀法664号27頁（2006）。

[56] たとえば，森田・前掲注(44) 57〜58頁や小山・前掲注(40) 28頁など。

あること[57]を踏まえるならば，廃業後にあっては，通常の営業の継続をもはや期待し得ない客観的な状況にあるといえる。この意味において，物上代位の行使阻害要件としての「通常の営業の継続」と個別動産処分の有効要件としての「通常の営業の範囲」とが重複しているといいうるのではないだろうか[58]。

(b) 物上代位の可能性　そうであるとすると，物上代位によって個別動産の処分その他の原因によって発生したものに物上代位によって集合動産譲渡担保の効力を及ぼすことの可否を考えるにあたっても，「通常の営業の範囲」を検討する必要がある。すでに述べたように，集合動産譲渡担保の特質を重視すると，設定者の営業が継続している場合には，とりわけ個別動産の処分の対価として設定者が取得した売買代金についてはその営業の継続のために必要であり，この点を重視すれば，平成22年決定における説示と同様に，物上代位の可能性を否定することが必要となろう。

この点に関して，従来の下級審が否定的であったことは，すでに紹介したとおりであり，また，平成22年決定においても，損害保険金債権に対する物上代位に関してではあったものの，その行使を否定している。

では，学説においてこの点はどのように理解されているであろうか。これは，一方において平成22年決定の射程として問題となっている。すなわち，「通常の経営の継続」がある場合にたとえば個別動産の売却に基づく転売代金債権に対して物上代位可能であるのかという問題である。この点に関して，転売代金債権に対しても物上代位権が成立するものの，その行使が可能となるのは，「通常の営業の継続」が停止した時点であるとする見解[59]がある。これに対しては，損害保険金債権とは異なって，転売代金債権については「通常の営業の継続」がある限り譲渡担保の効力は及ばないとの見解[60]も主張されている。こ

---

[57] この点に関して，本件における集合動産譲渡担保は，むしろ「漁業財団抵当あるいは企業担保の実を挙げること」を目的とする「ミニ企業担保」ではないのかと指摘するものとして，田村・前掲注(44) 84頁がある。

[58] 粟田口・前掲注(44) 16頁注14は，「通常の営業の継続」が時間的範囲に関する概念であって，「通常の営業の範囲」は処分授権に関する客観的範囲に関する概念であるとしつつ，いずれも目的動産の補充によって担保価値が「客観的・結果的」に維持されることを前提としていると指摘する。

[59] 松本・前掲注(44) 147頁。

[60] 小山・前掲注(44) 165頁，田髙・前掲注(29a) 3頁。もっとも，田髙・前掲注(29a) 5頁は，通常の営業の範囲を超える処分がなされたことによって物上代位が可能になった場合に

の見解によれば，個別動産の処分によって初めて転売代金債権が発生するのであり，譲渡担保契約の締結時においてはなお未発生であるのに対して，損害保険金債権は保険契約の時点において既発生であり，ただ保険事故の発生を保険金支払いの停止条件とするものだからであるとする。さらに，成立と行使とを分離して理解することは誤りであって，集合動産譲渡担保の目的物が滅失した場合で，通常の営業を継続する余地がないときに損害保険金債権に物上代位できると理解すべきであるとの見解[61]もある。なお，「通常の営業の継続」を物上代位に内在する要件ではなく，集合動産譲渡担保の実行要件であると解する見解[62]もある。この立場では，目的動産の変動が予定されている集合動産譲渡担保にあっては，目的物の滅失が生じる場合における物上代位において本来要求されない債務不履行要件に代わって，実行の可否を決定する要件として目的動産の変動が継続しているか否かが問題となるからであるとする。

少なくとも，「通常の営業の継続」中は，物上代位によって譲渡担保の効力が転売代金債権に対して行使することはできないと解する点では，これらの見解は一致する。しかし，転売代金債権の発生によってその時点ですでに物上代位によって譲渡担保の効力が及んでいるのか否かについては，見解を異にしている。仮に譲渡担保の効力が及んでいるとした場合には，行使できるまでの間に発生した転売代金債権に関する処分行為の相手方との間での競合の可能性が問題となる[63]。この点について，物上代位権の成立とその行使の要件を分けて考える立場にあっては，集合債権譲渡担保との競合を念頭に置きつつ，政策判断の問題であるとしながらも，「担保としての対抗要件」の先後で決定することになると主張する[64]。しかし，仮にこのように考えたとしても，集合動産譲渡担保における「担保としての対抗要件」が民法上占有改定が通例であることを踏まえれば，物上代位の根拠となる担保権の公示としては，たとえば抵当権の登記に比較すれば，きわめて薄弱であるといえよう。むしろ，占有の外観に

は，さらにそれに加えて通常の営業の範囲内の部分を含めて売買代金債権全体に対して物上代位可能となりうると主張する。
[61] 門口・前掲注[44] 51～52頁は，損害保険金についてこのように述べている。
[62] 片山・前掲注[42] 31頁。
[63] このほかにも，物上代位が可能となるまでの間に，代位対象債権が消滅しないように保全することが可能であるのかといった問題も生じえよう。
[64] 松本・前掲注[44] 147頁。

〔池田雅則〕　**7**　集合動産譲渡担保に基づく物上代位の効力に関する覚書

変化がないことを考えれば，公示手段を持たない動産売買先取特権に類似していると評価することもできる。そうであるとすれば，物上代位によって譲渡担保の効力が及ぶことは，第三者との関係においては，物上代位の行使としての「差押え」によって，公示されることになるのではないだろうか。つまり，集合動産譲渡担保に基づく物上代位にあっても，その差押えの趣旨をどのようなものと理解するのかが問題となると思われる[65]。これらに対して，「通常の営業」が継続している限り，物上代位によっては譲渡担保の効力が転売代金債権には及ばないとの立場にあっては，そのような競合をそもそも想定することができないということになろう。

そうすると，「通常の営業の停止」の内容が問題となる。とりわけ，営業の廃止以外にどのような内容を考えることができるであろうか。法的倒産手続の申立てや，第三者からの差押えなどの固定化事由として約定された事由の発生，個別動産の不当処分によって担保権者の期待権を侵害するなどの債務不履行などを主張する見解[66]がある。これに対して，法的倒産手続の申立てはこれに含まれるが，しかし，第三者による差押えや仮差押は含まれないとの見解[67]がある。その理由としては差押えや仮差押がなされてもなお個別動産の補充によって通常の営業がなお継続している場合があり得る点が挙げられている。「通常の営業」それ自体は，個別動産の処分と補充によって営業のサイクルが維持されている場合に維持されているといえるのであるから，その停止とは，それが失われたときであり，個別の事由についても営業のサイクルが失われるか否かによって判断すべきであろう[68]。

---

[65]　この点に関して，田村・前掲注(44) 87 頁は，抵当権と動産売買先取特権とに，譲渡担保における動産登記制度と占有改定とが対応するものの，さらなる検討が必要であると指摘する。また，森田・前掲注(44) 62 頁注(29) もまた，集合動産譲渡担保に基づく物上代位に関して，抵当権の判例法理と動産売買先取特権の判例法理のいずれに近接させるべきか議論の余地があることを指摘する。

[66]　遠藤・前掲注(44) 15 頁。

[67]　門口・前掲注(44) 49 〜 50 頁。

[68]　粟田口・前掲注(44) 16 頁および同頁注 16。なお，小山・前掲注(44) 165 頁は，キャッシュフロー循環の停止を基準とするようである。これに対して，松本・前掲注(44) 147 頁は，通常の営業の停止が補充義務違反を構成し，結局，譲渡担保の実行事由となるため，端的に譲渡担保の実行が可能か否かを判断基準とすべきとする。

(4) 物上代位権の行使と集合動産譲渡担保の実行との関係

(a) 物上代位と集合動産譲渡担保との関係　物上代位が許されるかは，別の観点からも考察することができる。すなわち，物上代位権の行使と集合動産譲渡担保の本来的な実行との関係をどのように理解するのかという観点である。この点で参考となるのは，いわゆる付加的物上代位と代替的物上代位の議論[69]である。すなわち，抵当権に基づく物上代位において賃料債権に対する物上代位と損害賠償債権ないしは保険金債権などに対する物上代位とでその性格に応じて二種類の物上代位に分類されている。後者は，本来抵当権の効力が及んでいるものが滅失または損傷によって失われるために抵当権の把握していた価値を保全する目的で認められ，抵当権の実行とは別に債務不履行をその要件としないものと解されている。これに対して，前者の付加的物上代位においては，賃料債権は，目的物からの収益であって，目的物本体とは別個の増価価値であり，これに抵当権の効力を拡大するために認められており，抵当権の実行に合わせて権利行使が可能となると解されている。この整理に従えば，たとえば，上述の平成22年決定の事案において争われた損害保険金債権は，いわゆる代替的物上代位として，失われた担保価値の補填のために認められ，集合動産譲渡担保の実行とは別に，物上代位が可能となる。もっとも，いわゆる代替的な物上代位にあっても，失われた担保価値がすでに補填されていれば，物上代位を認める必要はない。そうであるとすると，平成22年決定で最高裁が通常の営業の停止を物上代位の要件としたことは頷けるものがある。その時点では失われた担保価値が別途回復することはもはや困難だからである。

このことは，転売代金債権についても同様に当てはまる。たしかに，集合動産譲渡担保における個別動産の処分によって発生する転売代金債権は，個別動産が譲渡担保の範囲から失われる代償として，債務者に帰属する価値である[70]。そうであるとすると，損害賠償債権や保険金債権と同様にいわゆる代替的物上

---

[69] いわゆる代替的物上代位と付加的物上代位については，松岡久和「物上代位権の成否と限界(1)」金法1504号12頁（1998）を参照のこと。
　なお，類似する概念として，「代償的価値に対する物上代位」と「派生的価値に対する物上代位」を用いるものがある（高橋眞「賃料債権に対する物上代位の構造について」金法1516号6頁（1998））。

[70] もっとも，集合物それ自体を集合動産譲渡担保の目的とする立場にあっては，個別動産の売却は必ずしも代替的物上代位に該当するわけではないと思われる。

〔池田雅則〕　**7　集合動産譲渡担保に基づく物上代位の効力に関する覚書**

代位が認められることになろう。しかし，ここでもまた，失われた担保価値の填補が別途なされれば，物上代位を認める必要はないことになろう。そのように考えると，転売代金債権に対する物上代位もまた，設定者の通常の営業が停止し，もはや担保価値が填補されなくなるまでは行使できないことになろう。

（b）　固定化をめぐる議論　他方で，集合動産譲渡担保は，個別動産の流動性，すなわち処分と補充を前提としているために，従来は，その流動が停止しないと対象となる個別動産を特定することができず，そのため実行できないと理解されてきた。すなわち，集合物の「固定化」である[71]。しかし，この固定化を不要とする見解[72]もある。それによれば，集合動産譲渡担保が特定譲渡担保に転化し，しかもなお実行に至っていない段階でなければ，固定化概念には意義がなく，また，集合動産譲渡担保はそのような中間段階が不要だからだとされている。これに対して，固定化の意義を個別動産に関する処分権限の喪失と捉えるならば，そのことによって集合動産を構成する個別動産の処分と補充とが停止することになる[73]。また，伝統的な集合物論にあっても，これは，集合物の管理権限の喪失と捉えられており，このような理解の背景には，流動性を維持したままでの集合物それ自体の引渡しが困難であるとの理由がある[74]。他方で，二重帰属構成を否定して，集合物それ自体のみを目的物と解する立場や価値枠説などの立場では，個別動産は流動段階では譲渡担保の目的ではないため，譲渡担保の効力を及ぼす必要があり，この点を捉えて，「固定化」と表現しているものと考えられる[75]。

しかし，これらは，いずれも集合動産譲渡担保本体の効力として，その対象である個別動産に対して実行を行う局面で問題となっているにすぎない。たしかに，集合動産譲渡担保の実行局面において，その対象財産を特定するためには，固定化が必要であろう。しかし，物上代位の場合には，その対象は個別動

---

[71]　固定化の意義については，たとえば，道垣内・前掲注(1) 336頁や高木・前掲注(2) 373頁，さらに田原睦夫「〈シンポジウム〉集合動産譲渡担保の再構成──担保権実行の局面から──」金融法研究・資料編(5) 149頁（1989）などを参照のこと。

[72]　山野目・前掲注(38) 26頁

[73]　小山・前掲注(44) 165頁。

[74]　田原・前掲注(71) 148～149頁。

[75]　森田修『債権回収法講義［第2版］』158～161頁（有斐閣，2011）は，「固定化」にはこのほかにもさまざまな意義があると指摘する。

産それ自体ではなく，個別動産に生じた代位原因に基づき発生した債権である。この意味においては「固定化」は必ずしも必要ではないであろう。他方で，集合物の管理権限や処分権限の喪失をもって固定化と解したとしても，平成22年決定は，損害保険金債権への物上代位に関して，そのような「固定化」を問題とすることなく，「通常の営業の継続」の有無のみを問題とした。また，転売代金債権の場合において，学説は，上述の通り，「通常の営業」が継続している間は，物上代位による譲渡担保権の行使を否定する点で一致している。そうすると，集合動産譲渡担保権に基づく物上代位が認められるのは，「通常の営業」が停止した時点以降であり，この時点において「固定化」がなお必要であるかが問題となる。さらに，個別動産の処分がそもそも「通常の営業の範囲」外においてなされた場合において，仮に集合動産譲渡担保の効力が処分された動産に及ばないとするならば，それによって発生した転売代金債権に対して物上代位を認める余地がある。このとき，設定者がなお「通常の営業」を継続しており，当該処分のみが「通常の営業の範囲」を超えている一過性のケースと，設定者による営業はもはや破綻しており，「通常の営業」が停止している中で当該処分が行われたという経営破綻のケースとを想定することができる。そこで次に，これらのそれぞれの場面において，物上代位にあたって「固定化」が必要か否かを考えたい。

　(c)　物上代位権行使の局面　では，物上代位にあたって「固定化」は必要だろうか。先に挙げたいくつかの想定のうちで，転売代金債権が「通常の営業の範囲」内において発生している場合に，その転売代金債権に対して物上代位が可能となる「通常の営業」の停止状態にあっても，同様に，その時点で「固定化」が生じているといいうるのか問題となる。この場合において，設定者による「通常の営業」が停止している以上は，もはや設定者は付与された処分権限に基づく処分と補充とを行っていないことになり，集合動産の流動性は失われている。そのような状況は，客観的に見れば，流動性の確保を前提とした集合動産譲渡担保が機能している状況というよりは，むしろ単に複数の個別動産譲渡担保が存在しているに過ぎない状況であるとも評価できる。そうであるならば，この場合においては，「固定化」が必要であったとしても，すでに「固定化」が生じているといえるのではないか[76]。また，同じことは，「通常の営業の範囲」外の処分行為によって発生した転売代金債権に対する物上代位のうち，

〔池田雅則〕　**7　集合動産譲渡担保に基づく物上代位の効力に関する覚書**

すでに経営破綻を生じているケースにも当てはまる。

　他方で，一過性のケースで物上代位の行使のために，「固定化」を要求するならば，設定者に付与されていた集合物の管理権限ないし個別動産の処分権限が失われ，それによって順調に推移していた営業それ自体を停止させることになりかねない。その点を考慮するならば，この場合には，集合動産譲渡担保に基づく転売代金債権に対する物上代位に際して，「固定化」を要しないと解すべきであろう。そもそも一方において設定者の経営が順調に推移している場合に，一過性の「通常の営業の範囲」を超えた処分行為に基づく転売代金債権に対する物上代位を認める必要性それ自体が問われなければならない。集合動産譲渡担保を全体的に捉えるならば，通常の営業が行われている限り，当該処分行為にもかかわらず，集合動産譲渡担保本体の実行は許されない状況にあるといえる。しかし，先に述べたように，代替的な物上代位であったとしても，担保権確保の要請が働かない場合においては，物上代位は認められるべきではない。そして，転売代金債権が発生したとしても，集合動産譲渡担保は，個別動産の処分と補充によって流動性が確保され，目的物の全体的な担保価値が維持されているのであるから，転売代金債権の発生によって直ちに担保権確保の要請が働くものとはいえないのではないだろうか。もっとも，「通常の営業の範囲」を超えた処分行為自体が固定化をもたらすか否かは検討の余地があるが，上述の通り，全体としての担保価値が維持されている限り，固定化しないと考えるべきではないだろうか。

---

(76)　このように評価したとしても，なお，「固定化」と「通常の営業の停止」との時間的先後関係については，なお検討の余地がある。すなわち，経済状況の変化によって設定者が破綻する場合などにあっては，通常は，「固定化」が生じることによって「通常の営業」が停止するということができるのではなかろうか。もっとも，平成22年決定の事案のように赤潮のような自然事象によって営業を廃業するに至った場合には，「通常の営業の停止」が「固定化」よりの時間的に先行することになろう。

　また，そもそも「固定化」するためには譲渡担保権者による管理権限ないしは処分権限の積極的な「剝奪」が必要であるとすれば，本文の状況においてはなお「固定化」していないことになろう。

4　むすびに代えて

　本稿においては，集合動産譲渡担保に基づく物上代位の効力を検討してきた。そもそも集合動産譲渡担保に基づく物上代位に関しては，一方において物上代位に関する判例と学説の蓄積があり，他方において譲渡担保や集合動産譲渡担保に関する判例と学説の蓄積があった。このうち物上代位に関する判例や学説の状況からは，物上代位の根拠となる担保権によって，物上代位の効力が異なりうることと，物上代位それ自体の類型による相違とがあり，これらを踏まえて集合動産譲渡担保の効力を考える必要があることが明らかとなった。つまり，集合動産譲渡担保における物上代位の効力については，集合動産譲渡担保の特質を踏まえた解釈論が展開されることになる。すなわち，集合動産譲渡担保が用いられる経済的な局面[77]を踏まえれば，設定者によって行われる営業の継続をできるだけ確保することが第一に優先されるということである。しかし，このことは，設定者の利益，すなわち営業の継続のみを重視するということを意味するわけではない。同時に，集合動産譲渡担保権者の担保価値の把握という利益の保護が図られるという形での利害調整がなされるということであった。

　具体的には，集合動産譲渡担保の対象となっている個別動産が順調に処分され，補充されている限りは，物上代位は認められるべきではない。個別動産の処分と補充の連鎖による営業の継続こそが保護されるべきであり，また，そのこと自体は集合動産譲渡担保権者にとっても合理的な予期の範囲内であると考えられる。またその際に物上代位の対象となるのは，いわゆる「通常の営業の範囲」内における処分によって発生した転売代金債権だけではなく，「通常の営業の範囲」外の処分による転売代金債権について同様である。これは，「通常の営業」が継続している限り，集合動産譲渡担保が把握している担保価値それ自体については，全体としては，不足が生じていないと考えられるからである。この点においては，損害保険金債権への物上代位の場合と同様に解釈され

---

[77]　近年では，集合動産譲渡担保は，いわゆるアセット・ベースド・レンディング（ABL）の際の担保手法として，利用されている。このABLに関しては，中村廉平・藤原総一郎「流動資産一体型融資（アセット・ベースト・レンディング）の検討──事業のライフサイクルを主眼とした中小企業の資金調達の新展開──」金法1738号52頁（2005）などを参照のこと。

〔池田雅則〕　**7**　集合動産譲渡担保に基づく物上代位の効力に関する覚書

るべきである。

このように解した場合には，次の点が問題となる。すなわち，物上代位の原因が発生した後，その行使が認められるまでの間に，代位対象債権それ自体が処分されることがあり得る。この場合については，集合動産譲渡担保の効力が及んでいることを根拠とし，さらに，その対抗要件の具備をもって，この処分に対して物上代位が優先しうるかである。この点については，物上代位の行使の際に行われる差押えの趣旨をどのように理解するのか，ひいては，集合動産譲渡担保の対抗要件をどのように理解するのかによって結論が異なりうることは，すでに学説において指摘されている[78]。この点に関しては，現在のところは，少なくとも占有改定が集合動産譲渡担保の対抗要件として行われていた場合には，その公示力の弱さを考慮すべきではないかと考える。しかし，なお，動産譲渡登記の場合にどのように解すべきであるのかは，なお検討の余地がある。というのは，動産譲渡登記は，占有改定とは異なり，外部から認識可能であるなど，一定の公示力を有しているものと考えることができる。しかし同時にその効力自体は占有改定とみなされるにとどまっているなど，抵当権の登記とは異なる点もあるためである。さらに，代位対象債権それ自体の処分が設定者による「通常の営業」の停止をもたらすものであるのかも合わせて検討する必要がある。というのは，代位対象債権が転売代金債権であるとき，これを処分したことによって営業のサイクルが維持できなくなるおそれがあるからである[79],[80]。これらの点については，今後，検討したい。

　　＊本稿は，平成23年度科学研究費補助金による研究成果の一部である。

---

[78]　前掲注(65)掲記の文献を参照のこと。
[79]　もっともこの点については，転売代金債権の処分によって直ちに営業が停止するわけではなく，単にその契機となりうるにすぎないと考えれば，処分それ自体によって物上代位が可能となると解する必要はないように思われる。
[80]　このほかにも，通常の営業が停止した後事業を再生するために営業が再開された場合や固定化事由である法的倒産手続の申立以後手続開始までの間などにおいても，物上代位を認めるべきであるか否かが問題となると思われる。

8 集合動産譲渡担保権に基づく保険金請求権への物上代位

藤 村 和 夫

1 はじめに
2 抵当目的物の減失，毀損と物上代位の対象
3 譲渡担保に基づく物上代位
4 集合動産譲渡担保権に基づく保険金請求権への物上代位
5 おわりに

1 はじめに

　担保目的物が減失または毀損したことによって当該担保権設定者が受くべき金銭その他の物に対しても担保権を行使することができるとする物上代位は，先取特権（304条）において規定され，これが質権（350条），抵当権（372条）に準用されているが，最も問題とされることが多かったのは抵当権についてであることはよく知られている。そして，金融取引社会においては譲渡担保が利用されることが少なくないところ，その譲渡担保権に基づく物上代位が認められるべきか否かも議論の俎上に載せられており，これが肯定されるか否かは実務上重要な影響を及ぼすことになる。近時，集合動産譲渡担保権に基づく損害共済金請求権に対する物上代位を肯定する最高裁判所の決定が現れたところ，これを素材に若干の考察を試みる。

2 抵当目的物の減失，毀損と物上代位の対象

　まず，抵当権に基づく損害保険金請求権に対する物上代位をめぐる従来の議論を振返っておくことにしよう。

(1) 損害保険金への物上代位
　火災保険契約の目的物である抵当不動産が火災で焼失した場合，抵当権者が，

その火災保険金請求権に対して物上代位することができるかどうかについては，長らく議論の対象とされてきており，判例と通説的見解はほぼ固まっているとみておいてよいが，なお議論の存するところではある。

(2) 判例と学説

まず，判例は以下のように損害保険金請求権への物上代位を肯定する。

大判明治40年3月12日（民録13輯265頁——抵当権設定者または第三取得者が保険契約により抵当物の滅失または毀損の補償として受け取るところの保険金も抵当権執行の目的物たるを免れないとした原判決を是認した），大判大正2年7月5日（民録19輯609頁——304条にいわゆる目的物の滅失によって債務者が受くべきものとは第三者の加害行為または保険事故の発生により目的物の滅失またはこれと同視すべき財産の喪失を来したために債務者が加害者または保険者より受くべき損害賠償金または保険金等の如きその目的物を直接代表するものを指称した法意であることは明白とした），大判大正5年6月28日（民録22輯1281頁〔傍論〕——372条によって抵当権に準用される304条にいわゆるその受くべき金銭その他の物とは滅失もしくは毀損により抵当権設定者が第三者より受くべき損害賠償金もしくは保険金の如き目的物の全部もしくは一部を直接代表すべき物を指称するものにして……とした），大連判大正12年4月7日（民集2巻5号209頁——物上代位は，抵当目的物の滅失により債務者が第三者より金銭を受取るべき債権を有するに至ったときは，その債権に対しても抵当権者にこれを保存せしめ優先権を行わしめるのを適当と認めたるによるものに他ならないとしつつ，抵当権者自身の差押が必要とした）等である。

なお，最判昭和41年12月23日（民集20巻10号2211頁）は，履行不能を生ぜしめたと同一の原因によって，債務者が履行の目的物の代償と考えられる利益を取得した場合には，公平の観念に基づき，その履行不能によって債権者が被った損害の限度において，債権者は，債務者にその利益の償還を求めることができるとして代償請求（536条2項ただし書きはこの法理の現れであるとする）を認め，家屋滅失による保険金は保険契約によって発生したものであって，債権の目的物に代わる利益ではないとする上告理由を，同保険金が履行不能を生じたと同一の原因によって発生し，目的物に代わるものであることは明らかであるとしてこれを斥けている。

通説的見解は判例を支持し，抵当権設定者は抵当不動産の担保価値を維持する義務があり，その義務を履行するために火災保険に入るのであるから，保険

〔藤村和夫〕　**8**　集合動産譲渡担保権に基づく保険金請求権への物上代位

金請求権は価値代表物と解してよいとするのが，当事者の普通の意思にも，我が国の慣行にも適するとして，抵当不動産の損害保険金に抵当権の効力が及ぶとする[1]。

これに対し，保険金請求権は，担保目的物の滅失・毀損によって当然に生ずべき代物ないし変形物ではなく，保険契約に基づき，保険料支払の対価として生ずるのであって，目的物の対価ではなく，当然に目的物に代わるものとはいえないのであり，目的物の滅失・毀損は，保険金請求権発生の機縁に過ぎないとして，理論的には，保険金請求権への物上代位は認められるべきではないとする見解も有力である[2]。ただ，理論的にはこのように解すべきであるとしながらも，そのまま物上代位性を否定する立場[3]と担保権者の保険金に対する利益を考慮し，当事者の意思の推定，担保権者の保護という目的論的解釈の結果として物上代位を肯定してもよいとする立場とがある[4]。

なお，理論的にも担保目的物と保険金請求権との経済的関連を肯定すべきであり，また担保権者は，担保目的物につき損害保険契約が締結されていることを前提として担保権を設定しているのが通常であることを考慮するならば，担保権者は，物上代位によって保険金請求権から優先弁済を受けることができるとする見解もある[5]。

こうした中にあって，近時，火災保険金は，本来，建物再築費用に当てら

---

[1]　我妻栄『新訂　担保物権法（民法講義Ⅲ）』（有斐閣，1968年）283頁。星野英一『民法概論Ⅱ（物権・担保物権）』（良書普及会，1976年）254頁は，保険金請求権は保険料の対価であるとして物上代位を否定する説に対し，「そのことと，保険金が304条にあたるか否かとは別個の問題」であるとして，保険金への物上代位を肯定する。

[2]　大森忠夫「担保物権の物上代位と保険金」石田文次郎先生還暦記念『私法学の諸問題（2）』（有斐閣，1955年）31頁（35頁以下），同『保険法（補訂版）』（有斐閣，1985年）187頁以下，西島梅治「保険金債権に対する物上代位」法政研究23巻1号57頁。

[3]　西島・前掲法政研究23巻1号57頁，同『保険法（第3版）』（悠々社，1998年）226頁以下。

[4]　大森・前掲『私法学の諸問題(2)』37頁以下，伊沢孝平『保険法』（青林書院，1957年）310頁以下。五十嵐清「抵当権の物上代位」『民法演習2』（有斐閣，1958年）は，理論的には否定説に立ちつつ，担保物権の実際的運用と判例理論への配慮から，政策的に物上代位を肯定する，いわゆる折衷説に立ち，田山輝明『民法要義3担保物権法（第2版）』（成文堂，2004年）88頁以下も同様の立場であるといえる。

[5]　石田満『商法Ⅳ（保険法）改訂版』（青林書院，1997年）158頁，同「建物保険における抵当権者の地位」『保険契約の諸問題』（一粒社，1974年）142頁。

財産法の新動向 Ⅰ

れるべきもので，安易に物上代位を認めるとすると，建物の再築，債務者の経済的更生・再建が困難になるおそれがある，保険料を一方的に債務者に負担させておきながら，その対価たる保険金を抵当権者に独占させるのは不当であり，目的物滅失に対する危険は抵当権者の側での付保によって回避でき，それが合理的であるとして，明確に物上代位を否定する主張も現れている[6]。

下級審裁判例の中にも，保険金請求権は，目的物が滅失したからといって法律上当然に発生するものではなく，保険契約とこれに基づく保険料の支払によって生ずるものであり，保険金が経済的に目的物に代わるものであることは，被保険者の内部的な私経済の問題としては肯けるものの，抵当権者に対する関係でも目的物に代わるものであるかは疑わしく，当事者間の特約があれば，抵当権者が保険金請求権に物上代位する余地があるが，そうでない限り，当然にはこれを認めることはできないとして，明確に否定説を採用したものもある（旭川地判昭和48・3・28判時737号84頁）。

しかし，立法者も，保険金も主として保険物を代表する物であるから物上代位をなし得るのは当然である[7]，あるいは，保険金はその性質上滅失した物の代表物とのみみるべきではないが，債権者保護のために保険金を滅失した物の代表物とみなし，保険金の上に物上代位し得るものとした[8]としており，たしかに，理論的にみれば，抵当目的物が滅失して支払われる損害保険金は保険契約に基づき保険料支払の対価として生ずるのであって，抵当目的物の対価というわけではなく，したがって同目的物の代物ともいえないが，その変形物と把握するのはそれほど不合理ではないように思われ，基本的に，保険金への物上代位を認めてよいと思われる。

3　譲渡担保に基づく物上代位

このように，抵当権については，一定の議論は存するものの，おおむね，保険金請求権への物上代位が肯定されているとみることができよう。それでは，譲渡担保権についてはどのように解すべきであろうか。

この点についても以前より議論が存する。周知のように，譲渡担保には，動

---

[6] 清水元『プログレッシブ民法　担保物権法』（成文堂，2008年）42頁以下。
[7] 梅謙次郎『民法要義　巻之二　復刻版』（有斐閣，1984年）328頁。
[8] 富井政章『民法原論　第二巻　物権　復刻版』（有斐閣，1985年）352頁。

産譲渡担保，不動産譲渡担保，債権譲渡担保という種類が認められているが，それぞれの譲渡担保の法的性質をどのように解するかによって物上代位に関する解釈も一様ではない。

　かつては，所有権移転登記の済んでいる不動産（家屋）につき火災保険契約が締結された事案について，これを無効とする判決（岐阜地判昭和34・3・23下民集10巻3号528頁——Xが，担保の趣旨で，目的家屋の所有権を訴外人Aに売買の形式で移転し，所有権移転登記を了した後に当該家屋を目的とする火災保険契約ををを締結したところ，同家屋が全焼したという事案において，本件火災保険契約は，保険契約の目的である被保険利益〔所有者としての利益〕を全く欠如し無効というべきであるとした）を正当として支持すべきであるとしつつ，動産の占有を設定者に保留する動産譲渡担保については，設定者が担保目的物につき締結する損害保険契約を無効とすることはすこぶる疑問であるが，その保険金請求権を譲渡担保権者に譲渡するか，その者のために質権を設定したときに限り有効とするとの見解がある[9]一方，譲渡担保においては，担保権者が目的物上の所有権を有するだけに，304条を類推すべきではないとするものがあった[10]。

　近時は，単に，抵当権における物上代位の趣旨を不動産譲渡担保に類推し得る[11]，304条も譲渡担保に類推適用されると解してよい[12]とのみ述べるものも少なくない。これに対し，不法行為に基づく損害賠償請求権についてであるが，譲渡担保権者には物上代位権が認められないと解すべきとするものもある[13]。

　しかし，損害保険金について特に議論するものはないようである。
　判例の姿勢はどうか。
　最判平成11年5月17日（民集53巻5号863頁）が，信用状発行銀行が，輸入商品に対する譲渡担保権に基づく物上代位権の行使として，輸入業者が転売した輸入商品の売買代金債権の差押を申し立てた事案においてこれを認め，動産譲渡担保に基づく物上代位を承認する姿勢を示した。

　これに先立ち，最判昭和54年2月15日（民集33巻1号51頁）は，他の倉庫

---

[9]　我妻・前掲『新訂　担保物権法（民法講義Ⅲ）』599頁。
[10]　柚木馨『担保物権法』（有斐閣，1958年）396頁以下。
[11]　川井健『担保物権法』（青林書院新社，1975年）189頁。
[12]　田山・前掲『民法要義3担保物権法（第2版）』172頁。
[13]　道外内弘人『担保物権法（第3版）』（有斐閣，2008年）309頁。

に寄託してある食用乾燥ネギフレークの一部を譲渡担保に供したかどうかを判断するに際し，「構成部分の変動する集合動産についても，その種類，所在場所及び量的範囲を指定するなどなんらかの方法で目的物の範囲が特定される場合には，一個の集合物として譲渡担保の目的となりうるものと解するのが相当である」として，集合動産譲渡担保を承認していた（ただ，具体的には未だ目的物が特定されていないとして否定）し，最判昭和62年11月10日（民集41巻8号1559頁）も集合動産譲渡担保が有効であることを前提とする判示をなしていた。

さらに，その集合動産譲渡担保の効力については，最判平成18年7月20日（民集60巻6号2499頁）が，漁場生簀内の養殖魚を目的とする譲渡担保が重複して設定されている場合における後順位譲渡担保権者による私的実行の可否を判断するに際し，「構成部分の変動する集合動産を目的とする譲渡担保においては，集合物の内容が譲渡担保設定者の営業活動を通じて当然に変動することが予定されているのであるから，譲渡担保設定者には，その通常の営業の範囲内で，譲渡担保の目的を構成する動産を処分する権限が付与されており，この権限内でされた処分の相手方は，当該動産について，譲渡担保の拘束を受けることなく確定的に所有権を取得することができると解するのが相当である」として，集合動産譲渡担保権設定者は，当然に，その集合動産譲渡担保目的物を通常の営業の範囲内で処分することができるとしていた。

以上を受けて，集合動産譲渡担保権に基づく物上代位の可否が問題とされることとなったのである。

4 集合動産譲渡担保権に基づく保険金請求権への物上代位

(1) 最高裁の姿勢

近時，集合動産譲渡担保権に基づく物上代位を最高裁として初めて認めた決定が現れた。最決平成22年12月2日（民集64巻8号1990頁，判時2102号8頁，判タ1339号52頁，金法1917号102頁，金商1356号10頁）である。まずは，その概要からみよう。

(a) 事案の概要

平成20年12月9日および同21年2月25日，魚の養殖業を営むY（債務者，抗告人）は，X（債権者，相手方）との間で，Y所有の養殖施設（以下，単に「養殖施設」という）および養殖施設内の養殖魚につき，Xを譲渡担保権者，Yを譲渡

〔藤村和夫〕　**8　集合動産譲渡担保権に基づく保険金請求権への物上代位**

担保権設定者とし，XのYに対する貸金債権を被担保債権とする譲渡担保権設定契約を締結した（以下，同契約により設定された譲渡担保権を単に「譲渡担保権」という）。その設定契約においては，Yは養殖施設内の養殖魚を通常の営業方法に従って販売できること，その場合，Yは，これと同価値以上の養殖魚を補充すること等が定められていた。

平成21年8月上旬頃，養殖施設内の養殖魚2,510匹が赤潮により死滅し，Yは，A漁業協同組合との間で締結していた漁業共済契約に基づき，Aに対し，同養殖魚の滅失による損害を填補するために支払われる共済金に係る漁業共済金請求権（以下，単に「共済金請求権」という）を取得した。

Yは，上記赤潮被害発生後，Xから新たな貸付けを受けられなかったため，同年9月4日，養殖業を廃業した。

同年10月23日，Xは，譲渡担保権の実行として，養殖施設および養殖施設内に残存していた養殖魚を売却し，その売却代金をYに対する貸付債権に充当した。

平成22年1月29日，Xは，B裁判所に対し，上記充当後の貸金残債権を被担保債権とし，譲渡担保権に基づく物上代位権の行使として，共済金請求権の差押を申立てたところ，同年2月3日，B裁判所は，特に理由を述べることなく，同申立に基づき債権差押命令を発付した。

これに対し，Yは，共済金請求権に譲渡担保権の効力は及ばないとして，上記差押命令の取消を求める執行抗告をした（民事執行法10条）。その主張するところは，①平成21年10月23日の譲渡担保権の実行により譲渡担保権は消滅した，②集合物譲渡担保においては，原則として，集合物を構成する個々の動産の処分は譲渡担保権設定者に委ねられているのであるから，譲渡担保権者は，譲渡担保権の目的物が固定化するまで物上代位することはできない，というものである。

原審は，上記①については，Xが物上代位の対象として主張する共済金請求権は，平成21年8月上旬頃，赤潮被害により養殖魚が死亡したことを原因としてYが取得したものであること，譲渡担保権の実行として売却されたのは養殖筏等の養殖施設一式および平成21年8月31日現在残存していた養殖魚であること，Xは，その売却代金の充当によって被担保債権全額の満足を受けていたわけではないことを認定した上で，「一般に，譲渡担保が担保としての実質

を有していることに照らし，譲渡担保の目的物が何らかの事情により金銭等に変形した場合には，譲渡担保権者の利益を保護するため，譲渡担保は当該代替物である金銭や債権の上に存続するものと認めるのが相当であり，本件譲渡担保権は，前記目的物の売却により消滅したとは認められず，前記目的物の売却前に発生した代替物である漁業共済金請求権の上に……存続しているものというべきである」とし，上記②については，集合物譲渡担保においては，集合物を構成する個々の動産が設定者によって通常の営業の範囲内で処分されても，設定者に新たな動産の補充が義務づけられ，その動産に譲渡担保の効力が及ぶので，譲渡担保権者は，担保価値の維持を図ることができ，したがって，処分された動産には譲渡担保権の効力が及ばなくなると解すべきであり，処分にかかる売買代金債権等に物上代位を認めることはできないとしつつ，集合物を構成する個々の動産につき通常の営業の範囲を超える処分が行われた場合には当然に新たな動産の補充が行われるとは限らず，担保価値の維持を図るためには個々の動産の代替物ないし派生物に譲渡担保権の効力を及ぼす必要があり，物上代位の行使を認めても，譲渡担保権者の把握する担保価値が拡大しなければ，第三者に不測の損害を与えることにもならないとした上で，赤潮被害によりＹが共済金請求権を取得したことは通常の営業の範囲を超えるものであり，その後Ｙが新たに養殖魚を補充した形跡がないことから，「赤潮被害が発生した時点において，Ｙが直ちに廃業を決意しなかったとしても，赤潮被害発生後，通常の営業が継続していたとは認め難いから，」譲渡担保契約の目的物は「赤潮被害発生時に実質的に固定化していたものということができ」，したがって，譲渡担保権の効力は共済金請求権に及び，その行使についても上記固定化（赤潮被害発生＝養殖魚の滅失）によって当然許されると解するのが相当であるから，共済金に対する差押を認めた原命令は違法でないとして，Ｙの執行抗告を棄却した。そこで，Ｙが許可抗告を申し立てた（民事訴訟法337条）。

(b) **本決定**──抗告棄却

「構成部分の変動する集合動産を目的とする集合物譲渡担保権は，譲渡担保権者において譲渡担保の目的である集合動産を構成するに至った動産（以下「目的動産」という）の価値を担保として把握するものであるから，その効力は，目的動産が滅失した場合にその損害をてん補するために譲渡担保権設定者に対して支払われる損害保険金に係る請求権に及ぶと解するのが相当である。」もっ

とも,「集合物譲渡担保契約は,譲渡担保権設定者が目的動産を販売して営業を継続することを前提とするものであるから,譲渡担保権設定者が通常の営業を継続している場合には,目的動産の滅失により」損害保険金請求権が発生したとしても,「これに対して直ちに物上代位権を行使することができる旨が合意されているなどの特段の事情がない限り,譲渡担保権者が当該請求権に対して物上代位権を行使することは許されないというべきである」とした上で,Xが共済金請求権の差押を申し立てた時点においては,Yは営業を廃止し,Xの譲渡担保権が実行されていたというのであって,Yが営業を継続する余地はなかったというべきであるから,Xが,共済金請求権に対して物上代位権を行使することができることは明らかであるとし,原審の判断は結論において是認し得るとした。

(c) **本決定の意義**

本決定は,まず,①集合動産譲渡担保の目的物が滅失した場合にその損害を填補するために譲渡担保権設定者に支払われる損害保険金請求権に物上代位が成立するのは当然である,②しかし,集合動産譲渡担保においては,設定者が目的動産を販売して営業を継続することを前提とするから,設定者が通常の営業を継続する中で目的動産が滅失し損害保険金請求権が発生したとしても,当該保険金請求権に物上代位権を行使し得るものではない,③ただし,その場合でも,直ちに物上代位権を行使し得るとの特別の合意がなされているときは,この限りではない,との一般論を述べた後に,本件においてXが差押を申し立てたのは,Yが営業を廃止し,Xの譲渡担保権が実行された後であることから,Xが保険金(共済金)請求権に物上代位権を行使し得ることは明らかであるとしたものである。

原審とは,通常の営業が継続される過程で譲渡担保目的物が処分されても,その処分された動産には譲渡担保権の効力が及ばない,したがって,その処分にかかる売買代金債権あるいは目的物滅失による保険金請求権に物上代位を認めることはできないという点において共通するといえるが,原審のいう譲渡担保目的物の固定化については,最高裁は何ら触れるところがない。逆に,通常の営業の範囲内で損害保険金請求権が発生した場合であっても,それに対して直ちに物上代位権を行使し得る旨の合意等の特段の事情の有無云々については原審の言及するところではない。

(2) 集合動産譲渡担保と物上代位

(a) 物上代位の対象

前掲最判平成11年5月17日は，担保目的物である商品の売買（転売）代金債権の差押えを認め，動産譲渡担保に基づく物上代位を承認しているところ，譲渡担保権の目的物が滅失，毀損した場合には，譲渡担保権設定者が受けることになる損害賠償金請求権，損害保険金請求権についても物上代位の対象となることが承認されてよいであろう。

(b) 通常の営業の範囲

前掲最判平成18年7月20日が明確に述べているように，集合動産譲渡担保においては，譲渡担保権設定者は，通常の営業の範囲内において担保目的物たる動産を処分する権限を与えられているのであるから，通常の営業の範囲において目的物が滅失，毀損し，その損害を填補するための損害保険金請求権が発生したとしても，その保険金は滅失した動産を補充し，担保目的物の価値を維持することに用いられるべきものであり，その損害保険金請求権に物上代位していくことはできないと解すべきである。

これは，集合物の中の個々の物の売却代金に対しては，原則として譲渡担保の効力は及ばない，集合物譲渡担保においては，譲渡担保権設定者が売却代金を収受して仕入れと経営に充てることを予定するものだからである[14]とする理解とも共通するものといえる。

また，抵当権についても，火災保険金請求権への物上代位を認めるべきではないとする立場[15]においては，通常の営業の継続が当然の如く前提とされる集合動産譲渡担保にあっては，通常の営業が継続している限りにおいて，なおさら損害保険金請求権への物上代位が認められるべきでないことが強調されることになろう。

原審も，集合物を構成する個々の動産につき通常の営業の範囲を超える処分が行われた場合には，当然に新たな動産の補充が行われるとは限らず，担保価値の維持を図るためには個々の動産の代替物ないし派生物に譲渡担保権の効力を及ぼす必要があるとしているのであり，物上代位の対象となるものが通常の営業の範囲を超えたところで発生していることが求められる。

---

[14] 我妻・前掲『新訂　担保物権法（民法講義Ⅲ）』641頁。

[15] 清水・前掲注(6)。

〔藤村和夫〕　　*8*　集合動産譲渡担保権に基づく保険金請求権への物上代位

　したがって，損害保険金請求権についても，これに物上代位することができるというためには，その損害保険金請求権が譲渡担保権設定者の通常の営業の範囲を超えたところで発生したものでなければならないことになる。そこで，通常の営業の範囲とは如何なるものかが重要な意味を有する。

　廃業が，通常の営業の継続を断ち切るものであることについては，おそらく異論をみないであろう。したがって，廃業後に損害保険金請求権が発生した場合には，そこに物上代位していくことができることについても同様に解することになろう。しかし，そのように通常の営業の範囲外であると明確に認識し得る訳ではないときこそが問題とされる。

　通常の営業を継続している過程で，気象条件や（本件における赤潮のような）自然的条件の如き通常の営業努力の範囲では如何ともしがたい原因によって担保目的物が滅失ないし毀損し，（予め締結していた損害保険契約に基づき）損害保険金請求権が発生したという場合，これは，あくまでも通常の営業の枠内で生じた事象であって，その損害保険金請求権発生という事実のみを以って，もはや通常の営業が行われているとはいえないと捉えるべきではなかろう。

　この点，目的物の一部が滅失して損害保険金請求権が発生し，その損害保険金が滅失した動産の回復に用いられるか否かは，売却代金をどうするかという以上に譲渡担保権設定者の意思に係っているから，損害保険金を生じること自体が通常の予期の範囲内といい得るか疑問であり，それゆえ，損害保険金の発生という事態そのものが譲渡担保設定契約における当事者にとっての通常の結果とはいいがたいとするものがある[16]。

　しかし，通常の営業が継続している過程において目的物が滅失，毀損したものの，損害保険金が機能して営業の継続を維持することができるということは，とりわけ一部滅失の場合には容易に予測し得るところであり，不測の事態に備えての損害保険契約であるといえることに思いを致せば，損害保険金請求権の発生，取得を以って通常の営業の結果とはいいがたいとは決していえない。前掲最決平成22年12月2日の事案にあっては，Yは，赤潮被害＝養殖魚死滅に

---

[16]　池田雅則「損害保険金請求権に対する集合動産譲渡担保に基づく物上代位権行使の可否─平成22年12月2日最高裁第一小法廷決定〔平成22年(許)第14号債権差押命令に対する執行抗告棄却決定に対する許可抗告事件〕金融・商事判例1356号10頁─」筑波ロー・ジャーナル9号209頁（222頁以下）。

201

より漁業共済金請求権を取得したものの，その後Xから新たな貸付を受けられなかったが故に養殖業を「廃業」したという事実が明らかであるからこそ，そして，赤潮被害から廃業までの時間が比較的短かったからこそ，その赤潮被害＝養殖魚死滅により，もはや通常の営業を継続することが叶わなくなり，したがって漁業共済金請求権の発生，取得が通常の営業の結果ではないという帰結に結び付けられやすくなったのではないかと思われる。

このことは，原審のいわゆる「通常の営業の範囲を超える処分」とはどのような場合を指すと理解すればよいのかという点とも共通する。

すなわち原審は，赤潮被害によりYが共済金請求権を取得したことは通常の営業の範囲を超えるものであり，その後Yが新たに養殖魚を補充した形跡がないことから，「赤潮被害が発生した時点において，Yが直ちに廃業を決意しなかったとしても，赤潮被害発生後，通常の営業が継続していたとは認め難いから，」譲渡担保契約の目的物は「赤潮被害発生時に実質的に固定化していたものということとができ」，したがって，譲渡担保権の効力は共済金請求権に及び，その行使についても上記固定化（赤潮被害発生＝養殖魚の減失）によって当然許されると解するのが相当であるとしている。

しかしながら，赤潮被害発生後，Yが直ちに廃業を決意しなかったとしても通常の営業が継続していたとは認めがたいとするが，これは，本件においてはそのようにいえるかもしれないというにとどまる。なぜならば，前述のように，Yは，赤潮被害発生後，共済金請求権を得て，それを養殖魚の補充に当てることができたのであるが，その共済金だけでは十分ではなかったので，さらにXに対して融資を依頼したところ，Xがこれに応じなかったが故に資金的に行き詰まり，だからこそ新たな養殖魚の補充もできず，結局廃業に至ったのであり，この経過に鑑みて初めて，Yは赤潮被害にあった時点でそれまでの営業を継続していくことができない状況に陥っていたとみることができることになるからである。したがって，赤潮被害によりYが共済金請求権を取得したことは（その時点では，なお養殖業を継続していたのであるから）通常の営業の範囲を超えるものであるとはいえないといわざるを得ない[17]。

---

[17] 小山泰史「流動動産譲渡担保に基づく物上代位——最一決平成22・12・2金判1356号10頁を契機として」NBL 950号25頁は，Yが営業を継続できなかったのは，Xからの追加融資を受けられなかったことが引き金となっており，Yが保険金で養殖魚を補充し

〔藤村和夫〕　**8**　集合動産譲渡担保権に基づく保険金請求権への物上代位

また，最高裁の決定に対しても，素直に肯けない違和感を覚える。

最高裁は，前述((1)(c))のような論理で共済金請求権への物上代位権の行使を肯定したものであるところ，集合動産譲渡担保においては，設定者が通常の営業を継続する中で目的動産が滅失し損害保険金請求権が発生したとしても，当該保険金請求権に物上代位権を行使し得るものではないが，直ちに物上代位権を行使し得るとの合意がなされているときはこの限りではないとの一般論を述べた後，本件では，Xが差押を申し立てたのは，Yが営業を廃止し，Xの譲渡担保権が実行された後であるから，Xが共済金請求権に物上代位権を行使し得ることは明らかであるとしている。すなわち，ここでは，設定者が通常の営業を継続している場合であっても特別の合意があれば物上代位権を行使し得るとしつつ，具体的な判断に際しては，特別の合意があったわけではないところから（ただし，その有無に言及することなく），Yの廃業とXの譲渡担保権実行の事実を持ち出し，Yはもはや通常の営業をしているものではないから，特別の合意がなくとも物上代位権を行使し得るとしたものと思われる。

しかし，このように判断をするのであれば，一般論の説示において物上代位権を行使し得る旨の合意がある等の特段の事情云々につき述べる必要性は乏しく，一般論で特段の事情云々といったからには，その後に期待される論旨の展開は，共済金請求権はYの通常の営業の範囲内で発生したものではあるが，XY間には○○の合意が存したので，Xは，当該共済金請求権に物上代位権を行使することができるというものになる。然るに，最高裁は，Yの廃業を持ち出した。廃業後において通常の営業が営まれるものではないであろうことに異論はないが，しかし，共済金請求権が発生したのは廃業前のことである。

しかも，最高裁は，差押を申し立てたのがYの廃業後であるから（Yが通常の営業を継続する余地はなかったというべきであるから），Xが物上代位権を行使し得ることは明らかであるとしている。これによれば，「通常の営業の継続（範囲内）」が意味を有するのは「差押」の時期が，その前か後かということになる。しかし，最高裁は，「譲渡担保権設定者が通常の営業を継続している場合には，目的動産の滅失により」損害保険金請求権が発生したとしても，これに対し直ちに物上代位権を行使し得る等の「特段の事情がない限り，譲渡担保権者が当

なかったからではないのであるから，原審の「共済金請求権の取得が通常の営業の範囲内ではない」との叙述は誤解を招くとしている（同28頁）。

該請求権に対して物上代位権を行使することは許されない」としているのであり，この間の論旨が整合しない。すなわち，集合動産譲渡担保において必須の前提ともいえる，設定者の営む「通常の営業」なる概念——その意義がさほど明確にされているわけではないことを措くとしても——によって画されるべきは，物上代位の対象物が発生した時期か，あるいは差押えの時期かが問われるのであるが，これは前者であると解すべきことは明白であろう。

(c) **譲渡担保権実行後の物上代位**

　最高裁は，Yが平成21年9月4日に養殖業を廃業し，同年10月23日にXが譲渡担保権を実行した（これにより，Yが営業を継続する余地はないことになる）後に，Xの差押え申立がなされたのであるから，Xが，共済金請求権に対して物上代位権を行使し得ることは明らかであるとしている。

　しかし，ここで物上代位権を行使する前に譲渡担保権を実行していることがどのように関係するのかを考慮する必要があろう。

　譲渡担保の目的物が滅失した場合，あるいは譲渡担保権が実行された場合に，当該譲渡担保権が消滅するのは当然である。そして，物上代位とは，（本件のような場合）担保目的物が滅失し，したがって譲渡担保権も消滅せざるを得ない場合に，その滅失した目的物の代物ないし変形物にも特別に譲渡担保権の効力を及ぼさせ，譲渡担保権者の利益を保護するという意義を有するものである。それゆえ，譲渡担保権を実行した後，さらに物上代位権を行使するということはできない道理である。

　抵当不動産の売却代金に対する物上代位を肯定する立場においても，物上代位権を行使したときは，その売却代金額が抵当債務額を満たさない場合であっても，抵当権は消滅するものとしている[18]。これとは逆に，抵当不動産の売却後に抵当権を実行すれば，それにより抵当権は消滅するのであり，（買受代金額が抵当債務額に満たない場合であっても）重ねて物上代位権を行使していくことは考えられないであろう（ここでは，抵当不動産の売買代金への物上代位を認めるか否か，抵当不動産の売買に際し第三取得者との間で売買代金をどのように定めるのか等の議論については立入らないこととする）。

　さてここで，集合動産譲渡担保権に基づく，損害保険金請求権への物上代位

---

[18] 我妻・前掲注(9)293頁。

〔藤村和夫〕　**8**　集合動産譲渡担保権に基づく保険金請求権への物上代位

権の行使と当該譲渡担保権の実行との関係を少しく一般化するために，集合動産譲渡担保における譲渡担保権を甲，担保目的物である養殖魚等を乙，乙が滅失ないし毀損して発生した損害保険金請求権を丙として考えてみよう。

　設定者が通常の営業を継続している限りにおいて，甲の目的物はいうまでもなく乙であり，したがって甲の効力が及ぶのも乙であって，丙には及ばない（設定者は，丙によって得た保険金により新たに養殖魚を補充することが予定されているが故に——そこで補充された養殖魚には甲の効力が及ぶものの——丙には及ばない）。したがって，甲を実行し，乙から被担保債権全額の満足を受けることができない場合であっても，丙に物上代位していくことは当然できないことになり，満足を受けることができなかった分は一般債権となる。

　すなわち，設定者が通常の営業を営んでいる限りにおいて，譲渡担保権が実行されると否とを問わず，損害保険金請求権への物上代位は問題となる余地がない。

　これに対し，設定者が通常の営業の範囲を超える営業活動をした，あるいはもはや通常の営業を継続しない（することができなくなった）ところで乙が滅失ないし毀損し，丙が発生したときは，丙に基づいて得た保険金を用いて新たに乙となるべき動産の補填が期待できないが故に，丙にも甲の効力を及ぼすことになり，その丙への物上代位が問題となる。

　ここでは，その丙の中味がどのようなものであるかにも目を向けてみる必要がある。丙の発生は，乙の滅失ないし毀損によるものの，その丙の中味は，乙の滅失ないし毀損の程度によって異なるものになろうからである（問題をごく単純化して考えるために，いささか乱暴な例示を試みるとすれば，甲の被担保債権を100円，乙の評価額〔保険金額〕も100円としておくと，乙が全滅したときに発生する丙は100円，乙の半分が滅失したときに発生する丙は50円，乙の一部20円相当分が滅失したときに発生する丙は20円という具合である）。

　まず，乙が全滅して丙が発生し（て通常の営業を継続しがたいことが明らかとなっ）たときは，甲の実行ということは（目的物である乙不存在の故に）考えがたく（ただし，甲が直ちに消滅すると解すべきかについては理解が分かれよう），必然的に丙への物上代位権の行使が考慮される。

　これに対し，通常の営業の範囲を超えて乙の一部が滅失し，丙が発生したという場合には，甲の効力は（滅失しなかった）乙にも丙にも及んでいることにな

る。そこで，譲渡担保権者は，乙に対し甲を実行することと丙に対し物上代位権を行使していくことの双方をなし得るのか，あるいは，その選択によりいずれか一方のみをなし得るのかが問われる。

　物上代位制度のそもそもの趣旨に鑑みれば，前述のように，譲渡担保権を実行したからには，物上代位権は行使し得ない（行使する必要がない）ということになるはずである。しかしながら，乙の一部が滅失して丙が発生し，乙と丙とが併存しているという場合，丙は，あくまでも乙の一部が滅失したことによって発生したものであるから，乙（もともとの担保目的物である乙全体）の代物とはいえず，敢えていうならば乙の一部変形物とでも称すべきものといえる。そして，この状態で乙・丙双方に甲の効力が及んでいるのであるから，乙・丙共に甲の被担保債権の満足を得るための対象となる。

　ここで，甲を実行して乙から被担保債権全額の満足を受けることができないときに，既に譲渡担保権を実行したのであるから，丙に対して物上代位権を行使することはできないとすると，本来，甲の効力が及んでいる丙から債権の満足を図ることができないということになって担保権の実効性を減弱せしめることになるが，それによる不利益を譲渡担保権者に負担させてよい理由はない。

(d)　**差押え申立の時期**

　このように，設定者が通常の営業を継続しない（することができなくなった）場合において，乙の一部が滅失したことによって乙・丙が併存するときは，譲渡担保権者は，甲を実行して乙を売却処分し，その代金を債権額に充当した後，なお満足を受け得ない部分があるときは丙に対する物上代位権を行使し得ることが承認されるべきである。

　しかし，譲渡担保権はあくまでも1個であり，甲の効力が乙・丙双方に及んでいるとはいっても，そこには，乙に対する譲渡担保権と丙に対する譲渡担保権という2個の譲渡担保権が存するわけではない。したがって，乙に対する譲渡担保権（甲）を実行した後，それとは別に独立して丙に対する譲渡担保権の効力を発揮させる（物上代位権を行使する）という考え方は採り得ない。

　また，この物上代位権を認めることによって必要以上に第三者を害することになるのは避けるべきである。

　判例は，債権（賃料債権）について一般債権者による差押と抵当権者の物上代位による差押とが競合したときは，前者の差押命令の第三債務者への送達と

後者の抵当権設定登記の先後によって優劣を決すべきであるとし（最判平成10・3・26民集52巻2号483頁），物上代位の目的債権が第三者に譲渡され，その対抗要件を備えた場合における債権譲受人と物上代位権者の優劣は，債権譲渡の対抗要件具備と抵当権設定登記の先後によるとしている（最判平成10・1・30民集52巻1号1頁）。すなわち，抵当権設定登記が物上代位権をも公示するという理解に立っているといえよう。

しかしながら，上記判例の姿勢を支持する立場に立ったとしても，集合動産譲渡担保においては，抵当権の場合と異なり，第三者が，対抗要件具備の有無（≒集合動産譲渡担保権の有無）を推知することがそれほど容易ではなく（動産債権譲渡特例法による譲渡登記によって対抗要件が具備されている場合は事情を異にするとはいえようが），上記判例と同様に考えるべきではなかろう。

そこで，こうした場合，甲を実行するのと同時に丙を差押えることを要するとし，譲渡担保権の実行と，本来，譲渡担保権を実行し得ない場合のために，その実行に代えてなす物上代位とを一体化させて被担保債権の満足を図ることを可能にすることが求められてよい。こうすることによって，理論的にも物上代位制度の趣旨を損なうことなく，甲という1個の譲渡担保権の効力が乙・丙双方に及んでいるという，その権利内容を実現することができよう。

5 おわりに

最高裁の立場に拠れば，集合動産譲渡担保権において，担保目的物たる動産が滅失して損害保険金請求権が発生した場合に，譲渡担保権者が，その損害保険金請求権に物上代位していくことができるためには，その損害保険金請求権が，譲渡担保権設定者の通常の営業の範囲を超えて発生したことが必要とされるところ，譲渡担保権者において，その通常の営業の範囲を画定すること，すなわち通常の営業が継続しているか否かを判断することは容易でない。

したがって，債権者＝譲渡担保権者が，その物上代位権を行使していくためには，当該譲渡担保権設定者にとっての通常の営業とは何であるのかを明確に認識した上で，担保目的物の滅失，毀損という事実の有無，それに伴う損害保険金請求権の発生はもちろんのこと，その全般的な経営状況が如何なるものであるかを常に把握している必要があり，債権者＝譲渡担保権者にとっては，その債権管理の一環として細心の対応を迫られる場面ということができよう。

9 動産譲渡担保権の円滑な実行に関する一試論
——担保目的物の自力引揚げ，第三者等占有スキーム，動産競売の活用可能性——

山 口 　 明

1　動産譲渡担保権の実行方法　　　4　動 産 競 売
2　担保目的物の自力引揚げ　　　　5　ま と め
3　第三者等占有型スキーム

1　動産譲渡担保権の実行方法

(1)　は じ め に

　我が国では，不動産担保の全盛期が終焉を迎え，近年，売掛債権のほか，工業製品・仕掛品・原材料，商品在庫，農畜産物，機械設備などの資産が担保として積極的に取得されるようになり，これまで「添え担保」にすぎなかった動産担保（動産譲渡担保権）についても従前に比べて規模が拡大している。しかしながら，動産譲渡担保権を円滑に実行することは必ずしも容易でなく，実際に実行に至った場合には，与信時に想定していた担保価値を保全できないことも多い。担保実行によって得られる担保価値が安定的に予測できなければ，動産譲渡担保権の設定時の与信評価が困難となり，動産譲渡担保融資の発展を妨げる一因になる。そこで，現在の動産譲渡担保権の実行にはどのような問題があるのか，その問題点を解消するために如何なる方策がありうるのかについて検討する。

(2)　動産譲渡担保権の実行手続

(a)　譲渡担保権は非典型担保であるから，その実行方法は当事者の合意によるものの，現状は，①目的物を第三者に処分し，それにより得られた売買代金をもって債権の回収をすると同時に，余剰額を清算金として債務者に返還する

方式（いわゆる「処分清算方式」）及び②目的物の価額を適正に評価し、その評価額と被担保債権額との差額を清算金として債務者に返還する方式（いわゆる「帰属清算方式」）の2つに収れんされている。そして、動産譲渡担保融資で用いられる動産譲渡担保権は、通常、債務者の信用事由が生じるまで、保管場所に新たな動産が補充されることを前提に、債務者に「通常の営業の範囲内」で担保目的物を保管させ、その使用収益を認めている。そして、債務者に信用事由が発生した場合には、譲渡担保権者は、いずれかの方式で譲渡担保権を実行することになり、その前提として債務者から担保目的物の引渡しを受ける必要がある。債務者が任意の引渡しに応じる場合には問題は生じないが、債務者がこれに応じないとき又は応じないことが確実視されるときには、譲渡担保権者は、裁判所等を利用した強制処分に基づく引渡しを受ける必要がある。

　その場合、動産譲渡担保権の強制処分の手続としては、債務者が担保目的物を保管していること、法形式上、譲渡担保権者が所有権を債務者から取得していることから、動産の引渡しの強制執行又はその暫定的処分である占有移転禁止の仮処分と処分禁止の仮処分の併用（以下「処分禁止の仮処分等」という。）若しくは断行の仮処分を行うものとされている[1]。

　しかしながら、①動産引渡しの強制執行には債務名義が必要になるため、本案判決を取得するまで半年や1年くらい容易に経過するおそれがある。その間に、担保目的物が劣化したり、搬出等されて隠匿、滅失されるおそれがある。②処分禁止の仮処分等については、この手続自体は、占有移転禁止効力及び処分禁止効を生じさせるものにすぎず、譲渡担保権者に占有を移転させるものではないので、清算手続を行うことまで許容されるわけではない。そのため、譲渡担保権者が担保目的物の清算手続に入るためには、改めて債務名義を取得して動産引渡しの強制執行をしなければならない。そのため、隠匿、滅失リスクはある程度避けることができるが、経年による担保目的物の劣化リスクは避けられない。加えて処分禁止の仮処分等の発令に際し高額な担保金を供託する必要がある。③断行の仮処分については、発令までに債務者を審尋等するのが原則（民事保全法23条4項。ただし、それにより仮処分命令の申立ての目的を達することができない事情があるときはこの限りでない。）であり、発令までに債務者に担保実行

---

[1] 手続の詳細については、拙著『ABLの法律実務──実務対応のガイドブック』（日本評論社、2011年）39頁以下を参照されたい。

〔山口　明〕　　　　　　　　**9**　動産譲渡担保権の円滑な実行に関する一試論

の意図を知られてしまい，担保目的物を隠匿等されるおそれがある。また，発令に際し高額な担保金（この額は，一般的に処分禁止の仮処分等よりも高額になることが多い。）を供託する必要がある。

　さらに，担保目的物の引渡しを受けた場合であっても，処分清算時には，譲渡担保権者が当該担保目的物を第三者に売却しなければならない。そのため，販路や販売ノウハウを持たない金融機関等にとっては，さらに負担を強いられることになる。

　以上のような問題点を踏まえ，その代替実行手段として「担保目的物の自力引揚げ」，「第三者等占有スキーム」，「動産競売」が考えられるので，それぞれの活用可能性及び有用性について検証を加える。

2　担保目的物の自力引揚げ

　(1)　動産譲渡担保権の実行は，前述のとおり，①担保目的物の引渡しを債務者から受けた後，②処分清算方式又は帰属清算方式によって清算手続を行うという過程を経る。このときに，①の過程で，債務者が引渡しを拒んだ場合には，訴訟，執行，保全処分などによって引渡しを受けなければならない。他方，②の過程においては，譲渡担保権者は，いったん担保目的物の引渡しを受けてしまえば，私的（裁判所の手続によらず）に，担保目的物を換価又は評価して清算手続を行うことができる。したがって，動産譲渡担保権の実行においては，①の担保目的物の引渡しの時点においてのみ公権力の援助を受ける必要がある。

　しかしながら，公権力の援助を受けるには，時間と手間を要するので，担保目的物を債務者の承諾なくして私力を用いて引き揚げることができれば，最も迅速，簡易，かつ安価な実行につながるが，このような場合には，自力救済の問題が不可避的に生じることになる。

　自力救済とは，「権利を侵害された場合に，国家の司法手続によらずに，自らの力によって自己の権利を実現，確保，回復することである」[2]と説明される。そして，自力救済は，一般的に禁止され，特別の事情がある場合のみ許されるのが原則であり，これは各種の民法教科書に説かれているとされる[3]。そのた

---

(2) 髙橋一修「自力救済」『基本法学8──紛争』（岩波書店，1983年）68頁。
(3) 伊藤眞「アメリカ合衆国における動産担保権者の自力救済」（『名大法政論集』193号，1981年）380頁。

め,「動産譲渡担保権の実行」という局面において, どのような要件を満たせば「特別の事情がある場合」といえるか検討する。

(2) まず, 明石によれば, 一般的自力救済が成立する要件として, ①請求権の存在, ②請求権の保全を目的とすること, ③自救権者が右請求権の帰属者, その代理人あるいは補助者であること, ④事情の緊急性, ⑤手段の相当性という5つを挙げる[4]。また, 髙橋によれば, ①事態の緊急性, ②手段の相当性, ③利益衡量を一応の枠組みとして挙げる[5]。両説については, 髙橋も請求権の存在を不要と考えているわけではないであろうし, また明石も法益権衡を手段の相当性で検討することになるので, 両説の間に大きな差異は認められない。結局は, ①請求権の存在, ②請求権の保全を目的とすること, ③自救権者が右請求権の帰属者, その代理人あるいは補助者であること, ④事情の緊急性, ⑤手段の相当性, そして場合により⑥利益衡量の各要件を検討していけばよい。

(3) (a)まず, ①請求権の存在, ②請求権の保全を目的とすることについては, 両要件を満たさないものが自力救済でないことは自明の理である。当然ながら本稿における動産譲渡担保権の実行は, これらの要件が備わっていることを前提とする。(b) 次に, ③自救権者が右請求権の帰属者, その代理人あるいは補助者であることについても当然のことであり, それほど異論や問題があるわけではない。

問題になるのは, ④事情の緊急性, ⑤手段の相当性, そして場合により⑥利益衡量であるから, この各要件についてそれぞれ詳細に検討する。

(b) まず, ④事情の緊急性とは, 明石によれば,「公力の救済によっていたのでは, その請求権の実現は不能となるか, または著しく困難となる事情にあること」[6]とされている。その理由としては, 今日では, 原始的自力救済と

---

[4] 明石三郎『自力救済の研究 (増補版)』(有斐閣, 1978年) 297-303頁。ただし, 明石は,「緊急避難に適用される法益権衡の原則も自力救済には原則として適用がない。けだし, 正対正, 否むしろ不正対正 (避難者が不正) の関係とすら考えられる緊急避難と, 正対不正の関係である自力救済とではこの点は取扱を異にすべきである。ただ, 著しく法益の権衡を失する場合には, 手段の相当性の判定に当って勘案すべきである。」(同, 301-302頁) とする。

[5] 髙橋・前掲(2) 80頁。

異なり，原則として公力救済の補充としての自力救済のみが認められるからであると説く。他方で，谷口は，これに異を唱え，「緊急性とは，本来国家による保護を求むべきであるがその余裕がないほど事態が緊迫していることを指す。ところが，本来が自力救済によるべきであるとすればこの要件は無関係になる」とし，非典型担保である譲渡担保権は，わが国の担保法制において私的実行が認められている以上，自力救済を基本的には是認しているとし[7]，緊急性の要件は不要であると説く。谷口の見解は極めて興味深いが，筆者としていずれの見解が妥当であるのかについてはもう少し研究を重ねたいと思う。

次に，⑤手段の相当性とは，明石は，「公序良俗に反しないか否かによらねばならない。その場合に，自力救済のほかに方法がなかったこと（いわゆる補充の原則）を必要とする」[8]と厳格に解し，髙橋も「『公序良俗』を基準としてケース・バイ・ケースに判断するしかないと説かれている」[9]と説明する。なお，非典型担保の自力救済をより広い範囲で認める立場の谷口は，手段が相当であるのは勿論であるとしながらも，「若干の抵抗の排除」や「軽度の欺罔」は許されてよいとしている[10]。筆者としては，自力救済のほかに方法がなかったこと（補充の原則）まで厳格に解する必要はないが，最終的には「公序良俗」の判断によらざるを得ず，結局は，債務者の状況，他の債権者の状況，その際に用いた私力の程度や社会的許容性などを総合的に勘案して個別具体的に検討せざるを得ないものと考えている。その際に，「若干の抵抗の排除」とか「軽度の欺罔」が許されるかについては，ケース・バイ・ケースの判断にならざるを得ない。

⑥さらに，利益衡量とは，「自力救済行為によって保護されるべき利益と，それによって害される利益との比較衡量」[11]とされている。この要件をどの程度重視するかについては議論の余地があるだろうが，こちらもケース・バイ・ケースの判断にならざるを得ない。

---

(6) 明石・前掲(4) 300頁。
(7) 谷口安平「担保権の実行と自力救済」『民事執行・民事保全・倒産処理(上)』〔民事訴訟法研究第4巻〕（信山社，2000年）71頁。
(8) 明石・前掲(4) 301頁。
(9) 髙橋・前掲(2) 81頁。
(10) 谷口・前掲(7) 73頁。
(11) 髙橋・前掲(2) 81頁。

(c) なお，譲渡担保権者の自力引揚げに関する判例については，リーディングケースとして，①譲渡担保権者が工場備付けの機械に対して処分清算型の譲渡担保を設定した後，債務者が倒産しただけでなくその代表者が逃亡して姿をくらましたため，譲渡担保権者が担保目的物である機械について，他の債権者の第三者弁済の申出や搬出停止の懇請を無視し，私力をもって搬出したという事案において，「処分清算型の譲渡担保権者が優先弁済権を行使するためには，目的物を換価するため，処分する以外に方法がないのであるから，その前提として目的物を搬出する行為は，同人の権利を実行するための必須の行為であって不法行為とはいえない。」とした判例[12]がある。また，②前例と同じく，債務者が倒産し代表者が行方不明になったため，弁済期未到来であるにもかかわらず，譲渡担保権者が担保目的物である機械を無断で搬出し弁済期日まで保管の上処分したという事案において，他の債権者らが債務者に代位して提起した損害賠償請求に対して，「〔譲渡担保権者が〕搬出取戻し，これを弁済期日まで自ら保管していた行為は，その搬出取戻しが〔債務者〕側の抵抗を実力をもって排除してされたものであるとか，その当時行方不明であった〔債務者〕代表者から授権された何ぴとかが適正に占有管理していたものであるとか，〔債務者〕がその倒産及び代表者の行方不明後も借用中の本件譲渡担保物件を使用してその業務を正常に運営しうる状況にあったとか等，特段の事情の認めるべきものがあるのでない限り」，譲渡担保権者に対して不法行為に基づく損害賠償責任を負わせるべきではないとした判例[13]もある。

いずれも債務者が倒産して代表者が行方不明になったという事案であるが，判例は，上記のような事情があれば自力救済を許容している。

(4) また，学説の中には，これまで自力救済に関する判例の態度が厳格になりすぎていたと批判し，もう少し自力救済が認められる範囲を緩和してもよいのではないかという見解が有力に主張されている[14]。しかしながら，これらの見解によっても最終的には諸般の事情を考慮したケース・バイ・ケースの判断

---

[12] 最判昭43年3月8日判時516号41頁。
[13] 最判昭53年6月23日判時897号59頁。
[14] 米倉明「シンポジウム・現代における担保法の諸問題」『私法第45号』(有斐閣，1983年) 36頁，86頁，伊藤・前掲(3)376-377頁。

とならざるを得ないのであり，一般基準化に馴染むものではない。したがって，これを制度化した上で，動産譲渡担保権の円滑な実行に寄与する一方策とすることは難しいといわざるをえない。

(5) では，自力救済を許容する特約を債務者との間で事前に締結した場合はどうか。この点について明石は，債務者が任意に基づき差押えの当時も同意していなければ，自力差押えは無効であると説く[15]。また，谷口も「事前に『必要なときには勝手に持ち出してよい』旨の特約（いわゆる自力救済条項）がなされていても，これによって承諾があるとはいえない。」[16]と説く。したがって，このような特約によって画一的に自力救済が許容されると解することは難しいものと考えられる。

(6) 以上において検討したとおり，担保目的物の自力引揚げは，制度化して積極活用することは難しく，あくまで緊急時の回収手段という位置づけにならざるを得ない。

3　第三者等占有型スキーム

(1) 既に述べたとおり，動産譲渡担保権の実行について強制処分を要するのは，非典型担保による私的実行という性質上，債務者から担保目的物の引渡しを受ける場面のみである。そのため，第三者が担保目的物を占有し，当該第三者から任意の引渡しを受けられる状態である場合や譲渡担保権者が担保目的物を占有している場合には，公権力の援助を一切受けずに担保実行することが可能である。そのため，第三者又は譲渡担保権者が担保目的物を占有している状態のスキームを組成することによって，簡易，迅速な担保実行を図ることができないだろうか。

(2) 第三者占有型スキーム
(a) まず，第三者に担保目的物の保管を委託し，譲渡担保権者の求めに応じて引渡しを受けられる状態であれば，債務者が担保目的物の引渡しを拒否して

[15] 明石・前掲(4) 304頁。
[16] 谷口・前掲(7) 72頁。

も，動産引渡しの強制執行をする必要はない。ここで，第三者に該当する代表的な者としては，物の保管を専門的に扱う倉庫業者が考えられる。

　しかしながら，倉庫業者が債務者との間で寄託契約を締結している場合には，譲渡担保権者に対する担保目的物の安易な引渡しは，債務者から賠償請求を受けることになりかねない。したがって，受寄者（倉庫業者）を免責する特約を結んでおく必要がある。なお，倉庫業者に担保目的物を保管させ，かつ，担保目的物に動産譲渡担保権を設定して，動産譲渡登記を備えた場合には，動産及び債権の譲渡の対抗要件に関する民法上の特例等に関する法律（平成10年法律第104号，以下「譲渡特例法」という。）上，譲渡担保権者が占有代理人に対して担保目的物の引渡しを請求した場合において，当該占有代理人は債務者に異議があれば相当の期間内に異議を述べるべき旨を催告し，これに異議を述べないときには，当該代理人は，譲渡担保権者に当該動産を引き渡しても賠償の責任を負わない（譲渡特例法3条2項）という規定が設けられているものの，この規定に従っても結局は，債務者の異議がある場合には，譲渡担保権者への迅速な引渡しができないので，動産譲渡登記を用いるスキームにおいても，上記免責特約の締結は必須である。ちなみに，譲渡特例法3条2項は，受寄者の免責を定めたものであって債権的な性質を有する任意規定であるから，譲渡特例法の立法担当者も，債務者と占有代理人との間に特約がある場合にはこれに従うと考えているので，免責特約の締結に法的な支障はない[17]。

　そのため，動産譲渡担保権を設定する場合に，強制執行を不要とする目的で，①倉庫業者に担保目的物の保管を委託すること，②債務者に信用事由が生じた後に，譲渡担保権者が債務者及び倉庫業者に担保権実行の通知をした際には，倉庫業者は直ちに担保目的物を譲渡担保権者に引き渡すものとし，債務者はこれに異議を述べることができない旨の特約を締結するというスキームの構築が考えられる。

　既に，倉庫業者の営業倉庫を利用した動産譲渡担保融資スキームは相当程度用いられているようであるが，上記に述べたような，債務者が拒否した場合であっても強制執行によらずに担保権実行が可能であるという法的なメリットを踏まえた積極的な活用がされている例は少ないように思われる。上記のような

---

[17]　植竹勝裕ほか『一問一答・動産・債権譲渡特例法〔3訂版増補〕』（商事法務，2010年）46頁。

受寄者免責特約を用いたスキームの法的メリットからすればその有用性が再度見直されてよいのではなかろうか。さらに，倉庫業者が担保目的物を保管することによって，倉庫業者による在庫の適正な管理・把握というメリットもあわせて期待できる。すなわち，債務者から在庫の情報の提供を受けるだけでは情報の正確性が担保できないおそれがあるので，そのおそれを可及的に低減できるだけでなく，譲渡担保権者が定期的に在庫確認を行うという手間も省けるという期中管理上のメリットが生じる。

　しかしながら，債務者の業態によっては，担保目的物を倉庫業者の営業倉庫に移すと業務に重大な支障が生じる場合もある。例えば，自社工場などで製品を製造，保管している場合には、担保目的物を倉庫業者に寄託することは難しいこともある。その場合には，「出保管」というシステムをとることも考えられる。出保管とは，債務者所有の倉庫をそのまま倉庫業者に貸与し，倉庫業者は譲渡担保権者の代理人として担保の目的物たる倉庫内の商品等につき債務者から引渡しを受けるという方法である。例えば，製造と保管の場所を区分して，保管場所については出保管を行うというスキームも考えられる。もちろん，目的物の出し入れが頻繁に行われる場合には倉庫業者の点検が困難であるとか，債務者の営業に支障が出るといった弊害が生じる可能性はあるものの，そのような弊害が生じないのであれば，「出保管」も積極的に活用されてよいのではなかろうか。

(b) **SPV 保管型スキーム**

　しかし，倉庫業者は，在庫の保管義務を負う以上，倉庫内の物品を適正に管理しなければならないが，保管上の安全性が十分に確保できない倉庫の受寄者となるのは障害が多いものと思われる。そこで以下のような SPV（Special Purpose Vehicle）を用いたスキームを構築することが考えられる。

　すなわち，①まず，動産譲渡担保融資の専用 SPV を設立する。②そして，SPV が債務者から担保目的物の保管場所である敷地及び倉庫の使用貸借を受け，当該敷地及び倉庫に施錠を行う。③SPV は，債務者との間で，担保目的物の寄託契約を締結し，当該倉庫において担保目的物の保管を行う。この際に，SPV は，債務者との間で，信用事由発生時には，譲渡担保権者からの通知によって倉庫内の担保目的物を譲渡担保権者に直ちに引き渡すものとし，それによって免責されるという特約を締結する。④SPV には，保管に関する最

終的な意思決定を行う者（例えば，弁護士等）が代表者に就任し，さらに，倉庫業者その他保管を適切に行う経験と能力を有する者（以下「倉庫業者等」という。）にその事務を委託して，担保目的物の搬入，搬出に立ち会わせ，かつ担保目的物の具体的な種類，数量を把握させる。また，必要に応じて倉庫業者等に委託して滅失毀損を防ぎ現状維持のための保管措置を講じさせる。⑤その上で，担保目的物の補充を条件に，債務者に対して担保目的物の搬出，搬入を許諾する。⑥債務者は，通常の営業に必要な範囲で倉庫への立入りを行い，担保目的物の搬入，搬出ができる。なお，SPVが担保目的物を保管するため，債務者は独自に敷地及び倉庫に施錠することができない。これによって，倉庫業者等が債務者の倉庫で担保目的物を保管している出保管などと同様の法律関係を作り出すことができる。

　もちろん，このようなスキームが実際に運用可能かという問題はある。しかし，例えば，施錠は電子施錠による遠隔操作の開錠，閉錠を用いて行う。在庫の現地立ち会いは実際には行わず，倉庫に設置したモニターによってテレビ電話等を通じて指示管理を行う。24時間モニター監視に基づき必要がある場合には，倉庫業者等が現地に駆けつけて現状維持のための保管措置を講じるといった技術上の工夫をすることによって実現可能ではなかろうか。

　なお，このような形態では，SPVが寄託契約上の保管をしているとはいえず，結局，債務者が担保目的物の保管をしているにすぎないのではないかという批判がありうる。しかし，寄託契約における保管とは，「一般的にできるだけ狭く解釈されており，物を保持して滅失毀損を防ぎ原状維持のために保全の途を講じること」[18]とされている。そのため，もちろん保管物，保管形態の実態によるので慎重に判断する必要はあるが，SPVが倉庫内の担保目的物の種類，数量を把握しており，搬入及び搬出を管理し，滅失毀損を防ぎ現状維持のための保全策を自己の委託する第三者を介して講じている限り，SPVの保管と認められる可能性が十分にあると思われる。

　また，SPVに倉庫業法の規制が生じないか問題となるが，倉庫業法2条2項は，「寄託を受けた物品の倉庫における保管（保護預りその他の他の営業に付随して行われる保管又は携帯品の一時預りその他の比較的短期間に限り行われる保管であっ

---

[18]　松本暉男「寄託契約」『契約法大系Ⅴ（特殊の契約1）』（有斐閣，1963年）3頁。

て，保管する物品の種類，保管の態様，保管期間等からみて第6条第1項第4号の基準に適合する施設又は設備を有する倉庫において行うことが必要でないと認められるものとして政令で定めるものを除く。）を行う営業」とされている。そのため，「営業性」が要件になっており，営業とは「営利の目的」をもって「反復継続」して行うことであり，この「営利の目的」はいわゆる「収支相償性」であるものと解される。したがって，SPVに報酬が発生しないのであれば「収支相償性」は認められず，「営業」には該当しないため，倉庫業法の規制も生じないものと考えられる。なお，国土交通省が作成する平成22年3月付け「倉庫業登録申請の手引き」によれば，農業倉庫や協同組合の組合員に対する保管事業は「営業でないもの」とされている。

これによれば，信用事由発生時においては，SPVが敷地及び倉庫内から在庫を搬出して，譲渡担保権者に引渡しを行えばよいので，断行の仮処分と同等の効力を認めることができる。仮にSPVが寄託契約上の保管をしていないと認定された場合であっても，次に述べる譲渡担保権者共同占有型スキームと同等の効果は認められるものと思われるので，一定の効果が期待できる。

(3) 譲渡担保権者共同占有型スキーム

(a)(i) 次に，譲渡担保権者が保管するスキームについて検討する。最も簡単なのは，譲渡担保権者自身が担保目的物を常時自社倉庫など自己の管理下で保管する形態である。しかしながら，譲渡担保権者が常時自己の管理下で保管するのは実際上困難が多く，また自社倉庫を有していない譲渡担保権者も多いであろう。

そのため，銀行の貸金庫において形成された法理論を応用した次のようなスキームを構築することが考えられる。すなわち，①担保目的物の保管場所である債務者の敷地及び倉庫を譲渡担保権者が債務者から使用貸借を受け，譲渡担保権者が敷地及び倉庫に施錠を行う。②その上で，譲渡担保権者が債務者に対して当該敷地及び倉庫を転使用貸借し，債務者が敷地及び倉庫で担保目的物を保管する。当該敷地及び倉庫には債務者も譲渡担保権者とは別途独自の施錠を行う。③債務者が倉庫及び敷地内に入るためには，譲渡担保権者に対して敷地及び倉庫の利用申請を行い，営業開始時間に譲渡担保権者が開錠し，営業終了の時間になると譲渡担保権者が閉錠を行う。なお，譲渡担保権者と債務者との

間の特約で保管責任を免除する。④また，譲渡担保権者は，何が倉庫内に入っているかまで把握することはない。すなわち，銀行の貸金庫と近接する状態を債務者の敷地及び倉庫を用いて作り出すことになる。⑤そして，債務者に信用事由が発生した場合には，譲渡担保権者は，開錠を拒否して，債務者の倉庫内の立入りを禁じることができる旨を予め合意しておく。

　(ⅱ) このようなスキームは，実際の運用が難しいとの批判もありうる。しかしこれについても，例えば，譲渡担保権者の施錠は電子施錠などを用いて遠隔操作で開錠，閉錠を行えば，譲渡担保権者が債務者の敷地及び倉庫に赴いて開錠，閉錠を行う必要はなくなる。また，譲渡担保権者及び債務者との間で開錠，閉錠時間を予め定めておき，仮に延長などが発生する場合には，FAXなどで当日の開錠，閉錠時間を申請するようにしておけば，債務者が毎日開錠，閉錠のために譲渡担保権者の店舗に赴いて申請を行う必要もないため，このような工夫を行えば十分運用可能であろう。

　(b)(ⅰ) このスキームにおける法律関係は，貸金庫における平成11年の判例[19]が，銀行は，貸金庫の内容物について利用者と共同して民法上の占有を有しており，この占有は，貸金庫取引の特質を反映して，貸金庫の内容物全体についての一個の包括的な占有として成立するとしている。同じくトランクルームで保管している物の法律関係について平成12年の裁判例[20]が「本件貸倉庫は，〔倉庫業者〕が管理するトランクルーム施設内に設置され，利用者は，〔倉庫業者〕に預り証及び届出印が押された入館票を提出するなど，所定の手続を履践しなければトランクルーム施設内に立ち入ることができず，また，〔倉庫業者〕は，所定の手続を履践しない利用者に対してトランクルーム施設内への立入りを拒絶することができるものであるから，利用者は，〔倉庫業者〕の協力なしに貸倉庫に収納された内容物を取り出すことができないのであり，他方，〔倉庫業者〕は，本件貸倉庫契約上，貸倉庫の安全保持を通じて貸倉庫の内容物を安全に保管する責任を負っているものである。右の事実によれば，〔倉庫業者〕は，本件貸倉庫の内容物について，利用者と共同して民法上の占有を有するものと解するのが相当である。なお，〔倉庫業者〕が貸倉庫の開閉や内容物の出入れそのものに関与せず，〔倉庫業者〕は利用者が何を貸倉庫に収納し，又は

---

(19) 最判平成11年11月29日民集53巻8号1926頁。
(20) 東京地判平成12年11月14日判例タイムズ1077号58頁。

取り出したかを知らないなど前認定の本件貸倉庫の理由関係に照らすと，〔倉庫業者〕の貸倉庫の内容物に対する占有は，貸倉庫に収納された物品ごとに個別的に成立するものではなく，貸金庫の内容物全体についての包括的な占有として成立する」と判示している。そのため，本スキームにおいてもこれらの判例等と同様に考えてよいものと思われる。すなわち，譲渡担保権者は，当該敷地及び倉庫内の内容物について債務者と共同して民法上の占有を有しており，この占有は，敷地及び倉庫の内容物全体についての一個の包括的な占有として成立する。

なお，個別動産については，「銀行の占有は貸倉庫の内容物全体について包括的に成立するものであること，また，貸金庫内に存在する個々の動産について成立する貸金庫利用者の占有とは異なるレベルで重畳的に成立するものであり，いわば代理占有よりも動産との結び付きがさらに弱いものである」[21]とされ，したがって債務者の占有が成立しているものと解される。

(ii) そして，債務者の信用事由発生時には，以下の手順を踏むことになる。①まず，契約に従い，譲渡担保権者が開錠を行わないので，以後債務者は，敷地及び倉庫への立ち入りができず，占有を移転することはできなくなる。②それと同時に，譲渡担保権者が債務者に与えていた「通常の営業の範囲内での処分」権限を撤回する。そして，平成18年の判例[22]によれば，通常の営業の範囲を超える処分については，「譲渡担保契約に定められた保管場所から搬出されるなどして当該譲渡担保の目的である集合物から離脱したと認められる場合でない限り，当該処分の相手方は目的物の所有権を承継取得することはできない」と判示している。そのため，譲渡担保権者の施錠により，債務者は保管場所から担保目的物を搬出できないので承継取得はできない。また，第三者が即時取得（民法192条）をする可能性もありうるが，債務者が保管場所から担保目的物を搬出できない以上，売却した担保目的物の第三者への引渡しは占有改定によるほかない。そして，占有改定があっただけでは，即時取得を認めないというのが判例の立場であるとされている[23]から，第三者に所有権が移るリスク

---

[21] 鈴木尚久『貸金庫の内容物に関する強制執行と銀行実務上の対応』（金融法務事情1571号，2000年）18頁。
[22] 最判平成18年7月20日民集60巻6号2499頁。
[23] 最判昭和35年2月11日民集14巻2号168頁。

は低い。その結果，処分禁止の仮処分等と同等の効果が得られる。

しかしながら，個別の動産の占有が債務者にある以上，譲渡担保権者が無断で敷地内及び倉庫内の動産を搬出した場合には，自力救済の問題が生じうるので，断行の仮処分と同様の効力は認められないものと考える。

なお，本スキームにおける倉庫業法の規制については，ある営業行為の一部を取り出してみると「保管」といいうる場合でも，全体としてみると「飼育」「供養」等他の行為であると認められる営業形態は，倉庫業ではないと解される（倉庫業法施行規則等運用方針）。そのため，本件スキームにおいても，一部を取り出してみると，目的物の「保管」を伴うものの，全体としてみると動産譲渡担保融資，すなわち，金銭の貸付けとそれを保全するために動産を担保として取得し，その担保価値を保持するための保管であることから，倉庫業には該当しないと考えられる。

(4) 以上のとおり，動産譲渡担保権の設定時に，第三者占有型，あるいは譲渡担保権者占有型のスキームを構築することによって簡易迅速な私的実行を行うことが期待できる。なお，実際の売却方法については，後述するように，高い換価価値を生み出す手法が実務上導入されているとのことであり，担保目的物の引渡しを簡易迅速に受けることは，高い債権回収率の実現につながる。

4 動産競売

(1) 最後に，動産譲渡担保権に基づく動産競売の可否について検討する。動産競売とは，民事執行法190条以下の「動産を目的とする担保権の実行」であり，これを導入するメリットとして以下の点が挙げられる。

まず，動産競売は，(a)債権者が執行官に対し当該動産を提出したとき（民事執行法190条1項1号），(b)債権者が執行官に対し当該動産の占有者が差押えを承諾することを証する文書を提出した場合（同項2号）に加え，(c)平成15年担保・執行改正法（「担保物権及び民事執行制度の改善のための民法等の一部を改正する法律（平成15年度法律134号）」）により，債権者が担保権の存在を証する文書を提出して執行裁判所に競売開始の申立てをしてその許可を得た場合（同項3号，同条2項）のいずれかの場合に開始される。そのため，債務名義を取得する手間を要せずに，迅速な担保実行をすることが期待できる。次に，動産競売におい

て，執行官は動産競売における差押物を入札又は競り売りのほか最高裁判所規則で定める方法により売却し（192条，134条），その売得金等について配当等が実施される（192条，139条）。これにより，譲渡担保権者は，公権力の援助を受けて，公正な売却手続をもって，適正な売却価格で担保目的物を処分した上で，公正な清算手続を行うことができる。さらに，動産譲渡担保権を処分清算実行する際には，瑕疵担保責任が発生するため，処分を躊躇させる一要因となりうる。また，担保目的物の販路や販売ノウハウを持たない金融機関などは，処分先を自ら見つけるのが困難な場合がある。しかしながら，動産競売においては瑕疵担保責任を負わない（民法570条但書）うえに，自ら処分先を見つけてくる負担から解放される。

　以上のことから，動産譲渡担保権に基づく動産競売のメリットは十分に認められることから，問題は解釈としてそれが可能かどうかである。

(2) 民事執行法上の文言解釈，立法経緯等

(a) 動産競売を定める民事執行法190条は，「担保権」と規定しており，担保権の種類を限定していない。例えば，民事執行法133条が動産執行における配当要求権者の資格を「先取特権又は質権」と明記していることに比べて，広く担保権一般を指していると解釈することも可能である。

(b) 次に，民事執行法が昭和55年に施行された際の立法経緯については，確かに当時の立法担当者が執筆した文献において，「譲渡担保権では，実行をすることは認められない。」[24]と明記されている。しかしながら，民事執行法の立法過程において，譲渡担保権者にどのような地位を与えるかについて様々な検討がされ，結局，民事執行法において譲渡担保権については一切触れないこととされ，民事執行法133条も，配当要求権者を明文上先取特権者又は質権者に限定し，譲渡担保権の扱いについては解釈にゆだねることとされたという経緯がある[25]。さらに，最高裁判所の調査官解説においても，譲渡担保権に基づく「物上代位」に関して触れられた内容であるものの，「民事執行手続における譲渡担保権の扱いは基本的には解釈にゆだねられていて，担保権として扱う

---

[24] 田中康久「第4章　担保権の実行としての競売等」『注解民事執行法(5)』（第一法規，1985年）164頁。
[25] 「注釈民事執行法＜第5巻＞」（金融財政事情研究会，1985年）468頁。

ことが許されないものではない。実体法の解釈において物上代位を肯定することになれば、執行手続においてもそれに応じた扱いがされるべき性質の事柄であろう（物上代位を肯定した場合における民事執行手続上の具体的な取扱いは、本件とは別個に検討されるべき問題である。）。」[26]とされている。

(c) 以上を勘案すれば、譲渡担保権の実体法上の解釈や動産競売の制度趣旨いかんによっては、譲渡担保権に動産競売を認めるという解釈も十分に成り立つはずである。

(3) 譲渡担保権の実体法上の解釈

そこで、譲渡担保権の実体法上の解釈を検討すると、学説上大きく分けて、所有権的構成と担保権的構成があり、判例がいずれの立場に立つものか評価が分かれていて、未だ決着を見ない。しかし、その争いは譲渡担保権に基づく動産競売の可否を考える際の本質的要素ではない。というのは、所有権的構成と担保権的構成の争いは譲渡担保権の法的性質全般に関わる問題であって、ここで問題となるのは、あくまで譲渡担保権に基づく動産競売の可否という局面にすぎないからである。したがって、担保権に基づく動産競売申立権がどのような法的性質に基づいており、その法的性質を動産譲渡担保権が有しているかを検討すれば足りる。

(a) 動産競売申立権の法的性質

競売申立権の法的性質は、まず、実体法上の換価権に基づくという「換価権説」が主張されている。換価権説の具体的な内容は論者によって異なるものの、代表的な論者の一人である兼子は、担保権の実行の場合は競売申立人が実体法上他人の所有物を売却しその代金を優先的に債権の弁済に充当しうる権利に基づくもので、ただ売却につき国家の競売制度を利用することが要求されると説く[27]。これに対して、執行機関に対する競売申立権にすぎないとする「執行権説」も主張されている。執行権説の具体的な内容も論者によって異なるが、執行権説の代表的な論者の一人である生熊は、担保権者は競売機関に競売を申立てる権利を有するにすぎず、この競売は担保権者が自ら売主として行う私売ではなく、国家機関が国家の名において行う公売ないしは公用徴収に類する公法

---

[26] 河邉義典「判解」『最高裁判所判例解説　民事編　平成11年度』（法曹会）451頁。

[27] 兼子一『増補　強制執行法』（酒井書店、1954年）254頁。

上の処分であり，国家機関が差押により国家に帰属した処分権を基礎として，他人の物または権利を処分するものである。担保権実行競売も強制競売と同様，責任の強制的実現を目的とするものであって，金銭執行の本質を有すると説く[28]。

　もっとも，筆者は，以下に述べるとおり，いずれの見解によっても動産競売申立権の法的性質を動産譲渡担保権は有しているものと考えているので，ここではいずれの説が妥当であるかという詳細には立ち入らない。

　(b)(i)　まず，動産競売申立権の法的性質は，兼子が説く換価権説を前提にすると，目的物の処分権（売却権）と弁済充当権である。そして，動産譲渡担保権は，この2つの要素を満たしている。すなわち，目的物の処分権について，判例は，昭和46年の段階[29]で「債務者が弁済期に債務の弁済をしない場合においては，目的不動産を換価処分し，またはこれを適正に評価すること」ができる旨判示し，また昭和57年[30]には「債務者が債務の履行を遅滞したときは，債権者は，目的不動産を処分する権能を取得し，この権能に基づいて，当該不動産を適正に評価された価額で自己の所有に帰せしめること，又は相当の価格で第三者に売却等をすることによって，これを換価処分し，その評価額又は売却代金等をもつて自己の債権の弁済に充てることができる」と判示し，さらに平成6年[31]には，「不動産を目的とする譲渡担保契約において，債務者が弁済期に債務の弁済をしない場合には，債権者は，右譲渡担保契約がいわゆる帰属清算型であると処分清算型であるとを問わず，目的物を処分する権能を取得するから，債権者がこの権能に基づいて目的物を第三者に譲渡したときは，原則として，譲受人は目的物の所有権を確定的に取得し，債務者は，清算金がある場合に債権者に対してその支払を求めることができるにとどまり，残債務を弁済して目的物を受け戻すことはできなくなる」と判示している。したがって，判例は現段階において帰属清算型であると処分清算型であるかを問わずに，譲渡担保権者に「目的物を処分する権能」があることを認めている。

---

[28]　生熊長幸「執行権と換価権──担保権の実行としての競売をめぐって──」『岡山大学創立30周年記念論文集 法学と政治学の現代的展開』（1983年）273頁。
[29]　最判昭和46年3月25日民集25巻2号208頁。
[30]　最判昭和57年1月22日民集36巻1号92頁。
[31]　最判平成6年2月22日民集48巻2号414頁。

次に，弁済充当権については，前述した昭和57年の判例は，目的物の換価・処分権能を認めた上で，その評価額又は売却代金等をもって自己の債権回収に充てることができることを認めている。これはすなわち，担保権特有の被担保債権と担保目的物との対象関係が措定されていることを意味する。そして，この弁済充当権は，第三者との関係において，昭和56年の判例[32]や昭和58年の判例[33]が債務者の一般債権者による差押えがあった場合に譲渡担保権者の第三者異議の訴えを認め，債務者の一般債権者を排除することを認めている。さらに，平成18年の判例[34]において，「重複して譲渡担保を設定すること自体は許されるとしても，劣後する譲渡担保に独自の私的実行の権限を認めた場合，配当の手続が整備されている民事執行法上の執行手続が行われる場合と異なり，先行する譲渡担保権者には優先権を行使する機会が与えられず，その譲渡担保は有名無実のものとなりかねない。このような結果を招来する後順位譲渡担保権者による私的実行を認めることはできない」としており，他の譲渡担保権者との関係でも自己が先順位であればこれを排除することが認められている。以上のことからすれば，譲渡担保権は，被担保債権と担保目的物との対象関係が措定され，それは自己に劣後する第三者を排除する効力を有していることから，優先弁済権が認められているものと解釈することができる。以上のことから，動産譲渡担保権は，換価権説を前提とした場合，担保権に基づく競売申立権の法的性質である「実体法上の換価権」を備えている。

(ⅱ) 次に，執行権説については，生熊の見解を前提にすれば，競売申立権とは，競売機関に競売を申し立てる権利を有するにすぎず，担保権実行競売も強制競売と同様，責任の強制的実現を目的とし，かつ，金銭執行の本質を有するものである，ということになる。すなわち，その本質的な要素は「責任の強制的実現」と「金銭執行の本質」の2点にある。

そしてまず，「責任の強制的実現」とは，言い換えれば担保目的物が被担保債権の責任財産（引当て）になっているということである。これについては，換価権説のところで検討したのと同じく，被担保債権と担保財産との対象関係の措定が生じており，しかも，その責任は，実体法から導かれる譲渡担保権の

---

(32) 最判昭和56年12月17日民集35巻9号1328頁。
(33) 最判昭和58年2月24日判時1078号76頁。
(34) 前掲(22)・最判平成18年7月20日。

優先弁済権を前提とする優先的な引当て責任である。そのことからすれば，譲渡担保権者の特定債権を保全するため，債務者の特定財産が責任の要素になっているものと解される。以上のことから，「責任財産の強制的実現」という要素は満たすものと考えられる。

次に，「金銭執行の本質」とは，金銭の支払を目的とする債権を満足させるための強制執行をいうから，少なくとも被担保債権の存在が必要となる。こちらも，被担保債権と担保目的物との対象関係の措定が認められること，また，上記の平成18年の判例においては，「本件契約は，再売買が予定されている売買契約の形式を採るものであり，契約時に目的物の所有権が移転する旨の明示の合意がされているものであるが，上記債権を担保するという目的を達成するのに必要な範囲内において目的物の所有権を移転する旨が合意されたにすぎないというべきであり，本件契約の性質は，譲渡担保契約と解する」と判示しており，譲渡担保権が単純な再売買の予約とは異なり，被担保債権の存在を前提とした債権担保のための法形式と考えていることからすれば，動産譲渡担保権に基づく動産競売を認めることは，金銭執行の本質に反するものではない。

以上のことから，動産譲渡担保権は，執行権説を前提にした場合であっても，競売申立権の根拠となる「責任の強制的実現」と「金銭執行の本質」を有しているものと考えられる。

(4) 動産競売の制度趣旨

また，民事訴訟法が担保権の実行について競売手続を設け，私的執行禁止の原則を貫いた趣旨は，「私人に執行方法をゆだねると，権利がないのに実行したり……権利の限度を超えて権利を実行したり，執行手続が適正でなかったり，低廉な価格で売却したりすることがあるため，債務者・所有者の保護のために国家機関がその手続を主催する」ためである[35]。そして，譲渡担保権を動産競売によらずに私的に実行する場合には，既に述べたとおり，担保目的物の引渡しの時点においてのみ公権力の援助を受ける必要があるだけで，それ以外の売却手続や清算手続については公権力の援助を受けずに実行することができる。そのため，動産譲渡担保権者が，売却手続や清算手続について適正及び公正さ

---

[35] 田中・前掲(24) 164頁。

財産法の新動向　Ⅰ

を確保するために，売却手続や清算手続についても公権力の援助を受けることを希望して動産競売を申し立てた場合には，民事訴訟法の趣旨からこれを認めるべきである。

(5)　学説上の見解

　学説においても，譲渡担保権に基づく動産競売を肯定的に考える見解が多数有力に主張されている。例えば，槇は，譲渡担保権は，実体上は担保権にすぎず，そして，その担保権が優先弁済権を本体的効力としている以上（仮に所有権取得権としての性格を部分的に伴うとしても），優先弁済実現の基本的手段である公的実行権を否定される理由はないという理論的な理由に加え，私的実行の過程において担保物の評価額をめぐる争いを生じ，また担保権者において清算金を準備できない事態を生ずるなど，その貫徹の上での支障や負担が注目されてくると，担保権者において私的実行を行う意欲を失うことも十分考えられるという実践的な理由から[36]，米倉は，譲渡担保を動産抵当権と構成するならば抵当権と同じく，債務名義なくして競売申立ができてしかるべきとしながらも，譲渡担保は本来は競売手続の回避を目的としていることから，債務者が公的実行によることを同意した場合とか，私的実行に協力しない場合に限り競売申立をなしうると解すべきとして限定的ながら[37]，いずれも譲渡担保権に基づく動産競売が認められると説く。また，松村も「実体法上は一般に担保的構成をとる方向にあること，民執法190条1項が『動産を目的とする担保権の実行としての競売』と規定するにすぎず，担保権に譲渡担保が含まれると解する余地があること，そして権利実現の実効性確保という観点を重視すると，動産譲渡担保にも改正法の適用を認める余地はあるのではなかろうか」[38]と指摘する。さらに，小倉も「任意処分の一つの形として担保権実行手続を借用することをあえて否定することもない（換価の公正さにおいてはむしろ優るといえる。）という解釈も可能であろう」[39]と述べる。

---

[36]　槇悌次『担保物権法』（有斐閣，1981年）354-355頁。
[37]　米倉明「特定動産譲渡担保の法的構成」『民法学3《担保物権の重要問題》』（有斐閣，1976年）192頁。
[38]　松村和德『動産競売制度の改正』（銀行法務21　640号，2004年）40頁。
[39]　小倉顕「（動産競売の要件）第190条」『注解民事執行法(5)』（第一法規，1985年）308頁。

さらに、実務家からも、「動産競売に対する実務上のニーズがあること、後記の通り法的倒産手続において譲渡担保権は担保権として扱われていること、民事執行法の改正により、同法190条1項の「担保権」に譲渡担保権も含まれると解することも可能となったことから、譲渡担保権に基づく動産競売を認めるべきとする見解も提唱されており、この点に関しては、担保法制のあり方も含め、今後議論が深まっていくことが予想される。」[40]とか、「当事者の合理的な意思としては、競売手続を回避することまで合意されているとは考えにくい。たんに通常は私的実行が簡易であるから私的実行が期待されているにすぎず、競売手続のほうが有利な事情があれば競売手続によることを排除する意思はないであろう。非協力的な設定者に対して目的物の引渡しを求める場合には、原則として自力執行が許されず、引渡請求の本訴を提起し、さらに動産引渡の強制執行を行う必要があることから、必ずしも私的実行が簡易迅速とはいえない。」[41]とか、「動産譲渡登記にかかる動産譲渡担保権の実行方法として、民事執行法190条2項が利用できるかどうかは、前記のとおり、学理上も執行実務上も明らかではなく、克服すべき法的課題も少なくありませんが、将来の執行実務において、この方法が認められるということになれば、私的な譲渡担保実行のノウハウ〔所有権に基づいて担保目的財産の引渡を受け、自らの手で換価処分するという商社・事業会社的手法〕を有しない金融機関等にとっても、動産譲渡登記の利用メリットが増えることになります。動産譲渡登記にかかる動産譲渡担保権の場合、譲渡担保権の存在および目的財産の特定が、登記事項証明書（法11②）という公文書で確実に証明されますので、民事執行法190条2項の権利証明文書の提出は、きわめて容易に行うことができると考えられるからです。」[42]といった主張もされている。

(6) 民事執行法上の取扱い

とはいえ、実体法に比べて手続的画一性が求められる執行手続において、外

---

[40] 株式会社野村総合研究所『『動産・債権担保融資（ADL）の普及 インフラ構築に関する調査研究』報告書 テキスト編』(2008年) 140-141頁。

[41] 岡内真哉＝田中秀幸『集合動産譲渡担保に関する論点の整理と新たな公示制度の提案』（金融・商事判例1186号、2004年）112頁。

[42] 河野玄逸「動産譲渡登記をベースとする動産譲渡担保権の実行」堀龍兒編『Q&A債権・動産譲渡担保の実務』（新日本法規、2005年）392頁。

形上所有権が移転している権利に、担保権と同じ効力を認めてよいのかという批判もありうる。しかし、そのような理由だけでは、動産譲渡担保権に基づく動産競売を否定する理由にはならない。現に、民事執行法における譲渡担保権の取扱いとして、物上代位権の行使に関しては、個別動産譲渡担保権に関して平成11年[43]に「〔輸入〕商品に対する譲渡担保権に基づく物上代位権の行使として、転売された〔輸入〕商品の売買代金債権を差し押さえることができ」る旨判示し、さらに、集合動産譲渡担保権に関して平成22年[44]に「構成部分の変動する集合動産を目的とする集合物譲渡担保権は、譲渡担保権者において譲渡担保の目的である集合動産を構成するに至った動産（以下「目的動産」という。）の価値を担保として把握するものであるから、その効力は、目的動産が滅失した場合にその損害をてん補するために譲渡担保権設定者に対して支払われる損害保険金に係る請求権に及ぶ」と判示して、いずれも民事執行手続において行使することを認めている。物上代位権とは、抵当権、質権など目的物の価値を担保として把握する典型担保物権において認められているものである（民法372条、304条）が、「目的物の価値を担保として把握している」という理由で、非典型担保である譲渡担保権についても、民事執行法上、その行使を認めている例もある。

(7) 私的実行との関係

また、動産譲渡担保権には、私的実行が認められている以上、あえて譲渡担保権に基づく動産競売を認める必要性に乏しいという批判もありうる。しかし、実務上の必要性があることは既に述べたとおりであるし、典型担保物権である抵当権にも、私的実行（流抵当）が認められていることとの均衡からすれば、譲渡担保権に私的実行が認められているということだけでは、公的実行を否定する理由にはならない。

(8) 以上のとおり、譲渡担保権に基づく動産競売を否定する理由はほとんど見当たらないのであるが、これまで、動産競売を認めようという議論が積極的にされてこなかったように思われる。それは、平成15年の担保・執行法改正

---

[43] 最決平成11年5月17日民集53巻5号863頁。
[44] 最決平成22年12月2日民集64巻8号1900頁。

前までは，債権者が目的動産を執行官に提出したとき，あるいは債権者が目的動産を占有していない場合には，目的動産の占有者が差押えを承諾することを証する文書を執行官に提出したときに限り，競売手続を開始することができるとしていた（旧民事執行法190条）ため，債務者に担保目的物を占有させる譲渡担保権においては，上記の要件を満たすことが事実上不可能であり，結果として譲渡担保権に動産競売を認めても実効性に欠けることが原因であったと思われる。また，担保権といえばこれまでは不動産担保権が主であり，動産担保権は「添え担保」のような従たる役割しか果たしていなかったためにその重要性が相対的に低かった。そのため，議論の実益が乏しかったのであろう。

しかしながら，平成15年の担保・執行法改正により，債権者が担保権の存在を証する文書を提出して執行裁判所に競売開始の申立てをしてその許可を得た場合（民事執行法190条1項3号，同条2項）に動産競売が開始できるようになった。そのため，仮に担保目的物の直接的な占有が譲渡担保権者になくても，執行裁判所の許可を得た後，執行官は債務者の住居等に立ち入り，目的物を捜索し，閉鎖した戸及び金庫その他の容器を開くため必要な処分をすることも可能である（同法192条，123条2項）。すなわち，債務者が担保目的物を隠匿しようとした場合であっても，設定者の工場，事務所等に保管されている担保目的物や，工場，事務所内の倉庫等に保管されている担保目的物を強制力を用いて探し出して差押えを行うことが可能である。したがって，譲渡担保権に動産競売が認められれば，実務上の運用としても，担保目的物の隠匿を防ぎながら行う担保権実行の一手段として有効に活用されることが期待できる。

さらに，平成15年の担保・執行法改正の趣旨は，（一般先取特権に関して）「少なくとも実体法が担保権としてその換価権を承認している権利について，手続法が実質的にその換価可能性を否定してしまうことは許されないという批判は避け難いものであった。」ため，上記の制度を設けることによって「非占有型の動産担保にも担保権実行の可能性を開いた」ことにある[45]。すなわち，平成15年の担保・執行法改正における立法意図は，実体法が担保権として換価権を承認している権利であるにもかかわらず，非占有型であるという理由で動産競売が事実上利用できなかったものについて広く担保実行の可能性を与えると

---

[45] 道垣内弘人ほか『新しい担保・執行制度［補訂版］』（有斐閣，2004年）132-134頁。

いう趣旨であるから，その趣旨を勘案すれば，昭和55年の立法担当者の意図にとらわれずに，譲渡担保権に基づく動産競売についても利用を認めてもよいのではなかろうか。また，実際上も，動産譲渡担保融資を積極的に活用していこうという機運が高まっており，その融資も積極的に活用されはじめている現状においては，今後，譲渡担保権に基づく動産競売を行いたいというニーズが益々高まってくるものと思われる。

なお，前述したとおり，執行官は担保目的物を入札，競り売り，最高裁規則で定める方法で売却する（民事執行法134条）。最高裁規則で定める方法とは，特別売却（買受けの可能性がある者と個別的に交渉する方法など。民事執行規則121条。）又は委託売却（執行官以外の者に担保目的物の売却を実施させる方法。民事執行規則122条。）がある。そして，日本においても，動産を評価する専門会社が存在しており，アメリカでのノウハウを取り入れ，実際に高い換価価値を生み出すことが実証されているとのことである（この点については，金城亜紀「事業会社のためのABL入門」（日本経済新聞出版社，2011年）127-166頁までに詳しく述べられており，示唆に富む。）。このような会社を用いることによって，競売手続がより実効的な回収を図る一手段として活用されることが期待できる。

(9) さらに，譲渡担保権であるか真正売買であるかの判定が困難であるとか，占有改定による対抗要件が認められるために公示が不完全であり，順位の確定が困難であるから実務上の導入は困難であるとの批判があるかもしれない。

しかしながら，仮に動産譲渡担保権が不存在などである場合には執行異議（民事執行法191条）で対応すればよいし，それが後順位譲渡担保権者であれば配当要求（同法192条，133条）によって対応すればよい（もちろん，動産譲渡担保権に基づく動産競売を認める以上，動産譲渡担保権に基づく配当要求も認めるべきであると筆者は考えているが，この点については別の機会に論じることにする。）のであって，動産競売の申立てを入り口から封じる理由にはならない。

(10) したがって，動産譲渡担保権に基づく動産競売が今後積極的に活用されるような状況になれば，動産譲渡担保権の円滑な実行に資するはずである。

5 まとめ

　以上のとおり，動産譲渡担保権の実行方法として行われている動産の引渡しの強制執行又はその暫定的処分である処分禁止の仮処分等若しくは断行の仮処分に替わる実行方法として，担保目的物の自力引き揚げ，第三者等保管スキーム，動産競売の3つを検討してきた。担保目的物の自力引き揚げは一般制度化に馴染まず，第三者等保管スキームは設定時に手間を要し，動産競売は現時点で裁判所等がこれを認めるか明確ではないといった問題点を抱えている。

　しかし，第三者等保管スキームについては，設定時に手間を要するものの期中の担保管理や迅速，円滑な保全処分や実行手続が期待できることを考えるならば，実務においてより積極的に導入が検討されてもよいはずである。また，動産競売が認められる状況になることによって，より円滑な実行手続が期待できる。このような新たな実行手段が導入されることによって，簡易，迅速な実行方法が確立され，動産譲渡担保融資がより活発になっていくことを期待する[46]。

---

[46] なお，本稿の作成にあたっては，小室太一，清水将博，田中貴一，高松志直，中山達夫の各弁護士及び金城亜紀氏から理論面及び実務面でのアドバイスを頂戴したので，ここに記して謝意を表したい。

10 所有権留保の対抗要件に関する一考察

田髙寬貴

1 はじめに
2 所有権留保の意義と倒産法上の地位
3 対抗要件具備の必要性とその方法
4 三者間での所有権留保の場合
5 結　語

1　はじめに

(1)　所有権留保の「担保」性

譲渡担保の法的構成について、今日の学説は、程度の差こそあれ、担保権的構成を志向するものとなっている。判例も、被担保債権の弁済期前における譲渡担保権者の目的物処分を有効なものとはみない等[1]、もはや所有権の構成とはいえない状況にある。では、所有権留保についてはどうか。近時の判例にも、被担保債権の弁済期前において留保所有権者の所有者性を否定的に解する、担保権的構成に親和的なものが見出される[2]。しかし、担保目的のものであるこ

---

[1] 例えば、最判平成18年10月20日民集60巻8号3098頁は、傍論においてではあるが、「弁済期前においては、譲渡担保権者は……目的不動産を処分する権能を有しないから」、譲渡担保権者の債権者が目的不動産を差し押さえたとしても、設定者による受戻権の行使が制限されることはない旨を述べる。同判決についての筆者の評価については、田髙「判批」平成18年度重判解（ジュリスト1332号）75頁を参照されたい。
[2] 最判平成21年3月10日民集63巻3号385頁は、所有権留保に付された自動車が留保買主の借りた駐車場に放置されていた場合につき、留保所有権者が処分権能を取得する被担保債権の弁済期到来後には留保所有権者が撤去義務や不法行為責任を負うとしたものである。被担保債権の弁済期到来前には留保所有権者は所有者としての責任を負うものでないと判断したことは、最高裁が、この局面に関して所有権留保を所有権的構成でとらえてはいないことを示しているといってよい（同判決に対する筆者の評価については、田髙「判批」判タ1305号48頁を参照されたい）。

とは前提とされつつも，所有権留保については，担保権設定ではなく，売買契約における所有権の移転時期に関する特約としてとらえる所有権的構成が，学界においてなお根強く残っている。これは次のような理由によるものと考えられる。

第1には，担保権的構成をとることの必要性に乏しいことがあげられる。譲渡担保における担保権的把握の契機は，被担保債権を上回る価値の目的物を「丸取り」できる弊を除去することにあった。しかし，所有権留保の場合は，売買代金債権を担保するものであるだけに，目的物の価値との差異が清算金支払義務の問題を生じさせるほどには大きくない。しかも，動産であればその価値も経年により減少していくので，たとえ被担保債権が賦払金の支払に伴い減少していったとしても，目的物価額との差は広がらない。ただ，清算金問題が生じにくいという点は，不動産を目的物とした所有権留保では妥当しないし，そもそも担保権的構成を採ることの障害になるわけでもない。

むしろ重要と思われるのは，所有権留保では，法形式上，目的物の所有権の移転が一度も生じていない点である。担保権的構成の眼目は，設定者に何らかの物権的権利を認めることにある。設定者が当初は所有権を有している譲渡担保であれば，譲渡担保契約によって観念される物権変動の内容として，債権者に付与される権利を所有権そのものとはみない構成をとれば，設定者に何らかの物権的権利が帰属するとの帰結を比較的容易に導くことができる。しかし，物権変動を生じさせない約定によってなされる所有権留保においては，買主に物権的権利を認める契機を見いだしがたいのは事実である。所有権留保において譲渡担保ほどには担保権的構成が浸透していないのは，このことが大きく影響しているといってよいであろう[3]。

(2) 近時の2つの注目判決

こうした学説状況にあって，最近，所有権留保の対抗要件に関する注目すべき判決があらわれた。

最高裁平成22年6月4日判決（民集64巻4号1107頁。以下，「最高裁平成22年判

---

[3] 所有権留保につき所有権移転時期の特約としてとらえることを基礎とする，近時における所有権留保の本格的研究として，石口修『所有権留保の現代的課題』（成文堂，2006年）がある。

決」という）は，自動車の割賦購入斡旋において立替払をした信販会社が，割賦金支払債権の担保として留保所有権を得たものの，買主につき民事再生手続が開始した時点で自動車の登録名義を売主から得ていなかったとして，留保所有権に基づく別除権の行使を認めなかった。また，この後に出された東京地裁平成22年9月8日判決（金判1368号58頁。以下「東京地裁平成22年判決」という）でも，二当事者間での所有権留保の事例につき，留保所有権者が民事再生手続において有するのは別除権であるとしたうえで，当該事案では第三者対抗要件が具備されていないから別除権の主張は認められないとした。

詳細は後にあらためて紹介，検討するが，両判決に共通する判断として，さしあたりここで確認しておきたいのは，倒産法上，留保所有権者の地位が別除権者とされたこと，そして，それを主張するためには対抗要件の具備が必要とされたことである。

(3) 対抗要件をめぐる問題の顕在化

物権変動が生じていなければ，対抗要件は問題となりようがない。実際，二当事者間での所有権留保においては，留保売主の対抗要件具備は不要ないし観念しえないとする学説は少なくない[4]。しかし，これは平成22年にあらわれた上記2つの判決の立場とは明らかに矛盾する。留保所有権の倒産法上の扱いを別除権とすることの当否も検討の余地はあるが，担保権的構成をとる見地からこれを是とするならば，所有権留保における対抗要件をどう観念するのかも十分検討されるべきであろう。

他方で，所有権留保の担保権的把握を，譲渡担保とまったく同じように解してよいかも一考を要する。当初は目的物の所有権を有している譲渡担保設定者とは異なり，所有権留保の買主は，担保権的構成をとって所有権的権利を有すると解したとしても，対抗要件の具備を認めえない事態も想定される。そうし

---

(4) 道垣内弘人『担保物権法〔第3版〕』（有斐閣，2008年）362頁等。小山泰史「判批」金法1929号58頁も，信販会社がかかわる三者間での所有権留保については対抗要件の具備が必要であるとしつつ，売主自身の所有権留保については，権利変動がないから公示を要しない旨を述べる。なお，安永正昭『講義物権・担保物権法』（有斐閣，2009年）425頁は，理屈の上では対抗要件を観念できないが，不動産や自動車では登記，登録，一般の動産ではネームプレートによって公示をすることで善意取得や差押えを防ぐことはできるとする。

た場合に，留保所有権者の別除権行使が対抗要件不備を理由に否定されたことをもって，買主は完全な所有者の地位を得られる，として果たしてよいのか。対抗要件をめぐる譲渡担保との相違等からしても，所有権留保における担保権的構成の具体的内容，ないし最高裁平成22年判決のもつ意義については，慎重に検討されるべきもののように思われる。

このように，法形式上物権変動がない所有権留保において担保権的構成をとったことに起因する問題は，とりわけ対抗要件の局面で顕在化してくる。本稿では，平成22年にあらわれた2つの判決を素材としつつ，所有権留保の担保としての意義と効力を確認するとともに，学界においてなお不透明な側面を残している対抗要件具備の問題を検証してみたい。

2 所有権留保の意義と倒産法上の地位

(1) 所有権留保の意義

まずはじめに，所有権留保の意義について確認をしておこう。所有権留保は，代金債権を担保する，すなわち，残代金債権の回収につき優先権を確保することが目的とされたものである。また，目的物の評価額が残代金債権額を上回るなら，清算金の支払義務も生じる。こうしたことからすれば，所有権留保についても，譲渡担保と同様，基本的にはその性質を担保権として把握することが妥当しよう。

所有権留保の担保権としての意義は次の点にある。かりに所有権留保が用いられなかった場合でも，目的物が動産であれば，売主は動産売買先取特権により目的物から残代金債権につき優先弁済を受けることができる。しかし，動産売買先取特権における優先弁済権の実現には，動産競売等の手続が必要となる。この点，所有権留保を用いた場合には，目的物を引き揚げ，自身において換価処分を実現することができる。つまり，所有権留保は，私的実行を前提とした担保権であり，この点で，譲渡担保や仮登記担保等，他の非典型担保と同様の意義を有するものといえる[5]。

---

(5) 田髙『担保法体系の新たな展開――譲渡担保を中心として』(勁草書房, 1996 年) 274 頁以下参照。

(2) 倒産手続における留保所有権者の地位

　以上のような理解をふまえ，留保買主が倒産した場合においても留保所有権が私的実行の可能な担保として処遇されることを考えた場合，留保所有権は，取戻権と別除権（会社更生手続では更生担保権。以下同じ）のいずれと解すべきか。

　学説には，留保所有権者が所有者の地位にあること重視し，取戻権とする見解もみられる[6]。確かに，私的実行のため目的物の引渡しを求めることは，所有権に基づく取戻権に依拠するのがより直截的である。実行のさいに売買契約の解除という手続がふまれるのであれば，なおのこと，取戻権のほうが相応するとも考えうる。

　しかし，たとえ売主が契約を解除する手続をとるとしても，残代金債権の担保という留保所有権の目的にそくした効果としては，別除権で足りるはずであり，かつ，別除権と構成しても，倒産手続の外で私的実行をすることは可能である。何より問題なのは，破産法には，担保権者の優先弁済権と破産債権者の利益の調和をめざし，破産管財人の介入権（184・185条）や担保権消滅請求（186条以下）等，別除権者の権利行使を規制する契機が用意されているところ，所有権留保を取戻権とすると，こうした破産管財人のコントロールが及ぼせなくなってしまうことである[7]。少なくとも倒産法学にあっては通説であり，かつ最高裁平成22年判決でも明言されたとおり，留保所有権の倒産法上の扱いは別除権とすべきであろう[8]。

3　対抗要件具備の必要性とその方法

(1) 対抗要件具備の必要性

　倒産法においては，手続開始決定にさいして対抗要件を具備していなければ，物権を主張することができないと解されており，このことは民事再生手続にお

---

[6] 道垣内・前掲注(4)367頁。
[7] 道垣内・前掲注(4)367頁は，取戻権を承認した上で，場合に応じてその取戻しを中止命令でコントロールするものとしているが，これに対する疑問として，森田修『債権回収法講義〔第2版〕』（有斐閣，2011年）194頁参照。
[8] 谷口安平『倒産処理法〔第2版〕』（筑摩書房，1980年）232頁，伊藤眞『破産法・会社更生法〔第2版〕』（有斐閣，2009年）346頁等。最高裁平成22年判決以前において，倒産手続において留保所有権者を別除権者ないし更生担保権者とした下級審裁判例として，札幌高決昭和61年3月26日判タ601号74頁，諏訪簡判昭和50年9月22日判時822号93頁，大阪地判昭和54年10月30日判時957号103頁がある。

ける別除権行使においても同様である[9]。最高裁平成22年判決も,「個別の権利行使が禁止される一般債権者と再生手続によらないで別除権を行使することができる債権者との衡平を図るなどの趣旨」から,再生手続開始の時点で担保権につき登記,登録等が具備されている必要があるとした。対抗要件の具備を要求する根拠については諸説あるが,再生債務者は差押債権者に類似した地位にあるから,民法177条・178条にいう「第三者」に含まれる,とするのが通説である[10]。ほか学説では,対抗問題における第三者性は否定しつつ,権利保護要件としてこれを必要とする見解等もある[11]。

留保所有権者の倒産法上の地位を別除権者と性質決定するからには,もはや物権変動はないから対抗要件は問題とならない,とすることはできない。別除権行使のために対抗要件の具備を要しない担保権の存在を認めることは,開始決定時に対抗要件を備えていなければ権利主張ができない扱いとする倒産手続に異質なものを挿入することになり,倒産法秩序を害することになるからである。

(2) 対抗要件具備の方法

では,所有権留保における対抗要件具備は,どのように観念されるべきか。ここではまず,自動車のような登録制度のない,一般動産について考えてみよう。

担保権的構成によれば,買主は,所有権留保による担保権の負担のある所有権を有することになる[12]。法形式上は物権変動が生じていないとはいえ,買主

---

[9] 破産手続につき,大判明治41年12月15日民録14輯1276頁,最判昭和46年7月16日民集25巻5号779頁。なお,民事再生法45条に関して,最高裁平成22年判決以前に同旨を判示した下級審裁判例としては,大阪地判平成20年10月31日判時2039号51頁がある。

[10] 松下淳一『民事再生法入門』(有斐閣,2009年)50頁,伊藤・前掲注(8)673頁等。

[11] 有住淑子「再生債務者の法的地位」櫻井孝一先生古稀祝賀論文集『倒産法学の軌跡と展望』(成文堂,2001年)8頁,甲斐哲彦「対抗要件を具備していない担保権の破産・民事再生手続上の地位」司法研修所論集116号119頁等。この立場からすれば,ここで検討している所有権留保においても,対抗要件という形ではなく,公示方法を備えるという次元で対処することも可能になるとはいえよう。

[12] 買主の物権的権利を観念する担保権的構成の学説にあっても,この権利をどのように観念するかは見解が分かれる。筆者は,非典型担保を制限物権的に構成すべきものと解するものであり,本稿では,これを留保所有権という担保の負担がついた「所有権」と

においてこうした物権の取得を認める以上は，178条の定める対抗要件の具備も想定されるべきであり，これは現実の引渡しをもって認定されることとなろう。

では，売主のもつ留保所有権についてはどうか。売主は現実に目的物を占有していないとはいえ，間接占有者であることは疑いない。代理人が自己の占有物を以後本人のために占有する意思を表示するという占有改定によっても，178条にいう引渡しがあったものと認められている。そうであるならば，所有権留保特約付きで売買契約が締結され買主に現実の引渡しがなされた場合には，その契約当事者において，当然に占有改定の合意があったと解してよいであろう[13]。このことは，次の4で検討する三者間での所有権留保でも妥当する。すなわち，信販会社が信用供与者として留保所有権を有するものとする三者間の所有権留保の合意がなされれば，これにより信販会社の留保所有権の設定につき観念的な引渡しがあったものとして，対抗要件具備を認めてよいであろう。

問題は，登録制度のある自動車が目的物となった所有権留保における対抗要件具備であるが，これについては後に検討することとしよう。

(3) 東京地裁平成22年判決とその評価

ところで，本稿冒頭に掲げた東京地裁平成22年判決は，二者間での一般動産の所有権留保の事案につき，占有改定がなかったとして対抗要件具備を認めなかった。このことはどう評価されるべきか。

事案は次のとおりである。Xは，Y_1に対して家庭用雑貨等の商品を継続的に販売していたが，その基本契約中では，Xが売買代金の支払を受けるまで所有権はXに留保する旨の所有権留保特約が定められていた。その後，Y_1につき民事再生手続開始決定がなされたのを受け，Xは，上記所有権留保特約の実行として，Y_1およびY_1から一部商品の転売を受けたY_2に対し，取戻権（民事再生法52条）の主張として在庫商品の引渡し等を請求した。これに対して判決は，第三者対抗要件（178条）が具備されていないからXの別除権の主張は認められないとした。すなわち，対象商品はすべてY_1に引き渡されており，し

表現することとする。
[13] 留保所有権の対抗要件を占有改定によるものとする見解として，高木多喜男『担保物権法〔第4版〕』（有斐閣，2005年）381頁等。

かも，代金支払の有無にかかわらず Y₁ が対象商品を他に転売することが契約上予定されていたことや，対象商品が他者から仕入れた商品と分別して保管されていなかったこと等の事実からすると，占有改定による対抗要件具備も認められない，というのである。

本判決が X の別除権行使を否定する上で考慮した具体的事情の 1 つに，所有権留保の対象商品につき転売が予定されていたという点がある。しかし，転売が予定された物が所有権留保の対象とされることは，（後述する）流通過程におかれた物の所有権留保の最高裁判例があることからも，別段珍しいものではなく，このことをもって所有権留保の効力が否定的に解される必要はない。第三者に転売・引渡しがされた物についてはともかくとしても，買主のところに留まっている物に所有権留保の効力を及ぼすことに問題はないであろう。

むしろ本件事案で重視されるべきは，X の所有権留保の対象商品が他の商品と区別できない状態になっていた点にあると考える。およそ物権においては対象物が特定されていることが必須である(14)。そうすると，本件において X の主張が認められないという帰結は，目的物の特定性を欠く状態であったことを理由として導かれるべきであったと考えられる。そして，このことは，本判決のいうような，対抗要件たる占有改定が認められないという論拠によって理由づけられるものではないというべきであろう。

以上に述べたように，一般の動産を目的物とする二当事者間での所有権留保においては，対抗要件は当然に具備されたものとして扱ってよく，対抗要件を具備していないがゆえに権利行使を否定すべきとする事態は想定しなくてよいと考える。

4 三者間での所有権留保の場合

(1) 三者間における所有権留保の諸相

以上では，売主と買主の二者間で所有権留保が用いられた場合を主として扱ってきた。しかし，実際には，買主の支払うべき代金を信販会社が売主に立替払いし，買主が売買代金に割賦手数料を加算した額を分割で信販会社に支払

---

(14) 集合物譲渡担保において目的物が特定されていない限りは有効性が認められない旨判示したものとして，最判昭和 54 年 2 月 15 日民集 33 巻 1 号 51 頁，最判昭和 62 年 11 月 10 日民集 41 巻 8 号 1559 頁等参照。

うこととして，その完済まで信販会社が目的物の所有権を信販会社において留保するという三者間での複合的な形態も多くみられる。

こうした三者間での所有権留保において，信販会社の留保所有権取得の構造をどのように解するかは諸説分かれる。ひとつは，売主の有していた所有権から信販会社が直接に留保所有権を取得するとするものであるが，この取得の根拠については，①その効果が生ずる法的根拠を法定代位に求めるものと[15]，②買主と信販会社との約定に求めるものとがある[16]。他方は，③信販会社の代金立替払によっていったん買主が所有権を取得し，そこからあらためて信販会社に留保所有権が付与されるという，譲渡担保と類似した構成をとるものである[17]。

冒頭に掲げた最高裁平成22年判決は，三者間の所有権留保につき信販会社の留保所有権の対抗要件が問題となったものであるが，次項でも紹介するとおり，原審が上記①，最高裁が上記②の構成をとったことに起因して，異なる結論が導かれたものである。

もっとも，これらの構成については，いずれかのみが妥当なものであると解する必要はなく，事例によって妥当する構成は異なるものと考える。最高裁平成22年判決のように三者間で1つの契約が締結される，例えば，自動車販売会社が系列のファイナンス会社と提携して顧客に自動車を販売するような場合については，売主と信販会社の関係が密であるから，売主自身が所有権留保を行っている場合との類似性・連続性からも，①ないし②の構成が妥当しよう。しかし，例えば，販売会社と信販会社との間に物品販売に関して特別に強い協力関係がなく，売主と買主，買主と信販会社という2つの二当事者間契約が連続して結ばれたに等しいような実態がある場合は，③の構成が適合的といえよう。

(2) 最高裁平成22年判決とその評価

では，ここであらためて，最高裁平成22年判決を検討してみることにしよう。

---

[15] 千葉恵美子「複合取引と所有権留保」内田貴＝大村敦志編『民法の争点（新・法律学の争点）』（有斐閣，2007年）153頁等。

[16] 安永正昭「所有権留保の内容，効力」加藤一郎＝林良平編集代表『担保法大系Ⅳ』（金融財政事情研究会，1984年）386頁等。

[17] 佐藤昌義「クレジット会社の所有権留保」NBL463号38頁以下等。

財産法の新動向　I

　事実の概要は以下のとおりである。X，A及びYは，三者間において，Xが，Aから本件自動車を買い受けるとともに，売買代金の残額を自己に代わってAに立替払することをYに委託すること，本件自動車の所有権がXに対する債権の担保を目的として留保されること等を内容とする本件三者契約を締結した。同契約には，①XがYに対して残代金相当額に手数料額を加算した金員を分割して支払うこと，②Xは，登録名義のいかんを問わず，Aに留保されている本件自動車の所有権が，Yによる本件残代金の立替払によりYに移転し，Xが立替金等債務を完済するまでYに留保されることを承諾すること，③Xは，支払停止等により立替金等債務につき期限の利益を失ったときは，直ちに本件自動車をYに引き渡すこと，④Yは，引渡しを受けた本件自動車につき，その評価額をもって本件立替金等債務に充当できること等が含まれていた。この契約締結を受けYはAに自動車代金の立替払をしたが，その後Xは本件立替金等債務につき期限の利益を喪失し，さらに再生手続開始の決定を受けた。そこでYが，留保所有権に基づき別除権の行使としてその引渡しを求めた。
　原審は，「YがAに立替払することにより，弁済による代位が生ずる結果，Aが本件残代金債権を担保するために留保していた所有権は，AのXに対する本件残代金債権と共に法律上当然にYに移転するのであり，本件三者契約はそのことを確認したものであって，Yが立替払によって取得した上記の留保所有権を主張するについては，Aにおいて対抗要件を具備している以上，自らの取得について対抗要件を具備することを要しない」として，Yの請求を認容した。
　これに対して，最高裁は次のように述べて原審の判断を覆した。すなわち，「前記事実関係によれば，本件三者契約は，Aにおいて留保していた所有権が代位によりYに移転することを確認したものではなく，Yが，本件立替金等債権を担保するために，Aから本件自動車の所有権の移転を受け，これを留保することを合意したものと解するのが相当であり，Yが別除権として行使し得るのは，本件立替金等債権を担保するために留保された上記所有権であると解すべきである。すなわち，Yは，本件三者契約により，Xに対して本件残代金相当額にとどまらず手数料額をも含む本件立替金等債権を取得するところ，同契約においては，本件立替金等債務が完済されるまで本件自動車の所有権がYに留保されることや，Xが本件立替金等債務につき期限の利益を失い，本件自動車をYに引き渡したときは，Yは，その評価額をもって，本件立替金等債務に

充当することが合意されているのであって、YがAから移転を受けて留保する所有権が、本件立替金等債権を担保するためのものであることは明らかである。立替払の結果、Aが留保していた所有権が代位によりYに移転するというのみでは、本件残代金相当額の限度で債権が担保されるにすぎないことになり、本件三者契約における当事者の合理的意思に反するものといわざるを得ない。」

この判決に対する学界・実務界の反応は多様である。判決の射程をひろくとらえ、対抗要件を備えていない信販会社の権利主張の余地を認めないものがある一方、判決の射程を限定的に解し、対抗要件具備なき信販会社の別除権行使が認められる事例もありうるとの見方や、さらには、判例に反対して本件事案でも代位構成が認められるべきとするものもある。議論は次の2点に整理することができる。第1に、本判決は当該事案における契約解釈として法定代位構成をとりえないとしたが、当事者間で法定代位構成を合意している場合でも同様の帰結が導かれるのか、第2に、対抗要件が具備されていないため別除権を行使できないと判断された場合に、買主や信販会社、さらには登録名義をもつ売主は、どのような立場におかれることになるか、である。以下で検討を加えていこう。

(3) **本判決の当否——本件事案における法定代位構成の可能性**

本判決に反対する立場が論拠としているものは、次の2点に集約される。第1に、本判決は、三者契約に基づき、直接的に買主Yが信販会社Xのための留保所有権を創設的に設定したものと解しているが、そもそもXが立替払をするまでの間は、売主Aにおいていったんは留保所有権が発生したと解されるべきであり、Xの立替払による法定代位を排除する意図が三者契約に含まれているとも考えられない。第2に、判決では、留保所有権の被担保債権が立替金等債権であることが法定代位を否定する論拠とされているが、立替金等債権には残代金債権も含まれているのであるから、残代金債権の範囲を超えて留保所有権＝別除権を行使できないとはいいえても、特約で排除していない限り、法定代位そのものを否定することはできないはずである[18]。

とくに第1の点は、結論の妥当性に対する疑問ともあいまって、一定の説得

---

[18] 荒木新五「判批」現代民事判例研究会編『民事判例Ⅱ——2010年後期』144頁、小林明彦「判批」金法1910号12頁等。

性を有する。すなわち，再生債務者に帰属していたのは所有権留保付の自動車であり，立替払によって留保所有権の主体が変わっても，また再生手続が開始された後の財産状態としても，このことは同じはずである。にもかかわらず，手続開始前に登録名義の変更がない限り別除権の行使を封じうるというのは，「再生債務者にとって棚ぼたの利益」[19]ともいいうる。本判決の帰結として，再生債務者が完全に所有者としての地位を有することになると解するのは，妥当とはいえないように思われる。また，本件における契約では留保所有権が売主から信販会社に移転する旨が明記されており，法定代位を否定する趣旨が含まれていないことからすると，本判決の態度はやや厳しすぎる感はある。

しかし，本判決の趣旨を，信販会社は留保所有権を，三者間の約定によって取得したものであって，法定代位によって取得したにすぎないものではないという形でとらえる限り，これは一定の合理性を有するもののように思われる。少なくとも信販会社と買主も含めた三当事者間で契約が結ばれ，それに信販会社の留保所有権がその契約に基づき発生したといいうる以上，その留保所有権は法定代位によって基礎づけられるものではない，ということは是認されてよいであろう。

信販会社の留保所有権が約定をもって設定されたということは，そこで法定代位による取得以上の意図をもって担保設定がなされたというべきであり，法定代位による取得の要素は背後に退くととらえざるをえない。約定によって設定された所有権留保である以上，その留保所有権の内容は約定によって決せられることとなり，また対抗要件も法定代位を基礎とすることはできない，と解される。

ただ，そうだとしても，法定代位による権利取得を部分的に認めることはできないのか。比喩的表現が許されるとすれば，信販会社が買主に対して有する立替金等債権とそれを担保する留保所有権は，法定代位によっても取得しえた残代金債権の部分を核（餡）として，その周囲を手数料等債権の皮で覆った「薄皮饅頭」的な状態とでもいえようか。少なくとも餡の部分についてだけは法定代位による対抗要件具備も是認されてよいという，本判決に反対する立場が述べることにも，全体（饅頭）のなかに占める餡の割合が大きいだけに，一

---

[19] 佐藤鉄男「判批」民商143巻4＝5号498頁。

定の説得性はある。しかし，表皮の部分を除いた餡の部分についてのみ対抗要件具備を認めるというように，約定により設定された一個の留保所有権につき中身を分解して各別の効力を認めるのが無用な混乱をもたらす虞のあることは否めない。

このように，約定の法定代位に対する優越性，そして留保所有権の一体性という観点からは，最高裁平成22年判決の見方は是認されるものと考える。

(4) 法定代位構成を基礎とする契約の有効性

本判決をふまえると，少なくとも，法定代位を前提として留保所有権を基礎づける積極的な契機が含まれていない以上，登録名義を得ていない信販会社は別除権の行使ができないことが明らかとなったといえる。では，当事者間で代位を前提として約定されたならば，信販会社の留保所有権の取得を法定代位によって基礎づけることは認められてよいか。

学説には，法定代位構成が合意されていた場合でもその効力は認められないとする見解もみられる。その論拠には3つのものがみられる。第1に，法定代位を可能とする契約だとするなら，信販会社が請求できる債権が売買代金残債権となってしまうが，それでは立替払代金等債権を所有権留保の別除権行使によって回収できなくなるから，三者契約の合理的意思に叶うものとはなりえないこと，第2に，対抗要件を具備する必要なく別除権を主張できてしまうとすると，最高裁判決もいう，一般債権者と再生手続によらず別除権を行使できる債権者との衡平がはかれなくなること，である[20]。

また第3に，別の論者が述べる見解としては，次のようなものがある。第三者所有権留保では，売主は，あくまで信販会社の立替払があることに信頼を置いて売買契約を結んだのであって，買主に対しては信用を供与していない，つまり買主に対する代金債権担保のために所有権を留保したことはないと解される。そうであるならば，契約条項の文言で，「売主に自己の買主に対する売買代金債権を担保するため所有権を留保する」と明記しようとも，売主が買主に対する信用供与をしたことがない以上，売主のもとでは信販会社が代位すべき留保所有権は成立しておらず，信販会社が留保所有権を代位により承継取得す

---

(20) 小山・前掲注(4)59頁。

ることはできない[21]。

　しかし，最高裁平成22年判決は，所有権留保の内容は約定によって決せられるとの基本姿勢にかかるものであり，当該契約の解釈として法定代位による取得の効果を認めなかっただけのものであると解すべきである。当事者が法定代位構成をとることを明確にして契約を締結したのであれば，その効力は認められてしかるべきであろう。上に述べた法定代位構成の約定を否定する見解の第1や第3の論拠は，三者間での契約で法定代位構成をとることが明示されていない場合の契約解釈としては大いにありうるものだとしても，そうした内容を発生させることを意図した契約をあえて否定するまでの論拠とはなりえないと考える。また，否定する論拠の第2の点については，確かに対抗要件具備を不要とする法定代位による権利取得を倒産手続においてひろく認めるべきでないとの主張もありえようが，このことは法定代位に起因する一般的な問題であって，これを理由に所有権留保における法定代位構成の約定を認めないとすることはできないであろう。

　以上に述べたように，契約の書式いかんによっては，登録名義が売主になっていても，留保所有権者が別除権を主張できる余地は認められてよい。本判決は，手数料等も含めた債権を被担保債権とする留保所有権を成立させていながら，信販会社が売主から登録名義の移転を受けていなかったがゆえに，別除権を否定したものと解すべきであろう。そうであるとすれば，今後の実務対応としては，被担保債権は残代金債権相当部分に限定されるものの，信販会社が売主から登録名義の移転を受ける煩を避ける方式か，信販会社が登録名義を得ることによって手数料等も含めた債権を被担保債権とする方式のいずれかを選択し，それを契約書面に明らかにすればよいということとなろう。

　なお，残代金債権を超える手数料部分が留保所有権によって担保されないことの不都合については，分割金債権の弁済充当にあたり手数料部分から優先充当することにより，留保所有権実行時の被担保債権を厚めに維持する対応が可能である[22]。

---

[21]　印藤弘二「判批」金法1928号88頁。
[22]　小林・前掲「判批」13頁。

売主に対して登録名義の移転を請求することはできないはずである。そして，信販会社が登録名義を得ていなかったために別除権を行使できないことは，買主が売主との関係で登録名義の移転を請求できないとされることには影響しないというべきであろう。管財人は，倒産手続において財産処分をするにあたり，売主から登録名義の移転を受けるためには，信販会社に立替払金を完済することが必要となる。また，自動車が売主や留保売主である信販会社において占有されている場合には，立替金等債権の支払をしない限り，管財人はその引渡しを請求することができない，ということにもなろう。買主が担保の負担がついた自らの所有権につき対抗要件を具備していなかったことは，少なくともこのような点において影響を及ぼすものになると考える。

なお，上に述べたことは，譲渡担保において設定者が破産した場合の扱いとも符合する。すなわち，譲渡担保権設定者が破産した場合，判例・通説は，被担保債権を完済することにより取戻しができるものとしている。三者間の所有権留保の場合に，信販会社に対して債務を完済してはじめて登録名義を得られると解し，完済するまでは，買主には何らの負担もない（登録名義の請求もなしうるという）所有権までは認められないとすることは，こうした譲渡担保の扱いと同様の意義をもつといえよう。

5　結　語

登録を対抗要件とする目的物についての三者間での所有権留保にかかる最高裁平成22年判決は，対抗要件具備の方法について再考を迫るとともに，別除権行使が否定された後における買主の法的地位いかんという問題が残されていることをも想起させるものであった。本稿では，①契約条項の設定いかんによっては，売主に登録名義があったとしても信販会社の留保所有権に基づく別除権行使は認められる余地があること，②信販会社の別除権行使が認められない場合であっても，買主と登録名義をもつ売主との関係は，別除権行使の可否とは別に解すべきであり，買主としては，残代金債権ないし立替金等債権の支払があるまでは登録名義を自己に移転させることを請求することはできない（信販会社の別除権行使が認められないからといって買主が完全な所有者の地位にたつわけではない）ことを説いたものである。

譲渡担保にあっても，倒産の局面に関しては，古くから判例が担保権的構成

をとって結論を導いていた[26]。平成22年の2つの判決はいずれも，元来担保権的構成に親和性の強い倒産手続において，所有権留保について担保権的構成に依拠した判断を示したものであるが，必ずしも対抗要件具備について担保権的構成をふまえた解釈ではなかった学界に対して一石を投じたといってよいかもしれない。

　留保所有権者が担保の実行として目的物を引き揚げることが否認権の対象となるのか等，本稿で扱っていない問題も種々残されている。こうした倒産手続における効力も含め，また，譲渡担保との異同にも留意しつつ，各論点における具体的解釈の集積を通じて，所有権留保の担保権的把握の可能性と限界とを，筆者としては今後明らかにしていきたい。

---

[26] 例えば，最判昭和41年4月28日民集20巻4号900頁は，会社更生手続上，譲渡担保権を，取戻権ではなく更生担保権である旨判示した。

11 所有権留保に基づく物上代位の可否

小 山 泰 史

1 問題の所在
2 個別動産の譲渡担保に基づく売却代金債権への物上代位と所有権留保
3 譲渡担保の判例法理(「弁済期到来時」ルール)と所有権留保
4 所有権留保に基づく物上代位と目的債権の種別
5 結語——残された課題

1 問題の所在

(1) ある論者は,動産の買主が支払不能状態に陥った際に,動産の売主について認められる法的手段につき,以下のように述べる[1]。すなわち,「動産売買によって生じた代金債権およびその利息に関して,売主は,法律上当然に売買の目的動産について先取特権を有している(民311条5号,321条)。所有権を留保した動産売主は,所有権留保または先取特権のいずれかを行使してよい。」「所有権留保は特約で簡単に設定でき,しかも,不履行の場合には第三者に対してでも目的物の返還を求めること(私的実行)ができ,残代金の回収について簡易かつ強力な手段である。」これに対し,「売主が動産売買先取特権を行使するなら,優先順位につき絶対性がない(民330条1項),目的物が第三者に引き渡されると行使することができない」。「転売代金に物上代位することができるが現実にはその代金を支払前に差し押さえる(民304条1項但書)ことは事実上困難である」,と。

以上の説示では,所有権留保につき動産売買先取特権と同様,物上代位が認められるかどうかについての言及はない[2]。しかし,以下,本稿2以下におい

---

(1) 安永正昭『講義 物権・担保物権法』(有斐閣,2009年)422-423頁。
(2) 竹下守夫「所有権留保と破産・会社更生」同『担保権と民事執行・倒産手続』(有斐

て詳論するように，現在の所有権留保に関する最高裁の規律（後述する最(三小)判平成21年3月10日（民集63巻3号385頁）および最(二小)判平成22年6月4日（民集64巻4号1107頁））は，基本的に譲渡担保で形成されたルール[3]を所有権留保にも及ぼそうとしている。

(2) 動産譲渡担保については，最(二小)決平成11年5月17日（民集53巻5号863頁）が，個別動産の売却代金債権に対して物上代位権の行使を認めており，また，近時，最(一小)決平成22年12月2日（民集64巻8号1990頁）は，流動動産の譲渡担保につき，損害保険金請求権の性質を有する債権（漁協共済契約に係る共済金請求権）に対する物上代位を肯定した[4]。しかし，その一方で，譲渡担保一般について物上代位を否定する見解があり[5]，この学説は，所有権留保についても同様の理を説いている。他方で，明確に所有権留保に基づく物上代位を肯定する見解もある[6]。これらの動向に鑑みれば，「所有権留保に基づく物上代位の可否」について検討することも，一定の意義があると考えられる。

ところで，民法304条1項が定める物上代位の目的債権については，抵当権

閣，1990年）296頁以下（初出「所有権留保と破産・会社更生（下）」法曹時報25巻3号（1973年）414頁以下）は，所有権留保の売主が，同時に動産売買先取特権を併有する可能性に言及する。なお，所有権留保に関する近時の裁判例を分析するものとして，田村耕一「所有権留保特約付売買における法律関係の判断基準とその指標」みんけん（民事研修）656号（2011年）2頁以下がある。

(3) 筆者は，これを「弁済期到来時」ルールと呼んでいる。小山泰史「流動動産譲渡担保における『弁済期到来時』の持つ意味」みんけん（民事研修）637号（2010年）2頁以下。

(4) 同決定に関する評釈等として，以下のものがある。粟田口太郎・事業再生と債権管理133号（2011年）14頁，遠藤元一・銀法731号（2011年）15頁，池田雅則・筑波ロー・ジャーナル9号（2011年）221頁，古積健三郎「本件判批」LEX/DB 速報判例解説（財産法）No. 48 (http://www.tkclex.ne.jp/commentary/law_commentary.html・2011年4月19日掲載）1-4頁，田高寛貴・金判1372号（2011年）3頁，小山泰史・NBL950号（2011年）29頁，片山直也・金法1929号（2011年）29頁，門口正人・金法1930号（2011年）46頁，森田修・金法1930号（2011年）54頁，小山泰史・判評632号（判時2120号）162頁（2011年），古積健三郎・民商145巻1号（2011年）52頁，松本恒雄・現代民事判例研究会編『民事判例Ⅲ 2011年前期』（日本評論社，2011年）144頁。

(5) 道垣内弘人『担保物権法』（有斐閣，2008年）308-309頁，同363頁。

(6) 田井義信ほか『新 物権・担保物権法（NJ 草書）〔第2版〕』（法律文化社，2005年）373頁（松岡久和執筆）。所有権留保につき担保的構成を採れば，物上代位を肯定する考え方も成り立つことにつき，山野目章夫「所有権留保と動産売買先取特権」千葉惠美子他編『Law Practice 民法Ⅰ 総則・物権編』（商事法務，2009年）209頁。

〔小山泰史〕　　　　　　　　　　　　　　*11*　所有権留保に基づく物上代位の可否

の物上代位に際して，抵当不動産の売却代金債権につき物上代位を否定すべきとする見解が有力であり[7]，また，その一方で，従来の通説と同様，この種の物上代位を肯定する見解もある[8]。また，流動動産の譲渡担保に基づく物上代位について，譲渡担保設定者が「通常の営業を継続している間」は，原則として物上代位権が行使できないとする制約が課せられている（前掲・最決平成22年12月2日）[9]。以上の状況に鑑みると，物上代位の目的債権の種別と，物上代位権の根拠となる担保権の種別との組み合わせによって，ある担保権については，民法304条1項の「売却，賃貸，滅失又は損傷」という4種類すべての目的債権について物上代位が当然に認められたとしても，他の担保権（特に非典型担保）においては，ある種の代位目的債権について物上代位が否定され，あるいは一定の制約が課される，ということがいえそうである。

　本稿は，以上のような問題認識を前提として，「所有権留保に基づく物上代位の可否」について，若干の検討を試みるものである。

　(3)　本稿では，以下，次のような構成をとる。まず，個別動産の譲渡担保につき売却代金債権への物上代位を認めた前掲・最2小決平成11年5月17日を再検討し，その事案が，所有権留保に基づく物上代位として構成する余地のあった点を指摘する（2）。次に，譲渡担保，とりわけ不動産譲渡担保において形成された判例法理が，所有権留保にも適用され得ることを検証する（3）。さらに，物上代位の目的債権毎に，所有権留保において物上代位権行使が考えられる事案を検討し，物上代位の可否を論証する（4）。そして，最後に，簡単なまとめを行い，本稿で検討できなかった課題を指摘する（5）。

2　個別動産の譲渡担保に基づく売却代金債権への物上代位と所有権留保

(1)　松岡久和教授は，動産譲渡担保権に基づき転売代金債権に対する物上代

---

[7]　鈴木禄弥『抵当制度の研究』（一粒社，1968年）118〜119頁，道垣内・前出注(5) 145-146頁。

[8]　米倉明「売却代金債権に対する物上代位の可否――抵当権に基づく場合」タートンヌマン9号（2007年）1頁。

[9]　筆者は，この行使障害要件につき，物上代位の目的債権の種別が，売却代金債権の場合と損害保険金請求権の場合とで，異なる意味を持つのではないかをすでに指摘した。小山「最決平成22年12月2日判批」・前出注(4)判評632号164-165頁。

位を初めて肯定した，最(二小)決平成 11 年 5 月 17 日（民集 53 巻 5 号 863 頁）に関して，次のような指摘をされていた[10]。すなわち，「『さらに，所有権に基づく物上代位』という発想すら，そう突飛なことではない。所有権は担保権の交換価値把握権能の基礎となる全面的な支配権であるから，制限物権である担保権に認められる効力（物上代位を指す・筆者注）効力が所有権に認められてもおかしくない」と。

同決定の調査官解説によれば，この事件の事案につき，以下のような特徴があるという。すなわち，① 特定動産を目的とする譲渡担保であること，② 譲渡担保の目的物と債権との間に相当程度の牽連性が存在すること，③ 被担保債権について履行期が到来していること，④ 「貸渡し」(trust receipt) により譲渡担保権設定者が譲渡担保の目的物について処分権限を有する結果，第三者が目的物の所有権を取得し，担保権者は追及権を有しないこと，である[11]。

（2）　この事件で問題となった取引における「貸渡し」(trust receipt, T/R) とは，以下のように，信用状を用いた物品の輸入に際して行われる取引をいう。まず，信用状 (letter of credit, L/C) とは，信用状の発行依頼人である買主の委託を受けた信用状開設・発行銀行が，売主に対し，荷為替手形が呈示された場合に一定の条件の下で，買主に代わって自ら支払うことまたは支払に責任を負うことを確約する旨を表示した書面である[12]。

信用状取引によって商品を輸入する場合，輸出企業の現地取引銀行から信用状開設・発行銀行宛に船積書類が送られてくる。信用状開設・発行銀行はその船積書類が信用状に定める条件と内容が一致していれば，輸出地の銀行に資金を決済する義務を負い，輸入貨物は信用状開設・発行銀行の所有となる。輸入者は信用状開設・発行銀行に資金決済して船積書類を同銀行から受け取り，これをもって輸入貨物を引き受けることができる。しかし，決済資金を現金で支払えば問題はないが，信用状開設・発行銀行が輸入企業に対して輸入決済資金を融資する場合は，輸入貨物を譲渡担保として銀行に差入れさせ[13]，輸入担保

---

[10]　松岡久和「最決平成 11 年 5 月 17 日判批」法教 232 号（2000 年）113 頁。

[11]　河邉義典「最決平成 11 年 5 月 17 日調査官解説」『最高裁判所判例解説民事篇平成 11 年度（上）』（法曹会，2002 年）462 頁。

[12]　信用状に関する以下の叙述は，吉田光硯「最決平成 11 年 5 月 17 日判批」判タ 1014 号（2000 年）8 頁による。小島孝「トラスト・レシートの法的構成」『銀行取引法講座中巻』（金融財政事情研究会，1976 年）291-292 頁も参照。

荷物保管証および被担保債権を表章する約束手形の差入れと引換えに船積書類や貨物引渡指図書を輸入業者に貸与し，輸入企業に貨物を引き取らせて，当該貨物を販売する権限も輸入企業に付与する形を取るのが一般的である。このとき，信用状開設・発行銀行が輸入商品の所有権を担保目的で保持するので，このようにして輸入企業に貨物を引き取らせることを，輸入貨物の「貸渡（trust receipt, T/R)」と呼ぶのである。

日本法において，古い裁判例には，荷為替の割引に際して，輸出者が船荷証券に譲渡形式の裏書をなして割引銀行に交付する場合に，割引銀行が貨物の上に取得する担保権を動産質権と解するものがあった[14]。しかし，現在では，トラストレシート（T/R，貸渡し）は，輸入者が貨物の所有権を T/R 契約により信用状開設・発行銀行に信託的に移転するという意味で，譲渡担保の設定契約たる性質を有すると解されるのが一般的である[15]。

ただ，その一方で，信用状開設・発行銀行が割引銀行に荷為替手形の支払をなし，かつ船荷証券の裏書を受けたときは，それによって貨物の（信託的）所有権を取得する者は開設・発行銀行自身であると解し，開設・発行銀行はこの信託的所有権を自己に留保したまま，T/R 契約（およびそれに基づく船荷証券の交付）によって，貨物の処分権のみを輸入者に授与するにすぎないという，所有権留保の設定と解する説もある[16]。

仮に，最決平成11年5月17日の事案につき，所有権留保による法律構成によれば，同決定は，まさに「所有権留保に基づく物上代位」を肯定した判断であったということになろう。

---

[13] 最（一小）決平成11年5月17日の抗告理由によれば，同事件の信用状取引においては，船荷証券に表章された商品と船荷証券は，信用状取引によって生じた債務の担保として譲渡すると合意され，また，「WITH L/C 担保差入証兼新輸入担保荷物保管証」も，債務の担保として差し入れられるとされていた。民集53巻5号32頁，および堂薗昇平「最決平成11年5月17日」原審判批・銀法560号（1999年）80頁参照。

[14] 大判明治41年6月4日民録14輯658頁。

[15] 小島・前出注[12] 300頁注(6)。割引銀行の担保権が動産質権であるの立場を採っても，割引銀行は，この動産質権のほかに貨物の処分権を輸出者より授与されており，信用状開設・発行銀行が荷為替手形の支払をすることを条件に，割引銀行はこの処分権により貨物の所有権を信用状開設・発行銀行に移転すると解すれば，開設・発行銀行の信託的所有権取得を説明できないわけではないが，本文のように解する方が，より取引の実態に適合的であるという。

[16] 小島・前出注[12] 295-298頁。

3 譲渡担保の判例法理（「弁済期到来時」ルール）と所有権留保

(1) 所有権留保を扱う古い時代の一部の裁判例には，所有権留保の法律関係が，所有権がいったん売主から買主へ移転し，買主において譲渡担保権を設定した場合と同様であるとする見解も存した（東京地判昭和42年12月26日下民集18巻1＝2号63頁）。しかし，判例は，従来から，所有権留保売買は，所有権の移転のみを買主の代金債務の完済という停止条件に依存させ，売買契約自体は無条件に成立して効力を生じている売買であって，売主には所有権が，買主には条件成就による所有権取得について法的保護の与えられる期待権（民法128・129条）が帰属するという見解に立ってきた[17]。

しかし，学説や下級審裁判例は，有力学説の登場[18]以来，所有権的構成の否定に努力を集中し，他の非典型担保（特に譲渡担保）との公平処遇の見地や，売主の地位は買主の停止条件付所有権によって制約されたものとみられること等に着目して，特に買主の倒産の局面における処理に関して，担保権的構成に向かうものが多くなった（例，大阪地判昭和54年10月30日判時957号103頁）[19]。しかし，売主に所有権が留保され，買主には代金完済まで移転しないとの前提はなお堅持されてきたのであった[20]。

(2) 他方，不動産譲渡担保においては，以下のように，弁済期の到来時の先後で，譲渡担保権者の取得する権能が異なることを示す判例法理が形成されてきた。例えば，最（二小）判昭和57年1月22日（民集36巻1号92頁）は，受戻権を一個の形成権と法律構成をする余地はなく，これに民法167条2項を適用することはできないと判示する一方，「不動産を目的とする譲渡担保契約において，債務者が債務の履行を遅滞したときは，債権者は，目的不動産を処分する権能を取得し，この権能に基づいて，当該不動産を適正に評価された価額で

---

[17] 例えば，最（一小）判昭和42年4月27日判時492号55頁，最（三小）判昭和47年11月21日民集26巻9号1657頁，最（一小）判昭和49年7月18日民集28巻5号743頁等。以上につき，加茂紀久夫「最判昭和57年3月30日調査官解説」『最高裁判所判例解説民事篇昭和57年度』（法曹会，1987年）284頁を参照。

[18] 竹下・前出注(1) 269頁以下。

[19] 所有権留保に関する学説につき，さしあたり，安永正昭「後注(3)所有権留保」柚木馨＝高木多喜男編『新版注釈民法(9)物権(4)』（有斐閣，1998年）910頁を参照。

[20] 最（三小）判昭和57年3月30日民集36巻3号484頁，最（二小）判昭和58年3月18日判時1095号104頁金判684号3頁。

〔小山泰史〕　　　　　　　　　　　　*11*　所有権留保に基づく物上代位の可否

自己の所有に帰せしめること，又は相当の価格で第三者に売却等をすることによって，これを換価処分し，その評価額又は売却代金等をもって自己の債権の弁済に充てることができるが，債務者は，債務の弁済期の到来後も，債権者による換価処分が完結するに至るまでは，債務を弁済して目的物を取り戻すことができる，と解するのが相当である」とした。しかし，この判決自体からは，債務者が何時まで受戻権を行使し得るかについては明らかではなかった[21]。

その後，最(二小)判昭和57年4月23日（金法1007号43頁[22]）や最(一小)判昭和62年2月12日（民集41巻1号67頁）を経て，最(三小)判平成6年2月22日（民集48巻2号414頁）は，「不動産を目的とする譲渡担保契約において，債務者が弁済期に債務の弁済をしない場合には，債権者は，右譲渡担保契約がいわゆる帰属清算型であると処分清算型であるとを問わず，目的物を処分する権能を取得するから，債権者がこの権能に基づいて目的物を第三者に譲渡したときは，原則として，譲受人は目的物の所有権を確定的に取得し，債務者は，清算金がある場合に債権者に対してその支払を求めることができるにとどまり，残債務を弁済して目的物を受け戻すことはできなくなるものと解するのが相当である」，とした。譲渡担保権者は，合意した処分方法が処分清算・帰属清算どちらの場合であっても，実行方法を任意に選択できるとされ，債務者の受戻権の消滅時期と譲渡担保権者への確定的な所有権の移転時期，および債務の消滅時期，清算金の有無およびその額の確定時期が，同じ時点に一致することになる[23]。

さらに，最(二小)判平成18年10月20日（民集60巻8号3098頁）は，「設定者が債務の履行を遅滞したときは，譲渡担保権者は目的不動産を処分する権能を取得する」として，譲渡担保の被担保債務の弁済期到来時を基準時として譲渡担保権者が完全な処分権を取得することを前提とし，一方で，弁済期到来前

---

(21) 道垣内弘人「最判平成6年2月22日判批」法協112巻7号（1995年）987頁。
(22) 事案の詳細は，掲載誌の金融法務事情1007号43頁には記述がないが，同判決を紹介する松本恒雄＝潮見佳男編『判例プラクティス民法I総則・物権』（信山社，2010年）392頁に，簡単な紹介がある。
(23) 魚住庸夫「最判昭和62年2月12日調査官解説」『最高裁判所判例解説民事篇昭和62年度』（法曹会，1989年）42頁，水上敏「最判平成6年2月22日調査官解説」『最高裁判所判例解説民事篇平成6年度』（法曹会，1997年）216頁。最判平成6年2月22日により，処分清算型・帰属清算型とで，受戻権の存続期間が異なるべきという学説の構想は，排除されたと評価されている。道垣内・前出注(21) 995頁，同「最判平成6年2月22日解説」法教167号（1994年）119頁。

の差押えに対しては，譲渡担保権設定者は受戻しにより差押債権者を排除（判決が「対抗できる」としていないことに注意）でき，他方で，弁済期到来後の差押えに対しては受戻権を行使しても差押債権者を排除できないとしている。「弁済期到来時」の先後を基準とする点は，既に最判平成 6 年 2 月 22 日等で明らかにされていたところ，同判決は，譲渡担保権者のなす「譲渡」に，譲渡担保権者の一般債権者がなす差押えをも含むと解することを前提として，この理を，「譲渡担保権者側の第三者[24]」の差押債権者にも適用したものである[25]。

　(3) 近時，最（三小）判平成 21 年 3 月 10 日（民集 63 巻 3 号 385 頁）は，駐車場の賃貸人であった留保買主が支払不能に陥った後行方不明となり，駐車場の所有者が，自動車の登録名義を有した留保所有権者に対して自動車の撤去を求め提訴したという事案において，所有権留保について，以上の不動産譲渡担保に関して形成された判例法理（「弁済期到来時ルール[26]」）と軌を一にする判断を示した。

　最高裁は，以下のようにいう。すなわち，「留保所有権者は，残債務弁済期が到来するまでは，当該動産が第三者の土地上に存在して第三者の土地所有権の行使を妨害しているとしても，特段の事情がない限り，当該動産の撤去義務や不法行為責任を負うことはないが，残債務弁済期が経過した後は，留保所有権が担保権の性質を有するからといって上記撤去義務や不法行為責任を免れることはない」。「本件車両の所有権は，本件立替金債務が完済されるまで同債務の担保として」留保所有権者「に留保されているところ」，留保所有権者は，留保買主「が本件立替金債務について期限の利益を喪失しない限り，本件車両を占有，使用する権原を有しないが」，留保買主「が期限の利益を喪失して残債務全額の弁済期が経過したときは」，留保買主「から本件車両の引渡しを受け，これを売却してその代金を残債務の弁済に充当することができる」という

[24] 高木多喜男『担保物権法〔第 4 版〕』（有斐閣，2005 年）359 頁を参照。
[25] 印藤弘二「最判平成 18 年 10 月 20 日判批」金法 1794 号（2007 年）5 頁。同判決の原審は，「この場合における債権者による目的物の「処分」には，任意の譲渡等に限らず，民事執行法による強制執行等を含むと解する」ことを明言する。本件原審判決・金判 1254 号 51-52 頁。本判決が，「被担保債権の弁済期後は，設定者としては，目的不動産が換価処分されることを受忍すべき立場にあるというべきところ，譲渡担保権者の債権者による目的不動産の強制競売による換価も，譲渡担保権者による換価処分と同様に受忍すべきものということができる」とするのも，軌を一にするものであろう。
[26] 小山・前出注(3)2 頁以下。

性質を有する。「留保所有権は，原則として，残債務弁済期が到来するまでは，当該動産の交換価値を把握するにとどまるが，残債務弁済期の経過後は，当該動産を占有し，処分することができる権能を有するものと解されるから」である。

「譲渡担保の場合，通常は被担保債権との内在的な関係をもたない目的物の所有権が，担保のために新たに移転される」のに対し，「所有権留保の場合には，担保のために，債権者（売主）の有している所有権が移転しないこととされるのであり，担保権の設定という新たな物権変動は存しない[27]。」けれども，所有権の移転ないし保持という法形式と，債権を担保するためという目的の乖離は，両者をともにできるだけ担保としての実質に合わせた法律構成を指向させる[28]。その意味で，本判決は，所有権留保においても，留保所有権が弁済期の到来前の段階では「債権担保の目的を達成する範囲内」に制限されること，および，弁済期到来の先後で留保所有権者の有する権能が異なることを明言した，初めてのケースである。

また，近時，最（二小）判平成22年6月4日（民集64巻4号1107頁）は，自動車の個別割賦購入あっせんにつき，信販会社による売買代金の立替払がなされたが登録名義を販売業者にとどめ，信販会社名義としない事案において，①その被担保債権が売買代金債権ではなく立替払代金等債権であること，②対抗要件として登記・登録の必要な物権変動については，再生手続開始前に登記・登録を備えていなければ（民事再生法45条），別除権としての権利行使をなし得ないことを明らかにした[29]。すでに譲渡担保については，最（一小）判昭和41年4

---

[27] 高橋眞『担保物権法〔第2版〕』（成文堂，2010年）315頁。

[28] 近時の不動産譲渡担保を中心とした学説等を整理するものとして，生熊長幸「譲渡担保権と二段物権変動説」『民事法学への挑戦と新たな構築』（鈴木禄弥先生追悼論集）（創文社，2008年）323頁以下，田高寛貴「譲渡担保判例における担保権的構成の伸張と限界」川井健・田尾桃二編『転換期の取引法　取引法判例10年の軌跡』（商事法務，2004年）191頁以下等がある。

[29] 同判決の評釈として，松下弘記・判タ1344号（2011年）24頁，上江洲純子・ジュリ1420号（2011年）175頁（平成22年度重判解），小山泰史・法教365号（2011年）別冊判例セレクト2010 I・16頁，印藤弘二・法協1904号（2010年）4頁，山本和彦・金判1361号（2011年）68頁，野村秀俊・金判1353号（2010年）13頁，佐藤鉄男・民商143号4＝5号（2011年）439頁，石毛和夫・銀法725号（2010年）51頁，平野眞由・月刊消費者信用29巻4号（2011年）44-50頁，小山泰史・金法1929号（2011年）56頁他。また，売主所有権留保につき，民再法35条の下で占有改定による対抗要件具備

月28日（民集20巻4号900頁）が，譲渡担保設定者につき会社更生手続が開始されたときは，譲渡担保権者は更生担保権者に準じて権利行使をすべきで，所有権は主張できないとしていた。よって，所有権留保につき，留保買主の倒産の場面で留保売主に所有権者としての権利行使を認めず別除権行使にとどめる最判平成22年6月4日も，留保所有権の効力を「債権担保の目的を達成する範囲内」に限定する解釈を採っているといえよう。

(4) ただ，最判平成21年3月10日および最判平成22年6月4日は，ともに，売買契約当事者間の事例ではなく，信販会社による所有権留保の事例である。このような割賦購入あっせんによる所有権留保には，以下のような，売主・買主間の所有権留保には見られない特徴がある[30]。すなわち，①信販会社は顧客から支払委託を受けて販売業者の代金債務を弁済しており，所有権留保で担保される債権には，売買代金残金分（委任事務費用）および販売業者に弁済した日以降の法定利息（民650条1項，商法513条2項）のほか，報酬（商法512条）およびこれらの債務の支払を繰り延べる手数料が含まれている。また，②売買代金債務が完済されていることから，所有権留保を実行するために，代金支払債務の不履行を原因として売買契約を解除することはできない。③信販会社が販売業者に売買代金残金相当額を交付することによって，物件の所有権は販売業者から信販会社に直接移転し，信販会社に物件の所有権が留保されている。留保買主が立替払残代金債権を完済することで，物件の所有権は，信販会社から留保買主に移転する，というわけである。

学説には，販売会社から留保買主にいったん所有権が移転して，そのうえで目的物件が信販会社のために譲渡担保に供され，信販会社に所有権が移転する，との法律構成を採るものがある[31]。しかし，前掲・最判平成22年6月4日は，留保所有権者が留保買主の破産手続において別除権を行使するためには，販売業者名義ではなく留保所有権者が自ら登録名義を経由しなければならないと判断する際，「本件三者契約は，A（販売業者）において留保していた所有権が代位によりX（留保所有者）に移転することを確認したものではなく，Xが，本件立替金等債権を担保するために，Aから本件自動車の所有権の移転を受け，こ

を要するとした事例として，東京地判平成22年11月8日判タ1350号240頁がある。
[30] 千葉恵美子「複合取引と所有権留保」『民法の争点』（有斐閣，2008年）153頁。
[31] 佐藤昌義「クレジット会社の所有権留保」NBL463号（1990年）39頁。

れを留保することを合意したものと解するのが相当であり、Xが別除権として行使し得るのは、本件立替金等債権を担保するために留保された上記所有権であると解すべき」であるとした。すなわち、販売業者から信販会社に目的物件の所有権が移転した上で、改めて留保買主との間に「所有権留保」の合意がなされる、というわけである。最高裁の採用したこの論理は、「債権担保の目的を達成する範囲内」に留保所有権の効力を制限するものの、譲渡担保と完全に同一の法律構成を採るには至っておらず、なおも法形式上の相違を残していることを示すものといえよう[32]。

4 所有権留保に基づく物上代位と目的債権の種別

(1) では、民法304条1項を類推適用して、所有権留保に基づく物上代位を認めるとしても、304条1項の定める「売却、賃貸、滅失又は損傷」の場合全てに等しく物上代位が認められるべきか。例えば、信販会社Aが買主Cの代金を立替払いをした上で、販売会社Bから所有権の移転を受けて、改めてA・C間で所有権留保合意がなされるとしよう（前掲・最判平成22年6月4日の事案）。このとき、売主による所有権留保であれば、AはCによる動産の処分を禁止するであろうが、Cがレンタカー会社であって、営業用の車両をBから調達している場合、Cはレンタカーの顧客に対して日々賃料債権を取得して収益を上げることになる。

仮に、CがAに対する立替金残代金債務について債務不履行に陥った場合、Aは留保所有権に基づいて車両を引き揚げて売却し、立替金残代金債権の回収に充てるであろう。しかし、目的物の減価により、残債権の未回収分が生じるような場合には、現実的ではないかもしれないが、Cが顧客から取り立てていない賃料債権を所有権留保に基づく物上代位により差し押さえて、残債権に充当するということも、論理的には考え得る。

従来、抵当権の物上代位につき、代位目的債権として、当該担保権の効力が及んでいた物の代わりとして得られたものに対する物上代位（代替的物上代位）と、当該担保権の効力の及んでいるものに対する実行手続としての物上代位（付加的物上代位）が観念されてきた[33]。上記のような賃料債権は、当初の担保目

---

[32] 最高裁の立場が、法定代位構成を排除する限度で採られているものであって、信販会社の所有権留保一般に妥当するものかどうかの検討も、なお必要であろう。

的財産に加えて，付加的に代位目的債権として被担保債権の回収に資するものであるから，所有権留保目的物からの派生的価値であって，付加的物上代位の例といい得る。このとき，所有権留保を極力担保的に構成して，賃料債権に対する物上代位につき，留保買主の債務不履行による弁済期の到来（民法371条の類推適用）を要件とすべきであろう[34]。この解釈は，「弁済期到来時」ルールを所有権留保にも当てはめ，被担保債権の弁済期の到来によって留保目的物の処分換価権を取得することを，物上代位にも及ぼす解釈といえる。

(2) では，留保目的物の売却代金債権について，留保所有権者に物上代位は認められるべきか。所有権留保において売却代金債権が生じるとすれば，一般的に「流通過程における所有権留保」と呼ばれる類型，すなわち，所有権留保がなされながら当然に目的物の転売が前提とされているケースが想定される。ディーラー（売主），サブディーラー（買主），ユーザー（転買人）と順次売却され，ディーラー・サブディーラー間で所有権留保がなされたまま，ユーザーに自動車が引き渡されるという事例である。

抵当権の売却代金債権に対する物上代位については，「動産上の先取特権と異なり，抵当権者は，抵当目的物が第三者に譲渡されても目的物に追及することができるのであるから」，売却「代金債権への権利行使を認める必要性に乏しい[35]」とか，「代価弁済の制度（民378条）は，売却代金債権への物上代位を認めると，とりわけ複数の抵当権者が存する場合に不都合であることを考慮して，物上代位を否定する趣旨で規定された[36]」として，売却代金債権への物上代位を否定する説が有力である。

この見解を，所有権留保に基づく売却代金債権への物上代位を否定する論拠に置き換えるとすれば，次のように整理できる。すなわち，①所有権留保では，留保目的物件を引き揚げ，転売して被担保債権（売主所有権留保では残売買代金債権，信販会社の所有権留保では立替払残代金債権）の回収に充てることができるから，物上代位を否定すべきである。また，②特に「流通過程における所有権留保」の場合，留保所有権者は，目的物の転買主への転売を容認しているのであるか

---

(33) 道垣内・前出注(5)143-144頁，高橋・前出注(27)124頁以下等。
(34) 高橋・前出注(27)123頁参照。
(35) 高橋・前出注(27)117頁。
(36) 道垣内・前出注(5)145頁。

ら，その転売の授権は，同時に留保買主の取得する売却代金債権への追及を放棄していると解すべきである。留保買主が自ら売却代金債権を転買主から取り立て，その弁済金を原資として，所有権留保の被担保債権の弁済が期待される，ということが，転売の容認によって含意されているが故に，留保目的物件本体への追及（目的物件の引き揚げ）が可能である限り，その価値代償物である売却代金債権への追及は，同時に許容されるべきではない，ということになろう。

（3） 前掲・最決平成11年5月17日の原審決定[37]は，「抗告人は，譲渡担保設定契約において代位物に対する優先的権利を認める旨の特約がない以上，物上代位は認められるべきではないと主張するが，譲渡担保権は目的物の交換価値を支配する権利であり，これを認める旨の特約の有無の如何を問わず，民法304条の適用を認めるのが相当である」との判断を示した。また，「抗告人は，本件においては，破産会社が担保目的物の処分を許されており，処分した場合の売掛債権につき相手方（譲渡担保権者・筆者注）は譲渡担保の予約をするなどの特別の保全措置を講じていないのであるから，担保目的物に対する追及権を放棄していたものと解すべき旨を主張するが，抗告人主張の事実だけでは，直ちに相手方が担保目的物に対する追及権を放棄していたものということはできない」としており，最高裁は，その原審決定の結論を是認している。

最決平成22年12月2日（民集64巻8号1990頁）は，流動動産の譲渡担保につき，債務者の営業終了後，譲渡担保権の私的実行後の残債権を回収するために示された，損害保険金請求権に対する物上代位権の行使を肯定した[38]。同決定は，「構成部分の変動する集合動産を目的とする集合物譲渡担保契約は，譲渡担保権設定者が目的動産を販売して営業を継続することを前提とするものであるから，譲渡担保権設定者が通常の営業を継続している場合には，目的動産の滅失により（損害保険金に係る：筆者注）請求権が発生したとしても，これに対して直ちに物上代位権を行使することができる旨が合意されているなどの特段の事情がない限り，譲渡担保権者が当該請求権に対して物上代位権を行使することは許されない」としながら，「構成部分の変動する集合動産を目的とする集合物譲渡担保権は，譲渡担保権者において譲渡担保の目的である集合動産を構成するに至った動産（以下「目的動産」という。）の価値を担保として把握す

---

[37] 大阪高決平成10年2月10日金判1046号40頁。
[38] 小山・前出注(4)NBL950号28-29頁。

るものであるから，その効力は，目的動産が滅失した場合にその損害をてん補するために譲渡担保権設定者に対して支払われる損害保険金に係る請求権に及ぶ」，と述べる。後段の物上代位肯定の原則論の叙述は，少なくとも，債務者（譲渡担保設定者）の営業終了後の段階では，損害保険金請求権と集合物の構成個物の双方に，譲渡担保の効力が及んでいたことを前提としている[39]。

　流動動産譲渡担保にあっては，民法304条1項の「滅失又は損傷」により譲渡担保設定者が取得する債権に対して物上代位が認められた。しかし，その一方で，売却代金債権に対する物上代位については，個別動産の売却が通常の営業の過程でなされたときは，物上代位は認められないとする見解[40]があり，また，弁済期到来後に譲渡担保権者が担保権の実行に着手した場合に，はじめて譲渡担保の効力が売却代金債権に及ぶとする説がある[41]。

　筆者も，流動動産の譲渡担保について，最決平成22年12月2日の示すように，譲渡担保設定者の営業継続中は物上代位を認めるべきでないと考える[42]。これに対して，個別動産の所有権留保にあっては，流動動産譲渡担保と異なり，価値代償物である売却代金債権が，新たな動産の取得に結びつけられていない。所有権留保の場合，流動動産譲渡担保のように，設定者が取得する売却代金債権によって新たな個別動産の取得が留保買主に期待される，もしくは義務づけられておらず，キャッシュフローの循環が予定されていないのであるから，ABLで用いられる流動動産譲渡担保による売却代金債権への物上代位と同様の配慮をする必要はない。

　よって，留保買主の売却代金債権に対する物上代位については，否定的に解すべきではないと考える。この点は，前掲・最決平成11年5月17日が，個別動産の譲渡担保に基づき売却代金債権への物上代位を認めたこと，および，その事案の譲渡担保を所有権留保と構成する余地があったこと等も，理由づけの補強材料とすることができるだろう。ただし，流動動産譲渡担保と同様，原則として，留保買主の被担保債務についての不履行と，それに伴う弁済期の到来

---

[39] 森田・前出注(4)57頁，小山・前出注(4)NBL950号28-29頁。
[40] 山野目章夫「流動動産譲渡担保の法的構成」法時65巻9号（1993年）24頁。
[41] 我妻栄『新訂担保物権法』（岩波書店，1971年）665頁，668頁。売却代金債権に対する物上代位を否定する見解に対する批判として，森田・前出注(4)58-59頁。
[42] 小山・前出注(4)判評532号165頁。

を，ここでも要件とすべきである[43]。すなわち，債務不履行発生前には，未だ留保買主への転売授権は撤回されておらず，転買主からの代金債権の取立てとその費消も，留保買主に許されているとみるべきであって，この間は，物上代位権を行使しない旨の黙示の合意があると考えるべきだからである[44]。このことに鑑みると，留保所有権者が，留保買主による目的動産の転売を容認する「流通過程における所有権留保」の事例であっても，転売授権の撤回前の段階では，売却代金債権について物上代位の差押えは肯定されないが，弁済期が到来し，留保所有権者に目的物の処分権が帰属した後は，転売授権も撤回され，売却代金債権に対する物上代位も容認されると解し得る[45]。

(4) 売却代金債権に対する物上代位との関連で，以下のような例はどうなる

---

[43] すでにみたように，所有権留保に関する近時の判例（最判平成21年3月10日・最判平成22年6月4日）は，弁済期の到来により留保所有権者は目的物の完全な処分権を取得するとして，譲渡担保において形成された「弁済期到来時ルール」を所有権留保にも採用している。また，譲渡担保設定者の取得する賃料債権に対して不動産譲渡担保権者が物上代位をなし得るかにつき，「仮に譲渡担保権に基づく物上代位権の行使として目的物の賃料債権の取得が一般的に認められるとしても，目的物の使用収益を譲渡担保設定者にとどめる譲渡担保権においては，その契約締結に際して，譲渡担保権者において，譲渡担保権設定者の目的物の使用収益の対価については，物上代位権を行使しない旨，あるいはこれを放棄する旨の了解があると解するのが相当であって，その対価である賃料についても物上代位権を行使する余地はな」いとする下級審裁判例（浦和地判平成12年10月31日判タ1085号223頁）がある。本文の売却代金債権への物上代位の解釈は，「弁済期到来時」ルールと，前掲・浦和地判の考え方を組み合わせたものである。

[44] すでに述べたように，抵当不動産の売却代金債権に対する物上代位については，これを否定に解するのが多数説である。道垣内・前出注(5)『担保物権法〔第3版〕』145頁，高橋・前出注(27)117-118頁他。代価弁済の制度（民378条）が，売却代金債権への物上代位を認めると，とりわけ複数の抵当権者が存在する場合に不都合であることを考慮して，物上代位を否定する趣旨で規定されたと解するのである。しかし，所有権留保の場合，留保目的物に対して他の債権者がかかってくることは，自動車登録名義が留保所有権者にある限り，想定する必要性に乏しい。また，代価弁済のような制度的手当も存在しない。よって，所有権留保の場合，売却代金債権への物上代位を否定すべきでないと考える。

[45] なお，大阪高判昭和54年8月16日（判時959号83頁）は，転売授権構成を採用する唯一の事例である。およそ流通過程における商品につき買主が当該商品の転売を目的とする商人である場合，商品に所有権留保の特約が付されていたとしても，売主は，買主が通常の営業の枠内でその商品を自己の名において転売することを承認していると解すべきであって（転買主の所有権取得を否定するのは信義則違反），当該商品が，買主Aの通常の営業の範囲内で転売されたこと，転買人が代金を完済したことの二つが存在するとすれば，もはや売主は転買人の所有権取得を争いえないという。

か。留保所有権者（売主もしくは信販会社）が売却した動産に，留保買主である請負人が自己の調達した材料を加えて注文者の求める製品を製造する場合に，留保買主＝請負人が支払不能に陥ったとき，留保売主は，請負代金債権に対して物上代位権を行使し得るか。このとき，留保目的物件は，請負による工作によって物自体の同質性が失われ[46]，かつ，新たな一物の所有権は，請負契約上最終的に注文者に帰属するから，留保所有権者にとって，請負代金債権に対して物上代位権を行使するメリットが存在する。

売主所有権留保に基づく物上代位については，請負工事に用いられた動産の売主が動産売買の先取特権に基づき，請負代金債権に対して物上代位権行使が認められるかが問題となった，最（3小）決平成10年12月18日（民集52巻9号2024頁）が参考になる。同決定は，次のように述べる。すなわち，「請負工事に用いられた動産の売主は，原則として，請負人が注文者に対して有する請負代金債権に対して動産売買の先取特権に基づく物上代位権を行使することができないが，請負代金全体に占める当該資産の価額の割合や請負契約における請負人の債務の内容等に照らして請負代金債権の全部又は一部を右動産の転売による代金債権と同視するに足りる特段の事情がある場合には，右部分の請負代金債権に対して右物上代位権を行使することができる」，と。

売主所有権留保の場合，被担保債権が売買代金債権であることから，動産売買先取特権との類似性が強く，原則として，同決定の以上の説示が妥当するといってよい。他方で，信販会社の所有権留保の場合，前掲・最判平成22年6月4日が示すように，その被担保債権である信販会社の立替金残債権は，割賦購入の手数料分が上乗せされるなど，元々売主所有権留保の売買代金債権より若干高額となっている[47]。しかし，留保買主の負う債務＝立替金残債権の価額と，請負によって新たに付加された価値分の価額とが，ある程度峻別することが可能であるなら，「請負代金全体に占める当該資産の価額の割合や請負契約における請負人の債務の内容等に照らして請負代金債権の全部又は一部を右動産の転売による代金債権と同視するに足りる特段の事情がある場合」に当たり，同様に，物上代位権行使が可能となると解し得る。

---

(46) 坂本武憲「建物建築請負契約における出来形部分の所有権の帰属」（最判平成5年10月19日解説）平井宜雄編『民法の基本判例〔第2版〕』（有斐閣，1999年）154頁。
(47) 千葉・前出注(30) 153頁。

(5) 最後に、「目的物の……滅失又は損傷によって」(民304条1項本文) 留保買主が取得する債権、具体的には損害賠償請求権や損害保険金請求権についてはどうか。

かつての下級審裁判例 (大阪地判昭和55年5月28日判時980号118頁・金判609号43頁) は、所有権留保売買では、割賦金の支払に応じて所有権の価値が徐々に買主に移転していく (所有権の価値的分属) とし、買主は代金を完済していなくても、売主の有する所有権から離れて、損害保険契約の目的たりうる被保険利益を有する (金銭的評価可能) とした。また、近時、譲渡担保においても、被保険利益は、譲渡担保権者・設定者双方が有するとされた (最2小判平成5年2月26日民集47巻2号1653頁、ただし不動産の事例)。この理は、所有権留保にも妥当するものである。

しかし、所有権留保売買において、目的物の利用と占有が留保買主に委ねられている以上、目的物滅失のリスクは留保買主が負担すべきであり、損害保険契約の契約者は、通常留保買主であろう[48]。留保所有権者である信販会社が、わざわざ留保買主の使用する目的物権の滅失のリスクを特約により負担することは、現実には想定し難い。この点は、転売が容認されている「流通過程における所有権留保」にあっても、同様であろう。

例えば、留保買主が割賦代金の支払いを懈怠して期限の利益を喪失し、留保所有権者が目的物件の早期の引き揚げを検討し始めた矢先に、留保買主に帰責事由のない状況で保険事故 (例、駐車場の隣家からの延焼等) が発生し、目的物件が滅失したとしよう。所有権留保に基づき目的物件を回収して転売することによる被担保債権の回収が不可能となり、その一方で、留保買主に価値代償物としての損害保険金請求権が帰属するとすれば、所有権留保に基づく物上代位を否定すべき理由は見当たらない。典型的な「価値代替的な物上代位」を肯定すべき局面であるといえよう[49]。

ただ、この事例では、留保買主の代金債務の不履行を前提としているが、債

---

[48] 近時の裁判例の動向につき、田高寛貴『クロススタディ物権法』(日本評論社、2008年) 292頁を参照。留保買主に被保険利益を認めた裁判例として、名古屋地判平成17年10月26日判タ1216号277頁、名古屋高判平成11年4月14日金判1071号28頁。また、東京高判平成17年4月20日金判1221号16頁、名古屋地判平成17年11月30日判タ1218号302頁、名古屋地判平成18年12月18日判タ1240号315頁も参照。

[49] 安永・前出注(1)262頁。

務不履行がない段階で目的物件が全損で滅失したとしても，直ちに物上代位を認めるべきかはなお問題である。通常，価値代替的な物上代位については，債務者の不履行を要件とすべきでないと解されている[50]。その一方で，実質上の所有者が買主であることに鑑みれば，滅失・損傷による損失は，当然買主に帰せしめられるべきであって[51]。通常は特約による買主危険負担が原則化している[52]。実質上の所有者として，留保買主が使用収益をなすのであるから，公租・公課，修繕費その他の費用は，留保買主が負担する[53]。留保物件の使用中に第三者の過失により事故が生じ，留保買主が修理費用を支出した場合に，留保買主が加害者に対して取得する損害賠償請求権（民709条）や，事故を契機として取得する損害保険金請求権について，留保買主が割賦代金の支払いを懈怠していない段階で，留保所有権者が物上代位をなし得るとの解釈は，実質的には所有者として扱われるべき留保買主の利益を害することになろう。よって，損害保険金請求権に対する物上代位についても，留保買主の債務不履行の発生を要件とすべきではないか。この点は，債務者の不履行を要件としない抵当権における損害保険金請求権に対する物上代位や，流動動産譲渡担保における損害保険金請求に対して物上代位を認めた最決平成22年12月2日が，特約ある場合には譲渡担保設定者の営業継続中でも物上代位の可能性を認めることと，帰一しない。

5　結語——残された課題

（1）本稿では，所有権留保に基づく物上代位の可否について，若干の検討を行ってきた。その結果，譲渡担保の判例法理である「弁済期到来時」ルールを所有権留保にも適用する，現在の最高裁の立場を前提とする限り，動産譲渡担保に準じて，所有権留保についても物上代位を否定する要因は見当たらないことが明らかになった。特に，最決平成11年5月17日の事案は，所有権留保として法律構成をする余地もあったことから，所有権留保についても物上代位を

---

[50] 安永・前出注(1) 263頁。
[51] 柚木馨＝高木多喜男『担保物権法〔第3版〕』（有斐閣，1982年）583頁。
[52] 秋田地判昭和40年5月12日判時416号75頁は，買主への目的物引渡後第三者の放火により滅失した場合，目的物滅失の危険は債権者である買主が負担すべき（売主の代金債権は消滅しない）とした。
[53] 柚木＝高木・前出注(51) 583頁。

肯定する契機を含んでいたと評価できる。

しかしながら、物上代位の個々の目的債権については、抵当権や動産譲渡担保に基づく物上代位と、異なる考慮が必要であることも、また重要である。抵当権の物上代位において、付加的物上代位である賃料債権については、民法371条との関係から、債務者の債務不履行を物上代位権行使の要件とする一方で、価値代替物である損害保険金請求権の場合には、債務不履行を要件とはしない見解が一般的である[54]。しかし、本稿が所有権留保に基づく物上代位について採る見解は、これらとは異なり、民法304条1項の4種の物上代位の目的債権全てにおいて、債務者の債務不履行を要件とすべきと解する。例えば、個別動産の売却代金債権の場合、流動動産譲渡担保の物上代位では、譲渡担保設定者の「通常の営業の範囲内」での処分が継続される限り、売却代金債権から得られた売得金によって新たな在庫品の補充とさらなる売却が予定されるので、債務不履行発生前の物上代位は、キャッシュフローの循環を切断するため、原則として物上代位は認めるべきではない。他方で、所有権留保に基づく物上代位においては、売却代金債権の取立金によって、新たな担保目的物件の購入は予定されていない。けれども、転買主への目的物件の占有が移転している「流通過程の所有権留保」では、留保買主の支払不能と弁済期の到来に際して、転売の授権が撤回されることを条件として、物上代位の差押えが認められるべきである。次に、留保目的物件の賃料債権についても、留保買主の債務不履行を要件として、物上代位を承認すべきであると主張した。また、留保買主の取得する損害保険金請求権等の価値代償物についても、同様に、債務不履行を要件として、物上代位を容認すべきである。

以上の解釈には、所有権留保に基づく物上代位を認めるとしても、留保所有権はあくまで債権担保の目的にその効力が限定され、目的物件を使用収益する留保買主が、実質的な所有者であるという、所有権留保が利用される局面の固有の特徴が影響しているといえよう。売主所有権留保だけでなく、信販会社の所有権留保においても、物上代位を認めることによって、留保買主の目的物件

---

[54] 安永・前出注(1)263頁。価値代替物に対する物上代位の場合、民法304条1項但書の「差押え」は、目的物の滅失のため抵当権は消滅するが、その効力が価値代替物（損害賠償請求権・損害保険金請求権）に及ぶことを明らかにする趣旨であると解する。安永・同頁。

の利用が妨げられないように配慮することが求められる。留保買主の債務不履行発生までの間，目的物件の使用・収益が彼に委ねられていることに鑑みれば，物上代位権行使を正当化するには，物上代位の目的債権の種別（民304条1項）の如何を問わず，一律に，留保買主の代金支払い債務の不履行を要件とすべき，というわけである[55]。この解釈は，譲渡担保における「弁済期到来時」ルールの規律を，留保所有権者による，留保買主の目的物件の利用関係への介入を正当化する契機として，物上代位権行使にも拡大することを企図するものである。

（3）なお，本稿においては，所有権留保に基づく物上代位における，民法304条1項但書の「差押え」の趣旨について一切検討をしてこなかった。売主所有権留保の場合には，そもそも留保買主への権利の移転がないため，対抗要件の具備自体が問題とならない。このとき，所有権留保に基づく物上代位において，権利変動はないものの，例えば売主名義の自動車の登録（使用者名義は留保買主）自体を，物上代位権の公示とみることができるかどうか，検討を要する[56]。また，前掲・最判平成22年6月4日は，民事再生手続における別除権行使のためには，信販会社自身が自動車の登録名義を有することを要求した。第三者対抗要件一般として登録名義を備えることを要求するところまで，同判決の射程が及ぶのかは定かではない。物上代位権の公示が留保所有権者名義の登録や占有改定によってなされ得るかどうか，売主所有権留保，および信販会社の所有権留保それぞれについて，別途検討を必要としよう。これらの点については，今後の検討課題として，他日に期したい。

　　＊本稿は，2010年度科研費基盤研究C課題番号22530097による研究成果の一部である。

---

[55] この解釈は，前掲・浦和地判平成12年10月31日判タ1085号223頁（本稿注[43]参照）に近い方向性といい得る。

[56] 動産譲渡担保一般について物上代位を肯定する限り，その物上代位の差押えの趣旨が，法定担保物権であり権利本体の公示のない動産売買先取特権と同様に解する（最1小判昭和59年2月2日民集38巻3号431頁，最2小判昭和60年7月19日民集39巻5号1326頁）か，それとも，約定担保権であり，かつ権利本体と物上代位権がその設定登記によって公示されると解されている抵当権（最2小判平成10年1月30日民集52巻1号1頁参照）に準じて扱うか，検討を要する。なお，石田穣『担保物権法』（信山社，2010年）711頁は，「譲渡担保権の効力が売買代金債権に及んでいることは，目的動産の登記や占有改定によって公示されているといえる」と述べる。

12 留置権の実行

清水　元

1　はじめに
2　留置権実行の実体法的基礎
3　民事執行法 195 条による留置権実行
4　むすび

1　はじめに

　留置権に競売権があるか否かに関しては古くより争いがあり，学説は肯定説，否定説に分かれて対立していたところであるが，民事執行法制定以前の競売法は留置権者による競売を規定しており[1]，民事執行法も，195 条において，「留置権による競売及び民法，商法その他の法律の規定による換価のための競売については，担保権実行の例による」と定めている。

　ところが，同規定による競売が，①担保権の実行か，換価のための競売（形式的競売）にすぎないのか，②担保権の実行であるとした場合に留置権に優先済権があるのか，換価弁済権のみがあるのかの問題はなお抜本的な解決を見たとはいえない状況である[2]。具体的にも，留置権による競売がなされた場合の手続上の問題として，換価金の処理のしかたや，配当手続の実施の有無，引受主義と消除主義のいずれが採られるべきか，さらには，剰余主義（民執 63 条）の適用があるか否かの問題があるが，これらの点について民事執行法は明文の規定を置いておらず，解釈および実務に委ねられている現状である。本稿では

---

[1]　旧法下の学説，実務に関しては，清水元「民事執行法と留置権」『留置権概念の再構成』[1998] 283 頁以下参照。なお，立法論として，近時山木戸勇一郎「民事執行手続における留置権の処遇」慶應法学 14 号 [2009] が出た。
[2]　立法担当者は，留置権による競売は認めるにしても，換価権限の性質や換価手続については解釈に委ねるものとしていた。田中康久・新民事執行法の解説 [1980] 468 頁。

これらの問題点につき検討をくわえ，どのような法的処理がなされるべきか考察する(3)。

2　留置権実行の実体法的基礎

旧競売法の下で留置権者が競売申立権を有していたことは，同法3条1項が「動産ノ競売ハ留置権者，先取特権者，質権者其他民法又ハ商法ノ規定ニ依リテ其競売ヲ為サントスル者ノ申立ニ因リ競売ヲ為スヘキ地ノ地方裁判所所属ノ執行官之ヲ為ス」と規定し，また，22条も「不動産ノ競売ハ，留置権者，先取特権者，質権者，抵当権者其他民法ノ規定ニ依リテ其競売ヲ為サントスル者ノ申立ニ因リ不動産所在地ノ地方裁判所之ヲ為ス」と規定していたことからも明らかであるが，文言において異なる民事執行法195条がこれと同趣旨であるかどうかは検討を要する。

旧競売法はなんらの留保なく留置権者を抵当権者等と並列している。しかし，留置権は優先弁済権能を有しないため引渡拒絶権能にとどまり，担保物権としての実行（競売権）が認められないことは異論の余地がないところであり，このことは民法295条の文言，また，物上代位に関する304条の規定が留置権には準用されていないことからも明らかである。沿革的には，ローマ法以来換価権は担保物権の本質たる売却権 *ius vendi* から導き出され，それゆえ，優先弁済権能なき換価権はありえないと考えられてきた。もっとも，形式的には旧競売法ないし民事執行法により特別に留置権者に優先弁済権能が与えられたとの解釈が考えられなくもない。とりわけ，旧競売法とは異なり，民事執行法の「担保権実行の例による」との文言にそうした積極的な意味を求めようとするわけである。しかし，留置権にどのような効力を与えるべきかは，実体法における理論から手続のあり方が決まるべきであり，手続法の解釈によって実体法理論を変更することは許されないであろう(4)(5)。

---

(3) 本稿は旧稿（注(1)）の一部改説と補充を含む。
(4) 同様の問題として，抵当権が設定された（民法176条）だけでは競売申立てができないとされている民事執行法上の取扱い（181条）がある。この点については，清水元・プログレッシブ民法［担保物権法］21頁。
(5) 石渡哲「留置権による競売の売却条件と換価金の処遇」白川古稀［1996］453頁は，民事執行法の立法担当者が留置権に関する実体規定の整備に手を着けずに同法を制定してしまったことは遺憾であると批判する。

とはいえ，留置権に優先弁済権能が認められないとしても，事実上の優先弁済を得られることは否定できない。留置権は物権として対世的に主張できる権利として何人に対しても返還（引渡）請求を拒絶することができるから，留置物の引渡しを受けることを望む者は，留置権者への弁済を強制される結果となるからである。このことは民事執行の場面でも異なるものではなく，不動産留置権については，競売開始決定はできるものの，買受人は留置権の被担保債権の弁済の責任を負うことになり（59条4項，188条）[6]，また，動産留置権についても，留置権者が差押えを承諾するか目的物を提出しないかぎり，競売開始そのものができない（124条）こととされている。わずかに民事留置権が破産手続開始決定によって失効する点において物権性が弱められているのにとどまる（破66条3項）。

では，民事執行法195条の意義はどこにあるのか。留置権者がイニシアティブをとって自ら競売をすることができないとすると，債務者が留置物の返還請求をしないかぎり，留置権者は債権の回収ができないまま目的物の保管の継続を強いられる結果となる。目的物の価額が被担保債権に比して大きい場合，とりわけ，留置権者以外の債権者ないし担保権者が存在する場合には，これらの者が留置物より債権の回収を図ろうとするときに留置権は威力を発揮するから問題は少ないかもしれない。しかしこれとは反対に，被担保債権額が目的物の価額よりも大きい場合には，他債権者の引渡請求に対する留置権の行使のチャンスはなく，留置権者は自縄自縛の状態に陥る。留置物が金銭に転換すれば，留置権者の保管の負担は著しく軽減する。そこで，一種の自助売却として，同条の意義を留置物の保存行為として金銭に転換する[7]ところに求めることが考えられる。これは同条の意義を最低限度にとどめるものであり，留置権者には優先弁済権能はむろん，換価金からの弁済充当権も否定することを意味する。そもそも，民法295条の文言から留置権の効力として弁済充当権を引き出すこ

---

[6] ただし，引受人の「責任」については問題があるが，私見では，留置権の類型によって異別の取扱いがなされるべきであり，被担保債権が費用償還請求権のときは，民法196条の趣旨からして買受人は返還義務を負担するが，これに対して被担保債権が契約から生じた債権の場合は，買受人は債務なき責任を負うと解すべきである。清水・前掲論文297頁。

[7] 中野貞一郎・民事執行法［2006］738頁以下。形式的競売には純換価型と清算型があるが，中野教授は留置権による競売は前者であるとする。

財産法の新動向　I

と自体，困難だからである[8]。そしてその場合には，留置権は換価金の上へ移行することになる[9]。

　もっとも，留置権者がかならずしも留置物の価額から被担保債権の満足を得ることができないわけではない。留置権者は，留置物を客体とする動産執行として，みずから目的物を執行官に提出して動産執行を開始すること（124条）が可能である。ただし，それは債務名義を必要とするのみならず，留置物が債務者に属する場合にかぎられる。債務者以外の他人の物の上に留置権が成立し，あるいは，留置物が譲渡された場合には動産執行は不可能である。これに反して，換価充当権のみが認められるとすれば，他人の物からの配当が可能になり，所有者たる第三者は留置権の被担保債権につき一種の物的有限責任を負担することになり，物上保証人ないし第三取得者類似の地位に立つ。第三者は，剰余金からの還付を得られることになる点で抵当権等の他の担保物権と類似の取り扱いを受けることになる。

　こう見てくると，留置権に基づく換価弁済権を認める実益がありそうである[10]。では，民事執行法はこうした処理を許すものであろうか。

---

[8]　石渡・前掲論文454頁はこれを強調する。なお，生田治郎「留置権の実行をめぐる諸問題」担保法大系2［1989］837頁が，「形式的競売は，不動産の換価のみを目的とし，執行請求権という概念もなく，配当を受けることを目的とするものでもない（満足という概念はない）」とするのは同趣旨か。

[9]　柚木＝高木・担保物権法［1982］36頁，高木多喜男・担保物権法［1993］31頁。石渡・前掲論文461頁は留置権に一種の物上代位であるという。しかし，物上代位とは目的物からの優先弁済権能を意味するものである。同様の問題は手形（商521条）についても存在するが，満期到来時に手形金の取立てができず，留置するにとどまるということは手形の本質上許されないであろう。むしろ，問題は換価金なり手形取立金と被担保債権との相殺を認めるところにあるが，これを許すときは，事実上の優先弁済としての物上代位性を肯定することになる。留置権の実行が換価にすぎないという点を貫くならば，相殺は許すべきではない（民法505条1項但書参照）。ただし，本文でも示すように，留置物が第三者に属する場合には，両債権は対立状態になく相殺は不可能である。それゆえ，この場合には事実上の優先弁済を観念することはできない。

[10]　三ケ月博士は，優先弁済権能がなくとも換価権という売却権を認めることは手続法的には容易であるとされる。三ケ月章「任意競売と強制競売の再構成」［1976］民事訴訟法研究6巻139頁。もっとも，博士は破産や更生手続において失効してしまう民事留置権に独自の換価権を認めるなどは与えすぎであるといわれる。

3　民事執行法195条による留置権実行

(1)　2で示唆したように，留置権者に換価権を与えるだけでは十分でないことが理解されよう。第三者所有の物であっても留置権者が換価金から配当を受けるためには，留置権者に弁済充当権能が与えられる必要がある。民事執行法195条はこうした意味内容をもちうるであろうか。

　おもうに，留置権は「担保権実行の例による」との文言に注目すべきではないだろうか。すなわち，同条が「留置権における競売及び民法，商法その他の法律の規定による換価のための競売」と規定して，換価のための競売と並列させているところからすれば，留置権による競売は換価のための競売ではなく，これと並ぶ権利実行手続であり，留置権の担保物権性から生じる換価弁済権を規定したものと解することができる。「担保権の実行の例による」とは，留置権実行が，限定付ではあるが，担保権実行であることを注意的に規定したものというべきであり，これにより民事執行法181条1項，189条，190条等の適用の可否が検討されることになる。

(2)　では，181条1項による留置権実行の開始の要件をどう考えるべきか。

　一般執行の場合には，債務名義（通常は給付判決）の取得が必要であるのに対して，担保権実行においては債務名義の取得を要しない。すなわち，民事執行法181条は，①担保権の存在を証する確定判決もしくは家事審判法15条の審判またはこれらと同一の効力を有するものの謄本，②担保権の存在を証する公証人が作成した公正証書の謄本，③担保権の登記，が提出されたときにかぎり，担保権の実行が開始されるものと規定している。留置権に関してみれば，③は問題とならず，②も現実にほとんど期待できない。①についても，留置権実行前に，留置権者が，あらかじめ留置権確認請求訴訟等の勝訴判決を取得しておくことは留置権者に無理を強いるものであろう。のみならず，他の担保物権の実行では債務名義を必要としないにもかかわらず，留置権についてだけ債務名義の取得以外に実行の方法はないというのでは，均衡を失することは明らかである。

　これに関して，近時注目すべき最高裁決定が出現した。事案は，駐車場料金債権のため，駐車している自動車に対する留置権に基づく競売に関して，被担

保債権についての確定判決で，かつ，債権が当該登録自動車に関して生じたことが主要事実として認定されているときは，同条1号の確定判決に当たると判示した[11]。これは，留置権の債務名義を不要とする点で他の担保物権と軌を一にするものといえるが，他方で，被担保債権による一般（動産）執行と径庭の差がなく，とりわけ，留置物所有者が債務者である場合には，留置権による競売でなければならない理由は明らかではない。そのうえ，留置物が債務者以外の第三者の所有に属する場合には，被担保債権の債務名義をもって留置権の実行を認めることは許されないはずである。それゆえ，被担保債権の存在を示す私文書（たとえば，契約書）の提出をもって足りると解さなければならない（民執181条1項4号の準用）[12]。

　（3）　ところで，留置物が債務者以外の第三者の所有に属するときは，強制執行しても換価金から配当を得ることができないのに対して，民事執行法195条により留置権に換価弁済権能を与えられたと解するならば，換価金からの配当を正当化することができる。その場合の換価金はどのように処理されるべきか。留置物の換価金が裁判所に納付されて，留置権者を含む他債権者・他担保物権者に配当されることになれば，留置権は優先弁済権能を有しないため他の担保物権に劣後するばかりでなく，他債権者とは平等割合で配当を受けるにすぎない。これに対して，換価金が留置権者に交付されるときは，留置権者は，引き渡された金銭に対する（債務者の）返還請求権と被担保債権と相殺してしまい，事実上優先弁済を得られる余地が生じる。
　この点に関して，競売実務では換価金から競売費用を控除して，その残金を競売申立人に交付するのを原則としている[13]が，それでは留置権者の事実上の優先弁済を黙認する結果となる。たしかに，留置権は物権として対世的に主張できる権利であるから，返還（引渡）請求を拒絶することができる結果として

---

[11]　最決平成18年10月27日民集60巻8号3234頁。一審判決（東京地判平成18年1月11日金商1257号34頁）は，被担保債権についての確定判決は「担保権の存在を証する確定判決」には当たらないとし，原審（東京高判平成18年4月5日金商1257号30頁）も留置権の存在を「証する」判断が明示されているとはいえないと判示していた。

[12]　近藤崇晴・注解民事執行法(5) [1985] 371頁。中野・前掲書739頁も同趣旨か。反対，斉藤和夫「留置権競売考」法学研究80巻12号 [2007] 89頁。

[13]　田中（康）・前掲書469頁，中野・前掲書742頁。

事実上の優先弁済を得られることは否定できない。しかしこれと異なり，留置権者がアクティブに権利実行をする場合にまで同一に考えなければならない理由はないはずである。少なくとも，この場合には，事実上の優先弁済を否定することは可能なはずだからである。また，前述のように，留置物が第三者に属している場合に相殺はできないこととのバランスも問題である。留置物が譲渡されれば相殺はできないが，留置物を債務者の責任財産として執行対象とすることを欲する債権者に対しては優先権が認められるというのは均衡を甚だしく失する。そうだとすると，むしろ積極的に相殺は許されないと解さなければならない（民法505条1項但書）。留置権者は換価金の交付を受けて，留置権が換価金へ移行するにとどめるべきであるとするのが論理的である。しかし反面，留置物の価格が留置権の被担保債権を超過する場合は，他債権者は残余金返還請求権への差押えによる[14]以外には満足を得られないというは迂遠の方法といえる。それゆえ，換価金は留置権者に交付されるべきではないと解すべきではなかろうか。

(4) では，留置物の競売において配当手続は実施されるべきか。これには種々の見解が唱えられている。形式的競売であるがゆえに配当要求は認められないとする説[15]，他担保物権者の配当要求のみを認め，一般債権者の配当要求は認められないとする説[16]，配当要求を認めるべきだとする説[17]がある。裁判例は否定している[18]。

前述のように，民事執行法195条によって留置権に基づく換価充当権が認められると解すべきであるとすれば，留置権者が換価金からの優先配当を認めず，他債権者との平等配当を確保するためには，他債権者の配当要求が認められな

---

[14] 浦野雄幸・条解民事執行法[1985] 892頁。
[15] 田中(康)・前掲書470頁は清算型についてのみ配当手続が実施されるとする。同旨近藤・前掲書392頁。
[16] 近藤・前掲書385頁，坂本「留置権による競売申立て」裁判実務大系(7)[1998] 307頁。
[17] 三ケ月・民事執行法[1981] 467頁，竹田稔・民事執行の実務Ⅰ[1980] 228頁，注釈民事執行法8[1995]（園生隆司＝執筆）282頁，生田・前掲論文839頁以下。
[18] 東京地決昭和60年5月17日判例時報1181号111頁。本事案は，競売申立人が商事留置権の実行として留置している動産競売の申立てをしたところ，債務者に対して労働賃金等の債権を有する他債権者が先取特権者としての配当要求をしたものである。

けばならない。その場合に引受主義と消除主義のいずれが採られるべきかの問題が派生的に生じる。すなわち，留置不動産に抵当権が設定されているような場合，買受人は抵当権を負担するのか，それとも競売によって抵当権が消滅するのか否かであり，留置権実行が換価権にすぎないならば，引受説に帰結することになる[19]が，換価弁済権まで認められるのであれば，消除主義と結びつきやすい。引受説が立法担当者の立場であった[20]が，学説上も多数説である[21]。引受説に対しては，代金納付後も引き受けた担保権を消滅させるための負担が大きく，最悪の場合には残存する担保権が再び実行されることを覚悟しなければならないから，売却が困難であること，また，強制執行または担保権実行としての競売と留置権による競売が競合した場合に，両手続の調整が困難になることが指摘されている[22]。さらに，動産競売においては，動産に対して先取特権の追及効が制限されていること（民333条）や，第三者に動産質権を対抗するためには質物の継続占有が必要であること（民332条）により，動産先取特権および質権の負担を買受人に引き受けさせることができない，との批判がある[23]。そのため実務家の間でも消除説が近時有力になりつつあるといわれている[24]。これに対して，消除主義については，換価権の形式的競売の目的を超えるという抽象論的な批判はともかく，具体的な不都合は指摘されていないようである[25]。

---

[19] 石渡・前掲論文463頁。
[20] 浦野・前掲書664頁。
[21] 近藤・前掲書379頁，中野・前掲書651頁。
[22] 園生隆司・民事執行法判例百選［1994］24頁。
[23] たとえば，動産質権者Aが質物をBに修理のため引き渡したところ，Bの留置権実行により買受人Cが引渡しを受けると，Aは質物の占有を失うから，質権をCに対抗することができなくなる（352条）。これに対して，石渡・前掲書465頁は，引渡後のCの占有もBの占有を承継したものであるからその性質を受け継いでおり，引渡後もなおAはCを代理占有しており，したがって質権を対抗することができると反論する。しかし，Bの留置権がAの質物返還請求に対して行使されることからすれば，Aは占有を失っているはずであり，AとBを一体と捉えることには無理がある。
[24] 東京地裁執行部でも現在消除主義による運用がなされているといわれている。貝阿彌千絵子・民事執行・保全判例百選［2005］219頁。
[25] なお，近藤・前掲書379頁は，消除主義を採ると，不動産上の担保権が売却により消滅するから，これに対抗することができない中間用益権や仮処分の執行も売却により効力を失い（民事執行法188条，59条2項3項），なんら補償を受けられないと批判する。しかし，これは留置権実行に固有の問題ではない。ちなみに私見では，こうした処

(5) 最後に，民事執行法63条は，差押債権者に優先する債権と手続費用を弁済して剰余を生じる見込みがない場合には，競売手続が取り消されるものと規定している（無剰余主義）[26]が，留置権実行についても適用されるか問題となる。引受主義からは適用が排除され，消除主義からは剰余主義と結びつきやすいであろう。これに対して引受説の立場から剰余主義を採る見解がある。すなわち，公的制度である競売を利用する以上，無益執行の排除が必要であって，引受主義を前提にしても，売却代金から競売費用すら得られないような競売は行われるべきではないという[27]。しかし，担保権実行は物権法秩序の競売における実現であり，一般執行とは異なる。民事執行法195条が留置権に優先弁済ならぬ換価弁済権能を与えたという本稿の立場からすると，剰余主義は認めるべきではないと考える。

4 むすび

民事執行法195条は，実体法上明らかでない留置権の実行方法につき，法が特別に換価充当権を与えたものと理解すべきである。それは一方で，債務者以外の物についても競売を許す反面，事実上の優先権をできるかぎり排除することでバランスを取ろうとするものである。あえて競売を選択した以上，事実上の優先権を否定されることは留置権者にとっては酷ではない。これに対しては，換価によって留置権者から保管の負担を軽減するのみで十分であり，あえて弁

理（最判昭和59年2月14日判例時報1109号92頁）は物権法秩序に反するものであって妥当ではなく，先順位担保権者による配当がなされた後の剰余金は用益権者に価額補償の形で還付されるべきものと考える。清水・前掲書91頁。

[26] 同条の趣旨は無益執行の排除であると考えられてきた（中野・前掲書435頁）。強制執行に関するかぎりそれは正当である。しかし，筆者は担保権実行とりわけ抵当権については，価値支配権から導かれるものと考える。すなわち，抵当権が目的物の価値を把握する権利であるとすれば，その価額を超えて設定できないはずである。にもかかわらず，現実には不動産の価格をはるかに超過する形で二重三重に抵当権が設定されるのが通常である。そうした抵当権設定が無効とされず，抵当権設定登記の先後で優劣を決定されるのは，民法373条の規定によるのである。いいかえれば，抵当物の価額とは見込み額にすぎず，価額を超えたかどうかは競売という場面で現実化した結果にすぎない。無剰余主義は抵当権が目的物の価額を超えて設定することができないことの手続法的表現である。清水「剰余主義の実体法的基礎」プログレッシブ民法[担保物権法][2009]84頁。

[27] 石渡・前掲論文466頁。

済充当まで認める必要はないとの批判がありえよう。しかし，留置権を伝統的な引渡拒絶権能に留めておくことは合理性がない。とりわけ，破産法上別除権としての処遇を受ける商事留置権についてはバランスを失したものといえよう。さらに，ひとたび公的制度としての競売が実施されながらも，換価金が留置権者にも他債権者にも配当されず，換価金返還請求権への差押え（担保物権であれば物上代位）の方法でなければならないとするのは，あまりにも硬直的ではないだろうか。目的物件の速やかな換価と他債権者への配当こそ望ましい。

13 連帯保証債務の別個債務性(独立性)と附従性の関係
――主たる債務の時効完成の場合を例として――

今 西 康 人

1 はじめに
2 保証人による債務の弁済及び求償の可否
3 保証人による主債務の時効利益の放棄及び保証人の債務の性質
4 結びに代えて

1 はじめに

　連帯保証債務の別債務性(独立性)及びその附従性につき予め定義するなら,以下のようになろう(本稿では特に断らない限り,保証債務として連帯保証債務を想定していることに留意されたい)。保証債務の別個債務性(独立性)とは,保証債務が主債務とは別個の独立した債務であることを意味する。具体的には,発生原因が主債務の発生契約とは別の契約である場合,保証債務と主債務とが商事債務と民事債務に分かれる場合において主債務と別々に消滅するとき,保証債務のみに対する違約金や一部保証の特約の定めがある場合等がある。要は債務の発生と消滅,債務範囲につき独立性が認められることをいう[1]。

　他方,附従性とは,保証債務が主債務を担保することを唯一の目的とすることから生ずる諸性質(成立・内容・消滅の附従性,保証人による主債務者の抗弁の援用等)をいう[2]。

　ところで,最近の教科書では,保証債務においては附従性が基本であり,別個債務性(独立性)は附従性に反しない限りで認められる,と説明される[3]。保

---
(1) 潮見佳男『プラクティス民法・債権総論〔第3版〕』(信山社,2007年) 578頁,中田裕康『債権総論』(岩波書店 2008年) 450～451頁。
(2) 我妻栄『新訂・債権総論』(岩波書店,昭和49年),潮見・前掲書579～582頁,中田・前掲書451頁。
(3) 平井宣雄『債権総論〔2版〕』(弘文堂,平成6年) 311頁,中田・前掲書452頁。

証債務の趣旨目的を考えるなら，基本的には附従性こそが重視されるべきことにつき特に異論はなかろう。

しかし，それならば，保証債務の別個債務性（独立性）の意義はどこにあるのか。あるいは別個債務性（独立性）を今以上に配慮したような解釈論は成り立たないのか，別個債務性（独立性）の重視は保証債務以外の別債務の存在を帰結しないか。本稿の問題意識はここにある(4)。これを検討するに当たって幾つかの点に焦点を当てたい。

第1に，附従性の例外として別個債務性（独立性）が認められるのはどのような場合であり，かつ，それが認められる論拠はどこにあるのか，さらにそこで認められる債務は保証債務とは異なる別の債務と構成すべき余地はあるのか。最後の点は時には保証人の求償権の存否と関係する。保証債務を履行したとしても，求償できない保証であるならば，そもそもその債務は別個債務性（独立性）であるとしても，保証債務以外の債務でないのかということである。

第2に，時効における援用及び中断の効果に係る相対効の問題は，別個債務性（独立性）及び附従性とどのように関係するのか。いうまでもなく，ここでの相対効と絶対効は主債務の時効につき発生する「効果の人的範囲」の問題であり，多数当事者の債務関係の一つである主債務者と連帯保証人との間における諸事由の影響可能性についての相対効と絶対効（458条・434〜440条）とは異なる。主債務の消滅時効完成を例にするなら，主債務の時効消滅の援用効果を主債務者と債権者の関係，保証人と債権者の関係に分けて相対的に論じる。これを債務の側面から見ると，主債務の存続又は時効消滅に関する限り，主債務者との関係及び保証人との関係で相対効が貫徹する。しかし，結果として例えば主債務者は債務を免れず，保証人は保証債務を免れる結果が発生する事態が生ずることがあるから，結局，この相対効は保証債務の別個債務性（独立性）

---

(4) 椿寿夫・判批・私法判例リマークス1995年上21頁は，別個債務性（独立性）を附従性の添え物的に扱うなら，別個債務性（独立性）を法的性質論から追放すべきであり，そう考えないなら，もう少し別個債務性に意義・存在理由を与えてよい，とし，試論として連帯保証債務を保証の面から理解せず，連帯債務と通常の保証債務との中間に位置するとの法律論を展開深化させる旨を提言される。また，類似の問題意識を持って主債務者の破産免責における保証債務への影響を論ずる先行研究として，金山直樹「破産免責と民法理論」別冊NBL60号（商事法務，平成13年）182頁以下。なお，本稿ではさしあたり共同保証は取り上げない。

と親和的であろう。ただ，主債務者が主債務の時効を援用した場合，主債務が確定的に時効消滅し，附従性により保証債務も消滅すると解するならば，保証人は主債務の時効完成の事実及び主債務者による時効援用の事実を主張立証すれば，自ら援用せずとも保証債務を免れ，結局，附従性を理由に相対効が無視される例もある。このように見るなら，主債務の消滅時効に係る相対効の原則，保証債務の別個債務性（独立性）及び保証債務の附従性の3つの関係をもう少し明確化し，諸事例においていかなる理由から3つのうちの何が前面に出てくるのかを明らかにする必要があると思われる。

　以上，この二点から保証債務の附従性とその別個債務性（独立性）につき検討してみたい。検討の対象とするのは，保証人による主たる債務の時効利益の放棄の有無が問題となる場合，特に時効完成後の保証人による弁済行為である。

2　保証人による債務の弁済及び求償の可否

　保証債務の附従性と別個債務性（独立性）との関係が最も議論されるのは，保証人が主債務の消滅時効完成後（場合によっては完成前）に主債務の時効利益を放棄したと評価され得る行為，例えば弁済行為を行う場合である。保証人が主債務の時効利益の放棄を行うのは，明示的かつ直截に時効利益を放棄する旨の意思表示を債権者に対し行う場合，あるいは右放棄の意思表示をした後，後日弁済を行う場合に限らない。保証人が事前及び事後の通知を行い（463条1項参照）一部弁済と引換えに保証残債務の弁済猶予を受けることを債権者と合意・実行する場合，又は保証人が保証債務を全部履行する場合もある。これらの行為は，主債務の時効完成の事実を知る限り，保証人が時効完成後に主債務を承認することであり，主債務の時効利益の放棄の意思表示と評価される。そして弁済行為の場合なら，保証債務の履行として主債務者に対し求償できるのか，また弁済猶予の合意だけの場合ならば，保証債務が消滅せず存続するのか，が関連問題となる。幾つかの例が考えられるので，議論の混乱を避けるため，保証人が主債務者と連帯して100万円の債務を負担する場合において，保証人が30万円を一部弁済し，又は100万円余（利息・遅延損害金を含む）を全部弁済したときを具体例にして以下，主債務又は保証債務につきいずれか，またはいずれも時効が完成した場合に分けて考えてみよう[5]。

(1) **主債務につき時効が完成し，未だ主債務者が時効につき援用も放棄もしていない場合**

　この場合において，①保証人が主債務の時効完成を知りながら保証債務を弁済する行為は，主債務の時効援用権者である保証人が主債務の時効利益を放棄する意思表示を行ったものと評価できる[5a]。これは保証人が主債務の時効利益を明示的に放棄した後に，弁済行為を行うのと実質的に同じである。右放棄を以て，次のような意思解釈を行うことはできない。すなわち，主債務者が後日放棄したときに限り，保証人として自分も保証責任を負担する意思を保証人が有していた，換言すると保証人が主債務者もいずれ時効利益を放棄するであろうという予期のもとに放棄するつもりであった，という意思解釈[6]は合理的でない[7]。保証人は弁済当時，主債務の時効完成を知っていたのであるから，後日，主債務者が時効を援用して債務を免れたとしても，自らは債務を負担し履行する旨の意思表示であると解すべきである。この点，学説の中には，保証人の放棄の意思解釈，さらに保証人による弁済（放棄後の弁済又は放棄としての弁済）につき求償権の行使が可能か否かは，主債務者の主債務の消滅時効についての態度に応じて変わるべきものであり，主債務者が時効利益につき援用又は放棄をするか未だ態度表明していない場合には，保証人による時効利益の放棄であったとしても，弁済をした後に求償権の行使が可能であるような弁済をする意思の表明か，弁済をした後に求償権の行使が不可能であるような弁済をする意思の表明か，一義的に決定できない，とする見解[8]がある。時効援用に係る

---

(5)　詳細な諸事例に分けて検討する体系書として潮見・前掲書595頁以下，中田・前掲書463頁以下。

(5a)　主債務の時効完成を知りながらであれば，最判昭和35・6・23民集14巻8号1498頁（債務者の弁済例）が判示したように，時効完成後の弁済は時効利益の放棄と解され，その限りで最判昭和41・4・20民集20巻4号702頁の大法廷判決による判例の変更の後も，最判昭和35年がこのケースなら妥当する。

(6)　このような意思解釈の可能性を肯定する例として，奥田昌道『債権総論』（上）（筑摩書房，昭和62年）397頁。同書はこのような意思を有していたなら，保証人が後日主債務者の行った時効援用を主張して保証債務の消滅を援用しても信義則に違反しないとする。

(7)　原則としてこのような意思解釈ができるとする学説として我妻・前掲書482頁，中田・前掲書465頁。

(8)　山田誠一・判批（東京高裁平成7年2月14日判決金法1417号58頁）・金法1428号23～24頁。

〔今西康人〕　***13***　連帯保証債務の別個債務性(独立性)と附従性の関係

主債務者の態度表明の有無が保証人の放棄の意思表示の解釈につき斟酌事情となることは当然である。しかし，少なくとも(1)の場合，すなわち主債務につき時効が完成し，未だ主債務者が時効につき援用も放棄もしていない場合，時効の効果に関する実体法説の中の不確定効果説によるならば，主債務も保証債務も法的債務として存続しているのであるから，保証人が主債務の時効完成の事実を知りながら弁済したとしても，それは保証債務の通常の弁済行為（共同の全部又は一部の免責を生ずる出捐行為）であり，これによって主債務は消滅又は縮減する一方，保証人には当然に求償権が発生する。つまり，求償権行使が可能な弁済を行う意思が表明されていることに疑いはない。右弁済行為は時効完成の事実を知りながら弁済する限り，保証人による主債務の時効利益の放棄であると解釈できる。同時に，保証債務の通常の弁済行為であるにすぎないのであるから，これを放棄の意思表示の内容と結びつけ，「弁済をした後に求償権の行使」が可能又は不可能のいずれであるような弁済をする意思の表明か，という視点からわざわざ議論する必要もないと思われる[9]。

したがって，具体例のうち一部弁済の例なら，30万円の弁済により主債務も保証債務も70万円に縮減し，保証人は30万円を求償できる[10]。もちろん，

---

[9]　主債務者が時効利益につき態度を表明している場合については次の(2)で検討するが，主債務者が既に時効利益を放棄しているときには，保証人が弁済により同じく時効利益を放棄したと評価される限り，本文で述べたのと同様，通常の弁済行為があったと考えられ，その結果，求償権が発生する弁済となるのは当然のこととなろう。なお，弁済をした後に求償権の行使が可能である弁済とこれが不可能であるような弁済とに分類する視点につき述べるなら，法的に不可能となるような弁済はそもそも保証債務としての弁済なのか疑問である。仮にこの視点を認めるとしても，現実には弁済に係る保証人の意思表明においては主債務者の態度のみならず，保証人が弁済の時点で主債務者の資力の有無・程度についてどのような認識であったのかも重要となろう。ただ，同認識はあくまで主観的な事情である面を否めず，これを決定な斟酌事情とすることはできない。

[10]　主債務の縮減につき塩崎勤・判批（最判昭和62・9・3）金法1247号16頁，平井一雄・判批（最判平成元・9・19）・私法判例リマークス1990年25頁。消滅時効によって消滅する債権は債権者が行使しうる現存の債権であって，すでに弁済等によって消滅した債権ではない，という論説は時効完成後の任意の一部弁済にも妥当すると解されるので，右弁済により主債務及び保証債務を部分的に確定的に消滅させる。したがって，その後主債務者が時効を援用するとしても，時効により消滅する債権は債権者が行使しうる現存の債権だけである。この場合，求償できる点は山田・前掲金法23頁も同旨である。したがって，不当利得の成立の可能性を示唆する塚原朋一氏の見解（同「主債務者の時効援用は絶対効か」金判826号2頁）はその前提に誤解があると思われる。

これは保証人が事前・事後の通知（463条1項・443条参照）を怠らないことを前提とする[11]。もし保証人が事前の通知を怠って30万円を一部弁済していたなら，時効完成を知った主債務者は保証人からの求償に対し時効援用による債務消滅の抗弁を以て対抗し，求償を拒むことができる[12]。

　以上，保証人が主債務の時効完成を知りながら保証債務を30万円一部弁済する行為は，保証人が主債務（残債務70万円）の時効利益を放棄する意思表示を行ったものと評価できる。右弁済によって保証人の債務額は70万円に縮減する。ただ，主債務者がその後に残債務70万円につき時効を援用した場合，主債務者は債務を免れる。しかし，保証人は既に主債務の時効利益を放棄しているので，主債務者による時効援用があっても，改めて時効を援用することはできないと解すべきである[13]。また，保証人がこれ以降70万円を弁済したとしても，求償できない。この点の説明として，①の我妻説の理論構成を支持し，保証人との関係では主債務はなお存続するため，保証債務の存続を認めても保証債務の附従性に反するものではない，とする学説[14]がある。しかし，このような事態に至れば，保証人たる者の意思を考えるなら，求償できない残債務を保証債務とそもそも解してよいのか検討を要する。この点は3で後述する。

　次に，②保証人が主債務の時効完成を知らないならば，その弁済行為は主債務の時効利益を放棄する意思表示と評価できない。東京高判平成7年2月14日も，右弁済が主債務の時効消滅の有無にかかわりなく保証債務を履行する，

---

(11) 保証人から事前の通知がある場合において，主債務者がその時点で主債務の時効完成を知り，又は右通知に際し時効完成の事実を保証人から告げられたならば，通常ならば，主債務者は直ちに時効を援用するわけであるから，局面は「主債務者が時効を援用している場合において，保証人が保証債務を全部又は一部履行した時」に変わる。

(12) 同旨・山田・前掲金法23頁。

(13) 同旨・潮見・前掲書660頁。平井宣雄『債権総論』初版311頁は原則として改めて援用できないという立場であったが，同書第2版311頁は改説し，放棄の意思表示の問題とし，主債務がどうなろうとも履行の責めを負う，という趣旨なら，もはや援用はできないが，解釈によっても明らかでない限り，附従性を重視するか，放棄の意思表示の効力を優先し改めて援用できないとするか，いずれを重視するかの問題となり，後者を原則とすべきとする。我妻・前掲書482頁は既述の通り二通りの放棄があるとし，改めて援用できる放棄を原則とする，つまり本文中に挙げたように後日主債務者が放棄した時に限り自分も放棄するだけであり，逆に援用した時は自分も援用する旨の放棄を原則とする。

(14) 奥田・前掲書397頁。

つまり，主債務の時効が完成し主債務者が債務弁済の責任を免れる場合でも，保証債務を履行する確定的な意思を表明する，という趣旨に出たものでない限り，保証人は主債務の時効の利益を放棄しておらず，時効援用権を失わないし，また保証人が後日主債務の時効を援用し主債務の時効消滅に伴う保証債務の消滅を主張することが信義則によって妨げられることもない，と判示する(15)。この裁判例の信義則違反の理解からすれば，保証人は一部弁済を行った後でも縮減した主たる残債務につき時効援用権を喪失しないという結論になろう。保証人による一部弁済は保証債務自体の債務承認に該当するが，保証人は主債務の存続・消滅について何ら判断を下していないのであるから，改めて主債務につき時効を援用できるのである。

ただ，主債務者が時効完成後に同様の行為を行った場合には，周知のようにたとえ時効利益の放棄の意思表示と解されないとしても，判例（最判昭和41年4月20日民集20巻4号702頁）によれば，主債務者は信義則に基づき主債務に関する時効援用権を喪失する。主債務の時効につき同じ時効援用権者であり，しかも時効完成後に主債務を縮減させる点では主債務者又は保証人の弁済行為は共通するにもかかわらず，このような差異を設けてよいのか。この点，有力説は保証人については時効援用権の喪失を原則として認めない(16)。理由として挙げられるのは，仮に右喪失を認めると，主債務者が後日時効を援用した場合，保証人は弁済しながら主債務消滅の効果を受ける主債務者に対して求償できなくなり，保証人が最終的な負担者となってしまう，また，逆に右喪失にもかかわらず，求償を認めると，後日時効を援用した主債務者が時効利益を害される，という点である。この説によれば，具体例では保証人は30万円を一部弁済しても，後日，主債務の残額70万円につき時効を援用できる。但し，注意すべきは，先に30万円を弁済したことに基づき主債務は70万円に縮減するので，この有効な一部弁済につき保証人が求償できるのは当然であり，このことは時

---

(15) 東京高判平成7・2・14判時1526号102頁の上告審判決である最判平成7・9・8金法1441号29頁は高裁の判断を支持した（この判例につき吉田光硯・判批・判タ901号13頁）。なお，高裁判決は，保証人が一部弁済当時主債務者の無資力を認識し求償権が行使できないことを覚悟していたことを認定したが，この事情のみを以て求償権の有無を決定することはできないと考える。

(16) 四宮和夫／能見善久『民法総則』第7版（弘文堂，平成17年）382頁，金山直樹・判批・民法判例百選Ⅰ第6版（有斐閣，2009年）85頁。

効援用権の喪失の有無とは別問題である。もし保証人が100万円を全額弁済したときはどうか。右弁済の時点で主債務者は時効を援用していないのであれば，有効な弁済を理由に主債務も消滅する。保証人が事前・事後の通知を怠っていない限り，主債務者に対し当然求償できるはずである。後日，主債務者が主債務の時効完成の事実を知っても，既に有効な弁済により債務は消滅している。保証人が100万円を弁済するに際して行った事前・事後の通知の折，主債務者は時効完成の有無を確認すべきであったのであり，消滅時効の抗弁を援用する機会を不当に奪われたとの主債務者の主張は成り立たない。

(2) 主債務につき時効が完成し，主債務者が時効につき既に援用をしている場合

　主債務者が(1)の場合と異なり既に援用した場合，主債務は時効消滅し，保証債務は消滅上の附従性を理由に当然に消滅するか，それとも保証人は改めて主債務の時効利益を放棄できるか，換言すると放棄した上で有効な弁済を行うことができるか。学説は分かれる。

　第1に，主債務者による援用により，主債務は確定的に時効消滅すると解する立場では，保証債務は消滅上の附従性により当然消滅するので，右援用の事実を知った保証人は主債務者による時効援用の事実及びその結果保証債務が附従性により消滅したことを主張・立証すれば，保証債務の履行を拒絶できる[17]。また保証人が援用又は放棄の相対効を理由に主債務の時効利益を改めて放棄する余地はないので[18]，後に保証債務の履行として弁済を行っても有効な弁済にはならず，非債弁済となる。ただ，非債弁済ではあるが，この立場は，保証人の善意・悪意に触れずに債権者に対する保証人の不当利得返還請求を否定する[19]。この立場が特に強く意識するのは，時効援用権者の中でも債務者本人による援用の場合に限り，援用の相対効を否定し債務の確定的時効消滅を認めなければ，保証債務の附従性に反する不合理な結果が生じ得るので，これを回避

---

[17]　奥田・前掲書396頁。
[18]　幾代通『民法総則』（青林書院，1980年）547頁は保証債務の附従性を理由に，潮見・前掲書596頁は，保証人固有の時効援用問題が生じると考えたりするのは適切でない，とし，保証人は保証債務を免れるべく，主債務者による時効援用の事実と附従性に基づく保証債務の消滅を主張すれば足りる，とする。
[19]　奥田・前掲書369頁。

する必要がある、ということであろう。附従性の徹底という点で、この立場では、保証債務の別個債務性（独立性）に対する考慮は皆無である。

　第2に、これに対する反対説がある。ひとつは、我妻説である。同説は時効援用の人的範囲における相対効を理由に挙げ、保証人は固有の援用権者として改めて時効利益を放棄できるとする[20]。したがって、保証人が主債務者による時効援用の事実を知りながら保証債務を弁済する場合、右弁済行為を以て時効利益の放棄と解することが可能となる。「主たる債務は保証人との関係で（保証債務の基礎となる関係で）主債務はなお存続するという理論構成」を採用するなら、この結果は保証債務の附従性に反しないと同時に、弁済につき求償を一律に否定することを帰結できる、とする。保証人との関係では主債務は存続するため、保証人による弁済は保証債務の履行であり、非債弁済とならない。しかし、主債務者自身は時効援用により債務を免れたのであり、保証債務の履行により免れたのでないから、結局、保証人は求償できない、と解釈する[21]。同説は結論として主債務が時効消滅するにもかかわらず、保証債務が消滅しないことを肯定する点で保証債務の別個債務性（独立性）を重視するものであり、しかも別個債務性（独立性）と保証債務の附従性とを対立概念と捉えない特異な見解であると評価できる。保証債務の附従性をも人的範囲の相対効に服させるならば、確かに両者は対立概念でなくなる。しかし、保証債務に係る二つの性質の関係を両立しうる調和的関係として語ることについてはさらなる理論的な説明が必要である。保証債務の消滅上の附従性が時効を援用した主債務者との関係で相対的にのみ生ずるならば、保証人との関係では逆に主債務は存続するのであるから、保証人が弁済すれば、求償問題が生ずることを否定することはできないのではなかろうか。加えて、保証人の固有の時効援用権と援用の相対効とを理由として、時効利益の放棄に関わる保証人の意思内容に究極根拠を求めるにせよ、求償権を欠く保証債務の存在を認める我妻説の帰結には、疑問が

---

[20]　我妻・前掲書482頁。
[21]　同旨・山田・前掲・金法23頁。なお、放棄や中断も含め徹底して相対効を主張する見解として塚原説（同・時の判例ジュリスト940号96頁）がある。同説は我妻説と同じく主債務者が時効を援用しても、保証人は時効利益を放棄できる一方、主債務者が援用しているので主債務と保証債務を認めて代位弁済する保証人は求償権の行使を出来ないことを容認して弁済した、と評価する。ただ求償権否定の理由が保証人の意思にあるのか、主債務者の方は時効を援用したことにあるのか曖昧である。

ある。求償できない債務を保証債務とそもそも解するか，この説ではやはりこの点の検討が必要となる。この点は3で後述する。

　もう一つの反対説は，中田裕康説である[22]。同説は第1の立場では保証人が保証債務の附従性による確定的消滅を知らなかった場合，善意による非債弁済となるにもかかわらず，保証人による返還請求を否定する結論は説明に窮する，と批判する。そして，主債務者が時効を援用すると，消滅時効が援用された債務として一種の「自然債務」となるため，自然債務に対する保証人による弁済は任意弁済である限り，主債務者による時効援用の事実を知らないときでも，非債弁済とならない。ただ，主債務者との関係では，保証人による時効利益の放棄の効果は主債務者に及ばず，弁済の効果も主債務者に対し主張できないので，求償が認められない，とする。主債務者による時効援用が行われると，主債務が通常の法的債務から自然債務又は給付保持力のみを有する不完全債務に確定的に変じ，保証人との関係でも主債務は法的債務でなくなってしまうという限り，援用の相対効を必ずしも貫徹させない。この点では，同じ反対説でも我妻説とやや異なる。しかし，放棄の相対効を認め，かつ，自然債務となった主債務につき第三者による弁済があっても債権の給付保持力だけは認められることを新たな理由に，求償を認めぬ点，さらに主債務が自然債務の形で存続するので附従性の例外とは必ずしも断言する必要がなくなる，というのがこの説の特徴である。保証人が時効利益を放棄した場合，自然債務である主債務につき法的債務である保証債務が存続する一方，弁済をしても主債務者に対する求償が認められない，という結論[23]は，それを保証債務と評価する限り，奇妙な結論ではなかろうか。少なくとも，主債務者側から見れば，債務を免れるべく時効を援用するのであるから，法的評価面で債務消滅と消滅時効が援用され自然債務となった債務とでどれだけの差異があるのか。附従性の例外という説明を債務の自然債務化による附従性の一応の尊重という説明に置き換えることも釈然としない。やはり，主債務が消滅した後も，放棄の相対効を理由に債務の存続を主張するとしても，それを「求償権を欠く保証債務」として評価すべき

---

(22)　中田・前掲書465頁。
(23)　金山・前掲NBL60号191頁は，主債務が自然債務なら附従性により保証債務も自然債務となる余地があることを指摘する。同旨の指摘として，伊藤眞「破産免責の再構成」判タ429号17頁がある。

か検討する必要がある。ここでも，残存する別個債務が保証債務か否か検討する必要がある。

　なお，保証人が主債務者による時効援用を知らないまま，保証債務を弁済した場合との関係上，時効を援用した旨の主債務者による事後の通知に触れておく。受託保証人の場合，援用に関する主債務者の通知の要否及び保証人につき定められる事前・事後の通知（民463Ⅰ）を考慮する必要がある。弁済による債務消滅のみならず，時効援用による主債務の消滅についても事後の通知を主債務者に対し求める立場（民463Ⅱ・443Ⅱの類推適用説）[24]に立つならば，主債務者がこの通知を怠り，それがために受託保証人が援用の事実を知らず善意に，かつ，いわゆる事前及び事後の通知を実行し弁済をしていたときには，受託保証人は弁済を有効とみなし，主債務者に対し求償を求めることができることとなる（民463Ⅰ・443Ⅱ）。もちろん時効の援用自体は443条2項にいう自己の財産を以てする共同免責に当たらない。援用による時効消滅は財産上の出捐ではないし，相対効である援用効果と共同免責は矛盾する。しかし，443条2項を準用する趣旨が，事後の通知がなかったために，弁済する必要もないのに弁済をした受託保証人を保護することにあると解するなら[25]，同条項の類推適用を認めてもよい[26]。加えて，例えば，主債務者が受託保証人により事前の通知を受けた以上，既に時効を援用した旨を告げることは保証の委託者たる主債務者の委任契約上の義務であり，また，援用の事実を通知しなかったにもかかわらず，後に受託保証人からの求償を拒絶することは信義則違反の疑いがある[27]。さらに敷衍すれば，この443条2項類推適用説は主債務と保証債務との連帯債務関係から帰結されるのであり，二つの独立した債務の連帯債務関係を重視し，保証債務の別個債務性（独立性）の側面を尊重することの現れであると考えることができよう。

---

[24] 川井健・判批（最判昭和44・3・20）判例評論131号（判時575号）116頁，山田・前掲金法23頁，潮見・前掲書597頁。

[25] 我妻・前掲書436〜437頁は一部弁済と引き換えの債務の一部免除の申出につきこの論説を展開する。

[26] 川井・前掲116頁，山田・前掲金法23頁。なお，潮見・前掲書597頁は443条2項にいう二重弁済の問題ではなく，援用により債務を免れた主債務者とその後に弁済をした保証人のいずれに優先的地位を与えるかの問題であるとし，後者の地位を優先する。

[27] 川井・前掲116頁参照。

なお，実際には稀な事例となろうが，主債務者が時効を援用したことにつき事後の通知をしたにもかかわらず，受託保証人が事前・事後の通知（民463 I）を行って弁済をしたときには，受託保証人は主債務者に対して求償できないであろう。受託保証人は主債務者から時効援用の通知を受け，主債務者が債務を免れたことを知りながら敢えて全部弁済又は一部弁済を行うのであるから，例えば，30万円を一部弁済しても求償できず，したがって，求償できない債務の一部履行及び履行後に残存する債務いずれもが保証債務に係ることなのかが問題となる。この点は3で後述する。

(3) **主債務と共に保証債務の時効も完成している場合**

①弁済行為は保証債務につきその時効完成後の承認があったと考えられるので，保証人が弁済当時保証債務の時効完成を知る限り，保証債務の時効利益の放棄となり，また知らないときでも保証債務の時効援用権の喪失となり得る。保証人が両債務につき時効が完成していることを知りながら，弁済したのであるなら，保証人は両債務の時効利益を放棄したと評価でき，保証人は後で主債務につき時効を援用できないのは言うまでもない[28]。この点は，(1)の①の場合と同様である。

②保証人が保証債務の時効完成の事実を知っていながら，他方，主債務につき既に時効が完成していることを知らずに債務を全部弁済又は一部弁済をしたときはどうか。判例は，保証人による右弁済の後，主債務者が時効を援用した事案において，上告人（保証人）が「連帯保証債務は連帯債務者と殆ど異なるところがなく，民法458条により連帯債務についての規定の大部分が適用されることから見て，全部履行の義務ある連帯保証人が時効の利益を放棄することは取りも直さず支払いの意思を表示するもので，主たる債務の時効の利益をも援用しない趣旨」である旨を主張し，主債務の時効援用肯定説を上告理由にしたのに対し，保証人は主債務者による時効援用と保証債務の消滅上の附従性を理由に一律に主債務の時効援用を認める旨を判示する[29]。上告理由が保証債務

---

[28] 淡路剛久「債権保全のための第三者に対する効力──多数当事者の債権関係(7)」法教213号86頁。

[29] 大判昭7・6・21民集11巻1186頁は保証人に対する売掛代金請求事件ではあるが，本文で述べた上告理由に対し，保証債務の附従性を根拠として，連帯保証人であっても自

〔今西康人〕　*13* 連帯保証債務の別個債務性（独立性）と附従性の関係

のいわば別個債務性（独立性）を強調した放棄の意思解釈をしたのに対し，判例は主債務者による時効援用の絶対効と保証債務の附従性を理由にこれを排斥している。しかし，右弁済を行う保証人の意思はさまざまであり，仮に，保証人が弁済の時点で主債務の時効が未完成であるという誤った認識を有していた場合ならば，二通りの意思解釈が可能である[30]。第1に，主債務が消滅していない以上，保証人として責任を果たすべく弁済を行い保証債務の時効利益を放棄する一方，主債務が存続する以上，右弁済につき主債務者に対し求償を行う，また一部弁済なら，求償に加え，将来主債務（残債務）の時効も完成し主債務者が時効を援用するならば，そのときは自分も同じく主債務（残債務）の時効を援用するつもりであるという意思解釈，第2に，保証債務の時効を援用すれば保証債務を免れることができたのに，敢えて弁済するのであるから，例えば一部弁済なら，将来主債務（残債務）の時効が完成したとしてもこれを援用する意思をもはや留保しない，但し，弁済分については弁済時点で主債務の時効が完成していないので求償をするという意思解釈である。保証人が主債務の時効完成を後日知った上で改めて主債務（残債務）の時効を援用することは，前者ならば信義則違反とならないが，後者ならば同違反となろう。以上の問題状況は既述の(1)の②の場合と類似する。したがって，一部弁済ならば，右弁済

　己債務に対する消滅時効が中断せられもしくは時効の利益を放棄した場合でも主債務者の債務が時効により消滅したことを主張することを妨げられない旨を判示する。なお，事案は必ずしも明らかでないが，この事例に関する戦後裁判例と思われる大阪高決平成5・10・4判タ832号215頁は，自己の債務につき時効完成後に債務承認すれば，後で援用することは信義則違反として援用権喪失となるが，「主債務について時効が完成した後に保証人が保証債務を承認した場合に主債務の時効消滅を主張しうるかどうかは別の問題である。本来保証人としてはその保証債務を履行した場合主債務者に対して求償することができるのに，主債務の時効が完成し主債務者がこれを援用してその債務を免れた場合には求償の途を絶たれることになり，保証債務は主債務が消滅した場合これに付従して消滅する性質の債務である（尤も，時効消滅の場合その援用が相対的であるから，保証人において援用しない限り保証人に対する請求は可能である。）ことを考えると，保証人は主債務の時効消滅後に自己の保証債務を承認したとしても，改めて主債務の消滅時効を援用することができると解するのが相当である」とする。戦前判例と同じくあまり保証債務の意思を細かく詮索せず，保証債務の附従性を徹底して尊重する立場である。なお，同決定につき菅野佳夫・判批・判タ838号10頁，金山直樹・判批・判タ882号30頁。

[30] 潮見・前掲書601〜602頁，奥田・前掲書397頁，淡路・前掲86頁，本田純一「保証と時効」法教225号33頁。

が主債務の時効消滅の有無にかかわりなく保証債務を履行する，換言すると将来主債務（残債務）の時効が完成し主債務者が債務弁済の責任を免れるときでも，保証債務（残債務）を履行する確定的な意思を表明する特別な場合は別として，それ以外の通常の場合には，保証人は保証債務の時効利益を放棄しても主債務の時効の利益の方を放棄しておらず，時効援用権を失わないし，また保証人が後日主債務の時効を援用し主債務の時効消滅に伴う保証債務の消滅を主張することが信義則によって妨げられることもない，と考えるべきある[31]。意思解釈としては上記の前者の意思解釈を原則とすべきであろう[32]。したがって，主債務者が未だ時効完成を援用せず，又は援用したことを通知していない限り，保証人は(1)の②の場合と同様事前・事後の通知を行って30万円の弁済をしたならば，保証債務の一部履行として求償できる。ただ，保証人による一部弁済につき後者の意思解釈が例外としても成り立つようなとき，残債務につき保証人が負担するのが保証債務なのか否かについてはやはり3で後述する。

③さらに，保証人が主債務の時効完成だけを知りながら，時効の完成した保証債務を弁済するときはどうか。主債務の時効を援用すれば消滅上の附従性に基づき保証債務の履行を免れることを認識した上で，保証人は弁済を行ったと考えられるので，主債務の時効利益を放棄したと評価できる。同時に，たとえ保証債務の時効完成を知らなくても，主債務の時効完成にもかかわらず保証債務を履行する意思を弁済行為により明確にしたと評価できる以上，少なくとも保証債務の時効援用権の喪失と評価しうる。具体例において，主債務者が保証人による30万円の一部弁済前に既に時効を援用しているならば，主債務者は100万円の債務自体を免れているので，保証人による30万円の一部弁済の効力が問題となろう。保証人が一部弁済を行うにあたっては，事前・事後の通知を行うのであるから，(2)で既述のように主債務者につき時効を援用した旨の事後の通知を受託保証については求めるべきである（民463Ⅱ・443Ⅱの類推適用説）。

---

[31] 奥田・前掲書396～397頁，我妻・前掲書482頁，潮見・前掲書601～602頁，淡路・前掲86頁。なお，我妻・前掲書482頁は注29の前掲・大判昭7・6・21を以て自説と同旨の判例として引用する。しかし，平井・前掲書311～312頁はこの判例は附従性の原則重視の立場と評価する。

[32] 但し，後者の意思解釈が原則であるとする反対説が存在する。前田達明『口述・債権総論』第3版（成文堂，平成5年）362頁は，保証人にとって保証債務の承認や時効利益の放棄は主債務のそれを含むとする。

主債務者がこの通知をしている限り，受託保証人は30万円につき求償できない。すなわち，主債務者が時効を援用した旨の通知をし求償問題がもはや発生しないことを明らかにしている以上，この30万円の弁済がそもそも保証債務の履行なのか検討する必要があろう。他方，主債務者がこの通知を怠った場合，事前・事後の通知をした受託保証人は30万円の一部弁済を有効とみなし，主債務者に対し求償することができる。ただ，この場合でも，受託保証人による30万円の一部弁済の後に残存する70万円の債務については，時効を援用した主債務者はこれを免れる一方，保証人は主債務の時効利益を放棄した以上，これを履行する責任を負う。この場合，受託保証人が負担するのは保証債務（残債務）なのか否かにつき検討が必要であろう。3で後述する。

(4) 保証債務の時効が完成し，遅れて主債務の時効が完成する場合

保証人が保証債務の時効完成を知りながら弁済を行うならば，事前・事後の通知を行っている限り，有効な弁済となる。具体例において，保証人が30万円を一部弁済すれば，有効な弁済として主債務者に30万円を求償できる。ただ，保証債務の承認自体は主債務の時効中断事由にはならないので，縮減した70万円の主債務につき時効がその後完成し得る。但し，30万円の一部弁済に先立ち保証債務の履行請求があった場合，連帯保証人であれば458・434条に基づき153条の裁判外の請求として主債務の暫定的な時効中断があろう。ともあれ，その後，主債務につき時効が完成した場合，保証人は改めて主債務の時効を援用できるか。主債務が時効消滅していないことを前提とした保証人の意思解釈である限り，保証人が主債務の時効完成を知らないまま弁済を行う場合と保証人の立場に立って考えるなら状況は同じであるから，上記(3)の②の内容がそのまま妥当するし，二つの意思解釈が可能である[33]。

3 保証人による主債務の時効利益の放棄及び保証人の債務の性質

(a) **検討例** 2の(1)から(4)において取り上げた5つの場合，主債務者が時効の援用に基づき債務を免れたにもかかわらず，保証人が時効利益を確定的に放棄したため，又は時効援用権の喪失となるため，保証人が一部弁済後に依然

---

[33] 結論同旨・潮見・前掲書601～602頁，淡路・前掲86頁。

負担する残債務が保証債務なのか否か，ここで一括して検討する。具体例でいえば，100万円の保証債務のうち30万円の一部弁済した場合において，一方で主債務者が時効援用により債務を免れている一方，保証人が70万円の残債務を負担するケースである。検討対象となる5つ場合とは，整理すると以下のとおりである。

第1に，2の(1)の場合。30万円の一部弁済分については保証人が事前・事後の通知を行っている限り求償が認められる一方，後に主債務者が残債務につき時効を援用したため，保証人が弁済しても求償できない残債務70万円につきそれが保証債務なのかが問題となる。

第2に，2の(2)で取り上げた二つの反対説（我妻説及び中田裕康説）の場合。これらの説では，30万円の一部弁済をしても求償が認められないため，100万円の債務自体がそもそも保証債務なのかが問題となる。

第3に，2の(3)の②における例外事例の場合。すなわち，保証人が主債務の時効完成を知らず，保証債務の時効完成のみを知りながら，一部弁済を行った際，将来主債務（残債務）の時効が完成したとしてもこれを援用するつもりがない旨の確定的意思を有する場合，主債務者がいまだ時効を援用していないならば，30万円の一部弁済分については保証人が事前・事後の通知を行っている限り求償が認められる。この点は第1の場合と同じである。しかし，受託保証なら，残債務70万円につき主債務者が時効を援用し事後の通知をする限り，受託保証人が70万円を弁済しても当然のことながら求償できない。そこで，70万円の残債務が保証債務なのかが問題となる。他方，この場合において，主債務者が既に主債務の時効を援用し，事後の通知をしているならば，受託保証人の行った一部弁済についても求償は認められないため，第2の場合と同様，100万円自体が保証債務であるのか問題となる。

第4に，2の(3)の③における例外事例の場合。これは今述べた第3のケースと同じになろう。

第5に，2の(4)の場合。この点は(4)で既述したように上記(3)の②の例外の場合と問題状況が保証人とってみれば同一であるので，第3のケースとやはり同じになろう。

以上，保証債務か否かを検討すべき事例には，額でいえば100万円の債務全体なのか70万円の残債務なのか，一部弁済の30万円分についての求償の可否

に従いこの二つに分類できる。

　(b) 法的性質　　従来，100万円の債務自体又は70万円の残債務は本稿の冒頭で述べたように保証債務であり，保証債務の消滅上の附従性の例外と理解されてきた。しかし，これには幾つかの疑問点がある。第1に，保証債務の履行は他人の債務を弁済する実質を有するからこそ保証人の求償権が認められる。実質的に他人の債務の弁済に当たらず，求償権の発生が問題とならず自己の債務の弁済にしかならないのであれば，主債務とは完全に独立した別個債務ではなかろうか。第2に，2の(2)で取り上げた二つの反対説はともかく，それ以外では保証債務の附従性に対する例外であるとの説明がされている点である。附従性についてのみ例外を認めるのであれば，それ以外の点について保証債務の性質がそのまま認められるか。しかし，仮に普通保証債務であるなら主債務が消滅している以上，保証債務の補充性から認められる催告の抗弁や検索の抗弁を想定できない。また主債務が消滅した以上，連帯保証債務であるとしても連帯関係を観念できず，連帯債務に係る諸規定の準用も考えられない。保証連帯の特約を交わした数人の連帯保証人が存する場合，一人の保証人についてのみ残債務が存在する場合も同様であるし，複数の保証人について残債務が存在するときでも真正な連帯関係が存続するのか検討を要するであろう。第3に，そもそも主債務につき主債務者が時効を援用したにもかかわらず，又は保証債務につき時効を援用できるにもかかわらず，債務を従前どおり負担しようとした保証人の意思は単に主債務の時効利益の放棄のみを以て包摂され得るのであろうか。一部弁済を行う保証人の意思及び弁済行為を以て新たな債務負担行為を論じる余地があるのではないか。保証人による時効完成後の債務承認・時効利益の放棄が債務負担行為的側面を有することは学説の一部が指摘してきたとおりであり[34]，保証債務とは別の独立した債務[35]又は損害担保契約上の債務[36]に転化するとの見解が参考となろう。

---

(34)　川井・前掲116頁参照。特別事情の場合に限定するがこれを認める者として中田・前掲書465頁。

(35)　金山・前掲NBL60号188〜189頁は，破産免責の場合に限ると断りつつ，保証人は自ら弁済しても求償できないことを覚悟して独立の債務を負担しようとするのであり，債権者はこれを拒むのではないから，免責的債務引受，準消費貸借，和解あるいは更改の合意が保証債務・主債務の承認の中に含まれるとする。

(36)　片岡宏一郎・実務の羅針盤・金法1687号5頁。

以上を踏まえるなら，保証人が行った一部弁済行為は主債務（通常は残債務70万円，時には100万円の債務自体）の時効利益の放棄のみならず，損害担保債務を負担する旨の意思が含まれているのではなかろうか。すなわち，検討例のうち，30万円の一部弁済において，第1に，残債務の70万円についてのみ求償が認められない場合には，一部弁済行為は保証債務の一部履行であると同時に，将来主債務（残債務）につき主債務者が時効を援用しても自らは援用せず債権者に損失を被らせないよう残債務を履行する旨の意思が，また第2に，100万円の債務自体につき求償が認められない場合には，一部弁済行為は保証債務を免れたにもかかわらず，債権者に損失を被らせないよう新たに債務を負担してこれを履行する旨の意思とその意思に基づく履行行為が，それぞれ認められる。第1の場合には，30万円の一部弁済の時点で，将来主債務者が時効を援用することを条件として損害担保債務が成立する。第2の場合は，一部弁済行為自体を以てその時点で無条件に損害担保債務の成立とその一部履行が認められよう。もともと保証契約に類似するものとして損害担保契約が存在し，保証と異なり主債務の存在を前提としないことは周知のことである。保証債務の消滅上の附従性につき安易に例外を認めるよりも一部弁済を行う者の意思を素直に解釈するならば，損害担保債務の負担の意思を認めるべきであろう。保証債務の消滅上の附従性はできるだけ尊重すべきであり，主債務者による時効援用があれば保証債務はその附従性に基づき消滅するのであり，他方，損害担保債務は新たに独立の債務として成立する。保証債務が一部弁済を契機として損害担保債務に転化するのではない[37]。もちろん，受託保証において主債務者が時効を援用したにもかかわらず，援用したことを保証人に対し事後通知しなかった場合には，主債務が消滅しても，保証人の一部弁済は保証債務の履行となり，その限りで，保証債務の消滅上の附従性の例外が認められる。この点は単なる求償の可否の問題に止まらず，保証債務の別個債務性（独立性）の問題であり，保証債務の附従性の原則を尊重する必要がない。それはともかく，別個債務性（独立性）について言えば，損害担保債務の成立が認められる場合には，もはや主債務との関係で論じられる保証債務の別個債務性（独立性）の側面の問題ではなく，主債務の存在を前提としない損害担保債務としての独立債務性の問題

---

[37] 金山・前掲 NBL60号189頁と片岡・前掲5頁は保証債務の転化とする。損害担保債務の時効は起算点も含め保証債務と別個に考えるべきである。

となる。仮に債権担保を目的とする制度として保証債務の附従性を理解する立場に立っても[38]、債権担保の機能は本稿で取り上げた場面では損害担保債務が果すべきであると考えたい。

最後に、以上の点と時効援用についての相対効・絶対効の問題との関係をまとめておく。主債務の時効援用の効果については相対効が認められるだけであり、主債務者の時効援用が未だなくても、または既に時効援用があっても、保証人はそれとかかわりなく主債務の時効利益を放棄できる。その限りで、冒頭の1で既述したように、ここでの相対効は保証債務の別個債務性（独立性）と親和的であろうし、さらに言えば、30万円の一部弁済事例において求償が認められる場合には、30万円の履行は独立した別個債務たる保証債務の一部履行と考えるため、時効援用の相対効は保証債務の別個債務性（独立性）自体の現れであると評価できよう。反対に、一部弁済事例において30万円の求償が認められない場合ならば、保証人が相対効に基づき主債務者の時効援用とかかわりなく主債務の時効利益を放棄することは保証債務の附従性に抵触する結果を本来なら生じさせ得る。しかし、右放棄たる一部履行を以て100万円の損害担保債務の成立とその一部履行と評価するならば、相対効は別個独立の債務たる損害担保債務と関係すると同時に保証債務の附従性との矛盾・抵触関係に立たなくなろう。

4　結びに代えて

保証債務の別個債務性（独立性）にのみ焦点を当てるなら、本稿で取り上げた主債務の時効完成に係る例だけでなく、それ以外にも検討すべき例が存在する。例えば、458条において434条から440条までの規定が準用される結果生ずるいわゆる相対効の原則及び絶対効の例外が連帯保証債務の別個債務性（独立性）とどのような関係に立つのか。ここでの効力の問題は主債務者と連帯保証人との内部関係において、いずれか一方の債務につき生じた事由が他方の債務に対し影響可能性を有するか否かであるので、それ自体別個債務性（独立性）を前提としている。その限りで、保証債務の目的である債権担保という点に拘束されるとはいえ、別個債務性（独立性）を強調するなら、債務の独立性は相

---

[38]　西村信雄編『旧版注釈民法(11)』（有斐閣、1965年）209～211頁（椿寿夫執筆）。

対効と結びつくはずである。加えて，連帯保証債務を以て「保証」債務でなく「連帯」債務に重点を置いて考えるなら，複数債務間の連帯関係，換言すれば主債務と「連帯」保証債務との別個債務性（独立性）がより前面に出る余地がある。これらの例は簡単な素描ではあるが今後検討すべきであろう。または既に先行研究が存在するが，主債務者の破産免責・終結の場合においてなおも存続する保証債務につき実体法の視点からその別個債務性（独立性）をいっそう検討する必要があると思われる[39]。ややもすると，保証債務の附従性だけが強調され，保証債務の別個債務性（独立性）の意義がどこにあるのか十分な検討や議論の整理が行われていないと思われる現状では，引続きこの問題につき論ずべき点があると考える[40]。

---

[39] 民法の教科書でも取り上げられつつある。中田・前掲書464頁。

[40] なお，今のところ民法改正の作業において本稿で取り上げた問題は議論されていない。附従性に関する明文規定の要否の議論程度である。『民法（債権関係）の改正に関する中間的な論点整理』NBL953号（商事法務，2011年）付録40頁以下。

14 担保権信託とパラレル・デットによる担保権設定の代替補完性

長谷川貞之

1 問題の所在
2 担保権信託による担保権の一元的管理
3 パラレル・デットによる担保権設定と連帯債権関係
4 パラレル・デット方式の代替補完性
5 結 び

1 問題の所在

　本稿は，シンジケート団による協調融資（Syndicated Loans シンジケート・ローン。以下単に「シ・ローン」という）などの債権者の異なる複数の債権を担保するために考案された担保形態である「担保権信託」（いわゆる Security Trust セキュリティ・トラスト）[1]を1つの手掛かりとして，わが国における新たな担保手段の獲得を検討するものである。

　担保権信託とは，信託の形式をもって担保権の設定を行う担保形態を指称するもので，平成18年（2006年）の信託法改正によって新たに創設された制度である[2]。担保権信託は，通常の担保権とは異なり，担保権と被担保債権が分離する点に特徴がある[3]。担保権信託の法的仕組みを用いるならば，シ・ローンのような債権者の異なる複数の債権を1つの担保権で担保することが可能となるのみならず，受託者のもとで担保権の一元的管理を可能とし，被担保債権が譲渡されて債権者が交代する場合であっても，債権者は受益権を通じて権利の行使が可能となり，担保権を受託者に存置したまま債権の流動化を図ること

---

[1] 詳細は，長谷川貞之『担保権信託の法理：いわゆるセキュリティ・トラストの基本構造と運用』（勁草書房，2011年）1頁以下，49頁，131頁以下。
[2] 長谷川・前掲注(1)1頁。
[3] 長谷川・前掲注(1)6頁，42頁以下，57頁以下。

ができる。しかも，担保権信託のもとでは，担保権自体の形式を用いることなく，債権者相互間に優先・劣後の関係を作り出すことも可能である[4]。このような担保権と被担保債権の分離する担保権信託を認めることについては，従来，付従性のない担保権を関係当事者の合意で作り出すことになり，民法の定める物権法定主義（民法 175 条）に反しないかどうかが議論され，平成 18 年（2006 年）の信託法改正によって明文の規定（信託法 3 条 1 号・2 号，55 条）が設けられることによって立法的解決が図られた[5]。しかし，近時，このような担保権信託に代わり得るもの，あるいは，これを補完するものとして，パラレル・デット（parallel debt）による担保権の設定が提唱されている[6]。パラレル・デットとは，シ・ローンなどの融資関連契約において，借入人が債権および担保権の集中管理を行うセキュリティ・エージェントとの間で支払約束ないし債務承認に基づいて発生させる無因債務である。このようなパラレル・デットによる担保権設定と担保権信託を比較検討し，その実際的な機能を解明することは，今後の担保制度の運用および金融取引にとって重要と思われる。

　近年のヨーロッパ，とりわけ EU 諸国においては，国家間の垣根を越えた金融取引が活発化し，これを根底から支える担保制度についても国家間の統一を図る動きが進んでいる[7]。その動きは，被担保債権から一定の独立性を有

---

[4] 長谷川・前掲注(1) 3 頁，107 頁以下。

[5] 長谷川・前掲注(1) 85 頁以下。

[6] A. C. F. G. Thiele, Collective Security Arrangements (2003), pp. 1-17, 19-25, 58-83, 145-158, 164-167, 211-225 and 275-282. 併せて，村上裕章「担保付きシンジケート・ローンにおけるパラレル・デット条項の意義」NBL902 号（2009 年）36 頁以下，洞鶏敏夫ほか「パラレル・デット方式による新しい担保付シンジケート・ローンの試み―パラレル・デット方式の諸外国における活用状況と日本法上の位置づけ」NBL952（2011年）16 頁以下。

[7] 最新の動向として，"The Integration of the EU Mortgage Credit Markets" (2004), reported by Forum Group on Mortgage Credit; "Study on the Efficiency of the Mortgage Collateral in the Europe Union"(2007), reported by European Mortgage Federation(EMF); Dr. Otmar M. Stöcker/Rolf Stürner, Flexibility, Security and Efficiency of Security Rights over Real Property in Europe, 2nd ed., vdp. 2010 など。最近のユーロ抵当構想に関する議論では，付従性をわが国のように発生・存続・消滅の 3 つに分類するのではなく，次の 5 つに分けて整理すべきものとしている。①被担保債権が成立する前に，第三者効を伴って不動産担保権は成立することは可能か（成立における付従性），②被担保債権から独立した，より高額の担保枠を登記することができるか（効力の及ぶ範囲における付従性），③被担保債権の債権者は常に不動産担保権の権利者となるか（権利帰属

する抵当制度（土地債務・所有者抵当）を有するドイツなどが中心となり，被担保債権に対する担保権の付従性を緩和ないし否定した抵当制度の確立（いわゆる「ユーロ抵当」構想）を目指す研究プロジェクトの活動となって現れている[8]。また，EUでは，EU委員会のもとに結成された研究者グループなどを中心に，市場経済の統一に関連して担保制度を統一しようとする動きがあり，付従性に関する議論についてはかなりの成果がみられる[9]。

一方，付従性の強い抵当制度を有する最近のフランスでは，2006年の不動産担保改革により，被担保債権の代替可能性を承認する抵当権として付従性が大幅に緩和された「充填式抵当権」に関する規定（フ民2422条）が新たに設けられた[10]。これは，抵当権設定後に，同一の抵当権を設定行為において記載さ

における付従性）④被担保債権が行使可能な場合にのみ，不動産担保権を行使することができるか（権利行使における付従性），および，⑤被担保債権の消滅と共に不動産担保権も消滅するか（消滅における付従性）。詳細は，長谷川貞之「EU取引法と日本民法への示唆――ヨーロッパ不動産担保制度の改革の議論が日本民法に与える影響――」法学紀要（日本大学法学部法学研究所）53巻（2012年）215頁以下。

[8] 前掲注(7)で引用の各文献のほか，Otmar M. Stöcker, Die "Hypothek", 1992 (Untersuchunge uber das Spar-, Giro- und Kreditwesen. Abteilung B, Rechtswissenshaft, Bd 76), S. 216 ff. この論文の概要につき，中山知己「〈資料〉シュテッカー『ユーロ抵当』――EC不動産担保法の基本構想」山口経済学雑誌41巻1＝2号（1993年）125頁以下。ユーロ抵当構想に関する最近の動向については，O. Stocker, a. a. O. (7), S. 6 ff., 111 ff. なお，併せて，倉重八千代「欧州統合によるドイツ抵当制度への影響――抵当権の付従性を考えながら」社会科学研究科紀要［早稲田大学大学院］・別冊6号（2000年）91頁以下，Christof Kriegsen, Ein Binnen-markt fur den Hypothekarkredit (2004), S. 15 ff. 参照。

[9] EU Commission's Green Paper on "Mortgage Credit in the EU" (2005); Report for European Commission DG-Internal Market and Services by London Economics: "The Costs and Benefits of Integeation of EU Mortgage Markets" (2005).

[10] フ民2422条：1項 抵当権は，設定行為によって明示に予定されている場合には，後に，設定行為で記載された債権とは別の担保のために充当することができる。／2項 設定者は，設定行為において予定されかつ2433条に書かれた額を限度として，当初の債権者（le ereacier originaire）に対してだけではなく，その債権者が弁済を受けていない場合であっても，新たな債権者（un nouveau creamcier）に対しても担保を供与し得る。／3項 充填合意（convention de rechargeable）は，それが当初の債権者との間で締結される場合であっても，新たな債権者との間で締結される場合であっても，公証された形式による。／4項 公示は，充填式抵当権（l'hypothéque rechargeament）の上に登記をなした債権者の間で順位を決定する。／5項 公示は，充填式抵当権（l'hypothéque rechargeament）の上に登記をなした債権者の間で順位を決定する。／6項 本条の規定は，公序であり，それに反するすべての条項は書かれていないとみなされる。充填式抵当権の紹介と分析につき，片山直也「2006年フランス担保法改正の概

れた債権とは異なる他の債権の担保とすることを可能とするもので，設定段階ではまったく予定していなかった別個の債権を担保とし，また，当初の債権者だけでなく新たな債権者に対しても充填することを可能とするものである。

　そこで，本稿では，まず，債権者の異なる複数の債権を担保するための担保権信託とは何か。また，担保権信託の代替ないし補完手段とされるパラレル・デットによる担保権設定とは何か。両者はどのような点で異なるのか，などを検討する。そのうえで，パラレル・デット方式をわが国において活用することの意義を考えてみることにしたい。

2　担保権信託による担保権の一元的管理

(1)　担保における付従性の意義

　債務者が債務を完全に履行しない場合に受ける債権者の危険を考慮して，あらかじめ債務の弁済または給付の履行を確保し，債権者に満足を与えるために提供されるのが，担保である。担保という手段により，債権者は債権の履行ないし効力を強化することができる。担保は金融取引において様々な形態により利用されているが，このうち物的担保の中心をなす抵当権や譲渡担保権などの担保物権は，今日の金融取引において重要な債権担保の役割を果たしている[11]。

　従来，担保権と被担保債権との関係は，「付従性」という概念で表される。付従性とは，担保物権の成立・範囲・存続は被担保債権の存在に依拠し，被担保債権の消滅は担保物権の消滅を来たすという考え方で，被担保債権に対する担保物権の従属性を意味するものである。簡単にいえば，債権のないところに担保物権は存在しないという考え方を表わすものである。このような考え方は，その沿革を辿れば，ローマ法に淵源を有し，ドイツ普通法学を経由してドイツ民法学の下で発展して来た"Akzessorietät"に由来するものである[12]。わが国

　　　要：不動産担保に関する改正について」ジュリ1335号（2007）49頁以下，太矢一彦「フランスにおける充填式抵当権（l'hypotheque rechargeable）と抵当権付終身貸付（le pret viager hypothecaire）について」東洋法学52巻2号（2009年）185頁以下，山野目章夫「2006年フランス担保法改正の概要：企画趣旨の説明及び今般改正の評価」ジュリ1335号（2007）34頁以下）など。

　(11)　物的担保の史的発展と担保権の本質については，石田文次郎『担保物権法論上巻』（有斐閣，第3版・1936年）1頁以下が詳細にこれを論じる。

　(12)　付従性の歴史的沿革については，Wolfgang Minke, Die Akzessorietät: eine Untersuchung zur Pfandrechtskonstrukition in Theorie und Gesetzgebung des 19. Jahrhun-

における付従性理論の展開は、ドイツ語にいう Akzessorietät に付従性の訳語が与えられて以降のことである[13]。とりわけ、抵当権の本質に関する議論の中で、担保権は債権の従たる権利であり、担保権者と被担保債権の債権者とは一致したものとして取り扱うべきであるとの考え方が形成され、これが通説的見解とされてきた[14]。この背景には、民法上、担保権者は他の債権者に先立って自己の債権の弁済を受ける権利を有する者（質権者＝民法342条、抵当権者＝民法369条）であり、担保物権者と被担保債権の債権者とが法律上分離する関係を認めることは規定の文言から乖離し、物権法定主義（民法175条）に反すること、および、担保物権は債権の担保を第一の目的とするものであって、債権のないところに担保物権だけが存在することは理論上も不可能であることにあったといわれる[15]。

(2) 担保権信託の創設と担保権の一元的管理

(a) 担保権信託の創設

わが国の物的担保の法制下において、被担保債権の債権者でない者が担保権者となる法律関係は、昭和46年の根抵立法によって民法典に挿入された根抵当権の準共有の場合（民法398条の14）、および、明治38年制定の担保付社債信託法[16]の下で社債を担保付きで発行する場合（担保法38条）が例外として認め

---

derts (1987), S. 1 ff. Dieter Medicus, Die Akzessorietät im Zivilrecht, JuS. 1971, S. 498 ff. わが国では、林良平編『注釈民法(8)物権(3)』（有斐閣、1965年）7頁［林良平執筆］、森島昭夫＝宇佐見大司「抵当権の附従性」法セミ365号（1985年）78頁、高木多喜男「抵当権の附従性と特定性」法時38巻3号（1966年）8頁以下など。

[13] 詳細は、鳥山泰志「抵当本質論の再考序説(1)」千葉大学法学論叢23巻4号（2009年）1頁以下、14頁注(30)。最近の動向として、平野裕之「担保の付従性」法教369号（2011年）38頁以下。

[14] 石田・前掲注(11)87頁以下、三潴信三『全訂担保権法全』（有斐閣、17版・昭和2年）6頁以下、柚木馨＝高木多喜男『担保物権法［第三版］』（有斐閣、1982年）9頁、17頁、45頁、94頁、105頁、220頁、232頁以下など。わが国の学説継受期（明治40年代初めから昭和の初め）以降の学説は、抵当権の本質を付従性に求め、成立ないし消滅の付従性ではなく、実行における付従性を抵当権の本質に据える考え方を重視していた。学説の整理として、鳥山泰志「抵当本質論の再考序説(2)」千葉大学法学論集24巻1号（2009年）138頁以下。

[15] 長谷川・前掲注(1)62頁以下。

[16] 大判大正7年11月5日民録24輯2122頁、大判昭和5年10月8日評論20巻民法18頁など。

るだけであった[17]。

　確かに，古い判例の中には，譲渡担保の事案に関して，譲渡担保権者と被担保債権の債権者とが設定時から分離することを認めるものがある[18]。学説の一部にも，契約自由の見地から，こうした判例の立場を支持する見解が示されている[19]。しかし，これは，譲渡担保という非典型担保の領域に関するものであり，抵当権などの典型担保からみれば例外を成すにすぎない。

　また，担保権と被担保債権の分離については，信託法の領域で，有名な我妻・四宮論争があったが，必ずしも十分な議論が尽くされたわけではない。我妻栄教授は，「抵当権を有する者，すなわち抵当権者は，被担保債権の債権者に限る」としつつ，「被担保債権以外の者が抵当権を信託的に所有することも，担保付社債信託法が例外として認めるだけである」と述べ，担信法の適用のない場合には信託を用いても担保権者と被担保債権の債権者の分離は許されないとして，否定説の立場を説いた[20]。

　これに対し，四宮和夫教授は，「担保物権を被担保債権から分離して信託することは，担保物権の特質に反するようだが，担保物権の附従性を緩和して考え，実際上の便宜も考慮して，明文（担信法2条・4条・70条——当時のもの。筆者注）のない場合にも，これを認めるべきであろう」と述べ，担信法の適用がない場合であっても信託を用いて担保権者と被担保債権の債権者との分離は可能であるとして，肯定説の立場を説いた[21]。肯定説の考え方は，信託の特質からして，信託の法形式を用いて担保権者と被担保債権の債権者が分離する形態の担保権を設定することは許されるとするものであり，大正11年制定の旧信託法1条にいう「財産権ノ移転其ノ他ノ処分」の「処分」には担保権の設定を含むものとして，担保権信託を肯定するものである。しかし，肯定説といえども，

---

[17] 長谷川・前掲注(1)67頁以下。

[18] 鈴木禄弥「譲渡担保」石井照久ほか編・企業担保（ダイヤモンド社，1966年）173頁，柚木＝高木・前掲注(14)558頁以下，米倉明『譲渡担保の研究』（有斐閣，1976年）74頁以下，99頁，四宮和夫「判例概観」私法21号（1959年）182頁，槇悌次『〈叢書民法総合判例研究(17)〉譲渡担保の意義と設定』（一粒社，1976年）43頁など。

[19] 長谷川・前掲注(1)72頁以下。

[20] 我妻栄『新訂担保物権法（民法講義III）』（岩波書店，1986年）128頁。

[21] 四宮和夫『信託法［新版］』（有斐閣，1989年）138頁。このほか，古い学説として，入江新太郎『全訂信託法』（巌松堂書店，1949年）96頁以下，遊佐慶夫『信託法制評論』（巌松堂書店，1923年）14頁以下，61頁以下も同じ趣旨を説いている。

信託法以外の担保法制一般の立場から，担保権者と被担保債権の債権者との分離を認めるものではなかった。

平成の時代に入り，社会経済活動の多様化から信託に対する社会のニーズが高まると，時代に即した信託法の改正に向けて様々な問題点が呈示され，法制審議会信託法部会を中心に検討が加えられた[22]。その後，国会の審議を経て，平成18年に可決成立した新信託法は，社債以外の債権一般につき，担保権の設定を信託の方式で行うことを認め（信託法3条1号・2号，55条），担保権者と被担保債権の債権者とが分離する担保形態（担保権信託。いわゆる"セキュリティ・トラスト"と称される）の創設を認めるに至った[23]。

担保権信託を創設することの意義は，前述したように，債権者の異なる複数の債権を1つの担保権で担保しようとする場合において，信託の形式を用いることにより，一方で，被担保債権を受託者に帰属させるとともに，他方で，被担保債権の債権者を受益権者とすることで，担保権の管理ないし実行を容易にすること，また，受託者のもとで担保権の一元的管理を可能とすることにある。そして，このような担保権信託を用いるならば，被担保債権が譲渡されて債権者が交代する場合であっても，被担保債権の債権者は受益者であり，受益者は受益権を通して権利の行使が可能であるから，担保権者も受託者のまま固定しておくことができる。のみならず，受益権を階層化することで，担保権自体の形式を用いることなく債権者相互間に優先・劣後の関係を作り出すことも可能となる。

(b) **担保権信託の組成**──担保権と被担保債権の分離による担保権の設定

このような担保権信託の設定方法については，信託法に特段の定めはなく，次の二つの方法が解釈上一般に認められている。1つは，二段階設定方式（図1）と呼ばれるもので，まず，債権者が融資の実行により債務者から担保権の設定を受け，その後，債権者が委託者兼受益者となり，受託者に対して当該担保権を被担保債権から切り離して移転するという方式である。もう1つは，直接設定方式（図2）と呼ばれるもので，債務者が自ら委託者となり，自己所有の不動産などの財産について受託者を権利者として担保権を設定し，その被担保債権の債権者を受益者に指定するという方法である[24]。

---

[22] この間の経緯につき，長谷川・前掲注(1)45頁以下，85頁以下。
[23] 長谷川・前掲注(1)6頁以下，104頁以下。

財産法の新動向　Ⅰ

図1　担保権信託（二段階設定方式）

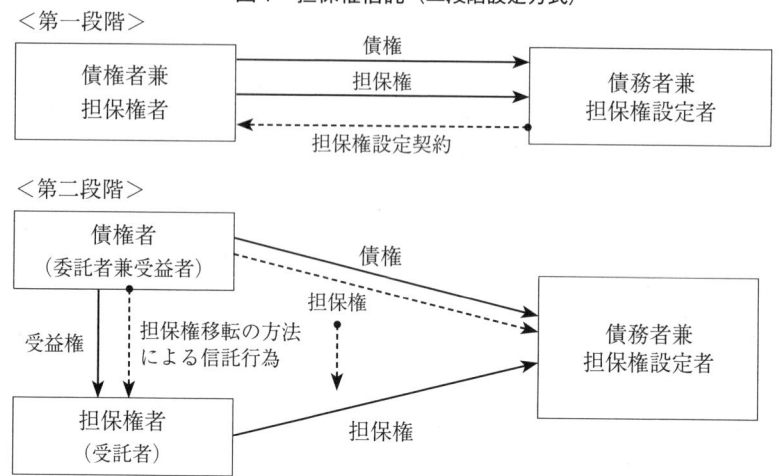

＜第一段階＞

債権者兼担保権者 —債権／担保権→ 債務者兼担保権設定者
　　　　　　　　←担保権設定契約---

＜第二段階＞

債権者（委託者兼受益者）
　│担保権移転の方法による信託行為
　↓
担保権者（受託者）

債権者→債権→債務者兼担保権設定者
担保権者→担保権→債務者兼担保権設定者
受益権（債権者と担保権者間）

［出典］長谷川貞之『担保権信託の法理』（勁草書房，2011年）7頁。

図2　担保権信託（直接設定方式）

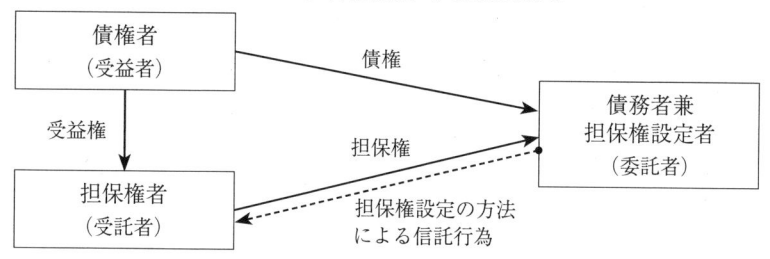

債権者（受益者） —債権→ 債務者兼担保権設定者（委託者）
　│受益権　　　担保権
　↓　　　　　　↑
担保権者（受託者） ←担保権設定の方法による信託行為---

［出典］長谷川貞之『担保権信託の法理』（勁草書房，2011年）7頁。

　二段階設定方式は，債権者が受託者の選定や担保権実行の申立て，受託者が受領する売却代金等の金銭の配当，優先・劣後に階層化された受益権に関する定めなどについて直接関与できるというメリットがある。また，二段階設定方式のもとでは，被担保債権の債権者は自らを委託者かつ受益者とすることになるが，受託者となることも可能である（信託法3条3号）。債権者のうちの一人

---

(24)　長谷川・前掲注(1)39頁以下。信託法3条1号および2号が「担保権の設定」による直接設定方式を明記しているからといって二段階設定方式が禁止されているわけではない。

を受託者とするときは，かかる受託者が受益権の一部保有者である限り，信認・監督上の問題は生ぜず，信託期間満了まで信託の継続が可能である（信託法163条2項）[25]。のみならず，この場合，信託業法の登録は不要である（ただし，受益権を50人以上の者が取得したときは，内閣総理大臣の登録を要する。信託業法50条の2，信託業法施行令15条の2）[26]。このため，二段階設定方式による場合には，債権者が自らのイニシアティブにより，信託会社や信託銀行などの特定の金融機関を介在させることなく広く第三者を受託者とすることが可能となる。

これに対し，直接設定方式による場合には，手続に要する費用と時間の点からみて，担保権信託の設定は簡便である。しかしながら，この場合，債権者の同意なくして担保権信託が設定される可能性があり，また，担保権の実行がなされたにもかかわらず，受託者から売却代金等の金銭の配当が行われないときは，債権者が予期せぬリスクの負担を強いられる可能性も否定できない。そうならないためにも，受託者が収受する換価金や弁済金などの配当とその基準，配当によって消滅する被担保債権の時期などは信託契約中に定める必要があり，受益者となる被担保債権の債権者の合意は必要不可欠といえる。この点，信託法は，自益信託・他益信託にかかわらず，委託者と受託者との間の信託契約の締結によって成立し，かつ，信託財産の授受を要せずしてその効力を生ずるとし（信託法4条1項），信託契約において受益者となるべき者として指定された者は当然に受益権を取得するとしている（同法88条1項本文）。このため，直接設定方式においては，被担保債権の債権者の同意を必要とするかどうかが争われている[27]。

---

[25] 受託者が固有の財産で受益権をすべて引き受けたときの信託期間は，1年で終了する（信託法163条1項）。

[26] さらに，これには例外があり，信託業法施行令15条の3は，受益者保護のため支障を生ずることがないと認められる場合には内閣総理大臣の登録を要しないとして，委任契約や請負契約における受任者などが管理する金銭などを自己信託する場合（同5号・6号），他人に代わって金銭の収受を行う者が当該金銭などを自己信託する場合（同7号）を挙げている。

[27] 詳細は，長谷川・前掲注(1)8頁，52頁以下。契約による信託設定（信託契約）は，委託者以外の第三者が受益者となる場合（他益信託）であっても，委託者と受託者との間の信託契約の締結によって効力を生じ（信託法3条1号，4条1項），受益者は信託契約の当事者ではない。しかし，担保権信託の基本構造に鑑みれば，担保物の管理，担保権実行と配当金・弁済金の配分，被担保債権の消滅時期などについて，受益者となる被担保債権の債権者にも信託契約の内容を十分に理解させる必要があり，契約の締結に

担保権信託の場合，担保権者と被担保債権の債権者が分離するといっても，担保権者（受託者）が担保権実行により収受する売却代金等の金銭が受益権を通じて被担保債権の債権者（受益者）に配分されることにより，両者は受益権を通じて結び付けられており，付従性の排除された担保権を認めるのではなければ，また，付従性のない担保権を作り出すわけではない。言い換えれば，担保権信託は，民法上の原則と実質的に何ら矛盾・抵触するものではないといえよう。信託には，財産・人を権利者の目的追及に応じてと様々な形に転換する機能がある。このような「信託の転換機能」を用いるならば，債権者は担保権と被担保債権の分離を図りながら，委託者ないし受託者の債権者等による差押えを免れる一方（信託法23条，25条。信託の倒産隔離機能），担保権信託のもとで「財産の安全地帯」を形成し得ることが可能となる。担保権信託は，信託の転換機能が具体化する1つの領域であるといえる。

(3) シ・ローンにおける担保権信託の設定と担保権
(a) シ・ローンの組成

担保権信託が想定する適用場面の1つは，複数の金融機関が協調して同一の借入人に対して融資をするシ・ローンにおいて担保権の設定を行う場合である。担保付きシ・ローンにおいて担保権信託を用いることのメリットは，すでに述べたように，債権者の異なる複数の債権を一つの担保権で担保することにより手続の煩雑さと費用負担を回避し，担保権者となる受託者のもとで担保権の効率的かつ円滑な管理・実行を行わせるとともに，受益権を優先・劣後に分けて階層化することで，担保権自体に頼らない多様かつ柔軟な担保化の途が開けることにある。事実，担保権信託の創設にあたり，法制審議会信託法部会の審議などで念頭に置かれたのは，シ・ローンである。以下，シ・ローンの基本的仕組みについて簡単に言及し，併せて担保付きシ・ローンにおける担保権信託の特徴を概観することにしよう[28]。

あたり被担保債権の債権者の関与が必要不可欠である。
[28] シ・ローンに関する邦語文献は幾つかあるが，ここでは差し当たり法的側面から分析を加えたものとして，御厨景子「シンジケート・ローンの基本的仕組みと法的問題点」銀法595号（2008年）10頁以下，大垣尚司「市場間接型金融①シンジケート・ローン」法教340号（2009年）137頁，杉山泰成「シンジケート・ローン活用時における法的留意点」ファイナンシャルコンプライアンス38巻5号（2008年）36頁以下，大西邦弘

シ・ローンとは，複数の金融機関が1つのシンジケート団となり，単一の契約書，同一の約定条件（金利・期間・実行日・返済日など）で借入企業に対して貸付けを行う融資である[29]。わが国においては，1990年代の後半から，シ・ローンという金融取引が，アメリカやヨーロッパの金融取引で培われた経験を踏まえて[30]，資金調達手段の多様化，新たな収益機会の確保，新規貸出先の開拓，借入人の信用リスクの分散などの利点から，広く用いられてきている[31]。

シ・ローンのもとにおいては，契約締結時に，アレンジャー（arranger）と呼ばれる金融機関（大手銀行のほか，最近では地域金融機関，証券会社や保険会社なども手がける）が幹事となり，自らも参加する形で他の金融機関を招聘または募集したうえで，参加予定の金融機関などとシンジケート団を結成し，借入人との間で融資の条件設定などを取りまとめ，融資契約書を作成する。契約締結後

「シンジケート・ローンにおける参加金融機関相互の法律関係」金法1773号（2006年）16頁以下，清原健＝三橋友紀子「シンジケート・ローンにおけるアレンジャーおよびエージェントの地位と責務」金法1708号（2004年）7頁以下などを挙げておく。

[29] 同一の借入人に対して複数の金融機関が同一の条件で貸付の実行を行う形態のローンは，一般にシンジケーションと呼ばれ，シ・ローンとローン・パーティシペーションの2つがある。ローンを実行しようとする金融機関の全員が借入人との間で同一のローン契約書に合意をする場合がシ・ローンであり，ローンを実行しようとする金融機関のうち一人もしくは一部の金融機関（幹事金融機関）が借入人との間でローン契約書に合意し，後日，幹事金融機関と当該ローンの実行に同意する他の金融機関との間で協調融資に係る参加契約書に合意をする場合がローン・パーティシペーションである。

[30] シ・ローンは，元来，アメリカ育ちのローン・アグリーメント系の取引類型であり，わが国金融界がそれを制度として契約まで高め，輸入したことにある。シ・ローンの基本となる契約は，その構成や用語においてニューヨーク州などで使用されていたローン・アグリーメント（loan agreement）に酷似しているといわれる。國生一彦「わが国契約法の新たな形成①――シンジケート・ローン契約などにみる市民的取引法の要素――」銀法669号（2006年）46頁以下，同「わが国契約法の新たな形成②――シンジケート・ローン契約などにみる市民的取引法の要素――」銀法660号（2006年）50頁以下。アメリカを中心とするシ・ローンの展開については，AGASHA MUGASHA, THE LAW OF MULTI-BANK FINANCE: Syndicated Loans and the Secondary Loan Market, OUP 2007, pp. 22 et seq., メレディス・W・コフィー「米国シンジケート・ローン市場の歴史と展開」証券アナリストジャーナル45巻3号（2005年）62頁以下，淵田康之「シンジケート・ローン市場の拡大と証券規制」資本市場クォータリー2005年夏号43頁以下などに詳しい。

[31] シ・ローンに係る組成件数・組成金額などの統計資料については，全国銀行協会のホームページ http://www.zenginkyo.or.jp/stats/year4_01/index.html で閲覧可能である。現在，組成件数で年間3000件を超え，組成金額では25兆円を上回る状況にある。

は，エージェント（agent）と呼ばれる幹事金融機関（アレンジャーが引き続き就任することが通例である）が融資枠の管理や貸出の実行，契約条項の履行管理，当事者間の連絡や各種の通知，元利金の支払いなどの事務を一括して行うことになる。

シ・ローンは，個々の借入企業・参加金融機関のニーズに合わせて組成されるため，具体的な取引形態は多種多様である。シ・ローン組成のプロセスは，一般に，①アレンジャー候補金融機関と借入企業との交渉の段階，②アレンジャー就任が決定した金融機関と参加候補金融機関との交渉の段階，③参加金融機関の契約書への調印と貸付実行の段階，に大きく分けられる[32]。

各段階の要点を示すと，①の段階で，アレンジャー候補金融機関は，「シ・ローン提案書」を借入企業に提示し，借入企業の承諾を得れば「マンデート」（mandate）を取得してアレンジャーに就任する。②の段階では，アレンジャーは参加予定の金融機関へ「インフォメーション・メモランダム」（information memorandum）を提示し，参加を呼びかける[33]。シ・ローンに参加を希望する金融機関は自己責任で借入人に対する与信審査を行い，参加の可否について検討する[34]。そして，③の段階で，アレンジャーは参加を表明した金融機関によりシンジケート団を結成し，調印式後，貸付が実行されることになる[35]。その

---

[32] 御厨・前掲注(28) 10 頁以下，大垣・前掲注(28) 139 頁以下など。

[33] シ・ローンの組成方法には，借入企業の既存取引金融機関に対してのみ招聘・参加を呼びかけるクラブ型と新規金融機関を含めて新規金融機関に招聘・参加を呼びかけるジェネラル型がある。クラブ型の場合，参加金融機関は比較的少なく，ほとんどが既存融資の借り換えであり，信用リスクの分散効果も局限されることから，露骨な手数料稼ぎと批判されることもある。

[34] 与信審査に関連して，シ・ローンにおけるアレンジャーの参加金融機関に対する債務不履行および不法行為に基づく損害賠償責任が問われた事件（名古屋地判平成22年3月26日判時2093号102頁，その控訴審の名古屋高判平成23年4月14日金法1921号22頁［上告受理申立て］）が最近注目されている。

[35] シ・ローンは，融資形態からみると，タームローン型，コミットメント・ライン型，および，リボルバー型の3種類がある。タームローン型は，契約当初から融資の実行を伴うもので，通例，期間1年を超える中長期の貸し出しに利用される。これに対し，コミットメント・ライン型は，定められた期間および限度額内で企業が自由に借入・返済を行う信用枠を供与するもので，期間一年未満の短期融資が中心である。リボルバー型は，契約形態としてはコミットメント・ライン型とほとんど変わらないが，コミットメント・ライン型とは異なり，いつでも資金の引き出しが可能で，従来の融資からいえば当座貸越（当座預金の取引先に対して予め定められた期間および限度額

際，エージェントと呼ばれる貸付人の代理人が借入人と各貸付人間の書面や情報伝達の中継，各貸付人間の意思決定の取りまとめ，貸出実行の際の前提条件の充足の確認，融資の実行，借入人からの弁済金の受領および各貸付人への分配，与信先のモニタリング（経営監視）などの業務を行うことになる[36]。契約という側面からみれば，シ・ローン契約は，こうした内容を総称するものであるが，シ・ローンの実行・回収，その他の条件の設定などでは，個別貸主ごとの独立性と自己責任の原則がシンジケート団による統率力，その団体性と交じり合った形となっている[37]。

わが国のシ・ローンにおいては，複数の参加金融機関と借入人との間で形式

内であれば当座預金残高以上の手形・小切手の振出を認めるもの）に近い形態である。近年，コミットメント・ライン型シ・ローンが急速に拡大しており，それがシ・ローン拡大の大きな要因になっているとの指摘がある。小谷範人「シンジケート・ローン市場と市場型間接金融」尾道大学経済情報論集 5 巻 2 号（2005 年）33 頁。なお，異なった分析につき，鷲海建起＝柳宏樹「新たな発展段階を迎えたわが国のシンジケート・ローン～日銀統計からみた市場の現状～」金融ジャーナル 46 巻 3 号（2005 年）13 頁参照。

　　一方，融資実行方法からみると，シ・ローンは，アンダーライティング方式とベストエフォート方式に分類される。アンダーライティング方式は，アレンジャーがシ・ローンの総額をいったんすべて引き受けて，参加金融機関に割り振る方式である。他の参加金融機関が拠出しない金額については，アレンジャーが拠出義務を負うことになる。そのため，借入企業の信用リスクや融資総額の大小などによっては，アレンジャーが過大な責任を負担することもある。これに対し，ベストエフォート方式は，参加金融機関が資金を出せる範囲をもってシ・ローンの総額とする方式である。この方式では，実際の融資金がシ・ローン契約で定めた融資予定総額を下回った場合でも，アレンジャーが自ら融資残額を引き受ける義務は生じない。シ・ローンにおける融資の取りまとめは，通常，「ベストエフォートを尽くす」という形で，アレンジャーが希望調達額を実現できるよう最善の努力を行う義務のみを負担するベストエフォート方式で行われる。

(36) 貸付金や元利金の受入れ処理などの決済業務に用いられる取引口座の種類については，シ・ローン口座とエージェント口座の 2 種類がある。詳細は，御厨・前掲注(3) 11 頁以下。

(37) シ・ローンでは，いわゆるプロラタ（pro rata：債権額の割合に応じて返済額を決めること）やパリパス（pari passu：すべての債権は同順位で他の債権に劣後しないこと）の原則が採用され，共通の担保権の取得・実行，売却代金等の金銭の配当方法およびその基準，被担保債権の消滅時期などに関する担保協定が取り決められるのが一般的である。シ・ローンのもとで結成されるシンジケート団は，今まで法律が予定していた団体とは異なり，対外的には個別であるが，内部の構成員間に限って団体性を有するにすぎないことから，これを組合（パートナーシップ）や共同事業体（ジョイント・ベンチャー）と同一に論ずることはできない。なお，団体法理との関係については，鈴木録弥編『新版註釈民法(17)』（有斐閣，1993 年）121 頁［森泉章］，山本敬三『民法講義Ⅳ－Ⅰ契約』（有斐閣，2007 年）769 頁など参照。

的には一本のシ・ローン契約が締結されるが，シンジケート団により一本の融資が行われるのではなく，参加金融機関と借入人との間で貸付人の人数に相当する複数の金銭消費貸借契約が締結されており，各金銭消費貸借契約はそれぞれ独立したものである。シ・ローン契約については，「日本ローン債権市場協会」(Japan Syndication and Loan-trading Association: JSLA) がひな型を作成して標準化を図っている[38]。JSL が公表するシ・ローン契約書の雛型には，「タームローン契約書」(JSLA 平成15年度版。以下「TL 契約書」という) と「リボルビング・クレジット・ファシリティ契約書」(JSLA 平成13年度版。以下「RCF 契約書」という) の二種類がある。TL 契約書は RCF 契約書をベースとし，タームローンに関する事項を中心に修正を加える形で作成されたものである。

(b) **シ・ローンにおける担保権の取得**

シ・ローンにおける担保権設定については，これを貸付人ごとに行うとすれば，法律関係を複雑にするのみならず，手続にも多大の時間と費用と要する。シ・ローンの中には，担保物件が数十件にわたり，かつ，債権者数も数十社にわたるという案件も少なくない。この点，シ・ローン契約の締結以後，各貸付人の代理人となるエージェントがこれをまとめて行うことができれば，便利である。しかし，登記実務は，シ・ローンなどの債権者が異なる複数の債権を一つの担保権で担保する抵当権設定登記を認めていない。複数の債権を併せて1個の抵当権で担保することは，それらの債権が同一の債権者に属するものであれば，債務者が異なっていても可能であるが，債権者の異なる複数の債権を一個の抵当権で担保することは，数人の債権者が抵当権を準共有する関係となり，他人の債権について抵当権を取得することになることから，認められないと説明している[39]。

債権者が異なる複数の債権を担保する場合の方法としては，従来，各債権

---

[38] JSLA ひな型は，http://www.jsla.org/ud0200.pdf で公開されている標準契約書の中の「タームローン契約書」より入手が可能である。

[39] 法務省民事局長通達昭和35年12月27日民事甲3280号。これに対し，下級審判決の中には，複数の金融機関が協定して一人の債務者に融資を行う場合に，一個の抵当権を設定することは抵当権設定登記の手続を簡便ならしめ，登記の際における順位の統一の必要性もなく，当事者に利便を与えることから，これを肯定するものもあった（横浜地判34・5・8下民集10巻5号961頁）。詳細は，柚木馨＝高木多喜男編『註釈民法(9)物権(4)』(有斐閣，1965年) 21頁 [高木多喜男]。

者が個別に同順位の担保権の設定を受ける方法（同順位方式），根抵当権の設定を前提に，各債権者が準共有の担保権を設定する方法（民法398条の14。準共有方式），および，異なる順位で独立の担保権を個別に設定する方式（異順位方式）が検討されてきた[40]。しかし，いずれの方式をとるにしても，貸付人は債権譲渡のたびに譲受人への担保権移転の登記をする必要があり，手続に時間と費用を要することに変わりがない。このような難点を克服し，シ・ローンにおける効果的な担保取得として考案されたのが，担保権信託である[41]。

シ・ローンでは，金銭の消費貸借は個々の貸付人との契約に基づいて行われるが，各貸付人は，団体的行動の規律を受け，単独でローン債権を取り立てることができない仕組みとなっている。シ・ローンの特徴は，金銭消費貸借契約が借入人と貸付人との間で個別に締結されながらも，シ・ローンの構造，信用供与の方法，融資実行の形態などから，複数の貸付人による統一的な行動や公平な処理が要請され，貸付人相互が集団的な規律に服する点にある。担保権信託は，このような特徴を有するシ・ローンの組成において債権者の異なる複数の債権を1つの担保権で担保する有用な担保手段ということができる。

(c) 担保権の一元的管理

シ・ローンでは，各貸付人と借入人との間でそれぞれ個別に融資契約が締結されるが，貸付金の回収や担保権の設定などの場面において，貸付人間の公平を担保することが求められる。担保権信託が設定されると，従前のセキュリティ・エージェントは担保権信託におけるセキュリティ・トラスティーとして，借入人その他の担保権設定者から提供された担保対象物および関連書類の管理・保管，対抗要件具備手続などの管理，担保実行時の貸付人間の意思決定の取りまとめ，担保権実行の手続などの業務を行うことになる。この点で，担保権信託の利用は，シ・ローンなどの複数の債権者が自ら担保権を管理・実行するよりも格段に効率化が図られることになる。

ただ，担保権信託を実際に利用するとなると，担保権信託の設定方法，受益者の範囲，担保権の管理・実行，被担保債権の消滅時期，担保権設定者の法的倒産手続における取扱い，信託業法との関係など，検討すべき法律上の論点は

---

[40] 実務では，もっぱら同順位方式が採られてきた。葉玉匡美「シンジケート・ローンにおける振替株式の担保」NBL892号（2008年）22頁。

[41] 詳細は，長谷川・前掲注(1)85頁以下。

多岐にわたる。これは，信託法がわずか2か条（3条1号・2号，55条）において根拠規定を置くのみで，それ以外の事項に関する規定の多くが未整備な状態にあることが原因といえるが，考え方によっては自由な制度設計が許されているのが担保権信託ということもできよう。

不動産登記との関連でいえば，担保権信託の設定契約においては，受益者の定めを「その時々の被担保債権の債権者」とし，かつ，登記簿上も信託の登記の記載事項（不動産登記法97条1項）に受益者の氏名または名称，住所を不要とする受益者の表示することが認められている[42]。そのため，このような受益者の表示を用いるならば，被担保債権の譲渡があっても付記登記などの担保権移転の登記手続は不要となり，シ・ローン債権の流動性も格段に向上することが期待できる。

3　パラレル・デットによる担保権設定と連帯債権関係

(1)　パラレル・デット方式の組成と担保権の設定

前述したように，担保権信託に代わり，あるいは，これを補完するものとして，パラレル・デット方式（parallel debt structure）と呼ばれる担保形態が注目されている[43]。これは，担保権者が被担保債権の債権者でないことから生じる

---

[42]　不動産登記法は，同法97条1項2号において，「受益者の指定に関する条件又は受益者を定める方法の定めがあるときは，その定め」を登記事項とし，同法条2項で，これを登記した場合には，受益者の氏名・名称・住所を記載することを要しないとした。この内容は，信託目録にも記載される。信託目録とは，法定された事項について，信託契約の内容を抜粋して記載された登記事項証明書の一部として別途綴られるものである。信託目録の内容は，信託契約の内容の主要な部分を抜粋して記載するのが通例であるが，必ずしも信託契約の内容がすべて網羅されているわけでないから，受託者の権限の範囲などについて正確に知りたいときは信託契約書を確認する必要がある。高垣勲＝星野大記『よくわかる新信託法の実務——信託業法・登記・税務のすべて——』（財経詳報社，2007年）157頁以下。かつての信託原簿制度から現行の信託目録制度への移行とその意義については，渋谷陽一郎「改正信託法下，信託公示制度の流動化・証券化への活用」法時81巻4号（2009年）110頁，111頁以下参照。

[43]　パラレル・デット方式は，すでにわが国でも紹介されている。村上智裕「担保付きシンジケート・ローンにおけるパラレル・デット条項の意義」NBL902号（2009年）36頁以下，洞鶏敏夫＝池田順一＝島崎哲「パラレル・デット方式による新しい担保付シンジケート・ローンの試み（上）（下）——パラレル・デット方式の諸外国における活用状況と日本法上の位置づけ」NBL952（2011年）16頁以下，953号（同）40頁以下，洞鶏敏夫＝島崎哲「国内シンジケートローンにおけるパラレル・デット方式の活用——連帯債権

問題点を回避ために，債権者の異なる複数の債権を一括して担保しつつ，借入人に対して債務の履行を求める独立の権利を取得することを目的とするものである。

パラレル・デット（parallel debt）は，シ・ローンなどの融資関連契約において，借入人が「支払約束」（payment covenant）に基づいて発生させる無因債務であり，貸付人に対して負担する個別借入債務と同一内容の債務である。パラレル・デットによる担保権の設定を行うには，まず，借入人が貸付人の代理人であるセキュリティ・エージェント（貸付人の一人であることが多い）との間で，支払約束に基づきパラレル・デットを発生させたうえで，パラレル・デットに対応する債権（いわゆるミラー債権）と個々の貸付債権（固有債権）が連帯債権（joint and several credits）となる旨のパラレル・デット設定契約を締結する。そのうえで，借入人は，「集団担保協定」（collective security arrangements）に基づき，セキュリティ・エージェントとの間で，パラレル・デットに対応する債権を被担保債権として担保権設定契約を締結する。以上の手続を通じて，セキュリティ・エージェントはパラレル・デット方式における担保権者となり，債権者の異なる複数の債権を1つの担保権で一括して担保することが可能となる（図3・4）[44]。

借入人によるパラレル・デットの承認は，借入人が支払約束に基づいて貸付人に対する個別借入債務と同一内容の債務を負担することを承認するものであるから，債務の原因を欠く抽象的な債務負担行為（無因債務）である。これが果たして当然に有効と認められるかどうかは，少なからず疑念がある[45]。学説の多くは，わが国には無因債務について定めた明文の規定はないことから，契約の成立には原因の存在が必要であるとする有因主義に立脚したうえで，無因債務を認めるには原則として法律上の根拠が必要であるとの立場をとっている

構成による担保権の集中管理」SFJ Journal 5号（2011年）1頁以下など。

[44] 洞鶏ほか・前掲注(43)［NBL952号］40頁以下，42頁。

[45] パラレル債務は，わが国において新しい法律上の概念であり，発生における無因意思の要否や無因債務の効力等について慎重に検討すべき問題が多々ある。詳細は，吉川義春「無因債務契約をめぐる若干の研究(1)～(3・完)」判タ345号12頁以下，346号23頁以下，347号21頁以下（いずれも1977年），金融法委員会「債権法改正に関する論点整理（下）――債務引受と両立しない第三者との関係，将来債務引受等について（一括支払システム，集中決済システム，パラレル・デット等を念頭に置きながら）」NBL965号（2011年）54頁以下，59頁など。

が，契約の自由の原則から自由に無因債務を発生させることは可能であるとする見解も有力である[46]。

比較法的にみると，ドイツでは，抽象的な債務負担行為は，要式性の要件が充たされる限り，契約上の有効な債務として発生し（ドイツ民法780条，781条），債権債務を自由に設計することが認められている[47]。しかも，ドイツの抵当制度には，付従性を欠く「土地債務（Grundschuld）」（同法1191条－1198条）やその特殊な形態である「定期土地債務（Rentenschuld）」（同法1199条－1203条）が認められている[48]。このため，パラレル債務に対応する債権を被担保債権として成立させ，これを担保することは，解釈上も十分可能である[49]。

また，イギリスにおいては，契約の成立に約因（consideration）を必要とするが，捺印証書（deed）の形式によって締結された契約については約因が不要とされている。このため，実務上，パラレル・デット条項をもった担保権設定契約を捺印証書の形式により締結することは可能であり，これによって約因の問題を回避できると考えられている[50]。

ところで，パラレル・デットの設定にあたり貸付人の承諾を必要とするか否かについては，若干議論の余地がある。純粋の無因債務を認めるのであれば，

[46] 判例・学説の整理として，前掲注[45]で引用の各文献参照。
[47] 原島重義「『無因性』概念の系譜について――『無因性』概念の研究その1――」法と政治の研究〈法学部創立30周年記念論文集〉（有斐閣，1957年）451頁以下。「抽象債務の比較法的研究」法と政治〈法学志林50周年記念論集〉（法政大学，1948年）88頁，102頁以下。
[48] ドイツの抵当制度については，中山知己「ドイツ土地債務の担保的機能(1)」立命館法学185号（1986年）40頁以下，大島浩之「ドイツにおける土地債務（Grundschuld）の関係(1)――公示制度と非占有担保制度の理論的関係の解明を目的として――」早稲田法学80巻4号（2005年）143頁以下など。なお，わが国の抵当権とドイツの土地債務・所有者抵当との比較につき，加藤一郎「ドイツ抵当制度とわが民法の改正――所有者抵当を中心として――」比較法研究16号（1957年）13頁以下，山田晟「民法改正と所有者抵当」財政経済弘報557号（1956年）5頁以下，同「立法論として所有者土地債務をみとめるべきか」法協97巻9号（1981年）1213頁以下が詳細な分析を加えている。
[49] 洞鶏ほか・前掲注[43]［NBL952号］22頁。パラレル債務の有効性を認めたドイツの裁判例としては，BGH, 18. 12. 1986, IX ZR 11/86 がある。これは債権者がローン契約に基づいて直接債権を有する場合であっても，それとは別に土地債務に関する債務承認に基づく請求を行うことを認めたものである。
[50] 洞鶏ほか・前掲注[43]［NBL952号］21頁注[13]は，パラレル債務の有効性を認めたイギリスの裁判例として，Law Debenture Trust Corporation Plc and Citibank NA v. Elektrim Finance NV and Elektrim SA [2006] EWHC. Ch. 1306 を挙げる。

これを不要とすることもできるようにも思える。しかし，パラレル・デット方式における担保権設定については，借入人のセキュリティ・エージェントに対する弁済により連帯債権関係の状態に置かれた貸付人の貸付債権が消滅することになるので，貸付人の承諾が必要となるというべきではなかろうか。かりにパラレル・デットは，それ自体，借入人の支払約束で成立するとの立場をとるにしても，貸付人の承認はパラレル・デット方式における担保権設定において重要な本質的要素というべきものであるから，借入人が債務を履行しても貸付人の承諾があるまでは，貸付人に対する債務は消滅しないと考えることになろう。

(2) パラレル・デット方式による担保権設定の種別

　パラレル・デットは，借入人の貸付人に対する個別借入債務と同一内容を有する債務であり，担保権設定のために作り出された債務である。パラレル・デット方式における担保権設定は，前述のように，パラレル・デットに対応する債権を被担保債権として行われる（図3・集中管理型）[51]。これが，パラレル・デット方式における担保権設定の典型である。この場合，セキュリティ・エージェントが担保権者となり，セキュリティ・エージェントのもとで担保権が管理されることになる。個々の貸付債権と担保権はパラレル・デットに対応する債権を通じて密接不可分に結び付けられており，その限りで付従性が維持されているといえる。

　これに対し，個々の貸付人が各々の貸付債権に担保権を設定することを基本とし，これと併用してパラレル・デット方式を利用する場合がある（図4・個別併用型）。これは，パラレル・デットの有効性に疑問が生じたときでも，個々の貸付人が担保権を確保するためである。しかし，この場合，法律関係を複雑にするのみならず，担保権設定の手続に多くの時間と費用を要することから，債権者の異なる複数の債権を1つの担保権で担保するというパラレル・デット方式の趣旨からは遠のくことになる。

---

[51] 集中管理型は，イギリスに代表される例である。洞鶏ほか・前掲注(43)〔NBL952号〕22頁。

財産法の新動向　I

図3　パラレル・デット方式（集中管理型）

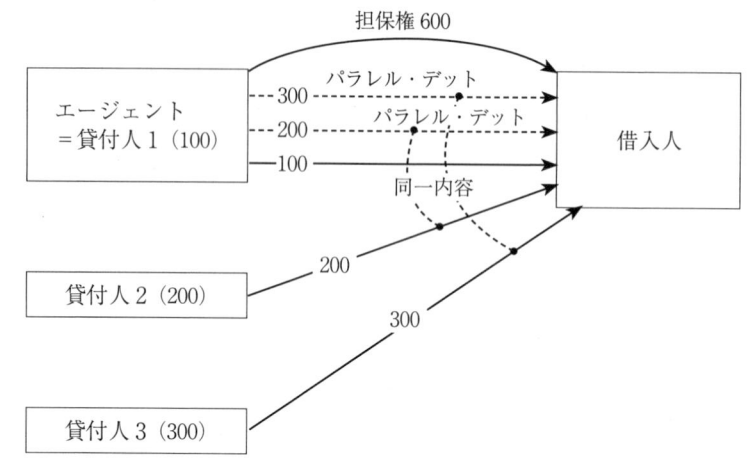

担保権 600

エージェント
＝貸付人1（100）
　　──300── パラレル・デット ──▶
　　──200── パラレル・デット ──▶
　　──100──────────────▶ 借入人
　　　　　　　同一内容

貸付人2（200）　──200──▶

貸付人3（300）　──300──▶

＊カッコ内は各貸付人の固有の貸付債権額を表す。

［出典］洞鶏敏夫ほか「パラレル・デット方式による新しいシンジケート・ローンの試み（上）」NBL952号（2011年）19頁。

図4　パラレル・デット方式（個別併用型）

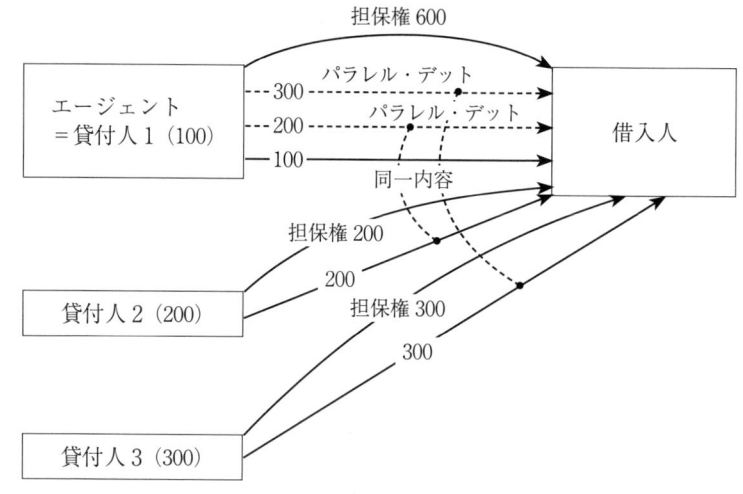

担保権 600

エージェント
＝貸付人1（100）
　　──300── パラレル・デット ──▶
　　──200── パラレル・デット ──▶
　　──100──────────────▶ 借入人
　　　　　　　同一内容

担保権 200
貸付人2（200）　──200──▶
担保権 300
貸付人3（300）　──300──▶

［出典］洞鶏敏夫ほか「パラレル・デット方式による新しいシンジケート・ローンの試み（上）」NBL952号（2011年）22頁。

図5 連帯債権方式

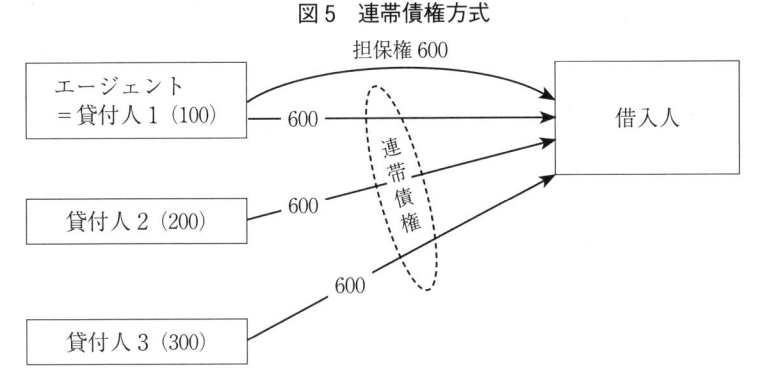

担保権 600

エージェント＝貸付人1（100） ― 600 →
貸付人2（200） ― 600 →
貸付人3（300） ― 600 → 借入人

連帯債権

［出典］洞鶏敏夫ほか「パラレル・デット方式による新しいシンジケート・ローンの試み（上）」NBL952号（2011年）20頁。

(3) パラレル・デット方式と区別される連帯債権方式

　パラレル・デット方式に類似するが，これとは区別されるべきものに，連帯債権方式（joint and several credits structure）というものがある（図5）[52]。これは，個々の貸付人が他の貸付人の貸付債権総額につき連帯債権の関係に立つとともに，連帯債権者のうちの一人がセキュリティ・エージェントとなり，貸付債権の総額を被担保債権として担保権を設定する方式である。連帯債権方式のもとでは，セキュリティ・エージェントが元本や利息の回収，担保権の実行を行い，収受した弁済金等の金銭を連帯債権者である他の貸付人に分配することになる。

　連帯債権方式は，パラレル・デット方式と比べて，制度設計が簡明である。ドイツなどのヨーロッパ諸国の民法典の多くは，日本民法典とは異なり[53]，民法典で連帯債権を認めている（ドイツ民法428条以下など）[54]。従って，個々の貸

---

[52] 洞鶏ほか・前掲注(43)［NBL952号］20頁。
[53] 日本民法典には，連帯債権に関する規定が設けられていない。この点につき，椿寿夫「複数債権者と分割原則」同・民法研究Ⅰ（第一法規，1983年）116頁以下。現在進行中の債権法改正では，民法（債権法）改正検討委員会が示す立法提案において，いくつかの裁判例で連帯債権の例がみられること，また，債権の二重譲受人の債務者に対する権利について一定の場合に連帯債権とする学説があることを理由に，現存の「不可分債権」（民法428条，429条，431条）と実質的に入れ替える形で連帯債権の規定の新設が検討されている（【3.1.6.01】【3.1.6.03】【3.1.6.04】）。民法（債権法）改正検討委員会編『〈別冊NBL126号〉民法改正の基本方針』（商事法務，2009年）239頁以下，同『詳解民法改正の基本方針Ⅲ』（商事法務，2009年）373頁以下。

付債権を連帯債権とし，これに抵当権などの担保権を設定することは，理論的にも可能である。

しかし，連帯債権方式によった場合には，すべての貸付債権が連帯債権の関係に置かれ，個々の貸付人は貸付債権総額の請求や受領が可能であるから，収受した弁済金等の金銭が分配されない場合には，他の貸付人の分配請求権が満足を受けず，危険に晒されることになる。このため，担保権信託の代替・補完としては，パラレル・デット方式を用いるのが市場慣行とされている[55]。

4 パラレル・デット方式の代替補完性

類似の担保方法が複数ある中で，いずれの担保方法を選択するのが望ましいといえるかは，当事者の実体的権利を明らかにし，その権利の効力を考えることが重要である。担保権信託とパラレル・デット方式は，付従性の観点からいえば，どちらも付従性を排除しない担保という点でほぼ共通しており，両者に大きな差異はないように思われる。

担保権信託は，信託の形式を用いて担保権と被担保債権を分離し，受託者のもとで担保権を一元的に管理・実行することにより，担保権移転の登記手続を省略化し，債権の流動化を促進することを可能にする仕組みである。担保権者と被担保債権の債権者が分離するといっても，担保権者（受託者）担保権信託が担保権実行で得て売却代金等の金銭が受益権を通じて被担保債権の債権者（受益者）に配分されることにより，担保権と被担保債権は受益権を通じて結び

---

[54] 連帯債権（Gesamtgläubigerschaft）は，代理や債権譲渡が認められていなかったローマ法の下で，債権取立の代理権を授与された者または債権を譲り受ける者を連帯債権者として加入させて債権を取り立てさせるために考案された概念である。ドイツ民法（1896年）428条-430条のほか，フランス民法（1804年）1197条-1199条，オーストリア民法（1811年）892条-895条，スイス債務法（1881年）169条-170条などの近代市民法典では，連帯債権が一様に認められてきた。しかし，今日では，代理や債権譲渡は法制度として民法典上も認められており，取引界での連帯債権の制度はほとんど利用されていないとして，また，受領した債権者に対する他の債権者の分配請求権が満足されない危険もあることを理由に，その利用には消極的な見解が支配的である。Sonia Meiyer, Die Gesamtgläubigerschaft —ein unbekanntes, weil überflüssiges Wesen? AcP 205, S. 858 ff, (2005).

[55] 洞鶏ほか・前掲注(43)［NBL952号］21頁によれば，連帯債権方式はパラレル・デット方式の成立に疑義のある国（例えば，ロシア，チェコなど）が関係する取引でみられるというが，とくに出典ないし資料は挙げられていない。

付けられており，付従性を排除した担保権を認めるわけではない。

担保権者と被担保債権の債権者とが分離する担保形態は，被担保債権の特定を通じて付従性を獲得する過程を表すものと捉えるならば，両者は最終的には一致すべき運命にあるものといえる。そして，担保権者と被担保債権の債権者は分離するが，被担保債権が担保権の実行の時にまでに確定するのであれば，それにより被担保債権は特定されて，付従性を満たすと考えることも可能といえる[56]。

これに対し，パラレル・デット方式は，借入人が支払約束に基づいて発生させたパラレル・デットを介して，これに対応する債権と個々の貸付債権を連帯債権の関係に置きながら，これらを被担保債権とし，貸付人の代理人であるセキュリティ・エージェントを担保権者として，債権者の異なる複数の債権を１つの担保権で集中管理する仕組みである。法的構成の面では，パラレル・デット方式は担保権信託と大きく異なる。しかし，担保権者となるセキュリティ・エージェントが取得する担保権は，パラレル・デットを通じて連帯債権関係にある個々の貸付債権と結び付けられているという点では，担保権信託の場合と同様，パラレル・デット方式においても付従性が維持されているということができる。

ヨーロッパ諸国においては，信託の概念が認められていない国も多く，これらの国にある財産に担保権を設定する場合には，担保権と被担保債権の分離が認められない限り，債権者が担保権者とならざるを得ない。このような事情のもとで，シ・ローンを組成し，債権者の異なる複数の債権を１つの担保権で担保しようとする場合，パラレル・デット方式が担保権信託を代替ないし補完する有力な手段となり得ることは間違いがない。

また，信託制度を有している国でも，担保権と被担保債権の分離を認めない法制度のもとでは，パラレル・デット方式が担保権の集中管理にとって重要な役割を担うことになる。とりわけ，担保権実行において信託の性質決定という困難な問題を回避し，担保権の集中管理と実行を比較的容易に認めたいのであ

---

[56] 担保権者と被担保債権の債権者とが分離する担保形態を認めたとしても，それはフランスの充填式抵当権（フランス民法2422条）とは異なり，設定段階ではまったく予定していなかった別個の債権を担保とし，かつ，当初の債権者だけでなく新たな債権者に対しても充填することを認めるものではない。

れば，パラレル・デット方式がそれを可能にするといえよう。

パラレル・デット方式は，そのバリエーションという点からみれば幾つかの類型に分かれるが，集中管理型がその典型である。ただ，パラレル・デットの有効性に疑義が生じたときでも，各貸付人が担保権を確保したいのであれば，法律関係を少し複雑にし，組成に多くの時間と費用を要するとはいえ，個別併用型も有力な選択肢の1つに加えられることになるかもしれない。

もっとも，パラレル・デット方式を採用した場合，セキュリティ・エージェントの有する債権はパラレル・デットを通じて貸付債権と連帯債権を構成することになることから，注意が必要である。連帯債権の性質からすると，借入人から債務の弁済があっても，セキュリティ・エージェントによる分配の不履行ないし懈怠などがある場合，他の貸付人は危険に晒されることになる。また，セキュリティ・エージェントが破産した場合，パラレル・デット方式には担保権信託で認められるような倒産隔離機能がないから，未回収の債権であるパラレル・デットが破産財団に組み込まれてしまう危険を否定できない。このような危険を回避ないし軽減する方法としては，一定の事由が生じた場合などを条件に，貸付人がセキュリティ・エージェントをその地位から退かせ，別の者にセキュリティ・エージェントの地位を引き継がせる条項を置くことなどを検討しておく必要があるといえよう。

5 結 び

担保法が直接に経済の影響を受けるものであることは，これまでの担保法制の変革が経済の構造的変化に対応するものであったことからも明らかである。しかしながら，担保法制の変革は，従来，急速に進展する経済の要請に受動的に反応するものとして，実践的でかつ個別的な利益衡量に基づく処理に終始することが多く，基礎となる理論的な裏づけは少なかったように思われる[57]。担保物権の非付従性に関する議論も，そのような基礎研究の欠落する領域の1つであったといえる。本稿は，債権者の異なる複数の債権を一つの担保権で担保しようとする場合，担保権信託がきわめて有用な担保手段となり得ることを認めるものであるが，担保権信託を代替ないし補完するものとして，パラレル・

[57] 内田貴「担保法のパラダイム」法教266号（2002年）7頁以下，道垣内弘人「担保物権・序説」加藤雅信ほか編『民法学説百年史』（三省堂，1999年）276頁参照。

〔長谷川貞之〕　*14*　担保権信託とパラレル・デットによる担保権設定の代替補完性

デット方式も有用な担保手段となり得ることを明らかにした。ただ，そのための理論的前提としては，無因債務や連帯債権に関する議論を深めることが必要不可欠である。

　担保権者と被担保債権の債権者との分離する担保形態の出現は，わが国においては，明治38年（1905年）の担保付社債信託法や昭和46年（1971年）の根抵当立法にその端緒がみられるが，より一般的には平成18年（2006年）の信託法改正における担保権信託の創設に始まるといえる。このような担保形態がパラレル・デット方式との代替ないし補完によって，わが国の担保法制をさらに進化の方向に導くといえるかどうかは，さらに検討を要する問題であるといえよう。

　抵当権などの担保権が被担保債権の優先弁済を目的とし，そのために存在するものであるとすると，その目的が制度上保障されているのであれば，信託の方式によらなくても，担保権と被担保債権との分離は理論的にも不可能なことでない。そうであれば，信託法において担保権と被担保債権の分離する担保形態を認めることは，どのような意味をもつのか。担保権信託の検討においては，この点を根本的に問い直す必要性があるように思われる。

II

15 消費者契約法の改正課題

後 藤 巻 則

1 はじめに
2 消費者・事業者間の一般的な
 格差をふまえたルールの見直し
3 特定の消費者につけ込む不当
 な勧誘に対する新たなルールの
 必要性
4 紛争解決過程における消費者・
 事業者間の格差をふまえた対応
5 むすびに代えて

1 はじめに

　消費者契約法は，事業活動によって商品やサービスを提供する者（事業者）が，その者から商品を買ったり，サービスの提供を受けたりする者（消費者）を勧誘するときのルールや契約内容に関するルールを定めた法律である。
　事業者と消費者の間には，商品や契約に関する情報の格差があり，交渉力についても事業者が消費者より優位な立場にある。そのため，事業者・消費者間では，消費者に不利な契約が結ばれる可能性が高い。そこで，消費者契約法は，消費者契約を適正に規律するための民事ルールを規定した。
　消費者契約法の成立前には，各種の業法が消費者保護のための中心的な役割を果たしてきたが，業法による規制は，監督官庁による縦割り行政を反映した業種ごとの規制であるため，多種多様な事業が展開され，多様な消費者取引トラブルが発生している状況に適切に対応することは困難だった。その意味で，消費者契約法が，すべての消費者契約を適正化するための民事ルールを定めたことの意義は極めて大きい。
　しかし，施行から10年以上を経て，消費者契約法にかかわる裁判例が蓄積したのに加えて，2004年には消費者保護基本法の改正法である消費者基本法

が成立し，次いで，2005年には，消費者基本法に基づいて，今後の消費者政策の基本方針を具体化した消費者基本計画が策定された。また，消費者契約に関する包括的民事ルールとしての消費者契約法を土台として，特定商取引法，金融商品販売法など，個別の消費者関連法も進展している。さらに，消費者契約法にかかわる消費生活相談の事例も蓄積されてきている[1]。このようなこの10年の消費者政策・消費者法の進展は，消費者契約法に対して，これを取り入れた形での見直しを要請していると考えられる。

　もっとも，消費者契約法については，立法当初からその問題点を指摘する学説が少なからず存在し，本稿で扱う諸問題の中にもすでに多くの議論や提言がなされているものもあるが[2]，本稿では，この10年の進展をふまえた検討を加え[3]，現時点での改正課題を指摘することにしたい。

　叙述の順序としては，①消費者・事業者間の一般的な格差をふまえたルールの見直し，②特定の消費者につけ込む不当な勧誘に対する新たなルールの必要性，③紛争解決過程における消費者・事業者間の格差をふまえた対応に分けて検討する[4]。①は消費者契約法に現存する規定の意味内容やその改正にかかわる問題，②は消費者契約法に現存しない規定の創設にかかわる問題，③は消費者契約上の紛争解決における立証負担などにかかわる問題である。

---

[1] 国民生活センター報告書・消費生活相談の視点からみた消費者契約法のあり方（2007）45頁以下。本稿は，同報告書に収めた後藤巻則「消費者契約法の問題点と課題」を基礎にし，その後の考察を加えて検討し直したものである。

[2] 例えば，「特集・消費者契約法と21世紀の民法」民商123巻4・5号（2001）および「特集・消費者契約法と消費者の21世紀」ジュリスト1200号（2001），「特集・活用しよう，消費者契約法」549号（2000）所収の諸論文。

[3] この観点からの考察として，後藤巻則「契約締結過程の規律の進展と消費者契約法」NBL958号（2011）30頁以下がある。同論文では，契約締結過程の規律の問題に絞って，それにかかわる各制度の関係や，その体系的理解を目指したが，本稿では，消費者契約法の課題を契約締結過程の規律の問題に限定せずに広く拾い上げることに主眼を置いている。

[4] この項目立ては，国民生活センター・前掲163頁以下の消費生活相談事例の分析に基づく提言に示唆を得たものである。

2 消費者・事業者間の一般的な格差をふまえたルールの見直し

(1) 事業者の情報提供義務の強化
(a) 情報提供の努力義務

　消費者契約法は，3条1項で情報提供に関する努力義務を，4条2項で「不利益事実の不告知」による契約の取消しを定めているが，事業者による重要事項の不告知一般は取消事由となっていない。

　消費者契約法3条が事業者・消費者の義務を努力義務として規定している以上，それに違反しても，ただちに私法的効果（同条違反に基づく損害賠償請求，契約の解除など）が発生するわけではない。

　しかし，消費者契約が，消費者と事業者の間の情報の質及び量並びに交渉力の格差を根拠として，消費者の利益の擁護を図ることを目的とし立法された法律である（同法1条）ことからすると，3条1項が定める事業者の義務は，極めて重要な義務である。

　それゆえ，同条項に違反して何らの法的サンクションも受けないと解することは妥当でない。例えば，同条項の努力義務違反が，事業者の不法行為責任の違法性を基礎づけることや[5]，契約締結における信義則上の付随義務違反として私法的効果を生じさせることが考えられる。

　裁判例でも，消費者契約法施行前の事件に関するものであるが，努力義務として規定されている事業者の情報提供義務（消費者契約法3条1項）に法的効力を認めた判決がある。事案は，消費者がパソコン教室の受講契約をする際に，国から教育訓練給付金を受けられることを前提としていたが，事業者は「予約制」による受講を勧め，その場合には給付金を受けられないことを説明しなかったため，消費者は給付金を受けられないことを知らないまま受講を終了してしまったので，消費者が事業者に対して損害賠償を請求したというものである。判決は，消費者契約法1条，3条，4条2項を引用し，消費者契約法の趣旨から，事業者は，消費者が意思決定をするにつき重要な意義をもつ事実について，取引上の信義則により適切な告知・説明義務を負うとし，不法行為に基づき事業者の義務違反を認めて給付金相当額の損害の賠償を命じた（大津地判

---

(5) 落合誠一・消費者契約法（有斐閣，2001）66頁。

平成15・10・3消費者法ニュース60号56頁)。

　また，2006年の金融商品販売法の改正で，同法3条に定める「重要事項」の範囲が大幅に拡充された。商品取引所法(現．商品先物取引法)でも2006年の改正で，業者に商品先物取引のリスク等について説明する義務が課せられた(同法218条1項)。

　これらは，当該法律の適用対象に限定しての規律であることはもちろんであるが，より一般的に「重要事項」に関する情報提供義務を法的な効力を生ずる義務として規定する方向を示唆するものである。

　(b)　不利益事実の不告知における故意の認定

　消費者契約法4条2項は，事業者による不利益事実の「故意」による不告知により，消費者が誤認して契約をした場合の取消権を定めている。

　これに関し，Xが，歌手養成コースがあるというY(養成所)の広告をみて応募したところ，Yは基本的に俳優の養成所であり，広告記載の月謝も演技コースのもので歌手コースを履修すると増額されることになっていたという事案で，Xによる契約取消権の行使を認めた判決がある(神戸簡判平成14・3・12日兵庫県弁護士会HP)。

　この判決では，4条2項に定める故意の要件について，「YがXに月謝の値上げを告げていなかった以上，Xがこれを知らなかったのは当然であり，しかも，この事実はYにおいても認識し得たはずであるから，この点についてYには『故意』があったといわざるを得ない」と判示している。ここでは，重要事項の告知をしないこと自体から詐欺の存在を推認するという形で，故意の要件が緩和されていると見ることができよう。

　(c)　「重要事項」の範囲

　消費者契約法4条1項1号および同条2項によれば，事業者による「不実告知」や「不利益事実の不告知」により契約を取り消すことができるのは，当該不実を告げた事項又は事実を告げなかった事項が契約の内容や取引条件に関する事項である場合に限られる。

　これに対して，重要事項を広く解して契約締結の動機や前提事項も取り込んだ判決がある。事案は，事業者が「床下がかなり湿っているので家が危ない」などと説明して床下換気扇や防湿剤を購入させたというものであり，判決は，商品設置の必要性および相当性に関する重要事項に不実告知があったとして取

消を認めた（東京地判平成17・3・10）。また，通信回線が変更になると今までの電話機が使えなくなるなどと契約の動機付けの事実について事実と異なる説明をして通信機器のリース契約を結ばせたという事案で，不実告知を理由に取消しを認めた（神戸簡判平成 16・6・25 兵庫県弁護士会 HP，大阪簡判平成 16・10・7 兵庫県弁護士会 HP）。

なお，最判平成 22・3・30（判時 2075 号 32 頁）は，消費者契約法が，断定的判断の提供の対象となる事項については「将来におけるその価額，将来において当該消費者が受け取るべき金額その他の将来における変動が不確実な事項」と明示している（同法4条1項2号）のに対して，不利益事実の不告知の対象となる「重要事項」（同条2項，4項）については，将来における変動が不確実な事項を含意するような文言を用いていないことから，将来の金の価格については，同条1項2号の適用可能性があるのみであるとする（同条1項2号の適用も否定した）。この根拠づけによると，金の価格のみならず将来にわたって価格等が変動する事項は，同法1項2号の対象となるのみで，同条1項1号，同条2項の対象たる「重要事項」には当たらないということになろう。しかし，この根拠づけは，同法4条1項2号と同条2項，4項の文言の対比から導かれる形式的な反対解釈にすぎず，契約締結の動機や前提事項が重要事項の範囲に含まれるかどうかの判断を明らかにしたものではない[6]。

消費者契約法の不実告知および不利益事実の不告知に関しては，2004年の特定商取引法改正により，消費者契約法と同様の契約取消権が認められたが（特定商取引法9条の3など），特定商取引法では，不実告知の対象となる事項に，顧客が「契約の締結を必要とする事情に関する事項」まで含むなど，要件が緩和されている。また，不利益事実の不告知についても，そのような不告知の前に消費者の利益となる事実を告げることを要求しない点で，要件が緩和されている。

もちろん特定商取引法の適用対象は，同法が規律する一定の取引に限られるが，2004年の特定商取引法の改正は，特定の取引のトラブルに対応するために行われたわけではなく，あくまで急増する消費者トラブル一般に対応するために，同法がそのトラブルが生じている取引の相当部分をカバーしていること

---

[6] 後藤巻則「契約締結過程の規律の進展と消費者契約法」NBL958号（2011）31頁以下参照。

をふまえて行われたものである。それゆえ，ここでの広い適用可能性を有する取消権の導入は，消費者契約の一般ルールを定める消費者契約法上の取消権のあり方にも示唆を与えるものである[7]。

なお，特定商取引法では，消費者契約法とは異なり，断定的判断の提供，事業者の不退去，事業者による消費者への退去妨害は，契約取消しの対象とはされていない。しかし，実際の取引で大きな比重を占める不実告知と不利益事実の不告知についてより広い救済を図っている。

(2) 「断定的判断の提供」の適用範囲

事業者による断定的判断の提供（4条1項2号）があった場合に，「将来における変動が不確実な事項」が条文に列挙されているような財産上の利得に関する事項に限定されるかどうかについては立法当初から議論があった。

これに関する判決としては，パチンコないしパチスロの攻略情報の提供が断定的判断の提供に当たるとして契約の取消しを認めたものがある（東京地判平成17・11・8判時1941号98頁，名古屋地判平成23・5・19消費者法ニュース89号138頁）。

また，事業者が改名・ペンネーム作成，印鑑購入に関して，「必ず運勢や生活状況が好転する」と勧誘した事案で，神戸地尼崎支判平成15・10・24（兵庫県弁護士会HP）は，断定的判断の提供を理由に取消を認めたが，その控訴審判決（大阪高判平成16・7・30兵庫県弁護士会HP）は，「将来における変動が不確実な事項」とは財産上の利得に影響するものに限ると限定説に立つことを明らかにしており，判断は分かれている。

断定的判断の提供の対象になった事項は，それが「財産上の利得」であるか否かにかかわらず，消費者の契約を締結するか否かの判断に影響を及ぼすものが多い。この点を考慮すると，事業者が，消費者の契約締結の判断に影響を及ぼすような断定的な判断を提供した場合には，当該提供された事項の内容にかかわらず，消費者は契約を取り消すことができるとすべきである。

---

[7] 宮下修一「消費者契約法の改正課題」法律時報79巻1号（2007）93頁，同「消費者契約法4条における契約取消権の意義」法政研究（静岡大学）11巻1・2・3・4号（2007年）96頁以下。

(3) 広告の位置づけ

　消費者契約法 4 条は,「事業者が消費者契約の締結について勧誘をするに際し」,消費者が誤認した場合に契約の取消しを認めているが,この場合の「勧誘」は,特定の者に向けた勧誘行為に限定され,不特定多数向けのものなど,客観的にみて特定の消費者に働きかけ,個別の契約締結の意思の形成に直接に影響を与えていると考えられない場合,例えば,広告やチラシの配布等は,「勧誘」に含まれないとするのが立案者の立場である[8]。

　しかし,消費者の側からすれば,事業者の行為が不特定多数人に向けられた行為であるかどうかによって,受ける影響が変わるものではないし,事業者は,自ら流した情報に誤りがある場合には,契約締結までに訂正することも不可能ではない。

　消費者が商品・サービスについて利用できる最も一般的な情報は,事業者が行なう表示・広告によって提供される情報であり,事業者による表示が,消費者が期待する役割を果たさない場合には,消費者が真に欲する商品・サービスを選択することを妨げる。このことは,消費者が期待し信頼したことと,実際のことが異なるという消費者被害をもたらし,市場に参加するすべての個人の創意・選択によって市場メカニズムを機能させるという自由主義経済の基本理念を損なうことにつながる。

　そこで,消費者が表示と広告で提供された情報のみで選択しなければならない商品・サービスに関する重要事項について誤認するような表示・広告をした場合には,契約の取消しができるとすることが要請される。消費者契約法 4 条は,消費者が誤認した場合に消費者契約を取り消すことができるとする民事ルールを創設したが,この民事ルールは,以上のような観点から理解される。

　2004 年に成立した消費者基本法も,1968 年に制定された消費者保護基本法に重要な改正を加えている。すなわち,消費者保護基本法 10 条は,「国は,消費者が商品の購入若しくは使用又は役務の利用に際しその選択を誤ることがないようにするため,商品及び役務について,品質その他の内容に関する表示制度を整備し,虚偽又は誇大な表示を規制する等必要な施策を講ずるものとする。」と規定していたが,その改正法として成立した消費者基本法 15 条は,

---

[8] 消費者庁企画課編・逐条解説消費者契約法〔第 2 版〕(商事法務, 2010) 108 頁。

財産法の新動向　Ⅱ

「国は，消費者が商品の購入若しくは使用又は役務の利用に際しその選択等を誤ることがないようにするため，商品及び役務について，品質等に関する広告その他の表示に関する制度を整備し，虚偽又は誇大な広告その他の表示を規制する等必要な施策を講ずるものとする。」と規定し，「表示の適正化」について定める規定について，「広告」が含まれることを明示した。

　これらの点を考慮するならば，パンフレット，広告，チラシについても，客観的に見て特定の契約締結の意思形成に影響を与えうるものについては，「勧誘」に該当すると解すべきである[9]。

(4) 消費者の定義

　消費者契約法において，消費者とは，「個人（事業として又は事業のために契約の当事者となる場合におけるものを除く）」をいい（消費者契約法2条1項），事業者とは，「法人その他の団体」および「事業として又は事業のために契約の当事者となる場合における個人」をいう（消費者契約法2条2項）。そのため，「事業として又は事業のために契約の当事者となる場合における個人」は事業者とされるので，これを文字通りに適用すると，消費者契約法の適用範囲が狭くなるおそれがある。

　しかし，事業者名義で契約する場合であっても，当該個人が営む事業とは直接かかわりのない商品やサービスに関して契約を締結するときは，当該個人が有する知識や情報は一般の消費者と何ら変わるところがないのが通常である。そのため，消費者の定義を形式的に捉えないように留意する必要がある。裁判例にも，事業者が相手方個人を「消費者契約法にいう消費者ではない」と争った事案で，個人が事業としてまたは事業のために契約を締結したと認めるに足りる証拠はない，として消費者契約法の適用を認める判断をしたものがある（東京高判平成16・5・2判タ1153号275頁）。この東京高裁の判断は，消費者として契約したことの主張立証責任は消費者契約法の適用を主張する消費者の側が負うとされるのが一般であるところ[10]，個人が「事業として又は事業のために」

---

[9]　結論同旨，落合・前掲23頁，横山美夏「消費者契約法における情報提供モデル」民商123巻4・5号566頁。

[10]　消費者契約法の立法のための検討過程では，消費者保護を図るため，事項によっては立証責任を事業者に負わせるべきであるとの議論もあった。しかし，この議論は多数派

契約の当事者となったことの主張立証責任は法の不適用を主張する事業者にあることを前提としていると考えられる。

また，東京簡判平成16・11・15（最高裁HP）は，内職商法の事案で，購入者を消費者と認めている。

消費者の定義については，消費者契約法2条を形式的に適用することなく，取引の実情等を総合的に勘案したうえで消費者契約法の立法趣旨に照らして解釈されるべきであるが，特に意図的に同法等の適用を逃れようとする悪質な事業者が存在していることを勘案すれば，別途その定義の解釈基準を明らかにする規定を置くことも考えられる。

(5) 取消権の行使期間

消費者契約法上の契約取消権は，追認できる時（誤認に気づいた時・困惑から脱した時）から6ヵ月を経過したとき，または契約締結時から5年を経過したときは時効によって消滅する（同法7条1項）。

しかし，消費者契約法にかかわる消費生活相談の事例では，相談が寄せられた時には，すでに取消権の行使期間を経過してしまっていたケースが極めて多くあることが明らかとなっている。特に「騙されて契約していたことに気づいてから6ヵ月以上経っていた」ケースが多く，すぐに相談にこなかった理由として，「悩んでいたら時間が経ってしまった」とか，「事業者に苦情を聞き入れてもらえずあきらめていた」という理由を挙げるものが多い[11]。これらの点から見ると，一般の消費者の行動パターンとして，問題を認識していたとしてもすぐには適切な行動を起こすことができないという状況がうかがわれる。そこで，取消権の行使期間について追認できる時から「6ヵ月」とする現行の行使期間は短すぎ，少なくとも「1年」に延長すべきであろう。

を形成せず，消費者契約法には，立証責任に関する特別な規定は置かれなかった。そこで，消費者契約法によって処理される紛争においても，民事訴訟法上の立証責任の原則に従い，権利の発生・変更・消滅という法律効果を主張する当事者が，その法律効果を認める規定の要件事実について立証責任を負う。

[11] 国民生活センター・前掲122頁以下。

(6) 取消しと不当利得

消費者契約法により，契約の申込みや承諾の意思表示が取り消されると，その意思表示ははじめから無効だったことになる（民法121条本文）。

そこで，当事者の一方は，他方に対して，既に履行を受けたものを不当利得（民法703条以下）として返還する義務を負い，未だ履行していない債務は履行しなくてもよいことになる。消費者が受け取った商品を消費してしまっている場合や，事業者からサービスが提供されてしまっている場合には，相当な対価に換算して金銭で返還することになる。

ただし，この原則を貫くと，誤認させての販売や困惑させての販売がなされた場合に，結局，事業者に利得を得させることになる。特定商取引法上のクーリング・オフの場合には，サービスが履行済みであっても，消費者は一切代金を支払う義務がないうえに，さらにサービスがなされる前の状態に戻すことまで要求することができる（特定商取引法9条5項，7項）。消費者契約法による取消しの場合にも，このような取扱いを参考にして処理すべきである[12]。

(7) 消費者契約法9条関係

(a) 9条の適用対象

消費者契約法8条および9条が個々の契約条項の無効を規定するのに対して，10条は消費者契約において無効とされるべき不当条項に関する一般的・包括的な規定である。したがって，8条または9条に該当しない契約条項について10条の適用を考えることになるが，具体的には8条ないし9条が適用される問題か10条が適用される問題かが必ずしも明らかでないこともある。

まず，9条1号の「契約の解除に伴う」という限定や2号の「金銭」の履行遅滞への限定については，立案担当者の解説を見ても特に言及されておらず[13]，その意味するところは必ずしも明らかでない。

解除を伴わない高額な違約金等を定める契約条項について，法文上は消費者契約法9条1号の適用はないが，同号と同様の問題が生ずる。そこで，そのよ

---

[12] 消費者契約法による取消しの場合の不当利得については，丸山絵美子「消費者契約における取消権と不当利得法理(1)(2)」筑波ロージャーナル創刊号（2007）109頁以下，2号（2007）1頁以下参照。

[13] 消費者庁企画課編・前掲207頁以下参照。

うな局面では同条の類推適用を考えるか，同法10条による規制を考えるのが適切であろう。また，「金銭債務」の履行遅滞でない場合，例えばレンタルビデオの延滞料について，法文上は9条2号の適用はなく，また，契約解除の局面でもないので9条1号の適用もない。しかし，事業者に生ずる平均的な損害を賠償すれば足りるとする9条1号の趣旨を考慮し，ここでも9条1号の類推適用を考えるか，10条による規制を考えることが適切であろう。

また，判例が9条の適用問題としている事例についても，9条による規律が適正であるか疑問の余地があるものもある。

例えば，学納金返還請求訴訟において，最高裁は，在学契約は消費者契約であるから消費者契約法が適用され，不返還特約は，在学契約の解除に伴う損害賠償額の予定又は違約金の合意の性質を有するとして，消費者契約法9条1号が適用されるとしている。この見方を前提にして，大学が合格者を決定するに当たって織り込み済みと解される在学契約の解除，すなわち，学生が当該大学に入学することが客観的にも高い蓋然性をもって予測される時点（一般に4月1日）よりも前の時期における解除については，原則として，当該大学に生ずべき「平均的な損害」は存せず，学生の納付した授業料等及び諸会費等は，その全額が当該大学に生ずべき「平均的な損害」を超えるが，在学契約の解除がこの時点以後のものであれば，そのような時期における在学契約の解除は，当該大学が入学者を決定するに当たって織り込み済みのものではないから，当該大学は，原則として，解除により学生が当該年度に納付すべき授業料等及び諸会費等に相当する損害を被るというべきであり，これが，この時期における在学契約の解除に伴い当該大学に生ずべき「平均的な損害」である，とするのが最高裁の判断である（最判平成18・11・27民集60巻9号3437頁など）。

消費者契約法9条1号が適用される典型例は，一定の時期以降も損害賠償の支払いを条件として解除を許す特約がある場合などであるが，解除しても対価の全額を返還しないという特約も，損害賠償（対価の全額を損害とする）の予定と理解する可能性はある。しかし，学納金に関する不返還特約は，解除の時期や理由をまったく問題とせず，「一切返還しない」とする特約である。これは，実質上，解除を「全く許さない」特約である。

このような特約に消費者契約法9条1号を適用することには次のような問題がある。第1に，解除を「全く許さない」特約については，もともとは消費者

契約法10条の適用対象と考えられていた。第2に、在学契約が有償双務の無名契約であるという点から見ても、解除に伴う原状回復義務相互間には危険負担の関係が認められ、不返還特約は、民法が予定する危険負担の規律に反する対価を事業者が保持する特約（「民法……の公の秩序に関しない規定の適用による場合に比し、消費者の権利を制限……する消費者契約の条項」）であるから、消費者契約法10条の適用に服すると考えられる。第3に、入試要項や学則における不返還特約の表現をみると、これを損害賠償の予定ないし違約金の特約とみるのはかなりの読み替えであり、当事者意思としてもこのように理解しているとは考えにくい。第4に、最高裁判決によれば、平均的な損害およびこれを超える部分については、「事実上の推定が働く余地があるとしても、基本的には、違約金等条項である不返還特約の全部又は一部が平均的な損害を超えて無効であると主張する学生において主張立証責任を負う」とされているから、不返還特約が消費者契約法9条1号の問題であるとすれば、消費者は平均的損害の立証というやっかいな問題を抱え込むことにもなる。

　これらの点を考慮すると、最高裁が、不返還特約に消費者契約法9条1号を適用したことには疑問が残る[14]。

(b) 平均的な損害の額

　当該事業者に生ずべき平均的な損害の額とは、当該消費者契約の当事者たる個々の事業者に生じる損害の額について、契約の類型ごとに合理的な算出根拠に基づき算定された平均値であり、当該業種における業界の水準を指すものではない[15]。

　また、「平均的な損害の額」とは、当該消費者契約の解除に伴い当該事業者に生ずべき損害ではなく、当該事業者が締結する同種の消費者契約の解除による平均的な損害が問題とされている[16]。例えば、結婚式場の予約が予定日の1年以上前に解除された事案で、結婚式場利用契約に付された予約取消料条項

---

[14] 学納金不返還特約を消費者契約法9条1号でなく10条の適用問題という方向から考察するものとして、潮見佳男「学納金不返還条項の不当性」NBL797号（2004）23頁、同「『学納金返還請求』最高裁判決の問題点（下）」NBL852号（2007）61頁、窪田充「不返還特約の意味と位置づけを中心に」NBL849号（2007）11頁、後藤巻則「学納金返還請求訴訟」法学教室322号（2007）13頁。
[15] 消費者庁企画課編・前掲209頁。
[16] 落合・前掲139頁。

が消費者契約法9条1号により無効であるかが争われたケースでは,「平均的な損害の額」を基礎づける事実は,当該年度に事業者の各店舗及び当該店舗で結婚式の予約をした組のうち予定日から1年未満の時期の予約,1年以上前の時期の予約がそれぞれ何組あったかという事実とする判決がある（東京地判平成17・9・9判時1948号96頁）。

しかし,実務上,当該事案で具体的に生じた損害の額が主張立証の対象となることも少なくなく（例えば,開業後間もない事業者の場合は,上記のような立証はできない）,実際,それ以外に収集できる適切な訴訟資料がないため,「平均的な損害の額」の立証が困難な事案もある。このような事案の処理として,民事訴訟法248条の趣旨に従って損害額を算定した判決もある（東京地判平成14・3・25判タ1117号289頁）。

いずれにしても,「平均的な損害の額」は事業者側の内部事情によるものであり,消費者はその事情を知らず裏づけとなる資料も持っていない。そのため,「平均的な損害の額」についての消費者の立証責任の軽減がここでの重要な課題となるが,これは,一般的には,消費者契約における情報,裏付資料の偏在の問題であるから,この観点から後に再び扱う。

(8) 消費者契約法10条関係
(a) 前段要件における「任意規定」の意味

消費契約における不当条項の規制に関し,不当条項の内容が限定的であることや,消費者契約法10条が,民商法等の任意規定から逸脱した契約条項のみが不当条項であるとする規定を置いていることなども問題である。

消費者契約法10条の要件である「任意規定」の範囲については,明文の任意規定に限らず慣習法や判例,確立した学説まで含めるべきであるとする学説が多数である[17]。

この点につき,裁判例は,例えば敷引契約のような民法上明確な規定のないものであっても消費者契約法10条を適用している。このことからすると,裁判例は消費者契約法10条の適用を明文の任意規定に限定していないことになる。大阪簡判平成15・10・16（兵庫県弁護士会HP）は,敷引特約の効力が争われ

---

[17] 山本敬三「消費者契約法の意義と民法の課題」前掲民商123巻4・5号540頁,落合・前掲147頁など。

343

た事案につき，法10条の任意規定を「民法及び借地借家法などの関連法規（判例・学説などにより一般的に承認された解釈を含む）」と判示していたが，最高裁も，消費者契約法10条が規定する「民法……その他の法律の公の秩序に関しない規定」に関して，「明文の規定のみならず，一般的な法理等も含まれると解するのが相当である」と広く解釈した（最判平成23・7・15金判1372号7頁）。

具体的な不当条項の内容が消費者契約法8条および9条に限定されている中で，一般条項としての消費者契約法10条の有用性を高めるためにも，同条の適用を明文の任意規定に限るかに見える規定の仕方は改めるべきである。

(b) **中心条項の扱い**

契約の中心条項とは，契約の主要な目的，対価等，契約の中心部分に関する条項であり，中心条項については，公序良俗違反により無効という判断が働く余地はあるものの，原則的には市場の決定に委ね，不当条項規制は働かないとする学説が多数である。

ところで，更新料特約の有効性に関する最判平成23・7・15（金判1372号7頁）は，更新料特約が賃貸借契約書に一義的かつ具体的に記載されており，その額が高額に過ぎない限り消費者契約法10条後段要件を満たさないとしているが，この判断枠組みは，価格に関する条項はそれが相手方に十分に開示されたものであり，その額が不当に高額でなければ無効とならないという，中心条項の規制枠組み類似しており，また，このように高額に過ぎるかどうかを有効性判断の決め手とする判断枠組みは，敷引特約を有効とした最判平成23・3・24（金判1378号28），および最判平成23・7・12（金判1378号28頁）の判断枠組みとほぼ同じである[18]。そこで，この観点から，各判決を若干詳しく検討することにしよう。

(i) 敷引特約の有効性

消費者契約法制定以前の裁判例においては，敷引特約（敷金の額から一定の金額を控除して残額を返還する旨の特約）は一般に有効と解されてきたが，消費者契約法制定後，同法に基づいて敷引特約を無効とする下級審判決が相次いで出され，最高裁の判断が待たれていたが，最判平成23・3・24は，敷引特約を有効とした。

---

[18] 大澤彩「更新料条項の効力と消費者契約法10条」法学教室377号（2012）別冊付録21頁。

この判決は、①居住用建物の賃貸借契約に付された敷引特約は、契約当事者間にその趣旨について別異に解すべき合意等のない限り、通常損耗等の補修費用を賃借人に負担させる趣旨を含むものというべきであり、本件特約についても、このような趣旨を含むことが明らかである。②賃貸物件の損耗の発生は、賃貸借という契約の本質上当然に予定されているものであるから、賃借人は、特約のない限り、通常損耗等についての原状回復義務を負わず、その補修費用を負担する義務を負わない。そうすると、賃借人に通常損耗等の補修費用を負担させる趣旨を含む本件特約は、任意規定の適用による場合に比し、消費者である賃借人の義務を加重するものというべきである、として10条前段要件を認めた。

　次いで、③賃貸借契約に敷引特約が付され、賃貸人が取得することになる敷引金の額が契約書に明示されている場合には、賃借人は、賃料の額に加え、敷引金の額についても明確に認識した上で契約を締結するのであって、賃借人の負担については明確に合意されている。そして、通常損耗等の補修費用は、賃料にこれを含ませてその回収が図られているのが通常だとしても、これに充てるべき金員を敷引金として授受する合意が成立している場合には、その反面において、上記補修費用が含まれないものとして賃料の額が合意されているとみるのが相当であって、敷引特約によって賃借人が上記補修費用を二重に負担するということはできない、とした。

　これに続けて、④もっとも、消費者契約である賃貸借契約においては、賃借人は、通常、自らが賃借する物件に生ずる通常損耗等の補修費用の額については十分な情報を有していない上、賃貸人との交渉によって敷引特約を排除することも困難であることからすると、敷引金の額が敷引特約の趣旨から見て高額に過ぎる場合には、賃借人が一方的に不利益な負担を余儀なくされたものとみるべき場合が多いといえる。そうすると、消費者契約である居住用建物の賃貸借契約に付された敷引特約は、当該建物に生ずる通常損耗等の補修費用として通常想定される額、賃料の額、礼金等他の一時金の授受の有無等に照らし、敷引金の額が高額に過ぎると評価すべきものである場合には、当該賃料が近傍同種の建物の賃料相場に比して大幅に低額であるなどの特段の事情のない限り、信義則に反して消費者である賃借人の利益を一方的に害するものであって、消費者契約法10条により無効となるとした。

このような判断の下で, ⑤本件では, 本件敷引金の額が補修費用として通常想定される額を大きく超えるものとまではいえず, 本件賃貸借契約の締結から明渡しまでの経過年数に応じて, 賃料（月額9万6,000円）の2倍弱ないし3.5倍強にとどまっていること, 更新料以外に礼金等他の一時金を支払う義務を負っていないことから, 本件敷引金の額が高額に過ぎると評価することはできず, 本件特約を消費者契約法10条により無効であるということはできないとして, 後段要件を否定した。

これに続き, 最判平成23・7・12も, 上記3月判決をそのままも踏襲して敷引特約を有効としている。

3月判決では, 敷引特約が通常損耗等の補修費用を賃借人に負担させる趣旨の合意を含むことから補修費用が含まれないものとして賃料の額が合意されており, 賃借人が敷引特約によって補修費用を二重負担していないことが特約の有効性の根拠の一つとされているが, 7月判決では, 敷引金が通常損耗等の補修費用である旨の明確な合意がなく, 敷引金と別に通常損耗等の補修費用を徴収している。そこで, 7月判決では, 当該敷引金の額に対応して賃料がその分低額になっているか不明であるため, 7月判決において敷引金の徴収を正当化するには3月判決と異なる理論構成が必要になるはずであり, 7月判決が3月判決をそのまま踏襲していることは疑問である。敷引特約は, 本来なら賃料に含まれるはずの通常損耗の補修費用を賃料と別個に賃借人が負担する趣旨であることを見えにくくし, 情報・交渉力の格差に乗じて賃借人に趣旨が不明瞭な特約を課すことになる点で問題であり, 敷引特約の有効性については, より慎重な判断が必要であろう。

(ii) 更新料特約の有効性

さらに, 最判平成23・7・15も, 下級審裁判例で判断が分かれていた更新料条項の有効性について, それが消費者契約法10条に反せず有効であると判示した。

この判決は, ①消費者契約法10条が規定する「民法……その他の法律の公の秩序に関しない規定」に関して,「明文の規定のみならず, 一般的な法理等も含まれると解するのが相当である」と広く解釈して10条前段要件該当性を認めたうえで, 更新料の法的性質につき, 賃料と共に賃貸人の事業の収益の一部を構成するのが通常であり, その支払により賃借人は円満に物件の使用を継

続することができることからすると「一般に，賃料の補充ないし前払，賃貸借契約を継続するための対価等の趣旨を含む複合的な性質を有するもの」とした。そして，②それゆえに「更新料の支払にはおよそ経済的合理性がないなどということはできない」としたうえ，賃貸借契約書に一義的かつ具体的に記載された更新料条項は，更新料の額が賃料の額，賃貸借契約が更新される期間等に照らし高額に過ぎるなどの特段の事情がない限り，消費者契約法10条後段要件に当たらないとし，③これを本件についてみると，本件条項は本件契約書に一義的かつ明確に記載されているところ，その内容は，更新料額を賃料の2か月分とし，本件賃貸借契約が更新される期間を1年間とするものであって，上記特段の事情が存するとはいえず，これを消費者契法10条により無効とすることはできないとした。

しかし，借地借家法に正当事由制度や法定更新制度がある以上，賃貸借契約を継続するための対価として更新料を徴収することの正当性は乏しい。また，更新料が賃料の補充ないし前払の性質を有するならば，賃貸借契約を「当事者の一方がある物の使用及び収益を相手方にさせ」，「相手方がこれに対してその賃料を支払う」契約と規定する民法601条，および賃料後払の原則を定める民法641条の趣旨に照らし，未給付の対価を更新料としてあらかじめ求め，事情を問わずその返還はしないとする条項の有効性は疑問となる。そこで，更新料特約の有効性についても，敷引特約の有効性と同様に，より慎重な判断が望まれる。

　(iii)　中心条項への法的対応

敷引特約の有効性に関する平成23年3月判決からは，敷引金がどのような意味をもつ金銭であるか不明であっても開示が適切になされていれば，対価の相当性には極力介入しないという裁判所の中心条項への謙抑的な態度を見て取ることができるが[19]，このような態度は，同7月判決，更新料特約の有効性に関する上記平成23年月7月15日判決にも見られる。

また，最近の下級審の判決であるが，携帯電話のデータ通信を7日間利用してパケット通信料約20万円を支払わされたXが，電気通信事業者であるYに対して約19万円の返還を求めたという事案につき，京都地判平成24・1・12は，

---

[19]　大澤彩「敷引特約の有効性と消費者契約法10条」現代消費者法13号（2011）118頁。

当時のサービスに基づき，Yは通信料が10万円を超えた翌日に警告メールを送信していたが，約1カ月後に警告基準額が下げられた経過などを考慮し，遅くとも5万円を超えた段階で注意喚起義務があったと判断し，Yにこの義務違反に基づく約10万円の支払いを命じた。消費者保護の観点から注目される判断であるが，他方で，本件パケット料金条項が消費者契約法10条に違反するとのXの主張につき，「本件パケット料金条項は，被告の提供する役務の対価に関する条項であるが，一般に，双務契約における対価又は対価の決定方法を定める明文規定又は一般法理は存在しないから，対価に関する条項について任意『規定の適用による場合』（同条前段）と当該条項による場合を比較することはできないことなどからすると，対価に関する条項に同条が適用されるかは極めて疑問である」とした上，「本件パケット料金条項には，1パケットあたり0.2円という役務提供の単価が一義的かつ具体的に記載されており，当事者間において上記単価につき明確な合意がなされたと解される。このような場合において，合意された役務提供の単価の額の当否は，基本的には市場による評価及び調整に委ねるべき事柄であり，これを規律する明文の規定及び一般法理は存在しないといわざるを得ない」と述べて，本件パケット料金条項が消費者契約法10条前段要件に該当しないとした。

他方，大阪高判平成21・8・27（判時2062号40頁）は，更新料特約の賃貸借契約における中心条項性につき，契約における対価に関する条項は，消費者と事業者との間でされる取引の本体部分となり，それは基本的に市場の取引により決定されるべきであるから，消費者契約法10条の適用対象とならないのが原則であるが，経済的性質をも含めた広い意味で対価とされるものを理解すべき情報に不当な格差があり，または理解に誤認がある場合には上記原則のようにいうことができないことは自明であり，上記原則が適用されるためには，その前提として，契約当事者双方が対価について実質的に対等にまた自由に理解し得る状況が保障されていることが要請されるといわなければならないとした上，本件ではこれを満たしていないとして，本件更新料条項は消費者契約法10条に違反するとして，無効とした。

携帯電話の料金体系などのように，価格といってもわかりにくいものがあり，中心条項は規制の対象外だとすると，事業者が中心条項でないものを中心条項に盛り込む可能性もある。中心条項への法的対応は，消費者契約法10条につ

いての重要な検討課題であるが[20]，同時に，不当条項規制に関する民法（債権関係）改正の審議の動向とも関係し[21]，注目される。

3 特定の消費者につけ込む不当な勧誘に対する新たなルールの必要性

(1) 判断能力に問題のある人への不当な勧誘と適合性原則

近年，一人暮らしの高齢者など判断能力の低下した人を狙い，高額な商品等を売りつける悪質な勧誘が社会問題となった。高額な住宅リフォーム工事がその典型例であり，一旦契約すると，次々と大量に契約させられ（次々販売，過量販売），生活基盤が破壊されるような深刻な被害にあうケースが見られる。

認知症高齢者，知的障害者，精神障害者などの判断能力に問題のある人は，通常の判断能力があれば締結しないような，当該消費者の利益を害することとなる契約でも，事業者に勧められるまま締結してしまうことが多い。

判断能力に問題のある人の場合，誤認や困惑により契約してしまうというよりもそもそも合理的な判断ができないため，事業者に言われるままに契約してしまうことが多い。また，誤認類型や困惑類型に該当する可能性がある場合でも，記憶があいまいで契約当時の事実関係や意思を確認することが難しいため，事業者の不当行為等の存在を主張することができない。そのため，こうした判断能力に問題のある人を救済するためには，消費者契約法の誤認類型や困惑類型の強化といった方法とは別個に，新たな救済法理を導入することが必要である。

この要請に応える法理として，適合性原則がある。適合性原則とは，顧客に適合しない勧誘をしてはならないという原則であり，商品取引所法215条や金融先物取引法40条1項に適合性原則に関する規定が置かれている。また，証券取引，変額保険，先物取引等で，適合性原則違反が，不法行為ないし債務不履行を根拠づける根拠の1つとして認められてきた。

---

[20] この問題については，敷引特約を素材として，対価条項とも典型的な付随条項とも異なる「中間条項」という観点から問題を考察する学説もあり（山本豊「借家の敷引条項に関する最高裁判決を読み解く――中間条項規制法理の消費者契約法10条への進出」NBL954号（2011）13頁以下），この分析枠組みの有用性についても検討する必要がある。

[21] 不当条項規制につき，民法（債権関係）部会資料集第1集〈第3巻〉（商事法務，2011）302頁以下，暴利行為論につき，同〈第2巻〉530頁以下参照。

消費者基本法は，より一般的に，事業者の責務として，「消費者との取引に際して，消費者の知識，経験及び財産の状況等に配慮すること」（同法5条1項3号）を定めている。また，同年に改正施行された特定商取引法の施行規則7条3号は，禁止行為として「顧客の知識，経験及び財産の状況に照らして不適当と認められる勧誘を行うこと」を規定している。

こうした考え方からすれば，消費者契約法において，消費者と当該契約との関係に着目して，当該消費者の判断能力，知識，経験，財産の状況及び契約締結の目的等に照らして当該契約が消費者の利益を著しく害すると認められる場合に，当該契約の取消し等を可能とする新たな規定（適合性の原則）の導入が検討されるべきである。

具体的には，消費者が，当該消費者の支払能力を超え，または当該消費者にとって不必要かつ不当に高額であるなど，当該消費者の利益を著しく害すると認められる契約を締結した場合には，適合性原則違反を問うことが考えられる。

適合性原則違反の法的効果としては，その違反の場合に不法行為が成立し，損害賠償請求が認められることもあり，また，公序良俗違反となり契約が無効になることもありうる。さらに，適合性原則違反の場合に情報提供義務違反や誤認・困惑による取消しが考えられる可能性もある。

このような観点からは，適合性原則違反の場合に一律に契約の取消しの効果を認めるよりも，「事業者は，消費者の判断能力，知識，経験，財産の状況及び契約締結の目的に照らして不適当と認められる勧誘をしてはならない」とする一般的な原則を，事業者の行為規範として規定することも考えられる。

(2) 困惑類型の要件の拡張と不招請勧誘規制

消費者契約法4条によれば，事業者が消費者契約の勧誘に際して，事業者の不退去（3項1号），または事業者による消費者への退去妨害（3項2号）によって，消費者が困惑して契約を締結した場合に，消費者は契約取消権を行使することができる。

困惑類型は，「不退去」，「退去妨害」に限定されているが，消費者契約法の制定準備をした国民生活審議会消費者政策部会の報告においては，困惑概念はもっと広く捉えられていた[22]。

裁判所も，例えば，名古屋簡判平成17・9・6は，消費者がその場所から退出

するのを困難にさせた場合を広く意味し，消費者にとって心理的にでも退去させない状況であれば足りるとする。これらをふまえ，「困惑」概念の拡張が検討されるべきである。

ところで，ここでの問題状況は，不招請勧誘規制の問題とかなりの部分重なると見ることができる。

不招請勧誘の規制とは，訪問や電話などを通じて事業者が消費者に不意打的に接触し，勧誘を開始して契約を締結させるという勧誘を規制する考え方である。こうした勧誘が開始されると，事業者に巧みにつけ込まれ，消費者が契約締結を拒否できない状況に追い込まれるということがしばしば起こる。そこで，消費者が望まない勧誘にさらされることのないように，具体的な勧誘を行なう一歩手前の段階（勧誘の入口）での規制が必要である[23]。

こうした観点から，特定商取引法3条の2，12条の3，17条，金融商品取引法38条3号～5号などに，これに関する規定が置かれている。

このような不招請勧誘の禁止の考え方を消費者契約法制に導入する方法としては，従来と同様に，これを個々の業法で規定することが考えられる。この方法によると，業者に対する行政処分（業務改善命令，業務停止処分，登録の取消など）が可能となるが，反面，規制の対象が当該行法の適用範囲に限られるという問題がある。

そこで，不招請勧誘の禁止の考え方を消費者契約に包括的に適用される民事ルールとして，消費者契約法の中に位置づけることが考えられる。

すでに見たように困惑類型を拡張するとすれば，これと並んで，例えば，「契約締結の要請をしていない消費者に対して，訪問したり電話をかけるなどして，契約締結を勧誘してはならない」といった，その違反の法的効果を明示しない行為規範として不招請勧誘規制の規定を置くことが考えられる。

(3) 不当勧誘規制の一般条項の創設

もっとも，誤認・困惑類型に該当しない不当勧誘は多発しており[24]，適合性

---

[22] 国民生活審議会消費者政策部会・消費者契約法（仮称）の制定に向けて（第16次国生審消費者政策部会最終報告，1999）35～36頁。

[23] 不招請勧誘の規制については，後藤巻則「不招請勧誘と消費者の保護」藤岡康宏先生古稀記念論集・民法学における古典と革新（成文堂，2011）1頁以下参照。

原則や不招請勧誘規制が問題とされるのもそのような事情が背景にある。そこで，不当条項規制において消費者契約法8条・9条に該当しない場合にも一般条項としての10条が活用されていることを参考にして，適合性原則や不招請勧誘規制の考え方を考慮に入れつつ信義則に反する不当な勧誘行為を規制し，この違反行為を理由とする取消しを認める一般条項を規定することが考えられる(25)。

4　紛争解決過程における消費者・事業者間の格差をふまえた対応

　消費者契約法によって処理される紛争においても，民事訴訟法上の立証責任の原則に従い，権利の発生・変更・消滅という法律効果を主張する当事者が，その法律効果を認める規定の要件事実について立証責任を負う(26)。下級審の判決には，事業者に立証責任を負わせたものもあるが(27)，最高裁は，これを認めていない(28)。

　紛争を解決するための事実関係の整理においては，当該取引に関して様々な情報を持つ事業者からの情報提供が不可欠であり，また交渉力においても事業

---

(24) 例えば，最近のものとして，国民生活センターが2011年11月10日に公表した「消費者契約法に関連する消費生活相談の概要と主な判決」を参照。

(25) 例えば，近畿弁護士連合会消費者保護委員会編・消費者取引法試案（消費者法ニュース別冊，2010）45頁以下は，信義則に反する態様の勧誘行為一般を禁止することによって消費者被害の受け皿を広げることが妥当であるとして，信義則に反する態様の勧誘行為があった場合に契約の取消しを認めることを提案している。ただし，「信義則に反する態様の勧誘行為」という要件については，その解釈指標を示すなど，適正な要件化のための検討がなお必要であろう。

(26) 例えば，不実告知による取消権が発生するためには，①「事業者が消費者契約の締結について勧誘をするに際し」当該消費者に対して「重要事項について事実と異なることを告げる」こと，②当該「消費者」が「当該告げられた内容が事実であるとの誤認」をすること，③当該「消費者」が②の要件の誤認によって「当該消費者契約の申込み又はその承諾の意思表示をした」ことが必要であるが，消費者が事業者に対して不実告知による取消権を行使するためには，上記の①～③に該当する事実の存在につきすべて，消費者が立証責任を負う。

(27) 例えば，消費者契約法9条1号の「平均的な損害」の立証責任につき，大阪地判平14・7・19金判1162号32頁，さいたま地判平15・3・26金判1179号58頁，京都地判平15・7・16判時1825号46頁，東京地判平15・10・23判時1846号29頁など。

(28) 前掲最判平18・11・27など。

者・消費者間には格段の差がある。消費者が，消費者契約法による契約の取消し又は契約条項の無効を主張する場合，原則として消費者側で事業者による不当な行為の事実や契約条項の不当性等を立証する必要があるが，事業者が消費者側に一方的に立証責任を押しつけたり，話し合いに応じないなどの不誠実な対応をすれば，適切な解決が難しくなる。

　このような状況をふまえると，立証責任を一方的に事業者側に転換することは困難であるとしても，証拠の偏在性等をふまえて立証責任に関する消費者の過度な負担を軽減し，事業者側にも役割の一部を担わせる方法が検討されるべきである。

　特に，事業者が告げた商品・サービスの性能・効果・利益等に関する事項についてその真実性が争われる場合には，当該事項は事業者側の内部情報であるから，それに関して一切資料を持たない消費者側に一方的に証明責任を負わせることは公正性に欠け妥当ではない。このような場合，特定商取引法や不当景品類及び不当表示防止法では，行政処分等の適用に関して事業者に対して資料提出義務を課している。

　これを参考にして，「事業者側に当該事項の裏づけとなる合理的な根拠を示す資料の提出義務を課し，当該資料の提出がない又は根拠に合理性がない場合には消費者側の主張を真実と認めることができる」とすることが考えられる。同様に，消費者が支払う違約金等を定める条項における「平均的な損害の額」（9条1号）の立証についても，「事業者側に違約金等の設定方法が合理的であることの根拠を示す資料の提出義務を課し，当該資料の提出がない又は設定方法が合理的とは認められない場合には消費者側の主張を真実と認めることができる」とすることが考えられる。

　さらに，紛争解決過程における消費者・事業者間の情報や交渉力の格差にかんがみれば，事業者に対して，紛争解決過程における情報提供義務を導入することも考えられる。不誠実な対応をとる事業者を，立証責任の所在にかかわらず，少しでも実質的な話し合いに応じさせるようにすることが重要であり，こうした義務が導入され，事業者が事実関係の整理等に必要な情報を提供するようになれば，紛争処理の円滑化に役立つ。

5 むすびに代えて

　消費者契約法は，消費者契約に関する一般的な民事ルールを定めた法律であり，これを土台として個別的な消費者関連法が進展する。他方で，個別的な消費者関連法の進展が，消費者契約に関する一般ルールの生成を促す。それゆえ，消費者契約法は，常に進展・生成の途上にある。

　その意味では，消費者契約法と民法との関係が重要であるが，これについてはいくつかの別稿で論じたので，そちらに譲る[29]。民法改正の審議の中で消費者契約法がどう扱われるかが現時点では流動的なことでもあり，本稿では民法改正の問題と一応切り離して，消費者契約法自体の改正問題を論じた。

---

[29] 後藤巻則「民法改正と消費者法」新世代法政策研究2号（2009）59頁以下，同「契約の締結過程と消費者法」現代消費者法4号（2009）13頁以下，同「錯誤，不実表意，情報提供義務──民法と消費者契約」円谷峻編著・社会の変動と民法典」（2010）38頁以下，同「契約締結過程の規律の進展と消費者契約法」NBL958号（2011）30頁以下。また，消費者契約法の民法典への取り込みと取引類型を基礎に置く消費者法の統合との関係を考察した，同「消費者の権利とその実効性確保──民法改正論議についての考察を兼ねて」淡路剛久先生古希祝賀・社会の発展と権利の創造（有斐閣，2012）263頁以下も参照。

16 債権譲渡における画一性と相対性

小野 秀誠

1 はじめに
2 債務者対抗要件と第三者対抗要件の連動可能性——最判昭61・4・11民集40巻3号558頁
3 連動しない場合——東京地判平22・7・27判時2090号34頁
4 むすび

1 はじめに

(1) 債権譲渡と対抗要件

債権者Gの債務者Sに対する債権が，AとBに二重に譲渡された場合に，その優劣は，対抗要件の先後によって決せられる (467条2項)。しかし，第1に，対抗要件を後れて具備した譲受人に対してされた弁済についても，民法478条の適用があるとすれば，先順位の譲受人の地位は脅かされる。また，第2に，対抗要件の具備の方法としては，民法による通知または承諾のほかに，債権譲渡登記の方法があり，第1譲受人がこれによった後，第2譲受人が，民法による対抗要件を具備することがある。第2譲受人が債務者対抗要件を具備した場合にも，第1譲受人の債務者に対する地位は脅かされる。

第1のケースについては，すでに最判昭61・4・11民集40巻3号558頁の先例があり，同事件では，478条の適用が認められなかったために，第1譲受人の地位が脅かされることはなかったが，理論的には，同条の適用がありえないわけではなく，適用があれば，実質的に，債務者対抗要件と第三者対抗要件 (かつ前者の優越) が連動する可能性もある。第2譲受人への弁済によって，第1譲受人が権利を失う可能性があるからである。

第2のケースについては，最初から，債務者対抗要件と第三者対抗要件とが連動しないことが予定されている。立法論的には，対抗要件の方式を統一して，

つねに債務者対抗要件と第三者対抗要件を連動させることも考えられるが，これがなお別個に規定されている現状において，両者の整合性を求めるべきかが疑問となる。

　近時，債権の流動化や営業譲渡を目ざして，大量の債権が譲渡されることが多い。たとえば，消費者信用会社や信販会社の貸付債権の譲渡である。その場合に，数万にも及ぶ債権について，民法による対抗要件（債務者への通知またはその承諾）を具備する方法は，あまり実際的ではない。しかし，他方で，そう大量でもない債権について，債権譲渡登記の方法を強制したり，民法と債権譲渡登記との二重の方法を求めることも，実際的ではない。局面ごとに，対抗要件の方式が異なることを前提とすると，両者が競合する場合も生ぜざるをえない。この場合に，債務者の地位を考慮しながら，譲受人相互の関係を適切に考える必要が生じる。

　本稿では，このための解釈論と立法論を考察し（2，3），付随して，大量の債権譲渡に伴って生じる譲渡債権の欠損や債権から生じる負担についても簡単にふれる（4）。

(2) **債権譲渡登記と対抗要件**

　1998年（平10年）に創設された債権譲渡の対抗要件に関する民法の特例等に関する法律（以下，債権譲渡特例法。改正後は「動産及び債権の譲渡の対抗要件に関する民法の特例等に関する法律」）によれば，法人が債権を譲渡した場合に，譲渡ファイルによって対抗要件が具備される。しかし，債権譲渡登記に優先権があるわけではなく，民法と債権譲渡登記の第三者対抗要件に，優劣の差はないものとされる。承諾または通知でも，譲渡登記でも，いずれか早い方が優先する。また，当初は，譲渡人の商業登記簿に，債権譲渡の概要が記載されたが，登記したとしても，債務者対抗要件については，債務者に登記事項証明書を交付して通知し，または債務者が承諾したときに具備されるものとされた（旧2条2項）。弁済ずみや対抗要件具備までの抗弁は主張することができる（旧2条3項）[1]。

---

(1) これにつき，法務省HPに，「第1　債権譲渡登記制度とは？」(http://www.moj.go.jp/MINJI/saikenjouto-01.html) がある。近江幸治『債権総論』(2009年) 285頁，川井健『民法概論3』(2009年) 249頁，中田裕康『債権総論』(2011年) 548頁など参照。多数の債権の譲渡について一括して迅速かつ簡易に対抗要件を具備させるものであり，

〔小野秀誠〕　　　　　　　***16***　債権譲渡における画一性と相対性

　2005年（平17年）の改正で，譲渡人の信用不安を避けるために，商業登記簿への記載が廃止され，債権譲渡登記事項概要ファイルに記されることになったが，登記しても，債務者対抗要件は，債務者に登記事項証明書を交付して通知し，または債務者が承諾したときに具備される（4条2項）。債務者に対する通知は，登記事項証明書によって行われるので，譲渡人，譲受人のいずれから行われてもよい。弁済ずみや対抗要件具備までの抗弁が主張されうる（4条3項）点は，同様である。

　そこで，通知や承諾が行われない場合には，譲渡登記をしても，債務者対抗要件は具備されない。第三債務者に譲渡を知らせずに，第三者対抗要件を具備できる利点がある反面，第2譲受人が債務者対抗要件を具備した場合には，478条の適用がある場合と同様に，債務者は免責され，債権そのものは失われる可能性がある。

　なお，上述のように債権譲渡登記と民法上の通知または承諾による第三者対抗要件との間に優劣はないから，いずれでも早く具備した方が優先する。そこで，GのSに対する債権が，A，Bに二重に譲渡され，Aに対しては，債権譲渡登記がされ，Bに対しては，確定日付のある通知が行われた場合には，譲渡登記の時と通知の債務者に到達した時との先後によって判断される[2]。

2　債務者対抗要件と第三者対抗要件の連動
　　　　——最判昭61・4・11民集40巻3号558頁

(1)　対抗要件と準占有者への弁済

(a)　民法の債権譲渡の場合においても，対抗要件のそごする事態は生じうる。最判昭61・4・11民集40巻3号558頁がその先例である。そこにおいては（実質的に二重譲渡），債務者対抗要件と第三者対抗要件が連動することによって，債務者から弁済をうけた債権差押人Bが，他の債権譲受人Xとの関係では劣後する場合でも，債務者が478条により免責されることから，実質的に優先する可能性が生じ，これが，467条の対抗要件主義に反しないかが，問題となった。

　　債権流動化，集合債権譲渡担保に意義がある。関連する文献についても，中田・前掲書548頁に詳しい。
(2)　この点については，争いがない。中田・前掲書549頁，内田貴『民法Ⅲ』（2005年）223頁など。また，前掲・法務省HPをも参照。

357

財産法の新動向 II

　事案は，以下のとおりであった。Aは，Yに対する運送代金債権511万円余を有していたが，昭54年6月27日に，これをXに譲渡した。Aは，同年6月28日ごろに到達した確定日付のある書面でYに通知した。Xは，債権のうち，266万円余の弁済をうけた。

　しかし，Aは，債権譲渡後，同年8月8日，Xの債務不履行を理由として債権譲渡契約を解除し，Yに通知したが，同年9月1日，みぎ解除が誤解にもとづくものとして撤回する旨をYに通知した。他方，Bは，Aに対する債権にもとづき，AのYに対する債権のうち215万円余を，同年8月15日に仮差押え，11月1日に，差押・取立命令を取得した。

　ところが，Yは，かねてAから解除の話を聞いていたことから，その有効性を信じて，解除により債権がAに復帰したものとして，11月21日に，Bに対して215万円余を支払った。

　(b)　本件では，債権譲渡契約が有効に解除されれば，Yの信じたように，債権はAに復帰するが，債権の復帰には，たんに解除されただけではたらずに，復帰的関係では，Xの債権譲渡通知が必要となる。そこで，これが具備されない限り，債権者はなおXであり，Aの通知のみでは解除はYに対抗できず，Yとの関係では，Xが優先関係にある(3)。しかも，Bは劣後債権者であるが，Bは，取立命令を取得しており，債権の準占有者としての外観を有するとの特殊性がある。

　つまり，第三者対抗要件では，第1譲受人Xが優先するが，YのA（ひいてはB）に対する弁済が有効とされる可能性があるために（478条），有効とされる場合には，あたかも債務者対抗要件の関係では，第2譲受人Bが優先するかのような状態が生じる。そこで，478条によって弁済が有効とされ，Xは債権を失う。結果的には，債務者対抗要件と第三者対抗要件とのそごに近い問題が生じるのである。

　判決によれば，「二重に譲渡された指名債権の債務者が，民法467条2項所

---

(3) 池田真朗・判評340号34頁。なお，本件に関しては，多数の評釈がある（訴えの変更関係のものは省略。後注(4)以下をも参照）。池田真朗・ジュリ873号42頁，同・判例セレクト86・月刊法学教室77別冊23頁，加藤和夫・ジュリ869号65頁，同・法曹時報41巻9号173頁，堀内仁・手形研究31巻2号51頁，藤原弘道・民商95巻6号905頁，花村治郎・昭61年度重要判例解説128頁など。

定の対抗要件を具備した他の譲受人〔「優先譲受人」〕よりのちにこれを具備した譲受人〔「劣後譲受人」〕に対してした弁済についても，同法478条の規定の適用があるものと解すべきである。……債務者が，右弁済をするについて，劣後譲受人の債権者としての外観を信頼し，右譲受人を真の債権者と信じ，かつ，そのように信ずるにつき過失のないときは，債務者の右信頼を保護し，取引の安全を図る必要があるので，民法478条の規定により，右譲受人に対する弁済はその効力を有するものと解すべきであるからである」。

　ただし，事案では，債務者Ｙの善意・無過失を認めなかったことから，債務者対抗要件が優先されることはなかった。しかし，467条の要件を満たさないと，必ず478条の要件を満たさないかは疑問であり，478条が467条を排除する可能性が残されたのである。かりに，債権の準占有者への弁済が肯定されたとすれば，債務者の二重弁済は正当化されず，つまり第1譲受人は債権を失う。その場合には，第2譲受人に対して，不当利得の返還を求めるほかはない（この場合には，第2譲受人の無資力の危険をおうことになる）。これが正面から問題となったのは，次の3の場合である。

(2) 異　　論
(a) 準占有者への弁済を原則的に認める判決に対しては，次の2つの反対説がある。
　第1は，467条と478条は，別個の制度であり，一方が他方よりも優位に立つ関係はないが，解釈上，後者を抑制するべきとするものである。すなわち，467条は，誰が権利者かを債務者に公示する機能を有し，他方，478条は，債権者たる外観を有する者にした弁済によって債権を消滅させるものであるが，公示機能に争いがなく，債務者が債権者を認識できる場合には，安易に478条の規定を適用するべきではないとする。478条が適用されるのは，対抗要件を具備する手続の瑕疵など，対抗要件の公示内容に反する処理の場合に限定されるとするものである[4]。

　これに対しては，判例の理論とそう大きな差はなく，478条の適用を広く認めた上で善意・無過失の要件で絞りをかけるのか，478条の適用に絞りをかけ

---

(4) 池田・法教185号71頁，同・判評340号34頁。

るのかの差にすぎないとの見解もある[5]。安易な478条の適用が否定されるべきことは当然として，しかし，こうした逆向きの関係で，対抗要件が有効に具備されたかどうかは，必ずしも素人には判断しがたいところもあるから，478条の適用を否定することはできないであろう。そして，これを肯定する限りは，467条と異なる結果が生じよう。

　第2は，昭61年の事例を，債権の二重譲渡とは異なるケースとみる見解である。AからXへの債権譲渡については，6月28日に確定日付のある書面がYに到達し，その時には，まだ他の債権譲受人，差押債権者はいなかったので，債権は確定的にXに帰属するとみる。そこで，この場合には，債権の二重譲渡で，対抗要件の劣後する者に弁済した行為が，債権の準占有者に対する弁済にあたるかの問題ではなく，無効な転付命令・取立命令をえた者に対する弁済が，債権の準占有者に対する弁済にあたるかという問題が生じるだけであるとする[6]。

　これに対しては，物権の二重譲渡と異なり（移転登記まですませれば，確定的な権利者が決定される），債権譲渡では，ある者が確定日付を具備しても，その他の者が対抗要件を具備する可能性があり，その中で確定的な権利者が決定されるから，昭61年の事案は，なお対抗要件の問題である，とする批判がある[7]。

　（b）　このうち，第1の反対は，478条の適用を抑制するから，その限りでは，一元的に，467条の第三者対抗要件が優先され，債務者対抗要件とのそごという問題は生じない。ただし，まったく生じないわけではなく，公示機能の瑕疵

---

[5] 本田純一・別冊ジュリ（民法判例百選・6版）196号75頁。加藤・前掲論文67頁は，この反対説によって，判決を理由づけている。「債務者において，劣後譲受人が真正の債権者であると信じてした弁済につき過失がなかったというためには，優先譲受人の債権譲受行為又は対抗要件に瑕疵があるためその効力を生じないと誤信してもやむを得ない事情があるなど劣後譲受人を真の債権者であると信ずるにつき相当な理由があることが必要である」。もっとも，実質的な相違はわずかである。判決文は，若干表現が異なり，どちらかというと限定的というよりも，例示的にもみえるが，必ずしも明確ではない。

[6] 下森定・昭61年重要判例解説74頁。無効な転付命令・取立命令に対して支払ったのと同様とする。大判大2・4・12民録19輯224頁，大判大11・11・14民集1巻851頁など。前者は，中央金庫に供託した金銭の返還を受ける債権に対し差押え，転付命令を得た者について，債権の準占有者性を認め，後者も，転付命令に従って弁済した場合の有効性（478条）を述べたものである。なお，後者については，鳩山秀夫・判民大11年121事件の解説がある。

[7] 池田・前掲72頁，本田・前掲75頁，堀内52頁など。

の場合には，そごが生じる。また，昭61年のケースは，債権譲渡の専門家にとっては，争いのよちのないケースといえても，清算関係の対抗要件の具備などの要件を素人に判断させるかは疑問であろう。問題は，債務者と譲受人とのいずれにリスクをおわせるかに帰着し，債権譲渡が，譲渡人と譲受人の問題にすぎず，債務者は本来無関係であることから，まず債務者の免責を考慮するべきとすれば，478条の適用を抑制することは本末転倒であり，妥当とはいえない。債務者対抗要件と第三者対抗要件のそごは，もっと包括的に調整する必要がある問題といえる。

　第2の反対についても，本稿の問題に近づければ，債務者対抗要件を第三者対抗要件に優先するものといえる。債務者が免責されれば，優先する譲受人は，劣後する譲受人に対して不当利得の返還請求をするほかはない。

　次の課題は，こうした優先する譲受人から，劣後する譲受人に対する主張を検討することである。債務者との関係で劣後者が先に弁済をうけた場合に，優先譲受人のする不当利得の返還請求である。これでもたりるのであれば，あえて478条の適用を制限する必要はなくなる。また，478条の適用ではすまない場合が多ければ，やはり同条を制限することの意義はうすくなる[8]。

3　連動しない場合
――東京地判平22・7・27判時2090号34頁

(1)　**債権の流動化**

(a)　過払金返還訴訟の重荷から，貸付債権の大量の譲渡が行われ，それに伴う二重譲渡問題も生じた[9]。貸金業者の貸付債権を流動化するために，貸付債権を信託銀行に信託することが多数行われている。貸金業者は，信託の設定による受益権を取得し，これを販売して資金をえるのである。他方で，信託銀行

---

[8]　平22年事件でも，債務者対抗要件と第三者対抗要件が連動すると同じ問題が生じる。しかし，同事件では，登記による第三者対抗要件が優先することから，この危険性は回避されていた。立法論的には，民法の場合にも，同様の解決が可能である。いきなり準占有者への弁済の制限をもちだすのではなく，債務者保護は，二重弁済を回避できれば達成されるから，譲受人相互の利得の吐き出しの方途がベターである。

[9]　2010年にも，武富士から富士クレジットに譲渡担保とされた債権が，日本振興銀行Yに譲渡され（日本振興銀行は，同年9月10日に民事再生手続を開始），さらに同じ債権が，新生銀行Xにも譲渡された事件がある。

も，貸付債権の回収をみずから行うには困難があることから，信託の委託者である貸金業者に対して回収業務を委託し，実質的には，従来の業務が行われる。そこで，信託が設定されても，債権譲渡は，譲渡登記によって行われ，債務者に対する通知は，債権数が多量であることもあって行わないのが一般である。

前述のように，債権譲渡特例法は，債権譲渡の対抗要件について，債務者対抗要件と第三者対抗要件とを区別する。この区別が，しばしば二重譲受人のＸとＹとで別個に適用される。

すなわち，第1譲受人Ｘは，債権譲渡登記をえているが（債権譲渡特例法4条1項），債務者に対する通知や債務者からの承諾をうけておらず，債務者対抗要件を具備していない。第2譲受人Ｙは，債務者からの承諾をえており（同条2項），債務者対抗要件を具備している。そこで，債務者との関係では，債権者はＹとなり，弁済をうけ，この債務者がＹにした弁済は有効となり，債権も消滅する。これに対して，Ｘが優先権を主張して，争いが生じる。

ここで，債権譲渡登記では，Ｘが優先し，第三者対抗要件では，Ｙが優先する。そこで，Ｘは，Ｙのえた弁済金を不当利得として請求できる（Ｙの破綻によるリスクは別問題である）。ただし，有効な信託契約が成立していないとすれば，Ｘは譲渡をうけられず，Ｘの請求は通らない。Ｙが，これを争ったのが，次の東京地判平22・7・27判時2090号34頁である。

(b) 同事件では，貸金業者であるSFCGから貸付債権の信託譲渡をうけ，債権譲渡登記を具備したＸ（新生信託銀行）と，同債権の二重譲渡をうけて先に債権を回収したＹ（日本振興銀行）との関係が争われた。Ｙは，登記が劣後するが，債務者から債権の弁済をうけ債権が消滅したことから，Ｘが，Ｙに対し不当利得の返還を請求したのである。

Ｙは，①Ｘにつき債務者対抗要件が具備されていないとして，信託の成立を否定し，また，②Ｘの債権取得の実態は譲渡担保であり，信託契約の成立が妨げられるとし，③訴訟中に，訴外会社から，過払金返還請求権の譲渡をうけた

また，日本振興銀行には，債権譲渡に関する訴訟が他にもあり，2011年8月23日には，債権整理回収機構から，元役員に対して，2008年10月から11月にかけて，SFCG（2009年4月に破産手続開始）から回収の見込みの少ない債権（銀行取引停止の顧客の債権）を買取り，150億円の損失を与えたとして，損害賠償請求がおこされている。あわせて，2010年5月から11月に，元会長が近親者から日本振興銀行株（2010年9月破綻）を1億6,000万円で買い取ったことについても，損害賠償請求が行われた。

として，これを自働債権として相殺を主張した。

東京地裁は，①債権譲渡登記は対抗要件であり，信託契約の成立を妨げないとし，②信託契約の成立が認められ，また，貸金業者からＸに対してした信託譲渡が譲渡担保であることは認められず，信託契約は有効とし，③相殺についても，これを否定した（なお，以下では，信託や相殺に関連する問題には立ち入らない）。

(c) 不動産登記では，二重譲渡の登記はありえないが，債権譲渡登記は，かなり曖昧な制度であり，二重，三重の譲渡の登記もありうる。登記とはいっても，不動産登記とは異なり，人的編成にならざるをえない点が問題である。第三者間の優劣は，時的順序で決定できるが，同時に，民法の対抗要件も認められているから，債務者との関係では，それに劣後するのである。現在の状況では，債務者は保護されても，二重譲受人は，必ずしも保護されない。その制度のままで，譲渡登記をあまりに重視するのは，過大な評価というべきである。

第三者対抗要件と債務者対抗要件とを区別することについては，異論もあり，1説には，譲渡登記への統一も考えられる[10]。立法上，個人も利用可能とし，その範囲における債権譲渡の第三者対抗要件を登記に一元化するものである。2005年の改正にさいし，債権譲渡登記事項概要ファイルに記載されることになったが，これをたんに債権者側ではなく，相手方や第三債務者にも結びつけることが必要である（物の編成に準じて，関係当事者から一義的に確定可能にする）。

---

[10] 近時では，たとえば，法制審民法（債権関係）部会資料9-2第1の3による整理がある。「動産及び債権の譲渡の対抗要件に関する民法の特例等に関する法律（以下「特例法」という。）により，法人による金銭債権の譲渡については登記により対抗要件を具備することが可能となったが，民法と特例法による対抗要件制度が並存しているため，債権が二重に譲渡されていないかを確認するために債務者への照会と登記の有無の確認が必要であることから，煩雑である等の問題点も指摘されている。

このような問題点が指摘されていることを踏まえて，債権譲渡に係る対抗要件制度については，基本的にどのような方向性で見直しを進めることが考えられるか。この点については，例えば，以下のような考え方があり得るが，どのように考えるか。［Ａ案］登記制度を利用することができる範囲を拡張する（例えば，個人も利用可能とする。）とともに，その範囲における債権譲渡の第三者対抗要件は，登記に一元化するという考え方」。

もっとも，ただちに一元案が有力というわけではなく，以下のような案もある。「［Ｂ案］債務者をインフォメーション・センターとはしない新たな対抗要件制度（例えば，現行民法上の確定日付のある通知又は承諾に代えて，確定日付のある譲渡契約書を債権譲渡の第三者対抗要件とする制度）を設けるという考え方」や「［Ｃ案］現行法の二元的な対抗要件」もある。

信用問題を除外すれば，かつての商業登記簿への記載はかなり明確な方法であった。そして，登記が行われる場合には，登記と同時に，債務者に対する通知を行い（あるいは，これ自体を登記で置き換える），同時に，民法上の登記なき通知の効力を縮小する必要がある。しかし，法人の，また大量の債権譲渡に適合する方式が，単発の，個人の債権譲渡においても必要かどうかには，疑問がある。また，かつてのように，債権者・債務者の信用問題に影響する可能性もある。

そこで，登記を必要としない方法をも存続させるとすれば，たとえば，民法上の確定日付のある通知や承諾に代えて，確定日付のある譲渡契約書を債権譲渡の第三者対抗要件とすることが考えられる。この方法でも，債務者対抗要件と第三者対抗要件とが一致するが，やはり，債務者との関係で，そこまで必要かとの疑問もある。

逆に，債務者に対する民法上の確定日付のある通知または承諾を優先する方途もあるが，それでは，債権譲渡登記の意義を没却する結果となる。

(2) **債権の排他性と画一性**

債権には，排他性がないことから，不動産のような画一的処分は必ずしも期しがたい。そこで，ドイツ民法では，債権譲渡にさいしてもとくに対抗要件を定めることなく，もっぱら債務者の保護のみを考えている。債権が存在しなければ，譲受はできない（善意取得はない）。ただし，同法409条は，債権者が債務者に対して債権譲渡の通知をしたときには，譲渡がされずまたは無効な場合でも，債務者に対し，通知した譲渡の効力を認めなければならないとする。すなわち，債務者の主観的な善意・悪意を区別し，善意の債務者への弁済を有効とし，また二重譲渡の第2譲受人への弁済を有効とする。条文上は必ずしも明確ではないが，学説上，債務者が悪意の場合には主張しえないとされている[11]。

オーストリアのABGB 1395条は，債権譲渡は，譲渡人と譲受人の間で行われることから，債務者が，債権者を確知しえない限り，最初の債権者に弁済すればたりるものとする[12]。また，スイス債務法167条も，債務者が，譲渡人または譲受人が譲渡の通知をする前に，最初の債権者に対して弁済し，また，二

---

[11] Vgl. Schlechtriem, Schuldrecht, Allgemeiner Teil, 2003, S. 292ff., S. 302ff.
[12] Vgl. Dittrich-Tades, ABGB, 2007, S. 676.

重譲渡の場合には後の譲受人に対してでも，善意で弁済したときには，免責されるものとする。この場合の通知は，善意をくつがえすためであるから，譲渡人，譲受人のいずれから行われてもよい。譲渡の真正は，譲渡証書によって担保されている（ド民403条では，旧債権者は新債権者の請求によって，公の認証のある譲渡証書を発行する義務をおう）。ドイツ民法では，債権譲渡は方式が自由であるが，スイス債務法165条では，書式を必要とする。これらは，いずれも，わが法に引きなおせば，478条を優先する構成と位置づけられる。

　これに対し，通知に確定的効力を与えるのが，フランス民法典の方式である。周知のごとく，わが法（467条）のモデルになったものである[13]。フランス民法では，債権の移転も，売買の一部と構成されるから，当事者間では，譲渡に方式は必要ではない。当事者の合意でたりる（1583条）。ただし，同法1690条は，①譲渡人は債務者に対する移転の通知がなければ，第三者に対抗できないとし（1項），②譲受人は，公正証書による債務者の承諾によっても対抗できるとした（2項）。すなわち，当事者間では合意のみで効力が生じるとし，しかし，第三者間は，通知による対抗要件主義をとったのである。

　ドイツ民法の構造では，主観的な善意・悪意で区別されるから，債権譲渡の効力は相対的である。債権の相対性には適合するが，反面で画一性を欠く。わが民法で，478条の適用を考えるさいにも，その成立には，善意・悪意の区別が重要であるから，これが467条の画一的処理とそぐわないのは，当然である。逆に，画一性を目ざす限り，478条の適用を制限しようとする議論（2(2)参照）が登場するのも自然な帰結である。

　しかし，債権譲渡では，第三者との関係における画一性と，債務者との関係における相対性が所与のものとなっているから，立法的措置なしには，そごの生じることは避けられない。もっともすっきりするのは，(1)(c)で述べた債権譲渡登記の通知を債務者にすることである。第三者対抗要件である債権譲渡登記の通知を，債務者に対しても義務づけ，通知なしには，第三者対抗要件をも主張させないのである。この場合には，債務者は，登記の優先権者にしか弁済しないから，優先権のない者への弁済といった事態は，避けられるであろう。もっとも，その場合でも，通知の遅れや瑕疵ある場合については，478条のよ

---

[13] 甲斐道太郎・注釈民法（11・1965年，西村信雄編）335頁以下，明石三郎・同注釈民法371頁以下など参照。

ちは残るであろう[14]。

(3) 債権譲渡登記の修正

(a) 債権譲渡登記では，債務者対抗要件については，債務者に登記事項証明書を交付して通知し，または債務者が承諾したときに具備されるだけであるから，債務者は，もっぱら第三者対抗要件とは無関係に，債権者との関係を処理する必要がある。ここでは，債務者の保護はもっぱら478条の適用にかかっており，467条の対抗要件との関係は切断されている。すなわち，478条の適用を制限する契機はないから，たとえば，第三者対抗要件を具備する手続の瑕疵など，対抗要件の公示内容に反する処理に限定するといった制限のよちもない。二重譲受人相互の関係は，もっぱら不当利得を返還請求することによって解決される（ただし，譲受人相互の無資力のリスクが生じる）。

この方式は一見迂遠なようであるが，理論と実際に適合している。理論的には，二面の要請，すなわち，一面では，478条による債務者の保護と債権の相対性に合致し，他面では，少なくとも最終的には，467条による対抗関係による画一的解決に適している。

また，実際的には，不必要に過大な要求を避けるものとなっている。大量の債権の譲渡登記は容易であるが，それを債務者に個別に通知する手間は大きすぎるからである。おそらく，すべての登記につき通知を求めることは，実際的ではないであろう（大量の場合にはむりがある）。逆に，そうした場合に，民法上の通知の効力をすべて登記に転換することも，実際的ではないであろう（少量の場合にはむだである）。

もちろん，現在でも，それをすることによって，債務者対抗要件を具備することは可能である。また，立法論的には，とくに大量の債権譲渡登記に限定して，登記による債務者対抗要件の具備を考えることは可能である。実質的に営

---

[14] もっとも，徹底すれば，そうした場合は，そもそも467条の登記の要件が具備されていないと構成すれば，そこは完全に除去される。

そして，譲渡の手続に瑕疵がないが，債権の差押，転付が行われた場合がもっとも問題であり，後者が無効だとの議論からは，478条の適用を否定し，467条によることになろうが，債務者の保護を否定するかは疑問である。堀内・前掲論文は，取立命令を債権の準占有者としての外観の基礎としている。池田説からは，これを否定することになろう。

業と取引の譲渡とみられる場合には，（とくに消費者金融の貸借では，借り入れと弁済が継続する必要から）新債権者に関する通知が債務者に対して行われるであろうから（これは不可欠である），これとまったく別個に，債務者に登記事項証明書を交付して通知する必要性は乏しい。こうして，債務者に対する通知を登記で置き換え，かつ民法上の登記なき通知の効力を縮小するものである。おおむね譲渡される債権数を100件程度とするのが目安となろう。

(b) 東京地判平22の例（3の場合）は，GのSに対する債権が，A，Bに二重に譲渡され，①Aに対しては，債権譲渡登記がされ，②Bに対しては，確定日付のある通知が行われ，債務者SがBに弁済した場合に近い。では，さらに，③Aへの譲渡についての登記事項証明書がSに交付された場合はどうか。

(i) 債務者Sが，②と③の間に，Bに弁済する行為は有効であるから，Aに対しても，債権の消滅を主張することができる（4条3項）。債務者の免責が優先事項である。

(ii) ③の登記事項証明書の交付が行われた後の弁済の効果については，争いがある。第1説は，②の確定日付のある通知のSへの到達と，③の登記事項証明書のSへの到達の先後で優劣を決するとし[15]，第2説は，Sは，Aに弁済するべきとする。登記事項証明書には登記年月日が記載されており，これによってBへの譲渡の通知の到達との先後が判断できるからである[16]。第2説によるべきである。第1説は，弁済後に，登記事項証明書が遅れて到達した場合を慮ってのことであろう。しかし，その場合は，(i)とみることでたり，善意の債務者の弁済は保護される（478条。反対説では，必ずしも免責されないことを慮る)[17]。二重譲渡の認識がある限り，債務者は，譲渡・対抗要件の先後によって弁済する必要がある。特例法と民法の方式がいずれも一貫しないきらいはあるが，債

---

[15] 中田裕康・高橋眞・佐藤岩昭『民法4（債権総論）』（2004年）292頁以下（佐藤）。

[16] 中田・前掲書549頁。法務省の見解もこれである（前注(1)参照，「第1　債権譲渡登記とは？」の「(4)債務者の留意点」http://www.moj.go.jp/MINJI/saikenjouto-01.html）。なお，双方の通知が，登記事項証明書による場合には，記載の登記の日時によって先後を決するのである。通知の到達による民法の方法は，基本的に，債務者の保護を前提にしているのである。

[17] つまり，後から到達したが，Bの方が日付は早いという場合に，債務者にとって，Bに弁済することが期待できるかということであり，特例法の文言には忠実であるが，通知の到達の先後という判例理論には，ややそぐわない。債務者の二重弁済の回避という観点からは，両説にさほどの差はない。

務者保護の必要性が後退しうる場合には，確定日付の先後の対抗要件が画一的処理に適している。ドイツ法系の認証のある譲渡証書による通知に一歩近づいたとも位置づけられる。

4 むすび

(1) 債権の欠損がある場合

　もう1つの論点は，債権の一部に欠損がある場合である。同じく，近時の消費者信用会社の大量の債権譲渡から生じた問題である。ごく簡略化すると，a，bの2債権があって，a債権が利息制限法の制限を超過して弁済が行われると，充当理論によれば，まず有効な利息と元本に充当され（最判昭39・11・18民集18巻9号1868頁），元本も存在しなくなれば，過払金の返還請求権が発生する（最判昭43・11・13民集22巻12号2526頁）。そのさいに，別口のb債権が存在すれば，それにも充当される（最判昭43・10・29民集22巻10号2257頁）。つまり，形式的には，2債権があっても，実際には，その一部は減額しているか，場合によっては，存在しない場合もある。それでも，a，b両債権とも，同一人甲に譲渡された場合には，あまり問題は生じない。譲渡人の下にある場合と同じく，充当計算をすればいいだけである。しかし，a，b両債権のうち，a債権が甲に，b債権が乙に譲渡された場合には，甲は債権を取得できず，あるいは乙の取得した債権にも欠損がありうることになる。

　ところで，本来，別口債権に充当するにもかかわらず，債権が別々に譲渡されると，こうした充当関係が分断される。債権が別々の譲渡先に譲渡されると，一連で通算した場合よりも，請求額が大きくなる可能性がある。しかし，譲渡は，債務者とは無関係に行われるから，そのリスクを債務者に転嫁するべきではない。調整は，本来の充当理論にそくして，譲渡人と譲受人の間で行われるべきであろう。ただし，大量の債権のうちの一部譲渡や分割譲渡が行われた場合に，その計算はかなり複雑なものとなる。したがって，本来，不良化した債権として，譲渡が制限される種類のものである[18]。充当理論からしても，個別

---

[18] 「コメントの概要及びコメントに対する金融庁の考え方」（PDF）金融庁2006年12月28日（www.fsa.go.jp/news/18/kinyu/20061228-1/01.pdf）「弁護士法及びサービサー法の所管当局の一般的な解釈によれば，貸し手と借り手の間で債権の存在や債権の金額，残元本の金額について認識が一致していないものや債務者において支払いを遅延し回収

の債権の分裂的な処分は認められない。

　もっとも，譲渡が制限されているからといって，その違反の効果として，譲渡が当然に無効となるものでもないから，譲渡されてしまった場合には，充当される債権と充当する債権は，同一譲受人の債権相互の間で再計算される必要がある（ただし，効果的な制限解釈ができない限りは，不良化した債権の譲渡として，譲渡そのものを制限することも考えられる）。同一人に属する債権を，別々の譲受人に譲渡すると，充当が分断されるから，これを認めるべきではない。それでは，債権譲渡が，充当理論，ひいては強行法規である利息制限法を逸脱するからである。

　それでも，別々に譲渡されてしまった場合には，どうか。その場合でも，譲渡そのものを全部無効とすることはむずかしい。そこで，債務者に不利が生じないように，本来の充当計算が行われた場合以上の請求は否定される必要がある（さらに，充当の延長に過払金返還請求権があることは，前記最判昭 39 年と 43 年判決の述べたところである）。そして，それによって譲受人乙に損害が生じた場合には，加重に弁済をうけた甲に，不当利得として請求することになる。基準になるのは，正常に充当が行われた場合の金額である。

(2) 負担の付随する場合

　上の例で，制限超過利息の弁済が行われると，たんに債務が存在しないだけではなく，逆に，過払金返還請求権の負担が生じている場合もある。

　最高裁は，すでに，最判平 23・3・22 判時 2118 号 34 頁，金判 1374 号 14 頁，最判平 23・7・7 裁時 1535 号 1 頁，最判平 23・7・8 裁時 1535 号 2 頁（それぞれ第 3 小法廷，第 1 小法廷，第 2 小法廷）において，貸金業者が貸金債権を一括して他の貸金業者に譲渡する旨の合意をした場合における，借主と上記債権を譲渡し

困難にあるものなど，通常の状態では回収できない，いわゆる不良化した「事件性」のある債権について，他人から委託又は譲渡を受けて，管理又は回収を業として行う場合には，弁護士法やサービサー法に抵触するおそれがあるとされています」。

　過払金返還請求権の譲渡について，茆原洋子「大島健伸の不当訴訟と破産管財人債権譲渡問題」消費者法ニュース 87 号 91 頁。

　逆に，過払金返還請求権の譲渡が，公序良俗に反し無効とされた事例として，東京地判平 17・3・15 判時 1913 号 91 頁がある。これは，弁護士が報酬をえる目的で，債務整理を受任した依頼者から不当利得返還請求権の譲渡をうけたものである。弁護士法 73 条，28 条の趣旨，弁護士倫理 16 条，25 条，26 条に反するとした。

た業者との間の金銭消費貸借取引に係る契約上の地位の移転の有無について，「貸金業者（以下「譲渡業者」という。）〔A〕が貸金債権を一括して他の貸金業者（以下「譲受業者」という。）〔Y〕に譲渡する旨の合意をした場合において，譲渡業者の有する資産のうち何が譲渡の対象であるかは，上記合意の内容いかんによるというべきであり，それが営業譲渡の性質を有するときであっても，借主〔X〕と譲渡業者との間の金銭消費貸借取引に係る契約上の地位が譲受業者に当然に移転すると解することはできないところ，上記のとおり，本件譲渡契約は，上告人〔Y〕が本件債務を承継しない旨を明確に定めるのであって，これが，被上告人〔X〕とAとの間の金銭消費貸借取引に係る契約上の地位の移転を内容とするものと解する余地もない」とした[19]。

　営業譲渡の問題自体には，本稿では立ち入りえないが，その場合の基本形は，過払金返還請求権の切捨てによる譲受会社の負担軽減を目ざすものである。同様の問題は，消費者信用会社の破綻にさいして，他の消費者信用会社がスポンサーになって債権を譲受する場合にもある。ここでも，最高裁は，いくつかの裁判例において（最判平21·12·4金判1333号26頁，最判平22·6·4判時2088号83頁，最判平23·3·1裁時1527号2頁），破産や民事再生の手続の観点から，過払金返還請求権の失権ないし縮減を肯定している。消費者信用会社の貸付債権の譲受人も，消費者信用会社の再生会社の実質的引受人も，ひとしく消費者信用会社であるから，過払金返還請求権の切捨てには，経済的な一貫性がみられる。しかし，こうしたつまみ食い的な債権譲渡による営業の移転には疑問があり，ましてや衡平たるべき公的な処理においては，いっそう衡平性が必要である。一括して譲渡される債権群と充当債権あるいは過払金返還請求権は，有機的に結合しているのであり，部分的に解体して処理されるべきものではない。譲渡の対象がたんに「債権」であったというのではたりない。

(3) 債権から生じる義務の観点

　(2)の場合に，債権譲渡は，債権のみの譲渡にすぎないという観念的な理由づけだけでは十分ではない。大量の債権の譲渡が行われるのは，営業や取引の譲渡の一形態であり，おいしい部分だけをつまみ食いするものであってはならな

---

[19] これにつき，拙稿「利息制限法と民法理論」一橋法学10巻2号32頁（Ⅱ6(4)参照）。

いからである。権利が義務を伴うことは，すでに確立した普遍的な価値である[20]。

一般私法においても，英米法では，債権者の受領義務を認め，受領遅滞を債務不履行と対応する概念で構成している。大陸法においても，まったくの義務を否定するのではなく，少なくとも部分的には，法定責任が生じることを肯定している[21]。さらに，多くの安全配慮義務などでも，「債権者」にも義務が生じることが前提になっているのである[22]。

〔追　記〕

脱稿後，最判平23・9・30裁時1540号10頁が出された。当事者の合意を重視して，営業譲渡と過払金返還請求権の帰趨に関する従来の3判決を微修正したものである（前掲の最判平23・3・22，最判平23・7・7，最判平23・7・8。本文Ⅳ(2)参照）。貸金業者Yがその完全子会社Aの顧客Xとの間で行われた取引を貸金業者・顧客間の取引に切り替える趣旨で金銭消費貸借取引に係る基本契約を締結するにあたり，顧客の子会社に対する過払金等返還債務を含むすべての債務を貸金業者が引き継いだのか否かが争われた事件において，貸金業者が過払金等返還債務をおったものとする。

同事件では，「本件債務引受条項において，YがAの顧客に対する過払金等返還債務を併存的に引き受けることが，また，本件周知条項において，Aの顧客であ

---

[20] 古くは，所有権は義務を伴うとのワイマール憲法の規定が著名である。§153(3) Eigentum verpflichtet. Vgl. Ono, Das Japanische Recht und der Code Civil als Modell der Rechtsvergleichung, Hitotsubashi Journal of Law & Politics, Vol. 34 (2006). （拙著・民法における倫理と技術（2006年）410頁以下，420頁にも再録）。

　　所有権の絶対性や契約の自由に有限性を肯定することは，すでに共通の認識であろう。社会権に限定されるものではない。これに対し，こうした国民国家による法規制を無にしようとするのが，近時のグローバリズムの主張である。EUには，一般平等法のような国家のわくを超えた規制装置が整いつつあるが，これをより一般化することが必要である。拙著・契約における自由と拘束（2008年）95頁以下参照。

[21] これにつき，拙稿「債権者の受領遅滞と危険負担」給付障害と危険の法理（1996年）3頁，外国法の比較については，33頁以下参照。

[22] 安全配慮義務は，ギールケによって提唱され，わがくににも採り入れられた。Vgl. Der Entwurf eines bürgerlichen Gesetzbuchs und das deutsche Recht, 1889, S. 247f. スイス旧債務法341条2項のような使用者の保護義務（Fürsorgepflicht in Krankheitsfällen）の欠如を批判している。保護義務は，今日では信義則を根拠としているが，じつは法の創造的機能の産物である。債権者には義務はないとのローマ法的な思考方法を修正することに意味があった。債権は単純に権利のみとする前提は，いささか時代錯誤な認識といえる。

財産法の新動向　Ⅱ

る切替顧客に対し，当該切替顧客とAとの間の債権債務に関する紛争については，単に紛争の申出窓口になるにとどまらず，その処理についてもYが全て引き受けることとし，その旨を周知することが，それぞれ定められたものと解され」るとして，「本件取引1と本件取引2とは一連のものとして過払金の額を計算すべきであることは明らかである。したがって，Yは，Xに対し，本件取引1と本件取引2とを一連のものとして制限超過部分を元本に充当した結果生ずる過払金につき，その返還に係る債務を負う」とした。結論は，妥当であるが，こうした一連計算は，過払金返還債務を含む貸金債権においては当然のことであり，同事件のみに特殊なものではない。これだけが「合理的に解釈すれば，Xが上記勧誘に応じた場合には，Yが，XとAとの間で生じた債権を全て承継し，債務を全て引き受けることをその内容とするものとみるのが相当」な場合にあてはまるわけではない。柔軟な解釈をしたものであるが，過払金返還債務の承継をごく限定した他の判決との相違が読み取りにくい。消費者金融に特有なケースにつき軌道修正を図ったのであれば，それ自体は妥当であるが，正面から充当なり債務の承継なりの，ぶれのない構成が望ましい。

17 併存的債務引受における引受人の抗弁権
―― 債務者型契約を中心として ――

濱﨑 智江

1 問題の所在
2 ドイツ法における併存的債務引受について
3 併存的債務引受における引受人の抗弁権
4 結　語

1　問題の所在

　債務引受契約とは，最も狭い意味においては，引受人と旧債務者，又は引受人と債権者との契約によって，債務の同一性を変えることなく引受人に移転させる契約をいう。その結果，旧債務者は債務を免責されるとともに，債務が引受当時の状況そのままに引受人に移転することになり，これを免責的債務引受契約という。しかし，債務引受には，従来の債務者（原債務者）が免責されることなく引受人が旧債務者と並んで債務者としてとどまり，同一内容の債務を負担する「併存的（重畳的）債務引受契約」も存在する[1]。広い意味では，この併存的債務引受も含めて債務引受契約といい，併存的債務引受は人的担保としての機能を果たす点から，債権回収及び債権担保の観点から有用な制度であろう[2]。
　債務引受という法制度は，債権を人的な鎖 (lien personnel) とする観念に支配

---

[1] 我妻栄『新訂債権総論（民法講義Ⅳ）』565頁（岩波書店・昭和45年），林良平（安永正昭補訂）＝石田喜久夫＝高木多喜男『債権総論・第三版』542頁［高木多喜男］（青林書院・1996年），椿寿夫『注釈民法⑾債権⑵』（西村信雄編）428頁（有斐閣，1965年），奥田昌道『債権総論』467頁（悠々社，増補版，2004年）。
[2] 債務引受に類似した制度として引受人が債務者に対して債務者の債務を履行するという義務を負う契約を「履行引受」というが，債務の移転はないため債務引受に含めるのは妥当ではないと指摘される（椿寿夫・前掲注⑴442頁，奥田昌道・前掲注⑴467頁）。

され，債務引受の規定を置かないフランス民法典にならったため，我が国の民法上に規定は置かれていないが判例の積み重ねにより認められている制度である[3]。そもそも債務引受そのものの社会経済上の必要性が指摘され，制度それ自体の生成，その制度の運用上必要不可欠な点について解明を要する領域として，主としてドイツ法及びフランス法を参考として解釈によって展開されながら今日に至る。しかし，債務引受はなおも解明を要する論点を抱える法領域である。もちろん民法の制定後においても，債務引受についての研究は今日に至るまで継続的に研究の対象とされてきたが[4]，近時では債権譲渡と関連し対抗要件制度の導入の是否についての検討がなされるなど，債権回収の観点からも必要な制度化に向けて継続的に研究の対象とされている傾向が伺われる[5]。

私自身の考えでは，債務引受論については，その有用性を前提としながら様々な角度から各論的に論じ，同制度をさらに補強するべき時期にたどり着いていると考える。なお，私自身が研究の対象とする論点は，債務引受における「抗弁権」に関する検討についてである。拙稿「免責債務引受における引受人の抗弁権について」では，免責的債務引受契約が，例えば債務引受契約自体に，無効原因，取消し事由などがあることを理由としてその効力を失うなどするときにいかなる抗弁権を引受人が援用しうるかにつき，抗弁権の発生する場面ごとに検討を行った[6]。その際，免責的債務引受の抗弁権の種類を分類する前提として，免責的債務引受の構造及び法的性質，さらには契約の当事者は誰であるのかにつきあらためて確認を行った。そのうえでドイツ法の判例及び学説の紹介を行い，免責的債務引受における引受人が援用可能な抗弁権につき示唆を得るべき点を示した。今後は，免責的債務引受と併存的債務引受とはどのよう

---

(3) 我が国の民法では債務引受の規定を欠いているが，判例はその有効なことを承認している。免責的債務引受を認める例として大判大10年5月9日評論10巻民476頁等が，特段の事情のない限り免責的債務引受を認めるべき実験則はないとして併存的債務引受が認定された判決として大判昭5年8月22日評論19民1311頁などがある。

(4) 最近では遠藤研一郎「担保のための併存的債務引受（担保的債務加入）契約の有効性に関する一考察（上）（下）」新報114巻9・10号（2008年）等，多くの研究がなされている。

(5) 池田真朗「一括決済方式における債権譲渡方式と併存的債務引受方式の比較（下）債務引受と債権譲渡・差押さえの競合」銀行法務21・49巻7・8号（2005年），遠藤研一郎「債務引受のための対抗要件制度の導入可能性」新報117巻9・10号（2011年）がある。

(6) 「六甲台論集」法学政治学篇第49巻第2号。

な関係に立つのかとの点をふまえつつ，両者を対比させながら検討を行う必要性を感じた。

本小稿では，併存的債務引受契約において引受人がいかなる抗弁権を援用しうるかの点についての整理及び考察に向けた基礎作業を行いたい。そこで併存的債務引受契約が，その効力を否定される場面で，誰に対して，いかなる法的根拠に基づき引受人による抗弁権の援用がどの範囲まで可能であるのかにつきドイツ法の議論を参考としつつ行う。この点についての判例及び学説における解釈から示唆を得た上で，今後，免責的債務引受との法的性質等の相違点に留意しつつ，両者を比較検討する意味において「債務引受契約における引受人の抗弁権」に関する研究を行う作業を一歩前進させたい。その際，引受人の抗弁権を無条件に肯定する趣旨ではなく，債権者の保護について配慮しつつ均衡を保ちながら抗弁権の援用の可能性を手繰り寄せていきたい。

そこで以下において，素材としてドイツ民法における同種の問題に向けられた判例理論及び学説の見解を紹介する。ドイツ民法典（BGB）は免責的債務引受についての規定を置き（BGB414条から418条），判例の蓄積もあり，条文解釈を基礎とする研究も行われている。他方，併存的債務引受に関する明文の規定はないが，併存的債務引受についても承認されており，併存的債務引受それ自体及び引受人の抗弁権に関しても判例を中心に考察の対象とされている。

なお，併存的債務引受における引受人の抗弁権の援用にあたっては，ドイツ民法の免責的債務引受の引受人の抗弁権について定める条文（BGB417条）の類推適用も問題となり，両者を切り離して理解することは難しいと実感している。以上の点から，ドイツ法における併存的債務引受について概観した上で（以下2），併存的債務引受における引受人の抗弁権に関するドイツ法の状況につき紹介し（以下3），今後の課題について提示する（以下4）。

2 ドイツ法における併存的債務引受について

(1) 定　義

併存的債務引受契約とは，引受人が，従来の債務者（以下，原債務者とする）と債権者の間に成立している債務関係に，原債務者とともに加入する契約をいう[7]。ドイツ民法典に明文の規定はないが，引受人と原債務者がそれぞれ債務者として並びたち，原債務と引受債務はBGB421条以下に定められる連帯債

務の関係に立つ⑻。したがって，併存的債務引受は契約当事者の交替という法領域に属する法制度ではなく，債務の引受である点には変わりないが多数債務者の関与する問題として取り扱うことができよう。

なお，BGB546条2項等の規定は，直接に併存的債務引受を定めるものではないが実質的に併存的債務引受がかかわる規定であると理解されており，既存の債務と引受債務は連帯債務の関係に立つと法がその成立を認めた法定の併存的債務引受である⑼。対して，法律行為によって成立する併存的債務引受はBGBに規定はない⑽。しかし，併存的債務引受は，一時期は争われたが判例が承認した法制度であり現在ではBGB311条の観点からも承認されている⑾。

---

(7) Larenz Lehrbuch des Schuldrechts band1 Allgeaminer Teil 13. Auflage., S553., Medicus Schuldrecht Ⅰ Allgemeiner Teil 16. Auflage., S. 266. undS. 308., Esser-Schmidt Schuldrecht Band1 AT Teilband2., S. 261., Palandt Bügerliches Gesetbuch 64., Auflage., Überbl v§414 Rn. 2., Schürnbrand Die Schuldbeitritt zwischen Gesamtschuld und Akzessoruetät, 2002, S. 17., Madaus, Der Schuldbeitritt als Personalsicherheit, 2001, S. 7,

(8) Larenz., a. a. O., S. 553., Medicus., a. a. O., S. 309., Schuernbrand a. a. O., S. 13, Palandt, Überbl v §414 Rn. 2., Münchener Kommentar BGB Schuldrecht Allgemeiner Teil §§241-432 vor §414 Rn. 17/Möschel. なお，BGB421条の和訳は次の通りである。BGB421条（連帯債務者）数人が一個の給付を負担する場合において，各人が全部の給付を行うべき義務を負い，債権者がただ一回の給付を請求することができるときは（連帯債務者），債権者は，任意に各債務者に対して全部又は一部の給付を請求することができる。全部の給付があるまで，全債務者の債務は存続する。（なお，和訳については椿寿夫・右近健男編『ドイツ債権法総論』（日本評論社，1988年）を参考にした）。

(9) Münchener Kommentar/Möschel vor §414Rn. 11., Palandt., Überbl v §414 Rn. 2., Larenz, a. a. O., S. 555. Palandt., Überbl v §414 Rn. 2. なおBGB546条の和訳は次の通りである。BGB546条（賃借人の返還義務）第1項：使用賃借人は，使用賃貸借契約の終了後，賃貸物を返還する義務を負う。第2項：使用貸借人が賃貸物の使用を第三者に委ねていた場合，使用賃貸人は，使用賃貸借関係の終了後，第三者に対しても賃貸物の返還を請求することができる（BGB546条の和訳については「ドイツ賃貸借改正法新旧対照仮訳⑵（ドイツ民法546条～561条）」龍谷法学35巻1号を参考にした）。

(10) Larenz, a. a. O., S. 553., Schürnbrand., a. a. O., S. 13.

(11) Larenz. a. a. O., S. 554., RGZ59, 232. RG59., 233. なお，併存的債務引受は免責的債務引受とは異なり，処分行為ではなく義務負担行為である（Palandt., Überbl v §414 Rn. 2., Münchener Kommentar/Möschel vor §414 Rn. 12）。なお，BGB311条1項の和訳は次の通りである。BGB311条（法律行為上及び法律行為類似の債務関係）第1項：法律行為による債務関係の発生及び債務関係の内容の変更は，この法律に別段の定めがない限り，当事者の契約を要する（BGB311条の和訳は岡孝編「契約法における現代化の課題」（法政大学出版局，2002年）を参考にした）。

(2) 併存的債務引受契約の方法及び当事者

併存的債務引受は免責的債務引受と同様，債権者と引受人との間で締結される契約（以下「債権者型契約」とする）と，引受人と原債務者との間で締結される契約（以下「債務者型契約」とする）の二つがある[12]。類似制度である保証においては債権者と保証人との間で保証契約を締結することになっているが，併存的債務引受においては債務者型契約をも結ぶことができる点で特徴的である[13]。

第三者のためにする契約とは，契約の当事者ではない者に権利を直接に取得させることを目的とする契約でありBGB328条以下で規定される[14]。

併存的債務引受のうち，債務者型契約が締結される場合には，その契約は第三者のための契約と解されている。債務者型契約は，原債務者と引受人の2名による契約によって成立し，債権者の同意は不可欠の要件ではない。債権者の同意がなくとも債権者の地位が悪化させられるのではなく，むしろ債権者の法的地位が強化されることになるためこの2名だけでも契約を成立させることは可能である。ただし，債権者にもそれを受け容れるか否かにつき裁量の余地は残されており，拒絶権（BGB333条）を有する[15]。

3 併存的債務引受における引受人の抗弁権

(1) はじめに

併存的債務引受契約の成立により，引受人は債権者に対して引受債務を負担し，原債務者が債権者に対して負担する債務と連帯する形で負担する[16]。引受人は併存的債務引受それ自体の効力が否定される場合，あるいは併存的債務引

---

[12] BGB415条の免責的債務引受（債務者型契約）では債権者の追認が必要とされるが併存的債務引受においては債権者は何も失うものがないとの理由から，その追認は不要であるとされている（Medicus., a. a. O., S. 308., Larenz., a. a. O., S. 554）。

[13] Palandt, Überbl v §414 Rn. 2.

[14] Medicus a. a. O., S. 286. BGB328条の和訳は次の通りである。BGB328条（第三者のためにする契約）第1項：契約により，第三者が給付を請求する権利を直接に取得する効力をもって，第三者に対する給付を定めることができる。（以下省略）。和訳は椿寿夫・右近健男・前掲注(8)を参考とした。

[15] Larenz, a. a. O., S. 554., BGB333条の和訳は次の通りである。BGB333条（第三者による権利の拒絶）第三者が契約に基づき取得した権利を約束者に対して拒絶したときは，その権利は取得しなかったものとみなす（和訳は椿寿夫・右近健男・前掲注(8)を参考とした）。

[16] Madaus, a. a. O., S. 281.

受それ自体ではなく引受人と原債務者との併存的債務引受の成立に至るまでの法律関係，すなわち原因関係に瑕疵がある場合に引受人はいかなる抗弁権を援用することができるのだろうか。とりわけ原因関係上の抗弁権の援用の可否については，ドイツ連邦通常裁判所の判決においても取り扱われている。無論，ドイツの近時の研究論文に接すると引受人の債権者との関係から生ずる抗弁権の援用についても議論の対象とされている中で[17]，本小稿では債務者型契約における引受人の原債務者との関係から生ずる抗弁権に関する点につき焦点をあてる。

　以下で取り扱う判例では，免責的債務引受における同種の問題につき規律するBGB417条，特に第2項の規定の存在が影響を及ぼしている。BGB417条2項はもっぱら債務者型契約に適用される規定であり，原債務者と引受人の間で生じた原因関係との関係からも債務者型契約の併存的債務引受における引受人の抗弁権の援用の可否も考察の対象とされよう。また，同条同項は免責的債務引受の引受人と旧債務者の間の原因関係との無因性を根拠として原因関係上の抗弁権を否定する規定である。他方，併存的債務引受がその原因関係と無因であるのか有因であるのかについては不明確な部分もあるが，近時では，併存的債務引受とその契約成立に至るための根拠となる部分が併存的債務引受とは切り離されている無因（abstrakt）行為ではなく，有因（kausale）行為であるとの点については，未解決であり，抗弁権の援用に関しては併存的債務引受が有因であるのか否かについても注意する必要がある[18]。

　いずれにせよ，債権者が契約当事者として直接的にかかわる債権者型契約よりも直接の契約当事者ではない債務者型契約の方が，例えば併存的債務引受契約が無効あるいは取り消すことができる場合など，引受人と原債務者との関係のみならず，債権者との関係についての考慮を要する。以下，免責的債務引受における引受人の抗弁権に関するBGB417条について簡単に説明を行い説明（以下(2)），関連する判例（以下(3)），引受人の抗弁権について（以下(4)）まとめることとする。

---

(17)　Schürnbrand, a. a. O., S. 85.
(18)　Madausによると，債権者型契約が締結された場合，引受債務は原債務者との間の法律関係から生ずる抗弁権については債権者に対しては援用しえないと指摘し，その限りにおいては無因であると指摘している（Madaus, a. a. O., S. 281）。

(2) BGB417条及び免責的債務引受における引受人の抗弁権

BGB417条は，免責的債務引受における引受人の抗弁権について定める規定である。免責的債務引受とは，上述の通り，債務の同一性を維持しながら債務者の交替が行われる契約である。まず同条1項1文において，「引受人は債権者と旧債務者との間の法律関係より生ずる抗弁権をもって，債権者に対抗することができる」と規定しており，債権者と旧債務者との間に生じた法律関係により生じた抗弁，すなわち，旧債務者が債権者に主張しえた抗弁権は引受人に移転すると規定されている[19]。留置権，同時履行の抗弁権及び消滅時効の抗弁権等が引受債務により生ずる抗弁権として挙げられる。また，免責的債務引受契約それ自体において旧債務者が引受人に対して詐欺を行うなどの瑕疵があるときは引受人は債務引受契約を取り消すことができる。債務引受契約それ自体から生ずる抗弁権と分類する。

次に，同条2項は「引受人は債務引受の基礎となる引受人および旧債務者との間の法律関係から生ずる抗弁をもって債権者に対抗することができない」と規定する。免責的債務引受契約の基礎にある法律関係である原因関係上の抗弁権は同条2項によって制限を受ける。すなわち，同条2項は債権者保護規定であると解されているため[20]，免責的債務引受の基礎にある法律関係により生ずる抗弁権は排除されることになる。引受人と旧債務者の債務引受の基礎にある原因関係は債権者にいかなる関係なく，債務引受それ自体にいかなる影響を与えない。免責的債務引受の，その原因関係との無因性（Abstraktheit）からこのような抗弁権が排除される[21]。なお，近時では，債務者型契約における債権者への通知（Mitteilung）が行われることによって債権者の信頼基盤を構築し，債権者の信頼が保護されることになると指摘する説もある[22]。

BGB417条と併存的債務引受との関係については，OLG Nürnbergの2000年3月8日判決において言及されている[23]。この事案は引受人が原債務者の負担する債務について共同責任を負ったところ，債務者が債権者との関係において，手形に関する書面を偽造したとして引受人が自己の連帯債務者としての責

---

[19] Münchener Kommentar/Möschel §417Rn1.
[20] Münchener Kommentar/Möschel §417Rn1.
[21] Münchener Kommentar/Möschel §417Rn1.
[22] Münchener Kommentar/Möschel §417Rn1.
[23] ZIP., 00., S. 1975.

任を否定するに至ったものである。裁判所は，併存的に債務を引き受けた場合には引受人と原債務者は連帯債務者の関係にあると示しつつ，このような場合には引受人としての共同責任の効力は生じないと示した。その理由付けの中でBGB417条と併存的債務引受の関係につき言及し，併存的債務引受における引受人の抗弁権に関してはBGB417条が類推適用されるため，債権者と債務者の間で金銭消費貸借契約は有効に成立していない旨の抗弁権を引受人は援用することができると示している。引受の対象となる債権からは除外され，引受人は引受の対象としていない債権についてまで共同責任を負う必要はない，と述べている。銀行実務と関連しその他多くの理由付けがなされた上での判決であるが，裁判所としてはほんのわずかの行数とはいえども免責的債務引受に関する規定であるBGB417条が，基本的な方向性として，併存的債務引受へも類推適用される点を肯定する。

(3) 判　　例
(a) はじめに
以下，三つの判例を紹介する。はじめに，併存的債務引受の抗弁権と関連する判例を二つ紹介する。その上で，時系列的には逆になるが，免責的債務引受に関する引受人の抗弁権について問題となった事案を紹介する。この事例は，引受人の抗弁権を承認する一方で債権者の信頼保護も要すると示した事例であり，重要な意味を持つため紹介する。

(b) 具体的事例
① BGH1973年6月8日判決[24]
（事　案）

1965年9月17日に，F夫婦（夫をA，妻をBとする）は娘であるXの立ち合いの下で夫婦の財産である不動産につき財産分与を行った。その不動産には担保権が設定されており，被担保債権の債権者はYであり，夫婦が債務者であった（なお，被担保債権額は約3万DMであったとされる）。不動産の持分を夫婦で二分の一ずつとし，夫婦間で，父の不動産の持分を娘であるXに譲渡することとし，債務引受をさせることとした。Yに対しては，BとXが連帯債務者とし

---

[24] WM., 1973., S. 1289.

〔濱崎智江〕　　*17* 併存的債務引受における引受人の抗弁権

て債務を負担すると公証人を介して連絡した。Yは1965年10月11日に、「債務引受の内容はYにとって不利な内容でありA、B及びXの3名が債務を承認するべきである」という点などを連絡した。その後、Yは債権の回収としてXが持つとされる土地の持分を超えてXの一般財産にまで強制執行を行った。Xは債務引受の効力を否定し、仮にそうでないとしても土地の持分においてのみ債務を引き受けたことになるとして、Yによる執行手続に対して異議を申し立てた。一審は、Xの請求を棄却している（詳細は不明）。二審も次の点を理由にXの請求を棄却している。まず、BGB415条の免責的債務引受（旧債務者と引受人との間で免責的債務引受を合意し、債権者の追認によってその効力を発生させる免責的債務引受契約）について、債務引受の金額等の条件をめぐる争いなどの本件の事実関係からして、Yは債務者型契約の効力発生要件である債権者としての追認を拒絶しているとした上でその成立を否定した。併存的債務引受については従来の債務者であったAが免責されてようともいなくとも、Xは引受人として共同責任を負い、なおかつ債権者YはBGB333条の拒絶権を行使していない点からも成立していると判断されXは債務者であると判断し、Yの主張が認められた。Xが上告。

　（判　　旨）
　ドイツ連邦通常裁判所（以下、BGH）は、債務者型の併存的債務引受において、約束者（この場合、引受人に該当する）は、債務引受契約を合意していない旨を第三者たる債権者に対して援用する事は可能であるが、特段の事情がある場合には、契約の文言とは反して、当該併存的債務引受が無効である旨の援用が禁じられる場合もありうると示し、破棄差戻しとした。訴訟においてXは併存的債務引受の基礎にある法律関係（原因関係）について言及し、AのXへの土地の譲渡はXへの（生前の）相続を意味し、AはXに反対給付を求めているわけではなく、併存的債務引受の契約当事者は錯誤に陥っていると述べた。従って、併存的債務引受の、原因関係（反対給付を要する売買契約的な意味での法律関係）は無効であり、それが無効である結果、本件併存的債務引受も無効であると主張した。裁判所はこうしたXの主張につき、公正証書にAの不動産の持分のXへの譲渡、対価としてXが債務引受を行うと記されている点を指摘し、債権者Yに対して公示（Bekanntgabe）がなされた時点以降は、Xは引受人として、併存的債務引受を無効であるとする抗弁権をYに対して援用することはでき

ないと判示した。

その理由については次の通りである。裁判所は契約当事者が真意として契約を合意していないときは，たとえ契約書面に真意と異なると内容が記載されているとしても契約の成立を認定することは困難であろうとしつつ，免責的債務引受における同種の問題につき取り扱った (後述の) BGH1959 年 12 月 8 日 (BGHZ31, 321) のケース (BGB415 条型の債務者型免責的債務引受契約の詐欺を理由として引受人が取消権を行使した事案) を引き合いに出しつつ判断した。この 1959 年判決は，引受人の抗弁権につき権利外観法理についての考慮の余地が残されると触れつつも，BGB417 条 2 項に基づき引受人の抗弁権を排除することにより債権者を保護した事案である。しかし，BGH は 1959 年判決と (本件で問題とされる) 併存的債務引受とを必ずしも同列に扱う必要はないとしたうえで，併存的債務引受が行われた場合に引受人による「当該併存的債務引受は合意されていない」との抗弁権の援用を妨げる必要はないが，債権者への通知を基礎とする権利外観法理に基づき債権者への責任が発生するなど，共同引受人による抗弁権の援用が妨げれられるような特段の事情がある場合はこの限りではないと示した。このように示した上で，X は公正証書上の文言に反して，債務引受を行っていないのか否か，あるいは特段の事情の有無につき審理を行う必要があるとして原審に差し戻すと示した。

② OLG Oldenburg1986 年 1 月 16 日判決[25]

（事　案）

土地所有権者 Y は，建物建築工事を A 社に依頼し，建築請負業者 X がその建築にあたった。これにより X は H 社に対して請負代金債権を請求していたが，A 社が請負代金の支払を出来ず，A 社の建設事業について二度ほど中止した。仕事を依頼した Y は，A 社に委託された建築請負業者である X に今後も工事を継続することを目的として，1984 年 8 月 3 日に，Y（引受人）が H 社（原債務者）との間の契約により併存的債務引受契約を締結することにより，X に対して未払金を支払うこととした。この契約によって建築請負業者である債権者 X は再び工事を再開した。その後，X から Y への支払請求の過程において Y が債務引受契約は無効であると主張した事案である。

---

[25] BauR 5/86 S. 587.

〔濱﨑智江〕　　*17*　併存的債務引受における引受人の抗弁権

(判　旨)

　裁判所は引受人Ｙに対して併存的債務引受それ自体の無効の主張につき否定した。まず，ＸのＡ社に対する請負代金債権の強化（より確実な弁済可能性）を目的として，引受人Ｙと原債務者たるＡ社との間で債務者型の併存的債務引受が合意されたと認定した。さらに，債務者型契約では，原債務者との併存的債務引受は無効であり引受債務は発生していないという抗弁権を引受人が債権者に対しても援用すること自体はBGB334条に規定に基づき承認されると原則を示した上で，本件における事情を考慮し，債権者を保護する必要があると判断した。つまり，債権者Ｘは，引受人Ｙと原債務者Ａ社間との併存的債務引受が合意された時点においてすでに，両者の合意内容（仕事の再開を目的とする併存的債務引受であること，など）を知らされており，ＸはＨ社に対する未払債権及び将来債権の弁済がより確実になされるであろうからこそ仕事の再開を果たしたといえる。従って，このような債権者Ｘの信頼の保護の必要性から，引受人たるＹは併存的債務引受の無効について債権者に対して主張することはできないと判断した。

③　BGH1959年12月8日[26]

　ＸはＡとの継続的取引関係における債権者で，Ｙは1956年9月12日にＡが経営する会社を取得すると同時にＡがＸに対して負担している債務をＡとの債務者型免責的債務引受契約によって引き受けた（債権者Ｘの追認あり）。ＸはＹに対して債務の履行を請求したが，ＹはＡＹ間の会社譲渡契約をＡ側の代理人による詐欺を理由として取消した。さらにその取消しは免責的債務引受契約の効力にも及ぶとして，債務引受契約の取消しを主張した。

　第一審は債務引受の取消しを認めないとするＸの主張を棄却したが，ベルリン上級地方裁判所は，債務引受の原因となる法律関係から生ずる抗弁権はBGB417条2項に基づき排除されるものとして，債務引受は有効に存続しているとのＸの主張を支持した。BGHはＹの上告を容れて原審の判断を破棄し，差し戻した。

　BGHによると，BGB415条の債務引受とその原因関係（本件では会社譲渡契約）とを例外的に一体不可分な行為を構成すると（黙示でも）合意することは可能

---

[26]　BGHZ31, 321.

であり，原因関係が無効であるときはBGB139条[27]により債務引受も効力が否定されうるところであるが，その審理が必要であるとして差し戻した。

なお，その傍論部分において，債権者による追認の意味についても触れており，本小稿とも関連する部分について二点触れることとする。一点目は債権者の保護はBGB417条2項（引受人は原因関係の無効をもってして債権者からの請求に対する抗弁とはできない）の範囲内で行うとすると示した点である。二点目は債権者保護に関する，考えうる説として，BGB415条の債務引受の通知により，有効な債務引受がなされたという信頼が債権者に惹起され，その信頼は保護に値する，という一種の権利外観法理的な考え方が展開される可能性が指摘されている点である。

(c) **判例の動向**

併存的債務引受における引受人の抗弁権についてのリーディングケースとしてのBGH1973年判決とOLG1986年判決をまとめると次の通りである。

まず，1973年判決は，免責的債務引受と併存的債務引受を抗弁権の援用に関しては必ずしも同列に扱う必要はないとしたうえで，以下の二点を明確にしている。

第一に，債務者型契約において併存的債務引受を合意していない場合には（瑕疵がある場合を含む），たとえその契約文言とは異なっていようともその成立を否定することが可能であり，それは併存的債務引受の原因関係において瑕疵がある場合にも同様であると認められる。第二に，原因関係上の瑕疵につき債権者に併存的債務引受の通知が行われた時点を基準時とし，その時点以降は権利外観法理に基づく債権者保護の観点から引受人の抗弁権は排除される点である。この点についてはBGH1956年判決において残された問題につき，BGH1973年判決が一定の解答を出したところであり注目するべき点である。なお，1973年判決は併存的債務引受に関する事例であるが，権利外観法理を示した点については，免責的債務引受についてもその射程に入るのかどうかは直接的には明確にされていない。

次に，OLG1986年判決では，原因関係上の無効に起因する抗弁権ではなく

---

[27] BGB139条は以下のような規定である。BGB139条（法律行為の一部無効）法律行為の一部が無効である場合には，無効なる部分がなくともその行為がなされたことが認められない限り，全体の法律行為は無効とする。

併存的債務引受契約それ自体の無効の主張について問題とされた。OLG1986年判決は、併存的債務引受それ自体が無効であることを債権者に対して第三者のためにする契約に関するBGB334条に基づき主張可能であると原則論を示した上で、例外として債権者の信頼の保護を要する時は、引受人による併存的債務引受の無効の主張はできない場合があると示し、上で紹介した判決と方向性を同じくしつつ、その具体的な場面を示した点で意義がある。なお、その例として、併存的債務引受の合意内容や併存的債務引受が締結されるに至った目的などを債権者が認識し、それを前提として仕事の依頼を行うなどの行動をとった場合などが挙げられよう。

(4) 判例への評価
(a) 通知について

消費者契約法などの法規違反、方式違反あるいは良俗違反のなどの事由による併存的債務引受契約の瑕疵（Mängel）が問題となり、引受人が契約それ自体の効力を争われる。引受人は、併存的債務引受契約が無効であるなどの主張をすることができる。しかし、債務者型契約では、引受人の抗弁権は、債権者との間ではなく原債務者との関係によって発生する点を考えると、両者の間で生ずる問題にすぎず自動的に債権者に対して援用することはできない[28]。このように考えると、引受人が原債務者との間で生じた事由を、債権者に主張するための根拠が必要であり、BGB334条に基づき行うべきであると解されてきた[29]。

BGB334条は、第三者のためにする契約において、約束者（Versprechende）の第三者に対する抗弁権を、「約束者は、第三者に対しても契約に基づく抗弁を有する」と規定する条文であり、契約によって第三者が獲得する権利は、債権者（受約者）と債務者（約束者）との間で締結された契約を基盤とする以上、その権利の範囲は基盤となる契約当事者の権利関係を超えないわけであり、債務者は債権者に対しても、第三者に対しても同一の給付をすることになる。債

---

[28] Madaus, a. a. O., S. 281.
[29] Madaus, a. a. O., S. 282., Larenz, a. a. O., S. 554., Münchener Kommentar/Möschel Vor §414 Rn12, Palandt., Überbl v §414 Rn. 2.
　BGB334条は以下のような規定である。BGB334条（第三者に対する債務者の抗弁）約束者は、第三者に対しても契約に基づく抗弁を有する（和訳については、椿寿夫・右近健男前掲注(8)を参考とした）。

務者が債権者に対抗しうるあらゆる抗弁権（Einwendungen）を，第三者に対しても対抗することができることになるため，このような規定が置かれた[30]。

なお，通説として位置づけられるLarenzの見解によれば，第三者のためにする契約たる債務者型契約における抗弁権の援用の可否について債権者に対する通知が行われる時点を基準時として決するべきだと主張されている[31]。そうすると，併存的債務引受の通知がなされるまではBGB334条の適用により引受人の抗弁権の援用を認め，通知が行われた時点以降は，債権者の信頼保護の必要性からBGB417条2項の類推適用により引受人と原債務者の関係から生じた事由を抗弁として債権者に援用することができる[32]。判例と同様に，通知が債権者の信頼保護を発生させる根拠として理解されている（なお，この点については併存的債務引受契約の原因関係となる引受人と原債務者との法律関係が原因で併存的債務引受が無効となる場合との明確な区別がなされているのかは不明確であるため，原因関係も併存的債務引受も含めて考察されていると理解した方がよさそうである）。

(b) **近時の見解（Madausの見解）**
① BGB334条の類推適用及びBGB417条2項の類推適用に関して

比較的最近において併存的債務引受に焦点を置き研究を行うMadausの見解につき紹介する。Madausは，通説・判例によって主張されるBGB334条による引受人の抗弁権の援用を，抗弁権の拡張（Einwendungserstreckung）と表現し，基本的には肯定している。いかなる債権債務関係も無効の可能性は留保されており，併存的債務引受が無効であることは債権者が負担すべきリスクであり，通知前における無効の主張はBGB334条の適用によって解決されることとなる[33]。さらに，債権者への通知後においてはBGB417条2項の類推適用により

---

[30] Münchener Kommentar/Gottwalt §334, Rn. 1.

[31] Larenz., a. a. O., S. 554. なお，LarenzによればBGB417条1項の引受債務から生ずる抗弁権に関しては，引受人は無制限に援用しうるとされる。

[32] Larenz., a. a. O., S. 554, Madaus., a. a. O., S282によると次のように指摘される。債務者型併存的債務引受によって成立する引受人の債権者に対する債務は，もっぱら原債務者と引受人との間の契約によって発生するものであるが，引受人が，第三者である債権者に対して提供する場合におかれた利益状況と，契約の相手方に対して給付を提供しなければならない状況を対比させた場合，引受人の地位には給付の相手が誰であれども変化は来さない。こうした理由から，引受人が原債務者に対して援用しうる事由（例えば，併存的債務引受が無効である，など）は，第三者である債権者に対しても援用しうると導き出される。

抗弁権が排除される点についても基本的に肯定しているが，債権者の信頼の保護は一定の制限に服するべきだと述べている[34]。

② 通知の位置づけへの疑問

Madaus は，通知後の債権者の信頼は保護に値する点を一応は認めるが債権者は一定限度内で保護されるところであり，過度な信頼保護は正当化できないとする。

債権者への通知の内容は，併存的債務引受が行われたという通知であると考えるのが一般であり，契約によって発生した債権者の引受人に対する債権が，併存的債務引受の成立・不成立に関わりなく存続していることに向けての信頼を，公示としての通知を根拠として導くことには無理がある。そもそも通知を債権者の信頼を惹起する要素と捉えがたいと考えるのであろう。そこで，もはや併存的債務引受を撤回できないような措置を採るなど，単に併存的債務引受をしたという意味内容を超えそれ以上の意味を内包している場合には，通知がなされた時点以降は引受人による，併存的債務引受契約が無効であるとの抗弁権の援用は排除されているものとみなす余地はあろう。

抗弁権の援用の排除を特段の法的根拠を示すことなく債権者の信頼保護の観点から OLG 1986 年判決を，事例そのものとしては債権者の信頼保護に足りる事例であると評価するが，BGB417 条 2 項が類推適用されるべき事案ではなく，BGB242 条[35]に基づく矛盾行為の禁止という法的根拠を用いて解決することができる事案であると指摘する。そもそも，BGB417 条 2 項は，旧債務が同一性を維持しながら存続する免責的債務引受の無因性から導き出される規定であり，併存的債務引受にはなじまないことから通説・判例に異を唱えているようである。そこで，引受人の，その契約は無効であると主張が，引受人が何らかの特定の処分をすることによって債権者が積極的に信頼をするなど，自己の行為によって作成した状況と矛盾しているときは，債権者の信頼を保護する余地が残されることになろう[36]。債権者への通知が，ただ単に併存的債務引受がなされ

---

(33) Madaus., a. a. O., S285.
(34) Madaus., a. a. O., S282.
(35) BGB242 条は以下のような規定である。BGB242 条（信義則にかなった給付）債務者は，取引の慣習を考慮し審議誠実にかなうように，給付を行う義務を負う（和訳については，椿寿夫・右近健男・前掲注(8)を参考とした）。
(36) Madaus., a. a. O., S284.

たという内容の通知を超えて,「有効な併存的債務引受が締結されたと明白に推測可能な事情」を発生させる場合に初めて債権者の信頼は信義則上保護に値するものとなる。また,通知に加えて債権者の信頼が保護に値する事情（例えば支払能力など）が加わることによって,債権者が保護され,引受人は抗弁権を援用できないこととなる。したがって,OLG 1986 年判決において,債権者は自らになされた併存的債務引受の通知を信頼して,給付（工事の請負）を提供したわけであり,このような場合においてまで,引受人が無効を主張することは矛盾行為として拒絶されてしかるべきであると評価している(37)。

4　結　語──日本法への手がかりとして──

(1)　ドイツ法の総括
(a)　第三者のためにする契約との関係

我が国の民法では第三者のためにする契約については537〜539条において規定される。我が国の民法の解釈においても,併存的債務引受が原債務者と引受人との間でなされるときは第三者のためにする契約となると理解されている(38)。すなわち,併存的債務引受における引受人によって,債権者が引受人に対して取得する債権は,確かに従来から存在する原債務の内容と同一性を有するが,引受債務は原債務を前提にしつつも別個かつ独立した存在であり,債権者は新たな権利を利得したことになるためである。

ドイツ法では債務者型併存的債務引受を第三者のためにする契約として構成しつつ,免責的債務引受における引受人の抗弁権に関する規定であるBGB417条2項の類推適用を基本的には肯定する方向にある。

(b)　併存的債務引受と瑕疵の関係
①　抗弁権の分類

近時のドイツ法における議論に接すると,日本法において引受人の抗弁権の検討を行うにあたり,瑕疵の発生する局面が,原債務を発生するための併存的債務引受それ自体においてなのか,あるいは引受契約においてなのか,引受契

---

(37)　BGB334条が適用される結果として引受人の責任は消滅するが,契約締結上の過失（culpa in contrahendo）による引受人の信頼利益の賠償に向けての問題が残る点が指摘されており（Madaus., a. a. O., S285）,なお残る点として今後の課題とする。

(38)　我妻栄『債権総論』574頁（岩波書店,昭和45年）,末川博「併存的債務引受」『民法に於ける特殊問題の研究第二巻』113頁（弘文堂,大正14年）。

約の原因関係上に存在するのか，など瑕疵の局面に応じた抗弁権があるとの一応の分類はできよう。しかし，後述するように，通知を基準とする債権者保護については明確な区分が必ずしもなされていないようにも思われた。

　ドイツ法における併存的債務引受契約の基礎にある引受人と原債務者との原因関係により生ずる抗弁権の主張については，BGB417条2項の類推適用をベースとして議論されている。一方で原因関係上の抗弁権を制限するBGB417条2項を併存的債務引受に無制限には適用できないようである。すなわち，併存的債務引受の通知が債権者に対してなされるなどの一定の場合には引受人に抗弁権の援用を認めようという趣旨である。そもそもBGB417条2項を債権者保護規定であると解し，なおかつ，免責的債務引受の無因性から，引受人の原因関係上の抗弁権が遮断されてきた。しかし，免責的債務引受と原因関係が密接し不可分に一体を構成している場合などにおいてはBGB139条に関する規定に基づき一部無効から全部無効を導くという理論構成によってBGB417条2項の適用を排除するなどして免責的債務引受における引受人の抗弁権を肯定したBGH1959年判決の存在からも，引受人の抗弁権の援用をなるべく広く認めて行こうとする傾向がうかがわれ，そうした傾向に影響を受けてのことだろうか，併存的債務引受においても引受人の抗弁権に対して否定的な姿勢は取られていない。

　②　通知の持つ意味

　併存的債務引受契約それ自体に関してであれ，原因関係上においてであれ，引受人による抗弁権の援用の可否においては，債権者への通知が重要な意味を持つようである。ところで，ここでいう通知とは，併存的債務引受が行われた旨の通知であり，債権者が併存的債務引受が成立していることの認識をうるための行為を広く一般に指すのであろう。OLG1986年判決では併存的債務引受の成立についての通知を超えた意味合いを含むが，少なくとも契約の成立の通知と解されているのであろう。併存的債務引受が債権者に通知された時点以降は，通知によって債権者に保護されるべき信頼が発生しBGB417条2項が適用される結果，引受人の抗弁権の援用が排除されている。

　通知がなされる前の時点において抗弁権の援用が問題となるときは，BGB334条の類推適用により抗弁権の拡張という法理を用いて抗弁権の援用が肯定されている。

(2) 日本法への手がかり及び今後の課題
(a) 手がかりとなるべき点
① 併存的債務引受それ自体から生ずる抗弁権

引受人は，併存的債務引受が無効である時や取消事由や無効原因などがある時は無効の主張や取消権の行使など原債務者との併存的債務引受それ自体の効力を否定することができる。債権者型契約においては契約の相手方である債権者に対してそれらの主張をすればそれでよいが，債務者型契約では，原債務者との間の契約の取消しの効果を債権者に対しても主張することができるのかが問題として残る。

この点については，債務者型の併存的債務引受契約が第三者のためにする契約の性質を持つと考えつつ，抗弁権の拡張という観点からも引受人は原債務者との契約から生じた債務が消滅していると債権者に対して主張することが可能であろう。また，民法 539 条も第三者（債権者）に対する抗弁権を援用することが可能と規定しており，この抗弁は契約に起因する抗弁であり，第三者の権利の行使を妨げる一切の事実であり第三者のためにする契約から生じたものである[39]。その例として，契約の無効，取消し及び解除による権利の消滅を債権者に対して主張することができる。引受人は原債務者との間での契約において生ずる事由につき，その契約当事者ではない債権者に対して債務引受契約それ自体から生ずる抗弁権として主張することができる[40]。

② 原因関係上の抗弁権に関して

併存的債務引受は原債務が有効に存在していることを前提としてなされており，併存的債務引受契約の成立においては有因であると理解されていが[41]，末川博士によれば有因・無因の区別となるべく標準原因の意味があいまいであるが，原因とは事故の財産を減少して他人の財産を増加させる出捐行為などの財産取引行為の原因であるとされている[42]。引受人が原債務者のために併存的債

---

[39] 我妻栄『債権各論上巻（民法講義Ⅴ1）』123 頁（岩波書店，昭和 29 年）。

[40] 無効・取消しの効果を善意の第三者に対抗できない場合（94 条 2 項，96 条 3 項）でも，その第三者の権利は契約によって直接に効力が生じた以上，第三者は新たな利害関係人ではないので，引受人は債権者に対して善意・悪意を問わず対抗することができる（我妻栄・前掲書（注 39）123 頁参照）。

[41] 四宮和夫「債務の引受」『総合判例研究叢書・民法(14)』52 頁（有斐閣・昭和 38 年）。

[42] 末川・前掲注(38) 103 頁。

務引受契約を締結するに至った原因関係との関係では併存的債務引受は無因であると指摘もあり[43]，原債務者と引受人との間の原因関係に何らかの問題が生じたとしても併存的債務引受には影響を及ぼさないことになろう。その理由としては，ここでいう併存的債務引受をなすに至った原因関係自体を原因と解するのであれば，原因関係は引受人による新たな義務負担に向けられた心理的な決定理由あるいは主観的なものであり，動機に過ぎず，その消長は併存的債務引受の効力に影響を与えるべきではないというためである[44]。原因関係を，原因のそのまた原因と解するのであれば確かに併存的債務引受に与える影響は少ないだろう。単なる動機が契約の成立にことあるごとに影響を与えるのであれば契約は不安定なものになってしまうだろう。

その一方で引受人と原債務者の原因関係と併存的債務引受との結びつきの度合いに応じて併存的債務引受契約の成立の条件や重要な要素として構成されている場合は，原因関係と呼称するべきであり，引受人は併存的債務引受においても，原因関係上の抗弁権の援用の可能性を認めても差し支えないのではないだろうか。この問題については，四宮先生は大審院大正 15 年 10 月 14 日判決の影響があると指摘する[45]。

大正 15 年判決は，A が本件土地に抵当権を設定して X から金銭を借りているところにその抵当権負担付の本件土地を Y が A から購入し，その代金支払の方法として A・X・Y の 3 名で A の Y に対する債務の併存的債務引受がなされ，X が Y に訴求した事案である。原審は AY 間の本件土地売買契約は Y の債務不履行を理由に解除され Y による併存的債務引受は本件土地の売買契約の存続を条件としたものであり，売買契約が解除されている以上は併存的債務引受も効力を失っているとして X の請求を棄却した。対して大審院は「凡ソ債務者ハ信義誠実ノ原則に従ヒ債務ヲ履行スル意思ヲ以テ債務ヲ負担スルコトハ言ヲ俟タザル所ナルヲ以テ本件ノ如ク売買代金の支払いの方法トシテ売主ノ債権者ニ対スル債務ノ引受ヲ為シタル場合ニ於テ，売主ノ不履行ニヨリ売買契約ガ解除セラレタルトキハ格別，然ラズシテ買主自己ノ債務不履行ニ基キ該売買契約ガ解除セラレタルトキト雖，尚且其ノ為シタル債務引受行為ガ其ノ効

---

[43] 末川・前掲注[38] 103 頁。ただ，消極的な意味での無因であるように思われる。
[44] 末川・前掲注[38] 111-112 頁。
[45] 四宮・前掲注[38] 52 頁以下。

力ヲ失フコトヲ約シタルモノト為スベキガ如キ実験法則アルコトナシ」と示し，本件土地の売買契約が併存的債務引受の存続を条件としているとは認めなかった。

　この事例の理解にあたり併存的債務引受を原因関係との関係において無因と構成し，抗弁権の援用を否定することもできようが，大正15年判決はそこまで無因性を一般化はできない。同判決は当事者の意思解釈の問題として本件土地売買契約を併存的債務引受の条件としつつ有因とする意図の存在を肯定することもできるとしながら，売買契約における買主（すなわち代金支払義務者）が引受人であるときに（なおかつ不誠実である）自己の債務不履行を原因として条件たる売買契約の解除される場合にまで有因とする意図の存在を導くことは信義則上不可能である，と示したに過ぎないのであろう[46]。従って，併存的債務引受は（債権者型契約であれ，債務者型契約であれ）その原因関係とは無因であるとの結論を導き出すのではなく当事者の意思の解釈から，原因関係と併存的債務引受との関連性をチェックし，その事案ごとに有因性を導き出した上で，原因関係に生じた事由と併存的債務引受の成否について検討し，原因関係が併存的債務引受の構成要素であり内容である場合には，原因関係上の抗弁権を引受人は債権者に対して援用する余地があるだろう。

(b)　**今後の課題**

　本小稿では併存的債務引受それ自体あるいは原因関係における抗弁権の援用の可否につき債務者型契約を中心にドイツ法の議論の紹介を行った。今後の課題について述べておく。

　第一に債権者と原債務者との間の原債務を発生させた行為が無効又は取消すことができるときに，引受人が原債務者において存在する事由をもって債権者に対抗しうるのか否かについてである。例えば，原債務者が債権者との間での契約を取り消すことができる場合，いうまでもないが，取消権者は原債務者である（民法120条）。併存的債務引受が行われても，原債務者の地位や権利が引受人に承継されるわけではないので，引受人自体が原債務の発生原因となる契約を取り消すことは無理があろう。かといって存在せぬであろう原債務に向けた引受人の弁済には異和感を覚えるところであり，引受人が原債務者よりも不

---

[46]　四宮・前掲注(38)54頁，我妻栄・前掲注(37)578頁においても，不誠実な引受人の解除という特殊事情であり，一般論として受け入れることは難しいと評価されている。

利益を被るのとなると不均衡を生ずるだろう。今後，債権者型契約と債務者型契約の取り扱いについて注意しながら，このような場合には引受人は原債務者が持つ取消権を取得するのか，代位行使することができるのか，弁済後に不当利得返還が可能であるのか等の点につき検討を試みたい。

　第二に併存的債務引受における債権者の保護について触れておく。引受人の抗弁権の援用を制限することによる債権者の信頼保護は重要と考えるが細やかな基準を構築するなどして，債権者の保護はできないのだろうか。併存的債務引受が締結されたこと自体が通知によって債権者へ知らされた時点以降は，上述のような引受人の抗弁権の援用を認めないとするのは硬直的すぎよう。通知を債権者の保護要件として取り扱うことはできないだろう。特に原因関係上の抗弁の可否においては原因関係の存在を認識できるかのような通知がなされている場合や，債権者が通知の時点までに原因関係を知ることができて，そのような通知への信頼を起因して，そしてそれを前提として，債権者が何等かの給付を行うなどした場合など，一定の場合に限るのであれば通知を基準時として，引受人の原因関係より生ずる抗弁権を信義則を根拠とし，債権者に対抗しえない例外的な場合を認めるとするのも一応は承認できる。

　上記の点につき日本法の判例の分析を行いつつ，債権者型契約と債務者型契約の法的効果の整合性の維持及び免責的債務引受と併存的債務引受の望ましい調和という視点から引受人の抗弁権に関する問題点に関する解釈論を展開していきたいと考えている。このことを確認し，ひとまず本稿の筆をおきたい。

18 営業譲渡・債権譲渡に伴う債務承継に関する一考察
――貸金業者の企業再編と過払金返還債務の承継問題を素材として――

遠藤研一郎

1 問題の所在
2 下級審判決の動向とその分析
3 最高裁判決とその分析
4 若干の考察
5 おわりにかえて

1 問題の所在

過払金返還請求訴訟[1]は，特に，最判平成18年1月13日民集60巻1号1頁以降に急増し，平成22年頃をピークに減少傾向にあるものの，執筆現在でもなお，民事通常事件の新受事件の多数を占めているといわれている[2]。そして，そのような中で，経営的にも厳しい状況となっている貸金業者が少なくないものと思われるところ，それと連動して，近時，貸金業者間において，営業譲渡[3]や債権譲渡といった形での企業再編を進める動きも活発化している。

そもそも営業譲渡や債権譲渡による企業再編は，投下資本の回収，経営の立て直し，企業の生き残りのための重要な手段であり，その制度自体は肯定的に位置づけるべきものと思われる。しかし，貸金業者間の営業譲渡・債権譲渡の

---

[1] 過払金返還請求訴訟については既に数多くの論文が発表されているが，ここでは近時の文献として，澤野芳夫＝三浦隆志＝武田美和子＝佐藤重憲「過払金返還請求訴訟における実務的問題」判タ1338号15頁（2011年），「特集：過払金返還請求訴訟の現状と課題」判タ1306号5頁（2009年），後藤勇「貸金業の規制等に関する法律についての最近の最高裁判例」判タ1216号27頁（2006年）のみを挙げておく。
[2] 中村也寸志「貸金業法43条の要件論等についての最高裁の判断」判タ1306号8頁（2009年）。
[3] 会社法の制定に伴い「営業譲渡」は「事業譲渡」という呼び方に変更されたが，本小稿で取り扱う事例の中には，会社法制定前のものも含まれることから，以下では，基本的に「営業譲渡」という用語を用いることとする。

実際を見る限り，看過することのできない新たな法的争点が生み出されている。それは，営業譲渡・債権譲渡によって，営業や債権を承継した貸金業者（以下，「譲受業者」とする）は，営業や債権を譲渡した貸金業者（以下，「譲渡業者」とする）が負担するはずであった過払金支払債務をも承継するかという問題である[4][5]。勿論，譲渡当事者間の合意によって，過払金支払債務も承継するものとすることは可能であるが，反対に，明確な合意がなかったり，または，明確に承継しない旨の合意がある場合に問題となる。譲渡業者に弁済資力があれば，借主（過払金返還請求権者）としてはそこから回収を図ることもできるが，譲渡業者にはもはや弁済資力がなかったり，譲渡業者が譲渡して間もなく廃業したりしている場合も多く，そのような場合には，借主としては，譲受業者に過払金返還請求をしたいと考えることになるのだが，過払金返還債務が承継されていないのだとすると，その請求が困難となる。借主の意思的関与のない営業譲渡・債権譲渡によって，それまで以上に借主の過払金返還請求権の回収不能リスクが高まることになるのであれば，それは，借主にとって不測の不利益と考えることもできる。また，過払金返還債務を含む一部の債務のみが取り残されるのだとすると，譲渡業者に残った債務の債権者と譲受業者に移った債務の債権者との間に不平等が生じるということも無視できない[6]。本小稿では，そのような問題意識のもと，借主はどのような法理によって保護され得るのであろうかという点について，近時の判例等を踏まえて若干の考察を加えてみたい。

なお，この問題は，単に，消費者金融市場に特有の，過払金返還請求訴訟に

---

[4] 企業再編のための手段として，合併も考えられるが，貸金業者同士が合併する場合には，合併前に生じていた（吸収合併後・新設合併後の）消滅会社の過払金返還債務は，（吸収合併後の）存続会社・（新設合併後の）設立会社に当然承継されることになるため，債務の履行を求めるために原告は合併の事実のみを主張・立証すれば足り，本小稿で扱うような問題は，基本的に生じない（会社法750条1項，754条1項。なお，平成17年改正前商法416条1項，103条）。

[5] 本問題は，実務家によって当初から指摘されていたところである。蔭山文夫『営業譲受人の責任（消費者法ニュース別冊）』（消費者法ニュース発行会議，2007年），井上元「過払金返還請求の実務」および河野聡「過払金返還請求をめぐる実務上の諸問題」日本弁護士連合会編『現代法律実務の諸問題〔平成18年度研修版〕』（第一法規，2007年）437頁，462頁参照。

[6] 同様の問題意識は，会社分割に関する研究ではあるが，難波孝一「会社分割の濫用を巡る諸問題——『不患貧，患不均』の精神に立脚して——」判タ1337号20頁（2011年）に見られる。

伴う一過性のものというわけではなく、より広く、債務超過に陥っている譲渡会社が、特定の債務のみを譲渡人・譲渡会社に残すという形での詐害的な営業譲渡や債権譲渡がなされた場合に、どのように（そして、どの範囲まで）当該債権者を保護すべきであるのかという、一般的な債権管理・回収上の問題に通じる可能性がある[7]。特定の問題領域に限定して論じるが、より広い視野を念頭に置いていることを予め付言しておきたい。

2　下級審判決の動向とその分析

(1)　今までの裁判例の全体的な動向

この問題について争われている訴訟は非常に多いが（例えば、クラヴィス→プロミス、アエル→JPモルガン→エヌシーキャピタル、マルフク・タイヘイ→CFJの承継などの例が目につく）、その中で、今までの下級審ではどのような判断がなされる傾向にあったのか、まず、その大枠を示しておく。そもそも、判例集等に掲載されていない裁判例が多数である（後述するとおり、承継を認めた裁判例をいくつか抽出することは比較的容易であるが、承継を認めない裁判例が掲載されている例が少ない）ため、筆者がその全体的な傾向をつかむことは困難であるが、判例集未掲載事例なども取り上げた裁判官の分析[8]を踏まえると、およそ次のようなことを把握することができる。

すなわち、①営業譲渡事例においては、営業譲渡の具体的な内容を認定したうえで、当然に承継を認めたり、あるいは、後述するように、表裏一体性、契

---

(7)　例えば、経営難に陥ったゴルフクラブが事業を他へ承継させるケースにおいて、新会社は預託金返還義務も承継するかという点が問題となったことは周知のとおりである。また、近時、債務超過に陥っていて実質的に倒産状態にある会社が、事業を継続しつつ、特定の債権者への弁済を免れるために、詐害的な会社分割をするケースにおいて、分割会社債権者の保護がいかに図られるかについても、活発的に議論がなされている。

(8)　澤野ほか・前掲（注1）27頁、柏森正雄「過払金返還請求訴訟事件における過払金返還債務の承継(1)・(2・完)」市民と法69号140頁、70号54頁（2011年）。ここでは、過払金返還債務の承継を否定した裁判例として、札幌地室蘭支判平成18年4月25日、枚方簡判21年11月4日（以上、営業譲渡に関する事例）、東京高判平成20年9月24日、東京高判平成20年11月20日、東京高判平成21年5月28日、大分地判平成22年3月17日、東京高判平成22年3月17日、東京高判平成22年5月19日、名古屋高判平成22年5月21日、東京高判平成22年9月22日（以上、債権譲渡に関する事例）などが挙げられている（なお、これらの裁判例のうち、一部は、弁護士事務所、弁護士会などの各種HPから判決文自体の検索が可能である）。

約上の地位，権利濫用や信義則など，実質的側面を重視して承継を肯定する裁判例が少なくないが，他方では，形式的側面（債務を弁済する責任を負わない旨の登記がなされていること，貸主たる地位を承継したことを認めるに足りる証拠がないこと，債務承継を否定することが信義則に反することを認めるに足りる証拠がないことなど）に着目して，過払金債務の承継を否定した裁判例もある。②他方，債権譲渡の事例においては，営業譲渡の場合のように，債務の承継を推定することも困難であり，特に，債権譲渡契約書に過払金返還債務を承継しないことが明示されている場合には，仮に実質的な側面を重視しても，過払金返還債務の承継を肯定するためのハードルは，より高くなっているようである[9]。

(2) 借主（過払金返還請求権者）保護のための法理

では，借主（過払金返還請求権者）が保護される（＝過払金返還債務の承継が認められる）とすれば，どのようなアプローチが考えられるのであろうか。より具体的に，個別の裁判例にクローズアップしつつ，分析を試みる。

(a) 契約解釈

まず，営業譲渡・債権譲渡の契約内容が，過払金返還債務を含むと解釈することは十分可能である。そもそも営業譲渡は，営業に関する債務を含む一切の財産が必ず譲受業者に移転するわけではなく[10]，当事者の合意により，その一部が除外されることもあり得るが，過払金返還債務は譲渡から除外されていないという結論を契約解釈から導き出し，また，契約が形式的には債権譲渡であったとしても，実質的には債権だけではなく過払金返還債務も承継することが契約内容として盛り込まれていたと契約解釈をするのである。

例えば，大阪高判平成21年3月5日消費者法ニュース79号99頁は，「Y（譲受業者）は，本件契約の明示の定めにより，A（譲渡業者）と顧客との間の契

---

[9] さらに，「切替」といわれる手法（Y社が100％子会社であったA社の顧客に対し，A社に対する借入金債務と同額を貸付け，それをもって顧客がA社に弁済し，その後，顧客はY社に借入金の弁済をするとの切替処理をするというもの）がとられる場合には，「営業譲渡や債権譲渡のような関係はない」ことを理由に，過払金返還債務を承継するという結論を導くには，「債権譲渡にも増してハードルは高くならざるを得ない」との分析がある（澤野ほか・前掲（注1）34頁）。

[10] ただし，特別の定めがなければ，一切の財産が移転したものと推定されるものと解される。大隅健一郎『商法総則〔新版〕』（有斐閣，1978年）311頁。

約証書の原本を引き継いでいるほか，……Ａの顧客に関する信用情報等を引き継いでいたと認められる」ことに加え，「譲渡債権の債務者を，単なる債権回収の相手方とするのではなく，顧客の混乱等を回避するとの名目……のもとでＡの顧客との取引関係を継続し，これに新たな貸付けを行うことで事業の拡大を目論んでいたこと」，「消費者金融の貸付金債権は，その元本額で売買されたとしても，高額とは言い難い価値を有するものというべきである」ところ，本件契約において「過払金返還債務を除くその余のリスクは年29.2％の金利に織り込まれており，これに，顧客情報の取得という無形の利益が得られることを勘案すると，本件契約において，債権の評価額を元本額の61％としたことは，大幅なディスカウントであって……，その理由は，正に過払金返還債務の負担があるリスクを考慮したこと以外には考えられないものというべきである」こと，「消費者金融業者と顧客の間の基本取引契約に基づく継続的な取引関係においては，金融業者が貸金業法所定の手続を遵守していない以上過払金は不可逆的に発生するものであり，かつ，その基本取引契約は，一個の継続的な取引関係の中で発生した過払金は，その後に発生する新たな借入金債務に充当する合意を含んでいるものと理解すべきであるから，ある時点で基本取引契約の当事者の合意によらずして，過払金債務のみを基本取引契約と切り離すことは，基本取引契約における当事者の意思に反するものというべきであ」ること，「Ｙが『金融業者撤退等による顧客の混乱の回避』を本件契約の意義として掲げる以上は，金融業者撤退により過払金返還請求に関する顧客の混乱の回避についても，Ｙに責任を負わせることが相当と考えられる」ことなどの事情を認めたうえで，「本契約においては，明示されていないものの，本件契約後のＹの行動，Ｙが本件契約により目論んだ目的，本件契約における代金決定の内容，基本取引契約における貸付債権と過払金返還請求権との一体性，Ｙが本件契約の意義として掲げる事項等にかんがみると，契約条項に明示されないまでも，ＡとＹの間においては，顧客のＡに対する過払金返還債務を引き受ける旨の合意があったと認めることが相当である」と判示している。

(b) **商法・会社法上の規定**

特に営業譲渡の場合は，商法・会社法上の規定によって，譲受業者に債務の承継を強制することが考えられる。概念的には，営業譲渡は必ずしも全ての債権債務を対象としてなされるものではないが，他方，譲渡業者の商号が譲受業

者によって続用される場合には，仮に譲渡当事者間で一部の債務が譲渡から除外されていたとしても，譲受業者はその弁済の責任を負うものとされている（平成17年改正前商法26条1項。現商法17条1項，会社法22条1項）[11]。そして，もし，この責任を負わないのであれば，営業譲渡後に遅滞なく，当該債務について譲受業者が責任を負わない旨を登記するか，または，譲渡業者と譲受業者の双方から債権者にその旨を通知しなければならず，それがない限りは，責任を免れないこととなる（平成17年改正前商法26条2項。現商法17条2項, 会社法22条2項）[12]。

---

[11] 本条の立法趣旨については，債務が引受けられたことに対する債権者の信頼を保護する考え方（外観法理）でこれを説明するのが判例（最判昭和29年10月7日民集8巻10号1795頁，最判昭和47年3月2日民集26巻2号183頁）および従来の通説である。しかし，本条が問題となるのは，主として，実質的倒産状態にある会社が営業を債務から切り離して他社へ移転することによって再建を試みる場面であるのに，そのような場面で債権者が上記のような信頼を抱くのかという疑問が生じる。学説上では，外観法理説のほかに，ⓐ営業上の財産が営業上の債務の一般担保となっていることから，債務引受をしないとの積極的な意思表示がない限り，営業上の財産が移転したときは譲受人が債務引受をしたものとみなすという見解（企業財産担保説），ⓑ商号を続用する譲受人は債務引受の意思を有し，商号を続用しない譲受人は債務引受の意思を有しないと位置づける見解（譲受人意思説）などがある。見解の対立について，近藤光男「営業譲渡に関する一考察——債権者保護を中心として——」神戸法学年報3号65頁（1987年），山下眞弘「営業譲渡の債権者に対する効果——債務引受広告の意義を中心として——」島法27号43頁（1987年），同「営業譲渡と債権者保護の法理——営業譲受人の責任規定の根拠——」菱田政宏編『岩本慧先生傘寿記念 商法における表見法理』（中央経済社, 1996年）105頁，同「商号続用のある営業譲受人の責任——債権者保護の視点から——」立命256号232頁（1997年），池野千白「企業外観法理と商法26条」中京37巻3・4合併号51頁（2003年），南保勝美「営業譲受人の弁済責任の根拠について」法論82巻4＝5号337頁（2010年）などを参照。

なお，注目すべき点は，このような学説の展開が，単に条文の立法趣旨を説明するための議論としてだけではなく，より広く，譲受人に譲渡人の債務を義務付ける法的根拠のための一般的な議論としても興味深い争いがあるところである。筆者としては，本文（特に，4(2)）でも触れるとおり，上記ⓐの見解に親近感を持つが，同見解に対しては，どのような営業譲渡においても譲受人は譲受けた営業の範囲において譲渡人の債務について責任を負うべきことになるとすると，譲渡人の債権者にそこまでの保護を与えるのが妥当かという点が問題点として指摘される（後藤元「商法総則——商号・営業譲渡・商業使用人を中心に」NBL935号22頁（2010年））。

[12] これに関し，平成17年改正前商法26条1項，現商法17条1項，会社法22条1項を根拠に過払金返還債務の承継に関する裁判例は多く見当たらないが，比較対象として，以前から争われている，ゴルフクラブの営業譲渡に伴う預託金返還債務の承継の可否に関する議論が，一定の参考となる。すなわち，事業再生手段としてゴルフクラブの営業譲渡がなされる場合，譲渡人から預託金の返還を受けられないゴルフクラブ会員が，譲

では，平成17年改正前商法26条2項，現商法17条2項，会社法22条2項による免責要件に該当する場合（譲受業者が責任を負わない旨の登記がなされたり，譲渡業者と譲受業者の双方から債権者にその旨が通知されたりした場合）には，債務承継の余地はないのであろうか。これに関し，たとえば，東京地判平成16年7月26日金商1231号42頁は，「社会通念上，現代の営業活動は，複雑かつ多数の法律関係が積み重ねられるなかで行われており，営業譲渡を行いながら，営業上の債務一切を移転しないという包括的な合意をすることは到底不可能と思われること」，「免責の登記は，商法26条1項の適用（法的義務の発生）を免れるための要件の1つであって，当事者の合意に基づく債務承継の有無と直接連動するものではないこと」などを根拠として，免責登記が存在するからといって債務を承継しない旨の合意が経験則上推認されるわけではないとし，さらに，「A社を自身と同一視して貸金返済業務等を行っていたY社が，本件免責の登記を根拠に商法26条1項の適用を排し過払金返還請求を拒むことは，実体法上従前のY社自身の顧客に対する言動に反する信義則違反の行為であり，到底許されない。したがって，商法26条2項を理由とするY社の主張は採用できない」としている。また，津地判平成18年8月17日消費者法ニュース70号83頁においては，「金銭消費貸借契約に基づく借入金の返済により発生する過払金返還債務は，同契約の効果として発生するものではなく，同契約の存在を前提とするものの，これは別個独立に法定の要件を満たすことにより発生するものであるから，貸付債権と不可分一体のものとは考えられない」としながらも，免責登記による免責の主張が信義則に反するとしている。

他方，商号の続用がない場合においても，譲渡人の営業によって生じた債務

受人に対して預託金の返還を求めた場合，この主張が認められるかという問題であるが，多くの事例において，平成17年改正前商法26条1項，現商法17条1項，会社法22条1項により，預託金返還請求権者を救済することが肯定されている。また，商号の続用はなくとも，譲渡人が用いていたゴルフクラブの名称を譲受人が継続して使用しているときに預託金の返還請求が認められている（最判平成16年2月20日民集58巻2号367頁）。さらに，下級審では，営業主体の表示・標識・ブランド等の続用がある場合や，営業の「譲渡」ではなく営業の賃貸借や営業の委託の場合にも，広く同条項の類推適用を認める傾向にある。さらに，営業譲渡ではなく会社分割がなされた場合においても，会社分割後の新設会社において名称の続用がある場合に，会社法22条1項の類推適用を認めたものがある（最判平成20年6月10日判タ1275号83頁）。なお，本問題については，判例研究を中心に，多くの論稿が発表されているが，ここでは割愛する。

財産法の新動向 Ⅱ

を引受ける旨の広告（記者発表，ホーム・ページ，新聞紙面上の告知など）がなされれば，債権者は譲受人に対して弁済の請求をすることができることとなっている（平成17年改正前商法28条。現商法18条1項，会社法23条1項）。

(c) **詐害行為取消権**（民法424条）

前述(b)のような商法・会社法の規定の適用・類推適用のない事件（実際，過払金支払債務の承継問題に関する事例においては，商法・会社法の規定の適用・類推適用が争われる例は少ない）においては，より一般的な法理による借主保護が注目されることとなる。そして，その際にまず考えられるのが，詐害行為取消権である（過払金返還請求のケースではないが，営業譲渡契約について詐害行為取消を認めた近時の裁判例として，例えば，東京地判平成18年3月24日判時1940号158頁参照[13]）。

なお，詐害行為取消権を，債務者の逸失した責任財産を総債権者のために受

---

[13] なお，より組織法的色彩が強くなるが，会社分割手続における議論の動向も注目に値する。そもそも会社分割の局面では，吸収分割においても新設分割においても，分割会社・承継会社・新設会社の「債務の履行の見込み」は会社分割の有効要件とはならない（相澤哲＝細川充「組織再編行為」商事1769号19頁（2006年）によれば，債務の履行の見込みは組織再編行為の時点においては不確実な将来予想に関するものであり，これを理由に無効としてしまうと法的安定性を害するなどの理由が挙げられている）ことを前提に，会社分割によって分割会社が債務超過になっても差し支えないものと解する見解が有力に主張されている。すると，優良事業のみを新設会社・承継会社に移転し，分割会社は債務の履行ができなくなるという詐害的な会社分割がなされた場合，どのように分割会社の債権者を保護するのかが問題となる。

これに関し，まず，会社分割法制に盛り込まれている，債権者保護制度を活用することが考えられるようにも思われる。しかし，実際には，債権者異議手続の対象となる債権者は限定されており（会社法789条1項2号および810条1項2号，799条1項2号），その中に，分割会社の債権者は含まれていない。これは，分割会社が承継会社・設立会社から，移転した純資産の額に等しい対価を取得するはずだからだとされている。また，同様に，会社分割無効の訴え（会社法828条2項9号および10号）を主張することもできない。このような中で，債権者保護のための手段として，詐害行為取消権（民法424条）が注目に値する（詐害行為取消権を認めた裁判例として，東京高判平成22年10月27日金商1355号42頁参照。なお，本問題について，難波・前掲（注6），中村信男「濫用的会社分割と分割会社債権者の保護」商事法研究95号1頁（2011年），神作裕之「濫用的会社分割と詐害行為取消権(上)・(下)──東京高判平成22年10月27日を素材として──」商事1924号4頁，1925号40頁（2011年），渡邊博己「詐害的会社分割と分割会社債権者の対応」市民と法67号48頁（2011年），同「詐害的会社分割と分割会社債権者の保護」京園62号27頁（2010年），井上聡「濫用的会社分割における問題の本質」金法1903号6頁（2010年）。また，同様の問題について，法人格否認の法理が認められたものとして，福岡地判平成22年1月14日金法1910号88頁）。

益者や転得者から取り戻す制度であると捉えるのであれば，詐害行為の取消しによって，有効になされたはずの営業譲渡や債権譲渡自体の効力が全て否定されることになり，企業承継に大きすぎる影響をもたらすのではないかとも考えられる。しかし，実際には，判例準則（大連判明治44年3月24日民録17輯117頁）に従えば，詐害行為取消権が認められるとしても，その効力は訴訟当事者である債権者（借主）と受益者（譲受業者）の間での効力しかない（いわゆる，相対的取消理論）。また，承継の対象となった財産（営業，債権）は譲渡後に変動しているため，承継された財産を特定して返還させることは困難であることを前提として，逸失した財産の返還ではなく，価格賠償ということになるものと思われるが，その範囲は，必要な限度（被担保債権額＝過払金返還請求額）に限定される（大判明治36年12月7日民録9輯1339頁）。したがって，このような判例準則に従う限り，債権者（借主）が詐害行為取消権を行使したとしても，周囲に対して必要最低限の影響を与えるのみで，借主の保護が図られ得ることとなる。

(d) **契約上の地位の移転**

講学上は，営業譲渡において必ずしも全ての債務がそれに含まれるわけではない（個別の合意による債務承継の排除が可能）としても，「債権者の立場を軽々しく害する結果となることを避ける」（福岡地判昭和47年3月21日判時675号77頁）ために，営業上の債務は譲受人に一切承継するものと強く推定することも可能であろう。また，そもそも営業譲渡というものが「一定の営業目的のため組織化され，有機的一体として機能する財産」（最判昭和40年9月22日民集19巻6号1600頁）の承継であるのならば，そして，過払金支払債務を承継しないということは取引先を承継しないということの意であると考えるのであれば，そもそも，過払金支払債務を承継しない営業譲渡自体が成り立たないとの方向性も考えられなくはない。実際に，営業譲渡の事例においては，過払金返還債務の承継を結果的に認めた裁判例が多いという分析があるのは，前述のとおりである。

他方，特に過払金返還請求権の承継に関する事件では，「営業譲渡」ではなく「債権譲渡」の形式をとっているものが多いが，それでもなお，債務も自動的に承継するのかという問題が生じる。しかしこのような場合であっても，形式的には「債権譲渡」契約であったとしても，譲受人が単なる貸金債権だけを譲り受けたのではなく，将来にわたって当該顧客と取引を継続しようという意図が認められる事実を抽出して，また，貸金債権と過払金返還債務の一体性

（表裏一体的な関係）を強調して，実質的に「契約上の地位の移転」がなされた（したがって，過払金支払債務のみ分離して承継されないとはいえない）ととらえる構成が考えられる。多くの裁判例において用いられている構成である（東京高判平成 18 年 5 月 17 日消費者法ニュース 69 号 97 頁，大阪高判平成 18 年 8 月 29 日消費者法ニュース 69 号 92 頁，枚方簡判平成 20 年 3 月 28 日消費者法ニュース 76 号 186 頁，京都簡判平成 20 年 7 月 22 日消費者法ニュース 77 号 89 頁，宇都宮簡判平成 20 年 8 月 29 日消費者法ニュース 77 号 92 頁，美馬簡判平成 22 年 2 月 25 日消費者法ニュース 84 号 133 頁，高松簡判平成 22 年 3 月 23 日消費者法ニュース 84 号 136 頁。なお，「営業譲渡」の場合であっても，過払金支払債務の承継を否定する合意があることを前提に，しかし「契約上の地位の移転」概念を用いて，当該債務の承継を肯定するものも少なくない）。

　例えば，東京高判平成 18 年 5 月 17 日消費者法ニュース 69 号 97 頁においては，譲渡契約書に過払金返還債務の承継はなされないことを推測される文言が含まれていたとしても，「貸金業者と消費者金融を利用する者との間の取引によって生ずる貸金債権は，一般の債権とは異なり，貸金業法四三条一項の要件が満たされれば貸金業者に貸金債権が認められるが，その適用がないため利息制限法による引き直し計算がなされたときには過払金が生じ，貸金業者がその返還義務を負う性質のものであるから，このような性質の債権債務は表裏一体の関係にあるというべきである」ことに加え，譲渡人が譲受人に営業の全部を譲渡した後は過払金の返還に応ずることを予定していなかったと推測されることから，譲受人は「貸金債権にとどまらず，これに伴って生じる過払金債務も含め貸主としての地位の譲渡を受けたというべきである」としている。また，宇都宮簡判平成 20 年 8 月 29 日消費者法ニュース 77 号 92 頁においても，「貸金債権と過払金返還債務は，確かに発生原因事実は異にするものの，いずれも消費貸借契約に基づく借主の弁済と貸主の受領を原因とし，みなし弁済の成否によって貸付債権になるか過払金債務になるかに分かれるのであって，二者択一，表裏一体の関係にあるものであり，本件譲渡は，単なる債権譲渡ではなく，実質的には契約上の地位の移転の性質を有すると解すべきである」としている。

(e) 信義則

　裁判例の中には，信義則を理由に挙げるものがある。例えば，東京地判平成 18 年 9 月 27 日消費者法ニュース 69 号 100 頁は，譲受人は譲渡人の債務について責めに任じない旨の登記がなされているとしても，譲受人が債務を承継し

ていないと主張したのは本訴提起後1年半近く経過してからであること，譲受人は譲渡人の商号のみならず商標をも用いて営業を行っていること，譲渡人は営業を譲渡した後に解散していることなどを考慮したうえで，譲受人は譲渡人から「消費貸借取引の相手方である借主に対する貸金債権を含む資産の譲渡を受けながら，借主に対する過払金債務を含む負債を免れていることが疑われるものであって，この点についての営業譲渡の詳細を含む透明性のある説明がされない限り，営業譲渡契約により債務を承継していない旨を消費貸借取引の相手方である原告に対して主張することは信義則上許されない」としている。

3　最高裁判決とその分析

(1)　過払金返還債務の承継が否定された事件

このような下級審の流れの中で，平成23年に入って，最高裁判決が出されることになるが，過払金返還債務の承継が否定されたものとして，最三小判平成23年3月22日裁時1528号13頁（タイヘイ→CFJ事件）がある。また，最一小判平成23年7月7日裁時1535号20頁（マルフク→CFJ事件），最二小判平成23年7月8日裁時1535号2頁（マルフク→CFJ事件）も同様の結論となっている。いずれも，譲受業者が同一であり，異なる小法廷であるが判決文の展開も共通性が見られる（後2判決は，判決文の中で3月22日判決を引用している）ため，以下では，3月22日判決のみを挙げる。

(a)　事実の概要

Xは，平成元年3月8日，Aとの間で，金銭消費貸借に係る基本契約を締結し，以後，継続的に金銭の貸付と弁済が繰り返された（以下，「本件第1取引」とする。なお，下記のA－Y間の譲渡契約が実行される平成14年2月28日から平成14年5月17日までの間は，計4回にわたり，Yへの弁済が繰り返された）。また，Xは，平成4年9月8日にYとの間で，金銭消費貸借契約に係る基本契約を締結し，以後，継続的に金銭の貸付と弁済が繰り返された（以下，「本件第2取引」とする）。

他方，Aは，平成14年1月29日，Yとの間で，同年2月28日午後1時を契約の実行（クロージング）の日時として，Aの消費者ローン事業に係る貸金債権等の資産を一括してYに売却する旨の契約を締結し，同日付けで同日売買を登記原因とする債権譲渡登記をした。なお，本件譲渡契約には，ⓐ第1．3条において，「譲渡対象資産に含まれる契約に基づき生じる義務のすべて（ク

財産法の新動向　Ⅱ

ロージング日以降に発生し，かつクロージング日以降に開始する期間に関するものに限る。）」を承継する旨，ⓑ第１．４条(a)において，Ｙは，第９．６条(b)に反しないで，譲渡対象資産に含まれる貸金債権の発生原因たる金銭消費貸借契約上のＡの義務または債務（支払利息の返還請求権を含む）を承継しない旨，ⓒ第９．６(a)においては，「売主は，超過利息の支払いの返還請求のうち，クロージング日後初めて書面により売主に対して主張され，買主に対しては主張されていないものについては，自らの単独の絶対的な裁量により，自ら費用及び経費を負担して，これを防禦，解決又は履行する。売主は，かかる請求に関して買主からの補償又は負担を請求しない」旨，ⓓ第９．６条(b)においては，「買主は，超過利息の支払の返還請求のうち，クロージング日以後初めて書面により買主に対して，または買主および売主に対して主張されたものについては，自らの単独の絶対的な裁量により，自ら費用および経費を負担して，これを防禦，解決または履行する。買主は，かかる請求に関して売主からの補償または負担を請求しない」旨が，それぞれ定められている。

　ＸはＹに対し，本件第２取引における過払金および過払金（利得）の発生日の翌日からの利息の支払いを求めるとともに，本件第１取引における過払金返還債務（以下，「本件債務」とする）はＡからＹへ承継されることを前提に，本件第１取引における過払金および利息の支払いを求めた。原審（名古屋高判平成22年3月25日金商1374号17頁）が，ⓐ過払金返還義務は，本件資産譲渡契約にいうクロージング日以後に初めて書面により買主であるＹに対して請求されたものであるから，Ｙにおいて承継する義務に含まれているというべきであるとした第１審（名古屋地判平成21年10月22日）を支持したうえ，ⓑ契約上の地位が移転するためには，債権者の承諾が必要であるが，そのような承諾がない旨のＹの主張に対しても，「Ａも，過払金返還債務を免れるものではないから，Ｙは，重畳的に債務を引き受けるものとみるべく，Ｘの承諾は，必要としない」などを理由に，Ｘの請求を認容した。そこで，Ｙが上告。

　(b)　判　　旨

　一部破棄差戻し。「前記事実関係によれば，本件譲渡契約は，第１．３条および第１．４条(a)において，Ｙは本件債務を承継しない旨を明確に定めるのであって，これらの条項と対照すれば，本件譲渡契約の第９．６条(b)が，Ｙにおいて第三者弁済をする場合における求償関係を定めるものであることは

明らかであり，これが置かれていることをもって，Yが本件債務を重畳的に引き受け，これを承継したと解することはできない。」そして，「貸金業者（以下「譲渡業者」という。）が貸金債権を一括して他の貸金業者（以下「譲受業者」という。）に譲渡する旨の合意をした場合において，譲渡業者の有する資産のうち何が譲渡の対象であるかは，上記合意の内容いかんによるというべきであり，それが営業譲渡の性質を有するときであっても，借主と譲渡業者との間の金銭消費貸借取引に係る契約上の地位が譲受業者に当然に移転すると解することはできない」ところ，「本件譲渡契約は，Yが本件債務を承継しない旨を明確に定めるのであって，これが，XとAとの間の金銭消費貸借取引に係る契約上の地位の移転を内容とするものと解する余地もない」。

(2) 過払金返還債務の承継が肯定された事件

これに対し，過払金返還債務の承継が肯定された例として，最二小判平成23年9月30日（クラヴィス→プロミス事件）を挙げることができる。また，同じ承継当事者かつ同じ小法廷で，最二小判平成23年11月18日（クラヴィス→プロミス事件）もあり，同様の結論となっている。以下では，9月30日判決を紹介する。

(a) 事実の概要

Y（Aの親会社であった）は，国内の消費者金融子会社の再編を目的として，平成19年6月18日，Aなどとの間で再編に係る基本合意書を取り交わし，Aが顧客に対して有する貸金債権をYに移行し，Aの貸金業を廃止することとした。そして，その債権移行を実行するため，YはAとの間で，平成19年6月18日，業務提携契約を締結したが，その契約内容には，ⓐAの顧客のうちYに債権を移行させることを勧誘する顧客は，Y及びAの協議により定めるものとし，そのうち希望する顧客（切替顧客）との間で，Yが金銭消費貸借取引に係る基本契約を締結すること，ⓑAが切替顧客に対して負担する一切の債務について，Y及びAが連帯してその責めを負うものとし，この連帯債務の負担部分の割合は，Yが0割，Aが10割とすること，ⓒY及びAは，切替顧客に対し，今後の全ての紛争に関する申出窓口をYとする旨を告知し，Yは，切替顧客からの過払金等返還債務の請求に対しては，申出窓口の管理者として善良なる注意をもって対応すること，などが盛り込まれていた。

他方，Xは，上記に先立ち，Aとの間で金銭消費貸借取引に係る基本契約を締結し，平成5年7月6日から平成19年8月1日までの間，継続的な金銭消費貸借取引を行っていた（以下，「本件第1取引」とする。なお，本件取引において，制限超過部分を元本に充当すると過払金が発生していた）が，Yの勧誘に応じて平成19年8月1日，本件第1取引の切替を内容とする金銭消費貸借取引に係る基本契約（切替契約）を，Yとの間で締結した。この際，XはYから，「残高確認書兼振込代行申込書」を示され，これに署名してYに差し入れた。当該申込書の差入れを受け，Yは，平成19年8月1日，Xに対し，本件切替契約に基づき，本件第1取引に係る約定残債務金額相当額を貸し付けた上，同額をA名義の口座に振込送金した。そして，Xは，Yに対し，同年9月2日から平成21年2月14日までの間，弁済を行った（以下，この弁済に係る取引を「本件第2取引」とする）。

ところが，平成20年12月15日，YとAは，本件業務提携契約のうち債務引受条項を変更し，過払金等返還債務につき，Aのみが負担し，Yは切替顧客に対し何らの債務及び責任を負わないことを内容とする変更契約を締結した。

XがYに対して過払金の返還を求めたが，原審（東京高判平成22年12月8日）は，本件債務引受条項が第三者のためにする契約の性質を有するところ，XがYに対し，本件第1取引に係る紛争等の窓口がYとなることに異議はないなどの記載がされた本件申込書を差し入れ，Yとの間で切替契約を締結したうえ，その後Yに弁済したからといって，それが受益の意思表示をしたものとはいえないなどを理由に，Xの主張を退けた。そこで，Xが上告。

(b) **判　　旨**

破棄差戻し。ⓐ「Yは，上記のような本件業務提携契約を前提として，Aの顧客であったXに対し，本件切替契約が被上告人のグループ会社の再編に伴うものであることや，〔本件第1取引〕に係る紛争等の窓口が今後Yになることなどが記載された本件申込書を示して，Yとの間で本件切替契約を締結することを勧誘しているのであるから，Yの意図は別にして，上記勧誘に当たって表示されたYの意思としては，これを合理的に解釈すれば，Xが上記勧誘に応じた場合には，Yが，XとAとの間で生じた債権を全て承継し，債務を全て引き受けることをその内容とするものとみるのが相当である」。ⓑ「Xは，上記の意思を表示したYの勧誘に応じ，本件申込書に署名してYに差し入れ

ているのであるから，Xもまた，Aとの間で生じた債権債務をYが全てそのまま承継し，又は引き受けることを前提に，上記勧誘に応じ，本件切替契約を締結したものと解するのが合理的である」。ⓒ「本件申込書には，Aに対して負担する債務をYからの借入れにより完済する切替えについて承諾すること，〔本件第1取引〕に係る約定残債務の額を確認し，これを完済するため，同額をA名義の口座に振り込むことを依頼することも記載されているが，本件申込書は，上記勧誘に応じて差し入れられたものであり，実際にも，XがYから借入金を受領して，これをもって自らAに返済するという手続が執られることはなく，Yとその完全子会社であるAとの間で直接送金手続が行われたにすぎない上に，上記の記載を本件申込書の他の記載部分と対照してみるならば，Xは，〔本件第1取引〕に基づく約定残債務に係るAの債権をYに承継させるための形式的な会計処理として，Aに対する約定残債務相当額をYから借り入れ，その借入金をもって上記約定残債務相当額を弁済するという処理を行うことを承諾したにすぎないものと解される」。

　以上の事情に照らせば，XとYとは，本件切替契約の締結に当たり，Yが，Xとの関係において，〔本件第1取引〕に係る債権を承継するにとどまらず，債務についても全て引き受ける旨を合意したと解するのが相当であり，この債務には，過払金等返還債務も含まれていると解される。

(3) 原審との分岐点

　ところで，上記で紹介した2つの最高裁判決は，結論的にはいずれも，原審と判断を異にしている（破棄差戻しをしている）ことを指摘することができる。では，いかなる点が原審と最高裁判決の判断を分けたのであろうか。

　まず，3月22日判決は，本件譲渡契約の中で，過払金返還債務を承継しない旨が明確に規定されていること，譲受業者が債務を併存的に引受けたと解することはできないことなどを認定し，そのような約定のもとでは，譲渡当事者間で貸金債権の一括した譲渡があったとしても，それによって当然に，譲渡業者と借主との間の金銭消費貸借取引に係る契約上の地位の移転がなされたと解することはできないとした。これは，原審と比較した場合，本件譲渡契約の条項の解釈自体が異なっている（原審は，過払金返還債務を承継しない旨の合意があったとはいえないとした）のに加え，原審のような，Xとの関係でYはAの契約上

の地位を包括的に承継する法的効果を生じた（＝過払金債務の承継を否定することはできない）という実質的判断を，基本的に行っていない点が特徴的である[14]。

また，9月30日判決は，譲渡当事者間に併存的債務引受契約があり，過払金返還債務も含めて全ての債務が承継されたこと，併存的債務引受条項の法的性質である「第三者のためにする契約」において受益者（＝借主）に効果が帰属するために必要な，受益者による「受益の意思表示」もなされたこと，その後のＡ－Ｙ間の変更契約はＸには影響を与えないこと，などを根拠に，Ｙの責任を認めている。原審と比較すると，債務引受条項の法的性質を「第三者のためにする契約」としている点では共通性があるが，ＸがＹと切替契約を締結したことやＸがＹへ弁済したことを通じて，「受益の意思表示」があったか否かに関する判断が異なっている[15]。

4　若干の考察

(1)　諸法理の限界点

以上のように，本問題については，下級審で様々な法理が展開されてきたものの，最高裁判決が出され，今後，特に譲渡当事者（またはその一方）に同一性が見受けられる事例においては，ある程度，解決方向に統一性が生まれることになるであろう。ただし，本問題に関する最高裁判決の特徴として，契約の解釈によるアプローチ（前述2(2)(a)参照）が強く志向されているように読めることには留意をする必要がある。契約の解釈によるアプローチは，事件毎の個別具体的な関係当事者に関する諸般の事情を総合考慮して判断し得るものである。しかし，反対に言えば，契約内容が異なる事例においては，これまで出された最高裁の見解は何ら参考にならない可能性も十分にあり得る（最上級審の判断ではあるものの，その内容は今までの裁判例の不統一感を一気に収束させるものではなく，

---

[14]　岡林伸幸「判批（3月22日判決）」市民と法70号14頁（2011年）は，本判決について，「形式のみにとらわれ，実質的な判断を回避した判決といえる。特に，貸金債権が過払金返還債務と表裏一体の関係にある点をいっさい無視している点が納得できない」と評している。

[15]　そもそも，「第三者のためにする契約」を巡っては，契約締結後，受益者が受益の意思表示をする前に，契約当事者間で（受益者の承諾なく）契約内容の撤回や変更をすることができるか否かが問題となるものと思われる。受益者の受益に対する期待をどこまで保護するかの問題であり，本来ならば本格的な検討が必要であると思われるが，本小稿では割愛する。

個別のケースにおける判断のカタログを増やしたにとどまり，今後の裁判例への影響という意味ではある程度限定的なものにならざるをえない）。また，契約内容から過払金返還債務の承継の推定ができない場合（債権譲渡や切替の場合には，推定が困難である）や，例えば前掲最判平成 23 年 9 月 30 日判決の事例のように明確に承継を否定する契約内容となっている場合には，過払金返還債務の承継がそれのみをもって否定されてしまうことも十分に考えられる。

　他方，商法・会社法の規定の適用・類推適用によるアプローチ（前述 2(2)(b) 参照）は，規定の射程距離に基づく限界がある。そもそも，平成 17 年改正前商法 26 条は，商号や名称等を引き継がない形での営業譲渡のケースには用いることができないアプローチである。譲受人の譲渡人からの債務引継ぎ可能性のある法行為についてさらにリスク管理が厳しくなり，商号や名称を引き継がない形での企業承継が多くなれば，同条での債務承継は不可能となる。また，平成 17 年改正前商法 28 条については，広告の意義について，「その広告の中に必ずしも債務引受の文字を用いなくとも，広告の趣旨が，社会通念の上から見て，営業に因って生じた債務を引受けたものと債権者が一般に信ずるが如きものであると認められるようなものであれば足りる」（最判昭和 29 年 10 月 7 日民集 8 巻 10 号 1795 頁）と，広く解されているものの，同条が争われている形跡自体が乏しいことから推測すると，このような類の広告があまり多くなされているわけではないものと思われる。

　これに対し，下級審判決の中では多く見られる「契約上の地位の移転」というアプローチ（前述 2(2)(d) 参照）は，契約解釈如何にかかわらず，また，商法・会社法上の規定の適用がない事例においても，過払金支払債務の承継を導き出すための枠組みとして相当程度有益であると考える。そもそも，「契約上の地位の移転」がなされるためには，原則として契約の相手方（本件における借主）の承諾が必要であると解されているが，承諾を擬制したり，または，承諾を得ていなくとも譲渡業者と譲受業者が併存的に債務を引受けたりするのであれば地位の移転は可能であるため，そのような契約であったと解釈することは十分に可能であろう。ただし，なお，理論的な問題は残されている。まず，貸金債権と過払金返還債務が「表裏一体」であるからこそ実質的に契約上の地位の移転がなされたと判断されるのであれば，そもそも，別個の要件を満たすことによって発生する独立した両債権・債務に，本当に一体性があるといえるのかが

慎重に検討されなければならない。また、その問題をクリアして（または、一体性を強調せずに、譲渡契約当事者の行為等に着目して）契約上の地位の移転を認めたとしても、未発生債務であれば、地位の移転に伴って引受人に承継されるのに対し、既発生債務においては、地位の移転には含まれないという解釈の可能性が指摘できる[16]。過払金返還請求権が（債権者＝借主は意識していなくとも、理論上は）譲渡前に既に発生している債務であるとすれば、契約上の地位の移転という概念のみから当然に承継が導き出せるわけではない可能性がある。さらに、債権のみを譲渡する「債権譲渡」契約の場合には、その契約文言のために、それを「契約上の地位の移転」であると解釈することには、一定の限界があるものと思われるし、継続的契約関係が既に終了しているケース（終了後に営業譲渡・債権譲渡があった場合）には、そもそも、承継すべき「契約上の地位」がないのではないかとの疑問も生じる。

(2) 過払金支払債務の引き当てとしての「企業財産」

ところで、一般的に債務の履行は、究極的には債務者の責任財産に依拠しているところ、過払金返還債務の履行が困難となった根源が営業譲渡や債権譲渡にあるのであれば、その譲渡業者の企業財産を承継した譲受業者に追及していくことが考えられる。そして、その場合、まず考え得るのが、詐害行為取消権によるアプローチ（前述2(2)(c)参照）である。しかし、そもそも詐害行為取消権を行使し得るための要件は必ずしも緩やかなものではないため、債権者保護が決して容易ではなく、また、そもそも、一顧客に対し、詐害行為取消訴訟を行って、責任財産を回復させ、債権回収の目的を果たすことを期待することは、現実性に欠けるといわざるを得ないとの指摘もある（東京地判平成16年7月26日金商1231号42頁参照）。また、判例準則に従えば、詐害行為取消権の効果は相対的取消である（その結果、企業承継自体の取消しには至らず、訴訟当事者間において価格賠償のみが認められるにすぎないため、取消しの影響は大きなものとならない）が、相対的取消理論自体に疑問が呈されていることは周知のとおりである。

そのような中で、筆者は、企業財産の全て（または、収益を生みだす「契約上の地位」を含めた、債務履行のための引き当てとなる主要部分。以下、「主要部分」とする）

---

[16] この点の指摘について、野澤正充「営業譲渡・契約譲渡と譲渡人の債務の承継――預託金および過払金返還債務を素材として――」みんけん577号3頁（2005年）参照。

の譲渡があった場合には，譲受人は，譲渡人と並んで債務を負わなければならない（債務負担の強制）という考え方が採り得ないかとの感触を有している。すなわち，既発生債務の債権者としては，原債務者所有の財産や，将来発生する営業利益（収益）からの債権回収について期待権を有することから，その財産の全てまたは主要部分が一括して譲渡された（そして，譲渡業者が過払金返還債務の履行に十分な原資を譲渡の対価として取得していなかったり，また，相当程度の原資を取得していても，契約上の地位等も移転したためにその後の収益活動がなく，その結果，譲渡業者からの回収が見込めなかったりするような）場合には，その財産および収益を引き当てとしている債務については，当然に譲受人が（も）負担するという解釈の可能性である。

このような考え方は，機能としては，詐害行為取消権と類似のものと位置付けることができるが，ⓐ詐害行為取消権の場合には，詐害行為の「取消し」という，逸出した責任財産の取戻しの方向性をもった概念であるのに対し，この考え方は，当該承継行為自体を肯定したうえで，債務負担をも義務付けるという発想である点が異なる。ⓑまた，詐害行為取消権のように，詐害行為性や詐害意思を債権者側が主張・立証する必要はなく，全て（または主要部分）の財産が譲渡された事実さえ主張・立証されれば，譲受業者の責任が肯定され得る。ⓒさらに，この考え方では，詐害行為時に存在していた債務者の責任財産という枠内で保護を図る（逸出した責任財産を超えて受益者・転得者が責任を負うものではない）詐害行為取消制度を超えて，譲受業者（受益者）に対して責任を負わせることが可能となる。責任財産保全という枠を超えて，そこまで債権者（借主）を保護する必要があるかは問題となるが，譲受業者は譲渡業者の有していた顧客（契約上の地位）を譲受けて確保し，その後の新たな収益を期待できる源をも取得したのであり，譲渡の際に存在していた財産（いわば，支分権的な財産）のみを享受したのではないのだから，拡張的な責任に対してもそれなりの妥当性は確保し得るのではないかと解する。

そして，このような考え方が立法論に反映されることも考え得る（例えば，ドイツ民法旧419条参照）が，解釈論においても，企業の財産および収益性に対する担保的側面を強調しつつ，その法的根拠を，譲受人が財産を承継しておきながら債務を承継しないということが信義則に反するという点に求めることは，さほど不自然ではないようにも思われる。

413

5　おわりにかえて

　本小稿では，貸金業者の企業承継に伴う過払金返還債務の承継の有無に関する下級審判決および最高裁判決を分析しつつ，若干の検討を試みた。

　最後に，この問題に対する筆者の見解の基本的な方向性を，再度，確認しておきたい。まず，実質的に対価的均衡がとれない営業譲渡や債権譲渡などによって，譲渡に関与しない借主がそれまでよりも不当に不利な立場に置かれ，回収できるはずの過払金債権が回収できなくなることが妥当でないことは，いかなる法的手段を用いるかは別としても，結論的にあまり異論のないところではなかろうか。しかし筆者はそれに加え，一見すると対価的均衡のとれた営業譲渡・債権譲渡であっても，借主保護の可能性があるのではないかとの感触を得ている。企業の債務は，現有の資産に加えて，営業が継続されて収益をあげるからこそ返済し得るものであることを前提として（そして，債権者も営業が継続されるからこそあげられる収益をも弁済の引き当てとなることを期待していたであろうことを前提として），譲渡契約の締結を選択した譲受業者が，その収益の源となる「契約上の地位」を手に入れ（契約の形式が，営業譲渡であるか，債権譲渡であるかを問わない），反対に，同譲渡契約を通じて譲渡業者が営業を行わなくなったという状況が見て取れる場合においては，営業を承継する譲受業者に（譲渡価格に限定されない）債務を負うことを義務づけてよいのではないかと考えるのである。

　そもそも，営業譲渡・債権譲渡がなくとも，借主の過払金返還請求権に回収不能リスクがあることは当然であり，これを必要以上に保護するべきではないとの反論も想定し得る中，果たして，上記のような仮説がどこまで妥当性を有するのかは，本小稿における序論的考察だけでは十分でなく，さらに精緻に検証されなければならないであろう。また，冒頭で触れたように，筆者は，この問題は過払金返還問題に特有の問題ではなく，詐害的な財産の譲渡がなされた場合に，どのように（そして，どの範囲まで）債権者を保護すべきであるのかという，一般的な債権管理・回収上の問題に通じ得るものと考えるが，今回仮に提示した考え方が，どこまで一般化できるかも検討されなければならないであろう。しかしそれらの点については今後の研究課題とし，ひとまず本小稿を閉じることとしたい。

19 要求払預金の拘束

宮 根 宏 一

1 はじめに
2 要求払預金の拘束に関する利益状況等
3 要求払預金の拘束についての裁判例及び学説
4 私　見
5 まとめ

1 はじめに

　融資先について信用の不安が生じた場合に，金融機関は，その融資先の預金に関する支払等を停止することがある。こうした措置は，担保権設定の対象になっていない要求払預金（普通預金，当座預金）についても，払戻請求に対する拒絶，口座振替の停止，手形・小切手の提示者に対する支払の拒絶等の形で，行われている（以下，本稿では，上記のような要求払預金に係る支払等の停止のことを「要求払預金の拘束」という[1]。なお，一般的には，拘束という語に代えて凍結という語が用いられることもある）。

　要求払預金の拘束は，後記2のように金融実務においてはかなり広く行われているものとみられ，また，これが行われた場合には預金者（融資先）は重大な不利益を受ける可能性があるが，にもかかわらず，その法的な根拠は必ずしも明らかではない。すなわち，金融機関がこうした措置を取りうることを定めた明文の法規定は存在しておらず，また，預金契約等においても，このことに関して直接に定める条項は特に設けられていないのが通常である。

---

[1]　「預金の拘束」とか「拘束(性)預金」という語は，金融機関が預金者への貸付の際に貸付金の一部を定期性預金として積み立てさせる行為に関して用いられる場合もあるが，本稿で取り上げるのは，こうした事前型の預金拘束ではなく，預金者の信用不安の発生後に行われる事後型の預金拘束である。

したがって，上記のような要求払預金の拘束は預金者に対する債務不履行ないし不法行為になるのではないかということが，私法的には当然に問題となりうるところであるが，従来はこの問題について論じられることは少なかった。しかし，近年，後記3(1)のような幾つかの裁判例が出たことや，後記2(3)(c)のような金融行政の動き等もある中で，この問題に対する社会的な関心が高まりつつあり，また，これに関する学説の議論等も活発化しつつある状況である。

そこで本稿では，この要求払預金[2]の拘束の問題，具体的には，要求払預金の拘束と債務不履行責任ないし不法行為責任との関係をテーマとして取り上げることとする。論述の順序としては，まず一般的な利益状況等を確認した後に，当該問題に関する裁判例及び学説を簡単に紹介し，その上で私見を述べることとしたい。

2 要求払預金の拘束に関する利益状況等

(1) 金融機関側の事情
(a) 要求払預金の拘束の必要性

筆者の知る限りでは，要求払預金の拘束の件数等に関する一般的な統計資料は存在しない。しかし，金融実務家の著作等によれば，要求払預金の拘束は，「銀行実務としてはさほどめずらしいものではなかろう」[3]とか，「少なくない」[4]とされており，後記(3)のような金融行政に表れた状況等からしても，当該措置は金融実務においてかなり広範に行われているものとみられる[5]。

要求払預金の拘束がこのように広く行われている理由については，預金との相殺による貸付金の回収の準備等のために必要だから，という趣旨の説明がなされるのが一般的である[6]。

---

[2] 一般的に，定期預金については，預金者から期限前の払戻請求があっても金融機関はこれを拒否できる，と解されており（東京地判平成20年6月27日金法1861号59頁等），適式な請求等があれば速やかに払戻し等がなされねばならない要求払預金とはその機能・性質等が大きく異なるため，定期預金の拘束の問題に関しては，本稿では検討の対象とはしない。

[3] 渡辺隆生「融資先の信用不安と預金支払の凍結」金法1856号（2009年）6頁。

[4] 本多知成「判批」金法1899号（2010年）32頁。

[5] 仄聞するところによると，拘束中の要求払預金の口座数が数千に上るような銀行もある模様である。

[6] 渡辺・前掲注(3)6頁，同「判批」金法1905号（2010年）8頁，安井充彦・清水茉莉

すなわち，融資先について信用の不安が生じた場合には，金融機関にとっては，当該融資先の預金と貸付金との相殺が最も確実な債権回収の手段となる。しかし，相殺を行うためには，貸付金債権に係る期限の利益が失われていることが必要である（民法505条1項）。この貸付金債権に係る期限の利益については，銀行取引約定書において，いわゆる当然喪失事由と請求喪失事由が定められているのが通常であるが，これらの事由（特に後者の包括条項である「債権保全を必要とする相当の事由が生じたとき」）の存否の判断にあたっては，債務者の業況，資金繰り，今後の事業計画，他の債権者の動向，担保の換価回収の容易性・確実性等の事実関係について債務者からのヒアリングを含む様々な手段による調査等を行った上で，債務者の事業継続の可能性等を評価することが必要である。その上で，相殺による回収に進むのであれば，内部的な決裁等を経た上で期限の利益の喪失請求や相殺の意思表示を行う，といった事務的な手続きも必要となる。また，相殺の必要性に関する判断等との関係では，債務者との間で追加担保の交渉等も行われるのが通常である。こうした事実調査，話し合い，判断，事務手続き等のためにはある程度の期間が必要であり，その間に預金の残高が減少して相殺の実効性が失われることを防止するために，金融機関としては当該預金を拘束せざるを得ない，といった趣旨の説明がなされている。

(b)　**銀行取引約定書における期限の利益の喪失条項**

　ここで，前記(a)のような脈絡で要求払預金の拘束の問題と密接に関係している銀行取引約定書の期限の利益喪失条項について，若干の説明を補足しておきたい。

　金融機関と融資先との間で締結される銀行取引約定書においては，融資先の債務に係る期限の利益に関し，当然喪失事由として，①融資先の支払停止又は破産等の法的な手続の開始の申立，②手形交換所の取引停止処分，③融資先又はその保証人の預金等についての差押命令等の発送，④融資先の所在不明等が，請求喪失事由として，⑤融資先が債務の一部でも履行を遅滞したとき，⑥担保の目的物に係る差押等，⑦融資先が金融機関との取引約定に違反したとき，⑧保証人が期限の利益の当然喪失事由又は請求喪失事由に該当したとき，⑨前各号のほか債権保全を必要とする相当の事由が生じたとき等が，それぞれ規定さ

「判批」民研627号（2009年）18頁，岩崎大・戸田裕典「判批」民研643号（2010年）13頁等。

れているのが通常である。

　これらのうち，⑨はいわゆる包括条項だが，一般的に，①ないし⑧のような個別の事由に形式的に該当する場合でも，債権保全の客観的な必要性が実質的に存在しないときには，期限の利益は喪失させられない，と解されている[7]ので，債権保全の客観的な必要性は，期限の利益喪失条項が用いられる場合には事由の如何を問わず常に必要な要件ということになる。

　この債権保全の必要性の有無をどのような基準で判断すべきかについては，判例等は必ずしも固まってはいないが[8]，少なくとも，当該判断は関連する事実を総合的に勘案して客観的になされるべきもので，金融機関の恣意的・主観的判断に陥ってはならない，ということ[9]については，異論はないものとみられる。したがって，金融機関にとっては，前記(a)のような様々な事実関係の調査・把握を行うことが必要となってくるのである。

(2)　預金者側の不利益等

　要求払預金の拘束について，前記(1)のような必要性が金融機関に存在するとしても，これが行われる場合には，預金者は重大な不利益を被ることになる。

　すなわち，要求払預金は，適式な請求等があれば通常は速やかな払戻し等がなされるべきものとして，預金者の日常の事業活動に必要な運転資金の出入，買掛金等の決済，従業員給与等の諸経費の支払等に用いられているものである。にもかかわらずその支払等が停止されてしまうと，預金者としてはこれに代わる資金を急きょ調達せねばならなくなり，また，当該預金が当座預金であれば，

---

[7] 全銀協法規小委員会編『新銀行取引約定書ひな型の解説』（金融財政事情研究会，1977年）87頁，鈴木祿彌編『新版注釈民法⑰債権(8)』（鈴木祿彌，山本豊）（有斐閣，1993年）332頁等。

[8] 期限の利益喪失条項の適用の可否が問題となった裁判例としては，大阪高判昭和45年6月16日金法589号32頁，仙台高判平成4年9月30日金判908号3頁，広島高判平成14年12月12日判例集未掲載，東京地判平成19年3月29日金法1819号40頁等があるが，上記の問題に関する一般的な判断基準との関係では，広島高判が，上記⑨の包括条項の要件を，客観的にみて債権保全の客観的必要性があるとき，すなわち債務者の信用度がかなり低下し，債権回収を弁済期到来まで待つことを債権者である被控訴人に期待することが社会通念上無理であるとき，と解すべき旨を判示している程度である。

[9] 実務研究会「実務上の問題点とその対応策」金法844号（1978年）32頁，全銀協法規小委員会編・前掲注(7) 87頁。

手形等の不渡りも生じうることになる。こうした場合，うまく代替資金が調達できたとしても過分のコストがかかることになるし，代替資金が調達できなければ，預金者に経営破綻等の危険が生じるような深刻な事態にもなってくる[10]。

さらに，相殺等がなされないまま預金が拘束された状態が長期間継続すると，預金者にとっては，その預金を当該金融機関への返済以外に用いることができるか否かが不明で不安定な状況が続くことになり，その後の方針（自己の事業の再建を図るか，断念するか，その他の債権者等にどのような対応を行っていくか等）の策定にも差し障りが生じてくる。

また，銀行取引約定書には，金融機関が当該約定書によって相殺を行った場合には，相殺の対象となった債権債務に係る利息や遅延損害金等の計算期間は相殺実行の日（相殺通知を発送した日[11]）までとする，旨の規定が置かれているのが通常である。当該規定によれば，預金者の債務について期限の利益が失われて相殺適状となった時から実際に相殺が行われるまでに長期間が経過しても，民法506条2項にかかわらず，相殺実行の日まで利息等が発生し続けることになる。一般的に，貸付金債務に係る利息等は預金の利息よりも高額であるから，相殺等がなされないまま要求払預金の拘束が継続すると，その間は，貸付金債務に係る利息等と預金の利息との差額分の負担が預金者の側に生じ続けることになる[12]。

(3) 「コンプライアンス」との関係

要求払預金の拘束は，債務不履行・不法行為といった私法的な観点のみならず，いわゆる「コンプライアンス」，具体的には金融行政（銀行法）や独占禁止法との関係でも問題になりうる。以下では，利益状況についての理解の参考とするために，要求払預金の拘束がコンプライアンスとの関係においてどのような形で問題とされているか等についても，簡単に紹介することとする。

---

[10] 渡辺・前掲注(6)8頁，亀井洋一「判批」銀行法務21 第711号（2010年）37頁以下。
[11] 全銀協法規小委員会編・前掲注(7)110頁。
[12] 最判平成2年7月20日金法1270号26頁は，銀行取引約定書の上記規定の有効性を前提とした上で，相殺適状となった時から2年半余を経過した後に金融機関が行った，当該期間の間に増大した利息・遅延損害金を自働債権とする相殺も，信義則に反するものとはいえない，とする。

(a) 金融行政（銀行法）及び独禁法との関係での問題点

金融機関が要求払預金について不当な拘束をすることは，優越的な地位を不当に利用する行為として，銀行法13条の3第4号，同法施行規則14条の11の3第3号ないし独占禁止法19条，同法2条9項5号に抵触することになる可能性がある，と理解されている[13]。すなわち，一般的に，金融機関は融資先に対して金銭の貸借関係を背景とした強い影響力を行使しうる立場にあるが，融資先に信用の不安が生じているような場合には，力関係はさらに金融機関側に傾き，そうした中では，金融機関がその優越的な地位を不当に利用して預金拘束の受忍を融資先に強いる，などといった事態が生じる懸念もあると考えられている。

また，預金の拘束が優越的な地位の不当利用であるとまでは直ちに断定できないようなケースであっても，銀行法との関係では，それが「預金者等の保護」（同法1条1項）という銀行法の目的に反する不適切な行為であると評価されるような場合には，同法24条1項に基づく報告徴求や同法26条1項に基づく業務改善命令等の対象になりうるものと考えられる。

(b) 過去の大蔵省通達

昭和54年に発出された旧大蔵省の通達及び事務連絡[14]では，「債務者の経営状態が著しく悪化したこと等から，金融機関として債権保全上当該債務者の預金を拘束する必要が生じたため，拘束措置が講じられている預金」が「通常の拘束性預金」の類型の1つとして挙げられ，そうした拘束措置も後記のような一定の制約の下で許容されうること，及び上記の「拘束する必要が生じた」とは，「通例は，債務者が振り出した手形が不渡りとなった場合，または債務者が会社更生法の規定による更生手続の開始の申立てを行った場合等，あるいはそれらの事態が生ずる惧れが多分にある場合が，一応の基準になる」というこ

---

[13] 伊藤眞「危機時期における預金拘束の適法性——近時の下級審裁判例を素材として——」金法1835号（2008年）11頁，岩崎・戸田・前掲注(6)29頁以下，川西拓人・吉田桂公「貸付条件変更の申込みと預金拘束——金融検査指摘事例集を踏まえて——」金法1899号（2010年）44頁以下，公正取引委員会「金融機関と企業との取引慣行に関する調査報告書」（2006年）25頁。

[14] 大蔵省昭54・7・2蔵銀第1509号銀行局長通達「歩積・両建預金の自粛について」及び大蔵省昭54・7・2銀行局総務課長事務連絡「「歩積・両建預金の自粛について」の留意事項について」。

とが記載されていた。こうした通達等が存在していたということは，融資先の信用状態に不安が生じた場合にその要求払預金等を拘束することが金融業界では古くからかなり一般的に行われていた実務であることを示すものといえる。

また，上記の通達等では，預金について上記のような緊急の拘束措置を講じた場合には，金融機関は，その旨の通知を債務者（預金者）に対して書面をもって行い，当該通知を発出した日以後，可及的速やかに，当該預金に係る担保権の設定措置等を講じるとともに，当該預金額に対応する貸出金について金利軽減措置を講じるべきこと，上記の通知の発出後1か月以内にそうした措置が完了しなかった場合には，これを完了するまでの間，当該預金を拘束してはならないこと，及びこれらのことは，金融機関が当該債務者にかかる債権・債務について相殺の措置を講じることを妨げるものではないこと，等も定められていた。こうした通達等の内容は，預金者の信用不安の際の預金の拘束が担保権の設定や相殺といった正規の措置をとるまでの一時的なものとして位置づけられていたこと，及び預金の拘束が行われた場合には前記(2)のような貸付金債務に係る利息等と預金の利息との差額分の負担を預金者に負わせることは適当でないと考えられていたこと等を示すものである。

(c) **近年の金融検査における指摘等**

前記(b)の通達は，その対象としていた事項については金融機関の自主的・主体的な対応によることが望ましいとの考え方により，平成元年に廃止されたが，その後近年になって，要求払のものを含めた預金の拘束の問題が，金融庁が金融機関に対して行っている金融検査（銀行法25条1項等）において取り上げられるようになった[15]。

すなわち，金融庁が公表している検査指摘の事例集では，金融機関による預金の拘束に関して，

① 預金の拘束を行うべきか否かの判断が適切になされることを確保する態勢が整備されていない（判断基準等が金融機関の内部において明確にルール化されていない，営業店における預金拘束の判断の適切性について本部による把握・検証がさ

---

[15] 平成21年のいわゆる中小企業金融円滑化法の施行の前後から，業況の悪化した融資先に対する金融機関の対応に焦点をあてた金融検査が行われるようになり，その一環として，預金者の信用不安時の預金拘束の問題についても，意識的な検証が行われるようになった。

財産法の新動向 Ⅱ

れていない。）
② 顧客への対応を適切に行う態勢が整備されていない（営業店に対し預金の拘束の際にどのような顧客対応が必要かについての指導が行われていない。）
③ 預金の拘束後のフォローが十分でない（営業店における預金拘束後の状況について本部による把握・検証がされていない。）

等の問題があり，苦情等に至っているケースも存在していることが，記載されている[16]。

　金融庁が公表している事例は，金融検査における指摘内容のごく一部であり，預金の拘束が金融検査において問題となっているケースはこれら以外にも相当数存在するものとみられる。そうした中で，新聞報道では，金融庁が，預金の拘束措置の決定や顧客への説明が適切に行われているかについて，業界団体へのヒアリングなどによる調査を行い，当該問題との関係で監督指針や金融検査マニュアルの改定の要否を検討しつつある，との動きも伝えられている[17]。

　上記のような近年の金融検査ないし金融行政に表れた状況は，預金者の信用に不安が生じた場合の預金の拘束が現在でもかなり広範に行われていること，にもかかわらず，金融機関において預金拘束の実施に係る判断基準や顧客への対応ルール等が明確に定められておらず，営業店や担当者によって対応にばらつきがあるケースも多いこと，そうした中で，預金拘束の当否や顧客への説明，さらには預金の拘束後のフォローのあり方等をめぐってトラブルも発生していること，等を窺わせるものである。

3　要求払預金の拘束についての裁判例及び学説

(1)　裁 判 例

　要求払預金の拘束を行った金融機関の責任が争われた裁判例としては，後記(a)ないし(c)がある[18]。

---

[16]　金融庁「金融円滑化に係る金融検査指摘事例集」（2009 年）5 頁，同「金融検査指摘事例集（平成 21 検査事務年度）」（2010 年）15 頁及び 16 頁，同「金融検査結果事例集（平成 22 検査事務年度後期版）」（2011 年）97 頁。
[17]　ニッキン 2011 年 3 月 4 日号。
[18]　そのほか，上記(a)の裁判例と同様に金融機関が当座預金を無断で別段預金に振り替えたために預金者から債務不履行による損害賠償請求がなされた事案だが，預金の拘束とは別の問題として処理されたケースとして，最判昭和 57 年 11 月 4 日金法 1021 号 75

(a) 東京地判平成3年2月18日金法1293号30頁

　Y銀行がX社の当座預金の残高を無断で別段預金に振り替えてこれを拘束したために，X社の資金繰りが逼迫して他から融資を受けざるをえなくなり，その金利負担による損害を被った，として，X社がY銀行に対して契約上の責任又は不法行為責任に基づく損害賠償請求を行った事案である。

　裁判所は，X社のY銀行からの借入れについて担保不足の状況があったこと，及び従前からの経緯（X社がY銀行に対しA銀行からの根抵当権譲渡による担保提供を約しておきながら，これを遅滞し，当該譲渡を行う前提として調達した上記当座預金口座内の金員についても，安易に運転資金として利用しようとしたこと。）等を併せ考えると，上記の預金拘束が直ちに違法であるとはいえない，としてX社の請求を棄却した。

(b) 東京地判平成19年3月29日金法1819号40頁

　A社の破産管財人であるXからY銀行への請求は多岐にわたるが，本稿のテーマである要求払預金の拘束との関係に絞って紹介すると，Y銀行が，違法に，A社への貸付債権について期限の利益喪失の請求を行い，同社の普通預金及び当座預金を拘束したために，A社は手形の不渡りを出し，その後営業を継続できずに破産手続開始に至った，として，XからY銀行に対して不法行為責任に基づく損害賠償請求等がなされた事案である。

　当該事案に関して，裁判所は，次の①ないし③のような事情の認定を行った。①Y銀行からA社に対する貸付の大部分は無担保の信用貸越しであり，A社が将来的に建設工事を受注することができることが信用供与の前提であった。②A社について耐震偽装問題への関与を疑わせる新聞報道等がなされる中で，Y銀行においてA社が新規の受注を得ることができなくなった等と判断することもやむをえない状況であった。③A社の社長らは，上記の新聞報道等の前に，耐震偽装の対象となった物件に同社が施工等を行った物件が含まれていることを知っていたにもかかわらず，銀行取引約定書に違反し，このことをY銀行に報告せず，これは，同行のA社に対する信用を失わせるものであった。

　その上で，裁判所は，上記の事情に照らすと，Y銀行がA社に対して期限

　頁がある。

の利益喪失の請求を行った平成17年11月19日の夕方の時点で，銀行取引約定書所定の「債権保全を必要とする相当の事由」が具備されていたということができるので，期限の利益喪失の請求は有効かつ適法であり，また，預金の拘束も適法であった，としてXの上記請求を棄却した（なお，預金の拘束がなされたのは，同日の昼であり，その後に預金の一部について相殺がなされたのは，平成18年3月6日であった。）。

(c) **東京高判平成21年4月23日金法1875号76頁**

X社がY銀行からの借入れについて期限の利益を喪失していないにもかかわらず，Y銀行が，X社の普通預金を違法に拘束してその払戻しを拒絶し，その後に貸付債権と預金債権との相殺を行ったため，預金相当額の損害を被った，として，X社がY銀行に対して不法行為責任に基づく損害賠償請求を行った事案である。

第1審（東京地判平成20年8月1日金法1875号81頁）はX社の請求を棄却したので，同社が控訴。

当該事案に関して，東京高裁は，次の①ないし⑤のような経緯の認定を行った。①X社にとって大口かつ重要な取引先であって事業上極めて密接な関係にあるA社が平成20年1月9日に民事再生手続開始の申立てをしたことにより，X社のA社に対する貸付金債権の大部分が回収不能となる可能性が高くなり，X社は，実質上の債務超過に陥り，事業の継続が困難となった。②同月10日に，Y銀行は，X社に対し，その普通預金口座について払戻拒絶の措置をとること及び追加担保の提供がない限り当該措置を解除することはできないことを告げたが，X社は，事業継続の見通しや追加担保の提供等について具体的な説明・提案をすることができなかった。③上記①及び②によれば，X社については，同日以降，期限の利益の請求喪失事由である「債権保全を必要とする相当の事由」が生じたものというべきである。④にもかかわらず，同日の時点では，Y銀行は預金の拘束措置を取るに止めたが，こうしたY銀行の対応は，X社に対し，相殺による決済の余地を残しつつ，期限の利益の請求喪失事由を解消する措置を取るための猶予期間を与えたものということができる。⑤しかし，X社はその後も期限の利益の請求喪失事由を解消する措置を取ることができず，Y銀行は，同年2月1日到達の通知書による請求によってX社の債務について期限の利益を喪失させ，同月7日付通知書によりX社に対する貸付

金債権と上記預金債権との相殺を行った。

その上で，東京高裁は，そうした経緯に照らせば，預金の拘束は，上記の猶予期間内においてY銀行が取った合理的な措置であって，違法なものということはできない，としてX社の控訴を棄却した。

これらの3つの裁判例のみでは，要求払預金の拘束の問題に関する判例の傾向等について一般的に述べることはできないが，ここではとりあえず，①預金者について期限の利益の喪失事由に該当するような信用の不安が生じた場合には，預金と貸付金との相殺ないし期限の利益喪失請求が行われる前であったとしても，金融機関が要求払預金を拘束して払戻しの拒絶等を行うことは債務不履行ないし不法行為にはならない，とする裁判例が複数存在していること，及び②そうした裁判例においては，当事者間の利益状況に係る諸事情が認定・勘案された上で，その預金の拘束が「適法」であるとか，「違法」ではないといった言い方で結論が下されていること，の2点を確認しておきたい。

(2) 学　説

金融機関が要求払預金の拘束を行った場合の債務不履行責任ないし不法行為責任の問題に関して，学説は，まず大きくは，金融機関の責任を基本的に肯定する説（後記(a)）と，金融機関の責任を一定の範囲で否定する説とに分かれる。後者はさらに，預金債権と貸付金債権との間で相殺適状となった時以降の責任を否定する説（後記(b)）と，期限の利益の請求喪失事由が発生した時以降の責任を否定する説（後記(c)）とに分かれる。

(a) 金融機関の責任を基本的に肯定する説

要求払預金は預金者からの適時・適式の払戻請求があれば直ちに払い戻されるべきものなので，金融機関がそれを拒絶すれば，違法性を阻却する正当な事由がない限りは，履行遅滞として債務不履行になり，また，場合によっては不法行為が成立する可能性もあるとしつつ，違法性阻却事由の存在を否定することにより，要求払預金の拘束を行った金融機関の責任を基本的に肯定する説である[19]。

すなわち，この説によれば，「債権保全を必要とする相当の事由」の発生は，

---

[19] 伊藤・前掲注(13) 10頁以下。

単に金融機関の側にとっての預金拘束の必要性を言うにすぎず，それに基づいて直ちに債務不履行の違法性が阻却されるというのであれば，実質的には，自力救済を広く認めるのと異ならない。我が国では自力救済は例外的にのみ許容されているものであり，その要件と照らし合わせて考えれば，要求払預金の拘束について違法性が阻却されるためには，単に債権保全を必要とする相当の事由が認められるだけではなく，預金拘束によって保護されるべきより具体的な法的利益が金融機関側に存在せねばならない。しかし，銀行の相殺権等は，そうした法的利益として預金拘束の違法性を否定する理由にはなりえない，とされる。

(b) 相殺適状となった時以降の責任を否定する説

相殺には遡及効があることを理由として，金融機関は，相殺を行う予定である場合には，相殺適状後において，当該預金口座についての支払を停止したり口座振替を拒絶することができる，とする説である[20]。

(c) 期限の利益の請求喪失事由が発生した時以降の責任を否定する説

①期限の利益の請求喪失事由である「債権保全を必要とする相当の事由」の発生，②金融機関から預金者に対する期限の利益喪失請求（相殺適状の発生），③金融機関による相殺の意思表示，という順番で事柄が進行するケースを念頭に置いた上で，①の時点以降の金融機関の責任を否定するものである。

この立場は，金融機関の責任が否定される根拠についての説明の仕方によって，さらに以下のような説に分かれている。

(i) ②以降については相殺適状の法的な性質を，その前の①の段階については「不安の抗弁権」を，それぞれ根拠とする説

この説は，相殺という制度が，既に債務関係を決済したように信頼し合うという当事者の期待を保護し，片方だけが全額の履行を余儀なくされるという不公平を除くための制度である，ということを理由として，上記②の相殺適状の法的な性質を，当事者が債務の弁済を拒んでも責任を免れる状態である，と理解する。また，その前の①の段階での預金払戻拒絶については，不安の抗弁権を応用する余地があるのではないか，とする[21]。

---

[20] 五味廣文ほか監修『銀行窓口の法務対策3800講［Ⅰ］』（金融財政事情研究会，2009年）650頁，同『銀行窓口の法務対策3800講［Ⅴ］』（金融財政事情研究会，2009年）55頁等。

(ⅱ) 金融機関が一方的な意思表示によって預金債務を消滅させうることを根拠とする説

　この説は，上記②の相殺適状の発生後の段階においては，金融機関はその一方的な意思表示によりいつでも相殺をすることが可能であって，相殺の意思表示が行われれば預金債務は消滅するから，これに関する金融機関の払戻拒絶を違法とする必要はない，とするとともに，これに加えて，相殺の遡及効も，この段階における債務不履行責任を否定する根拠になるとする。さらに，その前の①の段階においても，金融機関の一方的な意思表示（期限の利益の喪失請求及び相殺の意思表示）によって預金債務が消滅することは上記②以降の段階と同様であるから，やはり，金融機関による預金の払戻拒絶を違法とする理由はない，とする[22]。

(ⅲ) 銀行取引約定書による当事者の合意を根拠とする説

　融資先である預金者と金融機関との間の預金契約の基礎には銀行取引約定が置かれているが，銀行取引約定には，「債権保全を必要とする相当の事由」を中核とした期限の利益の請求喪失事由が規定されている。当該規定は，相殺を念頭に置いたものであり，その基礎には，当該事由に該当する事態が生じたときに，金融機関は，顧客に対して有する債権を回収するための担保を，自らに対する顧客の債権の上に求めることを期待することが許される，との理解がある。銀行取引約定におけるこうした合意の効果として，債権保全を必要とする相当の事由が認められる場合には，いつでも払戻しを求めうるという普通預金に係る一般的なルールは，金融機関の債権保全・回収の利益との関係で制約を受け，金融機関による預金の拘束も許されることになる，とする説である[23]。

　この説では，金融機関の預金拘束は，本来は要求払いの性質を持つ預金債権と貸金債権等との間にそれまでは存在しなかった牽連性を新たに創造するとともに，当該預金を反対債権の担保として支配するという状態を創造するものである，と説明されている。

---

[21] 渡辺・前掲注(3) 7頁。
[22] 亀井・前掲注(10) 38頁。川村英二「預金拘束の時期」事業再生と債権管理116号（2007年）46頁以下も同旨とみられる。
[23] 潮見佳男「普通預金の拘束と不法行為——損害賠償責任の判断構造——」金法1899号（2010年）26頁以下。

(iv) 信義則を根拠とする説

この説の論者は，まず実質的な価値判断として，期限の利益の請求喪失事由が発生しているならば預金拘束を認めることに不都合はない[24]，とした上で，不安の抗弁権の考え方を参照しつつ，上記の価値判断を法的に正当化するための根拠として，信義則ないし公平の原則を挙げる[25]。

すなわち，本来の不安の抗弁権は，継続的な双務契約において，一方の当事者の信用不安等が判明した場合には，信義則，公平の原則に照らし，他方の当事者は債務の先履行を拒否できる，等とするものだが，預金の拘束は，1つの双務契約における債務相互間の問題ではない（預金債権と貸付債権は，預金契約と融資契約という別々の契約に基づいて発生している）ので，不安の抗弁権自体は適用されえない。しかし，貸付債権と預金債権との各履行の関係について事実としての優先弁済機能・担保的機能が存在することに照らすと，不安の抗弁権の基礎となる信義則・公平の観点からは，預金の拘束についても，不安の抗弁権が適用されるべき場合と同様に考えうる。このような考え方に基づき，不安の抗弁権についての裁判例を参考として検討すると，預金拘束が違法とならないためには，融資先が債務超過に陥り融資金を返済できなくなると懸念させる客観的・合理的な事情があることが必要であるが，結局のところ，これは，「債権保全を必要とする相当の事由が生じたとき」であって，銀行取引約定において包括条項として規定される期限の利益の請求喪失事由に該当するものである，とされる。

また，この説では，預金の拘束が明文の規定なく認められるものであることや，融資先においても預金が他の使途に当てられるものか否かを知って今後の事業の方針を速やかに決める必要があることに照らすと，金融機関としても相殺を行うか否かを速やかに判断すべきものであって，預金の拘束を行ったままで上記の判断に要する一定の期間を超えたならば，預金の拘束に違法性がないとはいえなくなる，とされる。

---

[24] 相殺適状にある場合には，より厳しい措置である相殺が直ちになされるのではなく，預金の払戻拒絶措置に止められることは，預金者にとって特段の不利益にはあたらず，むしろ時間的余裕が与えられているという意味では利益であり，そのことは，期限の利益の請求喪失事由が発生している場合も同様である，という考え方による。

[25] 本多・前掲注(4)38頁以下。また，預金の拘束に係る裁判例の内容をふまえてこれに賛成するものとして，岩崎・戸田前掲注(6)24頁以下。

4 私　見

　以下では，要求払預金の拘束の問題に関する私見を述べるが，叙述の順番としては，まず，どのような結論が当事者間の利益調整のあり方として望ましいかという実質論を述べた後に，当該結論を導くための法的な構成を検討することとしたい。

(1)　実 質 論
(a)　預金拘束の許容性

　融資先である預金者に強度の信用不安が生じたが，その要求払預金には相当の残高がある場合に，当該預金との相殺によって自己の貸付金債権の確実な回収を行おうとすることは，金融機関にとってはきわめて自然であり，また，それ自体は法的にも許容されている行為である。金融機関がこのような相殺を行うことが法的に可能な場合というのは，換言すれば，「債権保全を必要とする相当の事由」が存在するとして貸付金債権に係る期限の利益を失わせうる場合，すなわち，前掲注(8)の広島高裁判決でも述べられているような，債務者の信用が低下して貸付金債権の回収を弁済期まで待つことを金融機関に期待することが「社会通念上無理」であるような場合であり，そうした局面における相殺のニーズが金融機関にとって極めて大きいものであることは，容易に想像できるところである。

　また，前記2(1)のとおり，上記の相殺の準備等のためには，ある程度の期間を要するが，その間に預金の払戻請求等がなされた場合には，金融機関にとっては，当該請求等に応じて相殺による債権回収の対象をみすみす失うことは耐え難く感じられるであろうし，その耐え難いことに応じなければ法的な責任を問われるとなれば，これを酷と感じるであろうということも，想像に難くない。しかも，預金の払戻拒絶に関する債務不履行責任については，まだしも民法419条1項による損害賠償額の限定があるが，準委任事務（いわゆる「なす債務」）である[26]手形・小切手の支払等を行わなかったことに関する債務不履行責任や，不法行為責任については，そのような限定もない。

---
[26]　安井・清水・前掲注(6)19頁。

もっとも，前記3(2)(a)説が指摘するとおり，これらはあくまでも金融機関側の事情であって，前記2(2)のような預金者側の重大な不利益を考えると，このような金融機関にとっての必要性のみで要求払預金の拘束を正当化することはできない。預金拘束が正当化されるためには，上記のような金融機関にとっての主観的な必要性を客観的な許容性に押し上げるようなプラスオンの事情が必要と考えられるが，果たしてそうした事情は存在するであろうか。

結論を述べると，筆者は，要求払預金の拘束は後記(b)のような一定の限度で許容されうると考える。実質論のレベルでのその理由は，次のとおりである。

前記3(2)(c)(iii)説が指摘するとおり，銀行取引約定書には，「債権保全を必要とする相当の事由」等の期限の利益の請求喪失事由が規定されている。また，同約定書には，前記2(2)のように，金融機関の債権と預金等との相殺の場合の利息計算等に関する規定も置かれている。これらの規定の存在から，預金者は，自己に強度の信用不安が生じた場合に，金融機関が，融資の回収のために，要求払のものも含めた預金と貸付金との相殺を行うことがありうることを，予め予測することができる（さらに，通常は，そうした約定書の文面のみならず，自己と取引を行う金融機関の日常の態度等からも，そうした事態の可能性は予測されうるところであろう[27]。）。そして，このように金融機関による相殺の可能性が予測されうるものであるのならば，相殺を実効的に行うために必要な措置として金融機関が預金の拘束を行うことがありうることについても，同様に，預金者には予測可能であるといえるのではないかと考えられる。前記のような金融機関にとっての必要性に加えて，このように預金者にとっての予測可能性が存在すること（全く思いがけないものというわけではないこと）が，要求払預金の拘束の許容性を根拠づける事情として重要なものであると考えられる[28]。

[27] 一般的に，金融機関は，融資先に対して，預金等を含めた総合的な取引関係の拡大に向けた営業活動等を熱心に行うことが多い。融資先のキャッシュフローをできるだけ広く取り込もうとするこうした金融機関の活動は，収益機会の拡大のためであるとともに，一定程度は債権保全的な意味合いも有しているとされており（渡辺・前掲注(3)7頁），金融機関側のそうした意図は，当該活動の相手方である融資先の側にも，通常はある程度察せられているものと考えられる。

[28] 銀行取引約定書等の内容と預金拘束の許容性の問題とを関連づけて考えるべきであるということは，3(2)(c)(iii)説が強調しているところであり，上記の私見も同説から示唆を受けたものである。ただ，銀行取引約定書等における規定の書きぶりや当事者の通常の意識等からすると，それらの規定については，上記のように預金拘束を予測させうる

さらに，これらに加えて，前記3(1)(c)の裁判例や同(2)(c)(iv)の学説等でも述べられているとおり，期限の利益喪失請求や相殺が直ちになされるよりは，とりあえず預金の拘束に止められる方が，預金者にとって相対的に有利な面があるということも，預金拘束の許容性を根拠づける補助的な事情として挙げることができる。

すなわち，要求払預金の拘束に関しては，①金融機関にとってその必要性が大きいという事情とともに，②自己の信用に強い不安が生じた場合には，金融機関が預金拘束という措置をとるかもしれないということが，当該措置によって不利益を受ける預金者にも予め予測可能であり，そうした中で融資取引及び預金取引が開始され継続されているという事情，及び③相殺等が直ちになされるよりは預金の拘束に止められる方が預金者にとって相対的に有利な面もあるという事情がある。当事者間の実質的な衡平という観点からすると，①の事情に②及び③の事情（特に②）が加わることにより，一定の限度での要求払預金の拘束が許容されるべきことになる，と考えられるのである。

(b) **預金拘束が認められうる範囲**

もっとも，要求払預金の拘束が許容されうる理由が上記のようなものであることからすると，金融機関がなしうる預金拘束は無限定なものではありえない。

すなわち，まず，それが許容されるためには，金融機関側が相殺の準備等を開始してしかるべき状況であること，すなわち，貸付金債権についての期限の利益を失わせることができるような「債権保全を必要とする相当の事由」が存在する場合であることが必要と考えられる。

また，上記のとおり，預金拘束が許容されるのは，預金と貸付金との相殺の準備等のためのものとしてであること，及び前記2(2)のように，預金の拘束が継続すると，その後の方針の立てにくさや利息・遅延損害金の負担等との関係で，預金者側の不利益がさらに増す面がある[29]ことからすると，預金の拘束が認められる期間の長さも，相殺の準備等[30]のために相当な範囲に限られるべき

　　ものであるとはいえても，同説のように金融機関に預金拘束の権利を与える旨を合意したものであるとまで見ることまでは困難ではないか，と考えられる。
[29]　形式的な論理の上では，要求払預金の拘束が長引いた場合には，預金者は，自分の方から預金と貸付金との相殺を行って不安定な状況を解消することも可能なはずである。しかし実際には，残り少ない資産である預金を手放して特定の金融機関への弁済を行うことになるような相殺を預金者の方から行うなどということは，通常は考えにくい。

である（上記のような預金者側の不利益が存在する以上は，前記のような相殺等との関係での相対的な有利さも，相当な期間を超えてまで預金拘束を正当化する理由とはなりえない。）。

さらに，上記のように要求払預金の拘束が当事者の利益に係る微妙なバランスの下でかろうじて許容されるべきものであることからすると，当事者間の利益のバランスを変化させるような特段の事情が存在する場合には，預金拘束の許容性は否定されるべきである。そうした特段の事情が存在する場合としては，「債権保全を必要とする相当の事由」が存在するにもかかわらず例外的に相殺の必要性が否定されるような場合，具体的には，十分な担保があって金融機関が預金との相殺を行わなくても貸付金の回収が可能であることが明らかな場合[31]や，預金の拘束が解かれれば預金者の事業の再建が可能となってその信用の不安も解消するような場合[32]等が考えられる。

要求払預金の拘束に関する許容範囲を以上のように限定的に解することは，前記2(3)のようなコンプライアンスをめぐる状況から窺える事情，すなわち，預金の拘束に関しては，その実態として，力関係で優位にある金融機関の側が，明確な内部基準等もなく安易にこれを行い，その実施後も特段のフォロー等を行うことなく長く放置する，といったことになる危険性もあることとの関係でも，必要と考えられる。

(2) 法的な構成

前記のような実質論になじみやすい法的な構成は，前記3(2)(c)(iv)説のよ

---

[30] そのために相当の期間が認められるべき相殺の「準備等」の内容には，相殺等の必要性の確認に係る事項（追加担保提供に係る交渉等）も含めてよいと考えられる（前記のように，期限の利益喪失請求や相殺が直ちになされることは，預金者にとっては預金の拘束よりも相対的に厳しい措置なので，そうした厳しい措置を取ることの必要性の吟味を行うことは，金融機関のみならず預金者の側にも利益となる面がある。）。

[31] もっとも，最判昭和54年3月1日金法893号43頁では，金融機関が自己の債権につき担保権の行使によってすべて弁済を受けることができるにもかかわらず，この方法をとることなく，相殺により自己の債権の満足を得る方法を選んだとしても，それだけで権利の濫用ということはできない，旨の判示がなされている。しかしながら，法律の明文の規定で認められていて本来的に適法な行為である相殺自体と，その準備等のための行為だがこれを許容する明文の規定がない預金の拘束とでは，その認められる範囲が異なることは十分ありうることであり，前者に関する上記の最高裁判例にかかわらず，後者については本文に記載したように制限的に理解すべきものと考える。

[32] 潮見・前掲注(23)27頁。

に，信義則（民法1条2項）を根拠とすることであると考えられる。

　すなわち，前記の実質論は，当事者間の利益状況に鑑みた衡平を志向するものだが，「当事者間の立場を比較して実質的な利益の衡平的配分を図ろうとする弾力的な配慮」[33]を実現するための法原理である信義則は，上記のような実質論の結論を支える法的な枠組みとして適合的なものであるとみられる。また，要求払預金の拘束の法的な根拠を信義則に求めることは，前記(1)(b)のように利益バランスの観点から要求払預金の拘束を認める範囲に一定の限定を付すことにもなじみやすいものと考えられる。

　そして，債務不履行ないし不法行為の要件との関係では，とりあえず実務的には[34]，前記(1)(b)のような範囲でなされる要求払預金の拘束については，法的に許容されうるものであって違法性がない（ないしは違法性が阻却される）と理解するとともに，金融機関が「債権保全を必要とする相当の事由」の存在を誤信して要求払預金の拘束を行ったような場合については，そのように信ずることが相当な状況であったのであれば，帰責事由ないし過失の存在が否定される，と解しておけばよいのではないかと考えられる[35]。こうした法的構成は，前記3(1)のような裁判例[36]における判示のされ方にも沿うものといえよう。

　なお，債務不履行ないし不法行為の要件との関係では，「債権保全を必要とする相当の事由」の存在が誤信された場合に限らず，当該事由が存在する場合についても，要求払預金の拘束の可否を帰責事由ないし過失の問題とする（違

---

[33] 谷口知平・石田喜久夫編『新版注釈民法(1)総則(1)(改訂版)』（安永正昭）（有斐閣，2002年）79頁。

[34] 債務不履行ないし不法行為の要件に関して，学説では，違法性と帰責事由ないし故意・過失との関係をどのように解するか等をめぐって，近年，様々な議論が繰り広げられてきている。その概要については，例えば，中田裕康『債権総論新版』（岩波書店，2011年）128頁以下，大塚直「権利侵害論」内田貴ほか編『民法の争点』（有斐閣，2007年）266頁以下参照。

[35] 潮見・前掲注(23)29頁以下。

[36] そのほか，要求払預金の拘束に関するものではないが，信義則を理由として債務不履行の違法性を否定した裁判例としては，東京高判昭和42年5月25日判タ214号211頁，東京地判昭和58年3月3日金判682号35頁，東京地判平成2年12月20日判タ757号202頁等が，社会通念との関係での許容性ないし当事者間の利益状況に照らして違法性がないとして不法行為の成立を否定したものとみられる裁判例としては，最判昭和37年2月27日判時293号14頁，最判昭和53年6月23日金法870号58頁等が，それぞれ存在する。

法性がないことではなく，帰責性がないことを，要求払預金の拘束を行った金融機関に責任が発生しない理由とする）ことも，考えられないわけではない。しかし，そうした構成をとる場合には，金銭債務は不可抗力によっても免責されないとする民法419条3項との関係で，金銭債務である要求払預金の払戻債務に係る債務不履行責任を否定することが難しくなるのではないかと思われる。

　以上のような私見からすると，前記3(2)の各学説のうち，(a)説，(b)説並びに(c)の(i)ないし(iii)説については，それぞれ結論に賛成しがたい点が存在する[37]。すなわち，(a)説はあまりに金融機関側に酷であるし，(b)説も，預金拘束が許容されうる範囲が狭すぎる。一方，(c)の(i)ないし(iii)説は，逆に，預金拘束をなしうる期間について限定が付されていない点等において，預金拘束が許容される範囲が広すぎると考えられる。

　これに対して，(c)(iv)説と私見とは，前記(1)(b)のような特段の事情の存在を想定するか否かという点を除けば，結論はほぼ同じであり，また，理由づけについても，不安の抗弁権とのアナロジーを強く意識するか，要求払預金の拘束をめぐる状況をふまえた当事者間の利益の調整ということに力点を置くかというニュアンスの違いはあるが，信義則ないし衡平を自説の法的な根拠とする点では共通している。

5　まとめ

　以上のような私見の結論を主張立証責任との関係も意識しつつ法的に再度整理して述べれば，次のようなことになろう。

　すなわち，金融機関が要求払預金の拘束を行ったことについて，債務不履行

---

[37] また，それらの説における理由づけに関しても，(b)説，(c)(i)説及び同(ii)説については，①相殺の遡及効はあくまでも相殺が現実になされたときにはじめて発生するものであり，予定されていた相殺が結局は行われなかったり，一旦発生した相殺適状がその後に失われることもありうること等も勘案すると，相殺を行う予定にすぎない段階において，相殺がなされれば遡及効が生じることや，一方的な意思表示で相殺等をなしうること等をもって，預金の拘束を行いうることの法的な理由とすることはできないのではないか，②相殺が実際に行われたとしても，預金債権の遡及効の消滅によって免責されうるのは，預金債権の給付自体に関する債務不履行責任（払戻拒絶に係る責任）のみであって，前記(1)(a)のような準委任事務に関する債務不履行責任や不法行為責任まで遡及的に消滅するわけではないのではないか，等の疑問が，同(iii)説については，注㉘のような疑問が，それぞれ存在する。

ないし不法行為であるとして預金者の側から損害賠償の請求がなされた場合には、金融機関は、これに対する抗弁として、①預金の拘束をおこなった当時、「債権保全を必要とする相当の事由」が存在していたこと、②預金の拘束は、相殺の準備等を行うためのものであったこと、及び③預金の拘束期間が、相殺の準備等を行うために相当な範囲に止まっていたこと[38]を主張立証し、自らの行った預金拘束は信義則上許容されうるものであったとして、その違法性を否定することができる。

これに対して、預金者側は、預金拘束の違法性を基礎づける再抗弁として、④預金と貸付金との相殺の必要性が否定されるような特段の事情が存在していたことを、主張立証することができる[39]。

---

[38] 預金拘束の期間が相当なものであったかどうかは、当該期間の間になされるべき相殺の準備等として具体的にどのようなことが必要であったのか、当該事案では、それらのことについて、どのような事情の下でどの程度の時間がかけられたのか、等の点との関係で判断されるべきものである。したがって、それらのことに関する主張立証責任は、それらのことを知り、関連の証拠も有しているはずの金融機関側に負わせる方が公平である、と考えられる。

[39] 上記の「相当の事由」ないし「特段の事情」の存在や拘束期間の相当性に関しては、それらの要件の存在という規範的評価を基礎づける個別の評価根拠事実が、主張立証の具体的な対象である要件事実になるものと考えられる。

20 自動継続定期預金と消滅時効

柴 崎　暁

1　問題の所在と近時の注目すべき事例
2　自動継続定期預金と消滅時効
3　おわりに

1　問題の所在と近時の注目すべき事例

(1)　問題の所在

自動継続定期預金[1]では，継続毎に新たな擬制的預入が行なわれ（元帳保管店の帳簿上の処理），新たな預金債権が発生する。しかし，継続停止の申し入れがない限り，金融機関は書換を続けなければならないことになる。一部の裁判例および論者は，継続停止の申し入れがない状態が長期に亘って継続し，いつまでも消滅時効が進行しないという事態を危惧し，この種の預金で継続停止の申入れがない場合には，初回の継続時から消滅時効が進行すると解するものがある。例えば，千葉地判平成16・7・22[2]がその代表的なものである。判旨はいう。

---

(1)　期日到来ごとに証書・印章を銀行に持参して書替継続の手続をとる煩を省き，また，書替継続が期日到来後になってしまった場合に起算日扱いを行なうと，臨時金利調整法に反するとされたため，このような条項が導入されたといわれている。

(2)　金判1198号5頁，金判1198号5頁，金法1736号62頁【判批】浅井武男・銀法48巻12号50頁，菅原胞治・銀法48巻13号4頁，菅野佳夫・判タ1163号99頁）。定期預金の払戻請求事件，請求棄却。【事実】昭和62年2月23日，XはB（市原信用組合）に対し，期間1年・利率年3.86％と定め，200万円を定期預金として預入。定期預金契約には自動継続特約（「㈠（自動継続）(1)この預金は，表面記載の満期日に前回と同一の期間の預金に自動的に継続します。継続された預金についても同様とします。／(2)継続を停止するときは，満期日（継続をしたときはその満期日）までにその旨を申出てください。この申出があったときは，この預金は満期日以後に支払います。／㈡（預金の解約，書替継続）この預金を解約または書替継続するときは，下記の受取欄に届出の印章により記名押印して提出してください。」）がおかれていた。その後，Bは合併して

437

「預金者としては，預入れ後，初回満期日までに継続の停止を申し出れば初回満期日以後に預金の払戻しを受けることができたのであるから……初回満期日から消滅時効期間が起算されると解するのが相当である」。この理解を肯定する論者は，銀行が無期限に預金を保管し続ける義務に服することになる危惧があるという。

(2) 最高裁平成19・4・24

しかし，この理解は，最高裁によって否定されるに至る。同一事件の控訴審，東京高判平成17・1・19[(3)]は原判決を取消し，解約申入れがあった直後の満期以降においてはじめて「権利を行使しうべき時点」が到来したとして，消滅時効完成の抗弁を斥けた。いわく「消滅時効は権利を行使することができるときから進行し（民法一六六条），返還時期の定めのある消費寄託契約と解せられる定期預金契約については，（寄託契約における受寄物の返還請求権の消滅時効の開始時期

Cに承継され，次いでCからY（株式会社東京スター銀行）が営業譲渡によりこの預金を承継している。平成14年8月13日，XはYが承継する前のCに対し，本件定期預金契約の解約申入れをし，Xは本件訴訟を提起，預入元本200万円及び預入日の翌日（昭和62年2月24日）から支払済みまで年3.86％の割合による利息及び遅延損害金の支払を求めた。Yは訴訟において，Xは本件預金が既に解約払戻済扱であった等と主張したが容れられず，本件定期の満期が昭和63年2月23日で，それから5年ないし10年が経過し払戻請求権は消滅時効が完成しているとしてこれを援用する旨の意思表示をし，「預金者が継続停止を申出ない限り永久に時効が進行しないとすれば，商業帳簿等の保存期間は10年に限られているのであるから，払戻があってもその証明ができないことになる」，「長期間放置されたままの自動継続特約付き定期預金を最終的に整理することができにくくなるという不都合がある」等主張した。この点Xは「銀行は，自ら，更新回数を制限することなく定期預金を受け入れるという約款を設け，その条件のもとで預金を受け入れているのであるから，それによって不都合が生じたとしてもそれは銀行の自己責任というべきである」。「元利継続型は，書替時に元本が変更されるので更改にあたる」（からその時点から新たな時効期間が進行する）と反論している。裁判所は，「預金者としては，預入れ後，初回満期日までに継続の停止を申し出れば初回満期日以後に預金の払戻しを受けることができたのであるから……初回満期日から消滅時効期間が起算されると解するのが相当である」等述べて請求棄却とした。

(3) 東京高裁民事判決時報56巻1-12号1頁。民集61巻3号1093頁（「参考」として収録）。金判1209号4頁，金法1736号57頁，【判批】浅井弘章・銀法49巻5号76頁，小田垣亭・金法1738号80頁，小磯武男・金法1743号32頁，山田誠一・金法1748号（金融判例研究）26頁，菅原胞治・金判1229号2頁，同・銀法50巻1号26頁，同・NBL836号35頁，荒木新五・銀法51巻8号10頁，佃浩一・判タ臨増1215号28頁。

に係る議論を措くと，）預金者は定期預金の満期の到来後に払戻しを請求することができるのであるから，消滅時効期間は，満期の翌日から進行を開始すると解せられる。……本件定期預金は，本件自動継続特約が付され，これにより，預金者である控訴人から払戻請求がされない限り，満期の日，何らの行為を要せずに，従前と同一の預入期間の定期預金として継続される……。これによれば，本件定期預金は，控訴人が払戻請求をしないと，更に満期の日から一年後を期限とするものとなり，控訴人は，新たな期限まで払戻請求をすることができず，消滅時効期間が進行することはない」というものである[4]。最高裁平成19・4・24[5]は原審を全面的に支持して上告棄却としている。

---

[4] また，本件では満期前の解約の事実については主張立証がないこと，本件では，解約申入後「初めての満期日である平成15年2月23日の到来により払戻請求権の行使が可能となり，その翌日から消滅時効期間が進行を開始したと解せられる。よって，本件定期預金の払戻請求権は，本件訴訟が提起された平成15年6月当時，未だ消滅時効が完成するに至ってはいない」。自動継続条項は時効利益の予めの放棄に当たらない。継続停止を申出ないことは，定期預金を継続する意思表示と解釈され，「これをもって，債権を行使する障碍を取り除かなかったことと同視することはできない」等の点もあわせて判示した。

[5] 民集61巻3号1073頁，裁判所時報1435号1頁，判時1979号56頁，判タ1248号107頁，金判1267号17頁，同1277号51頁，金法1818号75頁【判批】浅井弘章・銀法51巻7号68頁，潮見佳男・銀法51巻8号4頁，三上徹・銀法51巻8号16頁，荒木新五・銀法51巻8号10頁，岡本雅弘・金法1808号4頁，塩崎勤・民事法情報251号74頁，良永和隆・月刊ハイ・ローヤ1263号86頁，澤重信・金法1812号（金融判例研究）7頁，菅原胞治・銀法51巻14号42頁，香川崇・富大経済論集53巻2号319頁，塩崎勤・銀法52巻4号131頁，片岡宏一郎・富大経済論集53巻3号99頁，鹿野菜穂子・法時80巻5号100頁，吉田光碩・法時別冊私法判例リマ36号14頁，中田裕康・法教330号別冊付録判例セレクト15頁，山田誠一・ジュリ臨増1354号（平成19年度重判）68頁，下田大介・岡山商大論叢44巻2号65頁，辻博明・岡大臨床法務研究6号117頁，仮屋篤子・法セミ増刊速報判例解説3，67頁，松尾弘・金判1339号2頁）。
　ちなみに，従前の議論は二分されていたという。自動継続定期預金については，東京高裁・最高裁のように解するものあり（中馬義直「預金契約」契約法大系第Ⅴ巻（1963年，有斐閣）47頁，奥田昌道「当座預金と時効」銀行取引判例百選（新版，1972年）40頁，堀内仁他編・銀行実務総合講座第一巻・預金（1980年，金融財政事情研究会）43頁），他方に千葉地裁のように解する立場があった（香川=味村=堀内監修・新銀行窓口の法務対策一八〇〇講下巻（第三巻，1978年）190頁，東京地判昭和54・4・12判時926号109頁，金判575号448頁。なお，青泉章=土屋良一「自動継続定期預金・にらみ預金と消滅時効の進行」判タ411号19頁参照）。山崎敏彦「預金と時効」金融取引法大系第二巻（1983年，有斐閣）396頁は「実務では一般に自動継続の回数に限度が設けられているから，永久に時効にかからないということにはならず，」等としている

財産法の新動向 Ⅱ

2　自動継続定期預金と消滅時効

(1)　永続債務の回避はどのようにして確保されるべきか
(a)　受寄者の返還権の不適用

同判決の結論の妥当性は要求払預金の払戻請求権の消滅時効との対比において正当であると思われる。一般に寄託については，民662[6]に定められた「請求」(正しくは「告知」)以前の時点では返還義務の履行期は未到来であると解することができ，その間は時効は進行しない。他方，これとの均衡において，受寄者には返還権（民663Ⅰ[7]）が認められ，これによって保管義務の永続は回避されている。これに対比してみるときには，事柄が定期預金であるから，期限

が，何もそのような工夫をせずとも，本文に述べるように，銀行は，それが約定されていなくても，継続停止の申出を民法の委任規定に基づいて認められるべきである。また，却って回数を明記すると，その回数を満たさない範囲での告知は契約不履行であるとされるか，少なくとも書替継続への期待権を侵害するものとして法的に非難され得るのではあるまいか。また，山崎・前掲大系同所は，「両説は実際上あまり異ならない結果となるとみられている」としているが（堀内仁他編・銀行実務総合講座第一巻・預金（1980年，金融財政）43頁も参照），最判平成19年の事案に関する限り「あまり異ならない」とはいえない。

他方，当座預金については，それが商法の古典的交互計算を含むと考えられ（小野正一・銀行取引法概論（巌松堂書店，1931年）84頁，竹田省・商行為法（弘文堂，1931年）72頁，柚木馨・判例民法総論下巻〔判例民法論第二巻〕（有斐閣，1952年）436頁），不可分の原則により計算終期までは消滅時効が進行しないものとされていた（大判昭和10・2・19民集14巻137頁，妹尾一雄・銀行取引法〔現代金融経済全集第25巻〕（改造社，1935年）105頁）。やがて当座勘定契約について古典的交互計算の効果を否定しようとする解釈が支配的になってもなお，消滅時効の起算点に関しては契約解消時とする説が主張されてきた（田中誠二・銀行取引法〔新版（再全訂版）〕(1979年，経済法令）142頁，奥田昌道「当座預金と時効」銀行取引判例百選（新版，1972年）40頁）。

(6)　明治29年以降平成16年改正前の規定「当事者カ寄託物返還ノ時期ヲ定メタルトキト雖モ寄託者ハ何時ニテモ其返還ヲ請求スルコトヲ得」。平成16年改正以降「（寄託者による返還請求）第六百六十二条　当事者が寄託物の返還の時期を定めたときであっても，寄託者は，いつでもその返還を請求することができる。」

(7)　明治29年以降平成16年改正以前「当事者カ寄託物返還ノ時期ヲ定メサリシトキハ受寄者ハ何時ニテモ其返還ヲ為スコトヲ得／2　返還時期ノ定アルトキハ受寄者ハ已ムコトヲ得サル事由アルニ非サレハ其期限前ニ返還ヲ為スコトヲ得ス」。平成16年改正以降「（寄託物の返還の時期）第六百六十三条　当事者が寄託物の返還の時期を定めなかったときは，受寄者は，いつでもその返還をすることができる。／2　返還の時期の定めがあるときは，受寄者は，やむを得ない事由がなければ，その期限前に返還をすることができない。」

の定めがあり，期限が到来すれば直ちに時効が進行するということになりそうであるが，自動継続定期の場合には，そこからあらたに「保管義務」が履行されている状態が継続を始めるので，継続してしまえば返還義務の履行期は未到来となるのである。そこで問題とされてきたのは，自動継続定期の受寄者である銀行は，民663の文言からすれば止むを得ない事由がない限り返還権を行使し得ない者とされるという点である。

(b) **銀行側の継続停止申入権**

銀行実務家の中には，永続債務を危惧し，約款による継続の回数に上限を設ける必要性を説くものもある[8]。また，事実そのような預金規定が用いられた実例もあるやにきく。しかし，金融機関の側が，長期に亘る預金保管の事務費用を負担し続けることを不当と感じるならば，そのときには積極的に預金者に対して継続停止の申入れを行い，これを以て継続を止めることが可能であるように思われる。そう解してはいけないのであろうか？ 預金規定の別段の定めによってそれを妨げるような旨が合意されているとも思われない。

(2) **「書替継続」の契約法的構造**

(a) **「書替」の契約性**

定期預金の書替とは，「定期預金の支払期日（満期日）が到来した場合にその元金の全額または一部を引き続き定期預金とすることをいう。『書替』とは，もともと古い定期預金証書を新しい定期預金の証書に書き替えるということを意味したものだと思われるが，法的には，証書の書替それ自体が問題なのではなく（証券は証拠証券であるにすぎない），預金の継続に意義があるのであるから，たとえば自動継続定期預金の継続の場合のように証書の書替を行なわない場合をも『書替継続』という範疇に入れて法的諸問題を考えてさしつかえないものといえよう」[9]。この「引き続き定期預金とすること」といった定義では，書替

---

[8] さらには民法の時効に関する規定の改正まで提唱する者もあるようであるが，本文中に明らかなように，現行法の解釈と現在用いられている預金規定の理解で充分に対応できる問題ではあるまいか。

[9] 奥田昌道「定期預金の書替と中途解約」加藤一郎＝林良平＝河本一郎・銀行取引法講座＜上＞（1976年，金融財政）238頁。横山平四郎「定期預金の書換継続（金融法務入門・預金二〇）」金法437号44頁。書替はその形式についていえば，(1)元金継続・(2)元利継続・(3)増額継続・(4)減額継続の四つに大別できる(1)は利息が払戻されるも

という法律要件の性質は必ずしも明らかではない。一旦は預金者が満期において払戻を受け，その金銭を定期預金として同じ条件で再び預入れれば同様の帰結が実現できるが，自動継続条項とはこの過程を預金者の事実上の関与を伴うことなく，金融機関側の内部的な処理だけで実現するよう予め預金者が授権しておくことを意味するのではなかろうか。

(b) 自己契約としての書替──委任としての書替の委託

「自動継続」とは，その語が与える「自動的」な印象にもかかわらず，単なる予約された期限の変更なのではなく，それ自体が一つの法律行為である場合がありうる。最初の満期までの既往の利息についてこれを元本に組入れる部分を有するもの（元利継続型[10]）についていえば，これを預金者から金融機関が予め委託を受けてその都度行なわれる準消費寄託[11]（民588・666）の締結[12]と考え

の，(2)は利息部分も含めて新預金に組み入れられるもの，(3)は新たな預入金額を加えて新預金を成立させるもの，(4)は元利金の一部を払戻し残金を新預金とするものである。(2)は，自動継続条項の特徴が最も現れる，即ち銀行と預金者との間に何らの現金の授受が伴う余地のない類型である。(2)を念頭に置いて性質を論じるならば，次のようなことが言えるであろう。預金契約の性質を金銭消費寄託と考える限りは，物の授受は契約の効力要件であり，仮に諾成的金銭消費寄託を観念できるとしても現実に金銭の授受が行なわれるまでは当事者における契約の拘束力とは，随時離脱可能であると考えられ希薄なものでしかない（本質としてはせいぜい予約として論じるべきであって寄託そのものの成立発効とは実質的な内容が異なる）。(2)の形式による書換の場合には書換の過程において現実に金銭の授受は全く行なわれないのであるから，金銭消費寄託の成立ないし諾成的金銭消費寄託の拘束力の獲得をここにみることはできない。

[10] このように，元本部分のみを継続して利息部分は預かり金とする「元金継続型」なるものがあるというが，本件の事例で扱われている類型は元利継続型である。

[11] この性質決定で少なくとも要物性の要求は回避できる。

[12] 準消費寄託の中には債務変更契約に当たるものから更改に当たるものまで各種あり得るが，要するに事実の問題であり，意思解釈の問題であるのでここでは詳細には扱わない（「条件」，担保権，履行期，商事性の有無，裁判管轄等様々な事柄に変更があれば，それは原因の交替する更改である。なお，「更改契約」は債権総論の次元の概念であり，「準消費寄託」は契約各論の次元の概念である。更改たる準消費寄託も存在するし，債権変更契約にとどまる準消費寄託もありえよう）。少なくとも定期預金を普通預金に振替えれば目的が変更され更改となる可能性があり，既往の定期預金の元利合計を元本とした新たな定期預金として書替をするときについては，支払期限を延長するものにすぎないであろう。壽圓秀夫・預金〔銀行實務講座第三卷〕（1957年）49頁。実務家を中心とした一部の見解は，書替継続を預入期間の延長のみを目的とし，預金債権の同一性を失わしめるものではないと断じるものが多いようであるが，「旧預入期間と同一預入期間の預金に書替え継続いたします」とあるときは新旧預金の同一性があるものとし，

ることができる[13]。書換が契約の典型の何に該当するかは問わないまでも，多くの場合それは契約の締結，即ち一個の法律行為である。しかしこの契約の締結は，預金者側の事実上の関与のないままに行われる。したがって，自動継続条項とは，自己契約（民108但）として新たな預金契約（または少なくとも履行期を延長する合意）を締結するための本人の承諾を与え，そのための代理権を授与するとともにこれを銀行に義務付ける，「枠」契約たる委任契約[14]と解することができるのではあるまいか。いっぱんに委任契約は，終了原因や期限が定められていなければ，随時解約権（民651）の行使によって，委任者受任者のいず

「旧預金の預入期間と同一期間を預入期間とする新たな定期預金を引続きお預入いただいたものとしてお取扱いいたします」とあるときは更改となると考えられているようである。また，「書換」を論じる実益が大きい問題に，定期預金を客体として質権を設定した場合に，書換後の預金に質権の効力が及ぶか，というものである。最判昭和40・10・7（原審大阪高判昭39・9・15）が問題を肯定に解している。これは当該担保権設定合意の内容とその差押債権者との間の先後・対抗の問題であるようにも思われる。一般的に更改は推定されない。SIMLER (Philippe), Fasc. 10 : CONTRATS ET OBLIGATIONS. –Novation. –Introduction générale. –Conditions communes (2004), JurisClasseur Civil Code, Art. 1271 à 1281, no 72. 更改意思 animus novandi は基本的な更改の要件である。しかしフランス民法典では証拠に関する法規則を以て間接的に言及されているにとどまる。Art. 1273. La novation ne se présume pas ; il faut que la volonté de l'opérer résulte clairement de l'acte. 更改ハ之ヲ推定セズ；更改ヲ爲ス意思ハ分明ナル行爲ニ基クコトヲ要ス（神戸大學外國法研究會・現代外國法典叢書(16) 佛蘭西民法〔Ⅲ〕財産取得法(2)（1956年復刻，有斐閣））。

(13) 自動継続時における元利金の新規元金への繰り入れは，普通預金における利息の繰り入れと，それ自体は同一の法現象にみえる。しかし，その果実も含めて無期限に継続的な金銭の保管を約してする普通預金と異なり，元々期限到来時において返還しなければならないはずの元利金を改めて預ることとするのは契約法的には性質の異なる行為といわねばならない。継続時までに継続停止申し入れのないことを停止条件とする期限延長の特約があるとすれば，それは既に期限の定めのない寄託そのものである。

(14) 自動継続条項はもともと，書替を失念した場合に預金者が定期預金金利に相当する利息債権を喪失する不利益を被ることからその予防としての特約として始められた慣行のようである。臨時金利調整法が施行適用された結果，現実の書替手続から最近の満期に遡る「起算日扱い」ができないことになったところから，予め預け換えを合意して，預金者が特段の意思表示をせずとも再び預金が行われたものとして扱うことにしたのである。そこで，預金者から，「満期日までに自動継続停止の申出があるときは，この特約は解除され，以後普通定期と同様になり，満期日到来後払戻請求されることになる」（野村重信＝谷啓輔「各種の預金」金融取引法大系第二巻（1983年，有斐閣）271頁）。規定ひな型類に言及があるかどうか定かではないが，衡平上，逆に銀行側からも「この特約」のみを対象にした解除ができてよかろう。

れからも一方的に終了させることができる。この委任契約を金融機関が委任の随時解約権を行使して解除するならば，その時点で継続がおこらず，その直後に到来する満期を以て消滅時効の起算点とすべきこととなろう。

3　おわりに

自動継続定期預金は定期預金でありながら，消滅時効との関係においては要求払預金と共通した要素がある。「返還請求をしないこと（自動継続でいえば継続停止を申入れないこと）」が権利の不行使にあたるか否か（したがって消滅時効を進行させないかどうか）という問題は，預金の寄託性の問題との関係において論じる必要があるかもしれない。この問題については稿を改めたいと思う。

21 誤振込みと相殺

石 垣 茂 光

1 問題の所在
2 多様な理論構成
3 結びに代えて

1 問題の所在

　振込依頼人が受取人を誤って振込依頼をしたという，いわゆる誤振込みの場合，誤った受取人の口座に記帳されると，この受取人の債権者は口座の差押えをすることができ，これについて振込依頼人は第三者異議の訴えなど，強制執行の不許を求めることはできないとするのが判例である。すなわち，振込依頼人と受取人との間に振込みの原因となる法律関係が存在するか否かにかかわらず，受取人と銀行との間に振込金額相当の普通預金契約が成立し，振込依頼人は振込金額相当の不当利得返還請求を受取人に対して有するに過ぎないと考えるのである（最判平成 8 年 4 月 26 日民集 50 巻 5 号 1267 頁。以下，平成 8 年判決という）。
　そうなると，例えば被仕向銀行が受取人に対して貸付債権等の反対債権を有していた場合，誤振込金の預金債権が成立している以上，しかも同じく受取人に対する債権者という立場にあることを考えると，反対債権をもって誤振込金と相殺することは何も問題がないとも考えられる[1]。しかし，仮に受取人にそもそも資産がなく，本来であれば債権回収がおぼつかない状態にあったにもかかわらず，たまたま誤って振り込まれた金銭をもって債権回収が可能になったというのは，「棚からぼた餅」的利得であり，このような結果を認めることはあまりにも不公平であるとする批判が，平成 8 年判決も含めて投げかけられて

---

[1] 小笠原浄二他「＜座談会＞誤振込と預金の成否をめぐる諸問題」金法 1455 号（1996 年）27 頁（小笠原浄二，松本貞夫発言）。

445

いる[2]。

　それではこのような棚ぼた的利益を排除しようとした場合，どのような理論構成によるのかというと，これはかなり困難な問題である。とりわけ被仕向銀行の行う相殺に関しては，これを相殺の問題として捉える立場と，不当利得の問題として捉える立場があり，しかも相殺の問題としながらも内容的には不当利得を論じているなど，若干の混乱もみられる。また，後述する裁判例でも，相殺の効力として論じられているかのようであるが，結果的には相殺が肯定されても否定されても，いずれにしても被仕向銀行に不当利得返還義務があるとされ，その意味で相殺の問題としては重要視されていない。

　そこで，本稿ではとくに被仕向銀行の行う相殺について，これを否定するために主張されている多様な理論構成を，とりあえず不当利得構成する立場も紹介しながら，今一度整理することによって，今後の理論的発展のための前提作業を行うものである[3]。

2　多様な理論構成

(1)　相互対立性の欠如

　相殺を行うためには，同一当事者間で債権債務が対立していなければならない（505条）。そうなると，誤振込金が受取人に帰属し，預金債権が成立するこ

---

[2]　たとえば，松岡久和「判批」金法1748号（2005年）12頁は，被仕向銀行の相殺は正当な権利行使であるから，被仕向銀行は誤振込人に対して不当利得責任を負わないが，誤振込であることを知りながらこれを秘して払戻しを受けた受取人は詐欺罪が成立する判例があり，このように受取人の権利行使が制約されるとすれば差押や相殺も一定の制約を受ける。しかも受取人が誤振込であることを認めて組戻しに承諾している場合には，相殺は本来期待し得ない利益（棚ぼた利益）を得るものではないかとの疑念が一層強くなる，とする。同じく，座談会・前掲注(1)27頁では，債権者としてそれをあてにしてよいか，債権者にそういう利益を与えてよいかという問題であるとする（野村豊弘発言）。

[3]　誤振込みに関わる問題は，その特定性についても生ずる。すなわち，残額をもってして誤振込金であるとすることができるかという問題である（この点を指摘するものとして，座談会・前掲注(1)28頁（後藤紀一発言））。この点，伊藤高義「判批」南山法学28巻4号147頁注14は，振込金額が明確であり，その後に預金の出入りがあっても，差押え限度額を超えてなお誤振込金額にみたないのであれば，債権者はもともと債務者（受取人）の一般財産から弁済を受けることができなかったのであるから，責任財産といえない範囲（金額）も明確であり，従って預金の出入りがあっただけで振込金の特定性が消滅するとはいえないとする。しかし，このような議論は混同しており，責任財産を構成しない，つまり棚ぼたであるということから特定性を導いているようである。

とによって，一方では受取人が被仕向銀行に対して預金の払戻請求権を有し，他方，被仕向銀行が受取人に対して反対債権を有していることが必要となる。

　この点，次の裁判例は受取人の預金債権が帰属していないことをもって相殺を否定した。すなわち，鹿児島地判平成元年11月27日（金法1255号32頁）は，振込人が受取人を誤って振込手続をしたところ，被仕向銀行が受取人に対して債権を有していたため当該振込金による預金と相殺したため，振込人が被仕向銀行に対して不当利得返還請求の訴えを提起したという事案に関するものである。

　そこで判決は，振込みにおける受取人と被仕向銀行との法律関係を，あらかじめ包括的に，被仕向銀行が為替による振込金の受入を承諾し，その受入の都度当該振込金を預金口座に入金し，受取人もその入金の受入を承諾して預金債権を成立させる準委任契約と消費寄託契約の複合的契約であるとしつつ，このような関係は客観的に実質上正当な振込金の受取人と指定されるべき取引上の原因関係の存在を前提としているのであり，そのような原因関係を欠く振込みに関しては，右の事前の包括的な意思表示には含まれず，預金債権にならないとして，被仕向銀行に対してその返還を命じた。また，その際の理由付けの一つとして，次のようにも述べている。すなわち，振込金が受取人の預金となるとした場合，被仕向銀行が受取人に誤振込みがあったことを奇貨として，受取人に対する回収不能債権を右振込金による預金債権とを相殺し，それによって本来であれば回収不能の債権の回収を図り，その結果，誤振込依頼人においては誤振込金の回収が不能になるような事態が生じうるが，このような結論は，衡平の見地からして容認すべからざるものといわなければならない。

　このようにして，結局は預金債権の成立を否定することにより，すなわち相互対立性の欠如を理由として相殺を否定したと考えられる。このような理は，誤振込金についての預金債権の成立を認めた平成8年判決を前提とすると受け入れられないものとなる。

　しかし，それにもかかわらず，平成8年以後の下級審裁判例において，相互対立性の欠如から相殺を否定したものと考えられるものがある。それが名古屋高判平成17年3月17日（金法1745号34頁）である。これは振込依頼人が受取人を誤って振込依頼をしたが，誤振込みに気付いて被仕向銀行に対して組戻しを依頼したところ，被仕向銀行は本件振込みを入金記帳した上で別段預金に振

り替え，受取人に対する貸金債権と対当額で相殺したので，受取人が被仕向銀行に対して不当利得に基づき振込金額の返還を請求したという事案につき，誤振込みであっても受取人の口座に入金記帳されることにより，振込みの原因となる法律関係の存否とは関係なく被仕向銀行と受取人との間に預金契約が成立し，被仕向銀行には振込金額相当の利得が生じたものとはいえないとしつつも，受取人が事情を秘して払戻請求することが詐欺罪を構成するとの最決平成15年3月12日（金法1697号49頁）を引用し，このままでは振込金の返還先が存在しないことにあることから，あたかも被仕向銀行に利得が生じたのと同様の結果になること，本件のように誤振込みであることを被仕向銀行も知っているような場合には，受取人と被仕向銀行との間に振込金額相当の預金契約が成立したとしても，正義，公平の観念に照らし，その法的処理において，実質これが成立していないのと同様に構成するとして，被仕向銀行に当該振込金相当額の利得が生じたものとして振込依頼人への直接の返還義務を認めるのが相当であると判示した。相殺に関してのみいえば預金債権の成立を否定したことから相互対立性の欠如を理由としたものであると考えられる。しかし，最終的な解決手段は不当利得に基づく返還義務の成否であり，被仕向銀行が行った相殺についての理論構成はそれほど重要性を持つものとは考えられない。

(2) **相殺権濫用**

次いで，平成8年判決を前提として，つまり預金債権の成立を肯定した上でどのような理論構成が主張されているのかをみていくことにする。

前掲名古屋高判の原審である名古屋地判平成平成16年4月21日（金法1745号40頁）は，次のように判断した。すなわち，たとえ誤振込みであっても預金債権が成立することを前提とした上で，被仕向銀行が本件振込金相当額について誤振込みを理由として振込依頼人に返還されるべき不当利得金であることを認識できたこと，組戻依頼に応ずることに支障もなかったとし，そうなると被仕向銀行が行った相殺は正義，公平の観念に照らして，本件振込金相当額の限度で無効になるというべきであるとして，振込依頼人の不当利得返還請求を認めた。

ここでは，誤振込みであることを認識していた，組戻に応ずることに支障はなかった，といった事情から相殺権の行使を認めなかったことになり，相殺権

来栖三郎著作集
(全3巻)

A5判特上製カバー

I 総則・物権 12,000円
―法律家・法の解釈・財産法
財産法判例評釈 (1)[総則・物権]―

II 契約法 12,000円
―家族法・財産法判例評釈(2)[債権・その他]―

III 家族法 12,000円
―家族法・家族法判例評釈[親族・相続]―

三藤邦彦 著

来栖三郎先生と私
◆清水 誠 編集協力 3,200円

安達三季生・久留都茂子・三藤邦彦
清水 誠・山田卓生 編

来栖三郎先生を偲ぶ
1,200円 (文庫版予600円)

我妻 洋・唄 孝一 編

我妻栄先生の人と足跡
12,000円

信山社

藤岡康宏著 民法講義（全6巻）

民法講義Ⅰ 民法総論 近刊
民法講義Ⅱ 物権 続刊
民法講義Ⅲ 契約・事務管理・不当利得 続刊
民法講義Ⅳ 債権総論 続刊
民法講義Ⅴ 不法行為 近刊
民法講義Ⅵ 親族・相続 続刊

石田 穰 著 **物権法**(民法大系2) 4,800円
石田 穰 著 **担保物権法**(民法大系3) 10,000円
加賀山茂著 **現代民法学習法入門** 2,800円
加賀山茂著 **現代民法担保法** 6,800円
民法改正研究会（代表加藤雅信） 12,000円
民法改正と世界の民法典
新 正幸著 **憲法訴訟論** 第2版 8,800円
潮見佳男 著 **プラクティス民法 債権総論** (第3版) 4,000円
債権総論Ⅰ(第2版) 4,800円 **債権総論Ⅱ**(第3版) 4,800円
契約各論Ⅰ 4,200円 **契約各論Ⅱ** 近刊
不法行為法Ⅰ(第2版) 4,800円
不法行為法Ⅱ(第2版) 4,600円
不法行為法Ⅲ(第2版) 近刊
憲法判例研究会 編淺野博宣・尾形健・小島慎司・
宍戸常寿・曽我部真裕・中林暁生・山本龍彦
判例プラクティス憲法 予4,800円
松本恒雄・潮見佳男 編
判例プラクティス民法Ⅰ・Ⅱ・Ⅲ（全3冊完結）
Ⅰ総則物権 3,600円 Ⅱ債権 3,600円 Ⅲ親族相続 3,200円
成瀬幸典・安田拓人 編
判例プラクティス刑法Ⅰ総論 4,800円
成瀬幸典・安田拓人・島田聡一郎 編
判例プラクティス刑法Ⅱ各論 予4,800円

日本立法資料全集本巻201

広中俊雄 編著

日本民法典資料集成 1
第1部 民法典編纂の新方針

４６倍判変形　特上製箱入り 1,540頁

① **民法典編纂の新方針** *200,000円* 発売中
② 修正原案とその審議：総則編関係　近刊
③ 修正原案とその審議：物権編関係　近刊
④ 修正原案とその審議：債権編関係上　続刊
⑤ 修正原案とその審議：債権編関係下　続刊
⑥ 修正原案とその審議：親族編関係上　続刊
⑦ 修正原案とその審議：親族編関係下　続刊
⑧ 修正原案とその審議：相続編関係　続刊
⑨ 整理議案とその審議　続刊
⑩ 民法修正案の理由書：前三編関係　続刊
⑪ 民法修正案の理由書：後二編関係　続刊
⑫ 民法修正の参考資料：入会権資料　続刊
⑬ 民法修正の参考資料：身分法資料　続刊
⑭ 民法修正の参考資料：諸他の資料　続刊
⑮ 帝国議会の法案審議　続刊

―附表　民法修正案条文の変遷

<u>信山社</u>

信山社

岩村正彦・菊池馨実 責任編集

社会保障法研究
創刊第1号
菊変判並装／約350頁／予価5,000円

創刊にあたって
社会保障法学の草創・現在・未来

荒木誠之 ◎ 社会保障の形成期—制度と法学の歩み

◆ 第1部 社会保障法学の草創

稲森公嘉 ◎ 社会保障法理論研究史の一里塚
　　　　　—荒木構造論文再読

尾形　健 ◎ 権利のための理念と実践
　　　　　—小川政亮『権利としての社会保障』をめぐる覚書

中野妙子 ◎ 色あせない社会保障法の「青写真」
　　　　　—籾井常喜『社会保障法』の今日的検討

小西啓文 ◎ 社会保険料拠出の意義と社会的調整の限界—西原道雄「社会保険における拠出」「社会保障法における親族の扶養」「日本社会保障法の問題点（一 総論）」の検討

◆ 第2部 社会保障法学の現在

水島郁子 ◎ 原理・規範的視点からみる社会保障法学の現在

菊池馨実 ◎ 社会保障法学における社会保険研究の歩みと現状

丸谷浩介 ◎ 生活保護法研究における解釈論と政策論

◆ 第3部 社会保障法学の未来

太田匡彦 ◎ 対象としての社会保障
　　　　　—社会保障法学における政策論のために

岩村正彦 ◎ 経済学と社会保障法学

秋元美世 ◎ 社会保障法学と社会福祉学
　　　　　—社会福祉学の固有性をめぐって

〔石垣茂光〕

濫用の法理を適用したものと考えられる。しかし，これも前掲名古屋高判と同じであり，最終的には不当利得による解決のためであり，相殺についての判断はそれほど重要ではないと考えられる。

　学説においても，誤振込みであっても預金債権の成立を認める以上，貸金債権との対立を肯定せざるを得ず，それにもかかわらず，棚ぼた的利益を与えるべきではないとすると，相殺権濫用という一般条項で相殺の効力を奪うしかないとの主張がある[4]。

　では，どのような事情をもって相殺権濫用とするのかといえば，ここでは振込依頼人から組戻しの要請があったにもかかわらず，相殺した場合が念頭におかれているようである。すなわち，受取人を誤って振込みを依頼したときは振込依頼人は不当利得返還請求権を受取人に対して有するにとどまることになるが，振込みの解消を目的とするいわゆる組戻請求を仕向銀行を通じて行うこともできる。これは振込みの解除とも，再振込みとも解されるが[5]，いずれにしても受取人からの承諾を得ることによって被仕向銀行から仕向銀行への振込みの巻き戻しが行われることにある。そうなると，被仕向銀行の立場はこのような振込制度の運営者としての役割を担わされることになる。被仕向銀行は受取人に対する同じ債権者であるといえず，振込制度の運営者の一員として振込依頼人の要請と矛盾する行動を取ることは許されない。したがって，被仕向銀行による相殺は，この時点以降行われたものであれば，効力がないとするのである[6]。

　この理を詳細に検討したものとしては次のようなものがある。すなわち，被仕向銀行は，振込依頼人と何らの契約関係に立たないにせよ，為替システムを運営する一員として，同システムの利用者たる振込依頼人が不当な損失を被らないよう配慮すべき地位にあるとした上で，誤振込みであれば組戻しにより返還すべきであり，この場合には相殺できない。また，受取人に誤振込みの事実を確認できない場合，それが必要な調査を行った結果であれば，通常の預金債

---

[4] 三枝健治「誤振込みによる預金債権成立後の対応（上）」みんけん580号17頁は，棚ぼた利益を与えるべきでないとすると，問題はいかにしてその相殺を否定するかであるとした上で，預金債権の成立を前提に相殺の理論的可能性を認めた上で，相殺権濫用という一般条項でこれを封じ込めるしかないとする。
[5] 組戻しの法的性質については，佐賀地判平成17年10月7日金判1227号12頁参照。
[6] 木南敦「誤振込みと預金の成否」金法1455号（1996年）16頁。

権と同じく相殺を実行することができ，また受取人が組戻しに同意しない場合にも，被仕向銀行は返還義務を負うことはないのであるから，通常の預金と同じく相殺が可能であると考えるのである[7]。このような考え方をさらに整理したものとして，次のようなものがある。すなわち，組戻の承諾があった場合には，原因関係の不存在につき確定的に悪意となるにいたったことを理由に被仕向銀行による相殺は禁じられる。組戻要請を受け，原因関係の有無につき受取人に照会中ないし照会前であるときは，振込制度の運営者である被仕向銀行を信頼した上で振込依頼人から組戻しが要請されたとたん，その被仕向銀行が手のひらを返してかかる組戻要請に矛盾する行動を取ることは許されないとして，つまり振込制度の運営者という立場を理由に相殺が禁止される。これに対し，照会を受けた受取人が誤振込みであることを積極的に否認し，原因関係の有無につき振込依頼人と受取人の間で争いがあるときは，最終的な解決を待たずに当該預金債権の成立を前提とした権利行使を認めるべきであり，振込制度の運営者であることを理由に被仕向銀行を受取人の他の債権者に劣後させる必然性も合理性もあるようには思われないとして相殺を肯定する[8]。

　このような濫用論によって相殺の効力を否定する考え方は一定の支持を受けているようであるが[9]，被仕向銀行が振込システムの一員であることから債権回収場面で当然に相殺できない，構造的に劣後するとの根拠は乏しいとの批判もある[10]。

---

(7) 階猛「誤振込みと預金の相殺」銀法657号（2006年）12頁。
(8) 三枝・前掲注(4)14頁以下。
(9) 中田裕康ほか「〈座談会〉民法と刑法(1)」法教241号（2000年）52頁では，相殺は形式的にはできるが，それを銀行が知っている場合には相殺できないとすると相殺権濫用で相殺の効力を押さえるか，あるいは銀行に信認義務みたいなものを認めてそこから導くかとする（中田裕康発言）。中田裕康「誤振込みによる預金債権の成否」法教194号（1996年）130頁は，被仕向銀行による相殺は，被仕向銀行と仕向銀行が同一銀行である場合には振込依頼人の受任者としての立場上，両者が別銀行である場合にも振込制度の運営者としての立場上，制約されるとする。同じく，栗原由紀子「誤振込みによる預金債権と被仕向銀行の相殺」青森中央学院研究紀要9号（2007年）52頁は，被仕向銀行が組戻しをしようとせずに相殺をして自行の債権回収を確保した場合には権利濫用に当たる特別の事情となる可能性があるとする。
(10) 三上徹「誤振込みと預金の成立」銀法645号11頁は，被仕向銀行が振り込み制度の運営者であるというだけで保全・回収の場面で構造的に劣後するという根拠も乏しいとする（同旨，岡本雅弘「誤振込と被仕向銀行による相殺（下）」金法1752号（2005年）42頁。）。

このような考えは，個別的に相殺の効力を奪うものである。すなわち，たとえ誤振込みであったとしてもこれに対する相殺は否定されるものではないが，とくに組戻しの依頼を受けた後に関しては，被仕向銀行の立場としては，振込依頼人の要望に添うべき立場にあることからこれと矛盾するような相殺をすることをもって権利濫用と考えるようであり，より一般的に誤振込金との相殺が濫用と評価するものではないようである。その意味で，被仕向銀行が行う相殺は，背信的，禁反言的，矛盾行為と判断されることになる[11]。

(3) 非責任財産化

相殺の場面をもっぱら念頭においたものではないが，結果的には誤振込金との相殺が一般的に否定されることになる見解として，次のようなものがある。それによると，まずもって預金者の預金債権が常に預金者とされた者の責任財産を構成するとはいえないということから議論を出発させる。そこで，最判平成15年2月21日（民集57巻2号95頁）の損害保険代理店の保険料保管専用口座の帰属問題に関してではあるが，保険料保管専用口座の預金債権が誰に帰属するかという問題は，預金者の預金債権が常に預金者とされた者の責任財産を構成するとはいえないことから，預金者が誰かという契約当事者レベル（預金者確定レベル）と，その預金債権が誰の一般財産（責任財産）に属するかという責任財産レベルでの帰属問題に分かれるとする[12]。その際，弁護士預り金口座事例（最判平成15年6月12日民集57巻6号563頁）や公共工事請負前払金保管口座事例（最判平成14年1月17日民集56巻1号20頁）での最高裁判例法理との比較が，責任財産レベルでの預金債権の帰属問題も視野に入れた理論が展開されていることから，有用であると指摘する。

このような観点から，預金名義人に預金債権が帰属していても預金者の一般

---

[11] 中村弘明「誤振込みにより成立した預金債権と被仕向銀行の受取人に対する貸金との相殺の可否」金法1761号（2006年）37頁は，振込依頼人と被仕向銀行のいずれを救済すべきかという見地から，相殺が権利の濫用とみなしうるような事案なのかが問題だとする。つまり，相殺は原則として認められるべきであるが，権利の濫用とみなしうるような事情がある場合には斥けられるとするのが，誤振込みに限らず，通用するのではないかとして一般論を展開する。

[12] 潮見佳男「損害保険代理店の保険料保管専用口座と預金債権の帰属（上）」金法1683号（2003年）39頁。

財産法の新動向 Ⅱ

財産（責任財産）とすべきではないとする立場を導く理論構成としては，①問屋（証券会社）に買受委託をした委託者に株式を占有したまま破産した場合にも株式の取戻権を認めた最判昭和 43 年 7 月 11 日民集 22 巻 7 号 1462 頁の法理を類推して，保険代理店の一般財産化を否定するという考え方，②信託法理を用いて，保険代理店を受託者とみることから，預金を受託者の責任財産から除くという考え方，などが紹介されているが[13]，結論としては保険代理店の預金の場合については，信託法改正前の議論を前提としているのではあるが，否定的に評価される[14]。

預金者の認定と，それが預金者の責任財産を構成することが別問題となるということは，場合によっては預金者は預金契約等により預金名義人となって，銀行はこの者に対して預金の払戻しをするにせよ，その者の責任財産を構成しないとして預金を差し押さえたりあるいは相殺することが禁止されることを認めることになる。このような考え方は，次に述べる預金者の認定を一律に決することに対する批判説にも共通する考え方となる。

すなわち，すべての当事者との関係で預金者は誰かという問題を一律に確定しようという思考方法自体が問題であるとし，預金者の決定も相手方当事者との関係で相対的に考えるということを出発点とすべきであるとし，預金契約行為を行った銀行と預入行為者の意思解釈により，出捐者を預金者と認定することができないからといって，それ以外の当事者の関係においてまで出捐者を預金者として扱うことができないと考える必然性はないとする。例えば，前掲平成 15 年の損害保険代理店の保険料保管専用口座の帰属問題に関しては，損害保険代理店が損害保険会社に損害保険料を納入するための専用口座であり，自らの債権と相殺した銀行もそのような資金の性格を十分に認識していた以上，専用口座の資金が自己に帰属するという損害保険会社の期待が当然保護されるべきであるとする。同じく，弁護士が委任者のための資金を管理するために用いていた弁護士名義の預金口座が委任者の債権者によって差し押さえられた場合，それが委任者の責任財産に属しないとしたのが判例であるが，これも委任者と弁護士との間の合意として当該預金口座の預金が弁護士に帰属すると理解

---

[13] 潮見佳男「損害保険代理店の保険料保管専用口座と預金債権の帰属（下）」金法 1685 号（2003 年）44 頁以下。

[14] 潮見・前掲注[13] 50 頁。

されていたかどうかから判断される問題であるとする[15]。このように，預金の帰属が問題になる場面によってアプローチを別にすべきであり，銀行と預入行為者等との関係で銀行の支払をもって銀行が免責されるかどうかは契約法的アプローチによって決せられるが，銀行が誰に支払うべきかとか，銀行以外の当事者間で預金の帰属が問題になる場合には誰に帰属すべきかを直接に問題とする物権法的アプローチによって決すべきであるとする[16]。

　これらのような考え方は，相殺の場合にも有益な示唆を与えるものである。すなわち，誤振込みであっても預金契約が成立し，払戻請求が可能であるとしても，この預金が預金者の責任財産を構成しないとするならば，相殺をすることができないことになる。ただ，その者に権利帰属を認めた上で，しかし責任財産としては否定するということは[17]，従来の責任財産のあり方からの再検討を必要とするものであり，このような理を認めるための構成はかなりの困難性を伴うものであろう。

(4) 相殺を認めた上で不当利得の問題として処理する構成

　東京地判平成17年9月26日（金法1755号62頁）では次のように判示している。すなわち，振込依頼人が受取人を誤って振込依頼をしたところ，その後に誤振込みであることが分かり組戻の手続をとろうとしたがすでに受取人の所在が不明で組戻の承諾を得ることができず，その旨を被仕向銀行が振込依頼人に説明をするなどしていたところ，被仕向銀行が受取人に対する貸金債権をもって誤振込金を含む預金債権と相殺したことにつき，振込依頼人から被仕向銀行に対する不当利得に基づく返還請求がなされたという事案につき，まずは被仕向銀行が自己の貸金債権等の回収のために相殺したことはとくに相殺権濫用に当たるなどの事情が窺えないとしてこれを有効とした上で，しかし組戻しの手続さえとられていれば，振込依頼人は誤振込金相当額の事実上の損失を免れ，被仕向銀行は誤振込金相当額の回収はできなかったはずとなり，その意味で被仕向銀行は振込依頼人の損失のもとで，いわば「棚からぼた餅」的に利得した

---

[15] 岩原紳作・森下哲朗「預金の帰属をめぐる諸問題」金法1746号（2005年）39頁。
[16] 岩原・森下・前掲注[15]38頁。
[17] 星野英一「いわゆる『預金担保貸付』の法律問題」同・民法論集第7巻（有斐閣，1989年）184頁もこのような考え方を指摘する。

ものということができるとし，このような債権回収は振込依頼人に対する関係において法律上の原因を欠き，不当利得になると解するのが公平の理念に沿うとした。ここでは，振込依頼人からの組戻請求に対して受取人の所在が不明であることなどから組戻しの承諾を得ることができない場合に振込依頼人に救済手段が残されていないことが振込制度として好ましいことではないことから，銀行は誤振込みをした依頼人に救済の機会を残すために誤振込みの事実の有無の確認に努め，その間は当該振込に係る金品を受取人の預金とは区別して管理するなどの適当な措置をとることが望まれるとしている。その意味では相殺権濫用と認定できるような事情が満たされているにもかかわらず，ここでは騙取金と同じような構成で，相殺することが受取人との間では有効であるとしても振込依頼人との間では法律上の原因を欠くとしたのである。

また，前掲の名古屋地判や高判も，相殺が認められるかどうかということよりも，むしろ被仕向銀行に対する不当利得返還請求が認められるかどうかということを念頭において相殺を論じたという指摘がなされている。すなわち，被仕向銀行の相殺が認められても，それは被仕向銀行の有する貸金債権の回収のためであることから，自己の債務が消滅したという受取人にこそ利益はあっても，そこにおいて被仕向銀行に利得はないはずである。また，反対に被仕向銀行の行う相殺が否定されたとするならば，なおさらのこと被仕向銀行には何らの利得もないことになり，結局受取人に利得があるだけとなり[18]，それでも被仕向銀行に対する不当利得が認められるとするのは，相殺の結果ではなく，不当利得法理によるものである[19]。その際に念頭におかれているのが騙取金によ

[18] すでに名古屋地裁に対する判例評釈においてその論理矛盾については指摘されているところである。柴崎暁「判批」金判1201号（2004年）59頁，本多正樹「誤振込と被仕向銀行の相殺（下）」金法1734号48頁，鎌形史子「判批」銀法649号（2005年）34頁。同様に，銀行側からの反論として，「最新金融判例に学ぶ」（金法1710号62頁）では，振込依頼人の受取人に対する不当利得返還請求権が消滅しないのに，どうして銀行の相殺が正義，公平の観念に照らして問題が生ずるのか，百歩譲って相殺が無効であっても被仕向銀行の貸金債権と受取人の預金債権が復活するだけで，なぜ被仕向銀行が利得したことになるのか理解に苦しむとするとする。

[19] 麻生裕介「誤振込において振込依頼人から金融機関への不当利得返還請求が認容された事例」金判1228号9頁は，名古屋地判を称して，相殺を無効と判断しつつ不当利得を認めることは矛盾を期待しているようだが，「無効となるような相殺を行ったことによって，法律上の原因を欠く程度の不正義，不公正があると判断しているのであって，相殺の効力について判断しているものではないと思われる。」とする。潮見佳男「誤振

〔石垣茂光〕

る弁済と不当利得という構成である[20]。ただ、このような構成については被仕向銀行が有する債権を回収するのだから不当利得が成立しないとする立場もある[21]。

(5) 債務の性質論

相殺を行うためには両債務の性質が相殺を許す場合でなければならない。このことから、例えば同一の銀行で誤振込みが生じている場合に、振り込んだ委任者との関係で、銀行に委託信認関係を認めることができて、誤振込みだと分かっていれば、相殺してはならないというような義務を負っていると解することができないかといった考えである[22]。これは、誤振込みであることを知って

込と被仕向銀行の不当利得」金判1225号（2005年）1頁も、名古屋高判を不当利得理論から評価する。
[20] 菅野佳夫「誤振込金と貸付債権の相殺」判タ1152号（2004年）106頁は、「騙取金による相殺」は「誤振込金による相殺」と、一連の近縁性が感じられる。それは、法律上の原因のない他人の財産によって得た利益という点で不当利得と同じ問題、つまり「法律上の原因のない他人の財産による利益」ということであると指摘する。関沢正彦「組戻承諾が取れない場合の被仕向銀行の誤振込金による預金相殺と不当利得」金法1755号（2005年）5頁は、東京地判を評して、相殺の効力を相対的にとらえ、被仕向銀行の相殺は受取人との関係では有効であるが、振込依頼人との関係では法律上の原因とはならないとする。

　本多・前掲注[18]52頁は、名古屋地判は相殺の効力を否定したのではないとの理解を示す。つまり被仕向銀行が正義公平の観念に反するので相殺すべきではなかったのに相殺した。受取人との関係で相殺は有効だが、正義公平に反するので、相殺により貸金債権を優先的に回収することが法律上の原因がない利得になるとの論理であるとする。

　牧山金牧山市治「判批」金法1770号（2006年）87頁は、銀行のほとんど回収不能に期すべき債権につき、たまたま誤振込があったことを奇貨として相殺・回収したのであるから、いわば棚からぼた餅の偶然性の強い僥倖にすぎず、銀行の相殺による利益は、振込依頼人の損失を前提とするものであり、公平の観念からも保護に値しないものとの評価になり、不当利得の法律上の原因を欠くと言うことになるとする。

　岡本・前掲注[10]15頁も参照。
[21] 座談会・前掲注(9)52頁では、債権があることを理由に不当利得を否定する（中田裕康・道垣内弘人発言）。

　同じく、柴崎・前掲注[18]60頁も、被仕向銀行は貸金債権の弁済のために相殺による預金債務の消滅という効果を享受するのであって、そこに法律上の原因が存することになり、不当利得の一般成立要件は欠けていると解すべきであり、問題の解決は不当利得法理にではなく、相殺濫用法理にゆだねるべきであるとするが、結論的には、預金債権が成立し、相殺権濫用にも該当せず、不当利得返還請求もできないとする。
[22] 座談会・前掲注(9)51頁（佐伯仁志発言）。

455

受取人が払戻しを行う場合には犯罪を構成するとの考え方から，銀行の場合には誤振込みと知って相殺することも可能である，犯罪にならないというのはいかにもバランスを欠いているのではないかといった疑念に基づく考え方といっていいであろう。

3 結びに代えて

　誤振込金に対して被仕向銀行が受取人に対する貸金債権をもって相殺することについては批判が多い。本来であれば誤振込金であっても入金記帳されると預金債権が成立するとの判例からすれば，相殺すること自体は可能となる。しかし，相殺が認められるということは，本来は振込依頼人に返却されるべき金銭をもって被仕向銀行が自己の債権を回収したことになり，その意味では棚ぼた的利益を得ると考えられるからである。

　それでは，どのような理論構成をもって被仕向銀行の債権回収を否定することができるか。第1に，平成8年判決を前提とした上で，すなわち相殺が可能であるということを前提とした場合，組戻し依頼を受けるなどの個別事情によって相殺の効力を否定することが考えられる。次いで，被仕向銀行の行った相殺を，振込依頼人との関係では法律上の原因なしとして，被仕向銀行に不当利得に基づく返還義務を認めるものである。

　また，平成8年判決の立場を採らず，預金債権が成立していないとすると，そもそも被仕向銀行は相殺することができないことになる。あるいは誤振込金は受取人の責任財産を構成しないと考えるならば，これをもって相殺することもできなくなる。

　また，相殺の可否を論じたにせよ，それによって誤振込みをした振込依頼人がどのように振込金の返還を求めることができるかということは別途考慮しなければならなくなることからすれば，問題解決という点から考えると，相殺の可否は直接解決をもたらさないとも考えられる。そこで，不当利得構成によって問題解決を図る立場がある。しかし，それでもやはりこのような誤振込みの場合にそもそも相殺することができるかという理論的な問題は別途検討されてしかるべき問題であると考えられる。

　このように，不当利得構成は，実際に振込依頼人が振込金の回収を誰からどのように行うかという観点から眺めた理論構成であるとすると，その意味で平

成 8 年判決が振込依頼人は受取人に対して不当利得返還請求権を有するに過ぎないとする点についての実質的な批判となっている。また，受取人の責任財産をその預金成立問題と分けて検討するという立場は，実質的に平成 8 年判決の射程距離を制限しようとするものである。そうなると，被仕向銀行の行う相殺という問題は，誤振込みであっても預金債権が成立するという平成 8 年判決に対する批判が形を変えて現れたものとも考えられる[23]。

本来であれば，平成 8 年判決を念頭に置きながら，各説に立ち入った検討をしなければならないところであるが，本稿ではまずその準備作業として現在の議論状況をまとめたに過ぎない。とくに非責任財産化という信託法の考え方をここに応用するとどうなるのかという興味深い問題もあるが，今後の検討は他日に期したい。

---

[23] 麻生・前掲注[19] 9 頁は，東京地判を評して，振込依頼を受ける前に相殺を敢行すれば救済の対象外となり，およそ誤振込金相当額は本来的に振込依頼人に帰属すべき経済的価値であるはずなのにまったく振込依頼人が救済されないという点が問題であると指摘し，結局そのことは平成 8 年判決に問題が帰着すると指摘する。

22 不動産担保融資取引に関わる金融機関の説明義務

草野　類

1　はじめに　　　　　3　検　　討
2　最高裁判決　　　　4　むすびに代えて

1　はじめに

　「説明義務」という概念が，一方では債務不履行責任の拡張に向けた議論や契約理論の進展とともに，また他方では不法行為責任の内容の深化とともに，徐々にその認知度を一般にまで拡大し，内容や対象の面でも様々な拡がりを見せて久しい。これは，取引社会の進展や複雑化と決して無縁ではなかろう。
　このように，説明義務の内容や対象が多様化する今日においては，同義務に関する理論・理解自体についても，総論的研究のみならず，その成立要件の再検討や，説明義務が問題となる類型・個々の事案の詳細な分析による成立範囲の明確化など，各論的研究成果の蓄積・深化がみられる[1]。
　また，説明義務に関する一般論について言えば，同義務は法性決定の面で債務不履行責任・不法行為責任のいずれの構成によっても責任が成立しうるという特徴を有しているが[2]，このように，両責任が競合する場面に関しては，現

---

(1) 比較的近時のこのような取り組みとして，例えば，中田裕康・山本和彦・塩谷國明編『説明義務・情報提供義務をめぐる判例と理論（判例タイムズ1178号）』(2005年) 1頁以下。
(2) 後にも確認するように，「説明義務」というのは必ずしも何がしかの契約から直接導かれるものではなく，例えば，専門家による専門家責任の一端として現れることがありうることが一般に認識されており，このような場合，説明義務は不法行為責任に基づく義務であると把握されることがある。このような指摘をするものとして，川井健「『専門家の責任』と判例法の発展」川井健編『専門家の責任』(日本評論社, 1993年) 6頁以下，円谷峻「日本法における『専門家の不法行為責任』」川井健編『専門家の責任』57頁。

在進行中の債権法改正論議と相俟って，今再び大きな注目が集まっている(3)。

さて，説明義務論をめぐるこのような現況の下，本小稿では，「不動産担保融資取引に関わる金融機関」が負担する「説明義務」に焦点を絞り，同義務の成立範囲や同義務の発生根拠などの各点につき，説明義務に関してこれまで展開されてきた議論や契約上の義務構造論といった観点から分析・検討するという作業に取り組みたい。

いうまでもなく，金融機関の本業は金融取引であり，不動産担保融資取引もその一環として把握することは可能であるが，このような取引に関わる金融機関がどのような場合にどのような説明義務を負うのか（負いうるのか）という点については，一考の余地があろう。

---

(3) 現在我が国において進行中の「債権法改正」論議においては，従来「債務が履行されていないという客観的状態」と「債務者の帰責事由（違法性・有責性）」という要件を満たして初めて認められた債務不履行に対する救済が，原則として，前者を具備しさえすれば認められるという立場に大転換することが提案されている（「過失責任原則（Verschuldensprinzip）」を放棄し，「契約の拘束力」を重視する視点への転換）。

　このように，「過失責任の原則」を債務不履行損害賠償の帰責根拠とすることについて疑問視する見解（指摘）はかねてより存在するが（ここではさしあたって，吉田邦彦「債権の各種──『帰責事由』論の再検討──」星野英一編『民法講座 別巻2』（有斐閣，1990年）44頁，渡辺達徳「国際動産売買法と契約責任の再構成」法学新報104巻6・7号（1998年）45頁等を挙げておく），このような考え方が妥当するのは，債務者が契約において給付結果を保証するようなケースであって，ある行為を行うこと自体が給付の内容になる場合や，いわゆる保護義務が問題となるような場合には，当該義務の標準を定めることが必要となるため，義務違反の有無を判断するにあたっては，債務者の主観的行為態様を考慮に入れることが必然的に必要となるという指摘がある（この指摘につき，渡辺達徳「契約責任における『過失』の機能に関する覚書」法学新報105巻2・3号（1998年）262頁以下。また，この問題に言及する近時の文献として，潮見佳男『債務不履行の救済法理』（信山社，2010年）161頁以下，長坂純『契約責任の構造と射程──完全性利益侵害の帰責構造を中心に──』（勁草書房，2010年）425頁以下等）。

　従って，仮に債務不履行損害賠償の帰責根拠から原則として「過失責任」の考え方を排除するという考え方が採られたにしても，契約関係当事者間において完全性利益の侵害がなされたようなケース──いわゆる，債務不履行責任としての保護義務違反と不法行為責任としての注意義務違反が競合するようなケース──においては，債権法（契約法）固有の機能領域を確定する必要が生じることが指摘されている。というのも，不法行為に基づく損害賠償に関しては，依然として「過失」が要件とされるためである。この点を指摘するものとして，内田貴＝大村敦志他「特別座談会 債権法の改正に向けて（下）──民法改正委員会における議論の現状──」ジュリスト1308号（2006年）140頁，小粥太郎「債務不履行の帰責事由」同1318号（2006年）125頁。この限りで，両責任の競合が問題となった場合の棲み分けの問題が生じることになる。

というのも，不動産担保融資取引に臨む顧客の側からすれば，金融機関側はこのような取引の「専門家」であるため（なお，本小稿において用いる「専門家」という語の意義については，後掲注(17)参照)[4]，万が一当該取引に問題があった場合には，金融機関側が備えているはずの取引上の経験や情報の蓄積などを根拠に何らかの説明を引き出したいと考えるであろう事情が存する一方で，金融機関の側からすれば，不動産に関する知識や情報というのは必ずしも本業そのものとは言い難い部分があるため，仮にそのような部分に関する説明や情報の提供を求められた場合，どのような内容につき（情報の正確性・真偽等を含む)，またどのような範囲で（どのようなケースで）説明義務を負いうるのかという点は必ずしも明確であるとはいえないからである。

従って，このようなケースにおいて金融機関が何らかの説明義務を負う場面がありうるとするならば，それがどのような場合であるかにつき，その要件や根拠を明確にすることは，——このような場面での契約に臨む両当事者にとっての，広い意味での債権管理という視点からも——一定の意義を有しうるものといえようし，今なお発展・深化を続ける説明義務論に対し有益な示唆を獲得することにもつながるものと思われる。

本小稿では，上記の理由から，不動産担保融資取引に関わる金融機関の説明義務について扱うが，この問題に関しては，近時の最高裁判決が，先に示した問題意識に大変興味深い視座を提供している。そこで，本小稿ではこの判決を中心に取り上げたうえで，前述のような視点に基づき，この問題について分析・検討を加えることとしてみたい。

---

(4) 後に確認するように，説明義務の発生根拠にも様々なものがあることが知られているが，その一つに「専門家」であること（より詳細にいえば，「専門家」に対して寄せられた信頼の保護）が挙げられることがある。このような見解を示すものとして，鎌田薫「専門家責任の基本構造」山田卓生編集代表『新・現代損害賠償法講座 第3巻（製造物責任・専門家責任)』（日本評論社，1997年）305頁，横山美夏「説明義務と専門性」中田裕康・山本和彦・塩谷國明編『説明義務・情報提供義務をめぐる判例と理論（判例タイムズ1178号)』（2005年）18頁以下等。ただし，いわゆる「専門家」にどのような者を含むかについては必ずしも明らかでなく，従って，そのような観点から，「専門家責任」という枠組で議論をすることに対して消極的な立場に立つ見解も存する（河上正二「『専門家の責任』と契約理論」法律時報67巻2号（1995年）11頁)。

2 最高裁判決[5][6]

(1) 判決の紹介

まずは，ここで取り上げるべき判決の事実の概要と判旨を簡潔に紹介する。

【事実の概要】

Xは，平成元年頃，取引のあったY₁銀行（当時の商号はA）の担当者から，土地の有効利用についてノウハウを有する会社として，ハウスメーカーY₂を紹介された。

Y₂の担当者は，平成2年1月頃，Xの自己資金2億8,770万円にY₁からの借入金9,000万円を加えた資金で，本件土地にあった建物を取り壊し，自宅部分，賃貸部分及び店舗・事務所から成る本件建物を新たに建築し，本件建物の賃貸部分からの賃料収入を借入金の返済等に充てる旨の本件計画を立案し，これに基づく本件経営企画書を作成した。

また，Y₁の担当者は，本件経営企画書を参照して，本件投資プランを作成したが，同プランには，本件建物の賃料収入を借入金の返済等に充てた場合の具体的な資金計画等が記載されていた。そして，Y₁及びY₂の各担当者は，そ

---

[5] 最判平成18年6月12日第一小法廷判決，判時1941号94頁，金融・商事判例1245号16頁。

[6] 本判決の評釈としては，すでに，山田剛志・銀行法務21 663号（2006年）16頁，升田純・Lexis判例速報10号（2006年）74頁，髙田淳・法学セミナー624号（2006年）103頁，階猛・NBL843号（2006年）31頁，同・不動産取引判例百選〔第3版〕（別冊ジュリスト192号）（2008年）34頁，原田昌和・判例タイムズ1226号（2007年）34頁，渡邊博己・旬刊金融法務事情1798号（2007年）36頁，賀集唱・銀行法務21 672号（2007年）11頁，馬場圭太・民商法雑誌135巻4＝5号（2007年）229頁，山田誠一・金融法務事情1812号（金融判例研究17号）（2007年）18頁，牧佐智代・六甲台論集54巻2号（2007年）71頁，吉岡伸一・私法判例リマークス35号（2007〈下〉）（2007年）38頁，加藤新太郎・判例タイムズ1245号（平成18年度主要民事判例解説）（2007年）三八頁，長谷川貞之・金融・商事判例1336号（金融・消費者取引判例の分析と展開）（2010年）16頁がある。また，本判決について扱ったものとして，潮見佳男「銀行の紹介者責任」金融・商事判例1251号（2006年）1頁，松田佳久「不動産取引に絡む融資契約と金融機関の不動産瑕疵説明義務──最二小判平15・11・7判時1845・58と最一小判平18・6・12判時1941・94を中心として──」大阪経大論集60巻4号（2009年）53頁，同「契約当事者ではない金融機関が，契約に深く関わった場合における金融機関の説明義務」銀行法務21 716号（2010年）26頁がある。

のころ，Xを訪問し，Xに対して本件経営企画書及び本件投資プランを提示し，その内容を説明した。

　Y_1及びY_2の担当者は，当時，本件計画におけるXの自己資金については，本件建物建築後，本件土地の北側部分の一部（本件北側土地）を売却することによって捻出することができると考えており，Xに対する説明もこれを前提とするものであった。Xは，Y_1及びY_2の担当者の説明により，本件建物の建築に要する自己資金の捻出が可能であると考え，これを前提として，Y_1から建築資金全額の融資を受け，本件建物を建築することとした。

　Xは，その後，Y_2との間で，本件計画に基づき，請負代金を3億9,500万円とする本件建物の建築請負契約を締結し，Y_2は，本件建物を完成させてこれをXに引き渡した。Y_1は，その間，Xに対し，本件建物の建築資金等として合計4億6,450万円を貸し付け，さらに，その貸付に係る債務の返済に充てるため，第二貸付（合計4億9,200万円）を実行した。

　しかし，本件建物は，本件北側土地を含む本件土地の全体を敷地として建築確認がされていたため，その敷地に係る容積率の制限の上限に近いものであったことから，本件北側土地が売却されると，その余の敷地部分のみでは容積率の制限を超える違法な建築物となり，また，買主が本件北側土地を敷地として建物を建築する際には，異なる建築物について土地を二重に敷地として使用することとなるので，確認申請に際し，建築確認を受けられない可能性があった。

　Y_2の担当者は，本件建物の敷地に係る前記問題，すなわち，本判決にいう本件敷地問題とこれにより本件北側土地の売却価格は低下せざるを得ないことを認識していたが，Xに対し，これを何ら説明することなく，売却後の本件北側土地に建物が建築される際，建築主事が敷地の二重使用に気づかなければ建物の建築に支障はないとの見込みに基づいて本件計画を提案したものであった。他方，X及びY_1の担当者は，本件北側土地の売却によって本件建物の敷地に係る前記問題が生ずることを知らなかった。

　Xは，本件建物を建築した後，本件北側土地を売却することができないため，返済資金を確保することができず，Y_1に対する第二貸付に係る債務の支払を遅滞した。Y_1は，当該貸付に係る債権を担保するため，本件土地及び本件建物について根抵当権を有していたところ，その後，同抵当権に基づく不動産競売の開始決定がされるに至った。

財産法の新動向 Ⅱ

　以上の事実関係の下で，XがY₁及びY₂の担当者の説明義務違反を理由にYらに対して損害賠償を求めたのが本件である。
　X₁の請求につき，第一審は，Y₁及びY₂の担当者の説明義務違反を認め，当該請求を一部認容したのに対し，原判決は，Y₁及びY₂の担当者に説明義務違反等はないとして，第一審判決を取り消し，当該請求を棄却すべきものとしたため，Xより上告。

【判旨】（以下，判旨は必要な範囲に絞り，部分的に引用する⁽⁷⁾。）
　破棄差戻。
　Y₁（銀行）担当者の説明義務について
　「一般に消費貸借契約を締結するに当たり，返済計画の具体的な実現可能性は借受人において検討すべき事柄であり，本件においても，Y₁担当者には，返済計画の内容である本件北側土地の売却の可能性について調査した上でX

---

(7) なお，ハウスメーカーY₂に対しては，次のように判示されている。
　　「Xは，本件各担当者の説明により，本件貸付けの返済計画が実現可能であると考え，Y₂との間で本件建物の設計契約及び建築請負契約を締結し，Y₁から本件貸付けを受け，本件建物が建築されたところ，本件北側土地の売却により，本件建物は，その余の敷地部分のみでは容積率の制限を超える違法な建築物となるのであるから，Xとしては，十分な広さの隣接土地を本件建物の敷地として確保しない限り，本件北側土地を売却してはならないこととなり，また，本件北側土地を売却する場合には，買主がこれを敷地として建物を建築する際，敷地の二重使用となって建築確認を直ちには受けられない可能性があったのであるから，信義則上敷地の二重使用の問題を買主に明らかにして売却する義務がある以上，本件建物がない場合に比べて売却価格が大きく低下せざるを得ないことは明らかである。したがって，本件建物を建築した後に本件北側土地を予定通り売却することはもともと困難であった」。
　　「本件計画には上記のような問題があり，このことは，XがY₂との間で上記各契約を締結し，Y₁との間で本件貸付けに係る消費貸借契約を締結するに当たり，極めて重要な考慮要素となるものである」。
　　「したがって，Y₂には，本件計画を提案するに際し，Xに対して本件敷地問題とこれによる本件北側土地の価格低下を説明すべき信義則上の義務があったというべきである。しかるにY₂担当者は，本件敷地問題を認識していたにもかかわらず，売却後の本件北側土地に建物が建築される際，建築主事が敷地の二重使用に気付かなければ建物の建築に支障はないなどとして，本件敷地問題について建築基準法の趣旨に反する判断をし，Xに対し，本件敷地問題について何ら説明することなく，本件計画をXに提案したというのであるから，Y₂担当者の行為は，上記説明義務に違反することが明らかであり，Y₂は，Xに対し，上記説明義務違反によって生じた損害について賠償すべき責任を負うというべきである」。

に説明すべき義務が当然にあるわけではない」。

しかし，「Y1担当者は，Xに対し，本件各土地の有効利用を図ることを提案してY2を紹介しただけではなく，本件北側土地の売却によりY1に対する返済資金をねん出することを前提とする本件経営企画書を基に本件投資プランを作成し，これらに基づき，Y2担当者と共にその内容を説明し，Xは，上記説明により，本件貸付けの返済計画が実現可能であると考え，本件貸付けを受けて本件建物を建築したというのである」。

「そして，Xは，Y1担当者が上記説明をした際，本件北側土地の売却についてY1も取引先に働き掛けてでも確実に実現させる旨述べるなど特段の事情があったと主張しているところ，これらの特段の事情が認められるのであれば，Y1担当者についても，本件敷地問題を含め本件北側土地の売却可能性を調査し，これをXに説明すべき信義則上の義務を肯認する余地がある」。

「しかるに，原審は，上記の点について何ら考慮することなく，直ちに上記説明義務を否定しているのであるから，原審の上記判断には，審理不尽の結果，判決に影響を及ぼすことが明らかな法令の違反がある」。

(2) 判決の分析

ここで紹介した判決（以下，「本判決」，あるいは「平成18年判決」という）は，建物建築と融資が一体となった計画の勧誘において，同計画を立案した建築会社に建築基準法に関わる問題点の説明義務を認めると同時に，当該建築会社とともに顧客に同計画を説明した金融機関（銀行）に対し調査・説明義務成立の余地を認めたものである。

この点，不動産取引における融資契約について金融機関の説明義務成立の余地を認めた事案はこれまでにも存在することが明らかにされており（比較的近時のものとして，東京地判平成10年5月13日判タ974号268頁[8]，東京地判平成13年2月7日判タ1099号233頁[9]，最判平成15年11月7日判タ1140号82頁[10]），本判決も，

---

[8] 判例評釈として，中田裕康・私法判例リマークス20号（2000〈上〉）（2000年）66頁がある。

[9] 判例評釈として，池田秀雄・銀行法務21 594号（年）62頁がある。

[10] 判例評釈として，片岡宏一郎・民商法雑誌130巻4＝5号（2004年）910頁，牧佐智代・六甲台論集52巻2号87（2005年）頁，後藤巻則・私法判例リマークス30号（2005〈上〉）（2005年）62頁，安部勝・判例タイムズ1154号（平成15年度主要民事判例解説）

基本的にはこれら一連の裁判例の流れに位置づけることができるものと思われる。

　しかし，平成18年判決の特徴は，融資契約の主体である金融機関に，融資対象となっている建築契約の内容の瑕疵についての調査・説明を行う義務が成立する余地を認めた点——すなわち，金融機関が，本来的には直接の業務対象としない「不動産取引」の内容について調査を行い，その結果を説明する義務が成立するという余地を認めた点——にあることを指摘できよう。

　先に示したとおり，本判決において，最高裁は，消費貸借契約における返済計画の具体的な実現可能性は原則として借受人において検討すべき事柄であって，銀行担当者には返済計画の内容（返済計画の実現可能性）を調査し，説明する義務が当然に生じるものではないことを示している。

　ところが，本判決においては，① Y_1 が土地の有効利用を図ることを提案して不動産会社 Y_2 を紹介したこと，②本件土地の一部の売却により返済資金を捻出することを前提とした Y_2 の担当者作成の経営企画書をもとに，Y_1 の担当者が投資プランを作成したこと，③これらに基づき，Y_1 の担当者が Y_2 の担当者とともにその内容を説明したこと，④Ｘがこの説明により貸付の返済計画が実現可能と考え，貸付を受けて建物を建築したこと，という各事情に加え，⑤ Y_1 担当者が上記説明をした際，本件北側土地の売却について Y_1 も取引先に働き掛けてでも確実に実現させる旨述べるなど特段の事情があったという場合には，Y_1 担当者についても，本件敷地問題を含め本件北側土地の売却可能性を調査し，これをＸに説明すべき信義則上の義務を肯定する余地があったとされ，ここから Y_1 銀行の調査・説明義務の成立可能性が導かれているのである。

(3) 小　　括

　さて，ここでは，不動産担保融資取引に関わった金融機関が説明義務を負い

（2004年）84頁，浅井弘章・銀行法務21 644号（年）31頁，渡邊博己・旬刊金融法務事情1732号（年）46頁，若林茂雄・判例タイムズ1178号（前掲注(1)）168頁がある。また，本判決について扱ったものとして，松田佳久「不動産取引に絡む融資契約と金融機関の不動産瑕疵説明義務——最二小判平15・11・7判時1845・58と最一小判平18・6・12判時1941・94を中心として——」・前掲注(6)53頁がある。

うる場合に関する諸要素を示した近時の最高裁判決につき，簡潔に紹介・分析した。

　もちろん，ここで取り上げたケースはたった一例のみであるため，ここから説明義務（論）全般に敷衍することのできるような一般論や結論を導出することはできず，またそのような作業をしたとしても，それが大きな危険を孕むものとなるであろうことは承知している。

　しかし，少なくとも，平成18年判決において問題とされたケースは，金融機関が同種の取引に関わった場合，通常であれば（原則として）説明義務を負わないケースであるという点で，ある種の「限界事例」といえるであろうこと，そして，そのような「限界事例」においても，金融機関には（先にも確認したように，一定の事情がありさえすれば）説明義務が課される場合があることを示したという点で，本判決は，金融機関がどのような場合に説明義務を負いうるかという点に関し，新たなファクターを追加したもの――いうなれば，説明義務の成立場面に関するカタログを増やしたもの――であると指摘することは許されよう。

　とすると，次に問題となるのは（また，問題とすべきは），ここで取り上げたようなケースにおける説明義務が，理論的にはどのような位置づけに置かれるものかという点である。

　平成18年判決は，金融機関に説明義務が認められる場合の諸要素については判示しているものの，当該事案において問題となる説明義務の法的性質等については何らの言及もしていない（無論，判決としてはそのような点を明確にすることの方が稀であろうが）。しかし，本小稿の冒頭で示した問題意識からすれば，この点に検討・分析を加える必要があるのは当然といえよう。

　そこで，次章では，この判決が示した説明義務を肯定するための諸要素が，一般的な説明義務に関する理論・議論においてどのような意味を有するのかにつき，若干の分析を加えつつ検討することとしてみたい。

3　検　　討

(1)　序

　ここでは，前章で取り上げたケース（前章において「平成18年判決」「本判決」と称した事案）において問題となった説明義務につき，説明義務の一般論に基づ

財産法の新動向 Ⅱ

いて分析・検討をする作業に取り組むが，同ケースに関しては，不動産取引に関わった金融機関の説明義務の有無が問題となった点において事案が類似する，先行ケース（最高裁平成 15 年 11 月 7 日判決[11]。以下，「平成 15 年判決」という）が存する。

そこで，ここではまず，その類似ケースである判決を紹介し，そのケースとの比較・対象という観点から，平成 18 年判決（において問題とされた説明義務）の特徴をさらに浮かび上がらせることとしたい。

(2) 類似ケースの紹介と比較
(a) 平成 15 年判決の紹介

平成 15 年判決は，金融機関の従業員が顧客に対し融資を受けて宅地を購入するよう勧誘したというケースにおいて，同従業員が当該宅地の接道要件の不具備を説明しなかったことが当該宅地を購入した顧客に対する不法行為を構成するとはいえない，としたものである。

そこでは，宅地の売買契約と融資契約を別個の契約とみた上で，①融資契約に関わった被告 Y 信用金庫の従業員が，接道要件の不具備を認識しながら，原告である買主 X に殊更に知らせなかったり，それを怠ったりした，② Y が宅地の前所有者や販売業者と業務提携し，Y の従業員が当該宅地の販売活動に深く関わり，X に対する勧誘もその一環であるなど，信義則上，Y の従業員の X に対する説明義務を肯認する根拠となり得るような特段の事情は認定されず，その他の事情を鑑みても，Y の従業員が融資による宅地購入を積極的に勧誘した結果 X が本件宅地を購入した場合でも，当該従業員が X に対して「接道要件を満たしていないことについて説明をしなかったことが，法的義務に違反し，X に対する不法行為を構成するということはできないものというべき」とされ，結果的に金融機関の説明義務違反が否定された。

この点，平成 18 年判決と平成 15 年判決は，融資対象物件に建築基準法上の問題点が存するにもかかわらず，金融機関の担当者がこれを知らずに不動産取引のための資金を融資したところ，顧客（借受人）から，当該問題点に関する調査・説明義務を問われた，という点で共通している[12]。また，平成 15 年判

[11] 最二小判平成 15 年 11 月 7 日判時 1845 号 58 頁。
[12] いま一度整理をするならば，平成 18 年判決及び平成 15 年判決は，ⅰ）金融機関以外

決において言及された「特段の事情」につき，平成18年判決はその内容を具体的に示したものと理解することも可能である[13]。しかし，その一方で，平成18年判決は説明義務違反を肯定する特段の事情の有無につき審理を尽くさせるべく原審に差し戻しているのに対し，平成15年判決は説明義務違反を否定する控訴棄却判決を下している。この違いはどこから生じるのであろうか。また，この両判決に関し，整合的な理解をすることは可能なのであろうか（あるいはそもそも，そのような理解をする必要性はないのであろうか）。

(b) **平成18年判決と平成15年判決の比較**

そこで，この両判決につき，以下，できるだけ簡潔に比較をしてみたい。

まず，各判決が，不動産取引に関わる金融機関に対し，各事案の下で説明義務を肯定するために挙げている要件について再確認する。この点，平成15年判決は，不動産取引（宅地の売買契約）と融資取引（金銭消費貸借）とを別個の契約としたうえで，金融機関が不動産取引に関わる（不動産）業者と提携関係にあるなど，両取引に関し，契約関係の一体性がみられる場合を，説明義務が認められるための「特段の事情」の一例として挙げ，それらの要件が満たされる場合には，説明義務が成立するものとしている[14]。これに対し，平成18年判決は，前章第2節において示した各要件（①金融機関の担当者が土地の有効利用を図ることを提案して，不動産業者を紹介，②本件土地の一部の売却により返済資金を捻出する

に不動産業者が関わっている（存在している）点，ⅱ) 当該取引物件に関する建築基準法上の問題点につき，金融機関側の担当者が認識を欠いている点，そしてⅲ) 金融機関側からの提案・勧誘により顧客が不動産取引を開始しているという各点に，共通項を見出しうるのである。

[13] このような把握の仕方をする見解として，高田・前掲注(6)103頁。

[14] ただし，平成15年判決において挙げられた説明義務肯定のための要件をこのように把握してよいかどうかについては，そもそも議論が成り立ちうるものと考える。すなわち，同判決においては，融資契約に関わった被告金融機関の従業員が建築基準法上の問題点について認識しながら，顧客（原告）に殊更知らせなかったり怠ったりしたという要件と，金融機関と不動産業者が提携し，金融機関の従業員が当該宅地の販売活動・勧誘に関与していたという要件が並列的に並べられ，それらがそれぞれ，説明義務肯定のための「特段の事情」を構成しているものと読むことができる一方で，もう一つの読み方としては，これらの要件が合わさって「特段の事情」を構成するものと読むこともできるからである。

しかし，本小稿においては，文脈を素直に読んだ場合の解釈として前者の解釈を採ることとし，その解釈のもとに議論を進めることとする。

財産法の新動向　II

ことを前提とした不動産業者の担当者の作成した経営企画書をもとに，金融機関の担当者が投資プランを作成，③①・②の事情に基づき，金融機関の担当者が不動産業者の担当者とともにその内容を説明，④顧客が③の説明により貸付けの返済計画が実現可能と考え，貸付けを受けて建物を建築）だけでは説明義務の成立を肯定することはできず，さらに，⑤金融機関担当者が上記説明をした際，顧客に対し，本件北側土地の売却について取引先に働き掛けてでも確実に実現させる旨述べるなどの特段の事情（＝返済計画の実現に向けた協力の確約）があった場合にはじめて説明義務が成立するものとしている。問題は，これらの事情をどう読むか——すなわち，平成18年判決は，平成15年判決の法理をベースとしたもので，同判決の発展・延長型であるとみるのか，あるいは，両者は全く別の判断枠組みを示したものとみるのか——である。

　平成18年判決で示された前記①～④の事実を，平成15年判決において言及されている「提携」などと（そのまま）読み換えるのであれば，平成18年判決の事案においても，金融機関の説明義務は肯定されることになりそうである。

　しかし，ここでは，両ケースにおいて，各々の金融機関に求められていた説明の内容（説明の対象）に着目をすべきであろう。

　というのも，平成15年判決における説明の対象は，融資対象となった目的物である宅地の接道要件の具備如何であって，それそのものは，本来不動産業者が説明すべき事項であるといえる。このことからすれば，同判決において問題とされているのは，そのように，本来不動産業者が説明すべき事項について金融機関が説明すべきだとしたら（説明すべき場合があるとしたら），その根拠はどこに求められるのかという点であったといえよう。だからこそ，平成15年判決は，不動産業者と金融機関の一体性・提携関係を問題にしていると考えられるのである。

　では，これに対して，平成18年判決はどうか。

　平成18年判決における説明の対象は，借入金返済の実現可能性であるが，これは本来，借受人たる顧客の側で検討すべき事項である。そして同判決においては，この点を金融機関が説明すべきだとしたら，その根拠は何か（どこに存するか）という点が問題とされているのである。

　すなわち，平成15年判決においては，契約の一方当事者であると把握できる者が複数いる場合に（＝金融機関及び不動産業者），説明すべき事項をそのいず

れが負担するかという説明義務の内部分担が問題となっているのに対し，平成18年判決においては，契約の一方当事者が本来負うべき調査事項の説明が他方当事者に負わされるとすれば，それはなぜかという点が問題とされているのである[15]。

結局，これらの検討を踏まえる限りでいえば，両判決はそもそも事案の基礎的な事情において異なる——説明を行うべきそもそもの主体が異なるケースである——のであるから，平成18年判決において示された①～④の事情を，平成15年判決にいう「提携」（＝これについては，「契約当事者の一体性」という把握の仕方も可能と思われる）と読み換えるのは適切ではないということになろう（あらためて換言すれば，平成18年判決は，本来不動産販売業者が説明すべき範囲の事項を金融機関が説明すべきか否かが問題となった事案ではないため，平成15年判決における判断枠組みと整合的な理解をする必要はないものと考える）[16]。

むしろ，平成18年判決に関しては，「提携」や「契約当事者の一体性」といった要素ではなく，金融機関が当該不動産取引にどれほど積極的・実質的に関わったかという「不動産取引への関与の程度」が問題となっているものと読むべきであると考える。なぜなら，同判決において問題となった金融機関の負うべき説明義務の対象は，先にも見たように借入金の返済（実現）可能性であり，これは元々（金融機関側ではなく）顧客である借受人の側が調査すべき事項であるため，金融機関と不動産業者との一体性が問題とされるべき事柄ではないからである。つまり，これは，本来顧客である借受人が検討すべき事項である借入金の返済可能性につき，もしそれを金融機関の側で説明すべきだとするならば，その根拠はどこに求められるかという問題なのである。

(3) 平成18年判決のケースにおける説明義務の根拠について
(a) いわゆる「専門家」が負う説明義務の根拠
翻って，今度は説明義務（論）一般の観点から，平成18年判決において問

---

[15] 階・前掲注(6)（NBL）36頁以下，同・前掲注(6)（不動産取引判例百選）35頁は，平成15年判決の事案を「タテ」の関係，平成18年判決の事案を「ヨコ」の関係が問題となったものと評する。

[16] この限りにおいて，両判決は，事案の表面上は共通点を有するケースであるものの，そこで問題とされた説明義務について考察する場合の下地は，まったく異なるものであることを指摘できるのである。

題となった義務内容に分析を加えてみたい。

　まず，平成18年判決における事案は，一般にいえば，「その業務において専門性を帯びる金融機関」対「顧客」という関係で把握することのできるケースであるが，そのような関係性において問題とされる説明義務の義務構造の図式をこの場合にもあてはめることができるであろうか（あるいは，そのような試みがそもそも妥当だろうか）。

　いわゆる「専門家」（なお，ここでは，金融機関も広義の「専門家」に含めて扱うこととする。後掲注(17)参照）が何らかのかたちで説明義務を負う場合について検討した文献は枚挙に暇がないが[17]，近時この問題について分析に取り組んだ横山教授の研究によれば，契約の一方当事者が何らかの専門性を帯びた属性を有している場合，そこで生じる説明義務については，複数の根拠が問題とされうることが指摘されている[18]。

　まずそもそも，説明義務が当事者の契約に基づいて生じるケース（コンサルティング契約における説明等）については，その根拠が問題とされることはない。これに対し，説明義務が契約に基づかずに発生する場合も考えられ，その場合には，同義務の発生根拠が問題となりうるのである。そして一般に，この場合の根拠として挙げられるのが，当事者間の「情報力格差」である。

　ただし，この場合にも，情報力の格差が存するとなぜ説明義務が発生すると考えるべきなのかについては議論がありうる。横山教授によると，概ね，それは以下のように三つの観点から根拠づけられるという[19]。

---

[17] このような文献として，さしあたって，前掲注(2)『専門家の責任』，専門家責任研究会編『専門家の民事責任』（別冊NBL28号）（商事法務研究会，1994年），法律時報67巻2号（特集：「専門家の責任」法理の課題と展望）（1995年），前掲注(4)『新・現代損害賠償法講座 第3巻（製造物責任・専門家責任）』，川井健・塩崎勤編『新・裁判実務大系 第8巻（専門家責任訴訟法）』（青林書院，2004年），前掲注(1)『説明義務・情報提供義務をめぐる判例と理論』。

　なお，これらの文献において扱われる「専門家」という語は，必ずしも統一的な理解で把握することのできるものではない。というのも，そもそも「専門家」がどのような立場の者をいうかにつき，定義の段階で争いがあるからである。そこで，本小稿においては，さしあたって，「国家が認めた有資格者」というような狭い意味ではなく，「社会・経済活動上，それぞれの分野の知識・技能面において専門性を帯びる職業人」というような広い意味で「専門家」という語を用いることとする。

[18] 横山・前掲注(4)18頁以下。なお，説明義務の発生根拠に関し，「専門性」を問題とすべきか否かについては，先にも示したように議論がある（前掲注(4)参照）。

一つめは，契約当事者間にある情報格差を是正し，両者間の自由な意思決定と平等を回復・確保するため，二つめは，契約当事者が情報環境を整備することにより，自己決定・自己責任という図式の基盤を確保するため，そして三つめは，契約の一方当事者である専門家の「専門性」に対する相手方からの信頼を保護するため，という説明である。

説明義務が専門家による活動・取引との関係（＝専門家の有する専門性との関係）で問題となる場合，実際には上記三つの観点が相互に重なり合って説明義務を基礎づけている場合が多いことは想像に難くないが，横山教授は，これら三つの観点が，具体的場面でどの程度問題とされるかによって，とりわけ，専門家責任としての側面がどれほど問題とされるかによって，専門家側の説明義務の成否や内容・程度が異なってきうるものとしている[20]。

すなわち，「専門家」対「顧客」という図式の契約関係で説明義務が問題となる場合において，顧客側の自己決定権が確保されることのみに配慮が向けられればよい場合には，そこで専門家に要請される説明義務の内容・程度は，あくまでその目的を達成するのに必要な範囲に限られ，当該契約に関し，仮に顧客の側に不利となるような事情があり，顧客がそれを知らない場合でも，「当該取引に臨むべきではない」というような助言まで与える必要はない。これに対し，専門家に対する顧客の信頼保護が特に図られる必要があるという場面では，その信頼こそが説明義務の根拠となるため，説明義務の内容・程度は高度なものとなりえ，それゆえ，先に示したような助言までもが説明の内容に含まれうるという解釈が肯定される（あるいは少なくとも，肯定されやすくなる）ということである。

(b) 平成18年判決における説明義務の根拠に関する検討

では，このように展開される専門家の説明義務に関する議論を，本小稿で取り上げた平成18年判決にあてはめた場合，果たしてどのような帰結が導かれるのであろうか。

まず，あらためて確認しておくが，同判決において問題となっている説明義務の対象は，金銭消費貸借契約における借入金の返済（実現）可能性である。これについては先にも見たように，契約当事者間におけるリスク分担の観点

---

(19) 横山・前掲注(4)20頁以下。
(20) 横山・前掲注(4)21頁。

上，一般には，借主である顧客の側で調査・判断すべき事項だとされている[21]。従って，その限りでは，自由な意思決定，あるいは自己決定権が問題となる場面とはいえず，この場合，金融機関側は「原則として」「これらの根拠に基づいては」説明義務は負わないという帰結が導かれることとなろう[22]。

ところが，同判決の事案では，金融機関が主導するかたちで不動産取引を提案し，そのノウハウを有する当事者として不動産業者を紹介するという事情があった（＝金融機関による，不動産取引の手引という事情）。また，その一連の取引の実行にあたっては，金融機関が投資プランの作成をし，これを顧客に説明している。これらの事実は，不動産取引に関して，金融機関が積極的に関与していたものと評価することができる。

平成18年判決の事案におけるこのような特殊事情，特に，金融機関が不動産取引の手引をしていたという事情は，当該不動産取引に対し顧客を強く誘引することとなる事実であり，この点に目を向けるならば，これは，「専門家」対「顧客」の取引において顧客側の自己決定権の確保が問題となる場面であるといえ，その限りで，まず前述の事情が，この場面において金融機関の説明義務を肯定する方向に影響を与える要素の一つとなりうるものだったといえよう。

そしてこの点に加え，同事案においては，顧客が当該不動産取引に臨んだ結果，最終的には「金融機関から借り入れた金銭を返済できる」という誤信，すなわち「取引の結果，良好な結果を手にすることができる」という顧客の誤った信頼を金融機関側が惹起したか否かが問題とされた。平成18年判決においてはこの事実が不明であったため，審理の差し戻しがされているわけであるが，もし仮にこのような事情が認められていれば，金融機関の説明義務は肯定されていたことになる。これは，顧客から寄せられた専門家への信頼が保護に値するか否かが問題となる場面であり，従って，そこで問題となる説明義務の根拠としては，先の自己決定権の確保という点に加え，専門家に対する信頼という点も付け加わることとなろう。

---

[21] 平成18年判決における判旨を参照。なお，升田・前掲注(6) 77頁。

[22] というのも，契約の一方当事者に，一定の事項につき説明するという「義務」が課されるとするならば，その相手方は，自らが当該事項に関する情報を収集しなくてよいことが正当化される何らかの事情があって然るべきだからである。このような指摘につき，小粥太郎「『説明義務違反による損害賠償』に関する二，三の覚書」自由と正義47巻10号（1996年）39頁。

(4) 小　括

　　ここまでの分析によって，専門家の説明義務に関してこれまで展開されてきた議論をあてはめる限りにおいては，平成18年判決においても，説明義務の成立が肯定されてよいような下地があると確認できたように思われる。

　　しかし，最高裁判所は，実際に，特段の事情（＝金融機関による「働きかけ」による，さらなる積極的な保証）を要求している。

　　もちろん，最高裁判所は，先にみたような説明義務論を前提とした説示をしているわけではないため，同判決における説示内容と説明義務の一般論はそもそも対応関係にあるわけではない。しかし，もしもこのような議論を踏まえて，敢えて同判決における判断の背景にある事情を読むとすれば，果たしてどのようなことがいえるであろうか。

　　ここは推測の域を出るものではないが，最高裁判所は，やはり，本来不動産取引を第一の業としない金融機関が，その業務の枠をはみ出して臨んだ取引であったからこそ，説明義務を肯定するために，「特段の事情」というさらなる要件を課したのではないか。

　　その意味で，平成18年判決においては，顧客側には厳しい要件が課されたようにも思われる[23]。しかし，先に確認した議論・諸事情を前提とすれば，本来的に顧客である借入人の負担で調査・確認をすべき借入金の返済の実現可能性という事項に関し，そのリスクを転換して金融機関に説明義務を負担させるという結論を導くからには，相応の程度の強い理由・根拠が必要となろう。その意味で，平成18年判決において最高裁判所が下した判断は，概ねバランスが取れた判断だったといえるのではないだろうか。

(5)　その他～説明義務に関する法的性質の問題等～

　　平成18年判決において問題となった，金融機関が負いうる説明義務の法的性質についても，一言言及しておきたい。

　　先にも示したように，「説明義務」は，その根拠が必ずしも「契約」そのものに求められるわけではないため，法的性質に関しては，曖昧なままとされることが多い（＝判例・裁判例上も，「『信義則上』の『説明義務』」などと表現されること

---

[23]　このような見解を示すものとして，潮見・前掲注(6)1頁。

が多い)。また，実際上も，説明義務が事後的に認められたところで，債権者にとってはその「説明」がすでに意味を有さないことがほとんどであるため，結果的には，「説明義務」違反の効果として生じる「損害賠償(金)」が大きな意味を持つこととなる。

しかし，ある事案において説明義務が肯定されるとしても，それがどのような範囲で認められ，またどのような程度の説明を行うべきであったかが最終的に判断されなければ，先に示した，債権者の救済手段的法的効果にも大きな影響を与えることとなり，十分な判断とはいえないケースも生じうるであろう。

そして，そのような義務内容や義務の程度に関する判断を行ううえでの一要素として，説明義務がどのような責任に基づいて発生するのか——具体的には，契約上の責任なのか，あるいは不法行為上の責任なのか——を探求することは，やはり重要であるといえるものと考える。

この問題に関しては，いわゆる「付随義務(論)」一般の問題として，そのような義務の法的性質を決する必要はなく，また仮にその性質を決するにせよ，原則として不法行為法上の救済手段が考慮されればよいとする見解も存する(24)。

しかし，「契約関係を『介して』」そのような義務が発生すると把握される場合には，やはり不法行為法上の規律とは異なる規律において法的関係を把握する必要があると思われ，その限りで，契約法上の責任が生じるとする可能性を否定することは，得策ではないように思われるのである(25)。

本小稿で取り上げた平成18年判決の事案にあらためて目を転じてみても，そこでは「信義則上」の説明義務が問題となりうるとされているのみであるが，具体的事実関係において，金融機関と顧客との契約において説明義務が問題となっていることからすれば，同判決において問題とされた金融機関の説明義務も，法的性質上は「消費貸借契約を基にして発生した，『信義則上』の説明義

---

(24) 近時，このような理解を示すものとして，平野裕之「契約締結に際する信義則上の説明義務違反——最二判平成23・4・22の債務不履行責任論へのインパクト——」NBL955号 (2011年) 16頁以下。なお，説明義務に関して，この問題を指摘したものとして，下森定「日本法における『専門家の契約責任』」川井健編『専門家の責任』(前掲注(2)) 10頁以下，及び円谷・前掲注(2)57頁参照。

(25) その具体的理由としては，契約(責任)に基づいて生じる注意義務は，不法行為責任上生じるそれと比して，高度な注意義務となりうることが挙げられる。本小稿においては，この問題を深く掘り下げて検討することができないが，この点を指摘するものとして，潮見佳男『契約規範の構造と展開』(有斐閣，1991年) 153頁以下。

務」であると把握することができるものと思われる[26]。

4　むすびに代えて

　以上，本小稿においては，不動産取引に関わる金融機関がどのような要件の下に説明義務を負い，またそれは妥当であるのかについて若干の分析・検討に取り組んできた。
　先にも確認したとおり，説明義務が生じる場面というのは，そもそも個別・具体的な事情・状況によって異なりうるものであるため，本小稿で取り上げたケースもその限りにおいて，そういったケースの一例を確認したにすぎないものともいえるかもしれない。
　しかし，説明義務の成否という重要な問題の一場面，特に，通常は説明義務の成立が認められないと考えられるような「限界事例」のケースにつき，その要件の分析・検討に取り組むことは，今後同種の取引に関わる当事者の一種の債権管理のためにも，重要な意義があったといえよう。
　「説明義務(論)」に関しては今後より一層の発展・深化を遂げることが予想されるが，本小稿で取り上げたようなケースが今後も「限界事例」たりうるのか，あるいは説明義務の対象領域はさらに拡大の傾向を辿るのか，今後も議論の発展に注目をしていきたい[27]。

---

[26]　なお，ここで問題となったケースと同様の判断手法が採られたと解釈できる例として，例えば最三小判平成17年7月19日民集59巻6号1783頁で問題となったような貸金業者の債務者に対する取引履歴開示義務などが挙げられよう。同ケースで問題となった開示義務は，まさに「信義則」を媒介としなければ認められない類の「付随義務」である（通常の金銭消費貸借契約であれば，貸主に開示義務を認める必要性はあまりないものといえるからである）。

[27]　平野・前掲注(24)25頁は，（説明義務違反が問題となる場面のような）債務不履行責任と不法行為責任の競合ケースに関し，債務不履行責任の限界付けがされるべきであるとする。

23 寄付について

小島奈津子

1 問題提起
2 日本法の特色
3 贈与の目的と贈与の解消
4 まとめ

1 問題提起

　寄付とは「公益ないしは公共のためになされる無償の出捐」[1]である。寄付は日本人にとり身近なものである。近時の大震災では全国で多額の寄付が為され話題になったが、それ以前にも寄付はなされていたのであって、民法改正のための法制審議会では、実際の寄付の例が挙げられ、書面要件について議論されている。コンピューター上でクレジットカードによる寄付をしても、民法550条で書面によらない贈与として撤回可能となってしまい、寄付金や義捐金がインターネット上で行われにくいことの一因となっているので、書面要件

---

[1] 我妻栄『債権各論中巻一（民法講義 V₂）』237頁（岩波書店、1957）。但し、寄付という語が用いられる場合は多岐にわたる。宗教団体や学校、学会、慈善施設等に対するものは贈与と考えてよく、図書館設立等用途を指定した場合には負担付贈与である。問題は、友人の遺族の生活資金を集めたり、育英財団設立の基金を集める場合であり、この場合には受寄者（発起人）が利益を受けるのでないために、贈与ではなく、募集の目的に使用すべき義務を伴う信託的譲渡とするのが判例・通説である（我妻・137、238頁、中島玉吉「公募義捐金」『続民法論文集』249-253頁（金刺芳流堂、1992）、来栖三郎『契約法』224頁（有斐閣、1974）、柚木馨＝高木多喜男『新版注釈民法⒁債権⑸』16頁〔柚木馨＝松川正毅〕（有斐閣、1993）、永田菊四郎『新民法要義第三巻下（債権各論）』106頁（帝国判例法規出版社、1959）、川井健『民法概論4（債権各論）』109頁（有斐閣、2006）、内田貴『民法Ⅱ』162頁（東京大学出版会、2007）。なお、四宮和夫『信託法〔新版〕』24頁（有斐閣、1989）、加藤雅信『新民法大系Ⅳ契約法』172頁（有斐閣、2007）は信託法上の信託とすべきであるとする。これを信託行為としても、贈与に関する550条、551条が準用、類推適用されるべきとするのであって、550条をめぐ

479

を厳格化すべきでないのではないかという指摘があり[2]，これにより，「書面」をどのようにすべきかが論じられている。

このように，贈与契約成立にかかわる問題が特に寄付の場面で論じられているのであるが[3]，それは，通常の感覚で寄付には特別の価値があるように思われ，その約束が拘束力を有するという結論を導きたいと考えられているからであろう。そこで，ここで考えなければならないのは，贈与契約一般に適用される550条自体の規定内容というよりむしろ[4]，寄付といわれる一つの類型につき，その価値を考慮して拘束力を強めることができるかということであると思

る問題は免れない。これに対し，通説を支持し，原則として贈与に関する規定が適用，準用されることで問題を解決すべきであり，寄付を特別の契約類型とする必要はないとしつつ，受寄者と受益者が異なる場合にも負担付ないし条件付贈与と構成することも「ばあいによってはあながち不可能ではあるまい」とするのは，加藤永一「寄付――一つの覚書」契約法大系28，9頁（有斐閣，1962）。また，受寄者が存在する場合は信託法上の信託とながらも，受寄者が寄付の目的物をそのまま特定の第三者に交付すべき場合には，寄付者から第三者への贈与を，受寄者が寄付者の受任者として行うと見るべきであるとするのは，三宅正男『契約法（各論）上巻』4，5頁（青林書院新社，1983）。これに対し，負担たる給付を，特定の第三者又は公共の利益のために為すという負担付贈与の場合は，「財産を贈与し，受贈者に一定の給付の債務を負わせるのであって，贈与財産やその価値の利用により負担を果たすという合意があっても，受贈者の贈与財産の処分は自由であり，反面負担の履行が受贈者の損失となることもありうる。負担付の受贈者は第三者または公共の利益のため管理し処分するため，信託的に譲渡を受けるのではない」とする。公共の利益に関わる負担が付いている場合，ドイツ法は，贈与者死亡の後は管轄官庁も履行を請求できると定めるのであり（ドイツ民法525条2項），このような制度は贈与者の相続人が負担の履行に無関心である場合に有益であるという（三宅・42，43頁）。

(2) 相当の金額の寄付を短い間に集めるのに電子的な方法が今後は非常に重要な役割を果すだろうと考えられるところ，書面に電子的なものが含まれないことによりその発展が阻害される（奈須野関係官）という問題意識である（法制審議会民法（債権関係）部会第16回会議（平成22年10月19日）議事録6頁）。

(3) 平井説は，忘恩行為による撤回を認めるにしても，寄付等全く恩恵的性格をもってなされる贈与については，履行後の撤回を認める必要はないとし，贈与契約成立の場面ではなく履行後の撤回について，寄付の拘束力を強めることを主張する（平井一雄「贈与物の返還請求が認められた事例」独協法学六号177，178頁（1975））。

(4) 民法（債権関係）の改正に関する検討事項⑽詳細版69頁は，検討事項が，①「書面」の具体的要件を条文上明確化すること，②これを厳格化することにあるとし（第14回会議（平成22年9月7日）部会資料15-2），「民法（債権関係）の改正に関する中間的な論点整理」（平成23年4月12日決定）では，書面要件の厳格化，明確化の当否のほか，書面に電磁的記録を含めるべきか否かが論点とされている。

われる[5]。この点は現行法の下でも書面要件の解釈として問題となりうる。

　ところが，寄付の約束が贈与契約であるとしても，民法における贈与契約の規定に，贈与の動機，つまり贈与の性格[6]に注意を払ったとみられるものはない。日本の贈与法は，契約内容以外の要素を考慮し，それにより異なった取り扱いをするような規定を有していないのである。学説上も，贈与契約とは贈与者が無償で受贈者に出捐をすることを約する契約であるとされるのみで，それ以上に贈与の性格は顧慮されてはいない。後に述べるように，日本民法には，ドイツ法と比較すると，贈与を一律に扱うという特徴がある。そこでは，ある種の贈与について，その価値を特に認めて特別な扱いをする余地はないように思われる。本稿では，この点について，贈与の解消の問題に着目して考察していきたいと考える。

2　日本法の特色

　日本民法は贈与契約をどのように扱っており，それはどのような理由に基づくのか，諸外国の贈与法との比較により考察することができる。諾成契約とされていること，注意義務を軽減しないこと，忘恩行為など様々な原因による撤回を認めないこと等をみれば，贈与契約の拘束力は欧米に比して強い[7]。さらに，そのような拘束力の強弱の違いのみならず，その強い拘束力をあらゆる贈

---

[5]　アメリカ合衆国の第二次契約法リステイトメント90条2項は，公益目的の寄付の約束（charitable subscription）について特に定めており，約束的禁反言の法理を定めた90条1項の原則にもかかわらず，約束が被約束者又は第三者の作為・不作為を誘引したことの証明を不要としており，このような契約を強制しようという姿勢が見られる。加藤・前掲注(1)11頁は，このリステイトメントの規定について，無方式でこの種の契約が拘束力を有するとされ，受寄者の保護が図られている点，参考になるとされている。

[6]　ここで贈与の性格と言っているのは次のような意味である。「贈与者が自己を犠牲にする動機は必ずしも一様でない。その動機を如何に観念するかにより贈与の性格が異なってくる。欧大陸諸国の贈与法の基礎をなしている贈与観は贈与を好意とみている。」（来栖三郎「日本の贈与法」比較法学会編『贈与の研究』45頁（有斐閣，1958））。

[7]　550条は書面について不可撤回効を規定するけれども，私署証書で足りるとし，要式行為としていないこと，贈与者の注意義務を軽減しておらず，そして，贈与により贈与者の生計の維持や扶養義務の履行が困難となるときの（困窮による）悔返権，贈与者に子が生まれたとか，受贈者に忘恩行為があったことによる悔返権が認められていない。英米法では贈与の撤回を許さないが，贈与に基づく特定履行の請求も許さない（来栖・前掲注(1)245，246頁）。

与契約に与えることとしている。このことは，例えばドイツ民法とは異なるものである。そこで，比較の対象として，ドイツ民法を見ていき，日本法の特徴を探りたい。

(1) ドイツ民法の特色

　ドイツ民法534条は贈与の性格を考慮して，債務レベルでは何ら通常の贈与と変わらない契約を，特に拘束力の強い特殊な贈与として明示的に規定している。同条は，「道徳上の義務のため，又は儀礼を斟酌して行われた贈与については，返還請求及び撤回は，することができない」[8]としている。ここにいう「道徳上の義務」とは，道徳の要請を基盤とする特別の出捐義務であり，一般的な博愛の義務ではなく，個別事例の状況から生ずる義務である。「道徳上の義務」のためになされた贈与とは，例えばインフレにより価値の下がった扶養料の填補としての贈与，報償的な贈与[9]である。「儀礼を斟酌して行われた贈与」は，社会的規範が定めるもので，この出捐をすることにより，贈与者が社会においてより認められ尊重されるであろうという場合であって，誕生日，クリスマス，結婚式，見舞客の贈り物がこれにあたる。BGB534条は贈与契約に関する原則的な規定群の特則であり，これにより，道徳上の義務や儀礼を基礎とする贈与契約は，通常の贈与契約とは異なった扱いをされている。

　それでは，通常の贈与契約はどのように扱われているのだろうか。まず，BGB518条は贈与契約の有効要件として裁判所や公証人が関与作成した書面を要求している。また，贈与者の困窮や受贈者の忘恩行為を理由として，贈与契約の拘束力を否定する種々の規定が存する。即ち，BGB519条は贈与者の困窮による抗弁，BGB528条，529条は困窮による返還請求権を規定しており，BGB530条から533条は受贈者の忘恩行為による贈与者の撤回権と返還請求権を規定している。そして，BGB534条は，道徳上の義務や儀礼を基礎とする贈与契約について，これらのうち，困窮による返還請求権，忘恩行為による贈与者の撤回権と返還請求権を排除している。

---

(8) 右近健男編『注釈ドイツ契約法』154頁〔右近健男〕（三省堂，1995），柚木馨＝上村明廣『獨逸民法(II)』460頁（有斐閣，1955）の訳を参照した。
(9) BGB534条の道徳上の義務や儀礼に基づく贈与は，報償的贈与とは異なるものであるが，第一委員会からの議論の過程を見ると，報償的なものが中心となるように思われる。

〔小島奈津子〕

　これらは日本民法には存しない規定であり，日本法のもたない贈与観を反映しているものと考えられ，ドイツ民法が想定する贈与契約の性格を窺わせるものとなっている。そのような贈与観が各規定の立法資料から直ちに明らかであるわけではないが，BGB534条が制定された過程を見ると，ドイツ法が贈与契約を何らかの実質的な内容をもつものと見ており，道徳上の義務や儀礼を背景とした贈与契約がそれから外れるものであると考えられているのがわかる。即ち，BGB534条は，はじめ忘恩行為の制度に付随する例外規定として形成されていったものであるが，その趣旨は，第二委員会議事録によれば，道徳上の義務，儀礼に基づく贈与契約は「受領者が原則的に感謝（Dankbarkeit）を義務付けられないため，従って，忘恩ゆえの撤回権の前提が存しない」ことから例外とされたというものである。そのような贈与の範囲については，普通法時代から問題とされてきた報償的贈与との関係で次のように述べられている。先行役務に対して為される贈与に，役務の報酬のほか贈与者の「多大なLiberalität（好意の施し）」が含まれている場合には，忘恩行為による撤回を否定する理由はない。しかし，Liberalitätが先行役務との関係で存在しないかわずかに過ぎない場合には，儀礼を斟酌した贈与の概念に属するものであるとされ，撤回の対象とならない[10]。このような例外的な贈与に関する議論から，忘恩行為の規定は好意の施しがなされ，それを受けた者に感謝が義務付けられているという関係を基礎としていることが窺われる。そして，そのような実質がない贈与，つまり好意の要素の少ない道徳上の義務や儀礼に基づく贈与に，忘恩行為の規定は適用されないのである。それのみならず，この道徳的義務や儀礼に基づく贈与は，BGB534条により例外的な贈与であるとされているにもかかわらず，実は贈与契約ではないのではないかが学説上争われてきたのであり，この種の贈与はその性格ゆえに贈与契約か否かが疑わしいとまでされているのである[11]。

　忘恩行為による贈与の解消が原則として認められるドイツ法では，好意による贈与が原則なのであり，そのために，好意によらない贈与が例外的なものとされているといえる。そこで，ドイツ法において基本的な贈与観は贈与＝好意であるということができ，またそのことが例外的な贈与についての規定の存在

---

[10]　Protokolle, S. 35, 37.
[11]　拙著『贈与契約の類型化——道徳上の義務の履行を手がかりにして』17頁以下（信山社，2004）参照。

(2) 日本法の特色

　以上に述べたドイツ法と比較したとき，日本法の贈与観とはどのようなものなのだろうか。贈与観を示すような規定，特にBGB534条のような例外規定をもたないばかりか，忘恩行為に関する規定も受け容れなかった日本民法では，贈与観というものは全く明らかでないといえる。そこで，日本民法の起草者は贈与の動機，贈与の性格を顧慮していなかったとも考えられる。その場合，そのような民法のもとでは，寄付という特定の類型の贈与について，その性格を考慮して拘束力のあり方を決することは困難であるように思われる。

　この点，日本法とヨーロッパ大陸の法とではその贈与観が異なっており，そのことが要式行為性，忘恩行為による撤回をはじめとする多様な撤回の有無といった法制度上の違いとなって表れているという指摘がなされている。その結果，日本民法は特殊なものとなっているのであるが，その根底にはヨーロッパ諸国の贈与観とは異なる日本独自の特異な贈与観が存するとする見解である。

　例えば，来栖説は，諸外国と異なり日本民法典は贈与に大きな意義を認めて，これを厚く保護しようとしているが，その根底にあるのは，日本社会の反映である義務的贈与観と近代的自由契約論とであるとする。即ち，「欧大陸諸国の基礎をなしている贈与観は贈与を好意とみている」が，「日本の贈与法の基礎をなしている贈与観は贈与を義務義理乃至恩より生ずる義務」とみるものである。そこでは，贈与はしてもしなくても自由である，とはいえない。そのため，「贈与は無償だとて軽視すべきでないのである。その贈与観の下では，未だ有償契約と無償契約の社会的作用の差異に十分な考慮が払われない」[12]。この「日本的な贈与観が，自由契約尊重の思想——一般的抽象的に，自由意思の合致たる契約がある以上，有償無償を問わず一律に効力をみとむべしとする思想——と微妙に一致して，『家』の制度の制約の下においてではあったが，贈与法にのみ目を注いでいる限り，贈与を最も保護している外見をもつに至ったのだといえないだろうか」というのである[13]。その背景には共同体関係と共同体思想があり，日本の特殊な贈与観はその表れであるとする[14]。この見解は，贈与者

---

(12)　来栖・前掲注(6)45頁。
(13)　来栖・前掲注(6)46頁。

の担保責任に関する起草者の次のような見解に言及している。「贈与と申しまするものは諸国の法律に於きましては甚だ之を軽るいものと見て居るように見へます」。「併し乍ら或は親切上友誼上其他正当なる情愛から出まするものもありまするし又は社会上の義務，公に対する義務，徳義上，交際上の義務からして贈与を為しまする場合があります又は大変他人に恩になる夫れに酬ひまする為めに贈与を致すとか随分此贈与と云ふものが一つの権利義務を動かしまするものとなつて現はれるに付ては矢張り代価があれば非常に保護し其他には保護が薄いとか云ふやうな風の主義は吾々は採りませぬ或場合に於ては贈与でも中々売買よりは重もい場合もあり得ると吾々は考へて居ります」(穂積陳重)[15]。この部分から，日本の贈与法の基礎をなしている贈与観は贈与を義務と見るものであるとされるのである。

また，岡本説も，ヨーロッパで贈与が好意契約であるのに対し，「わが立法者の贈与観はむしろ義務的な贈与を念頭においている」とし，ヨーロッパ諸国で厳格な方式を設けて贈与契約を要式行為としているのと異なって，「やや不透明な構成」が採られているのも，そのような日本民法の「特異な贈与観の反映」であるとしている[16]。

これらの見解によれば，贈与契約の動機を見て贈与の性格というものを考えた場合，ヨーロッパ諸国が贈与を好意と見ているのに対し，日本民法は贈与を

---

[14] 「日本民法典において贈与の保護が厚いのは自由契約尊重の結果にすぎないといってすますことはできない。自由契約尊重といっても明治以後の日本社会に温存された共同体関係と共同体思想の制約を受けざるを得なかったからである」。「同じ共同体関係と共同体思想は日本の贈与観に影響を与えたにちがいない。日本民法典は単に自由契約尊重の結果として贈与を厚く保護しているだけでなく，贈与に大きな意義をみとめて贈与を厚く保護しているように思われる」。そして，贈与に対する手厚い保護と，手付を解約手付と解して売買契約の拘束力を弱めていることは，この「共同体関係と共同体思想の楯の両面における表れ」であるとする（来栖・前掲注(1)247, 248頁）。

[15] 法典調査会『民法議事速記録三（日本近代立法資料叢書3）』844頁（商事法務研究会，1984）。引用文中の漢字は当用漢字に，カタカナは仮名に改めた。

[16] 岡本説はさらに，ヨーロッパ諸国においては，好意に起因する一方的負担（好意給付）は，給付諾約者が任意に履行しなければ法的には強制しがたいものであり，元来道義の世界に委ねられるべきものとされている。このような無償給付の好意性が契約保護にストレートに反映することに留意すべきであるという（岡本詔治「無償契約という観念を今日論ずることには，どういう意義があるか」椿寿夫編『講座現代契約と現代債権の展望5』33頁以下（日本評論社，1990））。

義務的なものと考えて，これを基礎に贈与法を規定していることになる。確かに，日本贈与法は，忘恩行為の制度を認めないなど，ドイツ民法で言えば例外的とされる非好意契約的性格の贈与，「道徳上の義務のため，又は儀礼を斟酌して行われた贈与」に関するBGB534条の規制に近いのであり，これに例外規定を設けて拘束力を強める余地はそもそもあまりないほどである。従って，好意としての贈与に対する日本法の配慮は薄いといえる。来栖説が引用する起草者の発言の部分を読む限り，好意による贈与も認められているように見えるが，これを特別の配慮の必要なものとして特に取り上げようとする意識は明らかに存しない。Liberalitätという性格を考慮して贈与の拘束力を弱める規定，少なくとも当時そのようなものであることが明らかであった忘恩規定が取り入れられなかったのは，そのような背景のもとにである。贈与を義務と考えるならこれは当然のことであるが，そこには少なくとも，Liberalitätとこれに対する感謝の義務，この感謝の義務を前提とした忘恩行為の制度，という考えがないのである。このため，「贈与者に対する恩を忘れて夫れを廃罷すると云ふ規則も諸国にありますが之も甚だ不都合な規則と思ひます他人に物をやると云ふのは或は其人に好意を表するとか情愛上からやるとか或は其人に対する恩を謝するとか──を表彰するとか一々相当の理由があつてやるのであつて決して其人から恩を買はうと云ふ旨意ではない，で恩に背いたらば之を取返して宜いと云ふ規定は裏から申しますれば則ち他人に恩を売る為めのものであると看做すと殆んど同じことであらうと思ひまして是は甚だ道理上面白くない規定と思ひます斯う云ふものは採用する必要は見ませなんだ」(穂積陳重)[17]というように，忘恩行為による撤回は道義的観点から否定され，取り入れられることはなかった。

　このように，起草者は，道徳上の義務のために為される贈与も含めた種々の性格の贈与を包括的に把握しており，贈与の動機として好意とそれ以外とを異質なものとは捉えず，これらを一括して，贈与の価値を基礎付け，諸外国より強い贈与の拘束力を認める理由として扱っている。このような包括的贈与観というべき贈与観のもとでは，どんな理由から為された贈与も一律に扱われるべきように見える。そのように考えると，日本法の贈与観の下では，贈与の動機，

---

(17)　法典調査会・前掲注(15) 836，837頁。

性格により，その法的取り扱いを異ならしめることは難しいように思われる[18]。そして，起草者は贈与が好意である，故に受贈者が感謝の義務を負うなどとは考えないために，受贈者がこの義務に拘束される理由はないことになるが，さらに，忘恩行為について道義的な理由から積極的にこれを否定し，贈与者の期待は受贈者を拘束するべきでないとするのである。

3 贈与の目的と贈与の解消

(1) 贈与の目的の考慮

以上で見てきたとおり，起草者は贈与について，その動機，性格に立ち入ることなく，情愛，義務，報恩の見地からして，価値の高いものとしている。しかし，現実には，無償契約である贈与契約は様々な動機でなされるのであり，その動機に着目して贈与の性格というものを考えるならば，様々な性格の贈与が存在する。贈与においては，対価の取得ということが債務レベルでは問題となっていないが，贈与者が受贈者に何も求めないとは限らない。むしろ，贈与は過去の受益に対して為されたり，「将来受けることを期待している利益の呼び水」として為されることが多いとされる[19]。この場合は，受贈者側の何らかの利益供与が前提とされているといえるのであり，贈与だからといって一方的なものではない。特に，将来の利益取得を見込んで為される場合，これが実現しなかったときには，贈与の解消が問題となる。

また，一応利他的な行動と見られる寄付というのも[20]，相手方が目的物を公益目的に用いることが前提となっているのであり，これも相手方を拘束しよう

---

[18] 寄付はまさに好意であろうが，スイス法に関するTuhrの著作によれば，世間に知られた不幸な事故の被害に対する慈善ないし公益目的のための出捐は，スイス法で贈与とされない「道徳上の義務の履行」（スイス債務法239条3項）にあたるとされており（Tuhr, Allgemeiner Teil des Schweizerischen Obligationenrechts, 1924, §4 N. 7），義務からなされるのであればLiberalitätの要素は存在しないか僅少なものであろう。

[19] 星野英一『民法概論Ⅳ（契約）』101頁（良書普及会，1986）。

[20] 加藤・前掲注(1)13頁は，「わが国においては，たいていの寄付には多かれ少なかれ強制感が伴っているようである」とし，前近代的な共同体意識の変形としての「おつきあい」の意識から寄付が集まるのであって，寄付に伴う強制という違和感は，この意識と近代的な意味の寄付との衝突からくるものであるという。強制寄付が問題とされるようになったのは戦後の思想の変化によるものであるというのは，来栖・前掲注(6)40，41頁。また，スイス法でも寄付は道徳上の義務に関わるものとされていたようである（前掲注(18)参照）。さらに，加藤・前掲注(1)は，積極的・自発的に寄付が行われる場合

とするものといえよう。そもそも寄付約束が他の贈与契約と区別され特別視されるべきであるとすれば、その理由として考えられるのは、寄付者に社会的に見て価値ある目的があることである[21]。例えば、寺社や慈善団体に寄付する場合にも、それらの団体が公益的な事業を営んでいることが前提とされている。そのような事柄は、贈与者の動機に関わり、贈与の性格に関わってくるのみならず、受贈者側も指定された用途に贈与目的物を用いなければならない。まず、最終的な受益者自身に寄付がなされる場合には、意思解釈によっては条件や負担が付いた贈与と解されるが[22]、「どのように解するにしろ、寄付においては、一般に、寄付者の意思を特に尊重すべきである」[23]とされる。このことは、そうでない場合、即ち、受寄者と受益者とが別個に存在する場合にもいえること

であっても、利己的な願望による場合もあることも指摘する。寄付者が後世に名を残したいと思う場合のほか、具体的・有形的な利益を得るためになされる場合が多く、自己に有利な立法を期待して政治献金をする、次期の当選を目的として議員の立候補者が学校等に寄付をする、交番を建ててもらうために寄付をするといった例が挙げられている。これらは広い意味の取引であるとされる（13、14頁）。このような利己的な利益のための寄付について、近時の判例を見ると、風俗営業等の規制に関する法律を利用して、競業者がパチンコ店を開業することを妨害するために、出店予定地の近くで社会福祉法人に土地を寄付して児童遊園を設置したという事例で、このような土地の寄付が自由競争の範囲を逸脱して競業者の営業の自由を侵害するとして不法行為を構成するとしたものがある（最判平成19年3月20日（判時1968号124頁））。

[21] 加藤・前掲注(1)5頁は、寄付には必ず特定の目的があり、多くの場合、公共的、社会的目的であるという。その内容は必ずしも最初から一義的に明確とは限らず、社寺の賽銭など、寄付財産の使用される目的があらかじめ特定されない場合もあるが、それでも社会通念上社寺の維持管理、その行事に使用されるという目的がある。そこで、その範囲に広狭の差はあるが、寄付には常に一定の目的が存在しているのであり、寄付が単なる贈与と区別されるゆえんは「寄付者が寄付の目的を知り、または知っているとみなされる状態において、その目的に協力するために金品を提供し、またその約束をするところにある」。

[22] 一律に条件、負担が付いた贈与とするのでなく、当事者の意思解釈により決すべきだが、「疑わしいばあいにはどちらかというと負担つき贈与とみるのが妥当であろう」（加藤・前掲注(1)7頁）。負担は贈与者のためであってもよいし、第三者のためであっても、公益のためであってもよいが、負担の履行を請求できるのは贈与者である（三宅・前掲注(1)42頁）。この点、目的物の使用方法に関する定めは負担の典型例であり（柚木＝高木・57頁）、負担とは、贈与の目的物を「一定の目的のために使用する義務を課する」旨の贈与契約の附款であるとする見解もある（来栖・244頁）。ドイツ民法は、贈与物又はその価値の利用により贈与者又は第三者に一定の給付をする場合にのみ負担付贈与とすることを前提としている（三宅・前掲注(1)38、39頁）。

[23] 加藤・前掲注(1)7頁。

〔小島奈津子〕　　　　　　　　　　　　　　　　　　　　　　　　23　寄付について

であり，このときに贈与契約とされず，一般に信託的譲渡と解されるのはまさにそのためである⑷。この場合には特に，受寄者に好き勝手に使ってもらっては全く趣旨に反するのである。そこで，寄付においてもまた，寄付者の目的が重要であって，これに反して寄付の目的物が用いられた場合に，寄付を解消しうるかが問題となる。

　このように，贈与契約においても，多くの場合，贈与者が受贈者のしかるべき行為を期待し，受贈者を拘束しようとするという実態がある。そしてこの期待が裏切られた場合に贈与の解消が出来るか否かというのは一つの問題である。というのも，前述したように，日本法は贈与を好意とみておらず，受贈者が感謝の義務に拘束されるとも考えないのみならず，積極的な道義的理由づけをもって忘恩行為による撤回を否定したのであって，贈与により利益を得た者が贈与者の期待に違反しても構わない，とも考えられるからである。むしろ，起草者の見解によれば，相当な理由を持ってなされる贈与はいわば為され放しでいるべきであり，贈与契約後に受贈者を拘束することはすべて道理上よろしくないという考えのようにも見える。現在忘恩行為を扱った事例とされているのは，以下に見るように，贈与者の老後の引き取り扶養等何らかの目的のもとに贈与がされたというものであって，贈与契約後に受贈者が贈与の前提とされていた行動をしないという状況に至って，贈与の解消を認めるか否かが問題となる。この点，寄付の解消が問題となる事例にも，寄付の相手方，つまり受益者ないし受寄者が寄付者の設定した目的どおりの行動をしなかった場合があり，ここでは問題が重なっているのである。そこで，忘恩行為を扱ったとされる事例，及び寄付が問題となった事例のうち，最近のものを若干挙げて，贈与の目的が挫折した場合の贈与の解消について概観したい。

⑷　この場合は受寄者が寄付によって利益を受けるのではないから信託的譲渡と解される（我妻・前掲注⑴238頁）。つまり，受寄者が「寄付者の目的にかなった形でお金を使わなければならないから」そのように解されるのである（内田・前掲注⑴162頁）。「この考え方の中心は，受寄者の，目的にしたがった寄付財産の処理義務・およびこれに対応する寄付者の請求権を基礎づける点にあると思われる」。同じ考慮は，受寄者＝受益者の寄付の場合に負担付，条件付贈与と解されることについても存在するという（加藤・前掲注⑴8頁）。

財産法の新動向　Ⅱ

(a)　**忘恩行為の事例**

①　最高裁昭和23年9月18日判決（民集2巻10号231頁）

　Xの実父Aの所有であった土地建物を，Aが自己の債務を弁済できなかったため，Aの弟Yが買い取り返済した。Aがそこに居住を続け，病気であったので，Yは，東京で就職しているXが帰郷してAを看病して孝養を尽くし，祖先の祭祀を行い，A家を承継することを条件として，Xに対してこの土地建物を贈与した。Aは隠居，Xが家督相続したが，XはA死亡まで帰郷しなかった。最高裁は，不動産譲渡契約がXの帰郷を条件としてなされたからといってXの個人的自由が拘束されるとはいえないから，この条件は不法ではないとし，Aの死亡とともに不成就に確定しているとした。

②　新潟地裁昭和46年11月12日判決（判時664号70頁）

　XはYと養子縁組をし，その際，Xは土地をYに贈与したが，XYは一度も同居することなく養親子関係の解消を希望した。そこで，Xは，贈与はYがXの養子としてXを扶養するとの負担付贈与であるとして解除を主張し，この土地の所有権確認，移転登記請求をした。本判決は，贈与契約は養子として老後の扶養をしてくれることを期待してのことであるが，この期待は養子縁組をする以上当然のことであり，養親がそのために養子に贈与してもその期待が負担となることはないとした。しかし，「贈与が親族間の情宜関係に基き全く無償の恩愛行為として為されたにも拘らず，右情宜関係が贈与者の責に帰すべき事由によらずして破綻消滅し，右贈与の効果をそのまま維持存続させることが諸般の事情からみて信義衡平の原則上不当と解されるときは，諸外国の立法例における如く，贈与者の贈与物返還請求を認めるのが相当である」とした。そして，「本件土地の贈与は何ら負担もなくXがYとの縁組を契機に実質的な養親子関係が形成されることを期待して為した無償の恩愛行為であるところ，X・Y間には嘗て一度もそのような実質が形成されたこともないまま破綻に至り現在双方が縁組の解消を希望し，然もその破綻について贈与者であるXの側に主たる有責の事実があるとは認められず，更に本件土地はXが昭和26年，当時誰も利用していなかった池沼の一部を自己の労力と費用で埋立て造成した宅地であり，爾来今日迄Xの生活の基盤として使用されているものであることなど諸般の事情を考慮すれば，本件土地贈与の効力をそのまま存続せしめる

ことは信義衡平の原則上相当ではない」として請求を認容した。

③　東京地裁昭和51年6月29日判決（判時853号74頁）
　内妻の強い要望により，内妻の縁者に当たる夫婦と養子縁組し，自己及び内妻の老後の生活の世話及び死亡後の墓守，法事等の供養を引き受けるとの約束で，所有建物を養子夫婦の娘Yに贈与した養父Xが，養子夫婦が内妻の死後その法事に関心を示さずXの面倒も見ないばかりか田舎で生活するよう申し入れたため，養子夫婦の約束違反を理由に贈与の解除を主張し，移転登記の抹消を請求したという事案である。本判決は，負担不履行による贈与の解除を認めた。「贈与は無償で財産権を移転することを約するものではあるがその動機は利他的に出るものばかりとは限らないのであって，贈与意思を形成するにあたってはその背景にある人間関係が重要な影響を与える場合が多く，その人間関係を形成・維持していくことを目的として贈与意思の形成が行われうるのである。そうして贈与をする際の贈与意思形成にあたって重要な要素となった関係が存し，それについて合意がなされた場合にあっては特段の事情がないかぎりこの合意について法律的効果を認むべきものと考えられるのである」とし，Xと内妻の生活の世話，死後の墓守を贈与の負担とし法的効力を認めた。

④　最高裁昭和53年2月17日判決（判タ360号143頁）
　AはBに嫁して以来，病弱で目の不自由な義母に代わりBの弟妹Yらの養育と一家12名の家事一切にあたってきた。AB間に子はなく，AはYを養子にして家を継がせようと考え，援助を惜しまなかった。B死亡の後，AはY夫婦と養子縁組をした。AがYの人柄を信頼して老後をこれに託し，その家族の一員としてYや孫に囲まれて暮らす安らかな老後を送りたいという心情を，Y以外のBの相続人も理解して同意したことから，YにBの相続財産すべてを贈与した。しかし，Yはそれ以後Aに対し数々のひどい仕打ちをするようになり，Aはそれらに耐えかねてY夫婦に対し離縁の訴えを提起し養親子関係は解消された。Aは贈与についてもその撤回，解除を主張した。本判決は，原審である東京高裁昭和52年7月13日判決（下民集28巻8号826頁）と同旨の判断に基づき，上告を棄却したものである。東京高裁は，Aからの贈与はAの財産のほとんど全部を占めるもので，Aの生活の場所及び経済的基盤をなすものであったから，当事者間の情宜関係，身分関係から，Aの生活

の困難を生ぜしめないことが条件なのは双方十分承知していたのであり，「老齢に達したAを扶養し，円満な養親子関係を維持し，同人から受けた恩愛に背かないこと」をYの義務とする負担付贈与契約であるとし，Aの解除により贈与契約は失効したと判示した。

⑤　東京高裁昭和61年1月28日判決（判時1185号109頁）
　婚家に戻る条件として夫から妻に土地の贈与がなされたが，妻が実家へ帰ってしまい離婚となった事案である。本判決は，この贈与は同居扶助の義務を誠実に履行することを条件とし，これに反することを理由とする解除権を留保する趣旨であると解し，この義務の不履行による解除を認めた。

⑥　大阪地裁平成元年4月20日判決（判時1326号139頁）
　YはXの娘と結婚し歯科医師になることを希望して歯科大学に合格した。XはYの大学入学から卒業までの6年間，生活費，学費等の一部を援助するため，Yに対しほぼ毎月金員を交付し，合計額758万1,000円の援助をした。ところが，Yは大学同級生の女性と情交関係を持つようになり，歯科医師国家試験合格直後，Xの援助が不要になるや，不貞の事実を明らかにし，Xの娘と離婚したい旨申し出て一方的に夫婦関係を破壊した。本判決は，「贈与が親族間の情誼関係に基づきなされたにもかかわらず，右情誼関係が贈与者の責めに帰すべき事由によらずして破綻消滅し，右贈与の効果をそのまま維持存続させることが諸般の事情から見て信義則上不当と認められる場合には，贈与の撤回ができると解するのが相当である」とし，Yが「娘の幸福のためYの合格を待ち望んでいたXとの間の右情誼関係を破壊した」のであって，贈与の効力を存続せしめることは信義則上認められないとしてXの撤回権，不当利得返還請求権を認めた。

⑦　千葉地裁平成7年6月27日判決（LEX/DB 文献番号28010446）
　Xの次男Yは，父Xの農業を手伝い，後にはYらが主として農業に従事し，Xは手伝う形となっていた。Aに借金があり，XがXの長男Aのために財産を失うことを危惧した親戚の呼びかけで，親族会議が開かれ，その席上で，Yは，Aの借財のためにXが借り受けた多額の債務を引き受けること，Xとその妻を終生扶養することを負担として，Xからその所有する全不動産の贈与を受けた。

〔小島奈津子〕　　　　　　　　　　　　　　　　　　　　**23　寄付について**

その後家を出たX夫婦は，Yの負担不履行による解除等を主張し移転登記の抹消登記等を求めた。本判決は，Yは妻の実家から借財をしてまで引き受けた債務の弁済を行い，Xらが帰ってくれば面倒をみると提案しているので，Yは負担義務の履行もしくはその履行の提供を為したものと言えるとし，Xの解除等を認めなかった。

(b)　**寄付の事例**

まず，条件，負担の存在が認められず，贈与の解消が認められなかったものについて，次に贈与の解消が認められたものについてみていく。

⑧　最高裁昭和44年3月27日判決（民集23巻3号619頁）

Yが，かねて児童福祉施設の園長をしていてYの提唱する思想に傾倒するようになり，女子精神薄弱者のための職業補導施設を設ける計画を有していたAに，施設となる不動産を書面により贈与したが，それは補導が自己の提唱する思想の正しいことを実証すべく運営することを期待して為されたものであった。Yは，精神薄弱者を日本古来の伝統的生活によって健全に養育すること等の条件付の寄付であり，解除したと主張したが，第一審，控訴審において無条件の贈与とされ，Xの移転登記請求が認容された。なお，XはAからこの不動産の贈与を受けた者で，精神障害者の補導施設を経営している[25]。

⑨　長野地裁松本支部平成10年3月10日判決（判タ995号175頁）

宗教法人Yが信徒に宗教施設である建物の完成予想図を掲げて寄付を募り，Xらは「寺院新築御供養」と明記された申込書に寄付金額等を記載して寄付をした。その後，XらはYに参詣しなくなり，信徒数に比較して本堂が手狭であるからより大きな寺院を新築しようという前提がなくなったため，寺院の新築工事をしばらく見合わせることとした。そこで，XらがYに対して寄付金相当額の不当利得返還請求をした。本判決は，Xらの寄付は日常的に為される寄付とは異なり，寺院新築の財源とするため，Yの呼びかけに応じて行われた特別の寄付であって，寺院新築資金という使途を定められたものであるから，それ以外の使途にあてることは許されないのであって，Xらの完成予想図のような新寺院が予定の時期に完成することについての信頼ないし期待は法的にも

[25]　控訴審は大阪高判昭和43年3月28日（民集23巻3号639頁），第一審は大津地判昭和40年1月12日（民集23巻631頁）。

保護に値するとした。しかし，寄付当時予想できなかったやむを得ない事情により完成予想図のような寺院の建築が困難となり，建築する寺院の規模，時期等が変更になった場合には，変更後の寺院の建築資金に充てるとの負担ないし条件のもとになされたと解され，Y はいまだ寺院新築計画を廃止してはいないから，X らは寄付金の返還を求めることは出来ないとした。

⑩　宗教法人の会員が，宗教施設を建設するために，その宗教法人内に設置された建設委員会に寄付を行い，これにより施設を建設した建設委員会から当該施設の贈与を受けた他の宗教法人が，26 年間にわたりこれを本堂として使用してきたが，解体を決定，解体工事を行った。そこで，建物の贈与を受けた宗教法人が，建物を正本堂として信徒及び僧侶の参詣儀式に使用し，これを維持管理する債務を負うか否かが争われた一連の裁判例がある。例えば，旭川地裁平成 14 年 4 月 23 日判決（LEX/DB 文献番号 28070996），静岡地裁平成 15 年 12 月 19 日判決（LEX/DB 文献番号 28091426），山口地裁平成 15 年 3 月 13 日判決（LEX/DB 文献番号 28081768），東京高裁平成 16 年 12 月 8 日判決（LEX/DB 文献番号 28101852）である。建物が本堂として長期間にわたり維持，管理されるという寄付者の期待について，負担といった法的義務ないし条件を認めたものはない。

⑪　東京高裁昭和 62 年 11 月 26 日判決（判時 1259 号 65 頁）
学校法人に対して，その目的を短大の設置とし，使途を設立準備費用，土地の購入等とする寄付が為されたが，推進していた短大設置計画が中止されたという事案である。本判決は，この寄付は解除条件付であることが当事者間で明示されていたわけではないが，寄付金申込書及び受領書上，寄付の目的は短大設置にあることが明記され，寄付金の使途は設立準備費用，土地等の購入及び運営管理費と指定され，管理及び取り崩し方法まで定められていることから，当該寄付は短大設置が不奏功となると使途がなくなるので，事柄の性質からして寄付金は寄付者に返還されることが当然に予定されていたというべきであり，短大の設置の不成功を解除条件とするという黙示の意思表示があったと判示した。

(c) 検　　討
(a)で挙げた判例，裁判例はいずれも学説上忘恩行為の事例とされている。し

かし，④以外は，受贈者が贈与者に対して客観的に見て非倫理的な行為をして情誼関係を破綻させたわけではなく[26]，単に受贈者が贈与者の期待に反したに過ぎない事例である。このように，忘恩行為の問題というものについて，「はじめに贈与のなされた趣旨からして，贈与者の期待が裏切られた場合に，その履行の拒否または贈与物の返還請求を認める，というのがその実質」[27]と考える見解も多い。そして，この期待が契約内容であるということは，「贈与当時の円満な関係から，通常ない」[28]にも関わらず，判例・裁判例の多くが条件や負担を認めている。これは，不動産や多額の金員を出捐した贈与者の保護が必要であるからであろう。特に，生活の基盤である自宅が贈与された場合，老後の世話が目的とされていないということは考えられない。この点，⑦は生活の基盤が贈与された事案であるが，受贈者の債務引受と弁済が重視され，負担不履行がないとされたものである。また，②⑥のように，条件や負担という構成によらず，一般条項によって解決されうるが，これは学説の批判の通り親族間で条件や債務を設定したと解するのが困難であるためかもしれない。

(b)で挙げたのは寄付の事例である。⑩では，施設が相当の長期間にわたって本堂として使用されずに解体された点をどう捉えるか問題であるが，一応寄付の相手方が寄付の目的どおりに宗教法人に贈与をしており，またその宗教法人により実際本堂が建設されている。⑨は，寄付者の意思解釈から，寄付の目的

---

[26] ドイツ法における忘恩行為は著しい非行であり，生命侵害の企図，重大なる虐待，犯罪，侮辱，法定の扶養料の拒絶といった「当該贈与とは本来的に無関係な定型的・客観的な行為」である（後藤泰一「忘恩行為にもとづく贈与の撤回——ドイツ法を通して——」民商法雑誌91巻6号26，27，28頁（1985））。この点で，日本法で忘恩行為の問題を扱った事例とされるものは広すぎるのではないかという指摘がある（鈴木禄彌『債権法講義 四訂版』332，333頁（創文社，2001）。忘恩行為による取り消しと呼ぶこと自体を避けるのは，広中俊雄「贈与——設例研究」『契約法の理論と解釈』87-89頁（創文社，1992）。

[27] 加藤一郎「忘恩行為と贈与の効力」法学教室11号69頁（1982）。そこで，加藤説は事情変更の原則や条理を用いるが，他にも，贈与者の目的不到達による不当利得返還請求や撤回を認める見解（平井一雄＝岸上晴志「最判昭和53年2月17日判批」判夕363号81頁（1078）），「前提」「行為基礎」消滅の理論を用いる見解（三宅・前掲注(1)36頁），原因論による見解（岡本・前掲注[16]33頁以下），恵与のコーズを考える見解（森山浩江「恵与における『目的』概念——コーズ理論を手掛かりに——」九大法学64号35，36頁（1992））がある。

[28] 三宅・前掲注(1)14頁。

がいまだ挫折していないと解され，解消が認められなかったものである。これらは意思解釈の問題であり，微妙なケースであるが，⑪に見るように，明らかに目的が挫折している場合には，黙示の意思表示により解除条件が付されたものと認めて[29]，寄付金の返還請求が認められている。寄付の場合，寄付の目的は通常契約内容になっており，意思解釈によってこれが明らかにならない場合には，⑧のように無条件の贈与であるとされる。事案を見れば，⑧の贈与には公益目的があると言えそうであるが，寄付の相手方から贈与を受けた原告が公益事業を営んでおり，広い意味では目的は達成されているようにも見える。そこで，事案の解決としては妥当であろうが，寄付者の期待はおそらく寄付の相手方により公益事業が行われることにあり，そのような期待はここでは保護されていないといえよう。忘恩行為の事例群のように，贈与者と受贈者とが親族関係にあり，贈与契約の際には円満な関係にあるから，贈与者の期待が契約内容となることはない，という批判は，原則として，ここではあたらない。寄付者と相手方とが円満な関係にあったとしても，寄付の目的は通常契約内容に含まれると解すべきであるからである。そのためか信義則により解決された事例は見当たらない。そこで，問題は意思解釈に絞られる。

　以上により，忘恩行為の事例も，寄付の事例も，贈与契約の目的が挫折したと解すべき場合には，その解消が認められているといえる。このように，寄付と忘恩行為の事例とは，正確には寄付の場合には条件・負担であるが，贈与者が贈与した目的を考慮する点で，共通する要素のある問題である[30]。しかし，

[29] 条件付贈与と構成した場合，いずれとするのも可能であるが，停止条件よりも解除条件と解するのが素直であるとするのは，加藤・前掲注(1)7頁。指定用途に供しないことを解除条件とするのは，他に広島地判昭和44年4月9日（判タ235号240頁）など。さらに，用途廃止を解除条件とするのは，最判昭和35年10月4日（民集14巻12号2395頁）。

[30] 寄付といっても利己的な目的により為されるものもあり，これを寄付とした場合，忘恩行為の事例との違いは当事者同士の事実上の関係性に過ぎないようにも思われる。例えば，東京高判昭和55年1月30日（判時957号43頁）は，息子の大学入学に便宜を図るための金銭交付について，受験者が入学試験に合格した場合の寄付金であり，不合格の場合には返還するという約定があると認め，返還を命じる。問題なく約定が認められることをおいても，忘恩行為の問題とはいわれない。忘恩行為の事例にみられる，将来の扶養を期待して親族に財産を贈与するというような契約を親密圏における契約と位置付けられるのは，吉田克己『現代市民社会と民法学』214頁以下（日本評論社，1999）。このような期待をどのように保護していくかにより学説を二つの方向に集約す

〔小島奈津子〕

両者は目的が契約内容となりうるかに差があり，また，忘恩行為の事例における贈与契約は贈与者本人の利益のためになされるが，公益目的で為される寄付の場合，その目的は寄付者の利益にはない。近時の忘恩行為の理論の発展は，贈与者の期待が裏切られたら目的物を取り戻すことを認める方向をとっているといえ，起草者の見解に反するものであるが，この点，寄付の場合にも，目的の挫折による契約の解消は，忘恩行為の場合と同様に否定的に評価されていたのか，契約解消の場面に関する起草者の考えを見てみたい。

(2) 贈与の解消に関する起草者の考え

自己の利益のための贈与と公益・公共のための贈与は，その性格が異なるとしても，いずれも無償の出捐を約するもので，贈与契約である。そして，前述した起草者の考えからすると，どのような性格の贈与も一律に扱うのが日本法の贈与観に適うようにも思われる。しかし，目的が挫折したことによる贈与の解消について，両者に対する起草者の価値判断が述べられているように思われる部分がある。忘恩行為について起草者は次のように述べている。「……諸国の規定には背恩の所為があつたときには前からして約束をして置いた贈与を取消得ると云ふ規定があります夫れは如何にも其規定と云ふものは一旦人に或理由を以って約束をしたのを後となつて恩に背いたら取消すことが出来る一方に於ては利得の為めに縛つて居るやうに見へる又一方に於ては贈与と云ふものは社会上徳義上の原因からして来て居るものを如何にも人の恩を買うが為めにしたやうに見へて甚だ高尚でないやうに考へるから背恩に拠て取消すと云ふ原因を法律の表に認むると云ふことをしないのであります或は贈与に拠て学問の費用を助けるとか或は贈与に拠て公益上の事業を保護するとか然う云ふやうな風のことを妨げる積りではない背恩に拠て取消すと云ふやうなこと丈けは然う云ふ嫌ひがありますし然うして実際上面白くなかつたから採用しないと申したのであります……法律行為に条件を附することもありまして其条件は停止条件，解除条件を附することも出来ます」。また，負担付贈与も認められてお

ると，①負担とする等，債務として契約に取り込もうとする見解，②前提や原因といった概念を用いて，契約の基礎として法的評価の対象にする見解に分かれるとされる。前者は実質的に有償双務契約化していく方向であり，後者は無償契約としつつ，広い意味での対価性を確保していこうというものである（218頁）。

り，この場合には「双務契約の規定を當てると云ふことになつて居ります然うすると此の531条に『双務契約当事者の一方は相手方か其債務の履行を提供するまては自己の債務の履行を拒むことを得』ありまして一方が履行をしなければこっちが解除することが出来ると云ふことになつて居ります」(穂積陳重)[31]。

　これは，もし贈与者がそういう恩恵を施しておいたら受贈者からそうしてもらえるだろうというようなおかしな根性を持ってやるということはいけないというならば，贈与を受けた者の方，例えば子が親に向って責任を取った先はどうしようが己の勝手でやるというようにならぬように規定する必要がありはしないか，ずいぶん世間には贈与といいながらその条件を要約するようなことがあって，その要約した事柄というものが行われなかった時分には取消すというようなことがこれまでのやり方ではありはしないかと思うが[32]，それらも一切，贈与の申込みと承諾があった以上はまるで承諾した人がどのようなことをやっても取消すことは出来ないというようなことにこれから先はなるのでしょうか，という質問に答えたものである。これに対して，贈与者が条件を付けて用途を指定することは当然可能であり，負担付贈与とすることも可能で，受贈者がこれに違反した場合には解除できるという一般論が述べられている。そして，その例として，贈与によって公益上の事業を保護するという，寄付とみられるものが挙げられ，忘恩行為による撤回を認めないこととの関係が論じられているのが興味深い。起草者は，贈与者の「利得」に絡むような忘恩行為の制度は「高尚」でないから認めたくないが，そのような色彩のない学問の費用・公益事業の保護に贈与目的物の用途を限定することは「妨げるつもりではない」というのである。即ち，贈与者の利己的な目的の挫折のため贈与が撤回され，受

---

(31) 法典調査会・前掲注(15) 847，848頁。

(32) 法典調査会・前掲注(15) 847頁。旧民法財産取得編363条は「贈与ハ合意ヲ無効トナス普通ノ原因ノ外尚ホ贈与者ノ要約シタル条件ノ不履行ノ為メ之ヲ廃罷スルコトヲ得」と定めており，これは受贈者が贈与者の債務を弁済したり労働をしたりする債務を負っても，贈与物とこのような「条件」とは相匹敵しないので双務契約とならず，贈与契約であり続けるというものであって，同条は負担不履行の場合を定めたものである（岸本辰雄『民法財産取得編講義巻之三』310-313頁，講法會出版）。質問者はこの条文が抜かれたことを踏まえて本文の質問をしており，これについて穂積博士は「決して此箇條を廃した積りではない」と答え，条件を付することが出来るほか，「別してその負担附の場合が随此要約したる條件と云ふ中に這入つて居らうと思ひます」としている（法典調査会・前掲注(15) 847，848頁）。

贈者から目的物が取り上げられることは，法制度としては認めることができないので忘恩行為の制度は設けない，しかし寄付の目的が挫折したような場合は，贈与契約を解消しても，①利得のために受贈者を縛っているとはいえず，②贈与が恩を買うために為されたように見えて高尚でないともいえないから，このような贈与の解消は忘恩行為の制度を認めないこととは関わりがないとするのである。

これを見るに，贈与の目的が挫折した場合に贈与契約を解消することについて，起草者の考えには，肯定的な場面と否定的な場面とがあったのであり，いずれも条件，負担に関する規定によって処理できるものではあるが，否定的な場面については，諸外国の立法にもかかわらず，これを認める法制度は設けないとされている。そして，否定的な場面は忘恩行為の場合とされ，肯定的な場面について寄付と見られるものに言及があるのである。このような忘恩行為の場合と寄付の場合との差異は，条件・負担の認め易さの違いにあるのではなく，挫折した目的が贈与者にとって利己的なものか，あるいは公益・公共のためのものか，にあると考えられる。来栖説の指摘するように，日本法の贈与観が無償契約固有の社会的作用を看過するものであるとしても，利己的な贈与を是認するような規定を表立っては認めたくないという程度には，起草者の念頭には無償の贈与というもののイメージが存在していたのであろう。このような起草者の考えからすると，日本法の下でも，贈与の性格を考慮し，解釈により法的に異なる扱いをする余地はあるのではないかと思われる。

4　まとめ

現在，忘恩行為の問題とされるものは，いずれも，贈与者自身の利益のためにも贈与がなされた場合に，その利己的な目的が挫折したことにより贈与契約の解消が主張されるというものである。これを見ると，起草者により高尚でないとされた贈与の解消が，まさに認められていると言える。このような贈与の解消について，起草者は否定的だったのである。しかし，贈与の目的が挫折した時には，贈与者の利益を守らねばならないというのが裁判所の考えであるといえよう。そのため，当事者間の円満な関係から贈与者の期待が契約時に契約内容とされることはないとの批判がされているにもかかわらず，判例・裁判例ではこれが条件や負担とされることが多い。

これに対して、寄付約束の場合に、受贈者が指定された用途に目的物を用いなかったことをもって、解除条件が成就したとして失効を認めたり、負担不履行として解除を認めたりすることについては、起草者は否定的ではない。この場合の贈与の解消は、忘恩行為による贈与の解消とは異なるものとして挙げられており、起草者はこれを積極的に認めるところであったとも読める。最近の事例を見ると、寄付の目的は条件や負担と解されている。そして、契約の解釈により寄付の目的を条件や負担と解することに特に障害はない。忘恩行為と異なり、寄付の目的は、契約時に契約内容とされるのが通常だからである。

　このように、贈与の目的が利己的なものであれ、公益・公共のためであれ、目的が挫折したときには贈与の解消が認められている。契約の外にある目的は本来動機に属するが、このようなものが考慮されるべき場合には、黙示の条件・負担として契約内容に含まれると解釈されるのである。この点に関しては、忘恩行為について学説の批判は存するものの、利己的な目的と公益目的とでなんら違いはない。しかし、忘恩行為の規定をめぐる議論を見ると、起草者は両者の場合を区別して考えているようである。そのような議論が忘恩行為について為されるのは、忘恩行為が、日本法においては、贈与における目的の考慮という問題を扱っているためであろう[33]。

　日本民法は忘恩行為の規定を取り入れなかったが、その理由を考察すると、贈与の性格、贈与観の問題に行き当たる。忘恩行為の規定を持つドイツ民法の制定過程を見ると、忘恩行為は好意が施され、相手方に感謝の義務が生じたときに初めて問題となるものであるとされ、贈与＝好意であるというドイツ民法の贈与観に基づくものである。ところが、日本民法においては、その制定過程を見る限り、贈与の性格の違いが考慮されることなく、好意やそれに対する感謝の義務は問題にされていない。そこでは、受贈者は贈与により何の義務も負

---

[33] ドイツ民法においても、忘恩行為の規定は本質的に行為基礎の障害についての規定とされており、その贈与契約における特則であって（Medicus, Allgemeiner Teil des BGB, 1997, §53 S. 333; Handkommentar Bürgeriches Gesetzbuch/Schulze §313 RdNr. 1; von Staudingers Kommentar zum Bürgerlichen Gesetzbuch mit Einführungsgesetz und Nebengesetzen/Cremer §519 Rn. 1, §530 RdNr. 2)、これとの関係では、行為基礎に関する一般規定であるBGB313条は補充なものと位置づけられている（Anwalt Kommentar Schuldrecht/Krebs §313 RdNr. 4, RdNr. 9; Oetker=Maultzsch, Vertragliche Schuldverhältnisse, 2002, S. 257）。

わないのであり，さらに，忘恩行為による贈与の解消が独自の道徳的理由により否定されているのを見る限り，受贈者が何らかの拘束を受けるということが積極的に忌避されているのである。

　忘恩行為が否定された道徳的理由とは，忘恩行為により贈与者が目的物を取り戻すということは，受贈者を利得のために縛っているようであること，贈与の高い価値からすると，恩を買うようで高尚でないということである。これは，贈与だからといって受贈者が贈与者の期待に背くと取り戻されてしまうということに対する否定的評価であって，要するに，目的の挫折によって贈与契約後にこれを解消することを許さないというのである。しかし，起草者は，目的の性格によっては，条件や負担という一般的な構成でではあるが，これを進んで認める。贈与者の利得に関わる目的でない場合，例えば公益目的の寄付のような場合には，目的の挫折により贈与を解消しても高尚でないとはいえないからである。このような贈与の目的は贈与の性格を決定付けうるものであり，どのような理由で為される贈与も一律に扱おうとする起草者も，贈与の解消の場面では結局，贈与の性格を無視することが出来なかったといえる。

　贈与の性格が全く無視できるわけではないということが贈与の解消の場面で表れているとすれば，このことは，寄付における書面要件をどのように解するかという問題にも，何かしらの示唆を与えるものではないか。この点，軽率な契約の防止や明確化の必要といった550条の趣旨が寄付に当てはまらないわけではない。また，強制寄付といえるような実態のものもあるため，むしろ550条による寄付の解消は認めていくべきであるという指摘もある[34]。そこで，寄

---

(34) 加藤・前掲注(1) 9頁は，日本における寄付が「かなり強制感を伴うもの」であることに着目し，書面による寄付約束であっても，場合によっては取消しうるとするか，または書面による贈与の認定を出来るだけ慎重に為すべきであるとされる（但し，これとは反対に，無方式の寄付約束でも信義則上取消しえないと解すべき場合もあるとされる）。ところで，これは昭和37年の論文であるが，平成19年8月24日の大阪高裁の判決（判時1992号72頁）に，募金及び寄付金を地域自治会の会費の一部として徴収しようとした会費の増額決議を公序良俗違反により無効としたものがある。それよりも注目されているのは，宅地開発協力金に関する一連の判例・裁判例である。宅地開発協力金とは，人口増加に見合った公共施設の整備のため，宅地開発指導要綱に基づく行政指導として，開発業者に対して要求されるもので，これを納付しないと建築確認申請の処分を留保するといった制裁をすることもある。この開発協力金の約定の法的性質は私法上の寄付の約束，贈与契約であるとされている。その納付が事実上強制されたものであって，行政指導の限界を超えて違法とする判決もある（最判平成5年2月18日（民集47巻

付の場合に550条の書面を厳格に必要とすべきでないという要請があったとしても，それに直ちに応えてよいかについては様々な考慮が必要となろうが，有効な意思表示の存在を前提に，目的の挫折の場合に寄付の解消が確保されていることを考え合わせ，拘束力を付与する段階では積極的にこれを認めることも考えられる。政策的な観点も含めて判断する必要があろう[35]。

2号574頁))。

[35] アメリカ法は，贈与約束に拘束力を認めないにもかかわらず，寄付約束は厚く保護している。寄付がアメリカでいまだに重要であるにもかかわらず，ヨーロッパでかつてよりも重要な役割を演じなくなっているのは，ヨーロッパでは政府が市民の福祉を保護するためにより広範囲な活動をしているところ，アメリカでは個人レベルで富の分配に関する決定を許すのが望ましいと考えられているためであるという指摘がある (Gordley (ed.), The Enforceability of Promises in European Contract Law (2001), 341, 342)。日本において学校やお寺を除く個人寄付額は2010年に約2,000億円で，過去20年は年間1,500億円前後である。これに対し，アメリカでは2008年で約20兆円である。しかし，日本でも寄付活動を促進し，経済を活性化させていくべきという声は強く，税制でも寄付をし易くする動きがあり，大手信託銀行が個人の寄付の仲介業務を始めた（日本経済新聞平成23年8月19日）。今後の展開を見ていく必要があろう。

24 賃貸借関係の存続の期間的保障

［紹介：マルティン・ホイブライン Martin Häublein 著
Die zeitliche Sicherung des Bestandes des Mietverhältnisses］

藤 井 俊 二

1　はじめに
2　当事者間の諸利益と賃貸借法における存続保護に関する法的構成
3　住居賃借人保護のための社会的賃貸借法による賃貸借関係の存続保護
4　賃貸人の利益における存続保護
5　紹介を終えて

1　はじめに

　本稿は，マルティン・ホイブライン教授が，2010年4月28日から30日にかけてドイツ・ベルヒテスガーデンにて開催されたドイツ福音教会住宅事業主催の第29回賃貸借法専門的対話集会において報告されて「賃貸借関係の存続の期間的保障」を紹介するものである。

　この対話集会には，ドイツの著名な賃貸借法研究者，司法省官僚，裁判官，弁護士および賃貸管理業者が集まり，賃貸借に関するその時々のホットな問題について，主として，研究者，裁判官，弁護士が報告を行い，ときにはシンポジウムを開催し，賃貸管理業の実務家と議論をしている。この集会は，毎年4月に開催され，筆者は，2000年以降，ほぼ毎年参加している。

　わが国では，定期建物賃貸借制度の導入以来，建物賃貸借における賃借権の存続保護を不要とする議論が一部から出されているが，ドイツにおける建物賃貸借の存続保障に関する議論を紹介して，このような動向に対する考察の一助としたい。

　ホイブライン教授は，オーストリア・インスブルック大学法学部の民法および住居法・不動産法の教授であり，建物賃貸借法および住居所有権法の気鋭の研究者である。ドイツ民法の著名なコンメンタールである Münchener

財産法の新動向　II

Kommentar zum Bürgerlichen Gesetzbuch Band 3 (5 Aufl. 2008.) では，Miete の主要部分である Einleitung, 535 条～ 536 条 d, 563 条～ 575 条 a, 577 条, 557 条 a, 598 条～ 606 条の注釈を担当している。

　本報告は，Evangelisches Siedlungwerk in Deutschland が編集する Partner im Gespräch・Band 88 "Investitionspflicht und Investitionshemmnisse" S. 59 以下に収められている。

　以下，報告の順序に従って，ホイブライン教授の議論を紹介する。

2　当事者間の諸利益と賃貸借法における存続保護に関する法的構成

　ホイブライン教授は，まず，存続保護に対する当事者の利益状況を比較し，その意味について次のように述べる。

　賃貸借関係の存続の期間的保障は，一方では，当事者の一方が賃借物件を将来的に使用を継続できるということ，もしくは他方当事者は賃料収入を獲得できるということを保障する。他方では，いずれの側にも，契約の終了を必要とするもしくは望ましいと思わせるような外的な条件の変更という危険も存在する。出発点において全く同等の目的衝突があるにもかかわらず，契約の意味は，各当事者にとって大きく異なる。特に，住居は，生活の中心として，また個人の休養の場所として大きな意味を有している。憲法裁判所は，「住居は，各人にとってその私的生活の中心である。個人は，生活の基本的欲求を満足させるために，またその人格の自由の保障と展開のために住居の使用を必要としているが，国民の大部分は，所有権の取得ではなく，住居の賃借によって住居に対する欲求を満たしている。」(BVerfGE 89. 1) と述べている。

　このような状況から社会的賃貸借法 das soziale Mietrecht が導き出され，その中核をドイツ民法（以下，BGB と略す）549 条以下が形成する。これを担う中心的規定は，賃料の額に関する規定と賃貸人が一方的に契約を終了させることができる規定である。

　住居は，経済的財であり，その取得には大きな経済的負担を負っているから，賃貸人は，賃貸から相当な収益を得ることができる場合に，建物の取得価格とランニングコストを賄うことができる。ドイツ連邦基本法 14 条は，「所有権は義務を伴う。その行使は，同時に公共の福祉に役立つべきである。」(2 項)

という所有権の社会的義務を規定しているが，他方，「所有権および相続権は，これを保障する。」（1項）として所有権の私的利益を保障している。立法者と法の適用者は，異なる利益を衡量しているのである。

ドイツでは，住居賃貸借以外の領域では，私的自治の方向に振り子が揺れている[1]。すなわち事業用建物賃貸借 Geschäftsraummiete では，賃借人の存続に対する利益を重要視はしていないのである[1]。

しかし，これは他の国の法制とは異なる。すなわち，オーストリアでは，事業用建物賃貸借にも賃借権法 Mietrechtgesetz（MRG）を適用するから，賃貸人は，重大な理由がなければ解約告知をすることができない（MRG30条1項）。ホイブライン教授は，賃貸人が提供した財は任意に再生産できるものではなく，その空間内で事業を営んでいる賃借人には，明け渡さなければならないことは，大きな損失が生じることになるから，事業用建物賃貸借にも不均衡な状態が生じることがあることを認識すべきだとする。このような認識に基づいて，判例は，事業用建物賃貸借について定式契約 Formularvertrag の内容規制を BGB307条〔普通取引約款の内容を規制する規定〕に基づいて厳格に行っている[2]。

3　住居賃借人保護のための社会的賃貸借法による賃貸借関係の存続保護

(1)　序

解約告知保護による賃借権の存続保護に関する全ての規定に言及するのは不可能であるから，ここでは，特別解約告知 Außerordetliche Kündigung について論じるとされ，これは，契約の継続を期待することができないと認められる重大な理由がある場合に，解約告知を可能とする規定である（BGB543条1項）。

(2)　賃貸人による通常の解約告知 Ordentliche Kündigung 権の制限
(a)　はじめに

期間の定められていない継続的債務関係 Dauerschuldverhältnis は，通常原則として，この関係を終了させる事由がなくても，解約告知することができ

---

(1)　ドイツにおける事業用建物賃貸借について契約自由の原則が適用されていることについて，拙著『現代借家法制の新たな展開』（成文堂，1997年）155頁以下参照。

(2)　Häublein, in: Münchener Kommentar zum BGB, 5 Aufl. (2008), §535 Rdn. 111f.

る。解約告知によって不意打ちを受ける他方当事者の利益は，解約告知期間によって保護されることになっている。解約告知事由について制限がないときは，賃料増額を目的とした，いわゆる変更解約告知 Änderungskündigung が可能となる。解約告知の可能性に対する規制は，賃貸借の存続だけの問題ではなく，賃料の規制にも関わる問題であり[3]，したがって，ドイツ民法は，賃料増額を目的とした変更解約告知を禁止している（BGB573条1項）とされる。

(b) 「正当な利益」という要件

社会的賃貸借法における賃借権の存続保護に関する中心的な規定は，BGB573条である。BGB573条1項は，「賃貸人は，賃貸借関係の終了につき正当な利益 berechiges Interesse を有する場合にのみ，解約告知をすることができる。賃料増額を目的とすることができない。」と定める。正当な利益の存在は，賃貸人が主張・立証しなければならない。ただし，強制競売で建物を取得した者は，建物賃貸借関係を，解約告知期間を遵守して解約告知することができる（ドイツ強制競売および強制管理に関する法律 Gsetz über die Zwmgsversteigerung und die Zwangsverwaltung 57条a）。もっとも，賃借人の相続人に対しては解約告知することはできない（BGB564条，573条d第1項）。

BGB573条1項は，正当な利益の具体的内容についての規定を置いていない。同条2項において，賃貸人の獲得の利益 Erlangungsinteresse（返還を受ける利益）が賃借人の賃貸借関係存続に対する利益に優越するかが定められている。そこに列挙されている事由は，制限的なものではないから，列挙されている事由と同等の重要さが認められる場合には，正当な利益として考慮される。BGB573条2項2号は，「自己または家族構成員もしくは家計構成員が賃貸住居の使用を必要とするときは，」正当な利益があると規定する。この自己必要に関する規定は，原則として自然人に適用される[4]。

そして，近時，住居賃貸借を管轄する連邦通常裁判所（以下，BGHと略す）民事第Ⅷ部は，大きな反響を呼んでいるいくつかの判決を出しているとして，次のような判決を紹介する。

---

[3] 解約告知からの保護規定と賃料の規制規定が，規範的に一体であることは，夙に，篠塚昭次博士の指摘されるところである（篠塚昭次『借地借家法の基本問題』（日本評論新社，1962年）238頁，同『民法セミナーⅤ借地借家法』（敬文堂，1971年）211頁）。

[4] Häublein, a. a. O. §573 Rdn. 39.

〔藤井俊二〕　　　　　　　　　　　　　　　24　賃貸借関係の存続の期間的保障

　第1は，オーペアガール Au-pair-Mädchen（ドイツ人家庭に住み込み，家事手伝いをしながら，ドイツ語を学ぶ外国人女性）は，賃貸人の家事補助人であって，家族構成員ではないが，この者が住居を必要とする場合にも，BGB573条1項に定める「正当な利益」があると認めた判決である（BGH, NJW 2009, 1808.）。
　第2は，賃貸人の姪や甥も賃貸人の家族構成員であり，賃貸人とこれらの者の間に「緊密な社会的接触 enger sozialer Kontakt」がなくても，これの者のために解約告知することができるとする判例が挙げられる（BGH, NJW 2010, 1290）。この判例では，家族構成員の範囲を拡大してきているので，ホイブライン教授は，将来的には，伯父（叔父）・伯母（叔母）も家族構成員に含める判決が出てくるであろうと予想している。
　この判決前に，姪・甥のように遠い親族関係にある者は，「特別に緊密な社会的接触 besonders enger sozialer Kontakt」があるときに，BGB573条2項2号の家族構成員に属するとされていた（BGH, WuM 2009, 294）。伯父（叔父）・伯母（叔母）については，否定されていた（AG Frankfurt/ M, WuM 1991, 108. AG Dortmund, WuM 1993, 615）。これらの判決から，伯父（叔父）・伯母（叔母）については，一般的には，自己必要を主張するための家族構成員に含まれず，特別に緊密な社会的接触があると認められるときに家族構成員であることが肯定される，としてホイブライン説よりも限定的に解する見解もある[5]。
　BGH は，民法上の組合が賃貸をしている場合，賃貸人は複数いることになるが，組合員の1人が住居を必要とするときも，BGB573条2項2号によって，自己必要を理由に解約告知をすることができるとしている（BGH, NJW 2009, 2738）。ホイブライン教授は，この判決は，実務上，大きな意味を有するであろうとされる。この場合に，裁判所は，最初から組合が賃貸していたのか，賃貸後に，組合が賃貸借関係を承継したのかは問題とならないとしている。また，従来の判例では，住居の自己使用の必要が生じた賃貸人は，賃貸借契約締結時に既に民法上の組合の組合員でなければならいという原則を立てていたが，近時の判例（BGH, NJW 2007, 1845）は，この制限を無視している。民法上の組合が，賃借人に明渡を求めるための手段となるのを，BGH が阻止できるのかが注目

---

[5] Haug: in Emmerich/ Sonnenschein, Miete Handkommentar §§535 bis 580a des Bürgerlichen Gesetzbuches, 10. Aufl. 2011 §573 Rdn. 41. 本書は，Staudingers Kommentar の簡略版であり，その記述は，両書ともほぼ同一である。

されるとしている。

　BGB573条2項3号は，不動産の適切な利用を正当な利益と認めている。近時3つの判決が出されたが，BGB573条2項3号に関する上級裁判所の判例は稀であり，メディアに注目されたが，ホイブライン教授は，むしろこれらの判決は従前からの特別な複合した事情から生じた事情を正当な利益としたのであって，多くの賃貸借関係に大きな影響を与えるものではない，と評価している。

　賃借人が契約上の義務に少なからず違反した場合にも，正当な利益があるとするBGB573条2項1号についても，注目すべき判決が出されたという。すなわち，賃貸人が付随費用 Nebenkosten[6] に関する計算書を賃借人に送付しなかったので，賃借人が，賃借人組合の助言に従って，賃料を支払わなかった事案について，BGHは，2006年以降，これを違法としている（BGH, NJW 2006, 1419.)。BGHは，賃料拘束のない自由賃料の住居の賃借人について，計算の再精算をするためにのみ計算書を閲覧することを認めている。助言者の誤った解釈にいては，賃借人は，BGB278条（債務の履行を補助する第三者の行為に対する債務者の責任を定めた規定）によって責任を負うべきであるとされる。さらに，明渡訴訟提起後2ヵ月以内に延滞賃料を支払ったとしても，それによって賃借人は救済されない。BGH民事部第Ⅷ部の見解によると，特別解約告知 Außerordentliche Kündigung に関する規定であるBGB569条3項2号〔解約告知に，明渡請求訴訟提起後遅くとも2ヵ月経過する前に賃借人が満期となっている賃料その他の償金を支払えば，効力を生じなくなる，と定める。〕は，通常の解約告知には類推されないとされる（BGH, NJW 2005, 334）。従って，賃借人は住居を明け渡さざるを得ないことになる（BGH, NJW 2007, 816）。

　ホイブライン教授は，これらの判決について次のように総括する。上に上げたBGHの判決は，全て，賃貸借関係の解約告知を認めている。しかし，最高裁判所の傾向は，解約告知の要件事実および解約告知の理由付けについて行き過ぎた要求をしているわけではない。裁判所における賃貸借法の紛争では，将来的には，再度，社会的条項〔苛酷条項　BGB574条〕が大きな役割を果たすようになろう，と予想する。

---

(6) 付随費用は，運営費 Beteriebskosten とも呼ばれるが，詳細については，拙稿「ドイツにおける賃貸住宅管理」不動産学会誌93号98頁以下参照。

(c) **賃貸人の解約告知権の法律による排除**

自己必要を理由とする解約告知によって賃借人が住居を失う危険は，複数家族用集合住宅を住居所有権住居に変更・分割する場合に，著しく大きいものとなる。ここでは，賃借人の先買権（BGB577条）の他に，BGB577条 a による3年から10年の多様な解約告知権排除規定が賃借権の存続を保護している〔BGB577条 a「(1) 賃貸されている住居が賃借人に引き渡された後に，その住居に住居所有権が設定され，この住居所有権が譲渡された場合には，譲受人は，譲渡後3年が経過しなければ，BGB573条2項2号もしくは3号に定める正当な利益に基づく解約告知をすることができない。

(2) 市町村もしくは市町村の一部において適切な条件で賃貸住居を住民に十分供給することが危殆化しており，危殆化地域が，本項2段の規定に従って指定された場合には，1項に定める期間は10年まで延長される。州政府は，この地域および1項の定める期間を法規命令によってそれぞれ10年間の期間で定めることができる。」〕。

BGH は，民法上の組合が組合員のために集合住宅を取得して，それに住居所有権を設定して，各組合員に分割した場合には，組合員が解約告知をするについては，577条 a の適用はないとする（BGH, NJW 2009, 2738）。すなわち，正当な利益が個別の組合員に備わっていれば，解約告知をすることができるとするのである。これに対して，ホイブライン教授は，民法上の組合が組合員に住居を分割するために取得したときは，BGB577条 a を適用すべきだとする。解約告知権を行使する賃貸人の住居取得よりどの程度の期間が経過しているかを賃貸人の取得の利益と賃借人の存続の利益の衡量の際には，考慮に入れるべきだとされるのである。

(d) **契約による賃貸人の解約告知権排除**

2001年の賃貸借法改正によって，単純に期間を定めた賃貸借は，期間の定めのない賃貸借とみなされ，期間を定める特別な事由があるときにのみ，定期賃貸借が締結できるようになった[7]。したがって，賃借人の視点からすると，いつ解約告知があるかは殆ど計算不能であり，契約によって解約告知権を排除することによって，正当な利益による解約告知の危険を排除しようという動機

---

[7] このことについては，拙著『借地権・借家権の存続保護』（成文堂，2006年）210頁以下参照。

が強く存在するといわれる。

　ここでは、解約告知を契約によって排除できるかが問題となる。ホイブラ
イン教授は、契約形成の中において排除特約をすることができるかは、特に、賃
貸人の人格と市場の状況によるとされ、賃借人は、解約告知権排除特約を契約
の構成部分とすることをあきらめるべきではないという。なぜならば、賃貸人
は、住宅企業であって、法形式は有限会社もしくは株式会社であるから、その
従業員のために自己使用の必要を主張できないとするのが通説だからである。

　解約告知権排除特約は、不動産の取得者にとって重要な意味を有するから、
BGHは、1年を超える賃貸借契約は、書面方式を遵守して締結されなければ、
期間の定めのないものとみなされると規定する550条に基づいて、書面で約定
されなければならないとする。すなわち、判決要旨は「賃貸人が賃貸借関係を
自己必要に基づく解約告知権を放棄するときは、放棄期間が1年を超える場合
は、BGB550条を適用して書面方式で約定されなければならない」とされてい
る（BGH, NJW 2007, 1742）。本件は、賃貸借契約が期間の定めなく締結された場
合であり、かつ賃貸人は契約の添付書面において特別解約告知権を放棄してい
た事案であった。賃貸借契約書自体には、解約告知権放棄の記載はなく、添付
書面が引用されているだけであった。BGHは、住居を譲受した者が特別解約
告知について大きな利益を有している場合が稀ではないが、契約書面に解約告
知権排除特約が記載されていないと、そのことを譲受人が認識できないことを
理由に、BGB550条の適用を認めている。したがって、賃借人に助言するとき
は、契約書自体に解約告知権排除特約を記載すべきであり、また添付書類に記
載するに際しては書類が契約書と緊密に連関していることを明確に認識できる
ように配慮すべきだとされる。賃貸人、賃借人および管理者が多く参加する本
大会に配慮した発言である。

　BGHは、この方式を遵守しなかったときにおける効果について明確に述べ
ていない。原審は、解約告知排除特約の効力が生じないとしていた。ホイブラ
イン教授は、結果的には、それが正しいように思われるという。

(3) 定期賃貸借による存続保護の危殆化

　ホイブライン教授は、一定の期間経過後に終了する定期賃貸借 Zeitmiete が
存続保護を危殆化させるかという問題は、一見する的外れの問題に思われる、

という。むしろ，ホイブライン教授にとっては，定期賃貸借に期間が満了するときに，正当な利益の存否を争うことなく，賃借人に明渡を請求することができることを賃貸人に認めると，住宅不足で住宅需要の高い地域では期間の定めのない賃貸借による住宅供給がなされなくなるという危険があることを問題であるという。ホイブライン教授は，現実に，オーストリアのチロル地方では定期賃貸借が殆どであり，法定の最短期間は3年だという（オーストリア賃貸借法典Mietrechtgesetz29条3項3号）。

ドイツでは，定期賃貸借は，期間満了時に賃貸人に正当な利益が備わるであろう場合に，認められるのである（BGB575条）[8]。その限りでは，本来の存続保護規定を回避しようとすることは防止されていると評価する。

4 賃貸人の利益における存続保護

(1) 通常の解約告知を回避する手段としての定期賃貸借
(a) 事業用建物賃貸借

事業用建物賃貸借の場合には，期間を定めた賃貸借が頻繁になされている。この場合には，当事者双方にとって存続の保障が問題となる。期間を定めた賃貸借において賃借人に必要とされる柔軟性は，賃借人が転貸権を得ることによって獲得することができる。

実務では，1年以上の期間を定めながら，書面方式（BGB550条）を遵守しなかったことによって，期間の定めのない賃貸借となり，期間によって確保されていた存続が危殆化することになる。1年以上の期間を合意しても，書面方式を遵守していなければ，いつでも通常の解約告知 ordentliche Kündigung することができるのであり，この解約告知は，遅くとも暦年の四半期の第3仕事日にされなければならず，暦年の翌四半期の経過時に効力が生じる（BGB542条1項）。すなわち，1月の第3仕事日に解約告知の通知がなされると，6月30日に賃貸借関係は終了し，4月の第3仕事日に解約告知の通知がなされると，9月30日に賃貸借関係は終了する。また7月の第3仕事日に解約告知の通知がなされると，12月31日に賃貸借関係は終了し，10月の第3仕事日に解約告知の通知がなされると，3月31日に賃貸借関係は終了する[9]。

[8] ドイツの定期賃貸借については，拙著『現代借家法制の新たな展開』（成文堂，1997年）140頁以下，拙著・前掲借地権・借家権の存続保護173頁以下参照。

(b) 住居賃貸借

　通説によると，定期賃貸借は，住居賃貸借においても，通常の解約告知を排除する拘束力を有する。近時，BGH（BGH, NJW 2007, 2177, 2179）もこのことを明言したとしてとされる。しかし，ホイブライン教授は，賃借人は通常の解約告知をすることができるのではないかと疑っている。これは，論理的に納得のいくものではないという。なぜならば，定期賃貸借は，BGB575条1項に列挙されている事由が期間満了時に存在することによって期間を定めた契約に当事者は拘束されるからである。契約に掲げられる事由は，専ら賃貸人が返還を受ける利益に関わり，存続保障の利益ではない。そこで，ホイブライン教授は，賃貸人が住居を必要とするという理由から，なぜ，賃借人は数年にわたって賃貸借契約に拘束されなければならないのか？　という疑問を呈する。「私の疑問は，オーストリアの法律状況からすると正しいと思われる」とホイブライン教授は述べる。オーストリア賃貸借法29条2項は，賃貸借関係の開始後1年が経過した後は定期賃貸借を解約告知することができ，しかも，放棄できずかつ制限できない権利を住居賃借人に認めているからである。

　ホイブライン教授は，BGHとは，内容的な議論をしていないから，意見が相違する理由は見いだし得ないとされる。BGB575条による定期賃貸借をするときに，賃借人の負担において解約告知権を排除すべきだという解釈には疑問があるとされ，解約告知権の排除は契約書に明確に記載されるべきだと解されるのである。

(2) 契約形成手段としての解約告知権の排除
(a) 期限付き解約告知権排除特約の適法の原則

　2001年の賃貸借法改正によって単に期間を定めるだけの単純定期賃貸借 einfacher Zeitmietvertrag は廃止された[10]。そこで，期限付き解約告知権排除特約が許されるかが議論となった。つまり，自己使用の必要性などないにも拘わらず，期間を区切って住居を賃貸したときは，いわゆる単純定期賃貸借

---

(9) 解約告知期間の計算については，H. Blank/ U. Börstinghaus, Miete, 3 Aufl. 2008. §580a Rdn. 15.
(10) 単純定期賃貸借の廃止については，拙著・前掲借地権・借家権の存続保護203頁以下参照。

の場合には，期間の定めのない賃貸借となるから，BGB573条に定める正当な利益がなければ，賃貸人は解約告知をすることができない。そこで賃貸人はBGB575条1項に列挙する期間を定める事由が存しないときでも，期間を区切った住居賃貸借をするために，一定の期間解約告知権を排除する特約であろうと予想されていた[11]。ホイブライン教授によると，現在では，定期賃貸借の場合には，継続的に解約告知権を排除する特約は，当事者を拘束すると解するのが通説である。したがって，一時的に解約告知権を排除する特約は，賃借人に不利な特約であって，効力を生じないとすべきだとする学説もあるが，BGHは，期限付き解約告知権排除特約は，住居を失うという危険から賃借人を保護するという問題ではないという議論をして，学説の疑念を取り除いている（BGH, NJW 2004, 1448）。賃借人は期間満了の4ヵ月前において，期間を定めるための事由が存続しているか否かを1ヵ月内に自己に通知するように賃貸人に請求できると定めるBGB575条2項は，賃貸借期間経過後に賃貸人は再び住居の直接占有を回復することができるという専ら賃貸人の利益に係わるものであるのに対し，解約告知権排除特約は賃貸人の利益に関わる問題ではないとされる。

　BGH民事第Ⅷ部は，期限付き解約告知権排除特約に対する反対論を退けている。多くの論者は，BGB573条cによって保障されている賃借人の移転の利益の中に一時的解約告知制限に反対する根拠を見いだしているが，この論拠は，均衡のとれない解約告知期間を導入した裏にある保護目的，すなわち賃借人を長期にわたって賃貸借関係に結びつけることを賃貸人に認めさせるという目的とは調和しない。BGHは，期限付き解約告知権排除特約を広く認め，そのことをBGB557条aに明記した立法者の考慮をもって反論する。それゆえに，BGB573条c第4項〔片面的強行規定〕に関連するものではない。なぜならば，この規定は解約告知期間について規定しているだけで，特約が排除しようとしている解約告知権は存続していることが前提となっているからである。解約告知権を放棄することが受忍しがたい賃借人の負担とはならないという。なぜなら，賃借人が賃借権の譲渡を受ける後継の賃借人を立てることができれば，賃貸借関係に長期間拘束されることによって生じるであろう経済的不利益も回避

[11]　2001年の賃貸借法改正時における解約告知権排除特約に関する議論については，拙著・前掲借地権・借家権の存続保護210頁以下参照。

できるからである（BGH, NJW 2004, 1448）。ドイツでは，期間中途で賃貸借契約を解約したときは，賃借人自身が後継 Nach（代替 Ersatz）賃借人 mieter を見つけ出さなければならないとされている[12]。

(b) 契約による形成力の限界，特に普通取引約款 AGB を適用する場合

BGH は，2003 年 12 月の判決以来，個別の合意による 60 ヵ月の解約告知権排除特約を認めているが，普通取引約款による排除は制限する傾向にあるとされる。BGH は，普通取引約款によっても解約告知権排除特約をすることは有効な意思表示だとしているが（BGH, NJW 2004, 3117），4 年を超える排除特約は，BGB307 条 1 項にいう「不適切な」約款であって，無効であるとする（BGH, NJW 2005, 1574）。また，役務または物品の継続的給付に関する BGB309 条 9 号 a を適用して，解約告知権排除特約を 2 年に限定することは否定されている（BGH, NJW 2005, 1574）。傾斜家賃 Staffelmiete に関する BGB557 条 a 第 3 項は，賃借人の解約告知権の排除特約を 4 年に限って認めている。この規定が，立法者の見解では，賃借人の解約告知権排除についての限界を画したものとされているが，この規定が実務の方向を決めるものかが問題である。

ブランク Blank 判事が 4 年の限定は「通例 in der Regel」であるが，全く適切なものであるとはいえないと述べていることを[13]，ホイブライン教授は，正当であると評価する。

学生用借家について，BGH は，学生である賃借人は流動性と柔軟性について利益を有することは，賃貸人にも認識可能であるから，この特別な利益を考慮せずに，解約告知権を普通取引約款によって 2 年間排除する特約は，賃借人を賃貸借関係に拘束する賃貸人の利益を一方的に押し通すものであって，不適切であるとしている（BGH, NJW 2009, 912）。この普通取引約款による解約告知権排除特約は，BGB307 条に違反しているから，特約全体が効力を生じなくなる。しかし，この判決から，学生用借家について普通取引約款によって解約告知権を排除することが全く不可能になるわけではない。1 ゼメスターに限って解約告知権排除することは，不適切ではないと，ホイブライン教授は主張される。なぜならば，賃貸人は多数の賃借人との間で賃貸借開始直後には解約告知をしないという意思を表明することには正当な利益を有しているからである。

[12] H. Blank/ U. Börstinghaus, a. a. O. §542 Rnr. 166.
[13] H. Blank/ U. Börstinghaus, a. a. O. §575 Rnr. 97.

ゼメスター中に後継の賃借人を探すことは，賃貸人にとって困難なことであって，賃借人たる学生が賃貸借開始から数ヵ月経過した後に選択した科目が自己に適していないと確信した場合でも，BGB573条c第1項に定める3ヵ月の解約告知期間を超えて賃借人を拘束するものではない。

BGHは，普通取引約款による解約告知権排除が，一方的に賃借人の負担となるときは，効力を生じない，としている（BGH，NJW 2009, 912）。したがって，普通取引約款において条項を定めるときは，賃貸人・賃借人の双方に平等に解約告知権を排除しなければならない。しかし，連邦通常裁判所民事第Ⅷ部は，賃借人についての一方的な解約告知権排除特約が同時に傾斜家賃の合意もされているときは，可能だとする。なぜならば，この場合には，賃借人にとって不利益となる拘束は，傾斜家賃の特約によって賃料額があらかじめ確定しており，賃借人にとって確定的計算が可能であるという利益を付与したことによって調整されているからだと，BGHはいうのである。しかし，ホイブライン教授は，このような議論は納得できるものではないとされる。すなわち，確かに傾斜家賃を導入した旧BGB557条a第3項を規定する際には，賃貸人の賃料計算を確実にするために，賃貸人が賃借人の解約告知権を長期にわたり排除する契約が提示するであろうことは認識されていた。したがって，立法者は，賃借人が解約告知権の放棄を一定期間強制されるという状況が生じうることを考慮して，その期間を4年に制限した（現行BGB557条a第3項）。普通取引約款規定が適切であるか否かは（BGB307条1項），BGB557条a第3項からは判断することができない。また，賃貸人が通常の解約告知をすることができる限りは，賃借人に計算の確実性があると語ることもできないとされる。

ここで，ホイブライン教授は，実務に関わる者に対して，解約告知権排除特約の期間計算の起算日は，傾斜家賃合意の日であることについて注意を喚起する〔BGB557条a第3項は，「傾斜家賃合意の日から」と定めている〕。約款で，契約開始もしくは賃貸物件委譲の日から起算するとしていたときは，解約告知権排除特約全体が効力を生じなくなる。傾斜家賃の合意のない書面でされた解約告知権排除特約も同様であるとされる。

財産法の新動向 Ⅱ

(3) **住居賃借人からの解約告知における期間延長**
(a) **住居賃貸借法改正による不均衡な解約告知期間の導入**
　賃貸借法の改正によって住居賃貸借における通常の解約告知期間の規定も改正された。この改正は，法政策上の議論に基づいてなされたものである。
　政府草案において，既に，解約告知期間を不均衡に定めていた。すなわち，当事者が解約告知をするときは，原則として解約告知期間は3ヵ月である。しかし，賃貸人が解約告知をするときに，賃貸物件の引渡しが5年前にされていた場合には，6ヵ月になる，すなわち3ヵ月分延長される。当初の草案では，引渡しから8年ないし10年が経過しているときに，それぞれの期間に応じて3ヵ月ずつ延長されることになっていた。この延長も不均衡だと説明される。この改正の理由としては，本来，賃借人のために導入された解約告知期間が実務においてしばしば反対の働きをしたという点が指摘される。しかし，解約告知期間を1年とした場合には，流動性と柔軟性の増加した現代社会においては，賃借人にとってむしろ障害となる場合もある。このように不均衡な解約告知期間を定めるのは，長期にわたる賃貸借によってその地域社会に根付いているために新たな住居を探すために十分な時間を必要とする賃借人の優越的な利益を理由に説明される。
　現行の規定は，引渡しから5年経過しているときについて3ヵ月延長し，8年を経過しているときにさらに3ヵ月延長する（BGB573条c第1項）。10年経過後は解約告知期間を1年とするという提案は，採用されなかった。

(b) **改正は必要か？**
　連立政権内の協定において「解約告知期間は，賃貸人と賃借人について統一されるべきである」とされている。ここでは，賃借人からの解約告知の場合の期間を短縮するのか，賃借人からの解約告知の場合の期間を延長するのか，までは決められていない。利益団体の希望は，期間の短縮であり，賃貸人の獲得利益に資するものであった。しかし，ホイブライン教授は，賃貸人による解約告知と賃借人による解約告知の場合に解約告知期間を統一することが賃貸借関係の存続の保障を意味することにはならないと述べる。
　賃貸人が後継の賃借人を探すために多くの時間を要するからとして，賃借人からの解約告知について期間を延長することは，平等待遇原則からも必要とされず，その他の理由からも適切ではないとされる。契約当事者の多様な利益を

516

考慮すべきだとして，次のように述べる。

　BGB573条c第1項によって，上述したように，賃貸人からの解約告知の場合には，解約告知期間が段階的に延長されるのは，時間の経過とともに賃借人が居住地域との結びつきを強くすることの現れである。賃借人が地域に長く生活の拠点を置けばおくほど，賃借人は賃貸人から解約告知されたときに今まで居住してきた地域の近隣において代替住居を求めようとする。したがって，賃借人が適切な住居を見つけようとするには長期の時間を要することになる。

　しかし，賃借人からの解約告知の場合における解約告知期間の延長について，緩和された住宅事情の時代において，賃貸人が適切な水準の賃料を得ようとするときは時間を要するというような考量を述べることはできない。確かに，代替賃借人を見つけるためには時間が必要であろうが，しかし，解約告知された賃貸借関係の継続期間によって解約告知期間の長さを左右されるべきではない。賃貸人は，賃貸借関係が長期にわたり継続した後に新しい状況に合わせなければならず，広範な修繕や修復の計画をし，準備をする必要があるという議論は，説得力はないとされる。すなわち，賃貸借から5年経過後においては解約告知期間を延長するという議論は正当化されない。なぜならば，建物の現代化Modernisierungの停滞は，通常短期間のうちに現れるものではないからである。また，長期にわたる賃貸借関係が存続している間に居住価値を増加させる措置を行うことを怠った賃貸人が賃借人からの解約告知の後にこの措置を可能な限り費用のかからないように準備できるのかは，理解できないとされる。賃借人は，場合によっては，現代化措置のための金銭を賃貸人に支払っている。

　BGB573条c第1項による解約告知期間の延長は，賃借人を長期間賃貸借関係に拘束するという点からすると，賃貸人にとってプレミアのようなものだと思われるであろうが，それは正しくはないという。なぜならば，締結された契約に拘束されるのは，債務の履行を行っていること以上のことはない。長期の解約告知期間から，賃貸人が賃借人を長期にわたって賃貸借関係に拘束しようという刺激的作用は出てこない。むしろ，賃貸人は正当な利益が存するか否かに関心がある。

　賃借人から解約告知する場合に，長期の解約告知期間による賃貸借関係への拘束の負担が語られる。賃借人は，勤務場所の変更，老人ホームもしくは社会福祉施設への転居，経済状況による賃料の節約等，現代的な転居の必要性から，

多くの場合，長期の解約告知期間による賃料の二重負担によって家計が過大な負担を負うことになる。転居は通常大きな経済的負担を伴うものである。

以上のように論じて，改正は必要ないと論じる。

5 紹介を終えて

本論稿につて若干の感想を述べて，むすびに代えたい。

まず第一に，わが国では，定期借家を議論したときに，私は，長期の定期借家の場合には，賃借人が借家関係から離脱せざるを得ない事情が生じたときのために，特に事業用について残存期間分の借家権を譲渡することを認めるべきだと主張したが[14]，ドイツではまさに譲渡をすることによって借家人が長期の借家関係から離脱できるようにしており，それが妥当なものだと認識されていることが分かった。

第二に，わが国の借家制度では，賃貸人から解約告知をするときは，解約告知期間は6ヵ月であり（借地借家法28条1項），賃借人から解約告知するときは，3ヵ月である（民法617条1項2号）。これに対して，ドイツでは，賃貸人から解約告知をする場合の解約告知期間にバリエーションがあり，それが現在ではなお立法上の大きな議論があることが，興味深かった。そこでも，賃借人が長期間同一住居に居住し続けることによって地域との結びつきが深くなり，そのことを尊重すべきだとする観念はいまだにドイツでは強いことが確認できたことも一つの収穫であった[15]。

第三に，賃借人が解約告知をしたときに，解約告知の時から3ヵ月間は賃料を支払い続けるのか，住宅が余ってきている現在，賃貸人にとって大きな問題となるであろう。ドイツでは，2001年の賃貸借法改正のときに問題となっていたが，わが国でも論じる時機が到来しているであろう。

---

[14] 拙著・前掲借地権・借家権の存続保護263頁以下。
[15] 篠塚昭次博士が，「Heimgedanke 郷里観念」という理念で説明されているものである（篠塚・前掲借地借家法の基本問題206頁以下参照）。

25 賃貸不動産の心理的瑕疵をめぐる自死遺族への不当請求について

山 田 創 一

1 はじめに　　　　　　　　4 損害賠償の範囲
2 素材となる判例　　　　　5 連帯保証人の遺族に対する請
3 自死による賃借人の債務不履　　求
　　行責任　　　　　　　　　6 終わりに

1 はじめに

　近時，賃貸建物内での自殺において遺族に対し多額の賠償請求がなされ，社会問題となっている[1]。自死遺族の多くは泣き寝入りしているケースが多く，裁判として表面化しないケースが多いとみられる[2]。ある新聞の報道では二つの遺族のケースが報じられている[3]。一つは，裁判にならなかったケースで，大学生の長女がうつ病で自殺したことから家主は遺族の父親に対し，①おはらい料3万5,000円，②天井や壁のクロス張り替え，床などの修繕費約80万円，③クーラーなど備品の買い替え費12万円，④次の入居者の家賃（長女の家賃約8万円）を下げることに伴う差額補償5年分210万円を請求し，父親は仕方なく請求に応じたとされる。また，もう一つは，裁判中のケースで，弟が風呂場

---

[1] 読売新聞平成22年9月27日。また，全国自死遺族連絡会の田中幸子代表によると，同会に自死遺族から寄せられた賃貸借のトラブルをめぐる相談は，2006年から4年間で200件を超えるとされる（毎日新聞平成22年10月31日）。さらに，こうしたケースが多発していることから，大阪，東京，愛知，兵庫の弁護士が，「自死遺族支援弁護団」を結成することが報じられている（毎日新聞平成22年11月17日）。さらに，BBC（英国放送協会）は，2011年2月10日に「日本の自殺があったアパートの穢れ」というタイトルの記事で，遺族に対し家賃等の損害賠償請求がなされるという奇妙な現状を報道し，その奇妙さは同日フランスの新聞である「ル・モンド」紙にも取り上げられている。
[2] 金塚彩乃弁護士発言（毎日新聞平成22年10月31日）。
[3] 毎日新聞平成22年10月31日。

で自殺したことから連帯保証人である姉に対し、家主側は、風呂場以外にもキッチンやトイレの改修費、弟の部屋（家賃6万5,000円）と隣室や他階の部屋も含む7室分の家賃補償など約700万円を請求し、双方の話し合いがまとまらなかったことから、家主は900万円以上の支払を求めて提訴しているとされる。

心理的瑕疵（目的物の通常の用法に従って利用することが心理的に妨げられるような主観的な欠陥[4]）といわれる事例としては、自殺や他殺があった物件[5]、近くに暴力団員が居住しているとか暴力団事務所がある物件[6]などがあるが、本稿では、自殺に関する心理的瑕疵を取り上げることとする。

こうした心理的瑕疵をめぐる不動産の紛争は、不動産の売買契約、不動産仲介契約、不動産の賃貸借契約で問題となりうる。まず、不動産の売買契約においては、①買主から売主に対する瑕疵担保責任の追及[7]、②買主から売主に対する詐欺による取消しの追及、③買主から売主に対する説明義務違反による損害賠償責任の追及[8]などが問題となりうる。また、不動産仲介契約においては、④仲介等をした宅建業者について告知義務違反による損害賠償責任の追及が問題となりうる。さらに、不動産の賃貸借契約においては、⑤自殺物件であることを知らない賃借人から賃貸人に対する瑕疵担保責任の追及、⑥自殺物件であることを知らない賃借人から賃貸人に対する説明義務違反による損害賠償責任の追及、⑦自殺を原因とする賃貸人から賃借人またはその相続人ないし連帯保

---

(4) 東京地判平成21年6月26日ウエストロー・ジャパン。

(5) 大阪高判昭和37年6月21日判時309号15頁、横浜地判平成元年9月7日判タ729号174頁、東京地判平成7年5月31日判タ910号170頁、浦和地川越支判平成9年8月19日判タ960号189頁、大阪高判平成18年12月19日判時1971号130頁、前掲注(4)東京地判平成21年6月26日など。

(6) 東京地判平成7年8月29日判タ926号200頁、東京地判平成9年7月7日判タ926号200頁など。

(7) 瑕疵担保責任を否定したものとして、大阪高判昭和37年6月21日判時309号15頁（自殺後7年経過）、大阪地判平成11年2月18日判タ1003号218頁（自殺後2年経過）、瑕疵担保責任を肯定したものとして、横浜地判平成元年9月7日判時1352号126頁（自殺後6年3か月経過）、東京地判平成7年5月31日判時1556号107頁（自殺後6年11か月経過）、浦和地川越支判平成9年8月19日判タ960号189頁（自殺後5か月経過）、東京地判平成21年6月26日ウエストロー・ジャパン（自殺後1年11か月経過）などがある。この問題に関し、後藤寿一「不動産の売買と心理的瑕疵について」信州大学法学論集3号25頁以下（平16）、石松勉「自殺・殺人を原因とする心理的欠陥に対する売主の瑕疵担保責任について」福岡53巻3号1頁以下（平20）参照。

(8) 東京地判平成20年4月28日判タ1275号329頁。

証人に対する損害賠償責任の追及などが問題となりうる。

このうち、①～③の紛争は、対等当事者間の紛争ないしは売主が事業者であれば事業者対消費者間の紛争であり、④の紛争は、事業者対消費者間の紛争であり、⑤⑥の紛争は、対等当事者間の紛争ないしは賃貸人が事業者であれば事業者対消費者間の紛争である。これに対し、⑦の紛争は、心理的側面・身体的側面・経済的側面・社会的側面で深刻な状況に置かれている遺族に対し、いわば事実上交渉能力を喪失している状況下にある一方当事者に対し、不当で過大な請求がなされるという深刻な問題を提起している。

そこで、本稿では、①～⑥の心理的瑕疵の問題と性質を異にする⑦の紛争、とりわけ自死遺族への不当請求の問題を考察することとする。

2 素材となる判例

会社の従業員が自殺しその会社に損害賠償を請求する場合など自死遺族に対する請求でない場合についても、自死を理由とする賃借人側への損害賠償責任を考察する上で参考になることから、素材として取り上げることとする。これに対し、マンションの借主が借り受けた部屋で知り合いの女性を刺殺し、自らはマンションから投身自殺した事案において、借主の用法義務違反ないし善管注意義務違反を認めた上で、その連帯保証人である父親の責任を肯定した事案があるが（東京地判平成5年11月30日RETIO 28号27頁）、他殺の責任を含み質的に異なることから、ここでは取り上げないこととする。

(1) 東京地判平成13年11月29日ウエストロー・ジャパン
【事 案】
X社がY社に対し借上社宅として4階建て共同住宅の1室を賃貸していたところ、Y社の従業員Aが自殺したことから、債務不履行による損害賠償請求として、X社がY社に10年間の賃料差額相当額の支払を求めた事案。
【判 旨】
(a)「貸室において本件のような入居者の自殺という事故があると、少なくともその直後においては、通常人からみて心理的に嫌悪すべき事由（いわゆる心理的瑕疵）があるものとして、当該貸室を他に賃貸しようとしても、通常の賃料額で賃貸することは難しく、通常の賃料額よりもかなり減額した賃料額で

賃貸せざるを得ないのが実状であると推察される。なお，当該事故があったことを隠して賃貸しようとすれば，一旦は通常の賃料額で賃貸借契約を締結することができる可能性があるものの，かくては，後に真実が判明して賃借人から瑕疵担保責任の追及（民法559条，570条，566条）等をされるおそれがあるから，上記推察は左右されない。

　そして，……実際にも，X社は，本件貸室を，Y社から明渡しを受けて修繕した後，本件事故があったことを告げた上で平成13年6月1日から2年間の約定で他に賃貸したが，その賃料については，従前の月額4万8,000円の半額強の月額2万8,000円とせざるを得なかったこと，本件事故がなければ，上記賃料は従前と同様に月額4万8,000円程度とすることができたであろうことが認められ，これを覆すに足りる的確な証拠はない。

　そうすると，X社は，本件事故があったために，上記2年間について1年当たり24万円（1か月当たり2万円）の得べかりし利益を喪失するという損害を受けたということができる。」

　(b)「ところで，……Y社は，X社に対し，本件賃貸借契約上の債務として，善良なる管理者の注意をもって本件貸室を使用し保存すべき債務（賃貸借契約書第5条，民法400条）を負っていたというべきであり，その債務には，本件貸室につき通常人が心理的に嫌悪すべき事由を発生させないようにする義務が含まれるものと解するのが相当である。

　しかるに，Y社は，上記債務について，履行補助者たるAが本件貸室において通常人が心理的に嫌悪すべき事由たる自殺をしたことにより，不履行があったものと認められ，かつ，その債務不履行についてY社の責めに帰すことのできない事由があるものとは認められない。」

　(c)「以上によれば，X社は，Y社の債務不履行によって，少なくとも，上記(a)のとおり2年間について1年当たり24万円の得べかりし利益を喪失するという損害を受けたということができる。

　ここで，X社は，本件貸室の賃料は10年間にわたって通常の賃料額よりも減額せざるを得ない旨主張する。

　しかしながら，本件のような貸室についての心理的瑕疵は，年月の経過とともに稀釈されることが明らかであり，本件貸室が大都市である仙台市内に所在する単身者用のアパート（本件建物）の一室であること……をも斟酌すると，

〔山田創一〕　**25**　賃貸不動産の心理的瑕疵をめぐる自死遺族への不当請求について

本件貸室について，本件事故があったことは，2年程度を経過すると，瑕疵と評することはできなくなる（したがってまた，X社において，他に賃貸するに当たり，本件事故があったことを告げる必要はなくなる。）ものとみるのが相当である。」

X社が平成13年6月からの2年間，1年当たり24万円の得べかりし利益を喪失するという損害を受けたので，その損害の現価から，中間利息を控除した43万9,215円についてY社に支払を命じた。

【ポイント】

X社は本件貸室を2年間の約定で他に賃貸したが，従前の月額4万8,000円の半額強の2万8,000円の賃料とせざるを得なかったこと，心理的瑕疵は年月の経過とともに稀釈されることが明らかであり，本件貸室が大都市の市内に所在する単身者用のアパートの一室であることをも斟酌すると，2年程度を経過すれば瑕疵と評価することはできなくなるとみるのが相当であると判断した。

(2)　東京地判平成16年11月10日ウエストロー・ジャパン

【事　案】

X₁X₂が共同住宅の1室をY社に従業員Aの寮として賃貸していたが，建物を解体して処分する目的で，明渡しの合意解約が成立していたところ，Aが室内で首吊り自殺をして警察を呼ぶ騒動となったことから，その敷地を買いたい旨の申し入れをしていたB社から撤回されて，敷地を650万円減額しC社に売却せざるを得なくなったとして，その差額分の損害賠償を求めた事案。

【判　旨】

(a)「そもそも，建物の賃貸借契約における賃借人は，賃貸借契約終了時に賃貸物である本件貸室を返還すべき義務を負うが，賃借物を返還するのに付随して，本件貸室や本件建物の価値を下げないように，その建物に入居させていた従業員が本件貸室内で自殺しないように配慮すべき義務まで負うと認められるかは疑問が残る。基本的には，物理的に賃借物の返還があれば賃借人の債務の履行としては十分であり，心理的あるいは価値的に影響を与えるような事由についてまで付随義務として認めることは加重な債務を負担させることになるからである。」

(b)「本件においては，X₂は，建物の朽廃を理由として，建物を取り壊し，その敷地を更地にして本件土地を売却することを想定して本件賃貸借契約の

解約申入れをしたものであり，現実にそのとおりになっていること（本件自殺のあった本件貸室が存在しなくなった状態でその敷地が売却されている。），Aに自殺の兆候がみられなかったこと等からして，Y社において，Aが本件貸室内で死亡すること，本件自殺により本件土地の価格が低下することまで予見可能であったものとは解されず，本件貸室の賃借人であるY社において，土地の価格が下落しないように，その従業員が本件貸室内で自殺しないようにすべき注意義務があるとまで考えることは相当ではない。」

「よって，Y社には，本件賃貸借契約に基づく返還債務に付随義務として従業員が本件貸室内で自殺しないように配慮する義務を負わない。」

【ポイント】
Y社は建物の返還債務の付随義務として，Aが室内で自殺しないように配慮する義務を負わないし，使用者責任として，Aの自殺がX_1 X_2に対するY社の違法行為となるものではなく，自殺と土地の価格低下との間の相当因果関係があると認めることは困難であるとして請求を棄却した。

(3) 東京地判平成19年8月10日ウエストロー・ジャパン

【事　案】
X社がAに賃貸アパート1室を月額賃料6万円で賃貸したが，その後Aが室内で自殺したため，Aの相続人Y_1と連帯保証人Y_2に対しX社が損害賠償請求をした事案。

【判　旨】
(a)「賃借人の善管注意義務の対象には，賃貸目的物を物理的に損傷しないようにすることが含まれることはもちろんのこと，賃借人が賃貸目的物内において自殺をすれば，これにより心理的な嫌悪感が生じ，一定期間，賃貸に供することができなくなり，賃貸できたとしても相当賃料での賃貸ができなくなることは，常識的に考えて明らかであり，かつ，賃借人に賃貸目的物内で自殺しないように求めることが加重な負担を強いるものとも考えられないから，賃貸目的物内で自殺しないようにすることも賃借人の善管注意義務の対象に含まれるというべきである。」

「賃借人であるAが本件203号室を賃借中に同室内で自殺したことは，本件賃貸借契約における賃借人の善管注意義務に違反したものであり債務不履行を

〔山田創一〕 **25** 賃貸不動産の心理的瑕疵をめぐる自死遺族への不当請求について

構成するから，Aを相続したY₁には，同債務不履行と相当因果関係のあるX社の損害を賠償する責任がある。」

(b)「Y₂は，本件連帯保証契約の責任範囲は，賃料不払などの通常予想される債務に限られ，賃借人であるAが自殺したことにより生じる損害賠償債務は含まれないと主張しているが，Y₂作成の連帯保証人確約書……には，Y₂が主張するような責任範囲を限定する趣旨の記載はなく，かえって，『一切の債務』につき連帯保証人として責任を負う旨の記載があることが認められるのであるから，Y₂の主張は採用できない。」

(c)「自殺があった建物（部屋）を賃借して居住することは，一般的に，心理的に嫌悪感を感じる事柄であると認められるから，賃貸人が，そのような物件を賃貸しようとするときは，原則として，賃借希望者に対して，重要事項の説明として，当該物件において自殺事故があった旨を告知すべき義務があることは否定できない。

しかし，自殺事故による嫌悪感も，もともと時の経過により希釈する類のものであると考えられることに加え，一般的に，自殺事故の後に新たな賃借人が居住をすれば，当該賃借人が極短期間で退去したといった特段の事情がない限り，新たな居住者である当該賃借人が当該物件で一定期間生活をすること自体により，その前の賃借人が自殺したという心理的な嫌悪感の影響もかなりの程度薄れるものと考えられるほか，本件建物の所在地が東京都世田谷区という都市部であり，かつ，本件建物が2階建10室の主に単身者を対象とするワンルームの物件であると認められること……からすれば，近所付き合いも相当程度希薄であると考えられ，また，Aの自殺事故について，世間の耳目を集めるような特段の事情があるとも認められないことに照らすと，本件では，X社には，Aが自殺した本件203号室を賃貸するに当たり，自殺事故の後の最初の賃借人には本件203号室内で自殺事故があったことを告知すべき義務があるというべきであるが，当該賃借人が極短期間で退去したといった特段の事情が生じない限り，当該賃借人が退去した後に本件203号室をさらに賃貸するに当たり，賃借希望者に対して本件203号室内で自殺事故があったことを告知する義務はないというべきである。

また，本件建物は2階建10室の賃貸用の建物であるが，自殺事故があった本件203号室に居住することと，その両隣の部屋や階下の部屋に居住すること

との間には，常識的に考えて，感じる嫌悪感の程度にかなりの違いがあることは明らかであり，このことに加えて，上記で検討した諸事情を併せ考えると，本件では，X社には，Aが本件 203 号室内で自殺した後に，本件建物の他の部屋を新たに賃貸するに当たり，賃借希望者に対して本件 203 号室内で自殺事故があったことを告知する義務はないというべきである。」

(d)「以上を前提に検討すると，X社は，Aが本件 203 号室内で自殺した後に，本件 203 号室をさらに賃貸するに当たり，賃借希望者に対して本件 203 号室内で自殺事故があったことを告知しなければならず，そうすると，常識的に考えて，心理的な嫌悪感により，一定期間，賃貸に供することができなくなり，その後賃貸できたとしても，一定期間，相当賃料での賃貸ができなくなることは，明らかである。

ところで，……X社は，Aの自殺から約 3 か月後の平成 19 年 1 月 15 日に，本件 203 号室を，期間 2 年，賃料月額 3 万 5,000 円，共益費及び管理費なし，敷金なし，サブリース目的との約定で賃貸した事実が認められる………。

そして，……これらを総合的に検討した結果，本件では，本件 203 号室を自殺事故から 1 年間賃貸できず，その後賃貸するに当たっても従前賃料の半額の月額 3 万円での賃貸しかできず，他方で，賃貸不能期間（1 年間）と一契約期間（2 年間）の経過後，すなわち自殺事故から 3 年後には，従前賃料の月額 6 万円での賃貸が可能になっていると推認するのが相当であると考える。」

こうしてX社の逸失利益（中間利息をライプニッツ方式により年 5％の割合で控除）は，合計 132 万 3,144 円とし，Y₁ Y₂ に対し連帯して同金額の支払をX社に支払うよう命じた。

【ポイント】

賃貸人が賃貸しようとするときは，最初の賃借希望者に対して，当該物件において自殺事故があった旨を告知すべき義務があることは否定できないとして，1 年間の賃料全額と 2 年間の賃料半額の損害は認めた。一般的に自殺事故の後に新たな賃借人が居住をすれば，特段の事情がない限り，その前の賃借人が自殺したという心理的な嫌悪感の影響もかなりの程度薄れるものと考えられるほか，本件建物の所在地が世田谷区で，かつワンルームの物件であることからすれば，近所付き合いも相当程度希薄であると考えられ，いったん賃借人が退去した後に本件 203 号室を更に賃貸するに当たり，賃借希望者に対して本件 203

号室内で自殺事故があったことを告知する義務はなく，また，本件建物の他の部屋を新たに賃貸するに当たり，賃借希望者に対して本件203号室内で自殺事故があったことを告知する義務はないというべきであると判断した。

(4) 東京地判平成22年3月29日ウエストロー・ジャパン
【事　案】
　X₁X₂がその共有に係るマンションの一室（建物部分）を賃貸していたところ，賃借人Aが本件マンションの外で自殺した後にAの同居者Bが前記室内で自殺したため，建物部分の価値が下落し損害を被ったことについて，X₁X₂がAの相続人Y₁（Aの配偶者）とY₂（Aの父）を被告として，Y₁Y₂は相続により賃借人Aの地位を包括承継し，同居者BはY₁Y₂の利用補助者として位置付けられるので，Bの自殺による損害は利用補助者の過失による損害となりY₁Y₂において賠償すべきことになるなどと主張して，Y₁Y₂に対し賃貸借契約上の債務不履行に基づく損害賠償などの支払を求めた事案。
【判　旨】
(a)「そもそも利用補助者論は，自己責任の原則を修正し，第三者たる利用補助者の過失による損害を債務者本人に帰責するものとして，報償責任，危険責任の法理を正当化根拠，実質的根拠とするものと解されるので，ここで利用補助者とは，債務者の意思に基づいて債務の履行のために利用される者をいい，債務者本人からみて，何らかの意味で干渉可能性が留保されるなど，その行動が債務者の意思に基づいているとみなされる関係にあることを要するものと解される。
　しかるに，相続によって承継するのは権利義務ないし法的地位であって，被相続人と第三者の人的関係そのものではないから，被相続人が賃借人で，その同居者が利用補助者とされる関係にあったとしても，相続人らは当然に前記同居者を利用補助者とする関係にあるものとみなされる謂われはなく，あくまでも相続人らと前記同居者の関係によって利用補助者性を判断すべきである。
　これを本件についてみると，Y₁Y₂は，Aの死亡により，本件賃貸借契約の賃借人の地位を相続しているものの，AとBの関係をそのまま引き継ぎ，AとBの間と同様の関係にあるわけではないことはいうまでもないところ，実際には，本件賃貸借契約のことも，AとBの関係も全く知らなかったのであるか

ら……，Bの行動がY₁Y₂の意思に基づいているとみなし得るような関係は到底見出すことができない。
　したがって，Bの自殺当時，Bとの間で利用補助者性を見出すに足る実質的関係のなかったY₁Y₂は，Bの行為について責任を負わないものと解すべきである。」
　(b)「相続により権利義務ないし法的地位を承継するにしても，利用補助者との間の人的関係をそのまま承継するわけではないので，相続人らと被相続人の利用補助者との間の具体的な関係をみることなく，被相続人との関係が相続人にも当然に妥当するという考え方はたやすく採用することができず，また，賃貸借契約の当事者の合理的意思解釈としても，相続関係まで想定した合意が成立しているとは考え難いから，X₁X₂の主張は容易に採用することができない。」
　(c)　こうしてX₁X₂の本訴請求はいずれも理由がないとして，請求を棄却した。

【ポイント】
　Y₁Y₂は，本件賃貸借契約も，AとBの関係も全く知らなかったのであるから，Bの行動がY₁Y₂の意思に基づいているとみなし得るような関係は見出すことはできず，Bの自殺当時，Bとの間で利用補助者性を見出すに足る実質的関係のなかったY₁Y₂は，Bの行為について責任を負わないものと解すべきであるとして，Y₁Y₂の責任を否定している。
　本件においては，X₁X₂は，既にBの相続人2名との間で，本件自殺による損害の賠償としてこの2名がX₁X₂に対して634万1,000円を支払う旨の和解契約を締結していたこと，Y₁Y₂は，本件賃貸借契約もAとBの関係も全く知らなかったことといった特殊事情があったため，利用補助者性を見出すに足る実質的関係がないという論理で，Y₁Y₂の責任を否定したものといえる。

(5)　東京地判平成22年9月2日判時2093号87頁
【事　案】
　Y₁は，X社から本件物件（平成20年3月3日新築）を賃借（旧賃貸借）して間もなく，X社に無断でAに転貸その他の理由により占有させたところ（平成20年3月31日に期間2年間，賃料月12万6,000円で賃借し，平成20年4月ころにはAが占

〔山田創一〕 **25** 賃貸不動産の心理的瑕疵をめぐる自死遺族への不当請求について

有），Aが本件物件内で自殺しているのが発見され（Aが平成21年6月24日ころ自殺し，平成21年7月1日に発見），X社とY₁は賃貸借契約を合意解除した（平成21年8月4日）。その後，本件物件は，不動産仲介業者（本件物件の管理受託業者）B社の従業員に賃料を減額して賃貸された（期間は平成21年10月1日から平成26年7月31日まで，賃料は月5万円）。そこで，X社は，Y₁に対して，未払賃料を請求するとともに，善管注意義務の不履行を理由として，原状回復費用のほか，解除前後の各契約による賃料の差額相当額の損害が新賃貸借の期間分（58か月）発生しているとして，Y₁に対して損害賠償を請求し，保証人Y₂に対しても同額を請求した事案。

【判　旨】

(a)　Y₁の債務不履行責任について

「賃借人又は賃借人が転貸等により居住させた第三者が目的物である建物内において自殺をすれば，通常人であれば当該物件の利用につき心理的な嫌悪感ないし嫌忌感を生じること，このため，かかる事情が知られれば，当該物件につき賃借人となる者が一定期間現れず，また，そのような者が現れたとしても，本来設定し得たであろう賃料額より相当低額でなければ賃貸できないことは，経験則上明らかといってよい。

また，特に賃借人が無断転貸等賃貸人の承諾なく第三者を当該物件に居住させていたような場合，賃借人に対し居住者の自殺といった事態の生じないように配慮すべきことを求めたとしても，必ずしも過重な負担を強いるものとはいえない。

賃借人は，賃貸借契約上，目的物の引渡しを受けてからこれを返還するまでの間，善良な管理者の注意をもって使用収益すべき義務を負うところ，少なくとも無断転貸等を伴う建物賃貸借においては，上記の点にかんがみると，その内容として，目的物を物理的に損傷等することのないようにすべきことにとどまらず，居住者が当該物件内部において自殺しないように配慮することもその内容に含まれるものと見るのが相当である。」

「したがって，本件物件においてAが自殺したことはY₁の善管注意義務の不履行に当たるというべきであるから，これと相当因果関係のある損害について，Y₁はX社に対し債務不履行に基づく損害賠償債務を負うことになる。」

財産法の新動向　Ⅱ

(b)　損害発生及び因果関係の有無並びに損害額

「Y₁の上記債務不履行と相当因果関係のある損害としては，本件物件内でAが自殺したことにより特に必要となったものを含め，経年劣化による分を超過する原状回復費用がまず挙げられる。」

この点については，合計94万4,475円が相当因果関係のある損害ということができる。

「本件物件を賃貸するに当たっては，宅地建物取引業法により，宅地建物取引業者は賃借希望者に対しAの自殺という事情の存在を告知すべき義務を負うと見られる。そうである以上，告知の結果本件物件を第三者に賃貸し得ないことによる賃料相当額，及び賃貸し得たとしても，本来であれば設定し得たであろう賃料額と実際に設定された賃料額との差額相当額も，逸失利益として，Y₁の上記債務不履行と相当因果関係のある損害ということができる。」

「ただし，上記のとおり，賃料額を低額にせざるを得ないのは物件内での自殺という事情に対し通常人が抱く心理的嫌悪感ないし嫌忌感に起因するものであるから，時間の経過とともに自ずと減少し，やがて消滅するものであることは明らかである。また，……本件物件は単身者向けのワンルームマンションであり，その立地は，付近を首都高速3号渋谷線及び国道246号線が通るとともに，東急田園都市線「池尻大橋」駅から徒歩2分とされ，都心に近く，交通の便もよい利便性の高い物件であることが窺われるところ，このような物件は賃貸物件としての流動性が比較的高いものと見られるから，上記心理的嫌悪感等の減少は他の物件に比して速く進行すると考えるのが合理的である。」

「本件におけるX社の逸失利益については，本件物件の相当賃料額を本件賃貸借と同額の12万6,000円と見た上で，賃貸不能期間を1年とし，また，本件物件において通常であれば設定されるであろう賃貸借期間の1単位である2年を低額な賃料（本件賃貸借の賃料の半額）でなければ賃貸し得ない期間と捉えるのが相当と考える。

また，将来得べかりし賃料収入の喪失ないし減少を逸失利益と捉える以上，中間利息の控除も必要というべきである。」として，ライプニッツ係数を乗じて控除し，逸失利益合計を277万8,752円とした。

「X社は，本件新規賃貸借の賃貸借期間全体（平成21年10月1日から平成26年7月31日まで……筆者注）につき，本件賃貸借と本件新規賃貸借との各賃料額の

差額をもって逸失利益と主張するけれども、本件賃貸借の期間が2年であるのに対し、本件新規賃貸借の期間は5年弱であること、後者の期間は、本件物件に関する……特性等を考慮すれば相当長期といわざるを得ないこと、本件新規賃貸借においては、賃借人がB社（本件物件の管理受託業者……筆者注）を退社した場合は契約終了とされていることなどを考えると、逸失利益の額の算定に当たり、本件新規賃貸借の契約内容を斟酌するにとどまらず具体的な基礎とすることは適当でないというべきである。」

(c) Y_2 の保証債務の効力について

「Y_2 は、本件保証につき無効である旨主張するところ、この点に関する主張はいずれもX社（ないしB社）が Y_1 の入居意思や資力等について虚偽の申告をし、又はこれに関する資料を同人から取得していなかった場合を前提とする。しかし、……X社等は、Y_1 から本件物件への入居申込みを受けるに当たり、同人の住民票及び源泉徴収票の提出を受け、入居申込書にもこれと一致する記載がされたことが認められる。また、これらの記載内容が虚偽であったことを窺わせる証拠はない。

したがって、本件保証につき無効である旨の Y_2 の主張は、いずれもその前提を欠くから、その余の点を論じるまでもなく採用し得ない。」

(d) Y_2 の保証債務の範囲について

「Y_2 は、当事者の合理的意思解釈により本件保証契約による保証債務の範囲は保証人となろうとする者が当然予測しうる範囲に限定され、転借人の自殺は当然には予測し得ず、この保証債務の範囲に入らない旨主張する。

しかし、……本件保証において、Y_2 の保証債務は、Y_1 が本件賃貸借によりX社に対して負担する一切の債務に及ぶ旨合意されたことが認められる。この合意のとおりに解したとしても、Y_1 のX社に対する債務不履行に基づく損害賠償責任に関する限り、債務不履行と相当因果関係のある損害の範囲にその責任は限定されるから、保証人である Y_2 の責任が不当に拡大するものと見ることはできない。そうである以上、上記のように解したとしても、消費者契約法10条により無効とされることはないというべきである。」

【ポイント】

Y_1 の責任については、無断転貸等を伴う建物賃貸借においては、居住者が自殺したことは Y_1 の善管注意義務の不履行に当たるとした上で、賃料請求

権として14万2,258円，賃貸借における善管注意義務違反の損害賠償請求権として，原状回復費用相当額94万4,475円，逸失利益277万8,752円の合計386万5,485円があるとしつつ，敷金25万2,000円を，賃料請求権・損害賠償請求権の順に充当し，賃貸借における善管注意義務の不履行に基づく損害賠償請求権は，361万3,485円が認められるとしている。また，Y2もY1と同額の責任を負うとしている。

(6) 東京地判平成23年1月27日ウエストロー・ジャパン
【事　案】
　XはYとの間で貸室の賃貸借契約を締結したが（賃料等月8万円，期間2年），YがYの子Aに居住させていたところAが自殺したので，賃貸借契約を中途解約した。XがYに対し，賃料及び共益費と，善管注意義務違反の債務不履行に基づく損害賠償（自殺の約7か月後に賃料等4万6,000円で新たな賃借人と65か月の賃貸借契約を締結したのでその差額分やクロスの張替費用・供養費用を損害とする）と，原状回復費用を請求した事案。
【判　旨】
(a)　原状回復費用について
　「………Yとしては，本件契約終了にあたり，本件契約書………に基づき，入居者の善管注意義務違反による損傷の原状回復費用を負担すべき義務があるものと認める。………ユニットバスはその構造上，………工事の範囲が天井以外にも及んで費用が嵩んでいることや，かかる工事によりXとしても経年劣化による貸主が補修すべき工事費用を免れた分もあるものと推測されることに鑑み，XがYに原状回復費用として請求できるのは，上記12万1,905円の5割に当たる6万0952円（小数点以下切捨）の範囲で相当と認める。」
(b)　入居者の自殺につき，Yの債務不履行責任の有無
　「ア　わが国においては，建物を賃借する者にとって，賃借すべき物件で過去に自殺があったとの歴史的事情は，当該不動産を賃借するか否かの意思決定をするに際して大きな影響を与えるものであるとされており（従って，貸主や宅建業者は，賃貸借契約を締結するに当たり，一定期間はかかる事実を説明すべき義務があるものと解される。），そのため，自殺者の生じた賃貸物件は，心理的瑕疵物件として，自殺後相当期間成約できなかったり，賃料を大幅に減額しないと借り手が

〔山田創一〕 **25** 賃貸不動産の心理的瑕疵をめぐる自死遺族への不当請求について

付かないという状況が続くこととなる。

イ　ところで，建物賃貸借契約において賃借人は，当該賃貸建物の経済的価値を損ねない範囲で使用収益をする権利を有し，義務を負う（通常使用による損耗を除く。）ものである。そうすると，当該賃貸物件内で自殺をするということは，上述のように当該賃貸物件の経済的価値を著しく損ねることになるので，賃借人としては用法義務違反ないしは善管注意義務違反の責めを負うことになり，また，本件のように，賃借人であるＹの長女が入居者として本件貸室に入居している際には，Ｙとしては，履行補助者による故意過失として，信義則上自らの債務不履行の場合と同様の責任を免れないといわざるを得ない………。」

(c) 損害の範囲

「ア　逸失利益

(ｱ)　Ｘは，本件貸室で自殺のあった平成21年3月22日から約7ヶ月後である平成21年10月20日から65ヶ月間，賃料等の合計月額4万6,000円の約定で新契約を締結したこと，Ｘは，Ｙから同年6月30日までの賃料等相当額は既に受領している………。

(ｲ)　Ｘは，かかる事実に基づき，Ｘの逸失利益は，新契約の賃料等の額（月額4万6,000円）と，本件契約の賃料等の額（月額8万円）の差額3万4,000円の72ヶ月分（6年分）にあたる244万8,000円を下回るものではないとの主張をするので，検討する。

①上記事実からすると，まず，平成21年7月1日から新契約が締結される同年10月19日までの3ヶ月と19日分の賃料等相当額分28万9,032円………は損害ということができる。

②また，新契約分については，………少なくとも，新契約の賃貸契約当初の2年分（平成21年10月20日から平成23年10月20日までの24ヶ月）に加え，その翌日である平成23年10月21日から学生が通常において賃貸物件を探すピークである翌年3月20日までの約5ヶ月の間の新契約の賃料等の額（月額4万6,000円）と，本件契約の賃料等の額（月額8万円）との差額（月額3万4,000円）については，逸失利益として認定するのが相当であり，その合計額は，98万6,000円となる（3万4,000円×29ヶ月）。………

イ　その他の損害

………Ｘが支払った貸室内のクロスの張替（109㎡），クリーニング等の費用

533

21万9,450円及び現場供養費用5万2,500円（合計27万1,950円）は，XがYに請求すべき損害として認めるのが相当である………。」

「以上のXの損害を合計すると，………160万7,934円となる。」

【ポイント】

Yの子が入居し自殺した場合には履行補助者による故意過失として信義則上自らの債務不履行（用法義務違反ないしは善管注意義務違反）の場合と同様の責任を負うとした上で，①逸失利益として，新契約が締結されるまでの3か月と19日分の賃料等相当額分（28万9,032円），新契約の賃貸借契約当初の2年分とそこから学生が賃貸物件を探すピークである3月までの約5か月分の本件賃料等の差額分（3万4,000円×29か月）の合計127万5,032円，②原状回復費用（ユニットバスである浴室工事費用12万1,905円の5割である6万952円），③クロスの張替，クリーニング等の費用（21万9,450円），④現場供養費用（5万2,500円）の合計160万7,934円の支払をYに命じた。

3　自死による賃借人の債務不履行責任

自死遺族に損害賠償請求がされる場合については，①賃借人が自殺し，その相続人である遺族に賃貸人が損害賠償を請求する場合（前掲東京地判平成19年8月10日），②賃借人の家族が自殺し，履行補助者に有責性があるとして遺族である賃借人に賃貸人が損害賠償を請求する場合（前掲東京地判平成23年1月27日），③賃借人が自殺し，その連帯保証人である遺族に，賃貸人が損害賠償を請求する場合（前掲毎日新聞平成22年10月31日の事案）がありうる。

この場合に，賃借人の善管注意義務違反による債務不履行責任（民法400条・415条）が肯定されるためには，まず，善管注意義務の内容に，賃貸目的物を物理的に損傷等することのないようにすべき義務にとどまらず，賃貸目的物につき通常人が心理的に嫌悪すべき事由を発生させないようにする義務が含まれるかが問題となる。そもそも瑕疵担保責任の「瑕疵」に心理的瑕疵は含まれないと解するならば，善管注意義務の内容に賃貸目的物につき通常人が心理的に嫌悪すべき事由を発生させないようにする義務は含まれないと導くことができる。この点，英米法の領域では，「自殺を瑕疵とする事例は見当たらない」との指摘があり[9]，また，ドイツ法においても心理的瑕疵はBGB上の瑕疵とは認められないとの指摘もある[10]。そもそも，自殺事故の後に新たな賃借人が一

〔山田創一〕 **25** 賃貸不動産の心理的瑕疵をめぐる自死遺族への不当請求について

定期間生活すれば消える心理的な嫌悪感を「瑕疵」と呼ぶこと自体が問題であると考えるならば，善管注意義務の内容に賃貸目的物につき通常人が心理的に嫌悪すべき事由を発生させないようにする義務は当然含まれないことになる。最判平成22年6月29日判時2089号74頁は，部屋の窓から葬儀場が見えることから強いストレスを感じるという訴えに対し，「これは専ら被上告人の主観的な不快感にとどまるというべき」であるとして「主観的不快感」を法的に保護するのに慎重な姿勢を示しているが，こうした見解に親和的な判断と評価することができる。

また，たとえ不動産の瑕疵に心理的瑕疵が含まれると解したとしても[11]，賃貸借契約における善管注意義務の内容は，賃貸目的物の利用の面で物理的に損傷等することのないようにして保管し返還すべき義務をいうと解すべきであり，賃貸目的物の利用と無関係な賃借人が自殺をしないようにする義務あるいは利用補助者に自殺をさせないように配慮する義務を含むものではないと解すべきである。もし，善管注意義務の内容に賃貸目的物の利用と無関係な賃借人が自殺をしないようにする義務あるいは利用補助者に自殺をさせないように配慮する義務を含むとするならば，目的物の利用と無関係な賃貸人が心理的に嫌悪すべき事由（殺害されたり，病死したり，老齢でなくなったり，刑罰が科されるあらゆる犯罪行為の現場となったり，賃貸人が嫌悪する宗教活動や政治活動や社会活動や経済活動を行ったりする場合など）がすべて賃借人の善管注意義務として問題となる可能性がある。前掲東京地判平成13年11月29日，前掲東京地判平成19年8月

---

(9) 不動産適正取引推進機構　RETIO 78号79頁（2010年7月）。

(10) 栗田哲男「不動産取引と心理的瑕疵」判タ743号33頁。わが国においても，自殺者が出たことを建物の瑕疵と認定することに反対する見解として，野口恵三「判批」NBL459号66頁。野口氏は，「問題は要するに心理的な連想作用にすぎないものです。自殺者が出たから気持ちが悪いというその心理の実体は何でしょうか。もしそれが何か不吉な予感を連想させるものであれば，それは結局，非理性的な『縁起をかつぐ』心理です。もしも，そのような気分を尊重して，これを建物の瑕疵だなどと認定したら，裁判が理性を放棄したことになります。」と指摘する。

(11) 瑕疵に，心理的瑕疵も含まれるとの立場に立つものとして，大阪高判昭和37年6月21日判時309号15頁，横浜地判平成元年9月7日判時1352号126頁，東京地判平成7年5月31日判時1556号107頁，東京地判平成9年7月7日判タ946号282頁，浦和地川越支判平成9年8月19日判タ960号189頁，東京地判平成16年4月23日判時1866号65頁，大阪高判平成18年12月19日判時1971号130頁，東京地判平成21年6月26日ウエストロー・ジャパンなどがある。

10日，前掲東京地判平成22年9月2日，前掲東京地判平成23年1月27日は，賃借人が賃貸目的物内で自殺しないようにする義務，ないしは，賃借人の利用補助者が賃貸目的物内で自殺させないように配慮する義務を肯定しているが，賃貸物件の利用を目的とする賃貸借において利用と無関係な自殺を回避する義務あるいは利用補助者を自殺させないように配慮する義務を肯定することは賃借人に想定外の過大な責任を課すことになり，不当というべきである。前掲東京地判平成16年11月10日は，「建物の賃貸借契約における賃借人は，賃貸借契約終了時に賃貸物である本件貸室を返還すべき義務を負うが，賃貸物を返還するのに付随して，本件貸室や本件建物の価値を下げないように，その建物に入居させていた従業員が本件貸室内で自殺しないように配慮すべき義務まで負うと認められるかは疑問が残る。」としており，賃借人の義務を過大にしていない点で正当である。なお，全国76万個の賃貸物件を持つUR都市機構は，1998年から自殺があった住宅の家賃を原則1〜2年間半額にする一方，遺族に対しては，原状回復費用を請求するものの，家賃減額分は請求していないが[12]，このことは，賃貸借契約における善管注意義務の内容に，賃貸目的物の利用と無関係な賃借人が自殺をしないようにする義務あるいは利用補助者に自殺をさせないように配慮する義務を含むものではない（原状回復費用は原状回復義務の債務不履行から導きうる〈東京地判昭和58年6月27日判タ508号136頁参照〉）という解釈が正当であることを証するものといえよう。

　さらに，仮に，賃借人の善管注意義務に賃貸目的物につき通常人が心理的に嫌悪すべき事由を発生させないようにする義務が含まれると解しても，賃借人の善管注意義務違反による債務不履行責任が肯定されるためには，賃借人の有責性が必要となる（心理的瑕疵を理由とする売主の瑕疵担保責任が追及される場合には，売主の無過失責任であるため売主の有責性が問題とならない点に差違がある）。他殺の場合や病死や自然死の場合には，賃借人の有責性は否定される[13]。また，鬱病の

---

[12] 朝日新聞夕刊平成23年9月5日。
[13] 強盗殺人・現住建造物等放火事件の被害者側の賃借人の事案に関し，「第三者の犯罪行為によって生じた，人的被害による間接的な交換価値下落についてまで賃借人にその発生を予見させ，かかる結果を回避すべき義務を負わせるのは，賃借人に過大な義務を負わせることになり，相当でない。」として賃借人への損害賠償請求を否定した青森地判平成16年2月26日レクシス・ジャパンや賃借人が貸室内で刺殺された事案に関し，賃借人の保証人への損害賠償請求を否定した東京高判平成13年1月31日ウエスト

〔山田創一〕 *25* 賃貸不動産の心理的瑕疵をめぐる自死遺族への不当請求について

結果として自殺に至った場合も，病死の場合と同列に考えて賃借人の有責性は否定されるべきである[14]。問題は，鬱病に基因していると証明できない自殺の場合，あるいは，社会的・経済的・私的理由から追い込まれた末に自殺に至った場合，賃借人は有責とされてよいかが問題となる。

　この点に関し，「平成19年版自殺対策白書」（内閣府発行）によれば，我が国の場合，「救急病院に搬送された死に至る可能性の高い手段による自殺未遂者に対する同様の調査では，75％に何らかの精神障害が認められ，その約半数がうつ病という調査結果がある」とし，自殺する人は，「精神医学的にみれば，多くの場合は，うつ病等の精神疾患の影響により正常な判断を行うことができない状態で，客観的には到底最上とは認められない選択肢を選んでしまったという『追い込まれた末の死』ということができる」と指摘している。また，平成20年2月15日の予算委員会において，舛添国務大臣は，「自殺を図った方の4分の3が何らかの精神障害を持っている。その中身を言うと，半分がうつ病だと。ところが，うつ病の方のたしか4人に3人は医療機関を受診していないんですね。」と指摘し，さらに，平成21年6月24日の内閣委員会において，木倉政府参考人は，「自殺に至ってしまう方々の多くが精神的に追い詰められた状態になりまして，最後の段階では何らかの精神疾患を持つ，その中でも特にうつが多いということは指摘を受けているところでございます。うつ以外ももちろん，統合失調症であるとか，薬物，アルコール等の依存症等もあるわけでございますが，うつがやはり圧倒的に多いということは指摘を受けておるところでございます。」と指摘していて，こうした見方は公式見解であるとみることができる。また，世界保健機構（WHO）による調査結果（「自殺とこころの病」WHO 2002）によれば，自殺者の96％が何らかの精神疾患の診断を受けており，そのうち「うつ病」(30.5％)，「アルコール依存症」(17.1％)および「統合失調症」(13.8％)で60％余りを占め，精神疾患の診断なしは僅か4％に過ぎない。従って，何らの精神疾患なく自殺する場合は少数であるというこうした公

ロー・ジャパンがある。また，高齢者の虚血性心不全で死亡（突然死）の事案で，賃借人の相続人及びその連帯保証人への損害賠償請求を否定した東京地判平成18年7月3日レクシス・ジャパンがある。さらに，建物の階下の部屋で半年以上前に自然死があった事案で，借主の契約解除および損害賠償請求を棄却した東京地判平成18年12月6日ウエストロー・ジャパンがある。

[14] 宮崎裕二「不動産取引における心理的な瑕疵」法時83巻3号104頁（平23）。

式見解からすると，自死遺族に損害賠償を請求する場合，従来の実務は安易に賃借人の有責性を肯定しすぎているように思われる。裁判所は，こうした公式見解を踏まえて慎重に賃借人の有責性を判断すべきといえる。自死の場合には，賃借人の側が帰責事由の不存在の立証責任を負担するとの挙証責任を転換して，賃貸人の側が帰責事由の存在の立証責任を負担する（賃借人の側の帰責事由の不存在を推定する）とすることも，考慮に値しよう。

　また，賃借人の家族が自殺し，利用補助者に有責性があるとして遺族である賃借人に賃貸人が損害賠償を請求する場合において，利用補助者の自殺が仮に有責性があるとされた場合であったとしても，これをもってただちに賃借人の故意・過失と同視すべき事由に該当するといえるかは問題がある。この点，「賃借人であるＹの長女が入居者として本件貸室に入居している際には，Ｙとしては，履行補助者による故意過失として，信義則上自らの債務不履行の場合と同様の責任を免れないといわざるを得ない」とした前掲東京地判平成23年1月27日があるが，信義則上債務者の故意・過失と同視すべき事由に利用補助者の自殺を含めることは，賃借人が債務の履行上責任を負う必要のない事由（想定外の事由）についてまで賃借人の責任に取り込むことになり不当というべきである。「信義則」は，賃借人の債務の履行として想定内と評価すべき事由と賃借人の債務の履行として想定外と評価すべき事由を選別し，前者のみを賃借人の有責性に連結させる評価規範というべきである。例えば，賃借人の利用補助者が賃貸人の家から動産を窃取した場合に，利用補助者に故意があったからといって賃借人は利用補助者の窃取に関する損害賠償責任を負わないであろう。利用補助者の故意・過失が賃借人の故意・過失と「信義則」上同視できるのは，あくまでも賃貸借契約上債務の履行として想定の範囲内に該当する事由というべきである。我妻博士も，「債務者が履行補助者の故意・過失について責任を負うのは，債務の履行についての故意・過失から生ずる損害」で，「単に履行に際しての故意・過失ある行為」には及ばないとしているが[15]，賃借人は，利用補助者が窃盗をしないように配慮する義務を負わないのと同様に，自殺をしないように配慮する義務までは負わないというべきである。また，利用補助者の故意・過失を債務者の故意・過失と同視する論法は，いわば債務者の

---

[15]　我妻栄『新訂債権総論（民法講義Ⅳ）』110頁（岩波書店，昭39）。

〔山田創一〕 **25** 賃貸不動産の心理的瑕疵をめぐる自死遺族への不当請求について

手足の行った行為と同視して債務者に責任を負わす法理であるが，債務者の手足といえるためには債務者が干渉可能で支配（コントロール）可能であることが前提となっており，債務者のコントロールが及ばない利用補助者の自殺の場合には債務者の手足が行った行為とみる基盤が欠けているというべきである[16]。この点，前掲東京地判平成22年3月29日は，「利用補助者とは，債務者の意思に基づいて債務の履行のために利用される者をいい，債務者本人からみて，何らかの意味で干渉可能性が留保されるなど，その行動が債務者の意思に基づいているとみなされる関係にあることを要するもの」と解しているが，正当である。この判例は，賃借人の相続人と同居者の関係が利用補助者性を見出すに足る実質的関係がなかったことから賃借人の相続人の責任を否定したが，利用補助者が建物内で自殺した場合に，原則としては，賃借人が同居していなければ干渉可能性は存在しないし，賃借人が同居していたとしても，想定外の自殺の場合には干渉可能性は存在しないといえる。従って，賃借人の家族が自殺し，利用補助者に有責性があるとして遺族である賃借人に賃貸人が損害賠償を請求する場合において，利用補助者の自殺が仮に有責性があるとされる場合であったとしても，信義則上賃借人の故意・過失と同視されないと評価できるのであれば，賃借人は損害賠償責任を負わないと解する。

---

[16] 鳥谷部茂教授の以下の指摘は重要である。「補助者を使用した債務者の責任は，今後次の二つに分けて検討してみる余地があるのではなかろうか。第一は，債務者自身に契約違反または過失が（証明され）ない場合において，いかなる補助者の，いかなる過失を信義則上債務者の過失と同視しうるか否かである。第二は，債務者自身に補助者を使用するにあたり契約違反または過失があったか否かである。」（鳥谷部茂「履行補助者」星野英一編『民法講座4債権総論』46頁〔有斐閣，昭60〕）としており，「いかなる補助者の，いかなる過失を信義則上債務者の過失と同視しうるか否か」の視点でみたとき，利用補助者の自殺を信義則上賃借人の帰責事由と同視すべきでないとの帰結が導かれるといえる。同様の問題意識をもつものとして，村上淳一「判評」法協79巻2号109頁（昭37）は，従業員が勤務時間外の夜中に賃借建物の傍を通り，煙草に火をつけたマッチを投げ棄てたため当該家屋が焼失したような事案に関し，「賃借家屋の利用とは全然関係のない行為によって賃借家屋が滅失した場合にまで，賃借人に責任を負わせるのは明らかに不当である」としている。判例にも，履行補助者に過失があったとしても，債務者に安全配慮義務違反があったとすることはできないとしたものがあるが（最判昭和58年5月27日民集37巻4号477頁，最判昭和58年12月9日裁判民集140号643頁），こうした論理からすれば利用補助者の自殺を信義則上賃借人の帰責事由と同視すべきでないと導くことは可能であろう。

4 損害賠償の範囲

仮に，賃借人の有責性が肯定されたとしても，損害賠償の範囲は，相当因果関係がある範囲ないし保護範囲に限定されることになる。

賃借人（ないしその利用補助者）が自殺した場合，リフォーム代，供養料，将来減収となりうる家賃相当額などが問題となりうる。

借地の場合には，自殺後，更地にした場合や建物を建て替えれば，供養料は別としてそれ以外の損害は発生しないと考えるべきである。

また，賃貸マンションの廊下や階段や屋上などの共用部分で自殺した場合も，供養料は別として施設に物理的損壊が生じていなければそれ以外の損害は発生しないと考えるべきである。

賃貸マンションの専有部分で自殺した場合，供養料と必要不可欠なリフォーム代は相当な範囲であれば請求は許される。問題は，当該物件につき賃借人となる者が一定期間現れず，また，そのような者が現れたとしても，本来設定し得たであろう賃料額より相当低額でなければ賃貸できないということから生じる損害をどのように算定するかである。その際に，両隣の部屋の損失や上の階ないし下の階の部屋の損失まで請求するのは過大な請求というべきでそこまで認められるべきではない[17]。この点に関し，①差額家賃（2万円）の2年分を損害とした上で中間利息を控除した43万9,215円の支払を命じたもの（前掲東京地判平成13年11月29日），②1年間の賃料全額（月6万円）と2年間の賃料半額の損害とした上で132万3,144円の支払を命じたもの（前掲東京地判平成19年8月10日），③1年間の賃料全額（月12万6,000円）と2年間の賃料半額の損害とした上で中間利息を控除して277万8,752円の支払を命じたもの（前掲東京地判平成22年9月2日），④新契約が締結されるまでの3か月と19日分の賃料等相当額分（28万9,032円），新契約の賃貸借契約当初の2年分とそこから学生が賃貸物件を探すピークである3月までの約5か月分の本件賃料等の差額分（3万4,000円×29か月）の合計127万5,032円の支払を命じたもの（前掲東京地判平成

---

[17] 前掲東京地判平成19年8月10日は，「本件建物は2階建10室の賃貸用の建物であるが，自殺事故があった本件203号室に居住することと，その両隣の部屋や階下の部屋に居住することとの間には，常識的に考えて，感じる嫌悪感の程度にかなりの違いがあることは明らかであ」るとして，両隣の部屋や階下の部屋に対する損失分の賠償を否定している。

23年1月27日）がある。損害を差額家賃の2年分とするケースや1年間の賃料全額と2年間の賃料半額とするケースが下級審判例では多いが，過大ではないかと思われる[18]。わが国の公益法人である日本賃貸住宅管理協会は，「家主などから相談があった場合，家賃の1〜2割の2年分程度の請求を目安として説明している」[19]が，業界団体が常識的な線として考えている以上の支払が命じられるのは不当といえよう。裁判所は，業界団体の社会通念である家賃の1〜2割の2年分を判例法理として定着させるべきである。その際に，家賃は減額したとしても賃借人が入居したか，単身者向けのワンルームマンションであるか，立地条件（都心に近く，交通の便もよい利便性の高い物件であるか否か）から賃貸物件としての流動性が比較的高いものと見られるか否かなどを考慮して，裁判所が家賃の1〜2割の範囲で相当と考える金額を認容するのが妥当といえよう[20]。

5　連帯保証人の遺族に対する請求

賃借人が自殺し，その相続人である遺族に請求する場合，または，賃借人の家族が自殺し，利用補助者に有責性があるとして遺族である賃借人に請求する場合において，仮に賃借人の有責性が肯定され相当な範囲の賠償が肯定される

---

[18] 粟田教授は，自殺のような心理的瑕疵に関し，「事件後1年間に限って瑕疵を認めることが合理的」であるとし，告知義務や瑕疵担保責任の瑕疵をその期間の範囲に限定している（粟田・前掲注[10]31頁）。この立場からすれば，賃借人又はその利用補助者の自殺を理由とする賃貸人からの善管注意義務違反の損害賠償も，1年間の賃料の総額が限度ということになろう。

[19] 毎日新聞平成22年10月31日。

[20] 瑕疵担保責任における心理的瑕疵に関し，石松教授は，①時間的要因，②場所的要因，③目的物の現状，④地域性ないし周辺住民の噂を考慮要素として，通常一般人として「住み心地の良さ」，「快適な生活空間」を確保・維持できるかどうかという視点から総合的・相関的に判断すべきとしており（石松・前掲注(7)34頁以下），また，後藤教授は，①場所的限定（範囲），②自殺事件物件の現況，③時間的限定（経過），④中間者の介在，⑤地域の特性ないし周辺の事情，⑥自殺物件（とくに建物）の種類・構造を考慮要素として，通常一般人として「住み心地の良さ」，「快適な生活空間」を欠くかどうかを総合的に判断すべきとしており（後藤・前掲注(7)41頁以下），賃借人の善管注意義務違反の損害賠償においても，参考になる。なお，自殺や他殺，孤独死のあった部屋，いわゆる「事故物件」には，「医者や葬儀関係者，外国人など気にしない人に入ってもらうことが多い」ほか，一定期間家賃が安くなるため，インターネットで「家賃の節約術」と紹介されるほどの人気があり，意外に需要が多いといった実態がある（朝日新聞平成23年12月6日参照）。

としても，賃借人の連帯保証人に請求する場合には，これと異なる判断を行う必要がある。判例は，一方で，特定物売買の売主の保証の事案において，主たる債務と同一性を有しない解除に伴う原状回復義務についても，保証契約の趣旨（売主の債務不履行に基因して売主が買主に対し負担することあるべき債務につき責めに任ずる趣旨）ないし保証契約の合理的意思解釈から，保証人は保証の責めに任ずるとしている[21]。この場面では従来より保証責任を拡大しており，合理的意思解釈のこうした機能を，合理的意思解釈の積極的機能と呼ぶこととする。他方，請負契約が請負人の債務不履行を理由に合意解除された場合の請負人に生じた前払金返還債務について，その債務が法定解除権の行使の結果生ずる返還債務より重くなければ，請負人の保証人は責任を負うとして，保証責任の範囲を合理的に予見しうべき範囲（想定の範囲内）に限定した判断が示されている[22]。この場面では保証責任が過大とならないよう制限されており，合理的意思解釈のこうした機能を合理的意思解釈の消極的機能と呼ぶこととする。そこで，賃借人ないし賃借人の利用補助者の自殺が，連帯保証人に予見可能（想定の範囲内）であったか否かが問題となる。連帯保証人に賃貸物件の物理的利用と無関係な自殺まで合理的に予見可能であるとするのは無理がある。前掲東京地判平成19年8月10日，前掲東京地判平成22年9月2日は，安易に主たる債務者と同一の責任を連帯保証人に肯定しているが，賃貸目的物の物理的利用と無関係な自殺についてまで責任を負わすのは，合理的意思解釈の消極的機能を看過している点で，予見可能性に基礎を置く合理的意思解釈を逸脱したものといわざるをえない。従って，連帯保証人の合理的に予見しうべき範囲に自殺は特段の事情がない限り含まれないので，連帯保証人は賃借人ないし賃借人の利用補助者の自殺に関し，特段の事情がない限り責任を負わないと解すべきである。

---

[21] 最大判昭和40年6月30日民集19巻4号1143頁。
[22] 最判昭和47年3月23日民集26巻2号274頁は，請負契約が請負人の債務不履行を理由に合意解除され，前払金937万9,500円から出来高評価額400万円を控除した537万9,500円を支払う合意が成立した場合において，請負契約上工事代金の3割である870万円は前払いされると定められていたから想定の範囲内であったことを考慮し，請負人の保証人はその責任を負うとしている。

6 終わりに

債権法改正において、債権法検討委員会の案【3.1.1.63】によれば、

(1) 「契約において債務者が引き受けていなかった事由により債務不履行が生じたときには、債務者は【3.1.1.62】の損害賠償責任を負わない。」

との立法提案がなされているが[23]、債権者である賃貸人側は契約で自殺等の事故についても債務者に責任を引き受けさせる特約を結ぶ可能性が有るので、遺族である賃借人側に不利となる可能性があり、現行法よりも不当な結果を招くことになることが危惧される[24]。こうした立法は回避すべきである。

また、自殺対策基本法第7条は、自殺者、未遂者、親族らの「名誉及び生活の平穏に十分配慮し、いやしくもこれらを不当に侵害することのないようにしなければならない」としている。自死遺族への不当請求が、自死遺族を自殺に追い込む要因となる点は、看過すべきではない。我が国では、自殺者が1998年以降、14年連続で年間3万人を超えている。「二次被害者保護法（仮称）」の制定を目指す動きもあると報じられているが[25]、こうした法律を通じて、自死

---

[23] 民法（債権法）改正検討委員会編『債権法改正の基本方針』別冊NBL126号136頁（商事法務、平21）。

[24] 加藤教授は、「契約において債務者が引き受けていなかった事由」による債務不履行という考え方に関し、「悪質業者等は、この文言があることを利用して、免責をはかろうとすることが懸念される。」と指摘している（加藤雅信『民法（債権法）改正──民法典はどこにいくのか』314頁〔日本評論社、平23〕）。また、法制審議会民法（債権関係）部会の幹事を務めている高須教授も、「問題は、今回の改正により免責事由とされる『契約によって引き受けていなかった事由』という要件が、これまで以上に損害賠償請求権の発生を制限してしまうおそれはないのかという点である。対等当事者間で公平な契約合意が成立するならばともかく、現実の社会においては、そのような対等当事者関係は維持されていないのであるから、結局、契約内容を主体的に決定しうる立場の強い者が『契約によって引き受けていない事由』を広範に設定しうることとなり、力の強い者に有利な、力の弱い者に不利な契約社会になっていく危険があるのではないだろうか。」と指摘している（高須順一『民法（債権法）改正を問う──改正の必要性とあるべき姿──』36頁〔酒井書店、平22〕）。

[25] 河北新聞平成23年2月3日の群馬県司法書士会自死対策事業実行委員長斎藤幸光氏の文章参照。なお、「自殺者及び自殺未遂者並びにそれらの者の親族の二次被害者保護法」（案）としては、平成21年12月11日に行われた厚生労働科学研究（こころの健康科学事業）による学術シンポジウム（主催　国立精神・神経センター自殺予防総合対策

遺族への不当請求を禁止することも効果的であるといえよう。

　さらに，我が国の交通事故の死者に比べても圧倒的に多い自殺者数からするならば，自動車損害賠償保障法5条のように自動車損害賠償責任保険又は自動車損害賠償責任共済の締結を強制するのと同様に，賃貸業を営む者に強制保険を締結させ，事故物件（他殺，病死，自殺等が発生した物件）の補償を保険でカバーするのが合理的といえる[26]。こうした仕組みを自動車損害賠償保障法にならって法律で導入すれば，自殺による賃貸人の損失を保険でカバーできることから，自殺があった場合に，裁判所も社会的・経済的・精神的に追い込まれた末の死であるとして賃借人の側の有責性を否定しやすくなるのではなかろうか。

　平成23年3月11日に発生した東日本大震災により2万人近くの死者・行方不明者がでている[27]。その上に甚大な被害を受けている被災者が自殺に追い込まれるとしたら，それは人災であり，その生活再建や復興支援には万全を期す必要がある。また，対策が十分でなく自殺者がでたとしても，その自殺者の遺族が不当な請求によりさらに二次被害の自殺に追い込まれるとしたら，人災を拡大させた点で，国家（司法・行政・立法）の責任は過大なものというべきであり，それを解消することが急務であるといえよう。

　　センター，聖学院大学大学院総合研究所）が行われた際に企画委員会（代表　平山正実）によって提案されたものがある。
[26]　自殺に関する賃貸不動産の保険について，エース損害保険は，平成22年4月に物件の管理会社向けに国内で初めて発売し，1戸室当たり月200円の保険料なら100万円を支払うことができるとし，また，アイアル少額短期保険も，平成23年8月に大家も管理会社も加入できる商品を発売し，月額300円の保険料で最大300万円が保険金として下りる保険が開発されている（毎日新聞平成23年9月1日）。
[27]　死者15,854人，行方不明者3,155人（朝日新聞平成24年3月11日）。

26 入居一時金の法的性質
――利用権方式の有料老人ホームを中心として――

太 矢 一 彦

1 はじめに
2 有料老人ホームにおける入居
　一時金の現況
3 入居一時金に関する裁判例
4 入居一時金に関する学説
5 検　　討
6 今後の課題

1 はじめに

　2010年10月1日現在，わが国における65歳以上の高齢者人口は，2,958万人（総人口に占める割合は23.1%）であり，早くも2015年には3,000万人を超えると見込まれている[1]。また，65歳以上の一人暮らし高齢者の人口は，1980年には男性約19万人，女性約69万人であったものが，2005年には男性約105万人，女性約281万人と大きく増加しており，今後も増加し続け，特に男性の一人暮らし高齢者の割合が大きく伸びることが予想されている[2]。
　このようなことからも，介護・医療と連携して，高齢者を支援するサービスを提供できる住宅を確保することが喫緊の課題となっているが，現在の国や地方公共団体の財政事情からすれば，老人福祉施設が大幅に増設されることは望みがたい状況であろう。そのようななか，民間主体で高齢者を支援するサービス提供ができる住宅の定員数を増やすことを目的に，2011年4月に「高齢者の居住の安定確保に関する法律の一部を改正する法律」が公布された（2011年10月20日施行）。この法律では，サービス付き高齢者向け住宅の登録制度が導入され，その登録の要件として，住宅に関しては，住宅の規模や構造（バリア

---
(1) 「平成23年版高齢社会白書（概要版＜PDF形式＞）」2頁。
　〈http://www8.cao.go.jp/kourei/whitepaper/w-2011/gaiyou/23pdf_indexg.html〉
(2) 前掲注(1)7頁。

財産法の新動向　Ⅱ

フリー義務付け等）について一定の基準を満たすこと，サービス提供に関しては，安否確認や生活相談が必須とされること，契約に関しては，基本的には賃貸借契約と役務提供契約が別々の契約とされることなどが定められている[3]。そして，入居一時金との関係で重要なポイントとなるのは，「サービス付き高齢者向け住宅事業を行う者が，敷金並びに家賃等及び前条第一項第十二号の前払金（以下「家賃等の前払金」という。）を除くほか，権利金その他の金銭を受領しない契約であること」（改正法第7条6号ハ）とされる点である。今回のサービス付き高齢者向け住宅では，有料老人ホームも要件を満たせば登録できるとされたことから[4]，有料老人ホームについてもサービス付き高齢者向け住宅制度と平仄を合わせるため，2011年6月成立の「介護サービスの基盤強化のための介護保険法等の一部を改正する法律」（2012年4月1日施行）において，老人福祉法を一部改正し，同法29条6項に「有料老人ホームの設置者は，日常生活上必要な便宜の供与の対価として受領する費用を除くほか，権利金その他の金品を受領してはならない」という規定が設けられることになった。これらの法改正からすれば，今後は，このサービス付き高齢者向け住宅だけではなく，新たに設置される有料老人ホームにおいても，権利金に類するような入居申込金・施設協力金などの費用を徴収することができなくなる。

　有料老人ホームで入居一時金が徴収されるようになった背景として次のような事情があったと思われる。すなわち老人福祉施設（特別養護老人ホームや老人保健施設）であれば，老人福祉法に基づき公的機関が事業主体となることから，その建設・運営に補助金が投入されるが，民間の事業である有料老人ホームでは，原則として建設等に公的な補助は一切なされない。さらに，有料老人ホーム事業では建物に特殊な設備や食堂等も必要とし，通常のマンション等よりも建設費用がかさむことなどから，業者側にとっては，建設資金等の一部として施設協力金などの名称で入居一時金を徴収する必要があったと考えられる[5]。しかし，有料老人ホーム契約は，あくまで施設の利用を目的とするもの

---

(3) 詳しくは，高齢者等居住安定化推進事業「サービス付き高齢者向け住宅整備事業について」を参照。〈http://www.koreisha.jp/service/dl/se_jyutaku.pdf〉
(4) サービス付き高齢者向け住宅に登録する場合，老人福祉法の届け出義務が適用除外とされ，さらに税制上の優遇措置も受けられることから，今後は，有料老人ホームが登録することも増えると予想される。
(5) また有料老人ホーム開設にあたり入居一時金が根付いた背景には，「思うように金融

でありながら，それがなぜ，施設建設費のような費用まで入居者が負担しなければならないのか，その合理的な理由が十分に説明されることなく，有料老人ホームというだけで，慣行として入居一時金が徴収され続けてきたというところもあったといえるであろう。有料老人ホーム事業の創設期においては，有料老人ホームの数も少なく，富裕層を対象とした限られたビジネスであったことから，入居一時金に関する紛争は目立たなかった。しかし，2000年の介護保険導入以後，多くの事業者が有料老人ホーム業界に参入するようになり，有料老人ホーム施設数の急激な増加に伴って入居一時金の返還トラブルが急増し，それが新聞，週刊誌等で多く報道されるようになり，また適格消費者団体による改善申入れが行われたり[6]，裁判例として公刊されるものも現れてきている。このようなことから，本稿では，特に利用権型の有料老人ホームにおける入居一時金について，これまでどのような議論がなされてきたかを整理しつつ，入居一時金の法的性質を中心に検討してみたい。

2　有料老人ホームにおける入居一時金の現況

有料老人ホームにおける入居一時金の法的性質を検討するにあたり，まず有料老人ホームの入居一時金とはどのようなものであり，また入居一時金についてどのような点が問題とされているのかを整理しておきたい。

(1)　有料老人ホームにおける入居一時金

有料老人ホームとは，老人福祉法第29条において「老人を入居させ，入浴，排せつ若しくは食事の介護，食事の提供又はその他の日常生活上必要な便宜であって　厚生労働省令で定めるものの供与（他に委託して供与をする場合及び将来において供与をすることを約する場合を含む。）をする事業を行う施設であって，老人福祉施設，認知症対応型老人共同生活援助事業を行う住居その他厚生労働省

機関等からの融資が受けられず，有料老人ホーム建設の資金調達が難しいという事情等もあった」ことが指摘されている。矢田尚子「『サービス付き高齢者向け住宅』等の入居契約に関する法的留意点――一時金をめぐる議論を中心として」シニアビジネスマーケット84号（2011年）18頁。

[6]　社団法人全国消費生活相談協会「事業者等への申入れ」〈http://www.zenso.or.jp/dantaisoshou/moushiire.html〉，消費者機構日本「最近の是正申入れ状況」〈http://www.coj.gr.jp/zesei/topic_090729_01.html〉

令で定める施設でないものをいう」と定義されている。2006年の老人福祉法の改正により，それまでは「人数が10人以上」で「食事の提供を行っていること」が有料老人ホームの要件となっていたが，改正以降，有料老人ホームの対象は大きく拡大され「人数は1人以上」で「食事の提供，介護の提供，洗濯・掃除等の家事，健康管理のいずれかのサービス」を「提供している」「委託で行っている」「将来これらのサービス提供を行うことを入居者と契約している」場合には，すべて有料老人ホームとされ，老人福祉法による都道府県知事への設置の届け出が必要とされるようになった[7]。

　有料老人ホームの類型としては①介護付き②住宅型③健康型に分かれるが，①の介護付きの有料老人ホームを運営するには，特定施設入居者生活介護事業所としての指定を受けることが必要とされる[8]。また，有料老人ホーム契約の権利形態については，一般に有料老人ホームの居住部分と介護や生活支援等のサービス部分の契約が一体となって提供される利用権方式と，居住部分と介護等のサービスを別個の契約とする建物賃貸借方式（終身建物賃貸借も含む）の2つの方式があるが，一般に入居一時金が問題となるのは，介護付有料老人ホーム等で多く採用されている利用権方式においてである。利用権方式の場合，終身にわたって高齢者の生活全般の世話をすることが予定されており，提供されるサービスが広範囲に及ぶうえに，終身にわたって施設を利用することが予定されることから，契約期間や契約内容が不確定となる。それゆえ利用権方式をとる場合には，入居者は，通常まとまった金銭をあらかじめ支払うことにより，居室と共用施設を，食事・介護等の世話を受けながら終身利用する権利（いわゆる終身利用権）を取得するとしていることが多い。この最初に支払うまとまった金銭のことを，一般に有料老人ホームの入居一時金と呼んでいる。

---

(7)　厚生労働省の公表した「平成20年　社会福祉施設等調査結果の概況」によれば，平成20年の有料老人ホームの施設数は3,400施設で，前年に比べ27.3％増加している。在所者数は140,798人で前年に比べ22.9％増加しているとされる。
　　〈http://www.mhlw.go.jp/toukei/saikin/hw/fukushi/08/index.html〉

(8)　①の介護付有料老人ホームでは，ホームの職員が介護サービスを提供する場合と，外部の介護事業所に介護サービスを委託する場合とがある。また，②の住居型有料老人ホームの場合には，介護サービスが必要な場合，入居者は，在宅の場合と同様に，入居者自身の選択によって外部の介護事業者（地域の訪問介護等）からサービスを受けることになる。③の健康型有料老人ホームでは介護が必要となった場合には契約を解除し，施設からの退去しなければならない。

内閣府消費者委員会「有料老人ホームの契約に関する実態調査結果概要（2010年12月）」[9]によれば、入居に際して何らかの一時金を徴収する施設は全体の72.2%を占め、有料老人ホーム契約において一般的な支払方法となっているようである。また、入居一時金の額は、最低額が30,000円から最高額が3億円台まで幅があるとされ、1,000万円台の施設が多いとされる[10]。さらに入居一時金の一部については、初期償却がなされることがあり（30%の初期償却が比較的多い）、その残部も5年で償却されるものが多いとされている[11]。

入居一時金は、有料老人ホームの入居契約（終身にわたる利用権契約）と密接に結び付き、一時金を多く支払うと、入居後の月々の利用料などの金額がその分安くなり、長生きすればするほど得になる仕組みとされる。しかしその反面、入居一時金の一部について初期償却がなされたり、また短期間で入居一時金の償却がされるならば、入居者が入居したホームに居心地の悪さを感じても、他施設への移転が事実上できなくなったり、また病気や要介護度が重くなるなどして施設から退去を余儀なくされることになった場合、行き場を失いかねないなどの不当性が指摘されている[12]。さらに、入居一時金についての保全措置が取られていないと、事業者が倒産したときに、入居一時金が返金されないことも考えられる[13]。

(2) 入居一時金に関する法令等の規制

先にみた入居一時金の性質から、有料老人ホームへの入居者を保護するため、入居一時金については様々な法令における規制がなされている。老人福祉法29条6項[14]は、前払金について算定の基礎を書面で明示し、返還債務を負う場

---

(9) 消費者委員会「有料老人ホームの契約に関する実態調査報告（2010年12月）」〈http://www.cao.go.jp/consumer/doc/101217_report_roujin_houkoku1.pdf〉
(10) 入居一時金は、近隣相場及び賃料を基礎として算定した家賃相当額がベースとされることが多く、特に東京都では高額な施設が多いとされる。前掲注(9)12頁。〈http://www.cao.go.jp/consumer/doc/101217_report_roujin_houkoku1.pdf〉
(11) 前掲注(9)14頁。
(12) 日本弁護士連合会「高齢者施設の入居一時金等の問題に関する意見書」（2011年2月18日）4頁。< http://www.nichibenren.or.jp/ja/opinion/report/data/110218_5.pdf >
(13) 有料老人ホームの倒産のリスクについては、濱田孝一『有料老人ホームがあぶない』（家伝社、2009年）90-91頁、同『有料老人ホーム　大倒産時代を回避せよ』（花伝社、2010年）40-44頁の指摘による。

財産法の新動向 Ⅱ

合に備えて返還金の保全措置を講じる義務を定めており，また，老人福祉法施行規則20条6項(15)において，この前払金とは，敷金以外の家賃として，有料老人ホームの設置者が入居一時金，介護一時金，協力金，管理費，入会金その他いかなる名称であるかを問わず，家賃又は施設の利用料並びに介護，食事の提供及びその他の日常生活上必要な便宜供与の対価として収受する全ての費用と定めている(16)。さらに「有料老人ホームの設置運営指導指針について」（2002年老発第0718003号）では，一時金の保全措置を講ずることが義務付けられている有料老人ホームが一時金方式を受領する場合については，①一時金の算定根拠を書面で明示するとともに，「厚生労働大臣が定める有料老人ホームの設置者等が講ずべき措置」（2006年厚労省告示第266号）(17)に規定する必要な保全措置を講じなければならないこと(18)，②一定期間内に死亡又は退居したときの入居月

---

(14) 老人福祉法29条6項は「有料老人ホームの設置者のうち，終身にわたつて受領すべき家賃その他厚生労働省令で定めるものの全部又は一部を前払金として一括して受領するものは，当該前払金の算定の基礎を書面で明示し，かつ，当該前払金について返還債務を負うこととなる場合に備えて厚生労働省令で定めるところにより必要な保全措置を講じなければならない」と定める。

(15) 老人福祉法施行規則第20条の9は「法第29条第6項に規定する厚生労働省令で定めるものは，入居一時金，介護一時金，協力金，管理費，入会金その他いかなる名称であるかを問わず，有料老人ホームの設置者が，家賃又は施設の利用料並びに介護，食事の提供及びその他の日常生活上必要な便宜の供与の対価として収受する全ての費用をいう。ただし，敷金（家賃の6月分に相当する額を上限とする。）として収受するものを除く」と定める。

(16) ただし，この規定に違反した場合には，都道府県知事は，当該設置者に対して，その改善に必要な措置を採るべきことを命ずることができるにすぎない（老人福祉法29条9項）。

(17) 厚生労働大臣が定める「有料老人ホームの設置者等が講ずべき措置」（平成18年3月31日）（厚生労働省告示第266号）では次のものがあげられている。①銀行等との連帯保証契約，②指定格付機関により特定格付が付与された親会社による連帯保証契約，③保険事業者による保証保険契約，④信託会社等との信託契約，⑤全国有料老人ホーム協会の入居者基金制度。

(18) 入居一時金の保全措置義務違反に対する罰則は間接罰であり，違反があった場合には，一次的（間接処分前置）には，都道府県知事による改善命令（老人福祉法第29条第9項）がなされ，当該命令に違反した者に罰則（6月以下の懲役又は50万円以下の罰金）が科される（老人福祉法第39条）ことになっている。この点について，消費者委員会から，入居一時金の保全措置を徹底させるため，直罰規定を導入すべきとの建議がなされている。消費者委員会「有料老人ホームの前払金に係る契約の問題に関する建議」（2010年12月）6頁以下〈http://www.cao.go.jp/consumer/iinkaikouhyou/2010/

数に応じた返還金の算定方式を明らかにしておくとともに，一時金の返還金債務を確実に履行すること，③一時金のうち返還対象とならない部分の割合が適切であること，④契約締結日から概ね90日以内の契約解除の場合については，既受領の一時金の全額を利用者に返還すること（短期解約特例制度）などの指導がなされている[19]。

(3) 入居一時金の問題点

先のような規制があるにもかかわらず，独立行政法人国民生活センターの報道発表によれば[20]，2005年4月から2011年2月末までの有料老人ホームに関する相談件数[21]は2,049件とされ，内容の内訳（複数回答）は，「契約・解約」に関するものが1,663件（81.2%）で最も多く，次いで「価格・料金」631件（30.8%），「接客対応」446件（21.8%）などの順となっている。そして「契約・解約」の中でも，「入居一時金等の返還」をめぐる相談は，2005年度には63件，2009年度では86件，そして，2010年度には107件に増加しているとされる。

入居一時金についての相談が多く寄せられる背景には，有料老人ホームの設置者が受領することができる入居一時金の内容は，老人福祉法29条6項と老人福祉法施行規則第20条の9によれば，「家賃又は施設の利用料並びに介護，食事の提供及びその他の日常生活上必要な便宜の供与の対価」とされるが，こ

_icsFiles/afieldfile/2010/12/22/101217_kengi_2.pdf〉。また，老人福祉法及び厚労省の告示では，入居一時金の保全措置を行わなければならないのは，未償却部分の全額保全ではなく，「500万円か返還債務残高かいずれか低い方」とされており，500万円が上限となっている。

[19] 90日ルールに関しては，弁護士連合会から，契約から入居まで日数がある場合（建築中など）の処理，「概ね90日」の解釈，死亡時の適用可否，予想外の原状回復費等の徴収，月決め入居費等の控除など具体的な適用に関して不明確である旨が指摘されている。前掲注[12]4-5頁。また，消費者委員会による「有料老人ホームの契約に関する実態調査概要」によれば，一時金の保全措置がとられていない施設が，全体の4分の1以上であり（519施設中137施設），また90日ルールを，重要説明書に記載していない施設が全体の3割であり，その記載の仕方も不明瞭なものであったり，内容にもばらつきがみられたとされる。前掲注(9)18頁。

[20] 独立行政法人国民生活センター「有料老人ホームをめぐる消費者トラブルが増加──相談の傾向と消費者へのアドバイス──」（2011年3月30日）。〈http://www.kokusen.go.jp/pdf/n-20110330_1.pdf〉

[21] ここでの相談件数には，老人福祉法に規定される有料老人ホームの他，同様のサービスを行う高齢者分譲住宅に関する相談も含むとされている。前掲注[20]1頁

の規定の適用は，厚労省「有料老人ホームの設置運営標準指導指針について」(2002年7月18日，2006年3月31日)により，2006年4月1日以降に開設された施設に限定されており，それ以前に開設された施設においては努力義務にとどまっていること。また，入居一時金が，入居申込金・施設協力金・終身利用権・入会金などの名称で呼ばれているように，さまざまな内容のものが存在しており，その妥当性が問題とされるケースも多く，そのことと関連して，入居一時金の内容によっては返還の可否や，その償却の仕組み（初期償却および償却期間）の合理的についても疑義が生じているなどの理由が考えられる。次節では，裁判において入居一時金の返還がどのような形で争われ，またどのような判断が示されたかをみることにする。

3 入居一時金に関する裁判例

(1) 東京地判平成18年11月9日（LLI登載）

A（大正2年生まれ）およびX_1（大正11年生まれ）は（AとX_1は夫婦），有料老人ホームを経営するYとの間で，老人ホーム利用契約を締結したが，その後，各自が一部屋づつ利用するために，第二回目の老人ホーム契約（以下「本件第二契約」という）を締結し，新たに，入居申込金等228万2,500円（入居申込金〔追加金〕42万円，施設協力費〔追加金〕131万2,500円，保証金〔追加金〕55万円の合計額）を支払った。契約では，当該入居申込金と施設協力費については返還しない，保証金の返還金は，保証金＝保証金－(保証金×(入居月数÷60))で算定されると定められていた。その後，X_1はYとの間の老人ホーム利用契約（本件第二契約）を解除し，Yから平成17年に退去し同契約は終了し，Aとの本件第二契約は同人の死亡により終了（平成16年）した。X_1らは，第一に，消費者契約法4条2項による本件第二契約の取消しを，第二に，消費者契約法10条により入居申込金等の契約条項は無効であるとし，その交付した金銭の返還を求めた。

第二の点におけるX_1らの主張は次のようなものであった。まず本件における入居申込金，施設協力費及び保証金は，名称の如何を問わず，東京都の定める「有料老人ホーム設置運営指導指針」の「保証金」とみなすべきであり，そうとすれば，入居申込金及び施設協力費を返還しないとする条項及び保証金の償却方法を定める条項は消費者契約法10条により無効である。また「有料老

人ホームをめぐる消費者問題に関する調査研究＜概要＞」（2006 年 3 月 3 日，国民生活センター発表）によれば，一時金が居住サービスの対価であるとすれば，退去の際に平均的損害相当額の解約手数料までは消費者に負担させることができるが，これを超えて消費者に負担させる条項は不当条項として無効になるとしており，本件第二契約の入居申込金等は，いずれも実質的には住居サービスの対価であり，保証金の償却についても，最初の契約締結の際に既に保証金を償却していることから，解約による平均的損害額を超えるものであり，消費者契約法 10 条により無効である。

　この主張に対し裁判所は，「本件第二契約の利用料は，月払い方式と一時金方式（終身にわたって受領すべき家賃相当額の全部又は一部を前払いとして一括して受領する方式）を組み合わせたものと認めるのが相当であって，本件第二契約の入居申込金，施設協力費及び保証金が，本件指針にいう月払い方式の場合の『家賃相当額に関する保証金』に該当すると断定することはできないし，また保証金の入居月数に応じた返還金の算定方式が明確にされており，かつ一時金のうち返還対象とならない部分の割合が不適切であると認めに足りる証拠もない」とし，さらに，指針に沿わない部分があるということのみをもって，消費者契約法 10 条に定める「消費者の利益を一方的に害する」条項に該当すると評価することはできないとした。そして国民生活センターの「調査研究」の提言に対しても，「入居申込金，施設協力費及び保証金（本件入居申込金等）がいずれも実質的に居住サービスの対価であると断定することはできず，また保証金の償却が解約による平均的損害額を超えるものであると認めに足りる証拠もない」と判示している。

(2)　**東京地裁平成 21 年 5 月 19 日**（判時 2048 号 56 頁）

　A（大正 9 年生まれ）及び A の妻である X_1（大正 12 年生まれ）は，それぞれ，Y が設置運営する介護付老人ホームに入居するため，平成 16 年 11 月 20 日に Y と次のような内容の入居契約を締結した。(ア) A 及び X_1 は，その死亡，Y からの契約解除，A らからの契約解除がされない限り，契約締結日より本件老人ホームの居室及び共用施設を利用することができる。(イ) A 及び X_1 は，Y に対し，入居の際，「終身利用権金」，「入居一時金」という各名目の金員を支払う。（A の終身利用権金は 189 万円，入居一時金 66 万 1,500 円，X_1 の終身利用権金 210 万円，入

居一時金73万5,000円）であった。(ウ)入居者の入居日をもって本件終身利用権金は返還しないものとする。(エ)本件入居一時金については，契約締結日から一定の期間（Aについて2年6か月間，X_1について3年間）で月割り均等償却をする。入居者又は被告が入居契約を解除し，当該解除の際に示した予告期間が満了した場合で，契約締結から当該予告期間満了までの期間が上記(ア)の償却の期間より短いときは，Yは，入居一時金のうち償却されていない部分を入居者に返還する。当該返還金の計算式は「入居一時金×（償却の期間月数－契約月数）÷償却の期間」とする。(オ)本件老人ホームの月額利用料は，Aが16万2,350円，X_1が月額14万1,350円とする。

A及びX_1は，入居契約締結後間もなく，Yに対し，上記入居金を支払った。その後，Aは，平成18年5月に「他施設への移動」，X_1は，同年7月に「入院長期化」という理由で，それぞれ各入居契約を解除し，本件老人ホームから退去したが，その際，入居金について，Aは17万6,400円，X_1は，28万5,826円の返還しか受けていない。そこでX_1及びAの相続人であるX_2〜X_5は，当該契約における不返還条項や償却合意が消費者契約法9条1号又は10条に違反して無効であるとして，Yに対して不当利得の返還を求めた。

裁判所は，まず本件における終身利用権金について，「本件終身利用権金は，その額が不相当に高額であるなど他の性質を有するものと認められる特段の事情のない限り，入居予定者が本件老人ホームの居室等を原則として終身にわたって利用し，各種サービスを受け得る地位を取得するための対価としての性質を有するものであり，被告が当該入居予定者に対して終身にわたって居室等を利用させるための準備に要する費用にも充てることが予定されているものというべきである。」「そうすると，本件終身利用権金については，その納付後に入居契約が解除され，あるいは失効しても，その性質上被告はその返還義務を負うものではないから，本件終身利用権金の不返還合意は注意的な定めにすぎないというべきであり」，消費者契約法9条1号および同法10条適用の要件をも欠くとした。

また，「本件入居一時金の償却合意は，本件老人ホームの入居者の入居のための人的物的設備の維持等に係る諸費用の一部を補う目的，意義を有するものと解するのが相当である。」とする。そして，「有料老人ホームの利用料の支払時期をどう定めるか（その全部又は一部を前払金として一括して受領するものかどうか

を含む。)、その一部を前払金として一括して受領するものとした場合において、それをどの程度の期間で償却するものとするかは、その設置者が経営に関する諸事情を踏まえて決定し得るものというべきであり、『入居一時金×(償却の期間月数－契約月数)÷償却の期間』という計算式による償却も、一概にそれを不当と断ずることはできない。」とした。

(3) **東京地判平成 22 年 9 月 28 日**（判例時報 2104 号 57 頁）

　Xは、Xの母（大正13年生まれ）を入居者とし、Yとの間で平成19年2月18日介護付有料老人ホームの入居契約を、①XはYに対し入会金105万円、施設協力費105万円、一時入居金1,155万円の合計1,365万円の入居契約金を支払うこと、②一時入居金1,155万円のうち20％（231万円）は契約締結時に償却し、残りの80％（924万円）は5年間（60か月）で償却する、③月額使用料は管理費17万8,500円、食費6万円、合計23万8,500円を支払うなどの約定により、締結した。その後Aは、トイレ等で数回転倒事故をおこしており、さらに平成20年11月12日には、自室トイレで排泄の介護を受けて座椅子に座ったところ、ホーム職員がトイレにAを残したまま立ち去ったところで、転倒し右大腿骨頸部骨折の傷害を負った。Aは同日、病院で診察を受けるが年齢等の問題から手術をすることなく経過治療となった。その後、同月20日にYの主催する外食レクリエーションに参加したが、翌21日午前4時30分から呼吸困難を訴えるようになり、同月22日から肺炎、呼吸不全の悪化及び大腿骨頸部骨折により入院したが、同年12月16日に急性循環器不全で死亡した。

　XはYに対し、本件有料老人ホームの入居契約に基づく介護義務等を怠ったなどとして契約解除の意思表示をするとともに、入居契約の錯誤無効（民法95条）、本件入居金及び入居一時金が消費者契約法10条に該当し無効であると主張して、返還を受けた入居金569万8,000円を控除した795万2,000円の返還を求める本訴を提起した。

　本判決では、まず契約の解除に関しては「解除の対象である契約が既に終了している以上、原告主張の解除の効力を認める余地はない」とし、さらに錯誤についても「民法95条本文にいう錯誤（動機の錯誤を含む。）についての誤信を問題とするものというべきであ」り、原告の主張は契約締結後の事情に基づく

もので理由がないと排斥した。

そして，消費者契約法10条による無効の主張については，①本件入居額，使途及び償却基準等は，いずれも東京都の有料老人ホーム設置運営指導指針に従ったものであり，被告は，これらについて届出をした上で東京都知事から事業者指定を受けていること，②月額利用料（管理費，食費）及び毎月の介護費等とは別に本件入居金を徴収する点並びに一時入居金の20パーセントを契約締結時に償却する点は，いずれも上記指導指針がこれを前提とする内容の定めを設けていること。そして，Yは本件入居契約を締結するに際して，Xに入会金，施設協力金，一時入居金の内容を説明し，一時入居金は，初期償却および償却期間になどを重要事項説明書を用いて説明し，同説明書にXの署名を得ていることなどからすれば消費者契約法10条を適用すべき理由はないとしている。

もっとも，本判決では，「確かに，本件においては，一時入居金を契約時に20パーセント償却することの合理性や居室及び共同部分の家賃相当額に充当される費用の内訳（計算根拠）も明らかでなく，介護費用とは別に管理費用（月額17万8,500円）をいかなる積算により徴収しているのかも明らかではない。しかし，実際にそのような費用に充当されているのかの証明も本件においては存しない」とする。

いずれの裁判例も，入居一時金の返還に関して主として消費者契約法10条の適用をめぐって争われてたものであるが，判決では，入居一時金の内容およびその償却の仕組みについては，消費者契約法10条の適用の要件を欠くとの判断がなされている。もっとも入居一時金返還の可否を判断するためには，まず入居一時金の法的性質の決定がなされ，それに基づいて償却の仕組み（初期償却および償却期間）の合理性が判断される必要があると考えられる。しかしこの点について(1)東京地判平成18年11月9日では，入居一時金（入居申込金，施設協力費，保証金）は「家賃相当額に関する保証金」とは断定できないとし，(3)東京地判平成22年9月28日においては，入居一時金の初期償却の合理性およびその計算根拠，充当の仕組みは，いずれもその内容は明らかではないとするにとどまり，入居一時金の法的性質についての具体的な判断は述べられていない。そのことからすれば，入居一時金の返還の仕組みの合理性の判断根拠

としては極めて不十分であり，その意味で説得力に欠ける判決と言わざるを得ない。そのなかで(2)東京地判平成21年5月19日は，入居一時金の一種である終身利用権金について「入居予定者が本件老人ホームの居室等を原則として終身にわたって利用し，各種サービスを受け得る地位を取得するための対価としての性質を有する」との判断を示しており，その妥当性については，次の学説と併せて検討することとしたい。

4　入居一時金に関する学説

入居一時金の法的性質について学説は，大きく三つの見解に分かれている。

(1)　終身利用権の対価とする見解

山口教授は，一時金については，多くのホームで一定期間（10年ないし20年）経過後には返還されないようになっているが，そのような返還システムを前提とすれば，一時金を前払い家賃と考えるのは無理があるのではないかとされる。すなわち，一時金を前払い家賃と考えるならば，一定期間の経過によって，その前払い家賃が消費されてしまうことになり，そうなるとその期間が経過した後は，賃料なしの賃貸借となってしまうからであるとされる[22]。そしてその上で，有料老人ホーム契約は，一定のまとまった一時金と月々の利用料（管理費と食費）の支払いを対価とする終身のサービス提供契約であり，そのサービスの内容は，一時金の額に見合う特定の居住空間の専用利用権と食事や医療・介護をはじめとするサービスの提供からなるものであるとされる。そのことから，一時金の返還については，本来終身継続するはずだった契約の早期の途中終了に際しての清算金・調整金とされる[23]。また河上教授は，有料老人ホーム契約では，「終身利用権購入契約」として，もしくは「生涯権としての居住権」の購入といった観念をあらたに想定するのが実態にかなっているかもしれないとされ，その契約の対価に関しては，給付に応じて，ある種の前払いシステムとその都度の支払いという2種の支払方法が採られることになるとされている[24]。さらに松本教授は，消費者委員会委員長として記者会見のなかで，入居一時金

[22]　山口純夫「有料老人ホーム契約——その実態と問題点」判タ633号（1987年）64-65頁。
[23]　山口・前掲注[22]65頁。
[24]　下森定編『有料老人ホーム契約』169頁［河上正二］（有斐閣，1995年）。

は，居住権の終身買取りのようなものと考えることができるのではないかとされ，その法律構成としては，終身定期金契約と構成し，終身で定期金という金銭が毎月支払われるのではなく，住宅を利用するという現物給付がなされる契約と構成することもできるのではないかとの見解を述べられている[25]。

(2) 有料老人ホームを利用するための資格取得の対価とする見解

澤野弁護士は，老人ホームの利用権は，大別すると(a)会員たる身分を取得しておくと将来老人ホームに入居する必要が生じた場合に，優先的に入居できるとする優先入居権付利用権と，(b)現実の入居契約に基づき利用権を取得する場合に分けることができるとされる。そして，ここでの利用権とは，老人ホーム入居契約の法的性質（請負契約類似の混合契約等）に対応して，老人ホームの施設を利用し，役務の提供を受ける等の一切の権限を総称するものとされる。そして入居金のような利用権設定の対価とは，このような地位，法律上の権限を取得する対価をいい，この利用権はゴルフ会員権あるいは保養施設利用権等に類似した利用関係といえ，したがって，利用権設定の対価は，これらの老人ホームを利用することのできる資格，権限を化体した一種の身分権（会員権）の売買と考えることができるとされる[26]。

(3) 賃料や各種サービスの利用料の前払いとする見解

丸山教授は，入居金の性格は，居住や共用施設の利用料（賃料），保全費などの管理費の前払いとされる。そして入居金がこれらの前払いだとすると，ホームは入居金を入居者が支払ったときに全額取得できる権限があるのではなく，順次くりいれていくべきものであり，まだくりいれていない金銭は預り金と性格づけられることから，返還が必要とならざるをえないとされる[27]。また，入

---

[25] 松本消費者委員会委員長記者会見録（2010年12月17日）〈http://www.cao.go.jp/consumer/kouhyou/2010/__icsFiles/afieldfile/2011/01/31/101217_kaikenroku.pdf〉

[26] 澤野順彦「利用の対価」ジュリ949号（1990年）31頁。

[27] 丸山英気＝前田敬子『検証有料老人ホーム』108-109頁〔丸山英気〕（有斐閣，1993年）。田中教授は，実際の多種多様な入居一時金は，介護費用を含ませるにせよ，基本的には施設利用の対価として純化することが望ましいが，返還金も含めてその算式如何の問題が残るとされる。田中克志「有料老人ホームの利用関係をめぐる法・政策の展開」静岡大学経済研究39巻3号（1990年）55頁。

居一時金を施設の利用料および管理費の前払いとしながらも，預り金の返還は，相互扶助ないし保険の意味で不要とする見解も主張されている[28]。

さらに，執行教授は，Ⅱ(2)の東京地判平21・5・19の判例研究において，まず当該裁判における終身利用権金は賃料の前払い，または賃料・各種サービスの利用料の前払いであるとされ，終身利用権金という一時金の償却については，償却期間は入居者の平均余命を前提として，毎月，均等の額が償却されていくと解するのが合理的であるとされる。そして途中で契約が解除された場合には，実際に入居した期間の割合に応じて償却されて，その残額が返還されるべきとされる[29]。ただし，一般的な意味での入居一時金につき，償却期間を入居者の平均余命に基づくものとした場合，平均余命を超えた入居者に，追加の入居一時金を請求しないしくみが一般的であることからすると，毎月の賃貸等の使用料または，入居一時金が月々均等に償却される際の金額の中に，入居者が平均余命を超えて施設に居住し続けるリスクを相互に負担し合う保険的部分を明示して徴収するというような方法も考えられるとされている[30]。

5 検　討

(1) 有料老人ホーム契約

入居一時金の法的性質について検討するにあたっては，まず有料老人ホーム契約における利用権の内容を明らかにする必要があろう。

有料老人ホーム契約では，居室や共同施設を利用する側面と，介護・生活支援等の役務の提供を受ける側面とがあり，それぞれ賃貸借契約の要素と準委任契約の要素が混在する無名契約と解する見解が有力である[31]。この点について河上教授は，有料老人ホーム契約については，単なる複合契約にとどまらず「当事者の意図は，単なる居室の利用に向けられているわけではなく，同

---

[28] 福島善之助『入居者からみた有料老人ホーム　選び方住み方』（ミネルヴァ書房，1988年）85頁以下。

[29] 執行秀幸「介護付有料老人ホームの終身利用権金不返還同意・入居一時金償却合意と消費者契約法9条1号・10条（東京地判平21・5・19）」現代消費者法7号（2010年）103頁，執行秀幸「有料老人ホーム契約の法的課題と展望」早法69巻4号（1994年）246頁。

[30] 執行・前掲注[29]現代消費者法7号104頁。

[31] 下森定編・前掲注[24] 4頁［野村豊弘］，丸山英氣編『高齢者居住法』127頁［矢田尚子］（信山社，2003年）。

等あるいはそれ以上に，これに結びつけられたサービス（とりわけ老後の身の回りの世話や介護）への期待にも向けられていること，しかも，対価（とくに入居一時金）が厳密に個々の給付と対応関係に立っているのではないことからすると，まずもって『ホームが終生にわたって入居者の生活の場を提供し，世話をし，支援する』という，極めて抽象的かつ包括的な目的とした大きな『枠契約（Rahmenvertrag）』を考える立体的理解が適当である」とされる[32]。このような枠契約概念をわが国の民法において，どのように位置づけるかという問題はあるが[33]，筆者も，特に利用権型の介護付き有料老人ホーム契約については，賃貸借契約と役務提供の契約，それぞれを個別の契約と考えるのではなく，居室や共同施設の利用と介護・生活支援等の役務の提供が一体となって提供されてはじめて有料老人ホームのサービスとして機能するのであり[34]，それが原則として終身を想定した特殊な契約類型と理解する必要があると考える。

(2) 入居一時金の内容

それでは，有料老人ホームにおける入居一時金の法的性質についてはどのように考えればよいであろうか。有料老人ホームの入居一時金をゴルフ会員権や保養施設利用権などと類似した資格を取得するための対価とみる見解については，既にみたようにⅡ(2)東京地判平成21年5月19日でも同様の判断が示されている。しかし，この見解に対しては，ゴルフ会員権や保養施設利用権等などは，身分・資格のない他者の利用が予定されているところでの発想であって，有料老人ホームでは資格外の者の利用はあまり考えられてないとの指摘や[35]，ゴルフ会員権や預り金型のリゾート会員権で支払われる一定額の金銭は，預り金として，後日，全額返還されることが予定されているのに対し，入居一

---

[32] 下森定編・前掲注[24] 170-171頁［河上正二］。

[33] 枠契約概念については，谷口友平＝五十嵐清編『新版　注釈民法[13]』23頁以下［谷口友平＝五十嵐清］（有斐閣，新版補訂版，2006年），中田裕康「枠契約の概念の多様性」日仏法学22号（2000年）131頁以下，野澤正充「枠組契約と実施契約」日仏法学22号（2000年）164頁以下で詳細な分析が行われている。

[34] 内田教授は，有料老人ホームの入居者にとり最も重要なものは，そこ享受できる食事，医療，介護等の各種サービスの内容であり，有料老人ホーム利用契約が他の契約類型と異なる点はこのサービス享受の部分で，これが契約の本質であるとされる。内田貴『民法Ⅲ［第3版］債権総論・担保物権』（東京大学出版会，2005年）26頁。

[35] 丸山・前掲注[27] 149頁。

時金の返還は予定されていないなどの指摘がなされている[36]。また大学への入学金を「地位」の対価とした一連の最高裁判決[37]との関連で、大学への入学金は、それを納付することで、合格者がいわゆる「滑り止め」を確保できるという利益を得るものであるが、入居一時金を支払うことで「滑り止め」を確保するようなことが想定されるわけではないとの指摘もなされている[38]。ここでは、有料老人ホームの「利用権」そのものが何らかの財産的価値を有するかが問題となるのであるが、有料老人ホームにおける入居者の権利内容は、まさに有料老人ホームそのものを利用することであることからすれば、否定的に解することとなろう。

　また、入居一時金の一部（あるいは全部）が相互扶助の役割を果たすとする見解に関しては、丸山教授から①入居後1～2年で退去、死亡した場合は入居者ないしその相続人はなぜ長期入居者のために支払金を補充しなくてはならないのか、②ホームが後の入居者に充当するかどうかも確定しにくい、③充当するとすればそのような契約をあらかじめ結んでおき、かつホームが充当したことを公示確認するシステムが作られなくてはならないなどの指摘がなされており[39]、さらに、入居一時金の計算根拠として、想定居住期間を超える利用者の割合がどの程度いるのか、そのためにどの程度のストックを備えなければならないのかが明確ではなく、入居者が想定居住期間内で死亡したり、退去したりして想定居住期間より早く部屋が空いたときには次の入居者を入居させたりすることが考慮されていないなどの批判がなされている[40]。これらの指摘からも明らかなように、入居一時金を相互扶助のための費用とする場合、その金額の合理的な算定根拠及び充当方法を示す必要があるが、そのためには多年にわたるデータとかなりの事業規模を要することとなり、現状においては多くの施設で明確な基準を示すことは困難と考えられ、同様のことは入居一時金の一部を保険と解する場合にも言えるであろう。

　以上のようなことからすれば、入居一時金の内容については、有料老人ホー

---

[36]　執行・前掲注(29)現代消費者法7号100頁。
[37]　最判平成18年11月27日（民集60巻9号3437, 3597, 3732頁）。
[38]　執行・前掲注(29)現代消費者法7号101頁。
[39]　丸山・前掲注(27)109頁。
[40]　全国消費者生活相談員協会「標準入居契約書の『入居一時金』条項に係る要望」(2009年8月28日)〈http://www.zenso.or.jp/files/rhome_2.pdf〉。

財産法の新動向 Ⅱ

ムの利用権の対価として居住と（介護保険の給付対象外の）介護等のサービスの費用の一部（あるいは全部）の前払金としての性質をもつものと考えられる。そして，そのことからすれば入居一時金の初期償却を正当化することは難しいといえよう。

(3) 入居一時金の償却について

先にみたように，入居一時金は，居住と（介護保険の給付対象外の）介護等のサービスの対価の前払金であるということを前提とすれば，入居一時金の金額は，入居者の平均余命に従って決定され，そして平均余命で償却されるものとし，さらに，契約が途中で解約された場合に，残額が残っていればそれを返還すべきとするのが素直な理解といえよう[41]。しかし，このように考える場合には，入居者が平均余命以上に長生きする場合には，新たな費用負担が発生することになり，平均余命を超えた高齢者は，その費用を改めて入居一時金のようなものとして支払わなければならないという問題が生じることになろう。そもそも入居一時金の意義は，高齢者自身が資産管理を行い，毎月，高額の利用料を支払い続けるよりは，入居一時金としてまとまった金額をあらかじめ支払うことで，毎月，抑えられた利用料で（できれば年金の範囲内程度でというのが一般的であろう[42]），終身にわたって施設を利用できるというところにあると思われる。そのような要望を満たすためには，平均余命を超えたときにも新たな費用負担を入居者に課すのを避ける必要があり，終身にわたって継続的に入居一時金によって抑えられた金額で施設の利用ができるということの説明が必要となる。

この点について，筆者としては有料老人ホーム契約における，入居一時金の支払いを，有償の終身定期金契約の対価の支払いと解することができるのではないかと考える。すなわち有料老人ホーム契約において，入居一時金の支払いによる有償の終身定期金契約が締結され，入居一時金の割合部分についての居住および（介護保険対象外の）介護等のサービスの提供を，終身にわたって受

---

[41] この点については，「一律の償却率の点については，理想的には平均余命を勘案して償却年数を決めるべきであるが，それを求めすぎると，事業者には相当に煩雑な作業を強いることになる」との指摘がある。矢田・前掲注(5)19頁。

[42] 高齢者世帯の約6割において，所得は公的年金・恩給のみとなっている。前掲注(1)7頁。

けることができると解するのである[43]。そのことにより，入居者が平均余命よりも長生きした場合にも，高齢者は当初の負担（入居一時金）のみで，有料老人ホームを低く設定された毎月の支払額で利用することができ，逆に，平均余命よりも早期に死亡した場合には，入居一時金は返還されないという射倖性をもつ契約と考えるのである。終身定期金契約については，わが国の民法の典型契約の一つとされるものであるが，これまであまり注目されてこなかったことから，以下，その沿革等にも若干触れながら，終身定期金契約に基づく入居一時金の法的性質について検討してみたい。

(4) 入居一時金の法的性質
(a) 終身定期金契約

終身定期金契約とは「当事者の一方が，自己，相手方又は第三者の死亡に至るまで，定期に金銭その他の物を相手方又は第三者に給付することを約することによって，その効力を生ずる」（民法689条）ものとされ，民法で定める典型契約の一つとして規定されている。この契約によって，債権者には終身定期金債権という特殊な債権が生じ，自己，相手方または第三者の死亡するまで，特定の給付を受けることができる（たとえば，Aが，自分が死ぬまで相手方Bに毎月30万円を支払うと約したりすることである）。給付の量が偶然の事情であるAあるいはBの死に左右されることから，射倖性を伴う射倖契約であるとされている。

現行民法に終身定期金の規定がおかれた理由について，起草者は次のように説明する。すなわち，欧米においては，このような契約がすでに頻繁に行われているが，わが国には家制度の名残から，財産の処分を望まない風潮があり，未だこの契約形式は未発達である。しかし「個人独立ノ風漸ク行ハレ又生活ノ困難ト為ルニ従ヒ勢ヒ老後ノ計ヲ為ササルコトヲ得サルカ為メ終身定期金契約ノ如キ漸ク頻繁ニ赴クヘキハ自然ノ勢ニシテ現ニ今日ニ於テモ既ニ此種ノ契約ヲ結ハント欲スル者ナキニ非スト云フ故ニ民法中ニ之カ規定ヲ設クルハ決シテ

---

[43] もっとも民法689条が「金銭其他の物」としていることから689条の直接適用はできないが，有料老人ホームにおける居室，共用施設を利用する権利及び介護，食事などの役務の提供を受ける権利については，代替的な性質をもつものであり，民法689条の類推適用が可能であろう。鈴木禄彌編『新版　注釈民法(12)』204-205頁［山崎賢一・田中恒朗］（有斐閣，1993年）も，同旨である。

財産法の新動向 Ⅱ

蛇足トスヘカラサルナリ」[44]と。しかし実際には，わが国においては，終身定期金契約は，ほとんど行われなかったようである[45]。その理由については，立法当初より，富井博士は「近世資本ヲ利用スルノ途益々開クルニ従ヒ人情容易ニ元本ヲ放棄スルコトヲ好マス」[46]と述べており，他にも「家」制度にとって有害な形の終身定期金契約は締結されにくかったこと[47]，また，公的年金及び企業年金が民法の終身定期金契約の特別法として発展し，民法の終身定期金の規定の適用をほとんど必要としなかった[48]などの理由が挙げられている。しかし，この最後の理由については，見方を変えれば，わが国では経済成長とともに社会保障制度が急速に発展したことで，終身定期金契約の必要性が顕在化しなかっただけとも捉えることができ，今後，社会保障のみで老後の生活を維持するのが困難となりつつある現況からすれば，終身にわたる老後保障の性質をもつ契約形態について見直す必要もあるのではないかと考えられる。また，終身定期金契約における射倖性の要素は，その性質上有償行為についてのみ問題となりうるものであるが[49]，わが国では，終身定期金契約が有償契約として締結されるものであるということが[50]，これまであまり意識されてこなかったこ

[44] 梅謙次郎『民法要義巻之三〈33版〉』（有斐閣，1912年）829頁以下。

[45] 沼博士は「民法施行後のこんにちまで，わが国において，博士の予期せられたがごとき意味においてこの規定が世人に歓迎され活用されたと思われるいかなる時期もなく，博士の意に反して，ついに，わが民法における有名契約中の『蛇足』と化し去ったかの観さえある」と評されている。沼正也「終身定期金契約」『契約法大系Ⅴ』（有斐閣，1963年）240頁。

[46] 富井政章『民法論綱財産取得編中巻』（新青出版，2014年，〔初出，明治26年〕）162頁以下）。

[47] 広中俊雄『債権各論講義＜5版＞』（有斐閣，1979年）317頁。

[48] 我妻栄『民法講義（債権各論中巻二）』（有斐閣，1962年）862頁，広中・前掲注317頁。

[49] フランス民法1969条の解説においても，「終身定期金が無償名義で設定されたとき，即ち債権者が定期金債権の代償として何物も給付せず，終身定期金が専ら債権者の恩恵によって設定されたときは，この設定は贈与又は遺贈に他ならぬ。然るに射倖契約は性質上有償行為のみに付て存し得るところであるから，無償の終身定期金設定行為は固より射倖契約には属しない。従って立法者が之を射倖契約の中に包含せしめたことは誤りである。」とされる。『現代外国法典叢書〈18〉仏蘭西民法』（有斐閣，1956年）58頁。

[50] 立法者が参考としたフランスの終身定期金契約で最も一般的なものは，終身定期金の給付と引換で不動産（一戸建て，アパート等）を売買する契約であり，このような取引は，不動産ビアジェ（終身売却）と呼ばれている。これは売買と終身定期金の二種類の契約が一体的に一つの契約になったものであり，高齢者がその所有する不動産を売却することにより，一時金（le bouquet）とともに，死亡時まで生活資金とすることができ

564

とも，この契約が民法施行後ほとんど行われなかった理由ではないかとの指摘もなされている[51]。

入居一時金の支払いを有償の終身定期金契約の対価と構成する場合，終身定期金契約が射倖性をもつ契約であることから，ここでの契約も射倖契約となる。保険契約等をみるまでもなく，意思自治の原則ないし契約自由の原則から終身定期金契約自体は有効なものといえようが，民法上の契約である以上，公序良俗違反の範囲内になければならず（民法90条），その判断基準が問題となろう。

(b) 終身定期金契約と民法90条

我妻博士は公序良俗違反の類型基準として(1)人倫に反するもの，(2)正義の観念に反するもの，(3)他人の無思慮・窮迫に乗じて不当の利を博する行為，(4)個人の自由を極度に制限するもの，(5)営業自由の制限，(6)生存の基礎たる財産を処分すること(7)著しく射倖的なものを挙げられている[52]。そして，この(7)については，反社会性を帯びるものがこれに当たるとされ，賭博などをその例とされる。森田教授は，この「著しく射倖的なもの」に関して，デリバティブなどの金融工学を駆使した投資契約についての賭博性の位置づけについて，我妻説を踏襲すれば，法律行為の「著しい射倖性」の有無を私法独自の判断で判定することになり，その場合，広く法律行為一般に適用可能な「著しい射倖性」の新しい基準が必要になるとされる。そして「例えば，リスク計算に基づいて定められた対価が暴利行為性を帯びていなければ公序良俗に当たらないとする基準が想定されるが，――(省略)―― しかしそれではどのような低い確率のリターンであってもそれに上記のような暴利性がなければ，およそ射倖性は問題とされず，公序良俗にはならないといえるのかも問題である」とされる[53]。このような見解からすれば，契約当事者双方にとって入居一時金の徴収および返還についての契約内容が「著しく射倖的なもの」として少なくとも暴

る定期金（la rente）を受け取ることができ，さらに当該不動産に住み続けることができる契約とされている。

[51] 小野教授は，終身定期金はフランスのビアジェのように，虚無の所有権の売買と結合して初めて意味があるにもかかわらず，わが民法ではこれが関連されることなく，不確定期間の年金の支払いについてのみ規定されたのは起草者の見落としというべきであろうとされる。小野秀誠『契約における自由と拘束：グローバリズムと私法』（信山社，2008年）118頁。

[52] 我妻栄『新訂民法講義（民法総則）』（有斐閣，1965年）270-282頁。

[53] 川島武宜・平井宜雄編『新版 注釈民法(3)』204-205頁［森田 宏樹］（有斐閣, 2003年）。

財産法の新動向　Ⅱ

利性を帯びないよう，射倖性の要素を合理的な範囲に抑える必要があるといえよう。

(c)　入居一時金の有効要件

　入居一時金の徴収および返還における契約内容に関し，射倖性の要素が合理的なものといえるためには，次の三つの要件が考えられる。①入居一時金の内容自体が合理的なものであること，②90日ルール（短期解約特例制度）が契約内容とされること，③やむを得ない事情による退去の場合の入居一時金の返還である。

　①については，全国有料老人ホーム協会作成の「標準入居契約書（2011年8月31日現在）」によれば，「非返還対象分（初期償却分）」以外の入居一時金の内容として，「入居者が居住する居室及び入居者が利用する共用施設等の費用として，終身にわたって受領する家賃相当費用」および「要支援者及び要介護者に対して，特定施設入居者生活介護等のサービスを，平成12年3月30日老企52号により，介護・看護職員を手厚く配置した場合の介護サービス利用料」「要支援者及び要介護者以外の入居者に対して，緊急，臨時的，又は，一時的に入浴，排泄，食事等の介護，その他の日常生活上の世話，機能訓練及び診養上の世話に要する費用」としている。ここでの家賃相当分については，「地代，建築費，修繕費，借入利息，管理事務費等を基礎とし，近傍家賃を参照し，想定居住期間を勘案して算出」するとされており，その基準は明確で合理的なものである。また（介護保険の給付対象外の）介護等のサービス費用についても，有料老人ホームについては，高齢者の身体状況の変化や疾患に応じて様々な費用が発生することが予測され，その将来発生するかもしれない（介護保険の給付対象外の）介護等のサービス利用料をあらかじめ預けておくことは，事業者，入居者双方にとって有益といえよう。以上のことから，入居一時金が，有料老人ホーム協会の「標準入居契約書」に準拠するようなものである場合には，①の要件は満たされると考えられる。ただし，これらの費用全体のどの部分を入居一時金とするのかについては明確にしておく必要があろう。

　②については，先の厚労省指導指針において，90日ルールについての定めがある。この短期解約特例制度の趣旨は，90日間，入居者が実際に有料老人ホームを利用して，そこでのサービスや生活環境が，入居者自身に適しているものかを確認する「お試し期間」と解される。したがって，この期間内におい

ては，入居者は一方的に契約解除をして，施設から退去することができ，その際，入居一時金は原則として[54]全額返還されることとなる。そして，このような規定を契約内容とすることで，入居者にとって，居室や共同施設の利用，介護等のサービス内容等が契約時に想定したものと全く異なるという事態を生じる可能性は低く，その意味で契約の射倖的要素を抑えることができるであろう[55]。

③については，介護付有料老人ホームの場合にも，入居者の認知症（痴呆症）の症状が重くなったり，当初予定していなかった高度な医療措置が求められるようになった場合など，契約当事者双方にとってやむを得ない事情にて，居室の変更や，退去して別の施設や病院に移る必要が生じる場合もある。その居室の変更や，転院の認定基準をどのように定めるかという点は重要であるが[56]，場合によっては入居者の不利にならないよう，入居期間に応じて入居一時金を清算して返還する必要も生じるであろう[57]。

もっとも，このような契約については，モーパッサンの物語『酒樽』[58]をみ

――――――――――――――――

[54] 解約までの居住および共用施設の利用，介護，食事等の役務提供の対価についての控除は認められよう。

[55] 消費者庁の建議によれば，90日ルールについて(1)契約締結時点で入居可能でない場合の取扱いを定めること，(2) 90 日以内に契約解除の申出を行えば，同ルールが適用されることを明確にすること，(3) 死亡による契約終了の場合にも，同ルールが適用されることを明確にすること，(4) 事業者側が返還時に受領することができる利用料等の範囲をより明確化することなどが求められている。前掲注(18) 2 頁。

[56] 介護居室への移動を行うときに，契約上の文言が「参考」や「確認」「尊重」では，ホームによっては本人や身元引受人の意見が無視されることも起こり得ることから，「同意書」による「同意」が必要とする見解がある。滝上宗次郎『やっぱり「終の棲家」は有料老人ホーム』（講談社，2006 年）122 頁。

[57] 山本氏は老人ホームの契約終了の要因として，①老人ホーム内での入居高齢者の看取り，②老人ホーム内で生じる高齢者虐待，③老人ホームの倒産（あるいは民事再生法の活用）④入居高齢者の債務不履行，⑤老人ホームと災害などの類型化を試みられており，このような分類も参考としながら，退去事由に従った，入居一時金の合理的な清算が考えられるべきである。山本直生「老人ホーム契約終了をめぐる法的諸問題―老人ホーム契約の終了原因について―」中央大学大学院研究年報 33 号（2004 年）37 頁以下。

[58] モーパッサン（水野亮訳）『酒樽』（岩波文庫，1950 年）。この物語では，宿屋の主人であるシコ（Chicot）は，女主人のマグロワール（Magloire）を計略にかけ彼女の農家をビアジェで買い，彼女を早すぎる死に追いやる。このような小説による影響も，フランスで射倖契約を衰退させた一因とされている。Les viagers immobiliers en France. Étude du Conseil économique et social présentée par Mme Corinne Griffond 2008. p. 17.

るまでもなく，その取引の性質が，つまるところ二当事者がいて，その一方の死によって，他方が利益を得る可能性がある，すなわち契約の射倖的性質を構成する要因が，契約当事者の寿命にかかわるという点が，とくに有料老人ホームの自業者側に不信感を抱かせることになろう。しかし，有料老人ホームでのサービス内容について，入居時に合意された内容のものが提供されない場合や，あるいは明白にサービスの低下をきたす場合には（入居時に予定されるサービスを確認するためにも 90 日ルールが必要となる），入居者に，債務不履行による解除，損害賠償の請求が認められており（民法 691 条），入居一時金の返還を求めることができると解される。人の生死は，不確定なものであり，さらに，これからの高齢化社会の進展に対応するためには，合理的な範囲内において，射倖性の法理を使うことで，入居一時金制度を高齢者にとって将来の生活の安心を支えるためのものとすることができるのでないかと考える[59]。

(5) 「一時金方式」の支払い形態の合理性

全ての特定施設（有料老人ホーム，ケアハウス，高齢者専用賃貸住宅[60]）でみた場合，その費用の支払い方式は，「月払い方式のみ」41.0%，「一時金方式のみ」28.4%，「選択方式（一時金方式が中心）」16.2%，「選択方式（月払い方式が中心）」9.2% となっており[61]，「月払い方式のみ」で費用を支払う形態が，現在では特定施設の費用支払い方法の主流になっている[62]。そしてサービス付き高齢者向

---

[59] 「法制審議会　民法（債権関係）部会」第 18 回会議の議事録によると，このような観点から，終身定期金契約について詳細な議論がなされている。

[60] 改正法ではサービス付き高齢者向け住宅に類似した呼称の使用を禁じる，いわゆる名称独占権を定めていることから，高齢者専用賃貸住宅の呼称は今後は使用できなくなる。

[61] 株式会社野村総合研究所『地域社会及び経済における特定施設の役割及び貢献に関する調査研究報告書』（平成 23 年 2 月）30 頁。〈http://www.nri.co.jp/opinion/r_report/pdf/201104_hokoku.pdf〉

[62] その背景としては次の事情がある。2006 年 4 月の改正介護保険法の施行により，特定施設の総量規制が導入されることとなり，要介護高齢者のみを対象とする「介護専門型」の有料老人ホームは総量規制の対象とされた。それに対して，要支援高齢者や自立高齢者も入居できる「混合型」は参酌標準の対象外とされたことから，それまで開設される有料老人ホームのほとんどが介護付有料老人ホームであったものが，この総量規制によって，住宅型の有料老人ホームや当時の高齢者専用賃貸住宅のような介護サービス等を外部から調達する住まいが急増し，介護付有料老人ホームの数を上回ることになったのである。その結果，当時の高齢者専用賃貸住宅は，まさに賃貸住宅であることから，

け住宅制度の導入により，今後さらに「月払い方式のみ」の高齢者の住まいが増加すると推測される。そのことからも，利用権方式の有料老人ホームにおいても，高齢者の住まい方に関する選択の幅を広げるという意味では，「入居一時金方式（月払いとの併用含む）」のみではなく，「月払い方式のみ」の費用の支払い形態が設けられることについて異論はない。しかし，次の理由から，「一時金方式」による支払い方法には重要な意義があると考える。すなわち，有料老人ホーム契約の費用について，入居一時金という形式での支払い方法を一切なくし，月々の支払い形式のみにすれば，最初に入居一時金を支払わない結果，毎月の支払額はその分だけ高額な設定となろう。そして，現在，若年層の低所得化が深刻な社会問題となっていることからも，高齢者が子供のために財産を使う必要が生じたり，あるいは将来の年金額の減少や介護保険料の個人負担比率の引き上げなど，高齢者にとって生活の不安材料となる不確定要素の多いなかで，高齢者自身が資産管理を行い，毎月確実に高額の家賃を支払い続けることは，大きな負担になると考えられる。その結果，長生きした場合に支払いが困難になる不安から有料老人ホーム等に入居するのを躊躇する要因になりかねない。また高齢者の多くは，持ち家等を処分するなどして入居することから，実際に支払いが滞った場合，通常の債務不履行と同一に処理されてよいかも問題が残されよう[63]。そして，この将来における不安は，家族に迷惑をかけるかもしれないという配慮につながりかねず，入居判断の権限が，入居者自身ではなく，家族に委ねられることも懸念される[64]。さらには，これまで有料老人ホームは，社会福祉法人等が運営する介護老人福祉施設（特別介護老人ホームなど）へ入居するための待機場所としての機能も有していたと思われるが，現在の特別養護老人ホームの定員数は40万人ほどで，すでに42万が入所待機者（入所待ち）となっている状況からすれば，従来のような待機場所としての機能もかなり限られたものとなってきており，終身を前提に有料老人ホームに入居

「月払い方式のみ」の支払い形態が増えたものと推測される。
[63] 下森定編・前掲注(24)5頁［下森定］。
[64] 介護付有料老人ホームへの入居判断を握っているのは，入居者本人ではなくその家族であり，その要因として，施設利用費の負担を家族が抱えていることが挙げられている。仲田勝美「介護付有料老人ホームの有する施設機能に関する研究─指定特定施設入所者生活介護S苑における入退去の実態からみた現状と課題─」聖隷クリストファー大学社会福祉学部紀要4号（2005年）41頁。

する場合が今後さらに増加するものと思われる。

　以上のことから，少なくとも利用権型の有料老人ホームにおいては，「入居一時金方式」での支払い形態が用意されていることが入居者にとって有益な場合も多いといえよう。

6　今後の課題

　本稿では，特に利用権方式をとる有料老人ホームの入居一時金の法的性質を中心に検討を行った。入居一時金に関する問題点は，大きく2つであり，一つは，その内容の合理性の問題，そしてもう一つは，その返還の仕組みであろう。しかし，これらの問題に関しては，入居一時金の法的性質を明らかにするだけで問題解決が図れるというものではなく，有料老人ホーム契約全体において考慮しなければならない他の問題とも密接な関連性をもつ。以下，その問題点のみを指摘し，具体的な検討は今後の課題としたい。

　まず有料老人ホームの入居者のすべてが相当の高齢者であることからすれば，一般の消費者に対する以上に，有料老人ホームの契約締結に際して，契約内容について事業者側の情報提供義務や説明義務が果たされなければならない。そして，入居者にとって判りやすい言葉での説明や表示が求められ，特に入居一時金の内容や退去に関する事項について，高齢者が契約内容を十分に理解した上で契約が締結されることが重要となる。また，高齢者によっては，理解力・判断力が低下していることも考えられ，契約に際しては，任意後見制度などの活用，専門的知識をもった第三者の立会なども検討されるべきである。さらにいえば，業者からの情報提供にとどまらず，有料老人ホームの入居に関する適切なコンサルティング・カウンセリングがなされることが望ましいであろう。米国では，リバースモーゲージを利用しようとする場合には，契約前に住宅都市開発省（HUD）公認のカウンセリング機関で，ローンを提供する金融機関から独立したカウンセリングに相談することが義務付けられており[65]，リバースモーゲージ商品の特殊性などの説明が十分行なわれるのは勿論のこと，個人の状況に応じて選択可能な様々な商品の説明を受けたり，その中でどの商品が適当であるかを第三者としての立場から相談に乗ってくれることが制度化されて

---

[65]　山田ちづ子「リバースモーゲージ - 逆風からの離脱」日本不動産学会誌79号（2007）105頁。

いる[66]。有料老人ホーム契約も、高齢者の老後の住まいに関する重要な契約であることからすれば、このようなサポートを充実させる必要があろう[67]。

また、有料老人ホーム入居者の多くは、いわゆる「終の住処」を期待する高齢者である。しかし、入居する有料老人ホームが「終身」と謳っていても、最終的には連携する医療機関に転院して最期を迎えることが多いのが実状である。医療法の改正により2006年度から医療法人も有料老人ホームに参入できるようになったことで、「本当に最後の看取りまで可能な有料老人ホームや、人工透析等の特殊な医療が必要な高齢者のみを対象とするような有料老人ホーム等も出てくること」[68]が期待され、さらには、2011年6月に成立した「介護サービスの基盤強化のための介護保険法等の一部を改正する法律」において、介護福祉士による喀痰吸引等の実施に関する規定も設けられたことから、既存の有料老人ホームでも認知症や胃ろう、吸引等の対応が普及することが望まれる。そして、このような流れからすれば、今後ますます有料老人ホームには、真の意味での「終の住処」として役割が求められるであろう[69]。

さらに、有料老人ホームにおいて、紛争が生じた際に、入居者が望むのは、契約解除や損害賠償よりも、状況改善にあることが多い[70]。そのことから、運営懇談会などにおいて入居者が交渉する権限の強化のための方策や、裁判によらない紛争解決の場（有料老人ホームの紛争に特化したADRなど）を整備し、入居

---

[66] またこのカウンセリングは無料で行われているようである。三井トラスト・ホールディングス調査報告「高齢者の住宅問題とリバース・モーゲージ」調査レポート51号（2005）19頁。

[67] 「高齢者の情報提供の在り方」については、財団法人高齢者住宅財団から非常に詳細な調査報告がなされている。『改正高齢者住まい法施行後の高齢者専用住宅におけるサービスの付帯のさせ方と事業実態の把握、及び情報提供のあり方に関する調査研究報告書』（財団法人高齢者住宅財団、2011年）113頁以下。

[68] 吉武毅人「介護付き有料老人ホーム経営に関する一考察」第一福祉大学紀要5号（2008年）133頁。

[69] 終のすみかとしての有料老人ホームが抱える課題と可能性についての研究として、浅野佐紀「『終のすみか』としての有料老人ホーム～特定施設入居者生活介護に注目して～」四天王寺大学大学院研究論集5巻（2010年度）がある。

[70] さらに、転居をすることは高齢者にとって肉体的、精神的にも大きな負担となり、生活環境の急激な変化によるストレスは、認知症の発症要因になることも指摘されている。浜田孝一『有料老人ホームがあぶない』（家伝社、2009年）8頁。

※注におけるサイトは、すべて2011年8月31日に最終確認したものである。

一時金を支払ったことで，入居者の立場が弱くならないような仕組みづくりが特に重要となってこよう。

III

27 権利能力なき社団とその財産関係
――宗教法人下の壇信徒会の債権を手がかりとして――

橋 本 恭 宏

1 はじめに
2 権利能力なき社団論
3 銀行預金等の帰属者の認定について
4 おわりに

1 はじめに

　宗教法人において，やっかいな問題の一つにその財産関係がある。特に，法人格を有しない，宗教法人の下に，いわゆる壇信徒により作られている団体（壇信徒会）において，その取得した債務を含む財産が誰に帰属するのかが争われることが多い。宗教法人との関係は，重要の問題であるが，本稿の目的との関係より触れるにとどめる。
　さて，上記に指摘した問題の前提となっているのは，そもそも，壇信徒会がどのような団体であるのか，ならびに，その代表者と称する者の名義で預金がされた場合，それにまつわる権利は誰にあるのか。また，その代表者の権限は何かという問題である。
　以上の問題を検討するにあたっては，第1に，信徒団体の法的性格を考える必要がある。すなわち，わが国において，営利・非営利の目的を問わず，多人数からなる団体をどのように捉えようとしてきたかについて検討する必要がある。
　第2に，問題となっている預金の帰属者は誰かである。それは，そもそも，第1の検討により，この壇信徒会が権利能力なき社団であるとされた場合，その財産が，総有的に，その構成員に帰属するのかが問題となる。
　その問題に加ъ，この壇信徒会の代表者の権限はどのようなものかも，問題

となる。

そこで、検討の順序として、まず、権利能力なき社団の成立要件、財産帰属関係、意思決定方法について検討し、ついで、壇信徒団体の実態をのべ、この団体の法律上の性格を検討したい。以上の検討を踏まえ、壇信徒名義、代表者名義でなされた預金の帰属者の認定の問題について検討する。

2　権利能力なき社団論

まず、(1)において、わが国における団体結成の方法と、(2)では、権利能力なき社団の発生についての民法起草時での議論、(3)では、民法起草後の議論ならびに判例の考え方について検討を加える。

(1)　団体の結成に関する方法
(a)　法人の設立

民法上の公益社団法人、商法上の会社、中間法人法上の中間法人での設立である。しかし、法人を設立する場合には、それぞれの法律が規定する設立手続と登記をすることを必要とし、登記は法人設立の対抗要件である場合（民45条2項）と成立要件である場合（中間法人6条、商57条）とがある。

(b)　民法上の組合

組合は、各人が出資をして「共同の事業」を営むことを約束する契約である（民667条）。出資によって集められた財産は、組合財産を構成する。ただし、組合財産は、総組合員の共有財産であるが（民668条）、「共同の事業」を営むために使われる財産であるから、一般の共有と異なる。すなわち、共同事業を営むという目的によって各人の持分権は制限され、組合員は組合財産に対する持分権の譲渡も分割請求もできない。このように、組合は1種の団体設立契約といえ、組合のこうした団体的側面を強調するものもある（『新版注釈民法(17)』(1993) 1頁以下〔福地俊雄〕）。しかし他方、組合自体に法人格はないこと、解散（民683条・681条）や財産の分配が容易にできることから、組合の債権者の引当財産を組合財産だけであるとされるおそれがあり、その利益を害される危険性がある。そこで、組合員は、組合が「共同の事業」の遂行によって負担する債務については組合契約で定めた負担割合に応じて、直接に債権者に対して責任を負うものとしている（民675条）。

(c)　「権利能力なき社団」理論による法人としての取り扱い

中間法人法成立前では，民法上の法人設立の手続を経ていないか，特に，公益性の要件においてこれを経ることができない団体は，法人格を取得できない（現行民法34条）。しかし，社団としての実質を備えている団体について，判例・通説は「権利能力なき社団」理論により一定の保護を与えてきた。この法理は，法人格のない団体を直ちに組合と見て組合の規定を適用するのではなく（後述するように，ドイツ民法典はこのような扱いを規定する），法人格がなくても社団的な実体を有するなら，社団に関する規定ないし法理（民法では公益社団法人の規定のうち社団に関する諸規定）を適用し，処理しようとすることにある。たとえば，判例には，権利能力なき社団においては，構成員に持分権がないとして，構成員からの団体財産の分割請求を否定する（最判昭32・11・14民集11巻12号1943頁）。他には，社団の債務は社団の財産だけが引当財産となるから，構成員の個人責任を否定することである（最判昭48・10・9民集27巻9号1129頁）。いわば，財産面より実質上，法人格を取得したのと同様の法的取り扱いをしようとするものである。しかし，構成員の個人責任の否定と法人格の有無とは結びつくのかは問題である。構成員の有限責任は，その団体において団体自体の財産が維持される仕組みが取られているか否かによって決まる問題であることが指摘されている（星野英1「いわゆる『権利能力なき社団』について」『民法論集1巻』(1970) 227頁以下）。

では，こうしたわが国における，団体設立に関する動向について，すこし，歴史的な分析を行い，なぜ，こうした事態を生じたのかについて考える。

(2)　民法起草時の議論

わが民法起草者は，法人と組合とを区別し，今日，権利能力なき社団と考えうる団体を明らかに組合の一形態としてとらえていたと考えられる。すなわち，現行法33条の立法理由を，未定稿本・民法修正案理由書36条からみると以下のようである。すなわち，「法人タル資格ヲ得クヘキ団体ノ存在」と「其団体ノ受クヘキ法人タル資格」とを明瞭に区別し，さらに，「団体ハ或ハ自然ニ存在セリト云フヲ得ヘキモ其団体カ人格ヲ得ルハ之ヲ法律ノ効力ニ帰セサルコトヲ得ス」とさだめ，したがって，この立法理由からすると，法人と組合は実体上の対立概念ではなく，その両者の差異は，法人格の承認の有無に帰着するの

である。さらに、いわゆる「法人タル資格ヲ得クヘキ団体」で、かつ法人格のない団体が自然に存在することを承認していたといえる（民法起草者の1人、梅謙次郎著『民法要義巻之三，771頁（有斐閣・明治32年）』には、「組合ハ往々ニシテ法人トスルコトアリ」との記述があることが1つの証左である。なお、同じく起草委員で、法人の項の起草責任者であった穂積陳重起草委員の発言（法典調査会・民法総会議事速記録3巻11丁〔日本学術振興会版〕）にも同様の趣旨の発言がある）。

こうした見解の背景には、ドイツにおける権利能力なき社団問題がある。

すなわち、ドイツ民法の起草者は、第1に、権利能力なき社団を組合として扱うことはふさわしくないと考えていたが、他方、法人設立の自由設立主義を採用することは出来ない。また、権利能力なき社団が、その法律関係について不完全な対外的評価しか与えられない組合法理の下に置かれることによって、逆に法人格取得の誘因が生じるということを阻止するという法政策的理由があった。第2に、組合の規定が実際に権利能力なき社団に適さない場合もあったとしても、それは、組合の規定の適用を定款または黙示の合意によって否定することで解決できると考えた。

したがって、論者によれば、起草者は、ドイツ民法の起草者と同様に、法人でない多人数の団体をその取引活動にとって必ずしも適切でない組合形態の中に置くことによって、逆に法人格の取得が促されるであろうという期待をもっていた（阿久沢利明「権利能力なき社団」民法講座Ⅰ237頁以下参照）とされる。

(3) 民法制定後の議論

民法起草者が行った法人と組合との区別についての議論は、民法の制定後もなお同様である（大判明治43年12月23日民録16輯982頁等）。

(a) 判例の展開

権利能力なき社団の解釈論が登場するまでの判例は、以下のようである。

① 27名からなる会社発起人団体を組合とし、業務執行者が自己の名で行った組合経費の弁済請求を認めた（大判大正4年12月25日民録21輯2267頁）
② 49名による耕地整理のための団体
③ 大字横田の住民がその選出の区長その他に対して行った帳簿閲覧請求を671条の準用によって認容（大判大正5年8月22日民録22輯1663頁）
④ 同業者の組合に準ずべき鹿児島食肉販売営業組合が行った組合員3名

の除名決議が，680条に照らして適法（長崎控判大正7年12月26日法律新聞1515号19頁）

⑤　229名からなる土地開墾を目的とする団体が，組合であるとして，構成員個人が第3者に対して行った寄託金返還請求が棄却（東京地判明治44年12月16日法律新聞893号21頁）

等は，いずれも組合ないしそれに準ずる団体と考え，組合の規定を適用して問題解決をしている。

(b)　**学説の動き**

学説は，民法制定直後に，学術，技芸，その他さまざまな目的をもつ「非法人団体」が多数発生してきたとの指摘がある（石井菊次郎「俱楽部法」法協9巻5号18頁3照）。ただし，こうした団体は，すべて組合関係によると考えられた。その理由は，組合はそれ自体，当事者の契約によって定まり，これが明確でない場合，組合の規定が直接適用されるというものであった（法典質疑会編・法典質疑問題民法総則136頁（明治40年））。

以上の点は，組合の規定は，組合契約の補充規定であるにすぎず，まず，組合契約の解釈が重要であり，したがって組合の組織も，その当事者の契約意思いかんによって決定される

(c)　**旧民事訴訟法46条（現29条）の新設**

その後，法人格のない組合には認められていない法的効果が，法人ではない団体にも及ぶと考えられるに至る規定が新設された。すなわち，旧民事訴訟法46条の新設である（大正15年）。大正15年以前のいわゆる旧民事訴訟法には，その資格において訴えられることができる社団として裁判管轄に関する規定が置かれていた（同法14条2項）。しかし，その条文の適用はかなり消極的であった。

判例をみると，特に法律に準拠してつくられた特別な団体，弁護士会（大判明治28年10月3日民録1輯3巻7頁），医師会（大判大正4年5月26日民録21輯813頁等）には，当事者能力を認めていたが，その場合も，当事者は肩書付の会長名となっており，団体名そのものとなっていなかった。また，組合の業務執行者が，自己の名でまたは組合を代理して訴訟を提起することができると解し，問題を組合法理において解決してきた（大判大正4年12月25日民録21輯2267頁等多数）。しかし，この旧民事訴訟法46条は，組合理論による問題解決によらずに，

いわゆる「法人に非ざる社団」に訴訟法上の権利主体たる資格（当事者能力）を認めたのである。

　この当時の実体法的議論には，以下のようなものがある。

　菅原博士は，法人と同じ組織を備え，社会生活上独立体として活動する非法人団体を権利能力なき社団と称した。そして，かかる社団は，組合とは本質的に異なるが，権利能力をもたない点では組合と共通する性質を有し，その意味で，権利能力なき社団は，社団法人と組合との中間形態であると解した。こうして，菅原博士は，社団法人と組合の各規定が，権利能力なき社団の性質に応じて適用されるべきであると（菅原春二「権利能力なき社団(1)」論叢9巻1号11頁）。

　その後，権利能力なき社団の理論は，社団の本質論がさらに徹底的に貫かれ，組合とはその本質を異にする権利能力なき社団には，組合の規定が適用されるべきではない，との解釈が唱えられた。たとえば，我妻博士は，具体的に説明として，権利能力なき社団の「内部関係は専ら社団法人の規定による。外部関係において，財産関係代表関係共にその実質において社団法人と同一に取り扱い，唯その形式──例へば登記の名義，預金の名義等において社団の名では為し得ないからその代表者に信託し代表者の名において為すべし」と述べている（我妻栄・民法総則（現代法学全集）200頁）。

　以上のような議論から，判例にも，権利能力なき社団が，それ自体不動産に対して所有者と同一の権能を有すると判断するものも現れている。さらに，我妻博士は，社団財産の所有形態が組合法理を基礎として考えられてはならないとし，法律行為の効果帰属に関しても，代表者の行為が，社団法人の機関による代表行為と同一の形式によってなされると指摘された（我妻・前出200頁3照）。

　こうして，いわゆる外部関係における権利能力なき社団の理論は，その法的効果が，組合のように権利主体たる構成員に直接帰属することを否定するための理論として，その意義をもつことになる。こうして，法的効果の帰属が権利能力なき社団と組合とで区別されねばならないかぎり，民法典における法人と組合との区別は，廃棄されてくるのである。

(d) **戦後の議論**

　戦前・戦後の学説は，ともに権利能力なき社団の要件を明らかにしょうと努めてきた。この努力は，まさに，組合とはまったく本質を異にすると考えられた権利能力なき社団を組合から完全に峻別し，社団たる効果を専らそれに及ぼ

すために払われた。そして，戦後になっても，社団と組合との峻別基準は，さまざまな形で論じられている（我妻栄・新訂民法総則Ⅰ32頁（岩波書店，昭和40年））。

すなわち，社団と組合の個々の要件がすべて曖昧であるとの批判を前提に以下の考え方が提唱された。ア 社団の個々の組織的要件を基準とする考え方，ならびに，イ 団体構成員数の多少，構成員の個性の濃淡等を社団認定の基準とする考え方である。

ア　社団の個々の組織的要件を基準とする考え方

最判昭和39年10月15日民集18巻8号1671頁が採用する考え方である。

しかし，その個々の要件がすべて曖昧であるとの批判がある（鈴木竹雄「会社の社団法人性」松本古稀・会社法の諸問題62頁（有斐閣，昭和26年））。(e)で検討する。

イ　団体構成員数の多少，構成員の個性の濃淡等を社団認定の基準とする考え方（森泉章「権利能力なき社団に関する一考察」法学17巻4号111頁，星野英一「いわゆる『権利能力なき社団』について」民法論集Ⅰ250頁）。

社団と組合の基準の曖昧さを指摘しつつ，社団と組合の一般概念を無用なものとし，社団法人と組合のそれぞれの法的効果を個別・具体的に権利能力なき社団に及ぼすことで足りるという。すなわち，従来の要件論が曖昧であるのは，「結局は，要件を解釈上構成する方法が適当でないからではあるまいか。すなわち，わが国の従来の学説は，まず要件を抽象的に論じ，ついで効果を論じてきた。しかし，要件は効果のほうから遡って考察されるべきである。」，つまり，社団法人の「諸効果を認めるのにふさわしい団体はどのようなものか，という見地からこそ要件がきめられるべきである。」と述べている。

(e)　**判例の考え方とその検討**

以上の学説の動向とともに，判例の動向を見ておこう。判例は，この問題には以下のような2判例があり，確定した判例といえそうである。しかし，この判例に現れる文言が，何を意味しているかについては議論がある。

(ア)　判例の紹介

①　最1判昭和39年10月15日民集18巻8号1671頁（原則と思われる判例）

「法人格を有しない社団すなわち権利能力のない社団については，民訴46条がこれについて規定するほか実定法上何ら明文がないけれども，権利能力のない社団というためには，団体としての組織をそなえ，そこには多数決の原則が行われ，構成員の変更にもかかわらず団体そのものが存続し，しかしてそ

の組織によって代表の方法，総会の運営，財産の管理その他団体としての主要な点が確定しているものでなければならないのである」。
② 最1判42年10月19日民集21巻8号2078頁
「法人格のない社団すなわち権利能力のない社団が成立するためには，団体としての組織をそなえ，多数決の原理が行われ，構成員の変更にかかわらず団体そのものが存続し，その組織において代表の方法，総会の運営，財産の管理等団体としての主要な点が確定していることを要する」

(イ) 判例の検討

以上2つの最高裁判例において，権利能力なき社団といいうるためには，団体としての組織をそなえ，そこには多数決の原則が行われ，構成員の変更にもかかわらず団体そのものが存続し，しかしてその組織によって代表の方法，総会の運営，財産の管理その他団体としての主要な点が確定していることという。この最高裁の判例は，確定したものといえよう。

この定義を敷衍すれば，権利能力なき社団と区別される組合とは，全員一致による意思決定がなされ，構成員が変更すると団体として存続しなくなり，組織によって代表の方法，総会の運営，財産の管理その他団体としての主要な点が確定していないものといえそうである。

そこで，これらの判例に現れ，その後も，権利能力なき社団を定義する文言，「権利能力のない社団が成立するためには，団体としての組織をそなえ，「多数決の原理が行われ」，構成員の変更にかかわらず団体そのものが存続し，その組織において代表の方法，総会の運営，財産の管理等団体としての主要な点が確定していること」とはどのような意味であろうか。すなわち，組合との差別化を図ろうとするものであるか。

① まず，組合においては，業務執行に関しては多数決による決定が規定されているが (民法670条1項)，業務執行役員の解任，組合員の除名等は，全員一致を要求している (672条2項，680条)。そうした点を配慮し，判決では「多数決の原理が行われ」との文言が入れられているといえよう (河内宏『権利能力なき社団・財団の判例総合解説』10頁等3照)。

② そして，「構成員の変更にかかわらず団体そのものが存続し」とは，権利能力なき社団では，個々の構成員の意思で団体その者の存続が左右されないということある。

③ さらに，「その組織によって代表の方法，総会の運営，財産の管理その

他団体としての主要な点が確定していること」とは，組合と異なり，各構成員に団体の業務執行を認めず，執行機関と決議機関とが区別されている団体が，権利能力なき社団あるという意味と考えられる。

(4) 権利能力なき社団の財産の帰属関係と代表者の権限

権利能力なき社団は，各種の法律要件に基づいて財産の取得が行われ，社団が有効な法律行為をすることによって，権利義務を直接取得する，と一般に指摘されている。

しかし，社団財産を構成している種々の権利義務の帰属形態が問題となると，その理解は，さまざまに分かれている。

(a) 学説の紹介

学説をみると以下のようである。

① 共有説　組合に準じて，社団財産は総社員の共有に属するとする。社員は無限責任を負う。ただ，分割請求については，社団目的を理由にこれを否定する。(菅原春二「権利能力なき社団(2)」論叢9巻6号53頁)

② 合有説　社団は構成員の共同の事業を行うための統1体であって，たんなる構成員間の契約関係ではないのだから，その財産は構成員の個人財産から分別されたものであることを要するとして，これを合有の概念で説明する。社員は原則として有限責任を負うにとどまる。(川島武宜・総則139頁)

③ 総有説　社団の資産は社団員の総有に属し，社団員各自は総会を通じてその管理に参画するだけで，個々の財産について持分権をもつものではないとする。債務については，社団員はとくに規則に規定のないかぎり有限責任を負うにとどまる。(我妻栄・民法講義Ⅰ133頁以下)

④ 信託説　社団財産が実質的には社団自体に帰属しつつ，法人格を欠くがゆえに形式的には代表者個人に帰属するほかはないという，法形式と社会的実質とのくいちがいを統一的に処理し，架橋するのは信託であるとする。(末弘厳太郎・民法雑記帳（下）73頁以下)

⑤ 単独所有説　権利能力なき社団は権利主体性を有し，したがって社団財産は社団の単独所有であるとする。

ア　民事訴訟法29条を根拠に権利主体性を図ろうとするもの（鍛冶良堅「権利能力のない社団と民法上の組合」演習民法〔総則物権〕69頁）。

イ　社団の実体（「単一性」）を根拠にするもの（森泉章・団体法の諸問題70頁以下，同・注民②48頁，篠塚昭次「権利能力なき社団」法セミ241号164頁以下）がある。この説によっても，社団員の責任は有限責任となる。もっとも，鍛治・前掲73頁は，社団員が潜在的持分を有している「組合型社団」の場合には構成員の責任を認めてよいとする。

そして，

⑥　利益衡量説　権利能力なき社団の財産関係の取り扱いについては，種々の利益を比較衡量して，各種の団体につき各個の効果を考えれば足りるのであり，財産の所有形態を云々する必要はないとする（星野英1・民法論集①306頁以下，なお幾代・総則153頁，四宮・総則〈新版〉95頁も同旨か）。

この立場をとる論者は，すべての場合に有限責任でよいとすることには疑問があるとして，利益の配分に対応して損失の危険を負ってもやむをえないという理由から，営利社団の場合にこれを否定するものが有力である（福地俊雄「法人に非ざる社団について」神戸大法学16巻1・2合併号166頁以下，星野・前掲296頁以下）。

(b)　信託説と総有説

以下，今日支配的見解としての，信託説と判例が採用する総有説について，若干の検討を加えておく。

㋐　いわゆる信託説は，社団財産の実質的独立性とその法的帰属との間に生ずる矛盾を，代表者を別個の法的帰属主体として重視する信託法理によって解決するという。この学説の利点としては，その法技術的有用性の点であろう。他方，わが国の一般的支持を得はない。それは，信託法理を適用した結果が不明であること，英米法上の信託制度の伝統がなく，ドイツ法の理論的影響下にある権利能力なき社団の問題を信託法理によってとらえることの体系的整合性が問題となるからである。

㋑　総有説は，総有の観念によって，端的に社団構成員の持分払戻請求権ないし財産分割請求等の権利が否定できる点にある。したがって，総有説による権利能力なき社団は，これらの請求権の基礎となる持分権が存在しない団体となり，当該社団の範囲は，この種の団体に限定されることになる。他方，総有説の問題点は，まず権利能力なき社団に総有の観念を当てはめることにある。いわゆる総有形態は，周知のように，古代ゲルマンの血縁的な村落共同体に由来するものである。従来の一般的総有論によると，こうした団体は，その構成

員個人と分離独立しておらず，村の土地は，同時に村民の土地であり，また，村民全体は，村民の個人債務に対して，連帯して責任を負担した。すなわち，理論的には，当時の村落共同体は，全体の単一と部分の複多，いいかえれば村自体の単一的総体権と村民個人の複多的個別権とが概念的に分離されず，包括的に村民全体が主体性を有する団体である，と考えられている。

　以上のような古代ゲルマンの村落共同体と現代型の権利能力なき社団とを比較すると，つぎのような問題が生ずる。まず，ドイツのゲルマニストが古代ゲルマンの村落共同体を総有団体と解したのは，その財産所有形態をローマ法のように法人単独所有と共有の二形態のみによってとらえることに反対したからである。すなわち，団体としての単一的要素がこの村落共同体には確かに見られたが，だからといって，そこから，法人による排他的所有権を考えることは，当時の村民の意識と合致しない，ということによる。いいかえれば，村民は，その共同財産を，自己とは異なる「他人の」物とは意識せず，そもそも本質的に，法的単一性の観念が，この共同体には適合しなかったのである。したがって，総有の観念は，団体が法人格をもたないことによる政策的理由からではなく，団体の財産をその排他的独立財産とは考えない構成員の意識からのみ承認しうるものである。それは，社団構成員から独立した特別財産を研究の対象とする社団理論とは相容れないものである。

　そうした矛盾をかかえ，総有説が持分と権利能力なき社団との関係を狭くにとらえていたわけで，総有説の妥当性に大きな疑問が生じ，さらに，総有・合有・信託の理論を社団の財産関係に応用することを批判する学説が生じた。

　(ウ)　星野教授は，従来の理論が，総有・合有・信託に関する一般的理論を権利能力なき社団に適用し，その一般的理論による法的効果を社団にあてはめる方法論をとっていたとし，さらにつぎのように述べ，この方法論では，第1に，総有・合有・信託の法的効果が論証されねばならないが，それは一定しておらず，また，第2に，社団財産の帰属関係が，総有・合有・信託であるという命題の論証も，ほとんど不可能に近いと述べ，右の問題点が見られるかぎり，この方法論はとりえないとする。そこで，星野教授は，当該社団をめぐる種々の利益を比較衡量して財産関係の問題を論じればよく，各種の団体につき，各個の効果を考えれば足りるとする。

(c) 財産の帰属と代表者の権限の関係

以上のような多彩の学説を前提にどのように考えればよいのであろうか。

判例は，権利能力なき社団の財産の帰属は総有とされた（最判昭32・11・14）。しかし，そもそも，総有という概念は，後述するように伝統的な入会団体の財産関係をモデルにして作られたのであり，総有と考え，全構成員の同意のない限り，その団体の意思決定がなされず，代表者による「行為」を消極的に考えるのは，入会団体では，全構成員の同意がなければ，入会を廃止できないからである。

では，財産の帰属について「総有」とする，権利能力なき社団とされた団体としてはいかなる団体が想定されているのであろうか。

権利能力なき社団の成立要件を満たす団体の中には，構成員が団体を脱退する際に持分の払戻を受ける団体もある。営利を目的とする団体がそうである。このような団体では，構成員は1人で脱退した場合であれ集団で脱退した場合であれ，団体に対して持分の払戻請求権を持つから，脱退した構成員がこの請求権を根拠にして団体の銀行預金債権に対して仮差押えの申請があればこれを認めなければならなくなる。したがって，ここで，権利能力なき社団とされているのは，脱退の際に構成員に持分の払戻をする必要のない団体，つまり，営利を目的としない団体である。

また，権利能力なき社団には，前述のように，当事者能力を認めているのであり，訴訟の場面では，すでに，権利能力なき社団は，法人と同様に扱われている。したがって，その団体の構成員全体が社団の名で訴訟していると解する必要もない。法人と同じく，社団が訴訟の当事者であると考えればよい。また，後述するように，今日，法人と同じく，社団の名で取引行為がなされているのであり，なにも，一々すべての構成員の氏名を列挙する煩雑さを避けるためにそうしているわけではない。社団の名で権利を取得し，義務を負担していると考えれば十分である。

こうした意味から，社団の財産の帰属は，社団の単独所有と見ることも可能である。百歩譲って，「総有」であるとしても，以上のように，権利能力なき社団が，その実態において，法人に限りなく近いものといえ，財産の帰属についても同様に考えられる。

この点，この後検討する，社団の取引行為と，その方法についても同様に考

えられ，法人と同様に，たとえ，財産の帰属を「総有」とみたとしても，それは，社団財産において，構成員に持分がなく，持分の払戻もないという意味においてである。したがって，そのことと，代表者の権利処分行為とがつながっていると考える必要性はない。かえって，法人と同様に考えるとすれば，後述のように（(7)参照），いわゆる「多数決原理」による，機関意思決定が妥当するのであり，全構成員の同意ということを持ち出すことは妥当性がないといえよう。

(5) **権利能力なき社団とその取引行為**

権利能力なき社団は，銀行預金契約，駐車場の賃貸などの対外的な取引行為をどのように行うのか。

この問題を考えるためには，その取引が「権利能力なき社団」の契約とされたときに，その契約から発生する権利（預金債権，賃料など）また，義務（売買代金債務）が団体ないし構成員にどのように帰属するかを見ておく必要がある。権利能力なき社団には法人格がないのであるから，権利能力なき社団そのものに権利・義務が帰属するというのは，比喩的な意味ではともかく，法的には正確ではなく，またかえって曖昧さを残すことになる。むしろ，これらの権利・義務は，団体構成員全員に帰属するが，単純な共有的な関係として帰属するのではなく，団体的な拘束を伴う形で団体構成員全員に帰属するというべきであろう。判例はこれを「総有」という概念で説明している。

これを社団が取得する権利（購入した材料の引渡請求権もあるが，以下では話を簡単にするために引き渡された財産の所有権を考える）について当てはめれば，社団の財産は全構成員に帰属するが，団体的拘束を受けるために，各構成員は団体財産について「共有の持分権または分割請求権を有するものでない」（最判昭32・11・14）とされる。判例は，このような団体的拘束を説明するために，「総有」という概念を用いるが，「総有」概念は，前述のように，もともと入会団体のような前近代的な共同体の法律関係を説明するために作られた概念であり，権利能力なき社団の財産関係を説明するのに用いるのは適当でない（福地俊雄「法人に非ざる社団について」神戸16巻1・2号『法人法の理論』（1998）所収329頁，四宮和夫＝能見善久『民法総則』第8版』（2010）152頁）。

端的に，団体目的によって制約された共同の権利帰属ないし共同所有形態で

あると言えばよいであろう（このような共同所有形態が認められる根拠は慣習法ということになろうか）。

(6) 権利能力なき社団の取引行為の方式

以上のような効果が発生することになる社団の取引行為はどのような方式でなされるべきかを考えてみよう。

権利能力なき社団の契約締結の方式としては，① 社団名義で契約を締結する，② 代表者の個人名義で契約を締結する，③ 構成員全員の名前で契約を締結する，の3つが考えられる。

(a) 社団名義で契約を締結する方法

不動産登記や公正証書の作成を伴う場合については議論があるが，賃貸借契約，預金契約などでは，社団名義で契約を締結することができると考えられている。

そもそも社団名義で契約を締結するとはどういう意味なのかを考えてみる。それは，形式的には，取引にあたる者が自らが「○○寺壇信徒会」の代表者であることを示し，法的効果が「○○寺壇信徒会」に帰属する意図のもとに，相手方と契約を締結することである。契約書などには，契約当事者として「○○寺壇信徒会代表……」が表示され，代表者が署名することになる。このようにして，権限のある代表者が社団の名義で契約を締結した場合には，前述したように，契約から発生する社団の権利や義務が団体的な拘束を受ける形で総構成員に帰属する。社団名義で契約することによって，契約の相手方に対しても，その契約から発生する権利・義務が社団側において団体的拘束を受けることを示すことができる。形式と実体が合致するものとしてこれが最も望ましい。

本件壇信徒会に法人格がないことは，社団名義の契約の締結を否定する理由にはならない。契約の名義とは，契約から発生する権利・義務の帰属する主体を相手方に示すためのものであるが，「……団体」という名義を用いたからといって，相手方に「……団体」に権利能力があるということを表示しているわけではなく，「権利能力なき社団」としての「……団体」が契約の当事者であることを示しているにすぎない。相手方が，「……団体」に権利能力を有すると思っていたのに，後で実際になかったと判明したとしても，法人格の有無についての誤解は，一般には相手方に不測の損害を生じさせることはないから，

社団名義の契約締結ができるとして問題はない。

　もっとも、不動産登記については、登記実務においては権利能力なき社団名義の登記は認められないとされていること（最判昭47・6・2民集26巻5号957頁および民事局長通達）について考えておく必要がある。これは登記官に実質的な審査権がなく登記を申請する者が本当に権利能力なき社団か否かの判断ができないからだとされているが、十分な理由となるか疑わしい。このほか公正証書についても権利能力なき社団の名で委嘱することができるか問題となる。裁判例の中には、法人格のない組合について組合名義による公正証書の作成はできないとするものがあり（最判昭56・1・30判時1000号85頁）、この考え方が権利能力なき社団についても及ぶかどうか問題となる。権利能力なき社団には裁判上の当事者能力があり（民訴29条）、判決も権利能力なき社団の名義で取得することができるのであるから、公正証書についても権利能力なき社団の名義で委嘱できると考えるべきであろう。

　(b)　**代表者の個人名義による契約締結**

　たとえば、本件提出書証には、銀行との取引について代表者個人名がその申込書に記載されているものがある。

　たとえば、相手方が社団名義の契約を嫌がるために、社団名義の契約が締結できないというような事情がある場合には、代表者の個人名義で契約を締結することが考えられる。これはもちろん可能であるが、代表者個人の名義で契約を締結するとどのような効果が発生するかが問題である。2つの可能性がある。

　第1は、代表者の個人名義の契約であるから、契約から発生する権利・義務が代表者個人に帰属するというものである。

　これは契約としては問題がないが、そこから発生する効果は、相手方にとっても、団体の構成員にとっても期待に反する。相手方としては、代表者が代金支払義務を履行しない場合に、社団の財産に対しては強制執行できないことになる。また、構成員にとっても、代表者が取得した財産が代表者の個人的な財産になってしまい、代表者個人の債権者が差し押さえてきたような場合に、代表者を受託者とみて信託法16条などを類推適用することは考えられるが、異議が言えなくなる可能性がある。

　そこで、第2に、代表者個人の名義で契約を締結するが、そこから生じる権利・義務は団体構成員全員に帰属するという結果が導けないか。

そのためには，団体財産を信託財産とみて，代表者を受託者とする方法がある。この場合，相手方は，受託者としての代表者に対しては個人的な責任を追及できるので，たとえ代表者の背後に信託関係があることを知らなかったとしても，取引上の利益は害されない。また，相手方は，代表者から債務の弁済がされないときは，構成員全員に帰属した財産（信託財産）に対して強制執行ができるので（信託法16条），その意味でも十分に保護される。

(c) **構成員全員の名でする契約締結**

構成員全員の名でする契約締結が考えられる。この場合は，代表者が構成員全員を代理する権限があるものとして，全員の名前を示して契約を締結する。この場合も，②で述べたのと同じように，形式と実体がくいちがうという問題があるほか，構成員全員の名前を本人として表示する必要がある点が不便であり，現実的な方法ではないといえよう。

(7) **機関意思の決定と多数決原則**

(5)において，権利能力なき社団の財産帰属について検討した際，その機関の意思決定と財産帰属のあり方を同様に考える必要はないと述べた。すなわち，財産帰属が，たとえ，判例がいうように「総有」であったとしても，「総有」概念の有用性が，入会のような団体の存在の特殊性（非近代性）にその根拠があること。また，そこで使用されている「総有」概念が，入会団体廃止が構成員の多数決で行うことができないという特殊性から，概念として有用であるのである。そこで，一言，機関意思決定の多数決原理採用の経緯について述べておく。

(a) **機関意思の決定における多数決原則の採用**

(3)(e)で検討したように，判例の権利能力なき社団における意思決定の方法として，「多数決原理」を掲げている。そこでは，以下のような検討を行った。

すなわち，組合においては，業務執行に関しては多数決による決定が規定されているが（民法670条1項），業務執行役員の解任，組合員の除名等は，全員一致を要求している（672条2項，680条）。そこで，組合との差別化を図る意図をもって，判決では「多数決の原理が行われ」との文言が入れられたのだと述べた。この点について，法人における意思決定について再度検討する。

法人の権利能力・行為能力の根源となるところの意思能力は，法人に所属す

るところの自然人が構成する機関の機関意思の内容によって定まる。法人の意思能力がない場合はまず考えられない。法人を結成し，社会的活動を志ざす人が機関を構成するから，無能力者の介入の余地はまずないとみてよい。機関は複数の自然人が構成するから，その間に意思の統一は必ずしも期待できない。場合によっては機関を構成するところの自然人の個々の立場における利害関係からして，意見が互に相異することは勿論のこと，時には互の意見が正面から衝突することも少なくない。この様な際に各個人の意思を統一して1個の機関意思を決定する方法としてとられたのが多数決原則である。

歴史の宝庫といわれ，一切の社会制度の原点を揃えたものであると考えられているところのゲルマン時代の歴史上の実在は，法人制度に類するものとしては団体の一種すなわち民会である。民会は小にして部落，大にして部族の集合であって，その議事事項はその団体の重要な関心事ということであり，一に団体の戦争と平和，二に団体内部の民事刑事の裁判である。団体の重要事項が議題であり，かつ団体の構成員所属員が本来同族出身者の会合であるから，原則としてその会議は真剣そのものであり，会衆の意見は一致することが原則である。この種の会合では多数決で満足する必要なく，全会一致になる可能性が充分である。また出席者の数は会議の内容に影響なく，出席しうるところの全員が出席していると見てよく，任意の欠席はないと見てよい。

今日法人の機関意思の決定に多数決原則を採用しているが，それは出席数票決数双方ともに良識に従った多数であって，独善的な諮意を認めた多数決であってはならない。法人の機関特に執行機関の機関意思は，出席可能な全員がその会合に出席して，出席者全員が良心に従って票決するものなりとの観念により認められた多数決である。社団法人でいえば理事者の多数決，株式会社の役員会の多数決というような制度は，その構成員の良心を信頼して，法はその自主的統制を認めているのである。

そうすると，(5)で検討したように，判例は，権利能力なき社団の財産関係について「総有」であるとしていることとが問題となる。この点，引き合いに出されるのは，いわゆる「入会」である。

(b) **入会の法的性質と財産の帰属，機関決定方法の特殊性**

前述したが，再度，入会と権利能力なき社団の財産ならびに，代表者の権限との関係について検討しておく。

財産法の新動向 Ⅲ

(ア) 民法は入会権につき2条しか規定していない。しかも各地方の慣習に従うとしている。入会には，入会権者が山林原野の地盤所有権をも有する，共有の性質を有する入会権（通称部落山とか，村持山，組持，惣山などといわれる山に入会権を行使する場合）と，入会権者が地盤所有権を有せず，他人（個人）持山，他部落山に対して入会権を行使する共有の性質を有しない入会権（国有地・県有地・市町村有地の場合もある）とがある。

入会権の性質については，共有の性質を有する入会権は，入会集団全体の「総有」と解され，共有の性質を有しない入会権は入会集団全体の「準総有」であると解されている（通説判例）。

そこで，そもそも，入会権とは一定地域の住民団体（村落共同体）が，その団体の統制のもとに，一定の山林原野（土地）に入会って草（萩）を刈ったり，木（下枝や薪炭用雑木や建築用材など）を伐ったり，放牧したりして住民の生活に資することを内容とする慣習上の権利（物権）である（我妻榮・新訂物権法427頁）。判例は，入会権は，権利者である入会部落の構成員全員の総有に属し（最2小判昭41・1・25民集20巻9号1921頁，判タ200号95頁），個々の構成員は，共有におけるような持分権を有するものではなく（最3小判平6・5・31民集48巻4号1065頁，判タ854号62頁），入会権そのものの管理処分については入会部落の1員として参与しうる資格を有するのみである（最1小判昭57・7・1民集36巻6号891頁，判タ478号159頁）。他方，入会権の内容である使用収益を行う権能は，入会部落内で定められた規律に従わなければならないという拘束を受けるものの，構成員各自が単独で行使することができる（前掲最1小判昭57・7・1）。入会権は，入会地の所有権に左右されない権利であり，入会地の所有権に変動があっても，そのことのみによって入会権は消滅しないものである。

(イ) ところで，最高裁平成6年5月31日第3小法廷は，① 入会権の権利者である村落住民が権利能力のない社団に当たる入会団体を形成している場合に，右入会団体に入会権（総有権）確認の訴えの原告適格が認められるか，さらに，② 入会団体の代表者が入会権（総有権）確認の訴えを原告の代表者として追行するのに特別の授権を要するか，について，権利能力のない社団に当たる入会団体に総有権確認請求訴訟の原告適格を認めることを明らかにした。その理由として，「訴訟における当事者適格は，特定の訴訟物について，誰が当事者として訴訟を追行し，また，誰に対して本案判決をするのが紛争の解決の

ために必要で有意義であるかという観点から決せられるべき事柄である」とした上，入会権が「村落において形成されてきた慣習等の規律に服する団体的色彩の濃い共同所有の権利形態であることに鑑み」，入会団体が権利能力のない社団に当たる場合には，「当該入会団体が当事者として入会権の帰属に関する訴訟を追行し，本案判決を受けることを認めるのが，このような紛争を複雑化，長期化させることなく解決するために適切であるからである。」と説示している。右の趣旨からすると，権利能力のない社団である入会団体に入会権の帰属に関する訴訟についての被告適格をも認めるとの立場に立っている。

(ウ)　しかし，「総有」概念は，前述のように，もともと入会団体のような前近代的な共同体の法律関係を説明するために作られた概念であり，権利能力なき社団の財産関係を説明するのに用いるのは適当でない（福地俊雄「法人に非ざる社団について」神戸16巻1・2号『法人法の理論』(1998) 所収329頁，四宮和夫＝能見善久「民法総則」第8版〉(2010) 153頁）。

さらに，入会団体の代表者に対する特別の授権の要否については，このような訴えの提起は入会権の処分にも匹敵するとして，訴えの提起には「入会権者全員の同意を要するものと解すべきであろうか」と疑問を提起するものがある（舟橋諄一・物権法453頁）。

最高裁判決（前掲平6・5・31）は，以下のような判断枠組みを提示したと解せられる。すなわち，
① 原告適格の問題とは区別し，
② 入会団体の代表者の訴訟追行についての権限の問題として位置付け，
③ 一方で，入会団体による訴訟の提起・追行に構成員全員の承認又は委任を要しない，
④ 入会団体の代表者として訴訟を提起・追行する者が真実の代表者であればよく，特別の授権は要する，と。

しかし，そもそも，この承認又は委任を原告適格の問題として位置付けているのか，最高裁判決は，代表者の権限の問題として位置付けているのか必ずしも明らかではない。これまで述べてきたように，この判決は，総有権確認訴訟についてであり，この判決を権利の力なき社団に一般化できるかは疑問である。それは，繰り返しになるが，この最高裁判決は，総有権確認請求訴訟についてされたものであり，確定判決の効力が入会団体の構成員全員に対して及ぶこと

から，①入会団体が敗訴した場合には構成員全員の総有権を失わせる処分をしたのと事実上同じ結果をもたらすことになること，②及び入会団体の代表者の有する代表権の範囲は，団体ごとに異なり，当然に一切の裁判上又は裁判外の行為に及ぶものとは考えられないこととの理由から，前記のような判断枠組みを提示したとも思われる。

(エ) 以上のような最高裁判例の分析からすると，入会という特殊形態の団体に関するものであり，慣習上等の特殊な事情の下に生じた入会ならびに入会権は，その所有形態も，意思決定の方法も，総有的であることは至極当然であるといえる。

以上の点を考慮するに，入会という団体が，いわゆる「権利能力なき社団」とは全く異なった存在であり，限りなく「法人」に近い存在であるといえるのではなかろうか。

(8) ま と め

権利能力なき社団の要件に関しては，これまで述べてきたように，さまざまな理論的対立が見られた。そして，この対立状態は，大きく分けると，2つの問題について生じている。第1に，権利能力なき社団の要件が明確であるか否かの問題，第2に，その要件が画一的に適用されるべきか否かという問題である。現在の傾向は，権利能力なき社団を絶対的・画一的な要件によってとらえることを疑問視し，その相対的適用，もしくは個々の効果を検討した上での各要件の抽出等を重要視している。

この問題に関する今日の状況は，権利能力なき社団を絶対的・画一的な要件によってとらえることを疑問とする。そして，その相対的適用，もしくは個々の効果を検討した上での各要件の抽出等を重要視しているといえよう。

また，財産帰属に関する，総有，合有，信託，単独所有の理論は，権利義務の法的保有者の問題を考えるためにだけ意義があり，持分や責任の問題は，個別的に団体の性質によって決定される，と考えねばならない。

以下，これまでの議論を踏まえつつ，本件壇信徒会のその実態を検証し，その法的性質について検討する。

(9) 壇信徒会について
(a) 壇信徒会の性格
では,「壇信徒団体」はどのような団体に当たるか。

法人設立の手続を経ていないから,民法上の組合か権利能力なき社団ということになる。今まで述べてきたように,従来の判例は,「団体としての組織をそなえ,そこに多数決原理が行われ,構成員の変更にもかかわらず団体そのものが存続し,しかしてその組織によって代表の方法,総会の運営,財産の管理その他団体としての主要な点が確定しているもの」をいうとしている（最判昭39・10・15民集18巻8号1671頁)。前述のように,判例・学説は,組合と社団とを対置して,権利能力なき社団としての保護を受けるためには,「社団としての実体」がなければならないと考えてきた。「〇〇壇信徒団体」には,「△△寺の管理保全」,「墓地の管理」等の事業を行う目的のもとで,多数決で重要事項を決定する「〇〇寺壇信徒会」が設けられており,代表者が選ばれ,また,壇信徒会において「〇〇寺」の財産として管理されている場合には,「社団としての実体」が存在するといえるので,判例のいう権利能力なき社団の要件は充たしているといえよう。

(b) 壇信徒会は非営利団体か,営利団体か
ところで,壇信徒会が権利能力なき社団であるとして,次の点に注意しておく必要がある。団体の事業範囲の問題である。団体の事業範囲に入る行為だけが「権利能力なき社団」の法理の適用を受けるからである。たとえば,壇信徒会が該当する寺の空き地を駐車場として整備しなした駐車場賃貸の収入は誰のものかであり,この点から,壇信徒会は,非営利の団体なのか,営利の団体なのか,という点である。

壇信徒会の事業は,その実態ならびに,規約等からみるに,その寺の管理保全であるから,利益の分配を目的とはしていない（したがって営利目的ではない),また,壇信徒会構成員相互の利益のための事業ということができ,いわば共益的な目的の団体ということができるといえよう。

3 銀行預金等の帰属者の認定について

(1) 預金者の認定について
預金取引は不特定多数の人間との間で大量かつ反復的に行われる取引である。

財産法の新動向　Ⅲ

　一般的に，銀行は預金証書（または通帳）と届出印章の所持人を預金者として取り扱っている。

　しかし，預金者は，税金対策等の理由から家族名義や架空名義で預金をすることも多い。また，預入に際して銀行に印章の届出がなされるのみで預金者の氏名・住所の届出を必要としない現在は新規受入れは行なっていない無記名定期預金のような預金もある。さらに，預金者みずからが預入行為（あるいは払戻行為）を行なうとは限らず，家族等の第三者にこれを行なわせることも日常的に行なわれているので，預け入れる金銭の出捐者と預入行為者と預金名義人がすべて異なることも十分あり得る。このような預金については，誰が真の預金者であるかを認定するのは非常に困難である（以下の記述については，主として，安永正昭「預金者の確定と契約法理」金融法の課題と展望161頁，前田庸「預金者の認定と銀行免責」新銀行実務講座第14巻61頁，高木多喜男『金融取引と担保』62頁等がある）。

(2)　預金者を認定する基準
　(a)　学説は，預金者が誰であるかを認定するための基準として，客観説，主観説，折衷説がある。

　客観説は，預入行為者が金員を横領して自己の預金とする場合を除いて，みずからの出捐により自己の預金とする意思をもって金融機関に対して本人みずからまたは代理人・使者を通じて使者・代理人等を通じて預金契約をした出捐者が預金者であるとする。

　主観説は，預入行為者が預入に際し他人が預金者であることを明示的または黙示的に表示するような特別の事情がないかぎり，原則として預入行為者が預金者であるとする説である。

　折衷説は，原則として客観説によるが，例外的に預入れ行為者が明示又は黙示に自己が預金者であることを表示したときは，預入れ行為者が預金者であるとする説である（榎本克巳「預金者の認定」裁判実務大系22巻13頁）。

　(b)　判例をみると，最高裁は，定期預金については，客観説を採用しているといえよう（最1小判昭32年12月19日民集11巻13号2278頁，本誌78号51頁，最3小判昭48年3月27日民集27巻2号376頁，判時702号54頁，最2小判昭52年8月9日民集31巻4号742頁，最3小判昭57年3月30日金法992号38頁）。

　しかし，無記名預金については，「無記名定期預金契約において，当該預金

の出捐者が，自ら預入行為をした場合はもとより，他の者に金銭を交付し無記名預金をすることを依頼し，この者が預入行為をした場合であっても，預入行為者が右金銭を横領し自己の預金とする意図で無記名定期預金をしたなどの特段の事情の認められないかぎり，出捐者をもって無記名定期預金の預金者と解すべきであることは，当裁判所の確定した判例」である（最3小判昭和48年3月27日民集27巻2号376頁）としている。

他方，記名式預金についても，XがY信用組合の職員の勧誘で，Y組合に自己の定期預金とするために出捐し，かねて保管中のAの姓を刻した印章をAが持参した定期預金申込書に押捺して，A名義による預入手続きをAに一任し，Xは預金証書を印章とともに所持していたが，Y組合はAの承諾を得てこの預金を解約し，Aに対する貸金と相殺した事案において，以下のような判断を最高裁は判示した。すなわち，

「記名式定期預金にあっては，名義の如何を問わず，また，金融機関が誰を預金者と信じたかに関係なく，預金を実質的に支配している者，換言すれば自己の出捐により自己の預金とする意思で自らまたは使者，代理機関を通じて預金契約をした者をもって預金者と認めるのが相当である」（最判昭和52年8月9日民集31巻4号742頁）。

他方，普通預金について，最高裁判例は存在しない。

(c) 学説は，普通預金は，いったん預金契約を締結し，口座を開設すると，以後預金者がいつでも自由に預入れ，払戻しをすることができる継続的取引契約であり，口座に入金があるたびにその額についての消費寄託契約が成立するが，その結果発生した預金債権は，口座の既存の預金債権と合算され，1個の預金債権として扱われるものである。このような性質を有する普通預金について，預金者を確定するに当たり，ある特定の時点での口座残金についてその出捐者を確定することは困難な場合があり，客観説を適用することについては違和感が指摘されている（雨宮啓・銀法549号29頁）。

(d) その後の判例においても，一般的に客観説を正面から採用したものはない。最2判平15年2月21日民集57巻2号95頁，ならびに最1判平15年6月12日民集57巻6号563頁があるが，両者において，事案は異なるが，判決文から客観説を採用したとは評価できないとの見解もある（最近のこの種の問題を扱ったものとして，福井章代「預金債権の帰属について」判タ1213号25頁以下。福井氏

財産法の新動向　Ⅲ

も同様に客観説を採用したものとはいえないと評している)。

　(e)　たしかに，銀行等の金融機関が預金の出捐者が誰であるかを確認するのは容易ではない。

　前掲最判平成15年6月判決は，「適法な弁護士業務の一環として債務整理事務の委任を受け，同事務の遂行のために，その費用として500万円を受領し，上告人甲野名義の本件口座を開設して，これを入金し，以後，本件差押えまで，本件口座の預金通帳及び届出印を管理して，預金の出し入れを行っていたというのである。このように債務整理事務の委任を受けた弁護士が委任者から債務整理事務の費用に充てるためにあらかじめ交付を受けた金銭は，民法上は同法649条の規定する前払費用に当たるものと解される。そして，前払費用は，交付の時に，委任者の支配を離れ，受任者がその責任と判断に基づいて支配管理し委任契約の趣旨に従って用いるものとして，受任者に帰属するものとなると解すべきである。受任者は，これと同時に，委任者に対し，受領した前払費用と同額の金銭の返還義務を負うことになるが，その後，これを委任事務の処理の費用に充てることにより同義務を免れ，委任終了時に，精算した残金を委任者に返還すべき義務を負うことになるものである。そうすると，本件においては，上記500万円は，上告人甲野が上告会社から交付を受けた時点において，上告人甲野に帰属するものとなったのであり，本件口座は，上告人甲野が，このようにして取得した財産を委任の趣旨に従って自己の他の財産と区別して管理する方途として，開設したものというべきである。これらによれば，本件口座は，上告人甲野が自己に帰属する財産をもって自己の名義で開設し，その後も自ら管理していたものであるから，銀行との間で本件口座に係る預金契約を締結したのは，上告人甲野であり，本件口座に係る預金債権は，その後に入金されたものを含めて，上告人甲野の銀行に対する債権であると認めるのが相当である」と判示している。

　この裁判例が，一般的基準を示したものとはいえないが，上記判決は，口座開設と通帳および印鑑管理者，口座名義人を基準に，この預金の帰属者を決定したといえ，最高裁がはじめて記名式預金についても原則として出捐者を預金者と認めるべきであるし，客観説を採用したといえよう。

　(f)　以上のように，預金債権の帰属について，学説ならびに判例をみていくと，○○壇信徒会名義での預金ではないとはいえ，口座開設と通帳および印鑑

管理者が，○○寺壇信徒会の代表者であったこと，また，口座名義人に代表者名義を添えていたことである場合，この預金の帰属者は，○○寺壇信徒会であると考えてよいと思われる。

4 おわりに

おわりにとして，まず，法人法の改革との関係を述べ，以上の議論をまとめた概略を記しておく。

現在，一般社団法人及び一般財団法人に関する法律が制定され（平成18年6月2日法律第48号），しかも，民法公益法人は残すものの，一般的には，新法による法人の設立，ならびに，移行が予定されている。それによると，いわゆる，民法法人では，公益性が要件であったが，新法ではこの要件は外され，公益認証制度を新たに設けられた（公益社団法人及び公益財団法人の認証等に関する法律・平成18年6月2日法律第498号）。また，民法法人が，主務官庁の許可を要件としていた（許可主義）のに対して，いわゆる準則主義を採用することとしている。

こうした，時代の流れからすると，本稿で述べてきた権利能力のない社団の問題が，すべてではないが，解消されるのではないかと想われるが，壇信徒会のような，その実態において，解明が不明な団体はどのように扱われるのかは，法人法の改正とは次元をことにした問題として残るのではないかと考える。ものと期待される。

なお，こうした壇信徒会も，新法による法人格の取得も可能といえよう。

*本論稿の元となったのは，ある宗教法人の壇信徒会にかかわる事件につき，筆者の意見書である。

28 民法（債権関係）改正における「代理権濫用」の明文化の検討の覚書

平山也寸志

1 はじめに
2 民法改正研究会の改正試案及び民法（債権法）改正検討委員会編「債権法改正の基本方針」の概観
3 法務省法制審議会民法（債権関係）部会の改正作業の概観
4 学説等
5 若干の検討
6 おわりに

1 はじめに

　民法（債権関係）の改正作業が法務省法制審議会「民法（債権関係）部会（部会長・鎌田薫早稲田大学総長）」において進行中である。本稿執筆時点での進行状況は、平成23年4月12日に部会第26回会議で決定された、「民法（債権関係）の改正に関する中間的な論点整理」[1]に対し団体、個人から寄せられた意見の概要が公表され[2]、審議が第二ステージへ移行しつつある状況[3]である。そして、第二ステージで中間試案の取りまとめを行う目標の時期は平成25年2月目途とされている[4]。本稿は、このような、審議が第二ステージに入りつつあ

---

(1) 「民法（債権関係）の改正に関する中間的な論点整理」（平成23年5月10日；補訂版6月3日）については、本稿3(2)(c)(i)で概観する。
(2) 代理の検討事項について寄せられた意見の概要は、法制審議会民法（債権関係）部会（以下、注記では「部会」と表記する）第35回会議（平成23年11月15日開催）の民法（債権関係）部会資料33-5にまとめられている。これは法務省ウエブサイト上で公表されている。本稿3(2)(c)(ii)で概観する。
(3) 部会第30回会議（平成23年7月26日開催）で、今後の手続きの進め方が議題になり、第30回会議から第二ステージの審議を開始したうえで、パブリック・コメント手続きの結果報告の際に、その時点ですでに、審議が行われていた論点について、補充的な審議をするという議事がされた旨、法務省ウエブサイト上で公表されている。
(4) 部会第30回会議（平成23年7月26日開催）の議事概要（法務省ウエブサイト上で

601

る時点での，代理制度の改正に関する学界からの改正試案，基本方針，提言等と法制審議会「民法（債権関係）部会」における代理制度に関する改正作業の状況，そして，これに対する学説，弁護士会等からの反応を概観し，現時点での若干の検討をすることを目的とする。

　このように，現在の民法（債権関係）の改正の動きを整理しておくことは，今後，わが国において代理理論の検討を進めていくためにも不可欠且つ有益なことであろう。他方，代理に関する検討事項は多岐にわたるが，紙幅は限られているので，代理制度の改正全体を広く本稿の対象とする事は困難である。そこで，わけても，「代理権濫用[5]の明文化」に関連する事項を主として検討の対象とし，代理制度に関するその他の事項の検討は他日に期したい。論題は，本稿執筆時点で，法制審議会「民法（債権関係）部会」での改正作業は完了していず，途中の段階であるので，「「代理権濫用」の明文化の検討の覚書」とする。

　記述の順序として，法制審議会に「民法（債権関係）部会」が設置（第一回会議：平成21年11月24日）される前の時期から今の民法改正に向けて様々な活動を行ってきた民法改正研究会の改正試案，民法（債権法）改正検討委員会の債権法改正の基本方針を概観（本稿項目2）し，続いて，「民法（債権関係）部会」設置後の部会における法務省ウエブサイト等で公表されている諸資料，すなわち，「民法（債権関係）部会」資料と部会の会議議事録，「民法（債権関係）の改正に関する中間的な論点整理」及びこの補足説明とこれに対して寄せられたパブリック・コメント，第二ステージにおける審議等を概観する（本稿項目3）。更に以上の，民法（債権関係）部会での改正作業等に対する学説，弁護士会からの反応を概観する（本稿項目4）。以上のように，民法改正をめぐる状況を概観，整理し，現時点での代理権濫用の明文化をめぐる若干の検討[6]をし（本稿

公表）参照。
(5) 代理権濫用は，例えば，債権取り立ての代理権を授与された代理人が，背任的意図をもって，自己の借金の弁済に充てる目的で債権を取り立てるような場合が一般的には念頭に置かれる。代理権濫用問題の概観については，平井一雄「代理権の濫用」法セ385号40頁以下（昭和62年）参照。また，法制審議会民法（債権関係）部会の委員，幹事の代理権濫用に関する研究として，松本恒雄「代理権濫用と表見代理」判タ435号18頁（昭和56年），道垣内弘人「利益相反行為と代理権の濫用」道垣内弘人・大村敦志『民法解釈ゼミナール親族相続』100頁以下（有斐閣，平成11年）などがある。
(6) 代理権濫用の明文化について，平成21年11月開催の中四国法政学会（第51回）

〔平山也寸志〕　28　民法（債権関係）改正における「代理権濫用」の明文化の検討の覚書

項目5），おわりにで本稿を締めくくる（本稿項目6）。

2　民法改正研究会の改正試案及び民法（債権法）改正検討委員会編「債権法改正の基本指針」の概観

　ここでは，法務省法制審議会民法（債権関係）部会で，平成21年11月24日に第一回会議が開かれる前の時期から現在の民法（債権関係）改正に向けて様々な活動を行ってきた民法改正研究会の改正試案及び民法（債権法）改正検討委員会の基本方針の代理権濫用の明文化に関する部分を概観する。

(1)　民法改正研究会の改正試案

　民法改正研究会（代表：加藤雅信（上智大学教授・弁護士））は平成17年10月に立ち上げられた。民法改正研究会は，幾つかの案を公表し，「民法改正　国民・法曹・学界有志案」に至っている[7]。公表された案につき，順次概観する。

(a)　『日本民法改正試案（仮案〔平成20年10月13日案〕）』（私法学会提示案）

　代理行為の要件および効果につき，現行99条1項および2項と同じ規定がこの試案の60条①および②として規定されている。その上で，代理権濫用に関する規定がこの60条③に新設されている。

　60条③：「代理人がその権限を本人の利益に反して自己または第三者の利益を図るために行使しても，代理行為の効力は妨げられない。ただし，代理行為の相手方がその事情を知り，または知らないことについて重大な過失があったときはこの限りでない。」[8]というものである。

　解説によれば，この条文案の趣旨は，次の通りである。すなわち，「……代理権濫用の問題につき，心裡留保の規定である現行民法93条ただし書を類推適用するという判例[9]が採用している構成が仮託的なものであることは，学界

　（於：海上保安大学校）の民法（債権法改正）に関するシンポジウムの際に意見を寄せた（シンポジウムの当日の配布資料『民法（債権法）改正に関する意見』に所収）。本稿は，これを基礎にして，改正に関するその後の諸資料の概観を加え，若干の検討をなすものである。

(7)　民法改正研究会の活動の概要については，民法改正研究会（代表・加藤雅信）編『法律時報増刊　民法改正　国民・法曹・学界有志案』はじめに（日本評論社，平成21年11月）に述べられている。

(8)　民法改正研究会／代表・加藤雅信『日本民法改正試案第1分冊』66頁以下，わけても68頁以下（有斐閣，平成21年10月）参照。

におけるほぼ共通した認識である。60条3項ただし書において第三者[10]の主観的要件を故意・重過失としていることについては，代理権の濫用的行使であっても権限の客観的範囲に含まれていることを考慮して，信義則違反説と同様に軽過失の相手方を保護すべきであるとする趣旨によっている。また，この規定を設けることは，代理権濫用＝無権代理説をとらないことを前提としている。なお，前段で紹介した判例は，相手方が代理人の真意を知り，又は知りうべきことを要求しており，文言上は軽過失まで要求したものとなっている。ただ，これらの判例における事案の実質は，いずれも相手方に悪意が認められるものであった。そこで，（新）60条3項ただし書では，その射程を重過失に限ることとした」[11]と。

(b) 『日本民法改正試案・仮案（平成21年1月1日案）』（平成21年新年案）

これは，(a)で概観した，私法学会提示案の改良版である。私法学会提示案と比較すると，代理行為の要件および効果に関する条文案が61条になったが，内容に変更は見られない。代理権濫用に関する61条3項も変更はない[12]。

この平成21年新年案に対する意見として，中舎寛樹教授は，「民法改正フォーラム・学界編―椿寿夫教授企画：全国，民法研究者の集い」における報告「改正案「法律行為」についての意見」において，代理の取り扱いについて，「……改正案では，むしろ，代理法の単純化，平準化が図られている。たしかに，規定の配列の整序は制度全体の見通しのよさに寄与しており，代理権濫用や自己名称の使用許可など新たな規定も設けられている。しかし，他方では，表見代理の三類型における相手方保護要件が同一とされ，……多くの問題のうち，立法化に熟しているものは何かの判断は微妙であるが，あまりに規定を単純化，平準化すると他人による法律行為の多様性と効果の相関関係を無視することになる。……」[13]と述べられる。

---

(9) 最判昭38年9月5日民集17巻8号909頁，最判昭42年4月20日民集21巻3号697頁が引用されている。民法改正研究会／代表・加藤雅信・前掲注(8)68頁＊21参照。

(10) 「第三者」とあるが，60条③項ただし書の文言は「…代理行為の相手方…」となっているので，「相手方」が正しいと思われる。

(11) 民法改正研究会／代表・加藤雅信・前掲注(8)68頁参照。

(12) 判例タイムズ1281号5，52頁（平成21年1月1日）参照。

(13) 中舎寛樹「Ⅲ民法改正フォーラム・学界編2―全国，民法研究者の集い 改正案「法律行為」についての意見」民法改正研究会（代表・加藤雅信）編・前掲注(7)10，37頁参照。

また,「Ⅴ民法改正フォーラム・実務家編　弁護士会との対話」において，早川尚志弁護士より，代理に関しては，「代理権濫用と代理権限踰越は，実務上，区別が困難であるところ，改正試案では，第三者が保護されるためには，代理権濫用の場合には善意のみで足りるのに対し，代理権限踰越の場合には善意無過失が要求されることになるが，主観的要件を統一すべきではないか」との疑問が呈されたが，これに対して，加藤教授は，「代理権授与の内容が不明確な場合に，代理権濫用か代理権限踰越かを判断することが困難であることはたしかであるが，結局，原則規定をどのように修正して適用するかが問題となる。原則規定を善意と善意無過失に分けるかどうかでなく，本人と第三者の両者のバランスを図ることが重要である」[14]と回答されている。

(c)　『日本民法典財産法改正　国民・法曹・学界有志案』
　　　（仮案・〔平成21年10月25日国民シンポジウム提出案〕）

代理行為の要件及び効果に関する条文は62条①および②になったが，これは，私法学会提示案，平成21年新年案と変わらず，現行99条1項，2項に同じとされている。

代理権濫用に関しては，この案では任意代理と法定代理の場合とを分けて規律する提案がなされている。すなわち，62条：③「代理人がその権限を本人の利益に反して自己または第三者の利益を図るために行使しても，代理行為の効力は妨げられない。ただし，任意代理にあっては，代理行為の相手方がその事情を知り，又は知らないことについて重大な過失があったとき，法定代理にあっては，代理行為の相手方がその事情を知り，又は知らないことについて過失があったときは，この限りでない」[15]という規律を提案している。

(d)　小　　括

私法学会提示案60条3項が，射程を重過失に限る根拠として，相手方にこの点につき悪意または重過失のない限り，法人において相手方に対し手形上の債務の履行を拒絶することができないというが，この見解は，当裁判所の採らないところである」と述べ，相手方の主観的要件を悪意・重過失とする見解をとらない旨，明言している。とはいえ，私法学会提示案の解説に，相手方の主

---

[14]　伊藤栄寿「弁護士会との対話」民法改正研究会（代表・加藤雅信）編・前掲注(7)96,99頁参照。

[15]　以上，民法改正研究会（代表・加藤雅信）編・前掲注(7)126頁参照。

観的要件を故意・重過失とするのは信義則違反説と同旨であり，代理権濫用＝無権代理説をとらないことを前提としていることが挙げられていることには注目されるべきであろう。

(2) 民法（債権法）改正検討委員会編「債権法改正の基本方針」

民法（債権法）改正検討委員会（平成18年10月7日発足，全体会議委員長：鎌田薫（早稲田大））は，民法（債権法）改正に関して，「債権法改正の基本方針」を平成21年3月末にとりまとめ，公表した(16)。以下では，代理権濫用の明文化に関係する限度で，内容を概観する。

(a) **任意代理と法定代理，代理の基本的要件について**

【1.5.D】で，「現民法と同様に，「代理」においては，任意代理と法定代理をあわせて規律し，必要に応じて，それぞれに特有の規律を定める」(17)と提案され，代理の基本的要件について，【1.5.24】「〈1〉代理人が本人の名で法律行為をする権限（以下「代理権」という。）を本人から与えられた場合（以下，この場合の代理を「任意代理」，この場合の代理権を「任意代理権」という。）または法律の規定によって有する場合（以下，この場合の代理を「法定代理」，この場合の代理権を「法定代理権」という。）において，代理人がその代理権の範囲内において本人の名ですることを示してした法律行為は，本人に対して直接にその効力を生ずる。

〈2〉〈1〉は，第三者が代理人に対してした法律行為について準用する。」(18)と提案されている。

(b) **代理権の濫用について**

【1.5.33】「〈1〉代理人が自己または他人の利益をはかるために相手方との間でその代理権の範囲内の法律行為をすることにより，その代理権を濫用した場合において，その濫用の事実を相手方が知り，または知らないことにつき重大な過失があったときは，本人は，自己に対してその効力が生じないことを主張できる。

---

(16) 「債権法改正の基本方針」は，別冊NBL/No.126（平成21年5月）に所収されている。本稿では，「債権法改正の基本方針」の内容の概観については，これに詳細な解説が付された，民法（債権法）改正検討委員会編『詳解・債権法改正の基本方針Ⅰ―序論・総則』（商事法務，平成21年9月）によった。

(17) 民法（債権法）改正検討委員会・前掲注(16) 179頁参照。

(18) 民法（債権法）改正検討委員会・前掲注(16) 184頁参照。

〈2〉〈1〉において，代理人が濫用した代理権が法定代理権である場合は，その濫用の事実を相手方が知り，または知らないことにつき過失があったときに，本人は，自己に対してその行為の効力が生じないことを主張できる。

〈3〉〈1〉〈2〉の場合において，第三者がその濫用の事実について善意であり，かつ，重大な過失がなかったときは，本人は，自己に対してその行為の効力が生じないことを主張できない。」[19]と提案されている。

（i）明文化の必要性として，まず，概ね「代理権濫用は，本人と代理人の内部関係において，代理人に忠実義務が認められるとすると（【3.2.10.04】），この忠実義務違反としてとらえられる」旨[20]解説され，代理権濫用は代理人の忠実義務違反であると位置付けられている。そして，忠実義務は，「あくまでも本人と代理人の内部関係における義務であり，代理権の範囲はそれとは別に客観的に確定されると考えるのが一般であるが，代理人が内部関係上の義務に違反しているかは，外部から容易にうかがいしれない場合が多く，そのような義務によって代理権の範囲が画されるとするならば，円滑な代理取引が害されるおそれがある。また，本人もみずから認めた行為が客観的に行われているのだから，その行為に対する責任を問われてもやむを得ず，代理人が背信的な行為をするリスクは，そのような代理人を選んだ本人が負担すべきである」旨[21]解説され，代理権濫用も有権代理であり，原則として本人にその効果が帰属するとされている。しかし，「代理人が内部関係上の義務に違反していることが外部からうかがいしれるような場合にまで，同様に考えるべき必要性はない」[22]とする。「このような場合には，背信行為をされた本人を代理行為の拘束から解放する可能性を認めてよい」[23]と，解説されている。

そして，代理人の忠実義務違反の行為については，利益相反行為に関する規定【1.5.32】[24]を置くが，利益相反行為は「行為の外形」から定型的・客観的

---

[19]　民法（債権法）改正検討委員会編・前掲注[16] 238 頁参照。
[20]　民法（債権法）改正検討委員会編・前掲注[16] 241 頁以下参照。受任者の忠実義務に関する【3.2.10.04】は，「受任者は，委任者のため忠実に委任事務を処理しなければならない」というものである（民法（債権法）改正検討委員会編『詳解・債権法改正の基本方針Ⅴ』97 頁（商事法務，平成 22 年 6 月）参照）。
[21]　民法（債権法）改正検討委員会編・前掲注[16] 242 頁参照。
[22]　民法（債権法）改正検討委員会編・前掲注[16] 242 頁参照。
[23]　民法（債権法）改正検討委員会編・前掲注[16] 242 頁参照。
[24]　民法（債権法）改正検討委員会編・前掲注[16] 226 頁以下参照。【1.5.32】（利益相反行

に判断され，この規定に該当せずもれる場合にも背信的な行為をされた本人を一定の限度で保護することを可能にするため代理権濫用に関する規定を新設する，旨解説されている(25)。

(ii) そして，効果の構成に関し，「代理権濫用の場合は，……それ自体としては有権代理であり，原則として本人にその効果が帰属すると考えられる。その上で，相手方の信頼を害さない限りにおいて，代理権濫用を理由に例外的に本人への効果帰属を否定しようとするわけであるから，これはまさに，効果不帰属主張構成と親和的である。そこで，本提案では【1.5.32】と同じく，所定の要件がそなわる場合に，「本人は，自己に対してその行為の効力が生じないことを主張できる」と定めることとしている」(26)と解説されている。

(iii) 効果不帰属の主張を認める要件については，まず第1に，「代理権の濫用」であるとされ，これは「代理人が自己または他人の利益をはかるために相手方との間でその代理権の範囲内の法律行為をすること」と定義されている。その趣旨は，現在の判例法理は，任意代理と法定代理の場合とを区別し，親権者の代理権濫用についてみられるように（最判平成4年12月10日民集46巻9号2727頁)，法定代理の場合に代理権濫用が認められる場合を限定的に解しているが，親権者をはじめ，法定代理人による代理権の行使にどれだけの裁量が認められるべきかは，それぞれの法定代理制度の趣旨によって異なりえ，代理権濫用を規定するにあたっては，そのような法定代理制度の趣旨による解釈を許容するような定め方をするのが望ましく，本提案はそのような解釈を許容する趣旨である旨，解説されている(27)。

為）は，「〈1〉代理人が次に掲げる法律行為をしたときは，本人は，自己に対してその行為の効力が生じないことを主張できる。ただし，代理人が当該行為をすることについて本人が許諾したとき，または本人の利益を害しないことが明らかであるときは，この限りでない。〈ア〉本人を代理してみずからと行為をすること 〈イ〉本人および相手方の双方を代理して行為をすること 〈ウ〉〈ア〉〈イ〉のほか本人と代理人またはその利害関係人との利益が相反する行為 〈2〉代理人が〈1〉の行為（〈1〉〈ア〉〈イ〉に該当する行為を除く。）をしたことについて，相手方が善意であり，かつ，重大な過失がなかったときは，本人は，自己に対してその行為の効力が生じないことを主張できない。〈3〉省略」というものである。

(25) 民法（債権法）改正検討委員会編・前掲注(16) 242頁参照。
(26) 民法（債権法）改正検討委員会編・前掲注(16) 242頁以下参照。
(27) 民法（債権法）改正検討委員会編・前掲注(16) 239，243頁以下参照。

(iv) 相手方の主観的要件について，提案【1.5.11】（心裡留保）[28]を手がかりにしている。すなわち，この提案は，「……表意者が真意を有するものと相手方に誤信させるため，表意者がその真意でないことを秘匿して行う狭義の心裡留保については，相手方が悪意のときに限り，意思表示の無効を認めることとしている……」が，「……代理権濫用の場合は，相手方からみれば，代理人は本人側に属する者であり，そのような者が背信的な意図を秘匿して代理行為を行なっているため，狭義の心裡留保に類する……」とし，「……93条類推適用説を前提として，【1.5.11】に即して考えるならば，相手方が悪意のときに限り，本人は効果不帰属の主張を行える……」とする。そして，「これは，代理人に対しては，通常，本人のコントロールを期待することができ，本人は代理人の行為によって利益を得ている以上，その背信的行為によるリスクは本人が負担すべきであるという考え方に基づく」[29]と述べられている。その上で，「…代理権濫用の場合は，狭義の心裡留保の場合と異なり，本人がみずから相手方を誤信させる行為をしているわけではない。このような本人との関係では，少なくとも濫用の事実について善意であっても，重大な過失のある相手方は，本人による効果不帰属の主張を否定できると考えるべきではない」[30]と述べ，重過失ある相手方を保護しない態度を示す。

法定代理について，「……本人は，みずから代理人を選んでいるわけではなく，代理人をコントロールすることも期待できない以上，その背信行為のリスクを負担するのが原則であるとはいえない……」ので任意代理と同様に考えることはできないが，「……代理権濫用の事実を相手方がまったく知りえなかったような場合にまで本人を保護することは，内部的義務によって代理権の範囲が画されている──しかも表見代理も認めない──と考えることに等しく，相手方をいちじるしく不安定な地位に置くことになる…」ので，「法定代理の場合でも，少なくとも相手方に過失があるときに，本人の保護，つまり，効果不帰属の主張を認めるべきである」[31]として，前掲の提案〈2〉を行った旨，解説さ

---

[28] 心裡留保【1.5.11】については，民法（債権法）改正検討委員会編・前掲注(16) 91頁以下参照。
[29] 民法（債権法）改正検討委員会編・前掲注(16) 244頁参照。
[30] 民法（債権法）改正検討委員会編・前掲注(16) 244頁参照。
[31] 以上，民法（債権法）改正検討委員会編・前掲注(16) 244頁以下参照。

れている。

(v) 第三者の保護につき，効果不帰属主張構成を採用し，代理行為の効果は本人に帰属することを原則とし，第三者の信頼保護は善意取得，94条2項類推適用法理などの一般法理に委ねられず，「……この問題は【1.5.32】で述べたように，第三者の側からみれば，本人側の内部的な事情を理由に効果不帰属の主張が認められることになるため，意思表示の無効・取消しに関する問題と同様の問題としてとらえることができる」とし，非真意表示・狭義の心裡留保・虚偽表示については，善意の第三者保護であるが，代理権濫用の場合も，第三者からみれば，代理人は本人の側に属する者であり，そのような者が背信的な意図を秘匿して代理行為を行なっている以上，この系列に属すると考えるべきであり，「第三者の保護要件として，善意に加えて無過失まで要求することはできない……」が，「代理権濫用の場合は，本人自身は知りつつそのような行為をしたわけではないため，重大な過失のある第三者」は保護されない旨，解説されている[32]。

(vi) 以上の提案に対し，伊藤進説から，代理権濫用と利益相反行為の規律のすみわけに関する提案，効果に関する「効果不帰属構成」案などは適切であると賛意を表されている（本稿4⑴(e)参照）一方で，代理権濫用は，内部関係における忠実義務違反としながら「心裡留保」規律を用いていること（本稿4⑴(c)参照）及び転得者等の第三者に関する提案が，意思表示の無効・取消に関しての第三者の規律と同様の問題と捉えて提案していることは妥当でない（本稿4⑴(f)参照）とされ，新たな見解が示されている（本稿4⑴参照）。また，他の論者からは，効果としての，効果不帰属主張構成の提案に対して，判例法の考え方を重視すべきで，当該行為を無効とするべきである旨，そして，要件について任意代理の場合であっても相手方が悪意又は有過失の場合に本人を保護すべきであり，また，第三者保護要件について，判例法理の94条2項類推適用の考え方を重視し，善意「無過失」を要件とすべき旨の反対意見が示されている[33]。

---

[32] 以上，民法（債権法）改正検討委員会編・前掲注[16]245-246頁参照。
[33] 東京弁護士会法友全期会債権法改正プロジェクトチーム編『債権法改正を考える〜弁護士からの提言〜』61頁以下（第一法規，平成23年）参照。また，条文案として，この書で，「1．代理人が自己又は第三者の利益を図るために相手方との間でその代理権の範囲内の行為をすることにより，その代理権を濫用した場合において，その濫用の事実を相手方が知り，又は知らないことにつき過失があったときは，代理人の意思表示は，

(3) 小　括

　ここでみた，民法改正研究会の改正試案（国民・法曹・学界有志案）と民法（債権法）改正検討委員会編「債権法改正の基本指針」の代理権濫用に関する部分の異同等について整理すると以下のようである[34]。すなわち，両者とも，代理権濫用は有権代理であることを出発点とする。また，両者とも，任意代理と法定代理とを分け，任意代理では本人の不利益において自己又は第三者の利益を図り代理人が代理権を行使しているという事情または濫用の事実につき相手方に重過失ある場合に本人を保護する。重過失とする根拠は，それぞれ異なる。前者は，信義則違反説と参照する最高裁の判例を手がかりにし，後者は，狭義の心裡留保の規定を手がかりにする。法定代理については，いずれも，相手方に過失があれば，本人を保護する。前者においてはその根拠は不明であるが，後者においては，法定代理の場合，代理人の選任責任がなく・コントロールも期待できないことと相手方保護が根拠として挙げられている。更に，前者にあっては，代理行為の相手方からの転得者（第三者）保護について不明であるのに対し，後者では，重大な過失がない第三者に対して本人は保護されない旨の基本方針が示されている。そして，効果の構成に関し，前者は，信義則違反説に賛意を表し，無権代理説をとらないことを前提としている。後者は，「効果不帰属主張構成」をとる旨を明言する。

3　法務省法制審議会民法（債権関係）部会の改正作業の概観

　ここでは，法務省法制審議会「民法（債権関係）部会」の審議にあたり配布され，法務省ウエブサイト上で公表されている「民法（債権関係）部会」資料と部会の会議議事録，「民法（債権関係）の改正に関する中間的な論点整理」とこの補足説明，中間的な論点整理に対する団体，個人からの意見の概要，第二ステージでの審議の議事録等を概観する。

　　無効とする。2　前項の規定による意思表示の無効は，第三者が善意かつ過失のない第三者に対抗することができない」という規定を新設すべきと提言している。

[34]　両者の整理については，既に，臼井豊「代理権濫用法理に関する序章的考察――ヴェダー（Vedder）による「本人の利益状況」分析アプローチを中心に――」立命館法学329号44頁以下（2010）でされているが，本稿でも両者の客観的な整理という観点からする。

財産法の新動向　Ⅲ

(1) 判例等を踏まえた明確化の方向

　平成21年10月28日開催の法制審議会第160回会議で，法務大臣からの民法（債権関係）の改正に関する諮問（第88号）を受け，法制審議会総会で，「民法（債権関係）部会」（以下，本稿では「部会」と表記する）を設置することが決定された[35]。部会第1回会議で，民事局長の原委員より民法関係の諸規定につき，その内容を社会・経済の変化に対応させるとともに判例法理を踏まえて規定を明確化し，民法を国民一般に分かりやすいものとするなどの観点から，国民の日常生活や経済活動にかかわりの深い契約に関する規定を中心として早急に見直しを行う必要性が述べられている[36]。

　そして，部会第1回会議での部会資料2「民法（債権関係）の改正検討事項の一例（メモ）」に31の検討事項が示されているが，その05に代理権の濫用が挙げられている。すなわち，「代理人がその代理権を濫用して自己または他人の利益を図る行為をした場合については，現行法上，特段の規定は設けられていないものの，判例は，心裡留保に関する民法第93条ただし書を類推適用することにより，一定の場合に背信行為をされた本人の保護を図っている。このように，条文から容易に導くことはできないが実務的に確立している重要な判例法理については，できる限り条文に明記する方向で検討する必要があるのではないか」[37]というものである。このように，部会における代理権濫用の明文化の発端は，実務的に確立している重要な判例法理を条文に明記することにより，国民一般に分かりやすいものとするということにある。

　そして，部会第2回会議（平成21年12月22日開催）で，部会資料4に基づき「判例法理等を踏まえた規定の明確化について」の部分につき筒井幹事により説明がなされた。その際，錯誤の効果と代理権濫用の場合を対比すると，条文の情報量が増えることと「分かりやすい民法」との緊張関係というテーマでは，両者は異なり，代理権濫用のところは，確立された判例法理であるが，現行法にはない規律なので，新しい条文を一つ書き下ろすことになるので，「……代

---

[35] 法務省法制審議会民法（債権関係）部会設置の状況については，法務省ウェブサイト上で公表されている。部会第1回会議議事録1頁以下（商事法務編『民法（債権関係）部会資料集第1集〈第1巻〉』5頁（商事法務，平成23年8月））参照。

[36] 部会第1回会議議事録1頁参照（商事法務編・前掲注[35]5頁以下参照）。

[37] 部会資料2（2頁）（商事法務編・前掲注[35]358頁）参照。部会資料は法務省ウェブサイト上で公表されている。

理権の濫用について明文規定を新設することが支持されるのかどうか，このあたりの感触が……」[38]尋ねられている。

これに関し，野村委員は，概ね，「確立された判例法理という概念は，非常にあいまいなところがあり，こういう考え方自身には大きく反対ではないが，こういう形で条文を変えていくと，従来の反対説，あるいは少数説を切り捨てることになるが，判例は，場合によっては変更されるという可能性もある。今後の解釈の変更を封ずるのがいいのかどうかということで，条文として議論するときに慎重に議論していただきたい。……」[39]旨の見解を示され，また，「判例は，現行法の枠に縛られた議論であるが，立法による合理化・刷新も考えた検討も念頭に置いて議論すべき」（松岡委員）[40]，「……一般論として，出発点として確立された判例法理を分かりやすい形で提示をするようなたたき台が出てくるのはよいのではないか」（道垣内幹事）[41]，「判例法理があり，それで実務が動いているという現実を踏まえる必要があり，その上で，そのとおりで本当によいのをここで改めて議論すべきであり，いずれにしても，そのかぎりで，判例法理を無視することはできない。それを確認しておけばよいのではないか……」（山本（敬）幹事）[42]等の見解が示された。

以上のような意見を踏まえ，鎌田部会長は，「この部分では，判例法理等を踏まえて明確化する方向というのはあり得る方向である。事務当局としては，確立した判例法理というものがあるとすれば，それを一つの手掛かりにして，こういうものが考えられるという素案を作る。しかし，それに我々が従う必要は別にないというようなことは御確認いただけたのだろうと思います……」[43]と述べている。

---

[38] 部会第2回会議議事録42頁（商事法務編・前掲注[35] 94頁以下（部会資料4（7頁）は381頁））参照。
[39] 部会第2回会議議事録42頁（商事法務編・前掲注[35] 95頁）参照。
[40] 部会第2回会議議事録42頁以下（商事法務編・前掲注[35] 95頁）参照。
[41] 部会第2回会議議事録43頁（商事法務編・前掲注[35] 96頁）参照。
[42] 部会第2回会議議事録44頁（商事法務編・前掲注[35] 97頁）参照。
[43] 部会第2回会議議事録45頁（商事法務編・前掲注[35] 98頁）参照。

(2) 代理権濫用に関する改正作業の概観

(a) 部会資料「民法（債権関係）の改正に関する検討事項(8)」の概観

部会第 12 回会議（平成 22 年 7 月 20 日開催）での代理権濫用に関する審議は部会資料 13-2「民法（債権関係）の改正に関する検討事項詳細版」に基づき行われたが，この代理権濫用に関する部分（89 頁以下）[44]を概観すると以下のとおりである。

まず，「現行民法には，代理人がその代理権を濫用して自己又は他人の利益を図る行為をした場合についての直接的な規定は存在しないが，判例は，心裡留保に関する民法第 93 条ただし書を類推適用して，本人は悪意又は過失のある相手方に対して無効を主張することができるものとすることにより，背信行為をされた本人の保護を図っている。そこで，このような判例法理に従って代理権の濫用に関する規定を新設することが考えられるが，学説上は，単なる過失があるに過ぎない相手方まで保護されないというのでは取引の安全が害されるとして，悪意又は重過失のある相手方に限って，代理行為の効果が本人に帰属することを主張することが許されないと解すべきだとの見解が有力であり，このような見解に沿って規定を設けるべきであるとの考え方が提示されている。このような考え方について，どのように考えるか。」と，検討事項が示されている。

そして，（補足説明）が付されているが，そこでは，代理権濫用の問題の所在と，判例，学説の状況が示された後，「立法提案としては，代理権の濫用について悪意又は重過失の相手方を保護しないことを原則としつつ，法定代理の場合には，単なる過失があるに過ぎない相手方であっても保護しないとする考えが提示されている（参考資料 1［検討委員会試案］・49 頁，参考資料 2［研究会試案］・

---

[44] 部会資料 13-2 の 89 頁以下は，商事法務編『民法（債権関係）部会資料集第 1 集〈第 3 巻〉』387 頁以下（商事法務，平成 23 年 11 月）に所収されている。この検討事項について，大阪弁護士会から意見書が出されている（大阪弁護士会編『民法（債権法）改正の論点と実務〈上〉——法制審の検討事項に対する意見書』867 頁以下（商事法務，平成 23 年））。これによれば，規定を設けることに賛成で，代理権濫用に関する規定を設けるに際しては，任意代理の場合と法定代理の場合とを区別して規定すべきであるが，任意代理の場合の相手方の信頼要件として，「重過失」とする点については，現行民法と異なる立場を採用することになるし，あまりに本人に酷ではないか疑問が残ることを理由に慎重な検討を要するという旨の意見が付されている。更に，福岡弁護士会からも意見が出されているが，これについては，本稿 4(3)で取り上げる。

126頁)。このような考え方について，どのように考えるか。」と，本稿2で概観した，前掲の改正試案及び債権法改正の基本方針を示しつつ，述べられている。

そして，【関連論点】として，代理権濫用の効果について，「効果不帰属主張構成」を採用し，この考え方から善意無重過失の第三者に対して本人は効果の不帰属を主張できないことになるという「債権法改正の基本方針」の提案の考え方をどのように考えるか，と述べられている。

更に，(比較法)としてフランス民法草案(カタラ草案1119−3条と司法省草案41条)が示されている。

(b) 部会第12回会議(平成22年7月20日開催)における審議の概観[45]

(i) 審議の状況

概ね以下のとおりである。

① まず，利益相反行為と代理権の濫用について，山本(敬)幹事は，概ね次のような意見を述べられている。すなわち，どちらも，本人と代理人との間の内部的な義務違反であるという意味で共通した側面を持ち，関連論点の「利益相反行為の効果」や「代理権濫用の効果」につき，原則として代理行為の効果は本人に帰属するが，本人がそうした内部的な義務に違反して代理権が行使されたことを理由に，その代理行為の効果は，自分には帰属しないという主張を認めるという構成がこの場合に適合的であるという旨の見解を示される。その上で，相手方保護要件について，前掲の部会資料13−2の89頁を示し，判例の93条ただし書類推適用の考え方を基礎として，93条について非真意表示と狭義の心裡留保を区別する考え方[46]を支持して，代理権濫用の場合は，相手方からみて代理人は本人側に属する者であり，そのような本人側に属する者が背信的な意図を隠して代理行為を行っていることになるので，狭義の心裡留保に対応し，相手方悪意が要求される旨の見解を示される。ただし，心裡留保の類推で考えるとしても，代理権濫用の場合は，背信的行為をしているのは代理人自身であって，本人自身ではなく，一種の被害者でもある本人との関係では重過失がある相手方は保護されない旨の見解を示される。また，法定代理につい

---

[45] 部会第12回会議議事録59-61頁(商事法務編・前掲注[44]147-150頁)参照。

[46] 部会第10回会議議事録26頁以下(商事法務編『民法(債権関係)部会資料集第1集〈第2巻〉』230頁以下(商事法務，平成23年))参照。

ては，なお，検討の余地が残っていることを指摘する（部会第12回会議議事録59頁以下参照）。

② 相手方保護要件について，部会資料13-2の検討事項で示されている悪意・重過失説に反対する見解が示されている。すなわち，高須幹事は，規定を設けることに賛意を表するが，従前民法93条ただし書で判例上，善意・無過失という形で処理してきており，必ずしも，取引の安全が害されているかというとそうでもないという認識のあること，代理人に裏切られる人が結構いて，本人側にとっても結構気の毒という印象があり，帰責事由は本人側にそれほど大きくはないことなどから，善意・無過失というところでバランスをとってもよい旨の意見を述べている（前掲議事録59頁参照）。岡委員も，代理権濫用と利益相反行為の効果のところでは，従前の無過失でそう問題は生じてなく，悪意・重過失のように取引の安全をそこまで広げなくてよく，本人と代理人の関係もいろいろあるので，一律広げ，悪意・重過失にすることに反対する旨の意見もかなり強くあり，弁護士会の意見は真っ二つに分かれている旨の意見を表明する（前掲議事録60頁以下参照）。

鎌田委員長は，相手方保護要件につき，従来の判例で実際に軽過失の例はあるかという旨の質問を発し，これに対し，高須幹事は，「過失が問題になって，その過失が軽過失だったということは経験したことはあるが，それが一般的かというと，ただ1回のことで，あまり数としてそうだということまではいえない」旨の回答をされている（前掲議事録61頁参照）。

③ 第三者保護規定について，高須幹事が，規定が必要であり，転得者で保護されるべき第三者は善意・無過失の第三者といった形で調整を図っていくべき旨，意見を示されている（前掲議事録59頁参照）。

(ⅱ) 若干の検討　山本(敬)幹事の，相手方保護要件及び効果についての見解は，本稿2(2)で概観した，民法(債権法)改正検討委員会編の「債権法改正の基本方針」で示された提案と同趣旨のものであると解される。

また，本人について，代理人に裏切られ，気の毒な場合のように，本人側に帰責事由が大きくないことが指摘されて，重過失説に反対する意見（高須幹事）があるが，これについては，代理人に対する監督義務違反があるなど，代理権濫用惹起につき本人側にも大きな帰責性がある事案が生ずることも想定されうることを指摘しえよう。本人と相手方（又は第三者）双方に帰責性がある場合は，

「過失相殺的処理」の問題へと帰着しうる（本稿5(2)参照）。

(c) 『民法（債権関係）の改正に関する中間的な論点整理』の概観

（i）「民法（債権関係）の改正に関する中間的な論点整理のたたき台(3)」（部会資料23）が公表され，部会第23回会議（平成23年2月8日開催）の審議[47]を経て，『民法（債権関係）の改正に関する中間的な論点整理』（平成23年5月10日；補訂版6月3日）が公表された[48]。代理権濫用の明文化については，以下のとおりである。すなわち，「判例は，代理人がその代理権を濫用して自己又は他人の利益を図る行為をした場合に，心裡留保に関する民法第93条ただし書を類推適用して，本人は悪意又は過失のある相手方に対して無効を主張できるものとすることにより，背信行為をされた本人の保護を図っている。このような判例法理に基づき代理権の濫用に関する規定を新設するかどうかについては，代理行為の効果が本人に及ばないのは相手方が悪意又は重過失のある場合に限るべきであるなどの見解があることも踏まえつつ，規定を新設する方向で更に検討してはどうか。また，代理権の濫用に関する規定を新設する場合には，その効果についても，その行為は無効となるものとする案や，本人は効果の不帰属を主張することができるものとする案などがある。そこで，これらの案について，相手方からの転得者等の第三者の保護をどのように図るかという点も含めて，更に検討してはどうか【部会資料13-2第3，2(7)[89頁]，同（関連論点）[90頁]】」と，これまでの議事の概況等が，『民法（債権関係）の改正に関する中間的な論点整理の補足説明』（平成23年5月25日；補訂版6月3日）[49]で示されつつ，述べられている。

---

[47] 代理権濫用については，山本（敬）幹事より，効果について，本人の効果の不帰属を主張することができるものとする案を採用する場合には，転得者などの第三者が出てきたときの主観的要件について明文で定める必要があるという追加の論点の指摘があった（「部会第23回会議議事録」14頁以下参照）。これが，部会資料26（97頁以下）に反映され，部会第26回会議（平成23年4月12日開催）で審議を経て（部会第26回会議議事録を見る限り，代理権濫用についての意見はみられなかった），「民法（債権関係）の改正に関する中間的な論点整理」となった。

[48] 法務省ウエブサイト上で公表されている（NBL953号付録105頁（平成23年5月）及び商事法務編『民法（債権関係）の改正に関する中間的な論点整理の補足説明』278-279頁（商事法務，平23年6月）に所収）。

[49] 法務省ウエブサイト上で公表されている（商事法務編・前掲注[48] 279頁所収）。

(ⅱ) パブリック・コメントの概要

この中間的な論点整理に寄せられたパブリック・コメント（実施期間は平成23年6月1日から同年8月1日まで）の概要が公表されている[50]。部会資料33-5の288頁から293頁に代理権の濫用に関する27の意見が羅列されている。「民法（債権関係）の改正に関する中間的な論点整理」に即して，以下に整理[51]すると，概ね，以下のようになろう。

① 明文化については，公表されている意見を見る限りでは，賛意を表するものが多数であり，明文化の必要がないというのは2件であった。

② 相手方保護要件について，悪意・重過失ある場合に限定することについて，意見は一致せず，軽過失とすべき意見も多数ある。任意代理と法定代理など類型化する意見も複数ある。注目すべき意見として，軽過失説，重過失説いずれとも明言せず，任意代理人または法定代理人が代理権を濫用して法律行為をした場合，相手方が，代理人の真意を知り又は知ることができる状態にあった場合に，本人が保護されることができるとするものがある（福岡弁）。また，法定代理・任意代理を問わず，本人が代理人の監督を十分にできる場合と本人が未成年者や意思無能力者など代理人の監督が困難である場合とを分ける立場もある。そして前者の場合，相手方は善意無重過失の場合に限って保護されるとする。そして，「各種法人制度の多様化，高齢化社会の進行による成年後見

---

[50] 部会資料33-5（288頁以下）参照。なお，「民法（債権関係）の改正に関する中間的な論点整理」が決定された部会第26回会議（平成23年4月12日開催）後，第27回会議（6月7日開催），第28回会議（6月21日開催），第29回会議（6月28日開催）において，関係団体からのヒアリングが実施されている。これらの中で，代理権濫用に関係するのは，部会第29回会議での日本弁護士連合会（消費者問題対策委員会）のヒアリングの参考人説明資料としての，日本弁護士連合会（消費者問題対策委員会）説明資料「民法（債権関係）の改正に関する中間的な論点整理に対する意見書～消費者の観点から～」（97頁参照）である（法務省ウエブサイト上の部会第29回会議の「議事録等」の資料として公表されている）。これは，その題目を見ると，中間的論点整理に対する意見書である（なお部会資料33-5（292頁）参照）。

[51] 法務省ウエブサイト上で公表されたパブリック・コメントの概要は，寄せられた意見の要約であり，その要約が必ずしも適切でない可能性が指摘されている（部会第35回会議録1頁参照）。原資料ではなく，要約を参考にして，紙幅の制約もあり一定の観点から更に要約しつつ整理しているにすぎないことを予めお断りしておく。また，法務省ウエブサイト上で用いられている略称をそのまま用いるが，団体名等は，部会資料33-1を参照。

制度の利用増加など，現代社会においては代理の態様も様々なケースが考えられるため，相手方の保護要件についてはそれぞれの事案に応じてできるだけ柔軟な解釈が可能となるような規定ぶりにするという考え方を検討すべき」とする（青司協）。なお，善意・無重過失とすることに相応の合理性があるが，民法レベルの問題であることを踏まえ，なお慎重に検討すべき旨のものがある（愛知県弁）。

③　効果については，効果不帰属主張構成説に賛意を表する意見が複数寄せられているが，無効説，無権代理説，抗弁説の存在も示されている。注目すべき意見として，「無権代理となるものとするか，効果不帰属とするかにつき，具体的な差異を意識して検討するのが相当とする意見，抗弁とする場合には，当該主張の法的性質や要件を明確にすべきとする意見があった」旨のもの（最高裁）がある。

④　転得者保護については，意見の表明は少数であり，転得者等の第三者の保護について「重過失」と規定することに賛意を表する意見（大阪弁），第三者保護については民法94条を準用する旨，明文化すべきとする意見（福岡弁），民法93条における議論を参照しつつ，代理権濫用をされた本人と心裡留保の表意者とは要保護性（帰責性）が異なることに留意しつつ，今後さらに検討するべきとする意見（東弁）がある。

ここでは省略させていただくが，他の論点についての意見も表明されている。

⑤　公表されたパブリック・コメントについての審議が，部会第35回会議（平成23年11月15日開催）でなされているが，審議に先立つ関係官からの説明の際，代理権濫用に関する説明はなく，代理権濫用に関する意見についての審議も見あたらない[52]。

なお，一般論として，パブリック・コメントと大学紀要，雑誌論文等の媒体に載せられた意見との関係につき，優劣関係はなく，同等であり，また，パブコメで多数だから少数説を切ってよいということにはならないと思うという旨の発言が，道垣内幹事よりなされている[53]。

(d)　第二ステージの審議の概観

審議は，第二ステージへ進み，部会第33回会議（平成23年10月11日開催）に

---

[52]　部会第35回会議議事録19頁以下参照。
[53]　部会第35回会議議事録35頁参照。

財産法の新動向 Ⅲ

おいて部会資料29（部会第31回会議（平成23年8月30日開催）で配布。法務省ウェブサイト上で公表）に基づき，代理権濫用についても審議されている。なお，パブリック・コメント手続きの結果報告の際に，その時点で第二ステージの審議が行われていた論点については，補充的な審議をすることとされている（部会第30回会議議事概要の1参照）。本稿3(2)(c)(ⅲ)⑤でみたように，パブリック・コメントについての審議が部会第35回会議（平成23年11月15日開催）で行われている。この第二ステージでの審議は日程的に，パブリック・コメントについての部会への報告及び審議が前提とされていないと解されるので，代理権濫用については，補充的な審議が行われるものと思われる。

　(ⅰ) 部会資料29（67頁以下）の概要は以下の通りである。すなわち，明文の規定として，【甲案】「代理権濫用行為は，相手方が代理権濫用の事実につき悪意又は有過失であるときは，その法律行為が無効とされる旨の規定を設けるものとする。」

　【乙案】「代理権濫用行為は，相手方や第三者が代理権濫用の事実につき悪意又は重過失であるときは，本人は相手方や第三者に対して効果不帰属の主張をすることができる旨の規定を設けるものとする。」という両案が提案されている。

　（比較法）として，フランス民法改正草案（カタラ草案）第1119-3条，フランス民法改正草案（司法省2008年草案）第41条，フランス民法改正草案（司法省2009年草案）第35条が示されている。

　（補足説明）として，概ね，甲案は代理権濫用行為の効果について，判例法理（無効構成）に基づく提案であり，乙案は，代理権濫用行為は，有効な法律行為として本人に効果帰属することを原則とする見解に基づき，相手方や第三者の主観的態様によって，本人が相手方や第三者に対して効果不帰属の主張をすることができるとする考え方（効果不帰属主張構成）に基づく提案である旨，述べられている。

　無効構成（甲案）からは，第三者の保護は，民法94条第2項の類推適用や同法192条の即時取得等の既存の制度によることが想定されるが，本人が相手方の悪意又は重過失を主張立証した場合に限り代理権濫用行為を無効とする考え方もありうると述べられている。効果不帰属主張構成（乙案）からは，第三者については，本人が相手方の悪意又は重過失を主張立証した場合にのみ本人は

第三者に対して効果不帰属の主張をできるとしつつ，その場合にも，第三者が自己の善意かつ無重過失を主張立証したときは本人は第三者に対して効果不帰属の主張をすることができないものとすることが提案されている旨，述べられている。その理由として，ⅰ代理権濫用の事実は，代理人が本人の利益のために行動する義務に違反したという内部的な事情に過ぎないこと，ⅱ本人自身が代理権濫用行為をしたわけでないこと，ⅲ代理権濫用行為に当たるかどうかは，外形的・定型的・客観的に判断しえず，これを容易に認識しうるとは言い難いことなどが挙げられている，旨，述べられている。第三者の保護規定が必要となるのは，効果不帰属主張構成のもとでは，代理権濫用行為であっても原則として本人に効果帰属するため，民法第94条第2項の類推適用などの既存の制度が働くなるためである旨，述べられている。なお，乙案の下では，特に制限行為能力者の法定代理人による代理権濫用に関し，本人が代理人を選任したのでなく，また，法定代理人に対するコントロールを期待し難いので，本人保護のための相手方や第三者の主観的態様を「悪意又は有過失」とすべきか，検討する必要があると述べられている。

(ii) 審議の概要

金関係官により，部会資料29(7)「代理権濫用」について，概ね，「規定を設けること自体にはおおむね異論がないと思うが，甲案，乙案いずれを採るかという問題と，相手方又は第三者の主観的要件をどのように定めるかという問題は，論理的にはそれぞれ独立したものであり，相互に連動するものではなく，その点にも留意しつつ御審議いただきたい」旨の説明がなされている（部会第33回会議議事録22頁参照）。

この審議では，第1読会（一巡目）における審議（部会第12回会議（平成22年7月20日開催）（本稿3(2)(b)参照））よりも多くの意見が出されている。規定を設ける点については概ね賛意が表されている（山本(敬)幹事（前掲議事録33頁参照），高須幹事（34頁参照），中井委員（35頁参照））。その他の問題について審議の中から，①甲案側の意見，②乙案側の意見，③相手方又は第三者の主観的要件の問題についての意見，④その他と分けて意見をとり出し，以下に整理して概観する。

① 甲案側の意見

効果につき，中井委員が，弁護士会の多くの意見としては，従来，代理に関連しては多くの裁判例があり，それで実務は動いていて，それに変更を加える

必要性があるかが基本的な背景にあり判例法理の明文化で足りるとされ，無効構成に賛意を表され，第三者保護は94条2項の類推適用で対応可能というのが多くの意見であると述べられる（前掲議事録35頁参照）。

また，岡委員から，甲案に関し，「「無効」は，効果不帰属ということか，その場合は，無権代理になり，表見代理の問題も起きうるのか，相手方が悪意・有過失である時のみ効果不帰属なので，第三者の保護を94条2項等で考えればよいという整理になるのか」という旨の発言があり，これに関して，高須幹事は，「今までの判例法理の枠組みは，無権代理構成にした上で，94条2項という構成であった」旨の理解を示されている（前掲議事録35頁以下参照）。

② 乙案側の意見

山本(敬)幹事が部会第12回会議の際に表明した見解（部会第12回会議議事録59-60頁，本稿3(2)(b)(i)参照）と同旨の見解を示して，乙案に賛意を表している。また，この案では，第三者から本人に対し，一定の請求がきたときに，代理人が相手方とした代理行為の効果は本人には帰属していないという本人の側の主張の可否が問題になり，このときに，相手方の主観的態様に照らして効果不帰属の主張ができるか，更に第三者の主観的要件も考慮して，効果不帰属の主張ができる場合，できない場合が出てくるかという問題があるが，そこを外観法理の問題として処理する考え方はありそうだという見解を示されている（部会第33回会議議事録39頁以下参照）。

乙案に関する意見として，松岡委員から，代理権濫用について問題になるのは，原則として代理行為の当事者間のみであって，第三者の問題は一般的な無権利者からの転得者保護の問題として整理しておかしくない旨の意見が出されると，これに関連して，松本委員が，乙案の効果不帰属構成は，相手方との関係で本人に効果が帰属するか否かが決まれば，次の第三者はまたもういちど，振り出しに戻り，効果帰属か不帰属かを考えるという，いわゆる相対的無効というか，「新たな登場人物の善悪でころころ変わるというものではないのではないか……」と述べられ，「効果帰属・不帰属という考えでいく限りは，まず相手方との間で確定をした上で，あとは無権利の法理で処理をするというのが，一番論理的な考えになるのだろう……」という見解を示されている（前掲議事録40-41頁参照）。

なお，甲案による場合は，利益相反行為と代理権濫用との関係について，両

者を質的に異なるものとして位置付けることになるという問題があると山本(敬)幹事から指摘されている（前掲議事録36頁以下参照）。

③　相手方又は第三者の主観的要件の問題

高須幹事が，部会第12回会議におけると同じく（部会第12回会議議事録59頁参照，本稿3(2)(b)(i)参照），重過失説に異を唱えている。その理由として，ある人を見損ない，裏切られることはあり得ることであり，そのときに必要以上に帰責性を認めるのは結論の妥当性においてややすわりが悪いので，相手方の保護事由は軽過失まで含めてその軽過失の判断の中である程度の柔軟な解釈ができれば結論的には座りのよい考え方になる旨の見解を示される（部会第33回会議議事録34頁参照）。この意見に多くの弁護士会の意見も同じであると，中井委員から賛意が表されている（前掲議事録35頁参照）。

また，利益相反行為と代理権濫用について，概念的な整理よりも実質を考えると，相手方の保護要件についてバランスが取れていることが必要であり，弁護士会は，代理権濫用で甲案を採るときは，利益相反行為について一般の表見代理での処理が前提か，あるいは，そうでなくても，善意・無過失であることが前提であるかという旨の道垣内幹事からの確認に対し，中井委員が多くの弁護士会はそういう理解であると回答している（前掲議事録40頁参照）。

乙案側から，山本(敬)幹事が，法定代理について，代理権濫用の場合は，定型性を欠くので，代理人の背信的な意図について個別具体的に知りえたかどうかが問題となり，常に重過失があると言えず，本人が簡単に権利を失う恐れが大きくなるので，要件を「悪意又は有過失」に加重すべき旨の意見を述べられている（前掲議事録34頁参照）。

④　その他

松本委員から，追認の可能性をなお残すような感じの代理権濫用の効果があり得ないかという見解が示されている（前掲議事録35頁参照）。

また，鹿野幹事から，効果不帰属の主張という新しい概念を採用する場合，それをめぐる様々な法律問題につき，取消の効果を第三者に対して主張できる場合とできない場合のような取消をめぐる法律関係との異同やバランスも考慮に入れながら，ここでの効果不帰属の主張がどういうもので，この場合に，どのような形で関係した第三者をどれだけの主観的な要件の下で保護すべきかということを整理，検討する必要がある旨の見解が示されている（前掲議事録32,

財産法の新動向 Ⅲ

40頁参照)。

　そして，鎌田部会長から，「信義則説的発想から，代理権濫用は有権代理であり，代理人の内心の意図を知っている人間がそれを援用することはできないが，その人間に対してだけは効果不帰属の主張ができ，それ以外の人にはできないという構成がありうる，それを一旦相手方に効果不帰属の主張ができる以上は，あとは無権利の法理で全部やっていこうというと94条2項類推適用の世界にはいっていくけれども，代理権の濫用というのは一体どういう法理なのかというところを見直していくと，主張できる相手方が最初から制限されているという構成は十分にあり得ると思います」(前掲議事録40-41頁参照)という旨の見解が示されている。更に，鎌田部会長から，「……相手方が代理人の濫用的意図を知りながら，代理権の範囲内の行為だと主張すること自体がけしからんというだけの話だと考えれば，権利がどこにあるかという話とは違う次元の問題として，代理権の濫用は処理できるということはあり得る」という意見が示されると，松本委員が，正にそれは最高裁判決における大隅裁判官の意見[54]である旨，指摘し，鎌田部会長が「そういう考え方もあり得るので。」(前掲議事録41頁参照)と述べている。

　なお，鎌田部会長から，転得者保護の問題に関し，「……確固たる判例法理が確立しているとまで言えるのか。余り重要な論点として従来議論が詰められてきたような感じはしない」(前掲議事録39頁参照)という旨の意見も示されている。

(ⅲ) 小　括

　岡委員から甲案の下での効果である「無効」について示された「整理」をきっかけに，「無効」の意味内容について，「無権代理」であるか，第三者保護は94条2項によるのか，一般的な権利外観法理によるのか，また，その保護要件は善意・無過失か等の問題が議論された。乙案に山本(敬)幹事が賛意を表するが，この案の下での第三者の問題について，松本委員から無権利の法理での処理が一番論理的という見解が示されたと解される。相手方または第三者の主

[54] 大隅健一郎裁判官の意見は，概ね，「代理人が背任的意図をもって行為をしても権限内の行為であり，悪意の相手方がそのことを主張して契約上の権利を行使することは，法の保護の目的を逸脱した権利濫用ないし信義則違反の行為として許されない」旨のものである(最判昭和42年4月20日民集21巻3号701頁，最判昭和44年4月3日民集23巻4号742頁参照)。

観的要件の問題は高須幹事により乙案に異論が示され，軽過失説が唱えられている。また，鎌田部会長から信義則的発想に立つ見解が示されていることには注目されるべきであろう。なお，判例法理における転得者保護については，幾つか文献がある(55)。

(3) 部会の改正作業の小括

第二ステージでの審議までを概観し，効果につき無効説にたつ場合，その「無効」の意味内容につき，なお，検討の余地があるように思われる。効果不帰属主張構成に立つ場合，第三者保護の法的構成について，今後も審議がなされるであろう。いずれの立場に立っても，相手方そして第三者の保護要件については，今のところ一致を見ないので審議が継続されると思われる。

4 学 説 等

管見の及ぶ限りでは，学説では，伊藤進説と臼井豊説が，代理権濫用の明文化につき意見を表明されている。また，福岡県弁護士会の意見の表明にも注目されるべきであろう。

(1) 伊藤進説

伊藤進説は，法制審議会民法（債権関係）部会での改正作業が始まる前から活発に代理の分野に関して改正に関する提言をされてきた(56)。本稿では，それらの中でも「「代理」規律改正のための基本コンセプト私案―一人の「代理」

---

(55) たとえば，田邊光政「代理権の濫用と手形抗弁」『セミナー法学全集九商法Ⅲ』144頁（日本評論社，昭49）参照。

(56) 管見の及ぶ限りでも，以下の意見を表明されている。伊藤進「有権代理に関する総則的規定に改正すべき点はあるか」椿寿夫・新美育文・平野裕之・河野玄逸編『法律時報増刊 民法改正を考える』83頁以下（日本評論社，平成20年），同「「代理・授権」規定案の検討―代理の法的構成論からみて―」円谷峻編著『社会の変容と民法典』58頁以下（成文堂，平成22年），同「『代理』規律改正のための基本コンセプト私案――一人の『代理』研究者からの提案」法時83巻1号69頁以下（平成23年），同「『代理』規律改正のための基本コンセプト―民法（債権関係）改正論議を契機として―」明大法科大学院論集9号233頁以下（平成23年），同「「代理」規律改正のためのデッサン―民法（債権関係）改正論議を契機として―（上）」法論83巻6号17頁以下（平成23年），同論文〈中〉，法論84巻1号111頁以下，〈下〉完は法論84巻3・4号に所収。

研究者からの提案」[57]に主として依拠して，紙幅の制約上，「代理権濫用の明文化」に関係すると解される箇所に限定して概観させていただく。

(a) 伊藤説は，現代および将来の取引社会を見据え，「代理」規律は，「代理」を一つの「ビジネスモデル」として規律するとの理念が必要であり，このためには，例えていえば，現行「代理」建造物を取り壊し，Ａ本人〔意思〕・Ｂ代理人〔意思〕・Ｃ相手方〔意思〕の三本の柱が対等に三角形に，直立してたつ「代理」建造物に建て替えて新築しなおすのでなければ対応できない旨の見解を示される。そこで，伊藤説は，「代理」を「ビジネス利益」と「ビジネスリスク」の生ずる〈代理「取引モデル」〉として規律するとの理念の下で，改正規律することを提案される。この見解は，概ね，「Ａ・Ｂ・Ｃ三者に生ずる「ビジネス利益」と「ビジネスリスク」を念頭においた上で，「〈代理「取引モデル」〉の安心安全化と活用促進のために，三者の「ビジネス利益」の享受を保障するとともに，〈代理「取引モデル」〉の「適正規律基準」を探索し，それに則して，「ビジネスリスク」配分のための規律を行う」ものであるとされる。そこでは，単に「相手方保護」のみが「適正規律基準」ではなく，〈代理「取引モデル」〉を用いた取引に関与した本人・代理人・相手方三者の「利益」と「ロス」を勘案して適正規律することが必要であり，「三者協働関係法理」形成の工夫が必要とされる[58]と述べられる。

(b) また，かつて，解釈規律として，仮定的に提言されていた「三当事者法律行為」形象構成に立って，「代理」規律を改正することを提案されている[59]。

(c) そして，「債権法改正の基本方針」の代理権濫用に関する提案【1.5.33】（本稿2(2)(b)参照）について，概ね，代理権濫用は「内部関係における忠実義務違反」としながら，「心裡留保」規律を用いてＡ・Ｃ間当事者効果帰属に影響する規律を提言しており，これは，「代理」規律が〔内部的関係〕規律の影響をもろに受け，不安定な危険規律と化することを意味するとされ，〈代理「取引モデル」〉のために構築するときは，このような極めて不安定で危険な規律化は

---

[57] 所収は，法時83巻1号69頁以下（平成23年）。
[58] 伊藤・前掲注[57]71頁参照。なお，「法定代理」については，包含規律できず別に規律することを提案される（前掲72頁参照）。
[59] 本稿・前掲注[57]74頁参照。伊藤進「わが国における代理の法的構成論―『三当事者法律行為』形象の提言」明大法科大学院論集1号1頁以下（平成18年）参照。

許容されるものではない」旨の見解を示される。伊藤案としては,「まずA・B対Cの構図を改めA・B・C三者協働の構図の下で, A・B間の〔内部的個別関係〕規律とA・B・C相互間の外部関係を区別した上で, 後者は「代理」規律で, 前者は独立して契約規律に委ねるだけで, 両者は全面的に「無因」と構築することを提案」[60]されている。そして,「A・C間当事者効果発祥帰属のように〔第一規律課題〕次元における規律については三当事者〔効果意思〕に基づき規律し, これらの「効果意思」に基づく規律では律しきれないか, 不都合が生じたり, とくにリスク負担の分配を必要とするような〔第二規律課題〕次元における規律では「適正規律準則」に則し,「関与意思」に基づくものとして規律する」[61]旨の見解を示される。

(d) また,「代理」建造物をビジネスモデルの一つとしての〈代理「取引モデル」〉に組み換えることを意図する場合, A・B・C三者相互間の「信認関係」要素を「代理」規律にとって, 基本的要素として位置付けることが不可欠とされ, 伊藤案としては,「信認関係」違背が生じた場合には,「代理」規律の基本的要素が欠落する場合とみて, そのことによって生ずるリスクの配分を予め規律しておくことを提案されている[62]。

(e) 更に, 伊藤説は, 近時,『代理法理の探求―「代理」行動様式の現代的深化のために』(平成23年)を著され, その中の第6部第2章において代理権濫用論を展開されておられる。すなわち,「代理権の濫用」理論は, 内部関係から分離・独立・無因の外部関係である「代理なる法律行為を代理人と相手方双方によって濫用されることに伴って, 本人に生ずるリスク処理のための規律と捉えるべきと指摘し, その上で代理権の濫用は代理人による主観的「信認関係」違反行為として構成し, 本人に生ずるリスクの適正配分のための準則につき検討されている[63]。そして, 代理権濫用事例におけるリスク分担基準について, 代理人と相手方が通謀している場合, 代理人の背任的意図につき相手

---

(60) 伊藤・前掲注(57)76頁参照。
(61) 伊藤・前掲注(57)77頁参照。
(62) 伊藤・前掲注(57)78頁参照。
(63) 伊藤進『代理法理の探求―「代理」行動様式の現代的深化のために』(日本評論社, 平成23年)。代理権濫用に関する部分は, 第6部「有権代理濫用リスク」への対応法理第2章「代理許諾意思表示」=代理権の濫用 (547-610頁) である。本文中の伊藤説の内容の概観については, 伊藤・前掲『代理法理の探求』748頁以下を参照した。

方悪意の場合は相手方への全面的リスク転換であるが，知り得べき状況であったのに知らなかった相手方「重過失」の場合，「軽過失」の場合，背任的意図が「明白」であった場合については，それぞれに相当する部分についてのリスク転換が妥当という旨の理論を展開しておられる[64]。伊藤説は，「代理リスク」配分準則によるＣ（相手方）へのリスク転換の法的効果について，Ａ（本人）に発祥帰属している当事者効果の不帰属を主張させる構成である，民法（債権法）改正委員会案【1.5.33】（本稿2(2)(b)(ⅱ)参照）を妥当とされる。「主観的信認関係違背」＝代理権の濫用の場合の法的効果については，直接の規定が存在するわけではないこと，本人が実際に自己の利益が害されると判断した場合に限って効果の不帰属を主張できることからも許容される旨，述べられる[65]。そして，伊藤説は，履行責任での「過失相殺的処理」をされる。例えば，本人は相手方が「信認関係」違背を知らなかったことにつき「過失」があることを主張立証した場合には，その過失の程度に応じて「履行責任」が軽減されるものと解するのが妥当とされるという見解を示される[66]。そして，このような「過失相殺的処理」は，可分給付については可能であるが，不可分給付，処分給付，役務提供給付の場合，適するかが問題であり，今日，契約責任における過失相殺的処理の主張が多々見られることから，一般論としての議論が求められ，この点の検討は，今後詰められなければならない課題であるが，ここでは，損害賠償法上の処理に転化することによって処理できる可能性があることから，直ちに否定すべきではないという見解を示されている[67]。

（f）　代理人の「主観的信認関係」違反の場合のＣ（相手方）からの転得者等の第三者とのリスク分配に関しては，民法（債権法）改正検討委員会案（本稿2(2)(b)(ⅴ)参照）が意思表示の無効・取消に関しての第三者の規律と同様の問題と捉えて提案していることは妥当でなく，本人の効果不帰属主張の結果として転得者等の第三者に生ずるリスク配分の問題として処理すべきとされる。すなわち，「代理なる法律行為」が〈本人・代理人・相手方三者「代理システム」利用〉

---

[64]　伊藤・前掲注[63] 604頁以下参照。

[65]　伊藤・前掲注[63] 606頁以下参照。

[66]　伊藤説は，代理人の背任的意図が「明白」である場合の「過失相殺的処理」についても，見解を示されている。伊藤説の履行責任での過失相殺的処理の詳細については，伊藤・前掲注[63] 607-609頁参照。

[67]　伊藤・前掲注[63] 607-609頁参照。

行動様式であることから，かかる行動様式を用いての取引の安心安全を保障するため，かかる行動様式に内包するリスクを第三者に拡散させないことが要請され，第三者は，相手方が「通謀」ないし「悪意」で代理行為を行ったことを「知っている」場合までかかる要請に従う必要はないとされる。そして，本人が第三者に対して「悪意であったこと」を主張立証したときに限り「効果不帰属」を主張できる旨，述べられる[68]。

(2) 臼井豊説

臼井説は，「代理権濫用法理に関する序章的考察——ヴェッダー（Vedder）による「本人の利益状況」分析アプローチを中心に——」（2010年6月）で，当時公表されていた，『民法改正を考える』（発起人：椿寿夫博士）の中での伊藤進試案，加藤雅信教授代表の民法改正研究会21年案，改正検討委員会の提案を紹介・比較整理し分析，検討をされている[69]。また，近時，ドイツでVedder説[70]が，代理権濫用問題の本質を「本人の自己決定侵害」と捉え直し，意思表示法に還元して解決するという新たな方向性を模索しており，この方向性はわが国における判例・通説の心裡留保類推構成やこれを発展的に継承した委員会試案【1.5.33】のそれと通ずるものがあり，また，取消的発想は，本人に代理効不帰属主張の可能性を認めてその選択的判断に委ねようとするわが国の委員会試案【1.5.33】の方向性と軌を一にしていると述べられている[71]。そして，利益相反行為に関する委員会試案【1.5.32】と代理権濫用に関する【1.5.33】との関係に触れられている。すなわち，「委員会試案【1.5.32】が自己契約・双方代理にとどまらず利益相反行為を問題としていることから，代理権濫用を定式化した規定と解しうることなどに鑑み，自己契約・双方代理と代理権濫用は「利益相反行為」概念を介し，「代理人による本人の利益侵害（客観的な忠実義務違反）」という共通項において急接近する。もし委員会試案【1.5.32】が，本人の利益保護をより前面に押し出して第三者の利益をはかる行為をも包含する意

---

[68] 伊藤・前掲注[63] 609頁以下参照。
[69] 臼井・前掲注[34] 44頁以下参照。
[70] Vedder, Karl Christian : Missbrauch der Vertretungsmacht: Der Schutz der Selbstbestimmung durch die Anfechtbarkeit vorsätzlich interessenwidriger Vertretergeschäfte. 2007.
[71] 臼井・前掲注[34] 55頁以下参照。

味で「利益相反」行為の枠組を超えて,「利益侵害」概念を導入した上で,修正[72]を行い,そして,代理人の背信的意図を濫用抗弁要件から除外すれば,利益相反行為と代理権濫用を密接に関連づけてその条文を前後に配置する委員会試案をより発展させて「本人の利益侵害」を基軸に一纏めにすることも不可能ではない」旨の見解を示される。そして,「それだけにいっそう,「代理権濫用」は「客観的濫用」なのか,「主観的濫用」（主観的な忠実義務違反）に限定されるのかなどは,今後重要な検討課題として意識されるべきである」旨の見解を示される[73]。

(3) 福岡県弁護士会の提案

　福岡県弁護士会からも意見が出されている[74]。これは部会資料「民法（債権関係）の改正に関する検討事項」の各論点について福岡県弁護士会の平成22年12月の時点での意見をまとめたものとされる[75]。同書は検討事項(8)部会資料13（本稿3(2)(a)参照）について,提案として,「(1) この考え方に反対である」として,「(2) 任意代理人または法定代理人が代理権を濫用して法律行為をした場合,相手方が代理人の真意を知りまたは知ることができる状態にあった場合には,本人は当該法律行為の効果が自己に帰属しないことを主張することができる」と提案している。理由として,概ね,「相手方が代理人の背任的意図につき,悪意・重過失の場合は相手方は保護されず,使用者責任も否定し,相手方軽過失の場合,代理制度の範疇で本人を保護し,有過失の場合,使用者責任を追及し,過失相殺により適切な処理を図るべき」とされ,最判昭和42年4月20日民集21巻3号697頁を引用している。そして法定代理のうち,会社代

---

[72] 臼井説は以下のような修正案を示される。「〈1〉代理人が本人の利益を侵害する法律行為をし,そのことについて相手方が知っているか,明らかに知ることができたときは,本人は,自己に対してその行為の効果が生じないことを主張できる。……〈2〉本人の利益侵害は,代理人が次に掲げる法律行為をした場合に推定する。〈ア〉本人を代理してみずからと行為をすること〈イ〉本人および相手方の双方を代理して行為をすること〈ウ〉〈ア〉〈イ〉のほか本人と代理人またはその利害関係人との利益が相反する行為」（臼井・前掲注(34)58頁以下参照）。

[73] 以上,臼井・前掲注(34)57頁以下参照。

[74] 福岡県弁護士会編『判例・実務からみた民法（債権法）改正への提案』（民事法研究会,平成23年）参照。

[75] 福岡県弁護士会編・前掲注(74)の(40),(45)頁参照。

表者による代理権限濫用の場合も同様とし，親権者等の法定代理人の背任的意図につきその真意を知ることができる状態にあった相手方との関係で未成年者本人を保護することについてほとんど異論はないと思われるとする[76]。

そして，「(1) 代理権濫用の効果につき，本人が自己に効果が帰属しないことを主張した場合に，その効果が生じる。(2) 代理権濫用に伴う第三者保護については，民法94条を準用する」旨の提案をしている。(1)については，検討事項の提案に賛成の立場と解される。(2)について，転得者などの第三者が生じた場合，利益状況は，民法94条2項と同一なので，代理人が権限濫用行為を行い，第三者に移転登記がなされたことを知りながら放置するといった本人に帰責性が認められ，第三者が善意で取引の安全を保護する必要があれば，保護されうる旨の理由付けがされている。これについては，最判昭44年11月14日民集23巻11号2023頁が参考判例として引用されている[77]。

(4) 小　括

伊藤説は，論文「「代理」規律改正のための基本コンセプト私案」において，現代および将来の取引社会を見据えた「代理」規律を提案された。また，近時，著された『代理法理の探求』においては，効果不帰属主張構成を許容され，検討課題を示されているものの，履行責任での「過失相殺的処理」をされるなど，きめ細かなリスク配分をされている。転得者等の第三者の問題については，本人は，悪意の第三者に対してのみ，「効果不帰属」を主張できるとされる。臼井説は，利益相反行為と代理権濫用を「本人の利益侵害」概念を基軸に一纏めにする可能性とこれに関連して，代理人の主観的要件の検討の重要性を示される。福岡県弁護士会案は，相手方との関係では，効果不帰属主張構成をとる。そして，代理制度の範疇で相手方軽過失の場合，本人を保護し，使用者責任の平面で相手方との過失相殺をし，第三者保護は94条2項準用による。

ここでは，伊藤説および福岡県弁護士会により，履行請求権の平面または損害賠償請求権の平面での過失相殺（的処理）が提言されていることに注目されるべきであろう。また，相手方保護要件について，福岡県弁護士会が「知ることができる状態にあった場合」と表現し，「重過失」あるいは「軽過失」と条

---

[76] 福岡県弁護士会編・前掲注(74) 477頁参照。

[77] 福岡県弁護士会編・前掲注(74) 479頁以下参照。

文案の文言上，明言しない手法をとることにも注目されるべきであろう。

5　若干の検討

　以上の概観を踏まえて，現時点での若干の検討をしておきたいと思う。以上，概観した限りでは「代理権濫用の明文化」をめぐる問題点は，効果について，「効果不帰属主張構成」か「無効」か「無権代理」か「取消」か「抗弁」かという争いと，相手方保護要件につき，わけても，任意代理の場合，軽過失説か重過失説か，同様に，第三者（転得者）の保護要件およびその法的構成等が主として問題となっていると言えるであろう。また，代理人の主観的要件も問題となりうる。「代理権濫用の明文化」に際しては，すべての問題が解決されなければならないであろうが，本稿では，対立が最も際立つ相手方保護要件の問題とこれに関連する「過失相殺的処理」の可能性について若干の検討をしておきたい。他の論点については他日に期したい。

(1)　相手方保護要件について

　現時点での本稿の意見としては，相手方保護要件として，軽過失，重過失等の明確な要件を設定するのは避けたほうが良いと解する。これは，軽過失，重過失，更にドイツで有力な「明白性の基準」[78]いずれが妥当かという点につき，なお，慎重な検討を要すべきであることと，最高裁判所の判例の表現を見ても，代理人の背任的意図などを「知りうべきものであったとき」（最判昭38・9・5民集17・8・910；同旨のものとして，最判昭42・4・20民集21・3・697；最判昭44・4・3民集23・4・737；最判昭51・10・1金判512号33頁；最判昭51年11月26日判時839号111頁；最判昭53・2・16金判547号3頁；最判平4・12・10民集46巻9号2727頁）という表現が用いられていることが多く，「過失」，「重過失」という文言が用いられることは最判昭44年11月14日民集23巻11号2023頁（2026頁）を除いて見あたらないことを理由とする。一旦，「重過失」あるいは「軽過失」と明文化されてしまうと今後の解釈の変更を封ずることにもなりかねない[79]。代理権濫用の事実に

---

[78]　ドイツにおける相手方保護要件としての「明白性の基準」について，拙稿「代理権濫用と相手方保護範囲」椿寿夫＝伊藤進編『代理の研究』346頁以下（日本評論社，平成23年）ほか参照。

[79]　前述の，部会第1回会議での野村委員の意見参照（本稿3(1)参照）。

つき「知りうべきとき」と明文化し，慎重にその内容の明確化を今後の学説の進展と判例の発展に委ねるべきではなかろうか。

(2) **過失相殺的処理**について

代理権濫用事例における相手方保護範囲は，代理人と相手方との事情だけにより決定されるのではないのではなかろうか，本人の代理人に対する監督義務違反がある場合には，「個々の事案が適する限度で」過失相殺的処理を履行請求権の平面で行うことも可能性としては存在する[80]。「過失相殺的処理」については，前述の伊藤進説も提唱されている（本稿4(1)(e)参照）。過失相殺的処理は代理人に対する監督義務違反ある本人から代理人の背任的意図を知りえた相手方あるいは第三者に対して代理権濫用の抗弁を主張することを信義則により制限する手法によっても可能であろう[81]。このことにより，代理人の背任的な意図を知りえた相手方（第三者）から，代理行為に基づく本人に対する履行請求権が本人・相手方双方の「過失」割合に応じて一部，認められることになろう。

わが国の最高裁の代理権濫用に関する判例は10件程度存在する[82]が，履行請求権の平面での過失相殺的処理をなすものは存在しない。今後，売買契約に基づく代金債権や，金銭消費貸借契約に基づく貸金債権などのような可分債権

---

[80] 青野博之「代理権の濫用と過失相殺的処理――西ドイツ・連邦裁判所1968年3月25日判決を参照して――」判タ671号39頁以下（昭和63年），拙稿「代理権濫用と相手方保護範囲――ドイツにおける過失相殺的処理の諸議論を対象に――」比較法研究72号199頁（平成23年），拙稿「ドイツにおける代理権濫用と過失相殺的処理に関する判例の概観(1)(2)」下関54巻第1号19頁以下（平成22年），55巻2号13頁以下（平成23年），拙稿・前掲注(78)354頁以下参照。

[81] 拙稿・前掲注(80)比較法研究72号199頁参照。

[82] 登記簿上会社の代表権限があるのを幸い，辞任した代表取締役が自己の利益のために，会社所有の建物を売り渡し，建物所有権の帰属が問題となった事例（最判昭38・9・5民集17・8・910）；株式会社の主任が他に転売してその利益を私する意図のもとに練乳を注文し売掛代金請求権が問題となった事例（最判昭42・4・20民集21・3・697）；株式会社の表見代表取締役が自己の利益を図るため約束手形を振り出した事例（最判昭42・7・6金判67号16頁）；農業協同組合の参事による約束手形の振り出し（最判昭44・4・3民集2・4・737）；信用金庫専務理事が自己の利益を図る目的をもってした手形上の保証（最昭44・11・14民集23・11・2023）；信用金庫の表見支配人が持参人払式小切手を振り出した事例（最判昭51・10・1金判512号33頁）；農業協同組合の理事が約束手形を振り出した事例（最判昭53・2・16金判547号3頁）；信用金庫の支店長が個人的な負債の返済資金を

が問題となる事案で，代理人に対する本人の監督義務違反が立証されるような場合には履行請求権の平面での過失相殺的処理がなされる余地もあるのではなかろうか。また，土地の売買契約に基づく物（例えば土地）の引き渡しが問題となる場合，物権の帰属の明確性の要請から，過失相殺的処理は不可能であるとする見解もありうる[83]が，なお，過失相殺的処理を検討する余地はあろう。しかし，親権者が未成年の子を代理して，第三者の債務の担保に子の所有する土地に根抵当権を設定することを承諾した事例（最判平4・12・10民集46・9・2727）のように，親権者の代理権濫用においては，未成年者には親権者に対する監督義務違反を観念し得ないので「過失相殺的処理」は不可能であると解する。

　建物の引渡しのような不可分給付が問題となる場合のように，履行請求権の平面での過失相殺的処理が不可能であるときには，不法行為に基づく損害賠償請求権の平面での過失相殺的処理になるであろう（709，715，722条等）（福岡県弁護士会意見（本稿4(3)）参照）。なお，ここで，双方の「過失」割合による履行請求権の平面での過失相殺的処理という手法を示すのは，任意代理，法定代理等の類型化と「軽過失」，「重過失」という相手方保護要件設定による all or nothing 的解決ではなお硬直的で，本人側の監督義務違反がある場合にはそれも考慮して，事案を解決する方が，より柔軟な解決となるのではないかと考えたことによる。ただ，伊藤説より，過失相殺的処理については，前述のごとく課題が示されており（本稿4(1)(e)参照），また，法人代表権濫用の場合，どの機関に監督義務を認めるべきか等の問題[84]も残っている。過失相殺的処理の問題については，なお一層の検討を進める予定である。

　　捻出するため持参人払式自己宛先日付小切手を振り出した事例（最判昭54年5月1日判時931号112頁）；親権者が未成年の子を代理して，第三者の債務の担保に子の所有する土地に根抵当権を設定することを承諾した事例（最判平4・12・10民集46・9・2727）など。

[83]　Vgl. Heckelmann, Dieter: Mitverschulden des Vertretenen bei Mißbrauch der Vertretungsmacht, in : JZ 1970, S. 64.

[84]　Vgl. Jüngst, Ulrich: Der Mißbrauch organschaftlicher Vertretungsmacht, Diss Koeln, 1981, S. 86.

6 おわりに

　以上，代理権濫用の明文化の状況について整理し，若干の検討をした。その動機は，今次の民法（債権法）改正に際し，代理権濫用が明文化される流れにあるが，代理の中でも代理権濫用論を主たるテーマとして研究を続けて来た以上，何らかの意見表明をする必要があると考えたところにもある。以上概観した限りでは，明文化に強い反対意見は示されていないが，わが国において代理権濫用の規定を設けることには疑問がなくはない。代理権濫用論の本場であるドイツにおいてさえ，ドイツ普通商法典（1861年）（ADHGB）制定の際，代理権濫用（代表権濫用）規定は設けられず，将来の法の継続形成に解決が委ねられたと指摘されている[85]。そして，現在に至るまでドイツ民法典（BGB）には明文化されていない。ドイツにおいて現在なお，相手方保護要件，代理人の主観的要件，本人に過失ある場合等について議論があるとされる[86]。代理権濫用について，相手方保護要件，代理人の主観的要件，過失相殺的処理いずれの論点についてもドイツにおけるほど深く，また，一般的に議論がされていないわが国において，少なくともドイツに先んじて，明文化することには，やや疑問を抱いたのである[87]。

　しかし，そのような疑問を抱きつつも，代理権濫用を明文化するのが趨勢で

---

[85] Vgl. Jüngst, a. a. O (Fn. 84) S. 47-54. 拙稿・前掲注[78]348頁参照。

[86] Vgl. Staudingers Kommentar/ E. Schilken:BGB.Buch 1: Allgemeiner Teil. Paragr. 164-240（Allgemeiner Teil 5）. 2009. §§167Rn91ff.；Münchener Kommentar /Schramm, BGB: Allgemeiner Teil. 6. Auflage 2012, §164Rn106ff. なお，ドイツ代理権濫用の研究として，伊藤・前掲注[63]『代理法理の探究』548-570頁，高橋三知雄『代理理論の研究』205頁以下（有斐閣，昭和51年），福永礼治「代理権の濫用に関する一試論(一)，(二・完)」上智法論22巻2号129頁以下（昭和53年），22巻3号177頁以下（昭和54年），臼井・前掲注[34]27頁以下等がある。ちなみにPECLでも，代理権濫用については特別の準則を置かず権利濫用の法理で処理するようである（川角由和・中田邦博・潮見佳男・松岡久和『ヨーロッパ私法の展開と課題』（日本評論社，平成20年）354頁の潮見佳男作成「PECL・日本民法対照表」参照）。

[87] 部会において，代理権濫用の明文化について，実務的に確立している重要な判例法理を条文に明記することにより国民一般にわかりやすくすることが挙げられているが（本稿3(1)参照），部会資料には代理権濫用に関するフランス民法草案が示され（本稿3(2)(a)及び(d)(i)参照），フランスにおいて代理権濫用の明文化が進んでいることも示されている。フランス民法において何故，代理権濫用が明文化されつつあるのかの検討については他日に期したい。

ある以上，無効か，効果不帰属主張構成か，無権代理か抗弁かという効果の問題，転得者保護の問題などについても念頭に置きつつ，今後の部会における代理権濫用の明文化の作業に注目しつつ，代理権濫用の明文化についての検討を進めていきたい。

29 旧民法における時効の援用権者
――考察への展望――

草 野 元 己

1 はじめに
2 旧民法の時効の性質
3 旧民法の時効援用規定
4 考察への展望
5 本稿の結び

1 はじめに

(1) **課題――時効の援用権者の範囲――**

わが現行民法145条は，「時効は，当事者が援用しなければ，裁判所がこれによって裁判をすることができない」，と定める。そして，この規定からは，裁判所は，たとえ取得時効や消滅時効の完成を認定したとしても，時効が援用されない限り，当該事件に時効を適用して裁判を行うことができない，換言すれば，裁判所に時効の適用を求める者は，時効の援用をすることにより初めて時効の利益を得られる，という解釈が導き出されることになる。

そうすると，ここで大きな問題となるのが，この時効を援用できる者とはいったい誰なのか，すなわち，時効の援用権者の範囲の問題である。例示すると，①保証人は主たる債務の消滅時効を援用できるのか，②物上保証人や担保目的物の第三取得者は被担保債権の消滅時効を援用しうるか，③詐害行為の受益者ないし転得者は，被詐害債権の消滅時効を援用できるか，④所有権の取得時効が完成した土地の賃借人，あるいは，その土地の占有者が所有する建物の賃借人は，土地所有権の取得時効を援用しうるのか，⑤消滅時効にかかった債権の債務者に対する一般債権者や，取得時効が完成した不動産の占有者に対する一般債権者も時効援用権を有するのか，といったことなどがここでの課題となるのである。

(2) 判例と学説

ところで，民法 145 条の文理からは当然のこととされるかもしれないが，時効の援用権者については，一般に，145 条の「当事者」がそれにあたると考えられ，時効援用権者の範囲の問題は，145 条の「当事者」の解釈問題と捉えられている[1]。

(a) 判 例

(i) そこで，まずは，時効の援用権者に関する判例を瞥見してみると，援用権者の範囲に関する一般基準を初めて提示したのは，〔1〕大審院明治 43 年 1 月 25 日判決（民録 16 輯 22 頁）であり，同判決は，民法 145 条の「当事者」とは「時効ニ因リ直接ニ利益ヲ受クヘキ者即取得時効ニ因リ権利ヲ取得シ又ハ消滅時効ニ因リテ権利ノ制限若クハ義務ヲ免ルル者」（直接受益者）を言い，「時効ニ因リ間接ニ利益ヲ受クル者」（間接受益者）はこれにあたらない，と判示した。そして，その後の判決においても，この基準に基づいて援用権者の範囲が画定されることになった。

では，大審院は，具体的にどのような者を援用権者と認めたかというと，保証人（〔2〕大判大 4・12・11 民録 21 輯 2051 頁，〔3〕大判昭 8・10・13 民集 12 巻 2520 頁），連帯保証人（〔4〕大判昭 7・6・21 民集 11 巻 1186 頁，〔5〕大判昭 7・12・2 新聞 3499 号 14 頁）は直接受益者に該当し，主たる債務の時効を援用できるとされた。一方，直接受益者に含まれないとして援用権者から除外された者をあげると，抵当不動産の第三取得者（〔1〕大判，〔6〕大判昭 10・5・28 新聞 3853 号 11 頁，〔7〕大判昭 13・11・14 新聞 4349 号 7 頁），物上保証人（抵当権設定者）（〔1〕大判〔傍論〕）は被担保債権の時効を，

---

[1] 例えば，近江幸治『民法講義 I 民法総則〔第 6 版〕』（成文堂，2008）347 頁，内田貴『民法 I 〔第 4 版〕総則・物権総論』（東京大学出版会，2008）330 頁，四宮和夫＝能見善久『民法総則第八版』（法律学講座双書）（弘文堂，2010）403 頁以下，山本敬三『民法講義 I 総則〔第 3 版〕』（有斐閣，2011）598 頁，森田宏樹「時効援用権者の画定基準について」(一)法曹時報 54 巻 6 号（2002）2 頁，佐久間毅『民法の基礎 1 総則〔第 3 版〕』（有斐閣，2008）420 頁以下。なお，松久三四彦「時効の援用権者」北大法学論集 38 巻 5＝6 合併号（下）（1988）184 頁〔時効制度の構造と解釈（以下，『構造と解釈』と略称）（有斐閣，2011）所収，181 頁〕。

以上に対して，現行民法 145 条は，援用権者の範囲を規定する条文ではなかったとするものとして，金山直樹「判批」民商 107 巻 6 号（1993）80 頁，平野裕之『民法総則〔第 2 版〕』（日本評論社，2006）487 頁。

詐害行為の受益者は被詐害債権の時効を（〔8〕大判昭 3・11・8 民集 7 巻 980 頁），配当異議の訴えを起こした債権者は他の配当要求債権の時効を（〔9〕大判昭 11・2・14 新聞 3959 号 7 頁），和議債権者は消滅時効にかかった他の和議債権の時効を（〔10〕大決昭 12・6・30 民集 16 巻 1037 頁），再売買予約の仮登記のある不動産の第三取得者や抵当権取得者は予約完結権の消滅時効を（〔11〕大判昭 9・5・2 民集 13 巻 670 頁）それぞれ援用できない，とされた。

(ⅱ) これに対して，学説は，後述のように，大審院の見解はすこぶる狭いと批判した[(2)]のであるが，この批判を受けてか，最高裁は，時効により「直接利益を受ける者」が援用権者であるという基準はそのまま維持しながらも，援用権者の範囲を次第に拡張してきた。

すなわち，その最初のものとして，〔12〕最高裁昭和 42 年 10 月 27 日判決（民集 21 巻 8 号 2110 頁）は，他人の債務のため自己の不動産をいわゆる弱い譲渡担保に供した者を被担保債権の時効の援用権者と解し，〔13〕最高裁昭和 43 年 9 月 26 日判決（民集 22 巻 9 号 2002 頁）は，物上保証人（抵当権設定者）に「直接受益者」として被担保債権の時効の援用権を認めるとともに，物上保証人の債権者は債権者代位（民 423 条）の方法でその債務者たる物上保証人の援用権を行使しうる，と判示した。また，〔14〕最高裁昭和 48 年 12 月 14 日判決（民集 27 巻 11 号 1586 頁）は，抵当不動産の第三取得者について，〔15〕最高裁昭和 60 年 11 月 26 日判決（民集 39 巻 7 号 1701 頁）は，代物弁済予約に基づく仮登記担保権が設定された不動産の第三取得者について，被担保債権の時効の援用を認め，さらに，〔16〕最高裁平成 2 年 6 月 5 日判決（民集 44 巻 4 号 599 頁）は，売買予約に基づく所有権移転請求権保全の仮登記に後れる抵当権者について，〔17〕最高裁平成 4 年 3 月 19 日判決（民集 46 巻 3 号 222 頁）は，売買予約目的不動産の第三取得者について，予約完結権の消滅時効の援用を肯定した。また，〔18〕最高裁平成 10 年 6 月 22 日判決（民集 52 巻 4 号 1195 頁）は，〔8〕大判を変更し，詐害行為の受益者に被詐害債権の消滅時効の援用権を認めた。

他方，直接受益者にあたらないとして援用権を否定したものには，まず取得時効について，〔19〕最高裁昭和 44 年 7 月 15 日判決（民集 23 巻 8 号 1520 頁）があり，同判決は，建物賃借人は建物賃貸人による敷地所有権の取得時効を援用

---

(2) 我妻榮『新訂民法総則（民法講義Ⅰ）』（岩波書店，1965）446 頁．

することはできない、と判示した。また、消滅時効については、〔20〕最高裁平成11年10月21日判決（民集53巻7号1190頁）があり、同判決によれば、後順位抵当権者は、先順位抵当権の被担保債権の消滅により直接に利益を受ける者ではないため、先順位抵当権の被担保債権の消滅時効を援用することができない、とされた。そして、以上紹介したところをまとめると、若干の例外はあるものの、今日の判例は、時効の援用権者を相当に広い範囲で認めていると言うことができよう[3]。

(b) 学説

次に、学説であるが、上述のように、大審院は時効の援用権者を限定的に解していた。しかし、これに対し、従来から学説は、援用権者について、「時効によって直接権利を取得しまたは義務を免れる者の他、この権利または義務に基づいて権利を取得しまたは義務を免れる者[4]」（傍点——原文）、直接・間接を問わず「時効によつて当然に法律上の利益を取得する者[5]」、「当該の訴訟上の請求について時効の主張をなす法律上の利益を有する者[6]」といったそれぞれ独自の基準を設定し、かなり広範囲に援用権者を肯定する傾向にあった[7]。そして、今日では、具体的類型ごとにきめ細かい議論が必要とされつつ[8]も、この傾向は、なお保たれているものと考えられよう[9][10]。

---

(3) 以上、(i)(ii)について、拙稿「判批」リマークス19号（1999）15頁参照。また、松久・前掲注(1)187頁以下〔構造と解釈182頁以下〕、同「時効援用権者論の展開と検討」遠藤浩先生傘寿記念『現代民法学の理論と課題』（第一法規出版、2002）95頁以下〔構造と解釈221頁以下〕、山本豊「民法一四五条（時効の援用の意味および援用権者の範囲）」広中俊雄＝星野英一編『民法典の百年Ⅱ個別的観察(1)総則編・物権編』（有斐閣、1998）276頁以下も参照。

(4) 我妻・前掲注(2)446頁。

(5) 柚木馨『判例民法総論下巻』（有斐閣、1952）352頁。

(6) 川島武宜『民法総則』（法律学全集17）（有斐閣、1965）454頁。

(7) 以上について、拙稿・前掲注(3)15頁参照。

(8) 例えば、星野英一教授によれば、援用権者の範囲は一律に広げればよいというものではなく、援用が問題になっている者の類型ごとに「きめ細かく考えるべきである」とされる（星野「時効に関する覚書——その存在理由を中心として——」（四・完）法協90巻6号（1973）70頁〔民法論集第四巻（有斐閣、1978）所収、309頁〕）。

(9) 例えば、内田・前掲注(1)331頁、四宮＝能見・前掲注(1)405頁参照。また、近江・前掲注(1)348頁以下、山本（敬）・前掲注(1)598頁以下等のあげる具体例参照。

(10) なお、独自の基準から援用権者について論ずる最近の論稿として、松久・前掲注(1)

(3) 現行民法 145 条の沿革

(a) 以上のように，今日までの判例・学説は，民法 145 条の「当事者」を時効の援用権者と捉えた上で，援用権者をかなり広い範囲で認める傾向にあると思量される。しかし，ここで改めて吟味すべきは，145 条の沿革である。

すなわち，現行民法の理由書である『未定稿本民法修正案理由書』によれば，145 条は，旧民法「証拠編第九十六条第一項ノ規定ト其主義ヲ同シウシ唯聊カ其文ニ修正ヲ加ヘタルノミ」とされ[11]，また，1894(明治27)年5月8日に開催された第 10 回法典調査会における梅謙次郎現行民法起草委員の発言によれば，同条（法典調査会原案では 146 条）は，旧民法「証拠編第九十六条ノ第一項ト同ジ意味デアリマス，文章ヲ少シ簡単ニシタ丈ケノコトデ少シモ変ハラヌ積リデアリマス」とされる[12]。要するに，以上のところを素直に理解すれば，現行民法 145 条は旧民法証拠編 96 条 1 項をそのまま引き継いだものであり，前者の意味内容は，後者のそれと全く変わらないということになろう。

---

183 頁以下〔構造と解釈 181 頁以下〕，森田・前掲注(1)㈠㈡・完）曹時 54 巻 6 号 1 頁以下，7 号（2002）1 頁以下がある。

以上に対して，やや古くはなるが，中島弘道「時効制度の存在理由と構造」(二・完) 法学新報 64 巻 5 号 (1957) 12 頁，14 頁以下は，民法 145 条が定める「当事者」を，債務者や所有権取得者のような「実体法上の当事者」，すなわち，「時効により発生又は消滅する法律関係の当事者」と解する点で注目される（引用は同論文 15 頁）。また，関武志「取得時効の援用権者に関する覚書」小島康裕教授退官記念『現代企業法の新展開』（信山社出版，2001）283 頁以下によれば，取得時効の本来の援用権者は，「当該時効の完成によって直接に利益を有する者，つまり取得時効の完成により取得できる権利の帰属主体」（同書 297 頁からの引用）に限定され，①土地占有者からの借主，②土地占有者からの借地人が所有する建物の借主は，債権者代位の方法によって当該援用権を代位行使することになる，とされる。ちなみに，石口修『「時効の援用権者」理論の再検討』地域政策研究（高崎経済大学）1 巻 2 号 (1998) 二一頁以下は，〔19〕最判のケースについて，建物賃借人が建物賃貸人の持つ敷地所有権の取得時効の援用権を代位行使することを認める。

(11) 『未定稿本民法修正案理由書自第一編至第三編』135 頁〔広中編著『民法修正案（前三編）の理由書』（有斐閣，1987）所収，195 頁〕。

(12) 法務大臣官房司法法制調査部監修『法典調査会民法議事速記録一第一回—第二十六回』（日本近代立法資料叢書 1）（商事法務研究会，1983）416 頁。なお，145 条の法典調査会における原案（146 条）は「時効ハ当事者之ヲ援用スルニ非サレハ判事之ニ依リテ裁判ヲ為スコトヲ得ス」であるが，調査会の審議に基づき，「判事」の語句が「裁判所」に変えられたことを除けば，原案と現行民法 145 条の成案の間に変更点はない（同書 416 頁以下参照）。

(b) そこで，現行民法145条の基となったとされる旧民法証拠編96条1項の条文如何が問題となるが，同項によれば，「判事ハ職権ヲ以テ時効ヨリ生スル請求又ハ抗弁ノ方法ヲ補足スルコトヲ得ス時効ハ其条件ノ成就シタルカ為メ利益ヲ受クル者ヨリ之ヲ援用スルコトヲ要ス」とされる。そうすると，現行民法145条の「当事者」にあたるのは，旧民法証拠編96条1項においては，時効の「条件ノ成就シタルカ為メ利益ヲ受クル者」ということになる。では，同項で言う時効の「条件ノ成就シタルカ為メ利益ヲ受クル者」とは，これを広範囲に捉え，例えば，上述の学説[13]のように，訴訟上時効を主張する利益を有する全ての者がそれにあたると解してよいのであろうか。

だが，後に詳述するように，旧民法証拠編96条1項が規定する「其（時効の――引用者）条件ノ成就シタルカ為メ利益ヲ受クル者」とは，同編97条1項など他の条文との関係を見る限り，時効の完成によって所有権等の権利を取得したと認められる者，または，債務などの義務が消滅したと認められる者[14]のみを指すと解さざるを得ない，と思われる。従って，このような沿革を重視するならば，旧民法証拠編96条1項を淵源とする現行民法145条の「当事者」についても，これを時効によって直接に権利を取得し，または義務が消滅した[15]者と解するのが順当な解釈ということになるであろう。そして，現行民法の下で，このような「当事者」を即，時効の援用権者と解するならば，時効を援用できる者は，時効により直接所有権を取得した者や債務を免れた債務者に限られることになり，時効援用権者を広範囲に認める今日の解釈とは真っ向から対立することになる，と考えられる。

(4) 問題の提起

(a) そうすると，以上述べたところからは，以下のような問題の提起が可能

---

[13] 本第1節(2)(b)（前注(6)(5)）であげた川島説や柚木説のこと。

[14] なお，次の第2節(2)(b)で後述するように，旧民法証拠編89条によれば，時効は権利の取得または義務の免責の「法律上ノ推定」とされる。従って，本稿本文の「時効の完成によって所有権等の権利を取得したと認められる者，または，債務など義務が消滅したと認められる者」とは，旧民法上は，時効の完成によって，過去に――他の原因により――所有権などの権利を取得したこと，あるいは，債務の弁済などによって既に義務が消滅していることが推定される者を指すことになる。

[15] 前注(14)で述べたように，旧民法の時効が過去における権利の取得や消滅の推定とされたのに対し，現行民法は，時効を権利取得原因または消滅原因と構成した。

になるであろう。

　(i)　すなわち，第一に，旧民法においては，時効は権利の取得または義務の免責の「法律上の推定」とされる（次の第2節⑵で詳述）。例をあげると，①長年月債権の不行使が続いた場合は，実際はその債権は弁済期に弁済されるなどして既に消滅しているということが推定され（「義務ノ免責時効」〔証拠編150条[16]〕の場合），また，②証拠編138条1項[17]で規定する不動産の占有が長年月継続している場合は，その占有者が当初から所有者であったことが推定される（「不動産ノ取得時効」の場合）。しかし，このように，時効を権利の取得や消滅の推定と捉えるとするならば，①保証人や物上保証人，あるいは抵当不動産の第三取得者等も，時効を援用することによって，主たる債務や被担保債務の消滅が推定されることの利益を得ることができて当然のようにも思われるし，②土地の長期占有者からの賃借人や，さらには，地上建物の賃借人も，土地占有者の所有権取得が時効により推定されることを主張し，自己の賃借権の保全を図って何の問題もないようにも考えられよう。

　しかるに，もし旧民法が時効の援用権者——少なくとも固有の援用権者——を，①債権・債務関係の当事者としての債務者や，②土地の自主占有者など，取得時効によって権利取得が推定される直接の当事者に限定していたとするならば，まずは，その根拠が問題とされなければならない。また，旧民法の下でも，より広い範囲の者に援用権を与える解釈がありうるとするならば，それはどのような論理に基づくもので，また，具体的には，どのような者にまで援用権を認めることができるかについて検証が必要となろう。そして，以上を検討するためには，旧民法の起草者ボアソナードは，①時効が推定とされる理由とその推定の趣旨をどのように考えていたか，また，②証拠編110条（「法定ノ中断ハ中断ノ所為ヲ行ヒタル者及ヒ其承継人ノ為メニ非サレハ其効ヲ生セス」）が定める時効中断の相対効の意味，および，それと時効の援用との関連をどのように捉えていたか，ということなどが十分議論されなければならないと思われる。

---

[16]　「義務ノ免責時効ハ債権者カ其権利ヲ行フコトヲ得ヘキ時ヨリ三十个年間之ヲ行ハサルニ因リテ成就ス但法律上別段短キ期間ヲ定メ又ハ債権ヲ時効ニ罹ラサルモノト定メタルトキハ此限ニ在ラス」

[17]　「不動産ノ取得時効ニ付テハ所有者ノ名義ニテ占有シ其占有ハ継続シテ中断ナク且平穏，公然ニシテ下ニ定メタル継続期間アルコトヲ要ス」

(ⅱ) 第二に，現行民法145条は旧民法証拠編96条1項を承継した条文であり，また，後者は固有の援用権者を上述のように限定していたという前提に立つならば，このような沿革を前提にした上で，現行民法における時効の援用権者の範囲をどのように画定することができるのか，換言すれば，援用権者の範囲をどのような論理でどこまで拡張することができるのかということが問題として提起される。

(b) ところで，上記の第一の問題，すなわち，旧民法における時効の援用の問題は，あくまでも第二の問題，すなわち，現行法における時効援用権者の解釈の問題を考察するための素材であるに過ぎない。従って，本来ならば，本稿でも，第一の問題のみならず，第二の問題が検討されて然るべきところと言えよう。

しかし，残念ながら，本稿では，時間と紙幅の制約の関係から，第二の問題，すなわち，現行法における援用の問題の検討には入ることができず，第一の問題の考察に止めざるを得なかった。しかも，第一の問題，すなわち旧民法における時効援用権者の問題についても，時効及び時効援用の本質論に基づく基本原則を議論しただけであり，具体的に援用権者を画定するには至っていない。そこで，旧民法における時効援用権者の具体的範囲，また，現行民法における時効の援用権者の問題，さらには，現在，民法（債権関係）改正の一環として議論されている時効法改革における援用の問題については，近い将来，別稿で詳論を期すことでお許しを請うことにし，以下では，旧民法の時効援用に関する原理的問題を中心に論ずることとしたい[18]。

---

[18] なお，筆者は，1977年1月に，「債権の消滅時効に関する一考察——特に援用権者の範囲について，中断の相対効との関連で——」と題する拙稿を，昭和51(1976)年度修士論文として，明治大学に提出した（未公刊）。同拙稿は，一時剽窃に遭う（法時65巻6号〔1993〕200頁等参照）などして公表する機会を逸していたが，そこで開陳した私見は，より展開させていずれの機会にか公表する責務があるものと考えていた。本稿は，同拙稿のほんの一部であるが，主に旧民法に関して論述した部分を中心に抜き出し，さらに筆を加えて発展させたものである。もちろん上記の責務を果たすために，本稿がきわめて不十分なものであることは言うまでもないが，筆者としては，ここに寄稿させて頂くことにより，これを時効の援用権者に関する本格的な考察の端緒とすることにし，今後の研究に繋がるものにしたいと念ずる次第である。

2 旧民法の時効の性質

(1) ボアソナードの時効観

そこで，まずはボアソナードの時効観から見ていくと，ボアソナードは時効の存在理由について，その起稿する『再閲修正民法草案註釈第五編』（以下，『註釈第五編』と略称）で，以下のように言う。

> ……成文法カ旧所有者若クハ旧債権者ノ為メニ督促セラル、コト無ク久シク安全ニ時ヲ送リタル占有者及ヒ債務者ノ権利ヲ保護シタルハ唯取得若クハ免責ノ証拠ヲ失ヒ若クハ当初其証拠ヲ握ルコトヲ怠リシモノ、為メニ助ヲ与フルカ為メノミ……此故ニ時効ハ法理及ヒ法律ノ与フル仁恵ナリ如何トナレハ時効ハ全ク正当ナル所有者及ヒ全ク免責セラレタル債務者ノ安全ヲ保スレハナリ時効ナクンハ是等ノ所有者若クハ債務者ハ自己ノ有シタル新シキ証書ヲ呈出スル能ハサルノ時ニ至リ譲渡シタル所有権又ハ消滅シタル債権ノ旧証ヲ保存セルモノ、為メニ際限ナク訴追セラル、ニ至ル可シ[19]

上記のように，ボアソナードは，長期間の経過のため証拠を失った真実の所有者や免責された債務者の立証困難を救済するという点に時効の存在理由を求める。そして，彼は，このような根拠から，時効を，元の所有者や債権者などが有していた証拠に優る一種の証拠と位置づけ，所有権の取得や債務の免責を証するための「他ノ証拠ヲ有セサルモノカ引用シ得ヘキ一ノ証拠ナリ[20]」とするのである。

(2) 時効の法律構成
(a) 証拠編における時効の位置づけ

以上のボアソナードの時効観に基づき，旧民法においては，時効は，権利の取得または義務の免責の推定と構成される。すなわち，旧民法では，時効は

---

[19] ボアソナード氏起稿『再閲修正民法草案註釈第五編』（発行所無記載，刊行年不明）〔二五二〕512頁以下〔ボワソナード氏起稿『再閲修正民法草案註釈第五編』（ボワソナード民法典研究会編『ボワソナード民法典資料集成後期一──二第Ⅵ巻』（雄松堂出版，2000）所収，262頁以下〕。なお，拙稿「取得時効の存在理由──長期取得時効を中心に──」松商短大論叢32号（1984）29頁以下〔取得時効の研究（信山社出版，1996）所収，18頁以下〕参照。

[20] ボアソナード氏起稿・前掲注[19]〔二五二〕512頁〔雄松堂版，262頁〕。

その証拠編に規定され，証拠，特にそのうちの「間接証拠」(=「推定」)の一種である「法律上ノ推定」(証拠編74条[21])と捉えられていた。そして，同編75条は，「法律上ノ推定ニハ其証拠力ト其原因トニ従ヒテ左ノ区別アリ　第一　完全ニシテ公益ニ関スルモノ　第二　完全ニシテ私益ニ関スルモノ　第三　軽易ナルモノ」と「法律上ノ推定」を3分類していたが，次の76条(「公益ニ関スル完全ナル法律上ノ推定ハ法律ノ明示シテ定メタル場合及ヒ方法ニ従フニ非サレハ反対ノ証拠ヲ許サス此推定ハ之ヲ左ニ掲ク　第一　既判力　第二　取得又ハ免責ノ時効」)によれば，時効は，既判力と同様に，第一番目の「公益ニ関スル完全ナル法律上ノ推定[22]」に属するものとされる。

　そうすると，この「公益ニ関スル完全ナル法律上ノ推定」とはいかなる推定かということが次に問題となるが，上掲の証拠編76条によれば，これは，法律が明示的に規定した場合及び方法によらなければ反対証拠が許されない推定であるとされる。すなわち，現行法において法律上の推定がなされる場合，これを争う相手方は，反対事実についての証明責任は負わされるものの，自由に反対証拠を提出できる。これに対し，旧民法の「公益ニ関スル完全ナル法律上ノ推定」においては，証拠方法が厳格に制限され，相手方は法律が認めた一定の場合以外反対の証拠を提出することができないのである。

(b)　**証拠としての時効の具体的内容**

　では，以上の前提の下，旧民法は時効をどのように定めたかというと，まず，その証拠編89条本文では，「時効ハ時ノ効力ト法律ニ定メタル其他ノ条件トヲ以テスル取得又ハ免責ノ法律上ノ推定ナリ」とされ，さらに，同編90条では，「正当ナル取得又ハ免責ノ推定ハ完全ニシテ公ノ秩序ニ関スルモノトス此推定ハ第九十六条及ヒ第百六十一条ニ規定シタル如ク法律ノ定メタル場合及ヒ方法ニ従フニ非サレハ反対ノ証拠ヲ許サス」と規定された。すなわち，訴訟当事者の一方が時効という証拠を援用した場合，その相手方は，同編96条及び161

---

[21]　1項「間接証拠ナル推定ハ法律カ直接証拠ナキ場合ニ於テ知レタル事実ヨリ知レサル事実ニ自ラ推及シ又ハ裁判官ノ明識ト思慮トニ委ヌル結果ナリ」　2項「右第一ノ推定ヲ法律上ノ推定ト謂ヒ第二ノ推定ヲ事実ノ推定ト謂フ」

[22]　但し，本文掲記のように，75条では，「完全ニシテ公益ニ関スルモノ」と規定されている。また，本文の(b)で掲記するように，90条では，「完全ニシテ公ノ秩序ニ関スルモノ」と表現されている。

条が規定する場合以外は反対証拠を提出できない、というのである。

そこで、時効を援用された相手方が反論をなしうる例外的な場合として、まず旧民法証拠編96条2項から見ていくと、同項は、「時効ヲ援用スル当時併セテ正当ノ取得又ハ免責ナキコトヲ追認スル者ハ時効ヲ抛棄シタリト看做ス」と規定している。すなわち、時効を権利の取得または義務の免責の推定と考えるならば、時効の援用と同時に、実は自分は所有権を取得していないとか、債務を弁済していないとか自認することは、取得または免責の推定としての時効の性質に相反する行為を行っていることになる[23]。そこで、同項は、この場合は時効が放棄されたとみなしたのである。

また、証拠編161条によれば、「前五条ニ規定シタル時効ハ現実ニ弁済セサリシコトヲ自白シタル債務者之ヲ援用スルコトヲ得ス」と規定される。そして、ここでいう「前五条ニ規定シタル時効」とは、同編156条から160条が定める短期の免責時効のことであるが、これらの条文が対象とする債務においては、弁済の証拠が早期に散逸する可能性が高い。そこで、短期の時効が設けられたと考えられるが、時効期間が短く設定されたということは、その分、時効による弁済の推定力も弱まり、まだ弁済が済んでいないにもかかわらず時効が成立する可能性がいくぶん高まることになる。よって、同条は、実際は弁済してないことを自白した債務者は時効を援用できない、としたのである[24]。以上が、時効が「公益ニ関スル完全ナル法律上ノ推定」とされる具体的内容であるが、これは、その後の学説で言えば、いわゆる法定証拠説[25]に近いものとも考えられよう。

---

(23) ボアソナード氏起稿・前掲注(19)〔二五四〕516頁以下〔雄松堂版、264頁〕では、時効を主張すると同時に、「時ノ経過ノ外更ニ所有権又ハ免責ノ何等ノ正当ナル原因ヲモ有セサルコトヲ述」べることは、「自ラ我カ主張スル推定ノ真実ナラサルヲ述フレハナリ」とされている。

(24) ボアソナード氏起稿・前掲注(19)〔三八四〕768頁〔雄松堂版、390頁〕参照。

(25) 川島・前掲注(6)446頁以下、山中康雄『民法〔総論・総則・家族・相続〕』(法律文化社、1978) 121頁以下、131頁以下、舟橋諄一『民法総則』(法律学講座双書)(弘文堂、1954) 167頁以下、176頁、吾妻光俊『民法総則改訂版』(弘文堂、1969) 201頁、203頁以下。

財産法の新動向 Ⅲ

3 旧民法の時効援用規定

(1) 証拠編93条1項

(a) それでは、時効を「法律上ノ推定」と位置づけた旧民法の下で、時効の援用ないしは援用権者についてどのような規定が設けられていたか見ていくと、まず、最初に目に留まるのは証拠編93条1項であり、同項は、「時効ハ総テノ人ヨリ之ヲ援用スルコトヲ得」と定める。そして、この規定は、一瞥した限りでは、援用権者の範囲を広く認めるものであり、訴訟上時効を主張する利益のある全ての者が時効の援用権者であるということを示した規定に思われなくもない[26]。

一方、現行民法の理由書によれば、同規定は、「何人モ時効ヲ援用スルコト」ができることを定めたものであるが、「是レ固ヨリ言フヲ待タサル所ナルヲ以テ之ヲ削除セリ」と記述されている[27]。また、前掲（第1節(3)(a)）の第10回法典調査会においても、梅委員は、同規定を削除した理由について、「誰レデモ時効ハ援用ガ出来ル……ト云フコトハ言ハヌデモ知レタコトデアリマスカラ之モ削リマシタ」と同趣旨を述べている[28]。そこで、近時の学説の中には、このことを根拠に、現行民法起草者は援用権者について無制限説をとっていたと解するもの[29]や、さらには、自説で援用権者を広く認めていくための一つの理由として、上記のことをあげる説も存在する[30]。

---

[26] 例えば、星野教授は、旧民法証拠編93条1項を引用しつつ、ボアソナードは時効の法律構成から演繹し、「時効は『推定』として訴訟上の主張又は抗弁の方法であるから、訴訟当事者ならば誰でもこれを援用することができるとした」、と理解している（星野・前掲注(8)㈡法協86巻8号(1969)10頁〔論集198頁〕）。但し、その後、同教授は、誰でも時効を援用できるというのは、旧民法における時効の法律構成からのみならず、ボアソナードの時効観（消滅時効については、「弁済したがその証拠を有しない債務者を保護するための制度」と解する）からも説明できる、と見解を修正した（星野「判批」法協86巻11号〔1969〕153頁以下〔民事判例研究第二巻1総則・物権（有斐閣、1971）所収、122頁〕）。

[27] 前掲注(11)『理由書』133頁〔広中編著193頁〕。

[28] 法務大臣官房司法法制調査部監修・前掲注(12)410頁。

[29] 松久・前掲注(1)185頁〔構造と解釈182頁〕、同「判批」判評388号(1991)15頁（判時1379号161頁）等。なお、平野・前掲注(1)488頁。

[30] 例えば、平井一雄「判批」金判103号(1968)4頁〔民法拾遺第一巻（信山社出版、2000）所収、177頁〕、岡本坦「判批」判評187号(1974)23頁以下（判時746号145頁

(b)　しかし、ここで改めて、前掲『註釈第五編』に記された旧民法証拠編93条1項の草案（再閲修正民法草案[31]1930条1項）を見てみると、「時効ハ公私ヲ問ハス総テノ人ヨリ之ヲ援唱スルコトヲ得」（傍点――引用者）とあり、「公私ヲ問ハス」という語句が挿入されていたことが注意されなければならない。そして、同条の注釈において、ボアソナードは、これを「一個人又ハ国若クハ行政権ノ代表者タル公人等一切ノ人ヲ援唱スルコトヲ得」という意味だと説明する[32]。

　すなわち、ボアソナードによれば、同項は、時効は特に公私の区別なく誰でも援用しうるという時効援用のための一般的資格を定めた規定であって[33]、例えば債権の時効について、債務者の物上保証人や一般債権者は援用権者たりうるかといったような、具体的権利についての援用権者の範囲を規定したものではない、ということになるのである。そして、このことは、再閲修正民法草案1930条1項の参照条文として、フランス民法旧2227条[34]（「国、公の施設及び市町村communeは、個人と同一の時効に服し、かつ、同様にそれを申し立てることができる[35]。」）があげられていることからも明らかであろう[36]。

　　　以下）。なお、岡本・同判批は、旧民法証拠編93条1項の文言から、現行民法145条の「当事者」を訴訟上の当事者と解すべきものとし、現行民法の「立法者も、このことを当然の事と考えていた」とする。

(31)　本稿では、ボアソナード氏起稿・前掲注(19)に記載された条文草案は、「再閲修正民法草案○○条」と呼ぶことにする。

(32)　ボアソナード氏起稿・前掲注(19)〔二六四〕542頁以下〔雄松堂版、277頁〕。

(33)　同旨――内池慶四郎「判批」民商60巻5号(1969)139頁〔消滅時効法の原理と歴史的課題（以下、『消滅時効法の原理』と略称）（成文堂、1993）所収、272頁〕、山本（豊）・前掲注(3)259頁以下。

(34)　なお、フランスでは、2008年、「民事時効改正に関する2008年6月17日の法律」(Loi n° 2008-561 du 17 juin 2008 portant réforme de la prescription en matière civile)により、民法の時効（および占有）規定が消滅時効を中心に全面的に改正された。本稿で言う旧○○条とは、この改正前のフランス民法の条文を指す。ちなみに、拙稿「取得時効における『所有の意思』と旧民法の占有規定――容仮占有との関連を中心に――」法と政治62巻1号(2011)(上)111頁以下注(5)も参照。

(35)　訳は、法務大臣官房司法法制調査部編『フランス民法典――物権・債権関係――』（法曹会、1982）366頁による。

(36)　なお、岸本辰雄『民法正義証拠編』（新法註釈会）〔岸本『民法〔明治23年〕正義証拠編』（日本立法資料全集別巻62）（信山社出版、復刻版、1995）にて復刻〕432頁以下、山本（豊）・前掲注(3)259頁以下参照。

(2) 証拠編96条1項と97条

　以上のように，旧民法証拠編93条1項は，時効援用権者の範囲とは直接関係がない条文と見ることができる。では，旧民法のいかなる条文が時効の援用権者に関わる規定かというと，援用権者の範囲との関連でむしろ問題となるのは，同編96条1項及び97条と考えられる。

(a) 96条1項

　そこで，まず96条1項から検討すると，第1節(3)(b)に掲げたように，同項によれば，裁判官は時効の援用権者がその援用をして初めて当該事件に時効を適用できるものとされる。そして，ボアソナードは，この援用の必要性を，時効を推定と構成する彼の立場から次のように説明する。すなわち，「推定はたとえそれがいかに強いものであっても，なお推測，推論，蓋然性以外の何物でもない」。しかし，そうだとするならば，「時効の利益を受けうる者が法律上の推定に十分な根拠があることをその陳述によって裏づけることは当然のことではないであろうか。また，被告が裁判所を助けて取得または免責時効の法律要件すべてが充たされていることを明らかにしないのならば，裁判所は一体全体どのようにしてこれを確実に知ることができるのであろうか[37]」，と。このように，ボアソナードは，時効は強力な推定ではあるもののあくまでも推定に過ぎず，その域を超えるものではないということを理由に，援用の必要性を規定した96条1項を説明する[38]。

(b) 97条

　(i) 次に，旧民法証拠編97条は，その第1項で，「時効ヲ援用スルニ利益ヲ有スル当事者ノ総テノ承継人ハ或ハ原告ト為リ或ハ被告ト為リ其当事者ノ権ニ基キテ時効ヲ援用スルコトヲ得」と定め，第2項で，「債権者ハ財産編第三百三十九条[39]ニ従ヒテ右ト同一ノ権利ヲ有ス」と規定する。そして，ボアソ

---

[37]　G. BOISSONADE, *Projet de Code civil pour l'Empire du Japon accompagné d'un commentaire*, t. V, Tokio, 1889, n°268, p.284. ボアソナード氏起稿・前掲注(19)〔二六八〕553頁以下〔雄松堂版，282頁以下〕参照。

[38]　なお，以上について，内池「現行時効法の成立とボアソナード理論」手塚豊教授退職記念論文集『明治法制史政治史の諸問題』（慶應通信，1977）804頁以下〔消滅時効法の原理所収，92頁以下〕，山本(豊)・前掲注(3)258頁以下参照。

ナードは，本条の草案（再閲修正民法草案1934条[40]）について，以下のように注釈する。

> ……時効ハ利害関係人（ボアソナードのフランス語原文は，la partie intéressée[41]。ここでは「〔時効の〕当事者」が適訳——引用者注）ノ資産ノ一分ヲ為シ或ハ其有スル他ノ権利ニ附着シ之ヲ完全ナラシムル金銭上ノ利益ヲ有ス然ラハ則チ時効ハ此資産上ニ権利ヲ有シ之ヨリ生スル権利ヲ有スル者ニ於テ被告人ノ名義ヲ以テ之ヲ援唱スルコトヲ得ヘキヤ明カナリ而シテ其第一ニ数フ可キハ法定相続人及ヒ其他包括相続人ニシテ被告人ノ死後之ヲ代表スル人々ナリ此相続人ハ固ヨリ両種ノ時効ヲ援唱スルヲ得ヘシ第二ニ来ル可キハ被告人ノ特定相続人（原文は，ses successeurs particuliers[42]：ここでは特定承継人のこと——引用者注）即チ被告人ヨリ時効ノ目的トナリ居ル物件ノ占有ヲ得又ハ其物件上ニ権利ヲ得タル者是ナリ之ヲ例センニ被告人ヨリ其所有権ナクシテ占有シタル物件ヲ買受ケ又ハ其贈与物ヲ受ケ或ハ其物件上ニ抵当ヲ得ルモノノ如シ彼等ハ常ニ取得時効ヲ援唱スルニ止マル可シ然リト雖モ尚ホ不利益ナル順位ニ在ル抵当アル債権者ハ自己ノ債権ニ比シテ優先セラル可キ抵当アル債権ニ対シ免責時効ヲ利唱スルヲ得ヘシ第三ニハ普通ノ債権者ニシテ彼等ハ本条ノ一言セル第八百五十九条[43]ニ掲ケタル或ル条件ヲ具フルトキハ被告人ノ之ヲ行ハサルトキ進テ其権利ヲ行フヲ得ヘシ故ニ彼等ハ両種ノ時効ヲ援唱シ得ルコト自明ナリ[44]

このように，ボアソナードは，時効は時効当事者の財産に属する利益，あるいは当事者の他の権利に結合してそれを完全なものにする利益を有するもので

---

(39) 1項「債権者ハ其債務者ニ属スル権利ヲ申立テ及ヒ其訴権ヲ行フコトヲ得」

(40) 1項「時効ヲ援唱スルニ利益ヲ有スル当事者ノ承継人ハ其一般ナルト特定ナルトヲ問ハス或ハ原告ト為リ或ハ被告ト為リ其当事者ノ権ニ基キテ時効ヲ援唱スルコトヲ得」 2項「債権者ハ第八百五十九条（旧民法財産編339条の草案，後注(43)参照——引用者）ニ従ヒ右ト同一ノ権利ヲ有ス」（ボアソナード氏起稿・前掲注(19)557頁以下〔雄松堂版，284頁以下〕）

(41) BOISSONADE, supra note 37, n°270, p.286.

(42) BOISSONADE, supra note 37, n°270, p.286.

(43) 旧民法財産編339条の草案。ボワソナード氏起稿『再閲修正民法草案註釈第弐編人権ノ部上巻』（発行所無記載，刊行年不明）321頁〔ボワソナード氏起稿『再閲修正民法草案註釈第二編人権ノ部』（ボワソナード民法典研究会編『ボワソナード民法典資料集成後期一——二第Ⅱ巻』（雄松堂出版，2000）所収，168頁〕参照。

(44) ボアソナード氏起稿・前掲注(19)〔二七〇〕558頁以下〔雄松堂版，285頁〕。なお，内池・前掲注(33)139頁〔消滅時効法の原理271頁以下〕，平井「判批」判評503号（2001）18頁（判時1728号196頁）にも，本稿引用部分と一部重なる部分が引用されている。

あるから，当該財産上の権利，またはその権利から生ずる権利を得た者によって援用されうるのは当然のことであるとする[45]。そして，このようなボアソナードの援用観に基づき，旧民法は，まず証拠編96条1項で，時効の固有の援用権者として，その完成により「利益ヲ受クル者」をあげ，次に，同編97条1項で，「時効ヲ援用スルニ利益ヲ有スル当事者ノ総テノ承継人」は「其当事者ノ権ニ基キテ」時効を援用することができるとし，また，同条2項で，時効当事者の一般債権者に，現行民法（423条）で言うところの債権者代位権に基づいて時効を援用することを認める。そこで，ボアソナードの上記注釈に従うと，具体的には，以下の者が援用権者となる。

すなわち，第一に，当事者の相続人であり，この者は取得・免責の両時効を援用することができる。第二に，例えば物の買主や受贈者又は抵当権者のような特定承継人があげられる。そして，これらの者は通常は取得時効を援用するに止まる[46]が，後順位抵当権者の場合は，先順位抵当権によって担保される債権に対して免責時効を援用する必要もありうるものとされる[47]。そして，これら第一・第二の援用権者は，旧民法証拠編97条1項の「承継人」に該当することになる[48]。最後に，同条2項に該当する者として，今日で言うところの債権者代位権の要件を充たす一般債権者があげられ，この者は取得・免責両時効の援用が可能とされる[49]。

(ⅱ) 以上のように，旧民法証拠編97条は，「時効ヲ援用スルニ利益ヲ有スル当事者」の承継人及び債権者に，「其当事者ノ権ニ基キテ」――あるいは，その当事者に代わって（同条2項の債権者の場合）――時効を援用することを認めるの

---

[45] V. BOISSONADE, *supra* note 37, n°270, p.286. 山本（豊）・前掲注(3)260頁参照。

[46] V. BOISSONADE, *supra* note 37, n°270, p.286. ボアソナードの原文では，《 ils n'auront guère à faire valoir que la prescription acquisitive ; 》（それらの者は取得時効以外ほとんど利用する必要がないであろう）となっている。

[47] V. BOISSONADE, *supra* note 37, n°270, pp.286-287.

[48] なお，このように，ボアソナードによれば，後順位抵当権者は抵当権を設定した債務者の承継人として，先順位抵当権によって担保される債権の免責時効を援用できるとされるが，前掲[20]最高裁平成11年10月21日判決によれば，後順位抵当権者の援用権は否定される。また，山本（豊）・前掲注(3)260頁によれば，このようなボアソナードの解釈は，「後順位抵当権者の援用権は財産権に付着した時効援用権の承継という見地からは説明ができないもので，そこに論理の飛躍があるといわざるをえない」とされる。

[49] V. BOISSONADE, *supra* note 37, n°270, p.287.

であるが，同編96条と97条の位置関係，および97条の文意から見て，97条で言う「当事者」が，96条1項に規定された「其（時効の——引用者）条件ノ成就シタルカ為メ利益ヲ受クル者」を指すことは，論を俟たないところであろう。

では，96条1項に言うところの，時効により「利益ヲ受クル者」（＝97条で言う「当事者」）は何者かというと，97条で「当事者」の承継人・債権者が「当事者」以外のものとされ，また，ボアソナードの注釈において，「承継人」の例に，当事者の相続人，当事者からの物の買主や受贈者，その物の抵当権者があげられていることからして，これが訴訟上の当事者にあたるとは到底考えられない。むしろ旧民法の時効法体系においては，時効の固有の援用権者は，実体法上の法律関係の当事者（例えば，債権債務関係の当事者たる債務者〔免責時効の場合〕，所有物返還請求をしてきた相手方との間で，自己の占有物についての所有権の存否，従って，所有物返還義務の存否が問題とされた当事者〔取得時効の場合〕）であって，他の者の援用権はこの者の援用権を基礎として発生すると解されていた，と思われるのである。

4　考察への展望

(1)　序

しかし，時効を，既になされた権利の取得ないしは債務の免責の推定と構成する旧民法の時効法体系の下で，上述のように，時効の固有の援用権者を実体法上の法律関係の当事者と解することは，いかなる根拠から，あるいはどのような論理で説明しうるのであろうか。

(a)　ところで，平井一雄教授は，この点に関連して，次のような分析を行う。すなわち，時効法が「真の権利者を保護するもの」であり，また，消滅時効制度が「時の経過によって弁済の証拠を失った者を救済する目的をもった制度」であると言うならば，「援用権者の範囲の拡大は慎むべきことになる筈である[50]にもかかわらず」，ボアソナードは，時効が「『法律上の推定』として訴訟上の主張または抗弁の方法」と構成されることから，「訴訟当事者ならば誰でもこれを援用することができるという結論に到達した」，と[51]。これを要するに，教授によれば，真の権利者・弁済者を保護するというボアソナードの時効観か

---

[50]　なお，この見解は，前注(26)の後半であげた星野教授の見解に相対立するものと言える。
[51]　平井・前掲注(44)20頁（判時198頁）。

らすると援用権者は限定されるはずであるが，時効を「法律上ノ推定」と構成したことにより旧民法の援用権者は広く解されることになったとされるのであり，従って，教授の見解を敷衍すると，時効の推定的法律構成から派生する援用権者の範囲とボアソナードの時効観との間には微妙な齟齬がある，ということになるであろう[52]。

　確かに，ボアソナードの主張した時効の存在理由が，長期間の経過のため証拠を失った真実の所有者や債務を免脱された債務者の立証困難を救済するという点にあった，ということは既述（第2節(1)）したとおりである。そこで，この存在理由からすれば，権利を取得し，あるいは債務を免れたにもかかわらずその証拠を失った者にのみ時効の援用を認めれば，その目的は達成されるように思われないでもなく，この点で，平井教授の見解は示唆に富むものと言えよう。

　(b)　だが，時効が権利取得あるいは義務消滅の推定とされたからといって，その推定の利益は訴訟上の当事者すべてが享受可能であり，誰でも時効を援用しうるという結論が，果たしてそこから当然のごとく演繹されるものなのであろうか。そして，これを考えるについては，前述（第2節(2)）のように，旧民法における時効は，既判力と同様に，「公益ニ関スル完全ナル法律上ノ推定」とされ，法律に厳格に規定された一定の場合しか「反対ノ証拠」を許さない独特の地位が与えられていたという点が，まず注目される必要があろう。

　また，時効の完成を阻止するものとして，旧民法証拠編104条以下では，時効の中断が規定されているが，この時効中断のうち，法定中断[53]については，同編110条が「法定ノ中断ハ中断ノ所為ヲ行ヒタル者及ヒ其承継人ノ為メニ非サレハ其効ヲ生セス」と述べ，時効中断の相対効を定めている点も十分留意さ

---

[52]　なお，平井教授は，現行民法167条1項が規定する一般債権の消滅時効期間が10年に短縮されたことを根拠に，消滅時効の目的について，「ある程度の長期間存続した弁済のない事実状態を基にこれを尊重して債務の消滅を認めるものとみるか，あるいは法政策的判断による権利の存続期間と割り切るか，または債権者の懈怠を咎めて権利消滅を認めるものとみるか，ということになるのではなかろうか」との見解を展開している（平井・前掲注(44)20頁以下〔判時198頁以下〕）。しかし，この点については，改めて別稿で，筆者の考えを示すことにしたい。

[53]　旧民法証拠編105条（1項「時効ノ中断ハ自然ノモノ有リ法定ノモノ有リ」　2項「自然ノ中断ハ取得時効ニ関シテノミ生ス」　3項「法定ノ中断ハ取得及ヒ免責時効ニ共通ナリ」）参照。

れる必要がある[54]。

(2) 既判力との比較

(a) そこで，最初に，既判力との比較を試みるに，旧民法では，既判力は「真正ト推定セラル」る（証拠編78条1項）がゆえに，「判決ノ確定ト為リタルトキ同一ノ争ヲ再ヒ訴フルニ於テハ其争ヒハ……既判力ニ依リテ之ヲ斥ク」（同編79条）ものとされ，通常は，当事者が「既判力ニ因ル不受理ノ理由」を対抗することにより斥けられるものとされる（同編80条2項・1項）[55]。また，同

---

[54] なお，中島・前掲注[10](一)新報64巻4号(1957)8頁によれば，「時効制度は，原所有者から嘗て正当に権利を譲受けていた者又は弁済等により既に債務から免脱されていた債務者が，その後長い年月を経る間に，その権利取得又は債務免脱の証拠を失つた場合に，当然陥るであろう法律上の窮地から救い出し，その者が本来正当に占むべき法律上の地位を保護してやるために存在する制度である」，とされる。そして，時効の存在理由に関するこのような見解は，ボアソナードのそれとほぼ共通なものと言うことができよう。

しかし，中島説によれば，「占有の永続状態又は権利不行使の永続状態に自然にそなわつている権利証明力は，そのまま単純に，訴訟法上の証拠として利用されているのではなく」，現行民法における時効は，正当権利者や弁済者等を保護する目的を達成するために，権利の取得または消滅という効力を発生させる実体法上の効力要件として規定された制度である，とされる（同号26頁）。そして，同説によれば，時効は時効の完成とその援用の2つを要件として権利の取得・消滅の効果を発生させる制度であり，従って，時効援用権は実体法上の形成権であるから，援用権者は，「実体法上の当事者」，すなわち，時効による直接の所有権取得者や，時効により債務を免れた債務者のような，「時効により発生又は消滅する法律関係の当事者」に限られるということになる（中島・前掲注[10](二・完)3頁以下〔引用は15頁〕）。

そうすると，中島説は，時効援用権者の範囲について，本稿が志向する解釈と，結論においてやや近い面があるとも考えられる。しかし，同説の援用権者の解釈は，あくまでも援用権が時効の効果を発生させる実体法上の形成権であるという論理から導き出されたものと思量されるのであって，この点で，私見とは大いに異なってくると考えられる。

[55] 旧民法証拠編80条1項によれば，「判決カ全部又ハ一分ニ付キ公ノ秩序ニ関スルトキハ既判力ニ因ル不受理ノ理由ハ裁判所ノ職権ヲ以テ之ヲ補足スルコトヲ要ス」とされる。なお，同条2項は，上記以外の「場合ニ於テハ利害関係人ヨリ其不受理ノ理由ヲ以テ対抗スルコトヲ要ス」（傍点——引用者），と「当事者」ではなく，「利害関係人」という語句を使っており，これはその原案にあたる再閲修正民法草案1916条2項でも同様である（ボアソナード氏起稿・前掲注[19]425頁〔雄松堂版，218頁〕）が，ボアソナードによるこの草案のフランス語原文（1416条2項）では，《 la partie intéressée 》となっている（BOISSONADE, supra note 37, p.215.）。ここでは，本稿本文のように，「当事者」とするのが適切ではないかと思う。

法証拠編 81 条では,「既判力ニ因ル不受理ノ理由ヲ以テ新請求又ハ新答弁ニ対抗スルコトヲ得ルニハ其請求又ハ答弁カ旧請求又ハ旧答弁ニ比較シテ左ノ諸件アルコトヲ要ス」として第 1 号から第 3 号まで 3 つの要件をあげるが,そのうちの第 3 号は,「原告,被告ノ権利上ノ資格ノ同一ナルコト」をあげる。そして,これを受け,同編 84 条は,「当事者カ或ハ自身ニテ同一ノ資格ヲ以テ既ニ旧訴訟ニ出テタルトキ或ハ旧訴訟ニ於テ其前主若クハ代理人ニ因リテ代表セラレタルトキ或ハ利害関係人ノ結合カ暗ニ相互代理タルトキハ当事者ノ権利上ノ資格ハ同一ナリトス」と規定するのである。

なお,以上の条文によれば,訴訟当事者の「前主」が前訴で「同一ノ争」について既に確定判決を受けている場合,その効力は後訴の当事者にも及ぶものとされるが,ボアソナードはこの「前主」を承継する者の例として,相続人（包括承継人）をあげているに過ぎない[56]。しかし,筆者の思うに,ここでボアソナードが相続人をあげたのは単なる一例としてであって,物の買主のような特定承継人が意図的に除かれたわけではないであろう[57]。

そうすると,なるほど旧民法が既判力の根拠を,それが真実を推定するものであるということに求める点で,旧民法と現行民事訴訟法との間には根本的な相違があるものと言える。しかし,それにもかかわらず,旧民法が定める既判力の人的範囲は,現行民事訴訟法における既判力が及ぶ者の範囲（115 条）とかなり一致しており,特に前訴の当事者自身とその承継人には既判力が及ぶが,それ以外の第三者には及ばないという点は,全く共通していると捉えることが可能であろう。

(b) では,旧民法で「公益ニ関スル完全ナル法律上ノ推定」に位置づけられ,既判力と同列に置かれた時効においても,その効力は原則として,時効により権利取得・債務免責が推定される当事者とその承継人にのみ及ぶ,従って,時効を援用しうるのはこれらの者のみであり,それ以外の者は援用権を有しないということが,既判力との比較で可能であろうか。

---

[56] ボアソナード氏起稿・前掲注(19)〔二三四〕459 頁以下〔雄松堂版,235 頁以下〕。BOISSONADE, *supra* note 37, nº 234, p. 236.

[57] なお,ボアソナード起草の旧民法証拠編 84 条草案のフランス語原文（1420 条）によれば,当事者の「前主」にあたる原語は《 leur auteur 》である（BOISSONADE, *supra* note 37, p. 217.）。

しかし，この点に関しては，既判力の人的相対効が認められる理由を考えるとともに，時効がなぜ証拠（「法律上ノ推定」）になりうるのか，それはどのような性質を持った証拠なのかということを，時効の構造の分析により徹底的に追究することが必要であろう。そして，これについては次の(3)以下で論ずることにするが，その際重要となるのが，時効完成の阻害要件としての時効の中断——とりわけ法定中断——が持つ意味である。

(3) 時効の構造

(a) 前述（本稿第2節(1)）のように，ボアソナードによれば，時効の存在理由は，長期間の経過のため証拠を失った真実の所有者や債務の弁済者などの立証困難を救済するという点にある，とされる。では，なぜ時効がこのような機能を有しうるかというと，それは，長年月の占有者こそ真の所有者であるという強い蓋然性があり，また，長期間履行の請求を受けていない債務者は弁済等により既に自己の債務を免れている高度の蓋然性があるということがその根底にある，と思量される。

しかし，まず取得時効（特に長期取得時効〔旧民法証拠編140条2項，現行民法では162条1項〕）について言えば，長年月の占有者が当該占有物の所有者であるという蓋然性は，決して長期間の占有継続という事実だけで得られるわけではない。というのは，もし占有者以外の者が所有者ならば，占有者の占有中，その者は返還請求等の権利行使を行い，最終的には，判決などによりその権利の公権的確認を得て当然であると考えられるからである。すなわち，占有者以外の者がこれまで何ら権利行使をしてきていないか，あるいは，占有者がその者の所有権を承認しないままで長年月が経過し，その間，占有者が何ら妨害を受けることなく占有を継続してきたという事実の存在こそ，占有者が所有者である強度の蓋然性を生み出す源と考えられる。換言すれば，もし所有者であると主張する者が本当に所有権を持っているならば，占有者に対し時効中断手続をとるのが当然であるにもかかわらず，それを怠り，占有者のなすがままに占有を継続させていたという点に，占有者が所有者である蓋然性の根拠があると言えよう[58]。

---

[58] 拙稿・前掲注(34)155頁。なお，同「判批」リマークス41号（2010）29頁。

財産法の新動向　Ⅲ

　次に，免責時効（旧民法証拠編150条〔現行民法では，167条1項の消滅時効〕等）について考察するに，この時効も単なる時の経過だけで債務免責の蓋然性が生ずるわけではない。すなわち，もし債権が存在していたならば，債権者が債務の承認をしている場合を除き，債権者は債権を行使し，時効中断手続を取ることによって債権の存在の公権的確認を得て当然であるにもかかわらず，それが行われないまま長期間が経過したという点に，債務免脱の強い蓋然性が発生する根拠を見出すことができるのである[59]。

　(b)　以上のように，時効は，中断[60]という事実がないまま長期間が経過することによって完成する。一方，中断がなされた場合は，それにより債権の存在（免責時効），あるいは占有者以外の者の所有権等（取得時効）が確認されたということを根拠に，形成途上にあった蓋然性が覆され，時効は再び最初から進行を始めることになる（現行民法では157条）。

(4)　時効中断の相対効
(a)　ボアソナードの説明とその問題点

　ところが，前述（本第4節(1)(b)）のように，旧民法証拠編110条によれば，「法定ノ中断ハ中断ノ所為ヲ行ヒタル者及ヒ其承継人ノ為メニ非サレハ其効ヲ生セス」と規定され，現行民法148条と同様，旧民法においても，時効の中断はその人的範囲において相対的効力しか生じないものとされる。そして，ボアソナードは，法定中断が相対的効力しか有しない理由を，自然中断の場合と比較して次のように言う[61]。

---

[59]　拙稿・前掲注(3)16頁以下，同「生命保険契約における保険金請求権と消滅時効の進行（上）——高度障害保険金請求権の時効を中心に——」判時1985号（2008）11頁，13頁注(39)。

[60]　旧民法は法定中断事由について，その証拠編109条1項で，以下のように定める。「法定ノ中断ハ左ノ諸件ヨリ生ス　第一　裁判上ノ請求　第二　勧解上ノ召喚又ハ任意出席　第三　執行文提示又ハ催告　第四　差押　第五　任意ノ追認」

[61]　ボアソナード氏起稿・前掲注(19)〔二八四〕585頁以下〔雄松堂版，298頁以下〕。なお，ボアソナードのフランス語原文（BOISSONADE, supra note 37, n°284, p.306.）からこの部分を訳したものとして，松久「民法一四八条の意味」金沢法学31巻2号（1989）50頁〔構造と解釈所収（「民法一四八条の意味——時効中断の対象と効力の及ぶ範囲——」に改題），249頁〕がある。

658

占有カ其主タル原素ナル物件ノ所持ニ於テ止ミタル時ハ占有ヲ奪ヒタルモノ、誰タルニ論ナク占有者ハ何人ニ対スルモ必要ノ期間ヲ充タサヽリシ占有ヲ利唱スル能ハサルコト固ヨリ弁ヲ待タス之ニ反シテ占有ヲ失ハス単ニ取戻ノ請求ヲ受ケタルノミナルトキハ此裁判上ノ所為ヲ以テスル法定ノ中断ハ之ヲ為シタル者又ハ其承継人ニ非サレハ利セサルコト恰モ之ニ引続キニ最後ニ下サレタル判決（原文は，un jugement final qui aurait suivi [62]：ここでは，「『取戻ノ請求』後における最終の判決」の意味——引用者注）カ単ニ此関係ノ効果（原文は，cet effet relatif [63]：「この相対的効力」が適訳——引用者注）ヲ有スルニ止マルト同一ナリ

　以上のように，ボアソナードは，法定中断が相対的効力しか有しない理由として，確定判決の効力が及ぶ人的範囲も相対的であるが，法定中断もそれと同様に考えられるということをあげる。そして，ボアソナードが上記のところにあげた例を具体化すれば，次のようになろう。すなわち，Aの占有物の所有者と称するBが返還請求の訴えを提起して勝訴した場合，Aの占有物に対する取得時効は中断され，従って，もはやAはB及びその承継人に対しては取得時効を援用できない。しかし，Bとは全く無関係のCが所有者と称して返還を請求してきた場合，Aは，A・B間の中断には拘束されず，Aの取得時効が完成していれば，Cに対して時効を援用することが可能である，と。このように，ボアソナードは取得時効の場合を例として説明しているが，これは，法定中断の相対効の例としては非常に適切なものと思われる。

　だが，ここで留意すべきは，上述のように，ボアソナードがあげた相対効の例は取得時効に関するものであって，免責時効の例はあげられていないこと，また，時効によって不利益を受ける側，換言すれば，時効の中断によって利益を得る者の範囲に関するものである，という点である。しかし，本稿で考察しようとしている時効の援用権者の範囲との関連で言えば，むしろ時効の完成によって利益を得る側，すなわち，時効の中断によって不利益を受ける者の範囲こそ問題になると考えられる。仮に例をあげると，債権者Aが債務者Bに請求の訴えを提起して勝訴し，時効が中断した場合，この中断の効力は物上保証人Cにも及ぶかというような問題こそ，中断の相対効との関連で援用権者を検討していくためには重要なものであろう。そして，このような問題を検討するについては，時効中断の相対効の実質的根拠が追究されなければならない。

---

(62) BOISSONADE, *supra* note 37, n°284, p.306.
(63) BOISSONADE, *supra* note 37, n°284, p.306.

(b) 時効の中断およびその相対効の根拠

　ところで，ボアソナードは，上記（本第4節(4)(a)）のように，法定中断の相対効を既判力の相対効から導き出しているが，『註釈第五編』では，それ以上の根拠は述べられていない。もっとも，同書のフランス語による原著には，上記(a)で引用した部分に続けて，「これは，『ある者たちの間でなされたことまたは判決されたことは，他の者を害することも利することもない』という原則の適用である」という記述がある[64]。しかし，このような説明は，中断の相対効の実質的根拠を探る観点からすれば，必ずしも十分なものとは言えないであろう。

（i）新堂教授の既判力に関する見解と時効中断への応用

　㋐　そこで，この相対効の実質的根拠と，その前提としての中断が生ずる根拠を筆者なりに考えてみるに，その際参考になるのが，新堂幸司教授による既判力（民訴114条）の正当化根拠に関する見解であり，教授は，この点について，次のように主張する。

　「当事者が既判力を不利益に受けることを正当化する根拠は，当事者の地位につくことによって手続上対等にその訴訟物たる権利関係の存否について弁論し，訴訟追行をする権能と機会とを保障されることに求めることができる」。従って，彼がこの地位と機会をどのように利用しようとも，「その結果には，みずから責任を負うべき」であり，「双方対等に弁論の地位と機会が与えられた以上，敗訴の結果を再び争うのは，公平の観念に反する」。そして，この点こそ，「当事者が相手方に対する関係で既判力の効果を不利益に受けることを正当化する理論」（傍点──原文）と言えるのであり，「既判力の範囲の決定も，このような論理が働く範囲の人および判断に及ぼすかぎりにおいて正当化される」。そこで，「このような意味の手続保障がない『者』または『係争事項についての判断』に対して既判力を認めることは許されない」ことになる[65]。

　上記のように，新堂教授は，既判力が生ずる根拠を，手続が保障された範囲での自己責任，当事者間の「公平の観念」に求める。よって，以上の見解に従

---

[64] BOISSONADE, *supra* note 37, n°284, p.306. なお，この部分について，松久・前掲注(61)50頁〔構造と解釈249頁〕の訳参照。ちなみに，ボアソナード氏起稿・前掲注(19)〔二八四〕586頁〔雄松堂版，299頁〕でこの部分の訳が欠落している理由は不明である。

[65] 新堂幸司『新民事訴訟法第五版』（弘文堂，2011）683頁以下。

えば，当事者の弁論の不足などにより，結果として真実に反する判決がなされた場合についても，弁論の地位と機会が保障されていた当事者には，既判力が不利益に及んでもやむを得ないということになろう[66]。

(イ) ところで，管見によれば，ここで示された「公平の観念」は，時効中断の根拠とその効力の範囲を考えるについても，1つの重要なヒントになりうるものと思われ，また，この点は，現行民法・旧民法で特に区別することなく，共通の理念で説明することが可能と思量される[67]。よって，以下では，説明の便宜のため，現行民法の各種時効中断事由のうち，「裁判上の請求」(147条1号,149条，旧民法では証拠編109条1項1号の「裁判上ノ請求」がこれにあたる)と「承認」(147条3号，156条，旧民法では証拠編109条1項5号の「任意ノ追認」がこれにあたる)を代表例として検討し，これら事由について，中断が認められる理由，および人的相対効の根拠を考察することにしたい。もちろん，本来ならば，このような考察は，旧民法・現行民法双方の時効中断事由すべてについてなさるべきであろう。しかし，それを本格的に行うことは別稿での課題とし，本稿では，紙幅と時間の制約から，そのための展望を示すだけにしたい。

(ⅱ) 裁判上の請求

(ア) そこで，第一に，「裁判上の請求」から検討すると，これが時効を中断するのは，根本的には，請求に基づいてなされる判決により，権利の存在(消滅時効の場合)または不存在(取得時効の場合)についての公権的確認が与えられ，それによって，既に権利が消滅していた——あるいは，初めから不存在であった——という蓋然性(消滅時効の場合)，ないしは，過去に権利を取得していたという蓋然性(取得時効の場合)の形成が妨げられるからである，と考えられる。以上が「裁判上の請求」により時効の中断が生ずる第一義的理由と言えよう。

(イ) ところで，この権利の存在あるいは不存在の確認は，通常は真実に合致

---

[66] 以上について，拙稿「裁判上の請求と時効の中断——既判力との関連で——」明治大学大学院紀要第17集(1)法学篇(1980) 60頁。

[67] もっとも，現行民法の時効中断の根拠を旧民法と共通の理念で説明するためには，時効の存在理由・根拠についても，旧民法と同様に考える必要があろう。この点について，筆者は，現行民法における時効の存在理由・根拠も，基本的には旧民法と同様に解すべきものと考え，これまで，拙稿・前掲注(19)16頁以下〔取得時効の研究1頁以下〕，同・前掲注(59)判時1985号11頁等で論じてきた。しかし，この時効の存在理由・根拠の問題は，本稿の続稿でも，改めて詳細に議論したいと思う。

したものであろう。しかし，時には，当事者の不十分な弁論などのため，真実と異なる判決がなされる場合も決してないわけではない。この点，まず消滅時効の中断について見ると，実際には権利が消滅している，あるいは初めから不存在であるにもかかわらず，その権利はいまだ存在しているとして，真実と異なった判決がなされる場合もありうるかもしれない。だが，このように真実と一致した判断が必ずなされるとは限らないにもかかわらず，その判決により時効の中断が容認される根拠は，以下の点にあると考えられる。

すなわち，債権などの権利を主張する者の相手方には，当該訴訟において，権利主張者と対等の立場で，権利の消滅・不存在を主張・立証すべき十分な権能と機会とが保障されており，従って，この者は自らの責任でそれを尽くすべきである。しかるに，もしこの者がそれを尽くさなかった結果，実際は存在しないはずの権利の存在を認める判決がなされたとしても，その判決が絶対確実ではないからといって中断を認めずに時効の進行を許せば，それは当該訴訟当事者間の公平を害することになる。

次に，取得時効の中断についても，同様のことが言えよう。例えば，占有不動産について，その所有者と称する者から所有権確認の訴えを起こされた者には，当該不動産の所有者は自分であり，相手方は所有者でないことを主張・立証すべき十分な権能と機会が保障されている。従って，この者は自らの責任でそれを尽くすべきであり，もしそれを尽くさなかった結果，相手方の権利の存在（自己の権利の不存在）を確認する判決がなされたとしても，その判決が絶対確実ではないからといって取得時効の進行を認めるのは，相手方との公平上許されないことになろう。

(ウ) 以上を総合すると，裁判上の請求による時効中断の根拠は，第一には，権利の存在――あるいは，取得時効における占有者の権利の不存在――についての裁判所による公権的確認であるが，それのみでは説明できず，それを補完する第二の根拠は，既判力の場合と同様，手続を保障され責任を負わされた当事者間の公平である，ということが明らかになったと思われる。しかし，そうだとするならば，裁判上の請求による時効中断の効力が生ずる人的範囲も，既判力のそれと全く同様ということになろう。すなわち，このことこそ，裁判上の請求による時効中断効が相対的であることの実質的根拠と思量されるのである[68]。

(iii) 承認（「任意ノ追認」）

　第二に，承認（旧民法における「任意ノ追認」）について，これが時効中断事由とされる理由を考えてみたい。そして，ここでも具体的に，債権の消滅時効と所有権の取得時効の2つの場合を例として考察することにする。

　(ア)　そこで，まず債権の消滅時効から検討してみると，この場合，承認が時効中断事由とされるのは，債務者自身が自ら進んで債務の承認をしたわけであるから，それがなされた以上，通常はその時点で債権は存在しているのであり，これによって債権消滅の蓋然性の形成が妨げられると考えられるからである。そして，このことは，債務者の債務の承認によって債権の時効が中断することの根本的理由と言えよう。

　しかし，債務者自身によって債務の承認がなされた場合であっても，時には，何らかの事情によって，実際は既に債権が消滅している──あるいは，最初から債権が存在していない──にもかかわらず，承認という行為がなされることも絶対にないわけではない。そうすると，たとえ承認がなされた場合であっても，その時点で債権が確実に存在していたとは必ずしも断定できない，ということになる。

　だが，このように，債務者の債務の承認が債権存在の証拠とならない場合が稀にあるからといって，承認に基づく時効中断という制度を否定し，債務者の承認がある場合にも消滅時効の進行を認めるならば，債務者の承認を信頼して債権の行使を控えた債権者（ほとんどの場合，その時点ではまだ弁済を受けておらず，実際に債権を有している債権者）にとっては，時効の完成により債権を失うという不測の損害が生ずることになるであろう。また，債務者も自ら進んで承認をなしたのであるから，それをなした以上，その行為には責任を持つべきであり，実際には承認の時点で債務が不存在であったにもかかわらず時効が中断されたとしても，債権者との公平上，それはそれで甘受せざるを得ないものと思われる。以上のように，債権者・債務者双方の立場を考慮すると，承認がなされた場合においても，裁判上の請求による時効の中断の場合と同様，当事者間の公平の原則が時効中断の補完的原理として働くということが理解される。しかし，そうだとすれば，債務者一人の意思でなされた承認に，第三者が拘束されるい

―――――――――
(68)　以上について，拙稿・前掲注(66) 60頁以下。

われがないことは明らかであり，債務者の承認による時効の中断が原則として他の者に効力を及ぼさない理由は，ここから説明することが可能となろう。

(ｲ) 次に，所有権の取得時効についても，ほぼ同様のことが言える。例えば不動産の占有者Aが，その不動産の所有権を主張してきたBの所有権を承認した場合において，この承認が時効中断事由とされるのは，占有者A自身が自らBの所有権を承認したわけであるから，Bがその不動産の所有権を有していることはほぼ間違いなく，これによって，Aが当該不動産の所有者であることの蓋然性の形成が阻害される，と解されるからである。そして，このことは，占有者による相手方の所有権の承認をもって所有権の取得時効の中断事由とするための根源的根拠と考えられよう。

しかし，占有者AがBの所有権を承認した場合においても，実はAが所有者であるのに，何らかの理由でBの所有権を承認することも絶対に起こりえないわけではない。そして，そうだとするならば，AがBの所有権を承認したとしても，真実Aに所有権がないと必ずしも言い切れることにはならないであろう。

けれども，以上のことを理由に，占有者Aの承認があった場合にも取得時効を進行させるならば，Aの承認を信頼して所有権の行使を差し控えたB（AがBの所有権を承認した場合，通常，このBは所有者である）は，時効が完成することによって所有権を喪失するという不測の結果に陥ることになる。一方，占有者Aも自ら進んでBの所有権を承認したわけであるから，その行為には責任を負わなければならず，仮にAが所有者であった場合であっても，自らの承認行為による時効中断の結果には，A・B間の公平上従わざるを得ないであろう。このように，取得時効の中断事由としての承認でも，所有権の帰属が問題となった当事者間における公平の原則が，時効中断を認めるための補充的原理として機能するわけであるから，この承認に直接関与していない第三者に中断の効力が及ばないのは，その原理上当然のことと思われる。

(iv) ま と め

(ｱ) 以上，現行民法の裁判上の請求による時効の中断，承認による時効の中断を代表例として，おそらくは旧民法・現行民法双方の各種時効中断事由に共通と思われる中断の根拠，および人的相対効の根拠について考察してきた。

すなわち，主として時効は，一定の状態が長期間経過することによって，過去に権利の取得または消滅[69]があったことの高度の蓋然性が形成されるところ

にその中心的な根拠が求められる。そうすると，権利の不存在（取得時効の場合）または存在（消滅時効・免責時効の場合）が確認された場合は，この蓋然性の形成が妨げられるわけであるから，ここに判決や義務者の承認などの時効中断事由によって時効が中断される基本的根拠が見出される。

しかし，場合によっては，この権利の存否の確認が真実に反することもないわけではないが，このような場合であっても，その確認行為（時効中断行為[70]）がなされた当事者間の公平に配慮すれば，時効中断の効力は認められてよい。つまり，当事者間の公平の原則こそ，各種時効中断事由において，時効の中断が認められるための補完的根拠となるのである。だが，このように，時効中断の根拠に，当事者間の公平の原則をも含むと解するならば，中断の効力が及ぶ人的範囲も，原則として，その裁判・行為がなされた当事者間に限られることは当然のことと思われるのである。

（イ）なお，松久三四彦教授は，旧民法における法定中断の相対性の根拠を，次のように説明する。すなわち，ボアソナードが旧民法を起草した「当時のフランスでは，既判力の本質ないし根拠を，当事者が紛争の解決を裁判官の判断に委ねることに合意する点にあるとする裁判契約説が主流であったようであり，おそらくボアソナードもその説に依拠していたのではないかと推測される」が，このように解すれば，「裁判上ノ請求」などによる場合も含め，法定中断の相対性は合意の効力の相対性から説明できる，と[71]。

確かに，松久教授の指摘するように，ボアソナードの時効中断理論を理解するためには，当時のフランスにおける既判力理論を考究することが必要であろう。従って，この点は筆者の今後の課題としたい。ただ，問題は，合意の効力の相対性に時効中断の相対効の本質を求めるだけでは，そのことと時効そのものの存在理由・根拠との関連は，必ずしも明らかにならないということである。これに対し，本稿は，いまだ検討不十分な点はあるものの，時効の存在理由・根拠の観点から時効中断の相対効の根拠を導き出そうとするものである。

---

[69] 最初から権利が不存在であった場合も含む。
[70] 裁判所の行為としての判決なども含む。
[71] 松久・前掲注[61] 76頁〔構造と解釈267頁〕（引用は『構造と解釈』から）。

財産法の新動向　Ⅲ

(5)　時効の援用権者

(a)　本第4節の(3)で論述したように，時効は，もし継続する事実状態が真実の権利関係に反している場合，権利者ならば権利を行使し，時効中断の手続をして当然の関係にあるにもかかわらず，その間何ら権利行使がなされず，あるいはその権利の承認もなされないまま長期間が経過したという点にその存立基盤が見出されるものである。換言すれば，必要ならば中断がなされて当然の関係にある者の間で，中断がなされないまま長期間が経過した点に，権利の存在（取得時効の場合）または不存在（消滅時効の場合）の高度な蓋然性の形成を見出し，これを基本的な根拠として時効が成り立つと考えられるのである。

ところが，前述（本第4節(4)(b)）のように，稀には中断が真実の権利関係を反映していない場合もありうるが，それでも中断の効力が認められるのは，中断がなされる関係にある当事者間の公平の観点によるわけであり，これが中断の相対効の根拠となる。しかし，ここで再び旧民法に限定して議論を進めると，上のように考えるならば，長期間中断がないことが裏付けとなって一種の証拠（「法律上ノ推定」）に成長する時効[72]も，本来は，通常中断がなされうる関係にある者の間でしか問題とされえず，従って，時効は，このような当事者間でしか援用できない性質のものである，という結論に達することになろう。

また，先の第3節(2)(a)で引用したように，ボアソナードは，時効は一種の推定なのだから，時効により利益を受ける者がその推定に十分な根拠があることを自己の陳述によって裏づけることは当然だとして，援用の必要性を説明する。すなわち，時効はあくまでも推定であるから，その推定によって利益を得る者が権利の不存在（取得時効）や義務の存在（免責時効）を自認している場合に適用するのは妥当でない，ということであろう。しかし，そうだとするならば，援用するか否かの意思決定ができるのは，原則として，時効による推定が真実かどうかを一番知りうる立場にあり，当該権利・義務の存否に直接利害関係のある実体的権利関係の当事者（以下，「実体法上の当事者」と略す場合もある）になると思われ，この点からも，実体法上の当事者を固有の時効援用権者とすることの説明が可能となろう。

(b)　さらに，例えば，債権者Aの有する債権を，債務者Bの一般債権者Cが

---

[72]　現行民法でどうなるかについては，別稿で詳述したい。

承認（旧民法の規定では「任意ノ追認」）することがたまたま可能だとしても，Cは元々Bの債務（Aの債権）を承認すべき関係にある者ではないから，この場合のCの承認を，A・C間においてはA・B間の債権・債務の時効中断行為と認められる，などと言うことはできない。そうすると，このA・C間で中断類似の行為が長期間なされなかったとしても，それを根拠に，CがBのAに対する債務の免責時効（現行民法では，AのBに対する債権の消滅時効）を援用することは不可能と言えよう。

つまり，この場合のAが，本来債権を行使する必要のない者（C）に対して債権を行使せずに一定期間を経過したとしても，それに何ら問題があるわけではなく，このことを根拠に，Cとの関係で，Aの債権消滅（Bの債務免責）の蓋然性を認めることはできない。(a)でも論じたように，債権消滅（債務免責）の蓋然性は，もし債権が存在するとしたら，債権者によりその債権の行使，および，その結果としての権利の確認がなされて当然の関係があるのに，それがなされずに長期間が経過したということを前提として初めて認められる。従って，債務の免責時効（債権の消滅時効）も，このような関係にある者，すなわち，債権者と債務者の間においてのみ生成されるものと考えられるのである。

(c)　以上，(b)では，債務の免責時効（債権の消滅時効）の場合を例としてあげたが，これを一般化すれば，時効が成立するのは，権利行使とそれに伴う権利の確認が通常行われる者の間，すなわち，債権者・債務者間とか，ある物の占有者とその所有権を主張する者の間とかいった実体法上直接の権利・義務関係にある当事者間と考えられる。従って，このような時効の性質から言えば，それ以外の者との間で時効が成立することはないし，また，実体法上の当事者以外の者に時効の効果が及ぶことは原則的にはない，と思量すべきであろう。

そうすると，旧民法の場合，債務の免責時効（旧民証拠編150条等）においては，債務者のみが固有の援用権者であり，所有権の取得時効（同編138条以下）においては，占有者のみが固有の援用権者ということになる。そして，このような実体法上の当事者の承継人は，包括承継人・特定承継人を問わず，実体法上の当事者と同一の地位・利益を得た者として時効の援用が可能となり，また，実体法上の当事者の債権者で，債権者代位の要件を充たす者は，当該当事者の権利を代わって実行できる者として，援用権を行使できると考えられる。既述した旧民法証拠編96条1項と97条は，以上の趣旨を表すものと思量されよう。

財産法の新動向　III

5　本稿の結び

(1)　本稿の結論とそれに対する疑問への対応

(a)　さて，本稿では，旧民法の場合を中心に時効の援用権者について論じ，固有の援用権者は実体法上直接の権利・義務関係にある当事者に限定され，その他の者は，当該当事者の①承継人，および，②債権者代位の要件を充たした債権者に該当する場合に限り，当事者が有していた時効の援用権を行使しうると論じてきた。そして，このような解釈は，一見，時効の援用権者をきわめて限定的に捉える立場に立つもののように理解されるかもしれない。

しかし，筆者は，かつて前掲〔18〕最高裁平成10年6月22日判決の判例批評において，現行民法424条の詐害行為の受益者は債務者の承継人に該当するため，被詐害債権の消滅時効の援用を認めることができる，と主張した[73]。また，〔21〕東京高裁平成21年5月14日判決（判タ1305号161頁）の判例批評では，土地賃借人（直接占有者）は，賃貸人（所有者として間接占有している者）から，所有者と称する者によって権利主張される地位を承継した者として，土地賃借人による土地所有権の取得時効の援用を肯定したことがある[74]。そして，以上の例は現行民法に関するものであるが，筆者の解釈論においても，このように「承継人」の概念を柔軟に解しさえすれば，旧民法の場合と現行民法の場合を問わず，時効の援用権者を広範に認める可能性は十分にあると思われる。だが，そうだとすれば，援用権者の範囲を広く認める傾向にある今日の判例・学説と，具体的結論において大きく異ならないことになるとも考えられ，本稿の論述に対しては，具体的な援用権者の画定にあたっていったいどれほどの意義があるのか，という疑問が投げかけられる可能性もあるかもしれない。

(b)　ところで，以上の叙述との関連で言及して然るべきものとして，佐久間毅教授の次のような論述があげられる。

すなわち，近時の判例においては，①債務者の承認による時効中断の効果が物上保証人にも及ぶとした〔22〕最高裁平成7年3月15日判決（判時1525号59頁），②債務者の承認による中断の効果が詐害行為の受益者に及ぶことを前提とした〔18〕最判などのように，時効中断の相対効に例外が認められ，中断効の

---

[73]　拙稿・前掲注(3) 16頁以下。
[74]　拙稿・前掲注(58)リマークス28頁以下。

人的範囲が拡大される傾向がある。その理由は，今日，①の物上保証人，②の受益者など広い範囲の者に債務者の債務の時効援用権が認められているが，もし債権者と債務者の間における時効中断の効力がこれらの者に及ばないとするならば，「債権者が固有の時効援用権を有する者に対して時効中断の方法を有しないという，不合理な結果が生じる」点を解決せんがためである，と[75]。要するに，ここにおける教授の主張は，時効援用権が認められる者の範囲と中断効の及ぶ人的範囲との間には均衡が必要であり，従って，援用権が認められる者には中断の効力を及ぼすべきだとするものであろう。

しかし，この均衡論に基づく議論は確かに重要であるが，時効援用権者の範囲と中断の効力が及ぶ人的範囲との関係をこの視点から論ずるだけでは，それは必ずしも十分な議論とは言えないのではなかろうか。これに対し，本稿は，既判力が当該訴訟当事者間でのみその効力を有することを原則とするのと同様に，時効は元来，実体法上直接の権利・義務関係にある当事者にのみ関わる制度であり，従って，時効の中断や援用も本来はこの当事者間で問題となる事柄である，ということを基本に論述を進めようとするものである。換言すれば，時効の存在根拠から援用権者の範囲と中断の効力の及ぶ範囲との関連性を検討するとともに，これらを基礎として，援用権の認められる者の範囲を考察していこうとするものであり，この点に一定の意義があるものと思量することができよう。

(2) **今後への展望**

(a) 本研究は時効援用権者の範囲の考究を目的とするものであるが，いかんせん本稿は，その研究過程のうち，まだ旧民法を中心とした第一段階の考察を行ったものに過ぎない。従って，本稿で論じたことが現行民法でも受容されるかどうかは，今後の議論の展開において大きな問題となろう。この点，筆者は，現行民法における時効も，旧民法とほぼ同様に解することができると考えているが，これについては，詳細な検討が改めて必要になると思われる。

また，今日，民法（債権関係）の改正が法制審議会民法（債権関係）部会で審議されているが，その一環として消滅時効も俎上に載せられ，現在，その改正案

---

[75] 佐久間・前掲注(1) 417頁。

の検討がなされているところである。そして，この改正案においては，時効期間の短縮などが提案されているが，もしこの改正案が成立すれば，時効の趣旨や援用[76]等について，従来と同様な理解が可能なのか，また本稿で論じたことが通用しうるのか，さらには，時効のあるべき姿から見ると，この改正案に問題があるのではないかということは，今後早い機会に議論しなければならず，この点は，筆者としても，肝に銘ずる次第である。

(b) 次に，個別的論点に関して述べると，第一に，旧民法においても，すべての時効について，立証困難の救済という存在理由で説明し尽くせるわけではなく，例えば短期取得時効（旧民証拠編140条1項）については，取引の相手方を所有者と信頼して不動産を譲り受けた者の取引の安全を保護するという点にその立法趣旨があるのではないか，と考えられる[77]。そうすると，本稿で論じた時効の援用・中断の趣旨がこれら例外的時効についても妥当するのかどうかは当然検討すべき課題であろう。

第二に，先述（本稿第3節(2)(b)(i)）のように，ボアソナードによれば，後順位抵当権者は，先順位抵当権によって担保される債権の時効を，承継人として援用できるとされている。ところが，前掲〔20〕最高裁平成11年10月21日判決によれば，後順位抵当権者は，先順位抵当権の被担保債権の消滅により直接に利益を受ける者ではないため，先順位抵当権の被担保債権の消滅時効を援用することができない，とされている。そこで，もしボアソナードの主張に従い，後順位抵当権者に抵当権設定者の承継人として債務の免責時効（債権の消滅時効）の援用を認めるとするならば，果たして実際の場面において何ら問題は起きないのか，この点は具体的に検証する必要が出てくるものと思われる。

第三に，旧民法の債務の免責時効の場合，債務者が援用しうる時効は，それにより自分自身の債務の免責が推定される時効に限られる——また，現行民法

---

[76] なお，「民法（債権関係）の改正に関する中間的な論点整理」では，消滅時効の完成により債務者に履行拒絶権が発生するものと規定するという案も出されている（http://www.moj.go.jp/content/000074384.pdf，商事法務編『民法（債権関係）の改正に関する中間的な論点整理の補足説明』〔商事法務，2011〕304頁等）。

[77] 拙稿「取得時効と取引の安全——短期取得時効の存在理由と適用範囲——」松商短大論叢33号（1985）25頁以下〔取得時効の研究所収，69頁以下〕，同「取得時効と登記——取得時効の存在理由との関連で——」同『取得時効の研究』176頁〔松商短大論叢35号（1986）初出，33頁〕等参照。

の債権の消滅時効の場合，債務者が援用しうる時効は，それにより自分自身の債務が消滅するものとされる時効に限定される——とするならば，保証人は自己の保証債務の時効しか援用することができず，主たる債務の時効は援用できないことになる。しかし，そうだとすれば，保証人が保証債務を承認した場合，保証債務の時効が中断され，主たる債務が時効にかかっても保証人は弁済を拒絶できなくなるように思われるが，このような結果はいったい妥当なものと言えるのか，あるいは，この結果は保証人に主たる債務の時効の援用を認めないことにより必然的に生ずるものなのかといった点は，今後十分に考察することが必要となろう。また，物上保証人について，債務者でないことを理由として被担保債権の時効の援用を否定するならば，この者は時効の利益を一切受けられないことになるが，果たしてそのような帰結は妥当か，さらに，物上保証人が被担保債権の債務者でないとしても，本当にこの者は被担保債権の時効を援用することはできないのかといった点も，今後検討しなければならない対象に含まれることになろう。

(c) 以上，本稿は時効の援用権者に関する研究のほんの端緒を開くものに過ぎず，今後に残された課題は数多くある。そこで，これらについては，本稿の続稿において，時効援用権の本質の観点から解明していくことを約束し，ひとまず筆を擱くことにしたい。

30 過払金返還請求における消滅時効をめぐる若干の問題
――近時の裁判例を素材として――

石 松　　勉

1　はじめに
2　債務の承認による消滅時効の中断に関する裁判例
3　消滅時効の援用と信義則に関する裁判例
4　今後の展望
5　結びに代えて

1　はじめに

　継続的な金銭消費貸借取引における借主から貸主（貸金業者）に対する過払金返還請求をめぐっては，周知の通り，貸金業法43条1項の適用に関する問題，過払金充当合意に関する問題，取引履歴の開示に関する問題，民法704条の適用に関する問題，貸金業者間における営業譲渡や借主に対する貸金債権の譲渡に関する問題，過払金返還請求権の消滅時効に関する問題など，種々の多岐にわたる問題[1]が議論の対象となり，判例上においても相当数の裁判例が登

---

(1)　以上の問題については，名古屋消費者信用問題研究会編『Q＆A過払金返還請求の手引〔第4版〕』（民事法研究会，2010年）が網羅的な紹介・分析を行なっている（なお，本稿ではその第3版も適宜参照することを予めお断りしておく）。また，判タ1306号（2009年）に『特集・過払金返還請求訴訟の現状と課題』と題して6編の論稿が，別冊判タ33号（2011年）に『過払金返還請求訴訟の実務』と題して15編の論稿がそれぞれ寄せられているほか，近藤昌昭・影山智彦「過払金返還請求訴訟における一連計算の可否をめぐる問題点について」判タ（2007年）14頁以下，山下寛・土井文美・衣斐瑞穂・脇村真治「過払金返還請求訴訟をめぐる諸問題（上）（下）」判タ1208号4頁以下，同1209号12頁以下（いずれも2006年），山本隆司・宮本幸裕「過払金返還請求訴訟を巡る諸問題(1)〜(3・完)」政策科学（立命館大学）16巻2号29頁以下，同17巻1号43頁以下，同17巻2号49頁以下（2009〜2010年），澤野芳夫・三浦隆志・武田美和子・佐藤重憲「過払金返還請求訴訟における実務的問題」判タ1338号（2011年）15頁以下などがある。これら以外にも，関連裁判例を機縁とした数多くの論稿が登場しているが，ここでは割愛する。

場，集積している。その中には，下級審裁判例において対立のあった問題点に決着を付けるべく正面から判断を下す最高裁判例も現れ，かなりの進展を見せているものもある[2]。

本稿では，これらの問題点のうち，過払金返還請求権の消滅時効に関連する問題の中で，特に債務の承認による消滅時効の中断に関する問題，及び，信義則・権利濫用による過払金返還請求権の消滅時効の援用制限に関する問題の2つに絞って，近時の裁判例を基に検討・考察を試み，それにより，これらの問題の過払金返還請求の場面における特徴や進むべき方向性を明らかにするとともに，更にこの問題局面から，これら2つに固有の問題の特色の一端でも示すことができればと考えている。

そもそも過払金返還請求権の消滅時効の起算点に関する問題については，先述の通り，最高裁により既に統一的な判断が示されている[3]が，その一方で，これら2つの問題については，なお事例の登場，集積，それに伴う判断枠組みの明確化・精緻化が要請されているとも考えられることから，本稿では，過払金返還請求権の消滅時効に関連する問題のうち，時効起算点を除く，上記2点について検討・考察を加えていくものである[4]。

---

[2] 利息制限法の制限超過利息と貸金業法43条1項の適用に関する，最判平成18年1月13日民集60巻1号1頁，最判平成18年1月19日判時1926号17頁〔②事件〕，最判平成18年1月24日民集60巻1号319頁，貸金業者が民法704条の「悪意の受益者」に当たるかどうかに関する，最判平成19年7月13日民集61巻5号1980頁，最判平成19年7月17日判時1984号26頁〔③事件〕，最判平成21年7月10日民集63巻6号1170頁（また，民法704条後段の制度趣旨に関しては，最判平成21年11月9日民集63巻9号1987頁がある），消滅時効の起算点に関する，最判平成21年1月22日民集63巻1号247頁，最判平成21年3月3日裁判集民事230号167頁，最判平成21年3月6日裁判集民事230号209頁，最判平成21年7月17日判時2048号9頁，貸金業者による期限の利益の再度の付与に関する，最判平成21年4月14日判時2047号118頁，更生債権たる過払金返還請求権についての失権の主張が信義則違反・権利濫用に当たるかどうかの問題に関する，最判平成21年12月4日判時2077号40頁，最判平成22年6月4日判時2088号83頁など。

[3] 過払金返還請求権の消滅時効の起算点について取引終了時起算説を採用した最判平成21年を契機に，この問題に関する優れた判例研究，論稿等が多数登場していることは，周知の通りである。筆者自身も最判平成21年について判例研究を試みたことがあるが，本稿はそれ以外の消滅時効問題を対象としていることから，省略されていただいた。詳細についてはそれらを参照されたい。

[4] それ以外に，消滅時効に関連する問題として，貸主（貸金業者）の強い働きかけにより借主が消滅時効完成後に債務の承認を行なった場合においてその後の時効の援用が

それでは，さっそく債務の承認による消滅時効の中断が問題となった事案から眺めていくことにしよう。

2 債務の承認による消滅時効の中断に関する裁判例

(1) 裁判例の概観

借主の借入金債務を利息制限法所定の制限利率に引き直して計算した場合に，返済超過となり借主の過払い状態が発生している場面で貸金業者が更なる貸付を繰り返していたという事案において，継続的な金銭消費貸借取引の中で貸金業者による債務の承認によって過払金返還請求権の消滅時効の中断が生じているのではないかということが問題となっている。

過払金返還請求権につきこのような形で債務の承認による消滅時効の中断が問題となった裁判例は，以下の通りである。事案や判断内容で特徴的な点のみを簡潔に示していくことにしよう。（なお，特に断りのない限り，借主をＸ，貸主（貸金業者）をＹと表記する。以下同じ。）

【1】 名古屋地一宮支判平成 16 年 10 月 14 日判例集未登載[5]

本判決は，「Ｘは，Ｙとの包括的金銭消費貸借契約に基づいて，借り入れと返済を繰り返しているものであるから，その結果Ｘに過払金が生じ，Ｙに対して不当利得返還請求権を有するに至った以後の新たな貸付金は，過払金を清算する趣旨で交付されたものと解するのが相当であり，貸付けの都度，不当利得返還請求権について弁済がなされたものと解される。したがって，貸付けの都度，債務の承認がなされ，消滅時効は中断しているものと解され〔る〕」（傍点－筆者）と判示して，特に理由付けもなく債務の承認による消滅時効の中断を認めている。

許されるかどうかという問題も，下級審裁判例の中で議論の対象となっているが，この問題については別稿で既に検討・考察を試みたことがあるので，本稿では扱わなかった。石松勉「消滅時効完成後の債務承認と時効の援用との関係について」岡山商科大学法学論叢 7 号（1999 年）1 頁以下，同「判例研究」銀法 21・619 号（2003 年）91 頁以下，平井慎一「消滅時効完成後の債務の承認と信義誠実の原則」帝塚山法学 19 号（2009 年）150 頁以下など参照。

(5) 名古屋消費者信用問題研究会編・前掲注(1)〔第 3 版〕付録 CD-ROM 参照。

【2】東京地判平成17年9月28日民集61巻5号2181頁，金判1273号19頁
（最判平成19年7月19日の第1審判決）

本判決は，同一の貸主と借主との間で継続的金銭消費貸借取引のような基本契約に基づかずに切替えや貸増しの形で多数回なされた貸付の場合について，本件各貸付も，期間的に接着して行なわれており，契約内容，貸付条件も一連のものと認められ，各貸付を各回ごとに別個独立のものと見るのは相当でないから，本件各貸付の元利充当計算は各取引を一連のものとして通算してすべきであり，従って，過払金返還請求権の消滅時効も進行，完成していないと判示。

【3】神戸地判平成17年12月20日判例集未登載[6]

本判決もまた，次のように，【1】判決とほぼ同様の判示を行なって，消滅時効の進行，完成を否定している。すなわち，「Xらに不当利得（過払金）返還請求権が発生した後の貸付金交付は，既発生利息及び不当利得返還請求権に対する弁済と解されるから，本件のように，継続的に貸付と返済が繰り返される場合，先に発生したXらの不当利得返還請求権及びこれに対する利息債権は，その後の貸付により順次消滅し，その後のXの返済により新たな不当利得返還請求権及びこれに対する利息債権が発生することが繰り返されることになる。また，Yは，過払が生じた後の貸付の都度，債務の承認をしたことになる。このようなXらとYとの間の法律関係の特色にかんがみると，Xらの不当利得返還請求権及びその利息債権の消滅時効の起算点は各Xらに対する最後の貸付時であると解するのが相当である」と。しかし，【1】判決同様，特に理由付けもないままに債務の承認による時効の中断を認めている点で不明確，不充分と言わなければならないであろう。

【4】名古屋高決平成17年12月20日判例集未登載[7]

本決定は，10年以上前の不当利得返還請求権は時効により消滅しているから，10年以上前の取引履歴を保管する必要もないとのYの主張に対し，Yによるその間における借入とXの返済は継続した一体のものと認められ，当該不当利得返還請求権はその後の貸金元金に充当されるべきものであるとして，消滅時効の進行，完成を否定。

---

[6] 名古屋消費者信用問題研究会編・前掲注(1)〔第3版〕付録CD-ROM，LEX/DB 25437247参照。

[7] LEX/DB 25437246参照。

【5】 岐阜地多治見支判平成19年6月28日判例集未登載[8]

本判決も，継続的金銭消費貸借取引において借入と返済が繰り返された事案において，「本件各取引に基づき発生した過払金は，その発生した順に，各発生の当時，本件各取引に基づき存在していた既存の借入債務ないし，その後新たに発生した借入債務に充当されて消滅したというべきであって，……，Yの時効援用の当時，本訴提起より10年以前に発生した不当利得返還請求権が存続していたとは認められない」（傍点－筆者）と判示しており，実質的には，弁済による債務の承認に当たるとして消滅時効の中断を認めたものと言えよう。

【6】 宮崎地判平成19年7月19日判例集未登載[9]

本判決は，Yが過払金が発生していることを認識しながら過払金返還債務の弁済に当てられる新たな貸付をしたときは，Yによる債務の承認と評価することができ，従って，これにより消滅時効は中断しているとした。これに加えて，既に完成した消滅時効を援用することが許されない事由（最大判昭和41年4月20日民集20巻4号702頁）にも当たるとして，不当利得返還請求権の消滅時効に関するYの主張をいずれにせよ退けている。

【7】 長崎地五島支判平成19年8月8日判例集未登載[10]

本判決も，【1】判決，【3】判決，【6】判決などと同じように，過払い状態の中での新たな貸付は過払金に対する弁済と同様の効果を生じ，過払金についての債務を承認したものと評することができるとして，消滅時効の中断を認めている。

【8】 神戸地判平成19年8月17日判例集未登載[11]

本判決は，継続的な金銭消費貸借取引の中で過払金は新たな貸付により消滅しているとして，時効援用の問題が生じる余地はないと判示。

【9】 名古屋地判平成19年9月7日判例集未登載[12]

本判決も，過払金発生後の貸金業者の貸付はその時点での過払金債務につい

---

[8]　LEX/DB 28131789 参照。
[9]　名古屋消費者信用問題研究会編・前掲注(1)〔第3版〕付録CD-ROM，LEX/DB 25437009 参照。
[10]　名古屋消費者信用問題研究会編・前掲注(1)〔第3版〕付録CD-ROM 参照。
[11]　LEX/DB 25437044 参照。
[12]　名古屋消費者信用問題研究会編・前掲注(1)〔第3版〕付録CD-ROM，LEX/DB 28141936 参照。

ての承認になるとして消滅時効は完成していないと判示しているが，理由は不明である。

【10】 大阪地判平成 19 年 10 月 30 日金判 1300 号 68 頁（大阪高判平成 20 年 4 月 9 日の原審判決）

【2】判決とほぼ同様のことを判示。

【11】 岡山地判平成 19 年 11 月 15 日金判 1332 号 51 頁（最判平成 21 年 7 月 17 日の第 1 審判決）

　最高裁の段階では，継続的な金銭消費貸借取引が終了した時点から過払金返還請求権の消滅時効は進行を開始するとされながら，Y が悪意の受益者である場合における民法 704 条所定の利息は過払金発生時から発生するとして，過払金元本のほか過払金発生時からの上記利息の支払請求も認容されたが，その第 1 審判決たる本判決は，次のように判示して，Y による消滅時効の援用を認めていた。すなわち，「本件取引 2 については，平成 9 年 6 月 16 日の時点において，過払金 7 万 5,630 円と民法 704 条所定の利息 994 円が発生していたことが認められる。」「また，……，X は，同日，Y に 1 万円を弁済し，そのうち 1,738 円が残元利金（利息は，利息制限法所定の制限利率を超えた約定利息である。）に充当されたが，残りの 8,262 円は充当すべき債務がなく，過払となったため，Y は，同年 10 月 23 日，X に本件返金をしたことが認められる。上記認定によれば，同日時点において，一方において，利息制限法の適用を前提とした制限超過部分の弁済に起因して発生した過払金（ただし，上記利息を除く。以下「制限超過過払金」という。）が存在し，他方において，同法の不適用を前提としても発生した単なる過誤弁済に起因する過払金（以下「過誤過払金」という。）が存在し，これらが併存していたが Y は，そのうち前者の制限超過過払金ではなく，後者の過誤過払金について本件返金をしたというのである。そうであれば，制限超過過払金と過誤過払金とは，いずれも不当利得返還債務であるとはいえ，それぞれその発生原因を異にしており，しかも，本件返金によって Y が過誤過払金の存在を明らかにしたとしても，それによって制限超過過払金の存在をも明らかにしたとはいえないし，X としても，過誤過払金について本件返金を受けたからといって，制限超過過払金についてもその返還を受けることを期待することができたということもできない。したがって，本件返金は，制限超過過払金についてその承認をしたということはできないから，同過払金については，

時効中断の効力を有しないと解するのが相当である」と。

　ここでは，債務の承認に当たるかどうかが問題となる過払金の返金が過誤過払金についてであって，制限超過過払金についてのものではなかったことから，その消滅時効はこれによって中断するものではないと解されたようである。

【12】　水戸地日立支判平成 20 年 1 月 25 日判時 2008 号 114 頁（後掲【23】判決）

　本件は，ＸＹ間で継続的な金銭消費貸借取引に基づき借入れと返済が繰り返されていた場合に，返済金を利息制限法所定の制限利率に引き直すと過払金が発生しているとして，ＸがＹに対して不当利得の返還ないし不法行為に基づく損害賠償を請求した事案であったが，本判決は，まず過払金につき，後に発生する新たな借入金債務に充当する旨の合意が認められるとして過払金返還請求権の発生を認めた上で，次にその時効起算点については，各貸付はそれぞれ別個独立の金銭消費貸借契約と認められるから，過払金返還請求権も一体のものとして考えるべき法律上の根拠はないとして，各過払金返還請求権の発生時点から進行を開始すると解した。

　そして，債務の承認による消滅時効の中断に関しては，以下のように判示して，中断を否定している。「そもそも時効中断事由としての債務承認とは，当該債務の存在の認識を表示することをいうと解されるところ，当該貸付時点においては，ＹはＸに対し新たな貸付をする意思を有していたにすぎないと認めざるを得ず，これを過払金の弁済と同視することはできないというべきである。確かに，……，本件においては，ＸＹ間の基本契約での合意に基づき，過払金発生後の新たな貸付金に当該過払金を充当することを認めているものであるが，これは，基本契約における意思表示の合理的な解釈によりそのような合意が認められる以上，過払金発生後の新たな貸付金については，当該貸付当時の双方当事者の意思に関わりなく当該過払金を充当することを認めるべきであるという趣旨にすぎないものであって，当該新たな貸付時点において，Ｙが過払金につき弁済の意思を有していたということまでをも認めるものではない。また，……，Ｙは過払金の発生につき悪意の受益者と認められるものではあるが，上記の点を併せ考慮すれば，そのことと，Ｙが過払金返還義務の存在を認めてそれを表示することとはおのずから別個の問題というべきである。」「したがって，本件において，過払金発生後のＹによる貸付それ自体により，明示的にも黙示的にも過払金返還義務の存在を認めてそれを表示したと認めるに足りる証拠が

存しない以上，上記貸付をもって，過払金返還義務を承認したということはできないというべきである」(傍点－筆者)。

【13】 名古屋高判平成 20 年 2 月 27 日金法 1854 号 51 頁[13]

本判決は，最判平成 19 年 6 月 7 日民集 61 巻 4 号 1537 頁，最判平成 19 年 7 月 19 日民集 61 巻 5 号 2175 頁を引用しつつ，継続的な金銭消費貸借取引を目的とした基本契約に基づく債務の弁済は，各貸付ごとに個別的な対応関係により行なわれることは想定されておらず，基本契約に基づく借入金の全体に対して行なわれるものであって，充当の対象となるのはこのような全体の借入金債務であるとし，従って，基本契約に基づく弁済金のうち制限超過部分を元本に充当した結果，過払金が発生した場合には，その後に発生した新たな借入金債務に充当する旨の合意を含んでいると解した上で，この充当合意により，基本契約に基づく貸付取引の継続中は，弁済や新たな貸付が繰り返されることによって過払金の額も増減を繰り返して確定しないこととなる以上，取引終了前に過払金返還請求権が行使されることは現実に期待しえないから，基本契約の終了ないしこれに基づく一個の連続した貸付取引の終了により過払金額が確定するまでは過払金返還請求権の消滅時効は進行を開始しないと判示。

実質的には，弁済と新たな貸付が繰り返されることにより消滅時効はその都度中断し進行は開始しないことを認めたものと言えよう。

【14】 横浜地川崎支判平成 20 年 4 月 7 日判例集未登載[14]

【1】判決，【13】判決などとほぼ同様のことを判示。

【15】 大阪高判平成 20 年 4 月 9 日金判 1300 号 56 頁

本判決は，貸付と弁済を継続的に繰り返していた X と Y との間の継続的金銭消費貸借取引（第 1 取引）が一旦解約され，その 51 日後に改めて同様の継続的金銭消費貸借取引（第 2 取引）が締結された場合において，第 1 取引終了後に発生した過払金返還請求権が第 2 取引にかかる借入金債務に充当され時効消滅することはないかが問題となった事案で，第 1 の基本契約に基づく取引と第 2 の基本契約に基づく取引を事実上 1 個の連続した貸付取引と評価することはできないとして，過払金返還請求権の時効消滅を認めた。

---

(13) 平城恭子「判例解説」別冊判タ 25 号（2009 年）26〜27 頁がある。
(14) 名古屋消費者信用問題研究会編・前掲注(1)〔第 3 版〕付録 CD-ROM 参照。

(2) 裁判例の検討

このように見てくると，【12】判決を除く裁判例のほとんどが貸主の借主に対する新たな貸付行為を過払金債務の貸主による債務の承認に当たるとして過払金返還請求権の消滅時効は中断していると解していることが明らかとなった。また，貸付と弁済が継続的に繰り返される貸付行為につき，たとえ継続的金銭消費貸借取引（基本契約）が締結されていなかったとしても，事実上１個の連続した貸付取引と見うる限り，過払金返還請求権の消滅時効は債務の承認により中断し進行しないと解されている点でもまた特徴的と言えよう。

以上を要するに，ここでも，債務の承認に関しては，他の債務承認の事例と同様に，（発生している過払金）債務の存在を前提としてその債務を弁済しようとする効果意思を有していることまで貸金業者たる貸主に要求されてはいないところからすれば[15]，借主の過払い状態が継続している場合における貸主の貸付行為が，法的にも，実質的にも，消滅時効が進行しあるいは時効にかかろうとしている過払金債務の存在を認識してする行為，すなわち，発生している過払金債務の存在を認識してする行為として債務の弁済と評価しうる側面を有している以上，過払金返還請求権がこれにより中断すると判断している点は特に問題はないのではなかろうか。この意味において，これらの下級審裁判例は極めて妥当な法的評価，判断を行ってきているものと評することができよう。

その一方で，【12】判決は，債務の承認を，過払金返還債務つまりは過払金返還請求権の存在に対する認識を前提とした弁済意思の表明でなければならないと理解した上で，そのような認識が見られないことを理由に債務の承認とは言えないと解している。しかしながら，基本契約には過払金につき後に発生する新たな借入金債務に充当する旨の合意が含まれていたということを客観的，合

---

[15] 我妻榮『新訂民法総則』（岩波書店，1965年）470頁，川島武宜『民法総則』（有斐閣，1965年）500頁，503頁，幾代通『民法総則〔第２版〕』（青林書院，1984年）579～580頁，581頁など参照。また，vgl. Münchener Kommentar zum Bürgerlichen Gesetzbuch・Band 1, Allgemeiner Teil §§ 1-240, 5. Auflage, 2006, S. 2478（Rdnr. 6 zu §212）〔Grothe〕；Staudingers Kommentar zum Bürgerlichen Gesetzbuch mit Einführungsgesetz und Nebengesetzen Buch 1・Allgemeiner Teil §§ 164-240, 2009, S. 808 f.（Rdnr. 6 u 7 zu §212）〔Frank Peters/Florian Jacoby〕；Schulze usw., Handkommentar-Bürgerliches Gesetzbuch, 6. Auflage, 2009, S. 201（Rdnr. 2 zu §212）〔Dörner〕；Palandt, Bürgerliches Gesetzbuch, 66. Auflage, 2007, S. 227（Rdnr. 2 zum §212）〔Heinrichs〕。

理的な意思解釈により認める以上，そのような意思解釈を通して，貸主の借主に対する新たな貸付を過払金の弁済と同視し，過払金債務についての貸主による債務の承認に当たると解することも可能であったように思われる。弁済意思（効果意思）の存在やその表明を要求している点[16]はもちろんのこと，以上のような理由からも，【12】判決には賛成することができない。

これに対して，結果的に時効消滅を認めている【11】判決，【15】判決は，それぞれに個別，具体的な事情が存在し，それが消滅時効問題に影響を与えているに過ぎないのであって，他の裁判例が採る上記の法律構成を排斥するものではないことは明らかである。

こうして，これらの裁判例は，過払金返還請求権の消滅時効に関して，過払金債務につき貸金業者の新たな貸付により債務の承認があったとしてその中断が生じうると解して，債務承認の一事例を指し示しているところに大きな意義があったと言うことができるのではなかろうか。類似のケースにつき最高裁の判断が待たれるところである。

3　消滅時効の援用と信義則に関する裁判例

次に，貸金業者による過払金返還請求権の消滅時効の援用が信義則・権利の濫用に照らして許されないかどうかが問題となった裁判例を見ていくことにしよう。

(1)　裁判例の概観

【16】　大阪高判平成17年1月28日判例集未登載[17]

本判決は，XとYの間で複数回の貸付が予定されていたものの，1回の貸付のみが行なわれ，随時その借入金債務の一部弁済が繰り返された結果，利息制限法所定の制限を超過し，ある時期から支払額と同額の不当利得返還請求権が発生するに至ったという事案において，不当利得返還請求権の成立から10年の消滅時効期間が経過していることは認めるが，しかし，Xが過払いの事実を知らないまま支払を続けていた一方で，Yは貸金業法所定の書面を交付しないまま，残債務の一括返済も早期完済も請求することなく，Xの過払い状態を知

---

[16]　我妻・前掲注(15) 470頁，Palandt, a. a. O., S. 227（Rdnr. 2 zu §212）〔Heinrichs〕。
[17]　名古屋消費者信用問題研究会編・前掲注(1)〔第4版〕付録CD-ROM参照。

りつつ自己に対する債務がなお残っているとして長期間（貸付から約20年間，過払い状態時から約17年間）にわたって支払を請求し続けてきたが，これは，積極的にXの過払い状態を容認してきたことになるとして，Yによる消滅時効の援用は信義則に反し許されないと判示。

【17】 千葉地判平成18年9月21日判例集未登載[18]

本判決は，Yとの間で借入れと返済を繰り返していたXが，利息制限法所定の制限の範囲内で充当計算をすると過払金が発生しているとして不当利得返還請求を行なった事案において，その前提としてのXによる取引履歴開示請求にもかかわらず，Yの取引履歴の開示は利息制限法所定の制限の範囲内での充当計算をしても過払いとはならないものに限られ，また，本訴提起後の文書提出命令にもかかわらず，これに従わず開示を拒んでいるためにいまだに正確な取引内容が判明せず，民事訴訟法224条3項の適用により，かろうじて取引内容を認定できるに過ぎない状況の下では，YはXの過払金返還請求権の行使を妨げることに終始していると言える以上，Yがその消滅時効を援用することは訴訟上の信義則に反し許されないとして，消滅時効の完成を判断するまでもなく，Yによる時効消滅の主張は採用できないと判示。

ここでは，継続的な金銭消費貸借取引において，過払金返還請求権が個別取引の中で返済の度ごとに個別の請求権として発生するのか，それとも，一連の継続的取引の中で貸付と返済とが繰り返されることにより発生と消滅を繰り返し，取引が継続している限り時効消滅しないのかどうか，という点については特に立ち入ることなく，Yによる消滅時効の援用を訴訟上の信義則違反としているところに特徴がある。これは，ひとえにYがXの過払い状態を隠蔽し，Xによる過払金返還請求権の行使を妨げるというYの悪質な振舞いの存在が前提となってなされた判断だったと言うことができるであろう。

【18】 東京簡判平成19年1月12日消費者法ニュース71号282頁

本判決は，昭和62年1月から平成7年8月までYとの間で継続的に金銭の借入れと返済を継続してきたXが，平成18年7月にYに対して過払金返還請求訴訟を提起した事案において，過払金返還請求権につき10年の消滅時効期間が経過していることを認めた上で，YはXが過払金が発生していることに気

---

[18] 名古屋消費者信用問題研究会編・前掲注(1)〔第4版〕付録CD-ROM，LEX/DB 281122483参照。

づかないのに乗じて約10年もの長期間にわたって貸金の支払請求をし続けてきた点で，消滅時効の完成はYの対応によってもたらされたものと言えるとして，Yによる消滅時効の援用は信義則に反し許されないと判示。

ここでも，YのXに対する悪質な対応の存在が信義則違反の判断の際における重要な考慮要因となっていたことを指摘することができる。

【19】 高松高判平成19年2月2日判例集未登載[19]

本判決は，Yによる消滅時効の援用が信義則に反するかどうかについて，次のように判示している。「YとXとの間の取引は，昭和58年9月26日に開始された後貸付けと返済が繰り返されてきたものであるところ，……，取引開始から約3年半経った昭和62年3月の時点で過払いとなって以降平成14年1月末に取引を終了するまで約15年にわたって恒常的に過払いの状態が続いてきたこと，取引開始から昭和62年3月までの間の借入金額の合計が103万円余，返済金額の合計が118万円余であるのと比較すれば，それ以降の借入金額の合計は75万円余にすぎないのに対し，返済金額の合計は287万円余に及んでおり，その間の借入金額と返済金額との不均衡には著しいものがあること，Yは，上記取引の期間中，貸金業法の正当な解釈に従った措置を十分に講じることなく利息制限法所定の制限を超えた利率による利息の支払義務を前提として貸金債権の請求を行ってきており，法律知識に疎く過払い状態の発生を知らないままこれに応じてきたXから上記のとおり多額の金員を弁済金として取得してきたものであること，Yは，貸金業法を遵守して営業を行うべき立場にあって，そのために必要な態勢を講じることを求められており，かつ，これに対応することも容易であるのに対し，Xは，Yから貸金の返済を請求される立場にあり，法律知識の点でもこれに基づいて対処する能力の点でも著しく劣った状態にあって，過払い状態の発生後早い段階での不当利得返還請求権の行使をXに期待することは実際上困難であったと考えられること，貸金業法の正当な解釈については近時の最高裁判例を通じて一層明確なものとなってきたものではあるとはいえ，Yが，過払金の発生を比較的容易に認識し得る立場にありながら，上記の通り貸金の返還請求を続けることによって，結果的に過払金の累積とい

---

[19] 名古屋消費者信用問題研究会編・前掲注(1)〔第4版〕付録CD-ROM，LEX/DB 25437099参照。なお，これには，齋藤由起「判例研究」金商1336号（2010年）102頁以下がある。

う事態がもたらされたということもできることなどの事情にかんがみれば，本件のように過払い状態の下での借入れと返済が長期間に及んでいる場合に，上記のような立場にあるYによる消滅時効の援用を認めることは，誠実な債務者に不利益を強いる一方で，貸金業法を遵守しなかった貸金業者に対して長期間に及ぶ過払い状態の放置による不当利得の保持を容認することにつながるものであって，クリーンハンドの原則に反し，信義にもとる結果をもたらすものとして許されないというべきである」(傍点－筆者)。

ここでは，信義則のほか，クリーンハンドの原則まで持ち出して消滅時効の援用を制限してはいるものの，その際の考慮要因として，特に貸金業法を遵守すべき立場にあるYがこれを遵守せず，約15年という長期間にわたってそれを容易に認識しうる立場にありながら過払い状態を続ける一方で，法律知識に疎く過払い状態の発生も知らないXに対して，貸金の返還請求をし続けた，というYの主観的態様が顕著であり，この点が重視されているという視点から，【16】判決，【17】判決と同列に捉えることが許されよう[20]。

【20】 松山地西条支判平成19年9月4日判例集未登載[21]

本判決は，XとYの間で借入れと弁済を繰り返す継続的な金銭消費貸借契約の取引から生じる過払金返還請求権について，最終取引終了日から消滅時効が進行を開始するとして，その完成を否定。傍論として，「そもそも過払金が発生するのは，法令に精通したYがあえて利息制限法に違反して高額な利息をとっていたからに他ならず，そのような過払金を返還しないまま違法状態を継続したY側から，消滅時効の援用を認めることは信義則に反すると認められる」とも判示。

【21】 広島高松江支判平成19年9月5日金法1837号58頁（最決平成19年12月25日金法1837号56頁の原審判決）

本判決は，継続的金銭消費貸借取引から生じる過払金返還請求権の消滅時効の起算点につき，個々の弁済により過払金が発生した時点からそれぞれ進行を開始するとした[22]上で，Yによる消滅時効の援用が信義則に反し許されないとのXの主張に関しては，「Yが，Xの不当利得に基づく返還請求権の行使を妨

---

[20] なお，齋藤・前掲注[19]103〜104頁参照。
[21] 名古屋消費者信用問題研究会編・前掲注(1)〔第4版〕付録CD-ROM参照。
[22] なお，この点は，最高裁では，取引終了時起算説が採用され，退けられている。

げる行為を行った事実を認めるに足りる証拠はなく，Yが，Xに対し，利息制限法所定の利息の制限額を超える利息の約定で金銭の貸付けを行い，Xから同条項所定の利息の制限額を超える利息の弁済を受け続ければ，貸金業法43条のみなし弁済が認められない限り，いずれはXに不当利得返還請求権が生じるであろうことを知りながら，Xに対し，約定利息に基づく貸金残金及び利息の支払を請求し，あるいは，Xからその支払を受け続けるという事実のみでは，上記消滅時効の援用が信義則に反し許されないとまでいえない」と判示。

ここでは，Yによる消滅時効の援用が信義則に照らして許されないと判断しうるようなYの悪質な主観的態様が見られなかったため，Xの主張が退けられている。利息制限法所定の制限利率を超える約定利息の支払請求やその受領のみでは足りないということであろう。

【22】 岐阜地御嵩支判平成19年10月26日金法1854号57頁（名古屋高判平成20年2月27日金法1854号51頁の第1審判決）

本判決も，【21】判決と同様に，継続的金銭消費貸借取引から生じる過払金返還請求権の消滅時効の起算点について，個々の弁済により過払金が発生した時点からそれぞれ進行を開始するとした[23]上で，Xによる信義則違反の再抗弁に関しては，「XとYは，本件基本契約締結に当たり，利息制限法所定の制限利率を超える利息の支払及び約定利息の支払をしない場合は期限の利益を喪失して残金の一括返済と損害金の支払をする旨約定したこと，それ以後，XはYの貸付けに対し，Yから残金の一括返済及び損害金の支払を請求されないように制限超過利息の支払を継続して行ってきたことが認められる。しかしながら，……，Yは，あくまでXY間の合意に基づいてXから支払われる制限超過利息を受領してきたものであり，Xから受領する制限超過利息が法律上の原因のないことを明確に認識しつつ，あえてXに財産的損失を被らせることを意図するなどして支払を請求し，回収したわけではないから，YがXに対して債務支払を求め，Xから返済金を受領した行為が，契約当事者間の信頼関係を失わせるほど悪質かつ不誠実な行為であるとは認められず，したがって，Yの消滅時効の援用が信義則に反するとは認められない」と判示。

ここでも，【21】判決とほぼ同様に，Yには契約当事者間の信頼関係を失わせ

---

[23] なお，この点は，高裁の段階では，継続的金銭消費貸借取引である基本契約の終了時ないしこれに基づく1個の連続した貸付取引の終了時と解され，退けられている。

るほどに悪質かつ不誠実な行為はなかったとして，Xによる信義則違反の再抗弁は退けられているわけである。

　こうして，下級審裁判例を見てくると，この問題につきYの極めて悪質かつ不誠実な主観的態様や倫理的非難可能性の存在が必要と考えていることが窺われる。

【23】　水戸地日立支判平成20年1月25日判時2008号114頁（前掲【12】判決）

　本判決は，Yによる消滅時効の援用が権利の濫用に当たるかどうかの点につき，「貸金業法43条1項のいわゆるみなし弁済規定に関する最高裁判所の判例が確立したのがここ数年来のことであることに照らすと，Yが民法704条との関係で悪意の受益者と認められることを考慮しても，Yが，Xの不知に乗じて約定利息を請求し続けてきたとまでは評価し難い」から，「本件におけるYの消滅時効の援用が，権利の濫用に当たるとまでは認め難い」とした。

　本判決もまた，Yの悪質かつ不誠実な主観的態様の不存在を理由に否定しており，【21】判決，【22】判決の系列に属するものと言える。

【24】　福井地敦賀支判平成20年2月28日消費者法ニュース76号183頁

　ＸＹ間で締結された金銭消費貸借契約たる第1取引と第2取引を一連の取引と認めるべき事情も，第1取引によって生じた過払金を約5年後の第2取引による新たな借入金債務に充当する旨の合意と認めるべき事情もないとして，第1取引によって生じた過払金の返還請求も弁済もないまま10年以上の期間が経過したことにより時効消滅したと判示した上で，過払金返還請求権の消滅時効の援用が信義則に反し権利の濫用に当たり許されないかどうかにつき，次のように判示している。「本件では，……，Xは第1取引開始日である昭和57年5月26日に30万円を借り入れ，同年8月12日に21万2443円を借り入れた以外には，第1取引終了日まで更なる借入れをすることなく，返済だけを継続しており，約定利率が利息制限法所定の制限を超過していたために，昭和59年8月27日以降第1取引終了時に至るまでの間，過払の状態となっている。そして，Xは，第1取引終了時である昭和61年5月6日時点において過払金元金だけでも49万5750円の返還請求権が存在していたにもかかわらず，これを知らないまま，平成3年5月1日，第2取引の初回貸付分として30万円の貸付けを受け，その後，貸付けを受けることを繰り返すとともに，平成18年12月27日まで返済を続けている。このようなXが法律知識に疎い一般市民で

あることを踏まえると，Xが過払となった状態の後の比較的早い段階で不当利得返還請求権の行使を期待することは事実上困難であったと考えられるのに対し，……，Yは，貸金業者であって，上記のようなXの過払の状態を知った上で，これを知らないXに対し支払を請求し続けたほか，その後長期間にわたって，Xに過払金返還請求権が発生していることを知りながら，利息制限法の制限を超過する約定利率で新たな貸付けを繰り返してきたことが認められる。以上の各事情を考慮すれば，本件では，Xの第1取引に係る過払金返還請求権の消滅時効の完成は，貸金業者であるYが上記のような対応をしたことに相当部分起因するものということができるのであって，このようなYがXに対し過払金返還請求権の消滅時効を援用することは，信義則に反し，許されないというべきである。」(傍点－筆者)

ここでまた，Yによる過払金返還請求権の消滅時効の援用を信義則に反して許されないと解する際に，特にYの主観的態様，すなわち倫理的非難可能性の要因が重視されていることを指摘することができる。

【25】 広島高岡山支判平成20年9月11日金判1332号45頁（前掲最判平成21年7月17日の原審判決）

本判決は，Yによる消滅時効の援用が信義則違反ないし権利の濫用に当たるとのXの主張に対して，「債務者が取引履歴の開示を求めるために弁済を停止することは必要ではなく，弁済を継続しながら取引履歴の開示を求めれば足りること，貸金業者の側で利息制限法所定の利率で引き直し計算をして債務者に通知する義務はないことに照らすと，Yによる時効の援用が，信義則違反ないし権利の濫用に該当するということができない」と判示して，Yの時効の援用を認め，Xの主張を退けている。

【26】 広島地判平成20年12月26日判例集未登載[24]

本判決は，ＸＹ間の第1取引と第2取引との間に約1年半の間隔が空いていたという事案において，これらは全期間を通じて一連計算されるべきとした上で，「Yは貸金業者であるから，顧客に取引明細書を交付しているはずであり，その中に，借入残高の記載があることや，Yが顧客に対して，弁済を怠れば一括返済を余儀なくされることを周知していたことは容易に推認できる。そうす

---

[24] 名古屋消費者信用問題研究会編・前掲注(1)〔第4版〕付録 CD-ROM 参照。

ると，本件においても，Yは，第2取引の期間中も，Xに対し，過払債権があるどころか，まだまだ借入金債務が残っており，返済を怠れば一括返済を余儀なくされると思い込ませていたものと認められる。そうすると，時効の起算点はともかく，このようなYが消滅時効を援用することは，信義則に反し許されないものと解される」と判示。

ここでもまた，Yの主観的態様や倫理的非難可能性を基に消滅時効の援用が信義則違反に当たると判断されている点で特徴的と言える。

【27】 名古屋高判平成21年2月19日判例集未登載[25]

本判決は，ＸＹ間に締結された第1基本契約と第2基本契約との間には同一性は認められず，従って，第1取引と第2取引とを1個の連続した取引と評価することはできないとしながらも，第1取引から生じた第1過払金返還請求権の消滅時効については，以下の通り，詳細な判示をして信義則違反を認めている。すなわち，「本件第1取引と本件第2取引とは，……通算できるような継続性はないと判断される。ただし，両取引は，いずれもＸとＹとの取引である。仮にＸにとって貸主が異なるのであれば，本件第2取引を進めながら既に終了した本件第1取引についての別の貸主に第1過払金の返還請求権を行使することも無理ではないかもしれないが，相手が同じ貸主であるから，本件第2取引の継続中に第1過払金の返還請求権を同一相手に対して行使することは，借主にとって，実際問題として不可能であることは見易いところである。」「また，本件第1取引の終了時の平成7年4月27日は，現時点から約14年前であり，いわゆる消費者金融についての法律問題も現在のように一定問題については明白に解決済となり，そのことが国民各層に広く知られていたわけでもなく，弁護士に相談してリスクなしに一定の成果を勝ち取れることが自明であったとまではいえないから，過払金返還請求権の発生の認識を有していないこと自体を含め，その権利行使をしない借主が権利の上に眠る者として保護に値しないとは評価し難い点がある。むしろ，担保なしに小口の金銭を融資してくれる消費者金融は，融通してくれる先を有しない消費者にとっては，貴重な存在であり，それゆえに金利が高く，取立ても厳しいのであろうが，背に腹は代えられないと，消費者は捉えて，これを利用しているものと一般的に認めることがで

---

[25] 名古屋消費者信用問題研究会編・前掲注(1)〔第4版〕付録CD-ROM参照。

きる。」「のみならず，Yのような消費者金融が，無人の機械から借入・返済をする消費者に対し，その都度ATM伝票を発行し，その伝票に次回支払期日を印字し，これに遅れるときは期限の利益を喪失することを表示し，また公共的な広告媒体を使った宣伝活動を行い，ヤミ金としてではなく，堂々と社会的な地位を確保し，活動をしているのを見ると，Xが，Yにつき，そもそも返済利息が元本充当後に過払いとなるほど違法な高利により違法無効にもなり得るような事業活動をしているなどとは思わなかったとしても，法的な無知として非難することはできないというべきである。」「……，Yは，本件第2取引をすることにより，Xによる第2過払金の返還請求を妨げており，すなわち，Xによる第1過払金の返還請求権の行使を不能とすることの原因が与えられているということができる。」「そうすると，第1過払金請求権の行使を長期間にわたって妨げられてきたXに対し，著しく帰責性のある被請求者（Y）が平成7年4月27日から10年の消滅時効を主張することは信義則に反し許されないというべきである。」（傍点－筆者）

本判決は，Yの消費者金融業界における社会的地位や社会的認知度，そして，その事業活動，Xとの取引形態などをも，Xが過払金の発生やその返還請求について充分な認識を得られなかった理由として挙げながら，消滅時効の援用が信義則違反に当たると判断している。その意味において，本判決は，これまでの援用制限事例とは大きく異なる特徴を示していると評しえよう。

(2) 裁判例の検討

以上のように，貸金業者による過払金返還請求権の消滅時効の援用が信義則に反し権利の濫用に当たるとして許されないかどうかという問題については，裁判例は，総じて，貸金業者たる貸主の悪質かつ不誠実な振舞いや対応，つまりは貸主の主観的態様ないし倫理的非難可能性の要因を重視した判断を行なっているものと評することができる。すなわち，信義則・権利濫用論の視点からは，具体的には，①YがXの過払い状態を容易に知りうるにもかかわらず，あるいは，②積極的にXにそのような状態を出現させあるいは持続させているにもかかわらず，③Xが法律知識に疎いことや，過払い状態に対するXの不知などに乗じて，④長期間にわたって高額の約定利息を請求し続けていた，というYの振舞いや対応の存在が，結果的にXによる過払金返還請求権の行使を

妨げることになっているとして，これらの考慮要因がここでの重要な決め手となっていると言えるであろう[26]。この点から信義則違反ないし権利濫用を肯定しているものとして，【16】判決，【17】判決，【18】判決，【24】判決などを，そのような事情が見当たらないとして否定しているものとして，【21】判決や【22】判決，【23】判決を挙げることができる。

また，【19】判決は，更に，クリーンハンドの原則まで持ち出して消滅時効の援用制限を根拠づけている。しかし，基本的には考慮要因の実質的な中味は，信義則や権利の濫用によって根拠づけられている上記裁判例と異なるところはないと言ってよかろう。というのも，借主・貸主間における継続的な金銭消費貸借取引の期間の長さ，借主に過払い状態が生じるに至った原因やその長さ，利息制限法所定の制限利率に引き直して計算した場合における金額と過払い金額との差，借主・貸主の金銭消費貸借取引に関する法律知識の有無・程度，両者の置かれている社会的状況といった種々の考慮要因が，総合的・相関的に検討，判断されているものと解しうる点で共通していると指摘できるからである[27]。そこで，あえてクリーンハンドの原則まで持ち出して根拠づけようとしている【19】判決の積極的な意義を見出そうとすれば，それは，やはり貸主の悪質かつ不誠実な言動という主観的態様の存在が外せずこの点を強調する趣旨に出たものと言うことができようか。こうして，ここでは，信義則・権利濫用のほか，クリーンハンドの原則にも言及しながら，借主・貸主間における具体的衡平・実質的正義の実現が志向されたものとも解しうるが，しかし，過払金返還請求権という権利の発生過程に見られる特殊性に鑑みると，継続的な金銭消費貸借取引における純粋の信頼保護というよりも，むしろ貸主自身に対する倫理的非難可能性の点が重視されている場面と言えるわけである[28]。

[26] 【19】判決は，更に，Yが貸金業者として貸金業法を遵守すべき立場にあるにもかかわらず，それを遵守していなかったという事実も考慮に入れて判断しているようであるが，齋藤・前掲注(19)104頁が正当に指摘される通り，この事実は，消滅時効の完成と直接結びつくものではない。完成した消滅時効を後に援用しようとする立場の者として信義則の観念に照らし真っ当な援用権者としての振舞いであったと判断しうるかという点についての一考慮要因にすぎないと見るべきであろう。
[27] 齋藤・前掲注(19)104頁は，これとは若干異なる指摘をされる。
[28] なお，信義則・権利濫用全般に関連してではあるが，原島重義「民法における『公共の福祉』概念」法社会学20号『公共の福祉』（有斐閣，1968年）1頁以下，同「所有権の濫用」谷口知平・加藤一郎編『新版・判例演習民法1総則』（有斐閣，1981年）特に

その一方で,【27】判決では, Yが貸金業者として消費者金融業界においていかなる社会的地位を築いてきていたか, そして, その社会的認知度やそれに伴う事業活動が担保なしには融資をしてくれる先もない消費者に対してどのような印象・期待を与えるか, 従ってまた, 融資してくれる先を有しない消費者との間で継続的な金銭消費貸借取引を巧妙に行なうことにより, 過払金発生の認識はもちろんのことその返還請求権の行使も事実上不可能となるような構造的に問題のある事業活動がなされてこなかったかどうか, といった貸金業者そのものの有り様までが, 信義則判断の際の重要な考慮要因として取り上げられており, 特筆に値する。

　こうして, 上記裁判例は, 消滅時効の援用が信義則違反や権利の濫用に当たるとして許されないとされているその他の多数の裁判例[29]と同様に, 種々の考慮要因が総合的・相関的に検討され最終判断が下されているという意味においては, 基本的に, これらと同系列に連なるものと位置づけて構わないのではなかろうか。しかし, その一方で, ここであえて特徴的な点を指摘するとすれば, 過払金返還請求権については, その発生過程の特殊性に加えて, 消滅時効の援用をする貸主が過払金の発生に直接・間接に深く関わっていることから, 常に貸主には借主による過払金返還請求権の行使や過払金返還請求権が消滅時効にかかることに関して, とりわけ悪質かつ不誠実な主観的態様の見られることが必要と解されているのではないか, という点である。つまり, 消滅時効の援用が信義則に反し権利の濫用に当たるとして許されないとされた従来の裁判例においても, 確かに, 主として債務者のかかる主観的態様からその時効援用を信義則に反し権利の濫用に当たるとして許されないとされたものが圧倒的多数を占めていたが, それ以外にも, 更に当該事案の下における債権者側の権利行使に関する諸々の具体的事情もまた信義則・権利濫用の観点から総合的・相関的

13頁以下(以上はいずれも, 同『市民法の理論』(創文社, 2011年)に所収), 好美清光「信義則の機能について」一橋論叢47巻2号(1962年)181頁以下, 菅野耕毅「信義則論の現状」内山尚三・黒木三郎・石川利夫先生還暦記念『現代民法学の基本問題　上』(第一法規, 1983年)3頁以下など参照。

[29]　その概観については, 半田吉信「消滅時効の援用と信義則」ジュリ872号(1986年)79頁以下, 石松勉「消滅時効の援用と信義則に関する一考察」福院(福岡大学)22巻1号(1990年)60頁以下, 渡辺博之「時効の援用と信義則・権利濫用(上)(下)」判評407号156頁以下, 同408号164頁以下(いずれも, 1993年)など参照。

に考慮され客観的に判断されているものも見受けられた[30]。それに対して、貸主による過払金返還請求権の消滅時効の援用が信義則に反し権利の濫用となるかどうかが問題となっているこの局面では、そのような客観的利益衡量に基づくものは見当たらず、特に貸主の主観的態様ないし倫理的非難可能性の要因に重点が置かれているものに限られていたところに特徴があった、と指摘することができるわけである。

4　今後の展望

ここでは、以上の検討・考察を踏まえて、過払金返還請求権に関する債務の承認による消滅時効の中断の問題、及び、貸主による過払金返還請求権の消滅時効の援用が信義則に反し権利の濫用として許されないかどうかの問題の2つについて、それぞれの問題の今後の進むべき方向性なりとも提示することができるのではないかと考えられることから、その簡単な展望を試みに述べてみることにしたい。

まず、過払金返還請求権に関する債務の承認による消滅時効の中断の問題から見てみよう。

時効中断事由としての債務の承認（147条3号）が、一般に、時効の利益を受ける債務者が時効によって権利を喪失する債権者に対してその権利が存在することを知っている旨を表示することとされていることは、先にも確認した通りであるが、このような表示があれば、権利の存在が明瞭になるばかりでなく、債権者がこれを信頼して権利の行使を差し控えても権利の行使を怠っていることにはならないことから時効が中断する、とされるわけである[31]。そして、債務の承認は、時効を中断しようとする法律効果の発生を欲する旨の表示ではないから意思表示ではないが、法律上特定の方式が要求されているわけではないことから、法律行為の解釈に準じて、債務者の一定の行為が承認と解しうるかどうかを判断することが重要となってくる[32]。

---

[30]　石松・前掲注[29]特に40頁以下参照。

[31]　Vgl. Münch/Komm. zum BGB., a. a. O., S. 2478.〔Grothe〕；Staudinger/Komm. zum BGB., a. a. O., S. 808 f.〔Peters/Jacoby〕.

[32]　我妻・前掲注[15]470頁、川島武宜編『注釈民法(5)総則(5)』（有斐閣、1967年）124頁以下〔川井健執筆〕参照。また、vgl. Staudinger/Komm. zum BGB., a. a. O., S. 811.〔Peters/Jacoby〕.

そこで，これを過払金返還請求の場面に照準を合わせて今一度考えてみた場合，ポイントとなるのは，貸主の借主に対する新たな貸付が，自己に過払金債務が存在していることを，従ってまたその返済に充てられることを認識しつつなされたものと認められるような行為と解しうるかどうかという点にある，と言うことができるであろう。そして，貸金業者たる貸主が利息制限法所定の法定利率を超える利息を借主から受領すれば借主が過払い状態に陥ることは当然に知りえたものと推測でき，そうであるとすれば，そのような状況下で更なる貸付を行なう行為は，法的には自己の過払金債務の存在を認識しつつ過払金債務への返済として支払ったものと解することも可能となるわけである。債務の承認により時効の中断が生じたと認められる所以である。

【12】判決は，貸金業者が新たな貸付の時点で過払金についての弁済の意思を有していたとまでは認められないとして債務の承認を否定しているが，新たな貸付を発生している過払金への充当と認めてしかるべきかどうかという問題については，当事者の合理的な意思解釈により，これを肯定しながら，その一方で債務の承認を否定することは，同様に過払金債務の存在に関する認識を推認した上で弁済充当を認めている先の点と整合していないように思われる。従って，過払金返還請求の場面においても過払金発生後の新たな貸付を弁済による債務の承認と認めることには充分な合理性があり，またこう解したとしても，取引観念あるいは社会通念に照らして特に問題はないように思われる。

現在，裁判による過払金返還請求は下火となりつつあるものの，この問題に関する類似の裁判例の登場，集積，更には最高裁判所によって一定の判断が示されることにより，具体的に妥当な結論を導き出すことのできるより明確な判断基準が構築されることが待たれるところである。そして，これにより，債務の承認による時効の中断一般の判断過程がより一層明確化されることもまた期待できるわけである。

それでは，次に，貸主による過払金返還請求権の消滅時効の援用が信義則に反し権利の濫用として許されないかどうかの問題について見てみよう。

この問題については，従来からの時効援用権に対する信義則・権利濫用の適用問題とまったく同様には扱えない事情・特徴があったことは，先に指摘した通りである。そもそも，過払金返還請求権は借主・貸主間における継続的な金銭消費貸借取引の場面で必ず発生するというものではない上に，もしそれが発

生し消滅時効にかかろうとしている場合においても，これに関して貸主の借主に対する振舞い・対応等が場合によっては影響を与える場合もありうると言えるに過ぎないため，とりわけこの貸主の振舞い・対応が過払金返還請求権の発生やその時効消滅可能性に対してどの程度の関連度・影響度を持っているかがその判断の際に極めて重要な考慮要因となっているからである。換言すると，ここでは，過払金返還請求権の発生やその時効消滅可能性に対する貸主の積極的な意識的関与が重要となっているのではないかということである。そうであるとすれば，この局面は，ただ単に具体的衡平・実質的正義の実現という視点から客観的利益衡量により信義則や権利濫用が活用される場面とは異なる点で，信義則・権利濫用が限定的，抑制的に機能する場面と評することができよう。従ってまた，今後も，同様の事例が登場するとしても，これまで同様の貸主の主観的態様や倫理的非難可能性の点を重視して検討，判断していく方向で変わりはないものと容易に推測することができるわけである。

　しかし，これは，過払金返還請求の場面での信義則・権利濫用が限定的，抑制的にしか機能しないという消極的な意味にとどまっていると解する必要はなく，それよりもむしろ，この場面はそもそも義務者（貸主）の権利主張者本人（借主）に対する主観的態様や倫理的非難可能性を中心に据えた，信義則・権利濫用の適用が本来的に想定されている場面であることを示しており，その適用事例の1つが更に付け加わったものと理解することが妥当であるように思われる。

　信義則・権利濫用の慎重な適用が要求される場面を，いみじくもこの過払金返還請求の事例は提供してくれているとも言えよう。

5　結びに代えて

　これまで，過払金の返還請求をめぐって問題となっている，債務の承認による消滅時効の中断の問題と時効援用の制限問題の2つについて簡単な検討・考察を試みてきた。これにより，それぞれの問題に関する一定の傾向や進むべき方向性を確認しえたのではないかと考えている。しかし，今後も，債務の承認による消滅時効の中断問題や時効援用制限問題はさまざまな場面で登場し，議論の対象になるものと予想される。これら2つの問題について個別的な検討・考察を試み，それを積み重ねながら基礎理論的に構築し直していくことにより，

更にこれらの問題に関するより明確な判断枠組みを指し示すことができ，ひいてはその判断過程を明らかにすることにも繋がるものと思われる。本稿はその試みの1つであったということになる。

31 要件事実(論)の所属法域は,民法その他の民事実体法である

並木　茂

1　要件事実(論)の所属法域についての二つの考え方
2　司研説の個々の要件事実についての考え方とそれに対する個別的な疑問点
3　司研説が要件事実を民法以外の法に所属するとする理由
4　要件事実(論)の所属法域についての私見

1　要件事実(論)の所属法域についての二つの考え方

　要件事実(論)について通説と思われる司法研修所の見解(以下「司研説」という)は,要件事実を,訴訟において主張する法律効果の発生に直接必要な主要事実であるとし[1],要件事実(論)の所属法域を,明言はしないものの次項の若干の例をみるだけで容易に分かるように民事訴訟法または民事訴訟法と民事実体法(以下では,これを代表して「民法」にのみ言及する)とのいわば学際的な法域に属すると考えているかのようである。しかし,このような考えは,後に述べるように,ドイツでは許容されるかもしれないが,わが国では成り立ちえないといわなければならない。

　私は,後に述べるようなことから,要件事実を,民法の層的構造である行為規範,裁判規範および組織規範(または行為規範および裁判規範)のうちの裁判規範の要件であり,要件事実(論)を,民法の法域に属すると考える[2]。

---

[1]　司法研修所・増補民事訴訟における要件事実第1巻(以下「司研・要件事実1巻」という)3頁。
[2]　拙著・要件事実原論66頁。

2 司研説の個々の要件事実についての考え方とそれに対する個別的な疑問点

(1) 民法の法規の定める権利と異なる権利等とすることについて

(a) 民法の法規の適用等により決定された権利を要件事実上は別の権利とすることについて

「不動産の賃貸人が賃借人に対し，相当期間を定めて延滞賃料の催告をするのと同時に，賃借人が右期間内に延滞賃料を支払わないときは賃貸借契約を解除する旨の意思表示をする」場合における契約解除の意思表示を，司研説は，「『催告期間が経過した時に賃貸借契約を解除する。』旨の一種の停止期限……付解除の意思表示である」とする[3]。その理由は，「賃貸人に賃料債務の『不履行』について主張立証責任を負わせようとするのは，通常の催告解除の場合と対比して権衡を失することになるであろうし……，当事者間の立証の負担の公平という立場からも妥当ではない。したがって，……催告期間内に催告金額の支払がなかったことが解除権の発生事由ではなく，催告期間内に催告金額の支払があったことが解除権の発生障害事由であると考えるべきである」[4]から，この意思表示の内容を合理的に解釈すると，停止期限付き解除の意思表示であるとみるのが相当であるというのである。

しかし，この賃借人の催告期間内の催告賃料債務の不履行は，賃貸人の契約解除権発生の要件の一部であり，通常の債務の履行は，債務（債権）の消滅事由であって，両者を同一に扱わなければ「当事者の立証の負担の公平という立場からも妥当ではない」とはいえない。なによりも，民法の教科書などでは，このような解除の意思表示は，条件付き解除[5]とか停止条件き解除の意思表示[6]とかいわれているのである。

(b) 民法の法規の定める二つの別の権利を要件事実上は一つの権利とすることについて

司研説は，条件・期限の主張立証責任の分配について抗弁説を採り，「抗弁

---

[3] 司研・要件事実1巻260頁。
[4] 同書259-60頁。
[5] 我妻榮・新訂民法総則410頁，於保不二雄編・注釈民法(4)311頁〔金山正信〕など。
[6] 幾代通・民法総則〔第2版〕455頁，四宮和夫＝能見善久・民法総則第5版315頁など。

[並木　茂]　***31***　要件事実(論)の所属法域は，民法その他の民事実体法である

あ」[7]るとし，「法律行為の効力は，法律行為が成立すれば直ちに発生するのが原則である。したがって，法律行為の効果として生ずる権利の発生原因としては，その法律行為の成立だけで足りる。……法律行為に停止条件が付されると，本来成立とともに発生すべきであった法律行為の効力の発生が条件成就の時まで停止されることになる。この意味で，停止条件が付されていることは，権利の発生を争う当事者に主張立証責任がある。……停止条件の成就は，法律行為の効力発生を停止させていた停止条件の効果を消滅させ，法律行為の効力の発生を現実化する事実であるから，権利の発生を主張する当事者に主張立証責任がある」[8]とする。

　契約には，条件についていえば，無条件の契約（いわゆる単純債務の契約）と条件付きの契約があるのみである。このことは，ローゼンベルクも認めるし[9]，民法上も明らかであって，停止条件が契約の時にすでに成就していたとき，または，解除条件が成就しないことが契約の時すでに確定していたときもしくは不能であるときは，無条件の契約となる（同131 I前段，II後段，133 II）。

　司研説は，停止条件と契約を可分であるとするが，停止条件を付する意思表示の合致は契約本体の意思表示の合致の内容の一部であって，不可分一体のものである[10]はずである。民法528条は，「承諾者が，申込みに条件を付し……てこれを承諾したときは，その申込みの拒絶とともに新たな申込みをしたものとみなす。」と規定する。また，民法131条2項が，停止条件の成就しないことが法律行為の時に既に確定していたときは，停止条件以外の意思表示に無効事由がなくても停止条件付き法律行為を無効とすることを定め，民法132条が，不法な条件を付した法律行為は条件以外の意思表示が適法であるか否かにかかわらず停止条件付き法律行為を無効とし，不法な行為をしないことを条件とするものも，条件以外の意思表示が適法であるか否かにかかわらず同様とすることを定め，民法133条1項が，不能の停止条件を付した法律行為は，停止条件

---

(7)　司研・要件事実1巻49頁。
(8)　同書111頁。
(9)　倉田卓次訳『証明責任論〔全訂版〕』（以下「ローゼンベルク・証明責任論」という）336頁。
(10)　富井『民法原論1巻』484頁，鳩山『法律行為乃至時効』458頁，我妻『新訂民法総則』406頁など。

以外の意思表示が可能であるか否かにかかわらず，停止条件付き法律行為を無効とすることを定めるのも，停止条件と契約本体を一体不可分の意思表示とした趣旨を示すものであるとみるのが素直な解釈であろう。「もし，条件をして，その附せられる法律行為とは別個独立のもので，それが法律行為に付加されているにすぎないものとみるならば，その条件事実のみが不法のときは，法律行為の一部無効の法理によってその条件だけを無効とし，その法律行為は無条件のものとして取り扱うことも，理論上不能ではない。しかし，条件をして，その法律行為とは別個独立のもではなく，その法律行為の一体的内容をなすものと解するときは，条件の不法性はその法律行為の全体に及ぶことになる」[11]からである。

抗弁説は，契約に停止条件が付されていることを権利主張者の相手方に主張・証明責任の分配をするために，これを本来成立とともに発生すべきであった契約の効力の発生が条件成就の時まで停止されることになるとし，停止条件の成就したことを権利主張者に主張・証明責任の分配をするために，停止条件の成就は，契約の効力発生を停止させていた停止条件の効果を消滅させ，契約の効力の発生を現実化する事実であるとする。そうすると，停止条件付き契約においては停止条件の成就によって権利が発生するのではなく，「原告がその条件成就を再抗弁として主張立証し，これによって右請求（引用者注・売買契約に基づく売買代金の支払請求）が認容されたとしても，訴訟物と異なる権利を認容したことにはならない」[12]ことになる。

しかし，無条件の契約が有効に成立すると，停止期限を措くとすれば，ただちに目的とした権利または法律関係（以下では，「権利」のみに言及する）が生ずる。しかし，停止条件付き契約が有効に成立しても，ただちに条件付き権利（民128，129参照）が生ずるだけであって，停止条件が不成就に確定したときは，目的とした権利は生ぜず，停止条件が成就してはじめて目的とした権利が発生し（民127Ⅰ），発生した権利の効果を成就時以前にさかのぼらせようとするには当事者が停止条件付き契約中か後に取り結ぶ合意かによってその旨の意思表示をしなければならない（同条Ⅲ）。そのうえ，条件付き権利は，停止条件の成就によって発生した権利に凝結されると解される。そればかりではない。法律

---

[11] 注民(4)375頁〈金山正信〉。
[12] 司研・要件事実1巻50頁。

〔並木　茂〕　***31***　要件事実(論)の所属法域は，民法その他の民事実体法である

行為の効力は法律行為が成立すればただちに発生するのが原則であるとし，停止条件の成就により生ずる権利を認めないで，契約の締結によって生ずる権利のみがあるとすると，停止条件が口頭弁論終結時までに成就しておらず，あらかじめ将来の請求をする必要がある場合でも，給付の訴えの請求の内容となる権利の存否，いわれるところの訴訟物が契約の締結によって生じた請求権の存在であるから，停止条件付き契約については将来の給付の訴え（民訴135）を提起することができないのではないだろうか。こうして，無条件の契約によって発生した権利と停止条件付き契約の停止条件の成就によって発生した権利は，異なるものであって，このことは，後に述べる民法513条の規定によっても明らかである。

民事訴訟において原告が無条件の契約上の権利の存在を請求の内容とするときは，それを基礎づける請求の原因として，無条件の契約の成立を主張し証明すればよいが，原告が停止条件付き契約上の停止条件の成就によって生じた権利の存在を請求の内容とするときは，それを基礎づける請求の原因として，停止条件付き契約の成立とその停止条件の成就を主張し証明しなければならず，停止条件付き契約が締結されたのにもかかわらず無条件の契約の成立を主張したときは，被告はその契約の成立を否認すれば足りると考えられる。この考えが否認説である。

無条件の債務と条件付き債務が別の債務であることは民法513条によって明らかである。ところが，司研説は，次のとおり述べてこれを否定する。「否認説は，附款を不可分としてみる根拠として民法513条2項を挙げる。しかし，同条について，通説は，更改というためには，当事者に旧債務を消滅させ新債務を発生させる効果意思が存在するなどいわゆる更改意思が存在し，かつ，債務内容の変更などの客観的事情によって債務の同一性が変更されたことが必要であって，単に条件を変更し又は付加する行為があるだけで，常に更改を生じるとは解していない（注民⑿四八五，我妻・債権総論三六三，於保・債権総論〔新版〕四二七等）。」[13]と。否認説が同条項を挙げるのは，無条件の契約によって発生する債権（債務）と停止条件付き契約におけるその停止条件の成就によって発生する債権とが別種の権利であることの根拠としてであって，附款を不可分とし

---

[13]　司研・要件事実1巻50頁。

てみる根拠としてではないから[14]，司研説の私見に対する批判は誤読に基づくものといわざるをえないのであるが，それはひとまず措くとして，同説がいう「いわゆる更改意思が存在し，かつ，債務内容の変更などの客観的事情によって債務の同一性が変更されたことが必要であ」るとすることは，同条の解釈としては誤りである。

このことは，法典調査会における梅謙次郎起草委員の同条の起草趣旨の説明に照らしても明らかであるが[15]，ここでは，簡明を期して梅・民法要義巻之三354〜6頁の説明を掲げることにする。

「目的（Objet Gegenstand〔引用者注・「objet, Gegenstand」のミスか〕）ナル文字ハ…少クモ二ツノ意義ヲ有スルコトヲ得ヘシ即チ甲ハ債務ノ包含物全体ヲ云ヒ乙ハ単ニ債務ノ履行ヨリ生スヘキ利益ノミヲ云ヘルナリ…余ハ…甲ノ意義ヲ以テ正確ナルモノト信スレトモ〔引用者注・ただし，梅は，民法要義巻之一220頁では，「当事者カ法律行為ニ因リテ生セシメント欲スル主タル効力（余カ所謂目的）」といっている〕世ノ学者ハ此説ヲ取ラス皆乙ノ意義ニ依レリ甚シキニ至リテハ其権利ノ目的物ヲ指シテ直チニ債務ノ目的ナリト曰ヘリ故ニ『条件附債務ヲ無条件債務トシ，無条件債務ニ条件ヲ附シ又ハ条件ヲ変更スル』カ如キハ敢テ之ヲ目的ノ変更ト視ス従テ此場合ニハ更改ナキモノト認ムル学説及ヒ立法例最モ多シ然リト雖モ条件附債務ハ畢竟成立スルニ至ルヘキヤ否ヤ未確定ノモノニシテ之ヲ直チニ確定ニ成立スヘキ無条件債務ト為シ又ハ其反対ノ契約ヲ結ヒ又ハ甲ノ事実発生スレハ成立ニ至ルヘキ債務ヲ乙ノ事実発生スルトキハ成立スヘキモノトスルカ如キハ単ニ債権者，債務者ヲ変更シ又ハ千円ノ債務ヲ千二百円ノ債務トシ若クハ金千円ノ債務ヲ同一ノ価アル不動産ト変更スルヨリハ一層激甚ナル変更ニシテ之ヲシモ更改ト謂ハスンハ右ニ述ヘタル各種ノ変更ヲモ敢テ更改ト為スヘキニ非ス故ニ新民法ニ於テハ之ヲ更改トセリ而シテ目的ノ意義ニ付キ一般ノ学説ハ余カ説ヲ容レサルヲ以テ特ニ右ノ更改ノ場合ヲ明言スルニ非サレハ往往疑義ヲ招クヘク殊ニ旧民法其他多数ノ立法例ニ於テハ皆之ヲ更改ナキモノセルカ故ニ特ニ本条（＝民513）第二項ノ規定ヲ設ケタルナリ但羅馬法ニ於テハ之ヲ以テ更改トセリト雖モ是ト同時ニ期限ノ変更モ亦之ヲ更改トセリ然リト雖

---

[14] 拙稿「証明責任の分配についての二，三の試論」司研論集63号52頁。
[15] 法務大臣官房司法法制調査部監修・法典調査会民法議事速記録三〔日本近代立法資料叢書3〕602頁。

モ期限ノ同シカラサルハ単ニ履行ノ時期ノ異ナルノミニシテ敢テ債務ノ要素ノ変更ヲ来ササルカ故ニ之ヲ以テ更改ト為スハ聊カ当ラサルモノアルカ如シ故ニ新民法ニ於テハ之ヲ取ラサリキ」。

そして，ここにローマ法というのは古典期のそれにおける更改（novatio）の・当事者の交替のない更改すなわち単純な更改（novatio simmplex）のうちの条件・期限の付加または撤廃のことであって，当事者が更改の意思で問答契約を締結したことが明らかなものでなければならないことになったのは，後古典期およびユースティーニアヌス帝期になってからである[16]。こうして，単純な更改すなわち「当事者の間に行われる更改は，古典時代には当事者の意思によって債務関係を消滅させる原因ではなく，更改がおこなわれるときは，法の規定によって債務関係が消滅するものとして取扱われた」[17]のである。このように，民法513条2項の規定は，同条1項の規定とあいまって，法の規定によって更改となるとしたのである。

そうすると，司研説の論拠として挙げる「注民[12]四八五，我妻・債権総論三六三，於保・債権総論〔新版〕四二七等」は，フランス民法1273条[18]やドイツにおける更改についての解釈論を参照したものであろうが，立法論であって，民法513条の解釈論としては採ることはできないといわなければならない。

(2) 民法の法規の定める法律要件と実質的に異なる要件事実となりうることについて

(a) 民法の法規の定める法律要件と実質的に異なる要件事実となることについて

（司研）民事教官室「民事訴訟における要件事実について　第一部民法総則」司研所報26号198〜9頁は，民法162条1項の定める所有権の取得時効の要件のうち，「(ロ)所有の意思をもって」および「(ハ)平穏かつ公然に」「については民法一八六条一項に推定規定がある。……先の(ロ)(ハ)の要件については所有

---

[16] ゲオルク・クリンゲンベルク〔瀧澤栄治訳〕『ローマ債権法講義』121頁。
[17] 船田享二『ローマ法3巻』582頁。
[18] 「更改は，なんら推定されない。更改を行う意思は，その行為から明白に引き出されるものでなければならない」。訳文は，法務大臣官房司法法制調査部「フランス民法典――物権・債権関係――」〔法務資料第441号102頁〕による。

権を主張するものに主張責任は存在し，その限りにおいて立証責任と分離するとの考え方もあろう。しかし右民法一八六条一項の推定規定はむしろ『暫定的真実』の性格を有すると解する説（兼子・民事法研究一巻三一二頁）に従えば(ロ)(ハ)はいずれも要件ではなく，むしろこれらがないことすなわち所有の意思のないことあるいは共謀隠秘であることが所有権を争う側の主張立証責任に属することとなる。」といい，さらに，民法162条2項の定める要件のうち，占有のはじめ「(イ)善意の点は民法一八六条一項により推定されているから，むしろ相手方に取得者の悪意についての主張立証責任があると解される（大判大元・一〇・三〇録九三一頁，立証責任につき同旨，我妻・前掲〔＝民法総則？〕三六六頁，柚木・前掲〔＝判例民法総論下〕四二一頁）。無過失については右のような推定の規定がなく，むしろ所有権の取得を主張するものに立証責任があると解するのが通説であろう……。」という。

　確かに無過失の主張責任および証明責任が所有権の取得を主張する者にあるとするのが通説であるが，民法の起草委員および起草委員補助のなかには，無過失が推定されるのは当然であると考えていた者もおり[19]，また，それと同旨の結論を採る学者もいるのである[20]。しかし，それでは，短期の取得時効により所有権を取得したと主張する者に課せられる要件事実は，期間についていえば10年間（物を占有したことだけ）になり，長期の取得時効による要件事実よりも期間が有利であるにもかかわらずその他では同じことになって，短期の取得時効が保護されすぎ，取得時効の制度的バランスを崩すように思われる。そもそも，この無過失は，取得時効や占有の態様等に関する推定の規定について全体としてフランス民法に範を置く旧民法を修正したものの中で，ドイツ民法草案を参考にして旧民法証拠編140条の定める「正権原」に代えて設けられたものである[21]。しかし，ドイツ民法（BGB）は，不動産の占有による取得時効を認めないなどわが民法における取得時効の制度と大きく異なるのである。しかも，無過失は，法的判断を要素とする不特定概念であるから，いわゆる推定と

---

[19]　富井政章『民法原論2巻』644頁，松波仁一郎＝仁保亀松＝仁井田益太郎合著『帝国民法〔明治29年〕正解3巻』〔日本立法資料全集別巻97〕249-250頁。
[20]　舟橋諄一『物権法』〔法律学全集〕298頁。
[21]　法務大臣官房司法法制調査部監修『法典調査会民法議事速記録一』〔日本近代立法資料叢書1〕515～7頁。

〔並木　茂〕　　***31***　要件事実(論)の所属法域は，民法その他の民事実体法であるいうことはありえないのではないだろうか。

　こうして，無過失の主張責任およびその主張を基礎づける自然的・社会的事実についての証明責任が短期の時効による所有権の取得を主張する者にあるとすると，過失ある占有と無過失の占有とは善意占有についての区別であり，無過失の占有とは注意をしても本権がない事実を知り得なかったであろうと認められる善意占有である。したがって，具体的な・短期の時効によって取得した所有権の存在を請求の内容とする訴訟において，原告が請求の原因の一部として，占有のはじめの無過失を充足する主要事実を主張し，被告がこれを認めるかまたは争ってもそれを基礎づける具体的な事実が主張・証明される場合には，原告が占有のはじめ注意をしても所有権がない事実を知り得なかったであろうと認められたわけであるから，被告が，原告に所有の意思がなかったとか，占有のはじめ原告が所有権を有していないことを知りまたはその有無について疑いを抱きながら占有した，つまり悪意占有であったことを主張し証明することはできないはずである。

　大判明治41・9・1民録14輯876頁や田中和夫・立証責任の研究157頁などは，民法186条1項の定める推定を法律上の推定とするようであるが，前提事実がないのであるから，法律上の推定でないことは明らかであろう。

　同条項の制定の経緯などを検討すると，同条項「が挙証責任の分配を定めた規定というよりはむしろ，経験法則化したものとみるのが穏当である……したがって，この問題に関する限りは，所有権の取得時効の要件事実を一六二条の条文どおりに解し，一八六条一項のあることを忘れてしまったかにみえる実務の大勢の方が素直であり，また，立法者意思にも忠実であると結論するよりほかはないのである」[22]。

　ところが，民法の学者の中にも，(司研)民事教官室・前掲論文が引用するように，民法186条1項の規定を暫定真実の結論と同じに解する人がいる。それはなぜなのだろうか。梅・民法要義巻之二43～4頁が「実際ニ於テハ占有カ果シテ如何ナル性質ヲ有スルカハ之ヲ証明シ難キコト多シ是ニ於テカ本条（＝民186）ニハ法律ヲ以テ一応ノ推定ヲ設ケ反対ノ証明ナキ限ハ（第一）所有ノ意思ヲ以テスルモノトシ（第二）善意ナルモノトシ（第三）平穏ナルモノトシ（第

---

[22]　藤原弘道「所有権の取得時効の要件事実―民法一八六条一項の性格をめぐって―」司研論集・創立三十周年記念特集号14～5頁，同・時効と占有122～3頁。

705

四）公然ナルモノトシ（第五）継続セルモノトセリ」という「反対ノ証明」に依拠するのであろうか。それとも同論文が引用する兼子・前掲書を祖述するのであろうか。あるいは，時効を法定証拠説で理解すると，そうなるのであろうか。

しかし，占有開始時における無過失の証明責任を短期の時効により取得した所有権の存在を主張する側にあるとすると，相手方が所有の意思がないことや占有開始時における悪意を証明することが不可能であることや，民法186条1項の立法の経緯からいえば，同条項は，事実上の推定を定めたにすぎないと解すべきである。したがって，相手方は，反証をもってこの推定を覆すことができるのである。そうすると，時効により取得した所有権の存在を主張する者の要件事実は，長期の場合においては「① 20年間物を占有し，その占有が所有の意思をもって平穏かつ公然にするものであったこと，② 訴訟において，取得者が時効を援用すること」（民162 I，145）であり，短期の場合においては「① 10年間物を占有し，その占有が所有の意思をもって平穏かつ公然にするものであり，その占有の開始の時に，善意であり，かつ，過失がなかったこと，② 訴訟において取得者が時効を援用すること」（民162 II，145）であるが，具体的な訴訟において，所有権の存在を主張する者のその要件事実に該当する社会事象の主張を相手方が争っても，民法186条1項の定める事実上の推定が働くので，相手方から有力な反証が提出されないかぎり，長期の場合においては「① 20年前および現在において物の占有を取得する原因となる事実があること[23]，② 訴訟において，取得者が時効を援用すること」を，短期の場合においては「① 10年前および現在において物の占有を取得する原因となる事実があり，その占有の開始の時に過失がなかったことを基礎づける事実があること，② 訴訟において，取得者が時効を援用すること」を主張し，相手方がそれをも争うときは，これを証明すれば足りるであろう。

---

[23] 拙著・要件事実概説 II 20頁では，さらに「その物を現在において占有していること」を掲げたが，これは不要であった。なお，占有は，不特定概念（ローゼンベルク・証明責任論171頁は，法律関係とし，岩松三郎ほか編『法律実務講座民事訴訟編4巻』105頁は，権利関係とする）であるから，所有権の存在を主張する者は，占有を証明することができない。その取得の原因となる事実を主張し証明しなければならない。

(b) 民法の法規の定める法律要件と実質的に異なる要件事実となる可能性があることについて

このことについては多くの例を挙げることができるのであるが，ここでは，前掲の停止条件と平仄を合わせて附款である履行期を取り上げるにとどめる。

司研説は，履行期についても，停止条件と同じく抗弁説を採る。抗弁説は，「附款をその対象となった法律行為の成立要件とは区別された可分なものと理解し，当該法律行為によって発生すべき法律効果についての特別な約定すなわち特約の一類型とみるものであり……，民法……一三五条の文言からもこれが根拠づけられる」[24]とする。そのうえ，「法律行為の効果として発生する債権（請求権）は，発生すれば直ちにこれを行使することができる。すなわち，履行の請求をすることができるのが原則である。法律行為に始期が付されると，期限が到来するまで履行の請求ができなくなる。この意味で，始期が付されていることは，その法律行為に基づく債権行使に対する阻止事由であり，履行の請求を拒む当事者に主張立証責任がある。これに対し，期限の到来は，債権行使を阻止していた始期の法律要件としての効果を消滅させ，行使を可能にする事実であるから，右阻止事由の消滅事由であり，履行の請求をする当事者に主張立証責任がある。ところで，始期が確定期限である場合には，当該訴訟における弁論終結までには到来することのない期限を主張しなければ意味がない。なぜなら，抗弁として確定期限の合意が主張され，かつ，右期限が既到来の場合，右期限の到来は，履行の請求をする当事者が右抗弁に対する再抗弁として主張立証すべき事実であるが，右事実は，常に黙示に主張されているものと解され，かつ，公知の事実であり，したがって，右抗弁は，常に排斥される関係にあるからである。これに対し，始期が不確定期限である場合には，抗弁としてある不確定期限が付されていることが主張立証されれば，再抗弁として右期限の到来を主張立証する必要がある。」[25]という。さらに，抗弁説の理由とするところは，「……附款によって発生する法律効果が，附款の対象となった法律行為によって発生する法律効果に対して発生障害，行使阻止あるいは消滅として働くという攻撃防御方法としての機能に着目し，これに，当該法律効果の発生により利益を受ける当事者がその要件事実について主張立証責任を負うとの主張立

---

[24] 司研・要件事実1巻49頁。
[25] 司研・要件事実1巻119頁。

財産法の新動向　Ⅲ

証責任分配の基本的な考え方を適用したにすぎない」[26]ともいうのである。

　履行期も契約の内容となる要素であり成立要件の一部であるが，それはひとまず措くとして，司研説は，抗弁となるべき期限として確定期限と不確定期限の二つだけを示す。だが，債務の履行について履行期の定めのないときは債務の成立と同時に履行期にあることになると解されている[27]から，債務の履行について期限の定めがないものも履行期であるはずである。つまり，履行期には，確定期限，不確定期限および期限の定めのないものの三つがあるのではないか（民412参照）。そして，契約の成立要件だけでその効果として請求権が発生し発生すればただちにこれを行使することができるということは，契約の成立要件の主張にはその前提として黙示にただちに行使可能であることあるいはいわゆる単純債務であることを主張していることになるのではないか。そうだとすると，履行期の定めのないものと確定期限なり不特定期限なりとは両立しないから，期限の定めのないことが請求原因事由であるとすると，確定期限なり不特定期限なりは，抗弁事由になりえないのではないか。

　次いで，請求権に確定または不確定の期限（履行期）が到来していないときでも，給付の訴えを提起することができる場合があるが（民訴135），司研説によれば，公示送達事件でも，そのときは，原告は，請求権が発生すればただちにこれを行使することができることが原則であるとして，現在の給付の訴えを提起し，請求の原因で請求権の発生原因事実だけを主張すればよいことになるが，それは理不尽ではないだろうか。

　加えて，司研説は，「抗弁説の考え方は，附款の攻撃防御方法としての機能に着目したものであるから，民法五二八条の適用についても同様に考えるべきであり，抗弁説といえども，契約締結の申込を受けた者に，一方的に当該申込の内容から附款の部分を取り除いて承諾し得る権能を肯定するものではなく，また，一定内容の申込に対して一方的に附款を設けて承諾をし得る機能を容認するものでもない。」[28]というのであるが，この攻撃防御方法としての機能とは，前掲のように「附款によって発生する法律効果が，附款の対象となった法律行為によって発生する法律効果に対して発生障害，行使阻止あるは消滅として働

---

(26)　司研・要件事実1巻50頁。
(27)　梅『民法要義3巻』43〜4頁など。なお，旧民法財産編402条参照。
(28)　司研・要件事実1巻51頁。

くという攻撃防御方法としての機能に着目」することであるから，附款によって発生する法律効果というものは，請求の原因＝契約の成立——抗弁＝期限の約定——再抗弁＝期限の到来になるといっているにすぎない。そうなると，「金銭債務の履行について窮したXが知人のYに対してXの所有する時価5,000万円の土地を3,500万円とするから買ってくれ，ただし，代金はただちに支払ってくれと申し込んだところ，Yが買う，ただし，代金の支払いは半年後と返事した」ときは，申込みに変更を加えた承諾として，民法528条の規定により，その申込みの拒絶とともに新たな申込みをしたものとみなされ，申込者がこの新たな申込みを承諾しないときは，売買契約は成立しないはずであるが，この「攻撃防御方法としての機能」なるものにより，かつ，「附款をその対象となった法律行為の成立要件とは区別された可分なものと理解」すると，代金支払いの期限の約定（意思表示）が売る買うの意思表示とは可分な別のものであり，売る買う意思表示は合致していて売買契約は成立しており，抗弁である期限の約定は不一致であるから期限の約定は認められないということになって，変更を加えた承諾者はただちに売買代金を支払わなければならないことになるのではないだろうか。売買代金支払請求において，被告である・変更を加えた承諾者は売買契約の成立を否認することができるのだとすると，期限の約定の有無が請求の原因になることになるが，それでは附款をその対象となった契約の成立要件とは可分な別のものと理解した趣旨を没却することになるばかりでなく，抗弁説そのものが崩壊するのではないか。

(c)　**民法の解釈による適用順序と異なる適用順序となる要件事実について**

(i)　任意規定は，「法令中の公の秩序に関しない規定」（民91）のことであって，解釈規定と補充規定とがあるといわれるが，近時の通説は，両者の差は程度の問題で，その機能において実質的に異なるところはないなどとして，強いて両者のいずれかに区別する実益はないとする。行為規範としてはそれでもよいであろうが，裁判規範としては，解釈規定は独立の裁判規範ではなく，法律行為規範の意味が不明確である場合に，いわばその一部となってその内容を確定するものであり，補充規定は法律行為のいわゆる付随的事項について当事者の定めがない場合に，その事項を補充するものであるから，その機能に違いがあり，一概にそう言いきってよいかは慎重に検討されなければならないだろう。そこで，取りあえずは両者を区別して論じることにしたい。

(ii) まず，解釈規定である。その1例とされる民法557条についての司研説は，次のとおりである。同「条は，『買主カ売主ニ手附ヲ交付シタ』という要件事実に解除権留保という法律効果を付与した解釈規定にほかならない。したがって，この法律効果を主張しようとする当事者は，右の要件事実のみを主張立証すれば足りる。」として，その例示をし，さらに「手付が授受されているのにかかわらず解除権が留保されていないことを主張する者は，解除権の留保はしない旨の特約の存在について主張立証責任を負うから（最判昭二九・一・二一民集八・一・六四），この特約の存在は，右（二）の抗弁に対する再抗弁となる（民事判決起案の手びき（六訂版）一〇四（N）注）」[29]。そして，当事者がした法律の規定と同一内容の「合意は，その成立が主張立証されない場合でも，この合意に基づく法律効果と同じ法律効果が法律の規定によって発生する以上，その成立を主張立証させる意味がない。したがって，右合意の成立の主張は，右の効果の発生を主張するための攻撃防御方法とならない（もっとも，当該法規の存否，内容が不明であるときは，右合意の成立を主張立証する意味があるが，通常，当該法規の内容は認識できる。）」[30]ともいうかのごとくである。要約すると，解釈規定の定める法律効果と同じ合意をしても解釈規定のみが適用され，意思表示は，解釈規定の定める法律効果を排除するものにかぎり効果を生ずるというのである。

しかし，「裁判官ガ個々ノ事案ニ付テ法律ヲ適用スルニ付テハ第一ニ強行法規ヲ，第二ニ当事者ノ特約其他意思表示ヲ，而シテ第三ニ非強行法規（＝任意規定）ヲ適用スベキモノトス」[31]るのではないか。法律行為取り分け契約の解釈の規準については，近時いろいろな考えが提唱されているが，契約が任意規定に優先して適用されることについてはどの考えも肯定しているのではないだろうか。「契約は，少なくとも原理的には，当事者の意思にもとづいて構成されているから，その解釈の基準としては，強行法規に反するものでないかぎり，当事者の意思が優先的基準とされることは，明らかである（九一条）」[32]。したがって，解釈規定が適用されるための法律要件は契約規範の意味が不明確であることであり，契約規範の意味が明確である場合には，解釈規定の助けを借り

---

(29) 司研・要件事実1巻148-150頁。
(30) 司研・要件事実1巻58頁。
(31) 鳩山秀夫『日本民法総論』18頁。
(32) 鈴木禄弥『民法総則講義〔改訂版〕』116頁。

〔並木　茂〕　***31***　要件事実(論)の所属法域は，民法その他の民事実体法であるるまでもないのである。

　また，民法557条が解除権留保の法律効果を付与した規定であるとすることにも疑問がある。法が任意規定を設けたのは，当事者の意思を推測しただけのことではないだろうか[33]。法律行為の「『解釈の規準』の問題が，実質的には法源ないし法源性の問題と連続ないし癒着してあらわれる場合もあること，に注意すべきである」[34]とされているところ，司研説は，契約の拘束力の根拠を法規とするいわゆる法規説の立場に立っているが，私見は，いわゆる意思説に立つべきであるとの考えである。

　(iii)　次に補充規定であるが，民法では，債権法の多くの規定のほか，272条。370条などが補充規定であるとされる。その1例である民法614条について，司研説は，次のようにいう。「本条は任意規定であるから，特約で変更することができ，本条と異なる特約の存在を主張立証すれば，賃料の支払時期は右特約によることになる。しかし，本条によって支払時期の到来の主張をすれば足りる場合には，特約の存在を主張立証しても意味がない。」つまり，当事者の約定は，民法614条の規定の適用を排除することができるだけであるというのである。

　しかし，当事者に賃料の支払時期について約定があるときは，補充規定の助けを借りるまでもなく，その約定のある契約規範が適用されるのであって，補充規定が適用されるためには，法律行為の付随的事項について当事者の定めがないことを要する。つまり，法律行為とりわけ契約の約定は補充規定に優先して適用される効力があるのである。

　(iv)　ところで，川島ほか編・新版注民(3)231頁〈森田修〉は，司研説と同じ説を通説とし，私見を反対説として，私見を民法「91条は任意規定によるという当事者の意思を必要としているとする反対説が，既述した整理会における同条の沿革を援用するとすれば，慣習について，92条では慣習に『依ル意思』を明文で要求されているのに対して，91条ではそれが明文からは落とされているという点をどのように理解するのかという問題を抱え込むことになる点が指摘できる。」と批判される。

　しかし，私見は，意思表示は任意規定に対して優先して適用される効力があ

---

[33]　四宮和夫『民法総則』151頁参照。
[34]　幾代『民法総則〔第2版〕』227頁。

るというのであって，その結果，任意規定と同じ内容の意思表示もそれが優先して適用されるから，任意規定を適用するに当たっては解釈規定であれば意思表示の意味が不明確であることであり，補充規定であれば当事者の意思表示がないことを要するといっているだけである。したがって，任意規定によるという当事者の意思をことさらに必要としているわけではない。いわゆる通説の提唱者と思われる兼子一博士ですら，解釈「規定は意思表示の不明確な場合にも合理的に考へたとすれば表示すべかりし効果を之に基いて認めることを要求するもので，之と異なる明確な表示の存在が証明されれば（厳格にいへば正しく規定と同一趣旨の表示の存在が証明された場合も）其の適用の余地を失ふ」[35]といわれるのである。

　また，新版注民(3) 231 頁〈森田〉は，「もちろん通説も，法律が法律行為に効果を認めるのは，行為者の意欲に従って効果を生じさせ，私的自治を達成させることが妥当と考えていることに根拠があることは認めるのだが（我妻 242），法律構成上は，その意味で尊重されるべき意思に，それをそのまま包摂・承認する法律規定があるからこそ，法律効果を付与する，と構成する。これは，実際に合意の内容を尊重するとしても，合意はそれだけでは，つまり国家法に先行しては，法的な拘束力をもたないという立場を示している。」という。

　しかし，この見解は，いわゆる通説の採る契約の法的拘束力の根拠を誤解しているのではないだろうか。いわゆる通説は，契約の法的拘束力の根拠として法規説と採るのであって，法規説は，「根本的には，訴えの原因たる請求権を発生せしめるのは，契約ではなく，契約締結にこの効果を付与するところの法律（客観的法〔引用者注・原文は objective Recht〕）なのである。契約およびその各構成部分は，それが法規〔引用者注・原文は Rechtssätzen〕の構成要件をなしている限りにおいて法律効果を有するに過ぎず，もし何らかの法規が味方して力を貸してくれるのでなければ，その限り無意味である」[37]という学説である。し

---

[35] 「推定の本質及び効果について」法協 55 巻 12 号 2212〜3 頁。

[36] 加藤新太郎＝細野敦『要件事実の考え方と実務』21 頁。なお，加藤「契約に基づく請求権と要件事実」月刊司法書士 2004 年 4 月号 51 頁によると，司法研修所における司法修習生に対する指導は，法規説によって行われているようである。

[37] ローゼンベルク『証明責任論』319 頁。

たがって，その根源に「法律が法律行為に効果を認めるのは，行為者の意欲に従って効果を生じさせ，私法的自治を達成させることが妥当と考えている」としても，それを契約の法的拘束力の根拠とはしていないのである。また，この見解によれば，無名契約の拘束力の根拠は，何に求めることになるのだろうか。これに対し，反対説つまり私見は，契約の法的拘束力の根拠を当事者の意思とする意思説によっている。西欧において「契約の拘束力の根拠を，客観的規範でなく，契約当事者の自由意思に求めることは，すぐれて近代的な思考へのきわめて大きな転換であ」[38]り，わが民法は，この近代的な思考を継受したのである。意思説といえども，当然のことではあるが，法の許容する私的自治の原則，その表現の一つである契約自由の原則を存立の前提としているのである。なお，この見解は，我妻説をいわゆる通説すなわち法規説であるかのように引用するが，我妻博士は，意思説のうちで法律行為の拘束力の根拠を表示行為に求める見解（表示主義〔的法律行為論〕）によられるのではないだろうか[39]。

(3) 民法法規上の法律事実が権利等である場合にその要件事実性を認めないことについて

司研説は，法律事実が権利，法律関係，一般条項および不特定概念といった法律的価値判断を要因とするものについてはその主張つまり権利主張を認めない。たとえば，「所有権に基づく物件の引渡請求訴訟の場合，その物上請求権の発生要件は，①当該物件の所有権が原告にあること，②当該物件を被告が占有していること，の二つであると一般に解されているが……，右の①の要件事実が観念的な所有権の帰属自体であるのか，それとも原告の所有権取得の原因となる具体的事実であるのかについては見解が分かれよう。しかし，①の要件について，いわゆる権利自白が成立する場合は，原告の所有権取得原因事実を問題にする余地はないが，①が争われる場合は，原告の所有権取得原因となる具体的事実を主張立証しなければならないから，①の要件事実は右取得原因事実であり，権利自白が成立する限りにおいて具体的事実の主張立証を省略できるにすぎないと解すべきである。右①の要件について，所謂事実上の権利推定という方法で直接これを立証することができるか否かについては見解が分か

---

[38] 星野英一「現代における契約」民法論集3巻23頁。
[39] 『新訂民法総則』238〜9頁。

れるところであろうが，これを肯定する見解（例えば，不動産登記簿の所有名義人の記載について，その者に所有権が帰属するとの事実上の権利推定の効力を認める見解がある。）に立てば，観念的な所有権の帰属自体が例外的にではあるが，要件事実となる。」(40)とするのである。所有権に基づく物件の引渡請求権の発生要件の一つである当該物件の所有権が原告にあることについて，いわゆる権利自白が成立する場合はその限りにおいて具体的事実の主張立証を省略できるものの，その要件事実（司研説では，＝主要事実）は原告の所有権取得原因となる具体的事実であるというが，その趣旨が，当該物件の所有権が原告にあることは，要件事実ではないが，権利自白は認めるということであるとするならば，主要事実でもないものに自白（民訴179）を認めることになり，あまりにも便宜論にすぎるといわなければならないだろう。

　司研説がどうして一般的に権利主張を認めないかというと，要件事実を主要事実と同義としたうえ，「訴訟上，ある要件事実の存在が真偽不明に終わったために当該法律効果の発生が認められないという不利益又は危険を立証責任……（客観的立証責任と同義。証明責任ともいう。）」(41)とすることによる。この客観的証明責任を認めるということは，それがいわゆる証明責任論すなわち証明責任の分配や主張責任やその分配の基本であり，しかも，民事訴訟のバックボーンであるとする理論につながる。こうして，司研説では，権利等は，法律事実であるときといえども，証明の対象とならないから，要件事実ではないことになる。しかし，それでは訴訟遅延等の民事訴訟の理念に反することになるので，所有権のみは例外として権利主張・権利自白を認め，占有などの不特定概念は事実であるとし，さらに双方の意思表示が合致するか否かの法律的判断を要する契約の成立などの法律関係も事実であるとするかのごとく扱う仕儀になる。

　法律要件を組成する素因である法律事実が権利等の存否であるときは，その存否が他の法律事実とともに法律効果を生じさせるのであって，その発生等の原因事実では足りないのである。法律事実が権利等であるときは，第一次的にはそれについて主張責任の分配があり，それに該当する具体的な権利等の主張が争われるときまたは争われることをおもんばかったときは，第二次的にそれを基礎づける発生等の原因事実について主張責任の分配および証明責任の分配

(40)　司研・要件事実1巻4-5頁。
(41)　司研・要件事実1巻5頁。

があり，それに該当する具体的な事実を主張ないし証明することになると解すべきである。

弁論主義が近代私法の大原則である私的自治の原則と論理的に連動するものであるかについて肯定説（本質説）を採れば，主張責任の分配の理論は，近代私法の所産である。これに対し，証明責任の分配の理論はローマ法に由来する。したがって，両者は別個の法理であり，しかも，法論理的にも機能的にも訴訟法理における両者の思考の先後関係は，主張責任の分配が先，証明責任の分配が後であるばかりでなく，証明責任の分配は，法律事実が自然的・社会的事実である場合についての主張責任の分配に規制されると考えるべきである。

3 司研説が要件事実を民法以外の法に所属するとする理由

司研説にはほかにも取り上げて論じなければならないことが多々あるのであるが，本稿では紙幅の都合上それを果たすことができなかった。そこで，以下に司研説の基本的な疑問点と司研説における要件事実の所属法域を考察するにとどめることとする。

本項の議論をするに当たってははじめに，わが民訴法とドイツ民訴法（ZPO）とでは自由心証主義の内容が異なることを知っておく必要がある。わが民訴法の定める自由心証主義は，「事実についての主張を真実と認めるべきか否かを判断する」のである（民訴247）から，裁判所が要証事実について真偽不明の心証を抱いたときは，真実と認めるべきでないというだけのことである。このように，わが民訴法では，旧々民訴法制定当初から現行法にいたるまで，自由心証のうえで真偽不明を解決すべき法規を必要とする事態は生じなかったのであるから[42]，客観的証明責任を取り入れ，それを証明責任論の出発点とする余地はまったくないのである。これに対し，1877年（明治10年）に公布されたZPO259条1項前段は，自由心証主義の妥当するのは，裁判所が要証の主要事実について証拠調べの結果ないし弁論の全趣旨により①その存在の確信を抱くか，②その不存在の確信を抱くかの領域だけであり，真偽不明の場合には，同条2項の定める証拠規則の一つとして旧437条の定める，「弁論ノ結

---

[42] 詳しくは，拙稿「わが民事訴訟法の定める自由心証主義は，ドイツ民事訴訟法の定めるそれをそのまま継受したものか」曹時50巻12号2904頁，拙著・要件事実原論52頁以下，拙著・要件事実論概説〔契約法〕41頁以下を見られたい。

果及ヒ証拠調ヲ為シタルトキ其結果カ証明スヘキ事実ノ真否ニ付キ裁判所ノ心証ヲ生スルニ十分ナラサルトキハ裁判所ハ係争事実ニ付キ当事者ノ一方ニ宣誓ヲ負担セシムルコトヲ得」ることになっていた（ちなみに，当事者本人は，このように宣誓の主体にはなりえたが，証拠方法にはなりえなかった）。しかも，この裁判宣誓の妥当する真偽不明の領域においても，裁判所が当事者のどちらに対して宣誓を命ずべきかが分からないときは，同条の規定を適用するすべがなかった。そのときを解決する法理として提唱されたのが客観的証明責任だったのである。ZPO259条2項や旧437条などの裁判宣誓の規定は，1933年（昭和8年）のZPOの大改正によって廃止され，当事者本人も証拠方法になった（445～455）が，259条1項前段（現行286条1項前段）についてはまったく手がつけられなかった。それは，客観的証明責任を，裁判宣誓から脱落した真偽不明の場合のみでなく，真偽不明の全領域に拡大すればよいと考えられたからだったようである。

　司研説の要件事実は，主としてドイツの民訴法および民法の学者であるローゼンベルクの証明責任論を基礎として構築されている（したがって，要件事実を裁判官の心証によっていうなれば裁判所を中心にして考え，民事訴訟が市民の権利を保護するという観念をないがしろにするものである）のであるが，それでいながら合理的な理由を示すことなく民法の法規を端的に裁判規範とするものの如くである[43]。だが，ローゼンベルクは，権利はBGBの条項の行為規範の法律要件に該当する事実が存在すると変動し（わが民法の法規が行為規範であるか否かについては争いがあるが，原則として肯定すべきである。その詳細な論証はいずれ機会を得て発表するつもりである），その行為規範が裁判所構成法1条を通じて裁判規範となるとするのである[44]。

　また，司研説は，上述したように要件事実を主要事実と同義であるとし，客観的証明責任の概念を取り入れ，証明責任の分配をそれから論理必然的に析出される[45]としながら，実際にはローゼンベルクのそれとは異なる考えを示す。ローゼンベルクは，証明責任論の途中で証明責任規範による証明責任の原則を

---

[43]　司研・要件事実1巻2-3頁。
[44]　証明責任論96頁（なお，改正前の裁判所構成法1条の規定は，「司法権ハ法律ニノミ従ウ独立裁判所ニヨリテ行使セラル」である）。
[45]　司研・要件事実1巻5頁。

〔並木　茂〕　　***31***　要件事実(論)の所属法域は，民法その他の民事実体法である

証明責任の分配における実体法規不適用による証明責任の原則にすり替えてしまった。そのうえ，BGBの起草者が証明責任の分配を法条の措辞・構造により表そうとしたとして，証明責任の分配の基準を主として実体法の法条の措辞（表現）・構造により分類したのである（文構造説）が，司研説は，これを「このように，ある法律効果の発生要件が何か，法文にある一定の要件を権利（又は法律関係）の発生要件又は障害要件のいずれと理解すべきかというような要件の確定の問題は，いずれも実体法規の解釈によって決められるべき事柄である。そして，この解釈は，立証責任の分配という視点に立ったものでなければならない。この意味での実体法規の解釈に当たっては，各実体法規の文言，形式を基礎と考えると同時に，立証責任の負担の面での公平・妥当性の確保を常に考慮すべきである。具体的には法の目的，類似又は関連する法規との体系的整合性，当該要件の一般性・特別性又は原則性及びその要件によって要件事実となるべきものの事実的態様……とその立証の難易などが総合的に考慮されなければならないであろう…。」[46]（傍点は，引用者）とし，これを法律要件分類説とするのである。

こうして，司研説は，客観的証明責任を前提としながら，証明責任の分配では，実体法規の解釈を立証責任分配の視点からするとしたり要証事実分類説の基準までも取り込んだりしているにもかかわらず，実体法規の解釈によって決められるべき事柄で，法律要件分類説であると強弁し，その結果，上述したように本来権利義務の内容やその原因たる要件を定めているはずの民法とは大幅に異なる要件事実を策定するのである。司研説が要件事実の所属法域を民法以外の法，民訴法かせいぜいそれと民法との学際的な法かに所属するとみざるをえないゆえんである。

4　要件事実(論)の所属法域についての私見

権利は，裁判を待つことなく現社会に実在し，事実を含む社会事象が原則として民法の個別的法規範を組織する行為規範の定める法律要件に該当すると，発生したり，変更したり，消滅したりする（以下では，権利の変更を省略する。権利の変更は，主観的変更であると客観的変更であるとを問わず，権利の全部または一部の

---

[46]　司研・要件事実1巻10～11頁

消滅ないし発生に還元することができるからである）。ところが，このようにして，発生して存在していたり発生しなかったため存在しなかったり，あるいは発生して存在した後に消滅したりした権利の存否について争いが生じ，その当事者の一方がその争いに（最終的な）決着を付けたいときは，民事上の訴えを提起することになる。そして，訴えを提起するには原則として請求の趣旨および請求を特定するのに必要な請求の原因を記載した訴状を裁判所に提出しなければならない（民訴133Ⅰ，Ⅱ(2)，民訴規53Ⅰ）。この特定された請求が民事訴訟では審判の対象になるのであるが，請求は，権利の存否（給付請求のときは請求権の存在，その行使可能性の存在およびその行使，形成の請求のときは裁判上の形成権の存在およびその行使可能性の存在）の主張である。そして，被告が請求を認諾すればそれで訴訟は完結する（民訴266, 267, 民訴規67Ⅰ(1)）が，請求を認諾しないときは，原告は請求を基礎（理由）づけなければならない。

ところで，このように権利の存否の最終的な決着が民事訴訟によって行われるとすると，権利の内容に民事訴訟の基本的な構造がその前提として取り込まれることになる。このようにいうと，権利の内容に民事訴訟法の法理を導入しなければならないかのごとくであるが，そうではなく，権利の変動である法律効果およびその原因である法律要件について行われるところの主張責任の分配および証明責任の分配は，アクティオ actio が実体法と訴訟法に分離されたときに実体法に編入された法理であって，こうして「権利とは，……訴訟手続により保障されているものである」[47]ことになるのである。わが民事訴訟は，弁論主義を採用し，訴訟資料は当事者が口頭弁論において主張し証拠を顕出するものとされている。したがって，原告が請求を基礎づけるためには，その内容が権利の存在であるとすると，それと等価値の行為規範の定める法律要件に該当する社会事象である・過去にその権利を発生させる原因となる社会事象があり以後現在に至るまでその権利を消滅させるあらゆる社会事象もないことを主張し，それが争われれば証明しなければならないことになる。しかし，一定期間中に権利を消滅させるあらゆる社会事象がないことを主張し証明することは不可能である。法は，不可能なことを実現するように要求することはしない。ここに行為規範を主張責任の分配ないし証明責任の分配により民事訴訟に適合

---

[47] ジャン・ダバン〔水波朗訳〕『権利論』144頁。なお，債権につき，磯村哲「債務と責任」民法演習Ⅲ6頁参照。

〔並木　茂〕　*31*　要件事実(論)の所属法域は，民法その他の民事実体法である

するような規範（裁判規範）に変容する必要が生ずるのである。

　わが民事訴訟は，訴訟である以上は当然のことであるが，二当事者対立の構造を採っている。二当事者が対立するとする以上は，対立する当事者双方の地位は実質的に平等でなければならない。そこで，請求の内容が権利の存在である場合についていえば，過去に権利の発生の原因となる法律要件に該当する具体的な社会事象があるときは，現在においても権利が存在する蓋然性があるだろうから権利の存在を主張する原告にこの社会事象の主張および証明を負担させることとし，その権利が発生後に消滅する原因となる法律要件に該当する具体的な社会事象があるときは，その権利は消滅した蓋然性があるだろうから原告の主張する権利の存在を争う被告にこの社会事象の主張および証明を負担させることとすればよいであろう。そして，ここでいう原・被告の具体的な社会事象の主張および証明の負担は，法律効果および法律要件について主張責任の分配および証明責任の分配をしたからこそ観念されるものである。換言すれば，法律効果および法律要件が主張責任の分配および証明責任の分配により民事訴訟の請求の内容となる権利の存否等の準則すなわち裁判規範の効果および要件であるということである（これが本来の意味での法律要件分類説である）。

　こうして主張責任ないし証明責任を権利の存在を主張する者とその存在を争う者とに分配するのは，基本的には法律効果および法律要件についてであるが，この法律要件といえどもそれを組成する素因である法律事実が——権利の存否などのように——定型的に主張ないし証明が不可能または著しく困難なものである場合がある。そのような場合であってしかも行為規範の解釈から積極的に不存在でなければよいと解されるものであるときは，その法律事実の反対形象と残りの法律事実にそれぞれ主張責任ないし証明責任を分配すればよいであろう。そして，この分配されたその法律事実の反対形象と残りの法律事実がそれぞれ裁判規範の要件となるとともに，それを原因として行為規範の定める法律効果とは異なる効果を生ずる。このように，民事訴訟においては行為規範の定める法律要件および法律効果とは異なる裁判規範の要件および効果が必要になってくるが，この裁判規範の要件が要件事実であり，効果が分配効果である。

　こうして，要件事実にしても分配効果にしても，行為規範とともに民法を組織する規範である裁判規範の要件であり効果であって，裁判規範は行為規範とは性質・機能を異にしながらもつねにそれに依存・連結する関係にあるのであ

るから，要件事実（論）の所属法域は民法であるといわなければならない。民訴法は，あくまでも民事訴訟に関する手続について定めるものであって（民訴1），その理論を援用あるいは借用し，権利・義務の存否または内容に介入して裁判規範の要件および効果を改変したり逸脱したりするものであってはならないのである。

＊私が要件事実（論）の所属法域を民法であるとする考えを発表して30年以上になるが，学界等で一顧だにされなかった。そのような状況の中で私見と同じお考えを述べてくださったのが平井一雄先生である。私としては先生のお言葉は大変に心強く，その後に愚著を上梓する気持ちを抱かせていただいた。先生には公私にわたりご指導とご厚誼を賜っており，感謝のしようもないほどであって，このような稚拙な論文とはいえない雑文を喜寿の記念とさせていただくことは内心忸怩たるものがあるのであるが，今後の精進をお誓いしてお許しを請う次第である。

32 フランス法における強制退去(明渡し)執行不能と救済
——コンセイユ・デタ 1923 年クイテアス判決について——

小柳春一郎

1 はじめに
2 1908 年占有訴訟判決
3 1923 年コンセイユ・デタ判決
4 おわりに——チュニジアのステップ地帯からパリのアパルトマン(そして日本)へ

1 はじめに

　住居の明渡し（強制退去）は，権利実現の要請と過酷執行防止の必要性が対立する場面である。近年の日本法の動向として特徴的なのは，権利実現手段の強化であり，2004 年 4 月 1 日施行の民事執行法・担保法改正は，その典型である[1]。中野貞一郎教授は，『民事執行法〔増補新訂第 6 版〕』(2010 年) で「強制的権利実現の手段が強化された現在では，次の段階では，過酷執行の防止を立法論として検討しなければならない，との提言が注目される。」[2]と指摘している。この点で建物明渡しには検討の余地がある。

表 1　フランスの強制退去と警察上の援助[3]

	1999 年	2008 年	増加率
退去命令（A）	43,017	58,904	37%
警察上の援助申立て（B）	29,823	41,054	38%
援助提供（C）	13,915	25,652	84%
援助提供率（C/B）	44.2%	62.5%	

---

(1) 同改正の機縁である法務大臣の法制審議会への諮問 53 号は「権利実現の実効性をより一層高めるという観点から，民事執行制度の見直しを行う必要がある」と述べていた（道垣内弘人・山本和彦・古賀政治・小林昭彦『新しい担保・執行制度』(有斐閣，2003 年) 6 頁)。
(2) 中野貞一郎『民事執行法〔増補新訂第 6 版〕』(青林書院，2010 年) 17 頁注(2)。

財産法の新動向　Ⅲ

とりわけ，日本法では，不動産の明渡し執行を担当する執行官は，執行に際し抵抗を受けるときは，排除のため「威力を用い，又は警察上の援助を求めることができる。」が（民事執行法6条1項），実際の運用では，高齢者の明渡しなどの場合に地方公共団体等による転居先確保が得られず，「事件の取下勧告または執行不能」とされた例があるとの指摘がある[4]。この場合をどのように位置づけるか，また，明渡しを求める債権者の権利はどうなるのかとの疑問も生ずる。

本稿は，これに関するフランス法とりわけその源流を検討する。その理由は，フランス法では，相当数の強制退去（expulsion，日本法の明渡しに相当する。）執行不能例があり，法律・判例・学説の蓄積もあり，そこで発展した法理がヨーロッパ人権裁判所など国際的影響を与えていることである[5]。そもそも，強制執行の基本法規である1991年7月9日91-650号法には，次の規定がある。

> 16条「国は，判決その他の執行名義の執行に協力する義務を負う。国による援助の拒絶は，損害賠償の権利を生じさせる（Le refus de l'État de prêter son concours ouvre droit à réparation.）。」
> 17条「執行に責めを負う執行士は，警察上の援助（le concours de la force publique）を申し立てることができる[6]。」

---

(3) Hervé des Lyons et Yves Rouquet, *Baux d'habitation : Rapports propriétaires-locataires, secteur privé, secteur HLM, loi de 1948 - Edition 2011/2012*, 2011, n. 93. 17 (p. 228). 賠償額は，2000年4,900万ユーロ，2005年7,800万ユーロ，2006年3,700万ユーロ，2007年2,960万ユーロである（ibid., n. 94. 23, p. 233）。1ユーロは110円とすると，例えば2007年は，約33億円に相当する。最近の文献として，F. Zitouni, « Logement social et droit au logement », *Actualité juridigue Droit immobilier*, juin 2011, p. 424 が詳細に立法，判例の展開を検討している。

(4) 大阪地裁執行実務研究会（代表小佐田潔）編『不動産明渡・引渡事件の実務』（新日本法規出版，2009年）380頁，中野・前掲注(2)書63頁注9，同「強制執行寸描」書斎の窓2010年9月号9頁。さらに，平野哲郎『実践　民事執行法民事保全法』（日本評論社，2011年）270頁「コラム56明渡しの現場」が興味深い例を挙げている。

(5) 拙稿「フランス法における強制退去（明渡し）」獨協法学84号（2011年）。

(6) 条文の翻訳については，山本和彦「試訳・フランス新民事執行手続法及び適用デクレ(1),(2),(3)」法学58巻2号。同「フランス新民事執行手続法について——日本法との比較を中心にして（上）（下）」ジュリ1040号，1041号（1994年）。さらに，山本和彦『フランスの司法』（有斐閣，1995年）80頁。なお，同書の原論文は，山本和彦「フランス司法見聞録(1)～(26完)」判時1432号～1471号（1992，1993年））。

32 フランス法における強制退去（明渡し）執行不能と救済

この規定が実際上問題になるのは不動産の強制退去執行であり，①債権者に判決執行を求める権利を保障し，②しかし，国が執行への援助を拒絶できる場合があることを明らかにし，③その場合に，債権者に損害賠償が与えられることを示している。2006 年にフランス会計検査院により発表されたレポート『警察上の援助拒絶に関する賠償』は，その冒頭で次のように述べる。

>「賃貸人が，賃借人に対して強制退去の判決や命令（ordonnance，レフェレ（référé，双方審尋保全訴訟）による場合を想定しているのであり，日本法風には決定ということになる。……小柳注）を得た場合には，執行士にその執行を委ねる。執行士による強制退去の試みはほとんど常に功を奏せずに終わる。そこで，賃貸人は，警察上の援助（le concours de la force publique（CFP））を県長官に申し立てる。県長官は，この場合，ほぼ２件に１件の割合で，執行は公序に反すると判断し，執行を停止してしまう。この場合，賃貸人は，賠償請求が可能である。この原理は，コンセイユ・デタにより，その 1923 年 11 月 30 日クイテアス判決で，国の無過失責任として確立した[7]。」

以上からも，本稿が注目するコンセイユ・デタ 1923 年 11 月 30 日クイテアス判決（CE, 30 novembre 1923, *Couitéas*, Lebon 789, S. 1923. 3. 57, note M. Hauriou, D 1923. 3. 59 concl. Rivet[8]）の重要性は明らかである。フランス法の執行不能例は，債務者が高齢，または年少の子供がいるなどを中心とする。この問題に関し筆者が入手しえた新しい統計は表１である。2008 年では 1999 年当時に比べて援助提供率が上昇しているが，それでも警察上の援助申立ての４割に援助が提供されていない。

1923 年クイテアス判決は，北アフリカのチュニジアがフランス保護領（1881 年から 1956 年）であったところ，チュニジア在住のフランス人クイテアスが３万８千ヘクタール（東京 23 区の総面積が６万２千ヘクタールであるから，その半分を超える面積であり，パリ市の面積が１万５百ヘクタールであるからその３倍以上）の土地に

---

(7) Inspection générale des finances ; Inspection générale de l'administration, *Les indemnisations des refus de concours de la force publique : mission d'audit de modernisation*, 2006, p. 7.

(8) A. Leborgne, *Voies d'exécution et procédures de distribution*, 2009, n° 282 ; S. Guinchard et T. Moussa (dir.), *Droit et pratique des voies d'exécution 2010-2011*, 2009, n° 531. 23. 日本語文献としては，神谷昭「フランス行政法における国の危険責任」同『フランス行政法の研究』（有斐閣，1965 年）372 頁が，クイテアス判決の判例法理を中心に紹介している。

ついて現地住民排除を認める占有訴訟判決を得たが，執行に際して現地住民の抵抗に遭遇し，現地軍当局等はフランス外務省の決定に従い，警察上の援助を与えず，結局判決は執行されず，クイテアスがフランス政府に損害賠償を求めた事件である。この事件の概略は表2のとおりで，多数の訴訟が関係する複雑で特殊なものだが，コンセイユ・デタ1923年クイテアス判決は，現在でも著名であり，行政法では，国の無過失責任法理を示したものとして行政法重要判例集（Grands arrêts de la jurisprudence administrative, 15^{e}éd., 2005, n°41）が掲載し，また，民事法では，強制退去執行が一定の場合にはなされないことを示す基本的判決とされる。その後，フランス法では，11月1日から翌年3月15日までの冬期に強制退去執行が停止される（trêve hivernale, Code de la Construction et de l' Habitation, L. 613-3条）など，強制退去規制の展開がある。

この判決については，クイテアスという人物や土地所有権の問題，クイテア

表2 クイテアス判決関連年表

1731	チュニジアの王が土地を寄進
1861	クイテアスがギリシャに生まれる
1876	クイテアスがチュニジア到着
1881	チュニジアはフランス保護領になる
1901. 3. 2	混合裁判所がクイテアスの土地登録請求棄却
1904. 11. 15	クイテアスと農業大臣とで仲裁契約締結
1906. 2. 5	仲裁判断がクイテアスとチュニジア国で土地分割を定める
1907. 6. 12	治安裁判所が占有訴訟で部族勝訴判決
1908. 2. 13	**始審裁判所が占有訴訟でクイテアスの反訴認容，部族敗訴**（その後，国は執行への援助拒絶）
1908. 11. 28	チュニジア国王令が仲裁判断無効を宣言
1909. 3. 6	混合裁判所がクイテアスの土地登録請求を再び棄却
1911. 3. 15	占有訴訟につき破毀院が始審裁判所1908年判決（クイテアス勝訴）を破毀
1923. 11. 30	**コンセイユ・デタが国のクイテアスへの賠償義務を認容（クイテアス判決）**
1927. 12. 2	コンセイユ・デタが賠償額を確定
1936. 11. 6	コンセイユ・デタがクイテアス遺族の追加的賠償請求棄却

ス勝訴の占有訴訟判決の根拠などに関し比較的最近の歴史学・植民地学の研究[9]を元に検討し（2），その後警察上援助拒絶やコンセイユ・デタのクイテアス判決を論ずる（3）。

2　1908年占有訴訟判決

(1)　クイテアスと係争地
(a)　バジリオ・クイテアスとその〈所有権〉の由来

　クイテアス判決の主役であるバジリオ・クイテアスは，バジリオ・コウトプロス（Basilio Coyoutopoulos）として1861年にスパルタに生まれたギリシャ人であった。彼は，教員の息子であったが，幼少時代に両親を失い孤児となり，1876年にチュニスにいた叔父達を頼ってチュニジアに到着した。叔父達は相当な有力者であったが，また，非合法的活動にも従事していた。コウトプロスは，暴力的組織の長としてフランス警察の知るところとなるが，商業的活動にも手を染め，徴税請負人，煙草生産会社社長などにもなった。コウトプロスは，植民地高官の娘アリス・ドゥフォコンベルジュ（Alice de Faucamberge）と結婚した後，1901年にフランス国籍を取得し，バジリオ・クイテアス（Basilio Couitéas）と名乗り，チュニジアの上流階級にも深く関わるようになった。とりわけ，1901年から1907年までチュニジア総督であったステファン・ピション（Stephen Pichon, 1857-1933）の支援も得るようになった。ピションは，1906年から1924年まで元老院議員であり，また数度にわたりフランスの外相となった。クイテアスとピションとの交流は，後に見る仲裁判断とも関連する。

　さかのぼって，1731年1月31日に，チュニスの王（ベイ bey）であったアシヌ（Hassine）が，6万5千ヘクタールあるタビア・エル・ウビラ（Tabia El Oubira，又はHoubira）[10]と呼ばれる広大なチュニジア南部の土地を聖者エル・ア

---

(9)　C. Poitevin, Les Spoliations coloniales en Tunisie : Autour de l'affaire Couitéas, début du XXe siècle, 1973 同論文は，横浜国立大学図書館所蔵マイクロフィッシュで閲覧可能である。また，同論文の内容を簡潔にまとめたものとして，Christian Poitevin, «Jaurès et les spoliations coloniales de Tunisie : l'affaire Couitéas (1908-1912)», Jean Jaurès, bulletin de la Société d'études jaurésiennes, n° 54, juillet-septembre 1974, pp. 2-10. 本稿は，基本的に後者に依拠しているが，後者の論文は短編であるので，いちいち注記はしない。

(10)　C. Poitevin, Les Spoliations, p. 54 が同地の地図を掲載している。

財産法の新動向　Ⅲ

TABIA EL OUBIRA-SITUATION

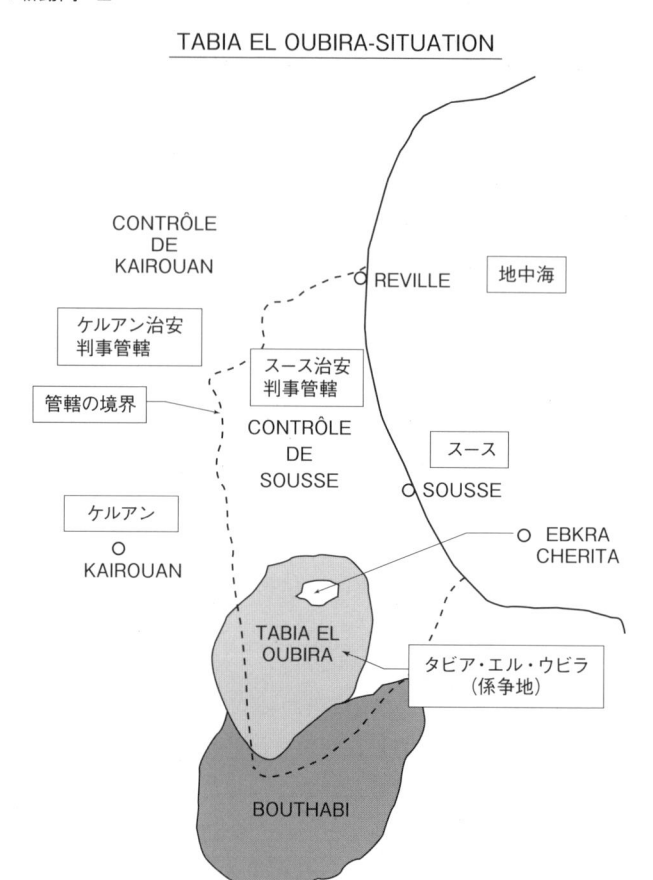

C. Poitevin, *Les Spoliations coloniales en Tunisie, p. 54*の地図に日本語を付加
（スースとケルアンの距離は，約60キロメートル）

ジ・フレジ・ベン・シャリ（El Hadj Fredj ben Chali）に贈与した[11]。これがクイテアスの主張する土地〈所有権〉の由来である。聖者の子孫がその土地を商人アッセム・トルジマン（Hessem Tordjmann）に売却した。価格は，2,100フランであった。その商人は，バジリオ・クイテアスなどとともに設立した会社に土

---

[11]　1912年1月30日の国民議会審議におけるチュニジア総督アラプチットの発言中に，その贈与契約の内容が紹介されている（*Journal officiel : Chambre des députes, Débats parlementaires*, Séance du 30 janvier 1912, p. 119）。

地を1894年に現物出資した。クイテアスは，その会社の出資持分所有者から持分を購入し，1896年にはその会社の唯一の出資持分所有者となり，その会社が1901年に解散し，クイテアスがその土地の《所有者》となった[12]。同地は，現在の地図・航空写真によれば，その相当部分が砂漠又は低木ステップ地帯であるが，およそ1万5千人から2万人の現地住民が祖先伝来の権利を信じて利用を行っていた。

(b) 1901年混合裁判所判決

チュニジアには，混合裁判所（tribunal mixte）と呼ばれる裁判所があった。これは，チュニジアの土地の登録（immatriculation）に関する事務を担当する裁判所で，1885年7月1日チュニジア王令[13]に基づいて創設され，チュニスに置かれた。同王令56条は，「不動産所有権は，法令に反した使用をしない限りで，性質又は用法による不動産を，最も絶対的に享受し，処分する権利である。」と定義し，明らかにフランス民法典544条の著名な定義に従っている。ある不動産について同王令による不動産所有権の対象とされるには，登録が必要である（18条）。登録は，総督府不動産保存所においてなされる（22条）。登録を申し立てるものは，その不動産について現存する物権的権利を示す証書等を不動産保存所に提出するが（23条），これに基づき測量を行うに際して，第三者は異議を申し立てることができる（27条）。異議がある場合には，混合裁判所の判決があるまで登録は行われない（35条）。混合裁判所の判決は，所有権の権原となるもので，いかなる異議，控訴，不服申立てにも服さず，終局的なものとされる（37条）。

チュニジアには，フランスの司法裁判所と伝統的なイスラム裁判所が存在したが，混合裁判所の所長はフランス人であるが，その他に6人の裁判官が置かれ，3人はフランス人，3人は現地人であり，それ故に「混合」の名称があった。いずれもチュニジアの国王（ベイ）により任命されたが，フランス保護領

---

[12] クイテアスは，素性の明らかでない土地権原を取得し，それを根拠に土地を登録して正式の土地所有権とする法的操作を繰り返していた。この場合もそれに該当し，売買等を経ることで自らが善意の取得者であることを装ったという指摘がある（C. Poitevin, *Les spoliations*, p. 54）。

[13] A. Sebaut et al., *Dictionnaire de la législation tunisienne*, 1888, p. 285 ; «Organisation judiciaire», in, *Pandectes françaises, Nouveau répertoire de doctrine, de législation et de jurisprudence*. t. 41, 1903, n° 1005.

下のベイの役割は限定的なものであった。フランス人の請求にかかる事案については，3人のフランス人裁判官が部を構成し裁判をしたが，現地人に係る事案については，3人の現地人裁判官が部を構成して裁判をした。しかし，当事者がフランスと現地人のように複数の国籍に関わる事件については，2人のフランス人裁判官，2人の現地人裁判官そして所長又はその代理が裁判を行った。近年の研究は，混合裁判所について，次のように指摘する。

「混合裁判所は，例外的な機関であり，なかば調停的・なかば争訟的な権限を有した。混合裁判所は，土地登録簿への登録申立てについて認容・棄却をした。登録申立て棄却判決は，単に当事者を登録申立て前の状態に置くだけであるのに対して，認容判決は，『既判事項（chose jugée）』となり，不可争性を有し，万人に対抗可能になった。認容判決は，土地所有権及び関連する不動産物権のフランス司法裁判権における唯一の出発点となった。これは，類例のない裁判所であり，チュニジアの新しい秩序としての不動産所有権の『正常化』に中心的役割を果たした[14]。」

クイテアス等は，1895年にこの混合裁判所で土地所有権の登録を求めた。これに対して，現地部族及びチュニジア政府当局が異議を提出し，現地部族は，長期にわたり自分たちが実際の支配を行ってきたこと，また，聖者の相続人等などに使用料等の支払いを求められたことはないことなどを論じた。また，チュニジア政府当局も，同地の隣接地の国有地支配が脅かされることを恐れ，現地部族の利益を考慮すべきであるとして反論を提出した。

混合裁判所1901年3月2日判決（Tribunal mixte, 2 mars 1901, *Revue algérienne, tunisienne et marocaine de législation*, 1922-1923, p. 221下段(a)が同判決の主要部分を引用している。）は，クイテアス達の登録申立てを斥けた。同判決は，「鑑みるに，取得当時，この土地は，多数の部族により占拠されていたのであり，鑑みるに，申立人は，この点について争うことなく，単に，部族は賃借人であると述べるだけである……賃貸借契約が締結されたのは，多数の部族の一部に過ぎないのであり，……申立人や申立人の前主についてどの時期についても占拠を証明していないのであり，贈与者であったベイがそもそも贈与対象地の所有者であっ

---

[14] Sana Ben Achor, «Juges et magistrats tunisiens dans l'ordre colonial 'Les juges musulmans' du Tribunal mixte immobilier de Tunisie (1886-1956)», in, Sous la direction de N. Auzary-Schmaltz, *La justice française et le droit pendant le protectorat en Tunisie*, 2007, p. 156.

たかについても疑いがある。……」等と述べ，「所有権の取得権原も疑わしく，占有も疑わしい」として，申立人による土地所有権登録を認めなかった。既に述べたように，この判決の効果は，登録が認められないことにとどまった。その後，クイテアス等は，自ら実力組織を率い，現地住民とのトラブルを招いた。

(2) 占有訴訟判決
(a) **1904年仲裁契約とその後の展開**

　チュニジア国の農業・国有財産当局とクイテアスは，1904年11月14日・15日に仲裁判断によりことを決するとの仲裁契約を締結した。農業・国有財産当局は，クイテアスの所有権に関する問題は，決着が付いておらず，将来の紛争を絶つために仲裁判断に委ねることとしたというのである(15)。しかし，これは，クイテアスがその政治的影響力を行使して，フランス外務省やチュニジア総督ピションと交渉をしながら締結した仲裁契約であった。クイテアスは，裁判所で得られなかったものを行政との関係で獲得しようとしたのである。

　この仲裁契約に基づき，1906年2月15日付仲裁判断があった。仲裁判断は，クイテアスに3万8千ヘクタールの土地所有権を認め，残り2万7千ヘクタールについてチュニジア国の所有とし，これについては，部族の集団的利用を認めた。この判断は，クイテアス氏を所有者と認めた土地に居た部族が，国の所有とされた残りの土地に移動することを期待してのものであったが，現実にはそうならず，紛争が生じた。このクイテアスに割り当てられた土地に対して，アリジェリアとチュニジアのクレディフォンシエ銀行が75万フランの抵当貸し付けを行った(16)。クイテアスは，仲裁判断を新たな所有権権原として主張し，再び混合裁判所に登録を申し立てた。

　その後，ピションは，1906年10月25日に，フランスの外務大臣に就任した（1911年3月11日まで在任，1907年には日本と日仏協約を調印）。ピションは，1907

---

(15) 混合裁判所1909年3月6日判決（Tribunal mixte de Tunisie, 3 mars 1909, *Revue algérienne et tunisienne de législation*, 1909. 2. 263）268頁が比較的詳しく同仲裁契約の内容を紹介している。
(16) この数字は，1923年コンセイユ・デタ判決が指摘する。しかし，アルジェ控訴院1915年12月16日判決（CA Alger, 16 décembre 1915, *Revue algérienne, tunisienne et marocaine de législation*, 1918. 2. 37）は，クイテアスの利子を含めた債務総額を約23万フランとしている。

財産法の新動向 Ⅲ

年2月7日にチュニジア総督を辞し，ガブルエル・アラプチット（Gabriel Alapetite, 1854-1932）が後任として，1918年までチュニジア総督となった。ピションはクイテアス寄りであったが，アラプチットは現地住民に対して好意的であった。このことは，クイテアスに影響を与えることになる。

(b) **1908年占有訴訟判決**

こうした間，クイテアスと部族との間の紛争について，部族は，スースとケルアンの2つの治安裁判所に，クイテアスの妨害を排除しようとして占有訴訟を提起した[17]。この部族によるクイテアス排除のための占有訴訟は，1907年6月12日判決でいずれも請求が認められた。

しかし，クイテアスは，控訴を提起し，また部族の占有を排除する請求を反訴として提起したところ[18]，控訴審であるスース始審裁判所1908年2月13日判決（Tribunal de 1ère instance de Sousse, 13 février 1908, *Journal des tribunaux de la Tunisie*, 1908, p. 219）でクイテアス氏の反訴を認容した。なお，判決の主要部分は，原住民側の請求棄却にあてられ，クイテアスの反訴に関する部分は極めて簡単である。

　「以上の帰結として，（部族によるクイテアス氏に対する）占有保全訴訟は，受理できない。けだし，1. 原告は，実際には存在しない法人として訴えを提起しているが，訴え提起をなす権利を有しない。2. 原告の利用権が仮に存在するとしても，それは，一時的なものでしかなく，土地の公産としての性格に服するのであるが，国は本件では当事者ではなく，弁論にも関係してない。また，それ

---

[17] そもそも，チュニジアの土地において，占有訴訟が提起できるかも問題となりうるが，登録されていない土地については，一方当事者がフランス人であれば，治安裁判所が占有訴訟を管轄しうるというのがチュニジアでの確立した扱いであり，破毀院は，後に紹介する1911年5月15日破毀院判決で，これを承認したとされている（詳しくは，Note (8) sur l'arrêt de la Cour de Cass. 15 mai 1911, D. 1913. 1. 313）。なお，登録された土地は，占有訴訟の対象にはならなかった。登録により，土地所有権は不可争のものとされたことが関連する。

[18] フランス法の占有訴訟は，占有訴訟と本権の訴えに関して重畳の禁止という複雑なルールがあり，例えば，占有訴訟の被告は，占有訴訟が確定し，妨害状態が終了した後でなければ，本権訴訟を提起できないのであるが，占有訴訟被告が反訴として占有訴訟を提起することには何の問題もない（三ケ月章「占有訴訟の現代的意義──民法202条1項の比較法的・系譜的考察」同『民事訴訟法研究第3巻』（有斐閣，1966年，原論文発表は1962年）61頁注4，L. Pabon, *Traité théorique et pratique des justices de paix (Matières civiles)*, t. 4, 3e édition, 1923, n° 4697 ; Cass. civ., 12 novembre 1853, S. 55. 1. 742）。

どころか，先に引用した文書（仲裁判断のこと……小柳注）は，問題の土地は公産ではあり得ないことを示している。3. 原告が主張するところの集団による土地の占有は，占有訴権の要件である一年・平穏・公然・明白な占有に該当していない。原告は，1906年6月——国とクイテアス氏との土地境界決定時——被告クイテアス氏による占有侵害があったと主張するが，そのためには，問題となっている土地について，その前の年すなわち1905年5月から1906年6月までの間の平穏且つ集団的な土地の利用を証明しなければならない。ところが，既に述べたように，1905年11月および12月には仲裁判断のための実地検証等があり（1905年11月16日から24日，12月8日から16日にかけて，仲裁人が現地を訪れ，検証を行ったことを指す……小柳注），それは，全ての関連部族の認識の下になされたのであるから，原告が同地について利用をしていたという主張と矛盾がある。

クイテアス氏は，反訴を提起しているが，クイテアス氏，仲裁判断および境界確定調書に基づき土地についての占有を認められ，この仲裁判断は国との間に効力を持ち，部族は国の承継人に過ぎないものであり，また，部族に対しても対抗力を有する。それ故，国家により認められた占有は維持されている。それ故に，反訴には理由がある。」

同判決は，クイテアスに「全ての占拠者を退去させる（en faire expulser tous les occupants)」権利を有すると判示した（D 1923. 3. 59 concl. Rivet, I, p. 60 右の段にこの旨の文言引用がある。）。そこで，部族は，そのうち，ケルアン治安裁判所に関した判決について破毀院に破棄申立てした。クイテアス勝訴の占有訴訟判決に関して，オーリューは，次のように論じている。

「スース始審裁判所は，控訴審として，二つの判決を1908年2月13日に言い渡した。一つは，スース治安判事の判決に対する控訴であり，もうひとつは，ケルアン治安判事の判決に対する控訴であり，スース始審裁判所は，いずれについても，クイテアス氏は土地について占有を維持すべきであると判示し，土地に居着いていた原住民部族について，その強制退去を命じた。これは，再び開始された占有に関する争いであるが，しかし，今回は重大な帰結をもたらした。スース始審裁判所の二つの判決のうち，ケルアン治安判事の判決を取り消した判決については，破毀院が破毀判決を1911年5月19日に言い渡した（S. et P. 1915. 1. 9）。しかし，もう一つのスース始審裁判所判決——スース治安判事判決に関するものであり，土地面積の10分の9を占めるもの——は取消しの対象にならなかった。このスース治安判事判決については，不可思議な点がある。この点，私が調べたどの文書も理由を明確にしていない。なぜ，二つの判決が共に取消しとならなかったのか？ 二つの判決のうち一方だけが破毀申立ての対象だったのか？ なぜ，二つ共に破毀申立てが受理されなかったのか？」[19]。

もっとも，破毀申立てには，特別の規定がない限り，執行停止効がないというのがフランス民事法の現在に至る長い伝統であり，1790年11月27日＝12月1日法がその旨を明確に規定している。これは，2審制の伝統（破毀院は第3審ではない）とも関連するものである。破毀申立てに例外的に執行停止効が認められるのは，たとえば，旧民事訴訟法典263条が規定した離婚判決などである[19]。破毀申立て対象の判決は，執行名義になるし，これを執行したからといってフォートを構成しない[21]。クイテアスは，部族住民による破毀申立ての有無及び成否に関わりなく，占有訴訟判決執行を求める権利を有した（もっとも，控訴審での勝訴判決が取り消されれば，執行を求める権利は最終的には消滅する）。コンセイユ・デタで問題になったのは，以上の占有訴訟判決の執行である。

この点，破毀院1911年5月15日判決（Cass. civ. 15 mai 1911, S. 1915. 1. 9 ; D. 1913. 1. 313）は，破毀申立てを容れ，原判決を取り消したが，土地の大部分に相当するスース治安裁判所に関わる判決はそのまま確定した。この破毀院判決は，スース始審裁判所の占有訴訟クイテアス勝訴判決が，その理由をクイテアス氏とチュニジアとの1906年仲裁判断に求めたことについて，占有訴訟を本権に基づき審理したものであり，占有訴訟と本権訴訟との区別を無視していると判示した。破毀院の判断は，相当の説得力があるが，結局この点は，コンセイユ・デタ判決には直接には影響しない。

3　1923年コンセイユ・デタ判決

1906年仲裁判断及び1908年占有訴訟判決は，クイテアスにとって有利な材料であったが，フランス政府は現地部族重視の方向に方針転換を行った（(1)）。

---

[19] S. 1923. 3. 57, note M. Hauriou とりわけ p. 58 中欄。破毀申立てから漏れた判決があるというのは，1912年の国民議会審議でドゥリアン議員も指摘している（*Journal officiel : Chambre des députes Débats parlementaires*, Séance du 19 janvier 1912, p. 33 中欄）。

[20] E. Garsonnet, *Précis de procédure civile*, 2e édition, 1893, n° 549.

[21] 強制退去判決に基づき，賃借人を退去させた後に，原判決が破毀された事案について，新たな営業財産（fonds de commerce）取得，引っ越し・再入居費用を考慮に入れた損害賠償を賃貸人に命じた控訴院判決は，破毀院により破毀の対象となっている（Cass. 3e civ., 6 novembre 1986, n° 85-14025, JCP G., 1987 II 20842, Bull. civ. 1986 III n° 145. 以上について，J. Vuitton, «Pourvoi en Cassation : Le Pourvoi, Délais, Forme, Effets», *JurisClasseur procédure civile*, Fasc. 754, 2009, n° 76）。

その後，クイテアスは占有訴訟判決執行（又は不執行）に関する損害賠償をコンセイユ・デタにおいて求めた（(2)）。

(1) フランス政府の方針転換
(a) 1908年クレマンソー内閣閣議と警察上の援助の拒絶

1906年仲裁判断とそれに基づく1908年占有訴訟クイテアス勝訴判決は，現地住民等に大きな反響を呼び起こした。クイテアスに対する反対勢力は，フランス本土の政治家とりわけフランス社会主義者として著名なジャン・ジョレス（Jean Jaurès, 1859-1914）に援助を求めた。ジョレスは，外相ピションと面会し，仲裁判断の実施に強く反対した。また，ピションには，賄賂疑惑すら登場した。こうした運動の結果，1908年6月3日のクレマンソー内閣の閣議で，内閣は仲裁判断の実施に反対することを決した。その後，(i)チュニジア国王による仲裁判断の無効宣言，(ii)これに関連した混合裁判所でのクイテアス敗訴判決，(iii)占有訴訟判決執行についての警察上の援助拒絶などクイテアスに不利な事態が続いた。

(i) 1908年11月28日のチュニジア国王令（*Revue algérienne, tunisienne et marocaine de législation*, 1922-1923, p. 223下段(b)参照。同王令にはチュニジア総督アラブチットの副書もある。）は，「鑑みるに，問題となっている取決め，パリにおける1904年11月14日・15日のものまた，チュニスでの1905年1月20日のもの，その後のチュニスでの仲裁判断である1906年2月15日のものは，いずれも朕の裁可を得ていないのであり，無効であり，法律の適用の妨げになるものではない」，「これらの文書は，その目的として争いの解決を掲げていたが，それからはほど遠く，地域の困難を増大させるだけである」などと述べた。これは，フランス政府の方針転換が関連する。

(ii) 混合裁判所1909年3月6日判決（*Tribunal mixte de Tunisie, 3 mars 1909, Revue algérienne et tunisienne de législation*, 1909. 2. 263）は，クイテアスの仲裁判断を根拠にした（再）登録申立てに対して，仲裁判断についてはチュニジア国王の承認がない限り効力を発生していないと判示した。更に，問題となっている土地について「部族による集団的所有地又は部族による集団的利用地」であるとした上で，同地は譲渡も分割もできない土地であり，クイテアスの所有権は成立しないと述べた。チュニジアにおける伝統的土地秩序と近代的所有権の関

財産法の新動向　Ⅲ

連は，それ自体興味深いテーマであるが，本稿の枠を超える。

(iii) クイテアスの警察上援助申立てについても，援助は与えられなかった。拒絶の理由は，フランス政府が1904年以来のクイテアスと部族との争いから部族強制退去の困難を知っていたことであった（この点について，*Revue algérienne, précitée*, 1922-1923, p. 217 の note 参照）。部族排除の判決執行のため，執行士が現地を訪れたが，そこで抵抗に接した。そこで，行政当局に援助提供を申請したが，行政当局は，部族の不退去姿勢が極めて強固であること，軍隊を派遣すれば流血が避けられないこと，しかも広大な土地に軍隊の常駐が必要になりかねないことなどを理由に，援助を拒絶した。クイテアスのコンセイユ・デタへの申立ては，フランス外務大臣の決定が，スース始審裁判所判決執行について拒絶があったことについての損害賠償請求であった[22]。

(b) 1912年フランス国民議会審議

フランス国民議会では，チュニジア統治の問題と関連して，クイテアスの占有訴訟に関連する問題が取り上げられた[23]。とりわけ，1912年1月19日には，エミール・ドゥリアン議員（Émile Driant, 1855-1916）がクイテアス擁護の観点から論じた。同議員は，チュニジア駐在武官としての経験が長く，クイテアスに近い存在であった。1910年から1914年まで国民議会議員であったが，クイテアスについて，チュニジア国王贈与に係る土地の正当な承継者・所有者であるにもかかわらず，混合裁判所ではその権利が認められず，また，占有訴訟勝訴判決にもかかわらず，その判決が執行されないという点で，植民地統治の犠牲者であると論じた（*Journal officiel: Chambre des députes Débats parlementaires*, Séance du 19 janvier 1912, p. 30）。

これに対して，ジャン・ジョレス（Jean Jaurès）は，クイテアスについて，

---

[22] コンセイユ・デタ判決での政府委員報告もまた，次のように論じている。「これらの判決を得て，クイテアス氏は，スースの検事にその判決執行を申し立てた。同検事は，司法大臣と相談の後，この申立てをスース駐在部隊の司令官に伝達したが，司令官は，申立てを認めないことを決定した。その後，クイテアス氏は，数度にわたり司令官，さらにはその上官にあたるチュニジア駐在フランス軍総司令官に申し立てた。しかし，拒絶に変化はなかった。これは，フランス外務省のチュニジア駐在当局の指示にもとづくものであった。」

[23] «Notice sur les travaux parlementaires de l'année 1912», *Revue algérienne et tunisienne de législation*, 1913. 1. 81. 1908年10月10日付 Annales africaines 誌は，クイテアス氏は暴力的であると批判している (p. 556)。

投機家であり，また，本来現地住民に所有権を認められるべき土地について自らの権利を主張しているとして，批判的な立場から論じた（*J. o.: Cha. des dép. Débats*, Séance du 1er février 1912, p. 139）。ジョレスのこうした活動は，その反植民地主義の形成と関連するとの伝記的研究もある[24]。

以上の議論の他に，チュニジア総督アラプティトが，クイテアス事件に関連して，チュニジア及びフランス政府の立場には平和の精神と司法権の確立にあるとして，理解を求める説明を行った。アラプチットは，クイテアスについて，自分の前任者であるピションが自分に紹介したときは思慮深い人物であった，もしもクイテアスが現地住民に対して思いやりのある態度で接していれば，仲裁判断も一定の受容があったかも知れないが，仲裁判断の翌日に現地住民に対して退去か賃料の支払いかを決断せよと求めるようなやり方は支持を得られないと指摘している（*J. o.: Cha. des dép. Débats*, Séance du 1er février 1912, p. 137）。

最後に，この当時首相兼外相であったレイモン・ポアンカレ（Raymond Poincaré, 1860-1934）が，クイテアスについて犠牲者という評価（ドゥリアン）も投機家という評価（ジャン・ジョレス）もあるが，この問題は，議会によってではなく，裁判によって解決されるべきであるとした上で，クイテアス事件について政府の判断は従来と変わらないと述べ，チュニジアの総督府政府は，フランス外務省の決定を実行しているだけであるから，クイテアスに不満があれば，コンセイユ・デタ提訴が可能であると論じた（*J. o.: Ch. des dép. Débats*, Séance du 2 février 1912, p. 145）。こうして，クイテアスは，仲裁判断を元に混合裁判所で土地登録を求めることも困難になり（本権訴訟での困難），占有訴訟判決に警察上の援助を求めることも不可能になった。それ故，残された途は，行政訴訟による国への賠償請求であった。

(2) コンセイユ・デタの諸判決

クイテアス判決として著名なのは，1923 年 11 月 30 日コンセイユ・デタ判決であるが，これに関連して，コンセイユ・デタの判例集には，別に 2 つの判

---

[24] Jean-Pierre Rioux, *Jean Jaurès*, 2009, p. 262. ジョレスは，クイテアス事件について，「最悪の土地取上げ事件」として評価している（Jean Jaurès, «Ni diversion, ni équivoque», *L'Humanité*, 4 mai 1911. 同紙の一面中央の記事）。なお，この問題を直接取り上げたものではないが，ジョレスの反植民地論については，平野千果子『フランス植民地主義の歴史：奴隷制廃止から植民地帝国の崩壊まで』（人文書院，2001 年）240 頁。

決がある。

(a) 1923年コンセイユ・デタ判決──国の賠償義務

1923年11月30日クイテアス判決（CE, 30 novembre 1923, *Couitéas*, Lebon 789, S. 1923. 3. 57, note M. Hauriou, D. 1923. 3. 59 concl. Rivet）は，国の賠償義務があることを明らかにした著名判決である。クイテアスは，実質的に土地が収用されたことになる等の理由で行政訴訟によりフランス国に損害賠償を請求した。1914年2月14日の補充趣意書での請求額は，1917年12月31日迄の損害として460万フランであった。コンセイユ・デタ判決のよく引用される部分は，次の通りである。

>「鑑みるに，原告は，司法裁判所での勝訴判決を得て，また，正当に執行文を有しているから，執行文に基づく執行について公の実力の援助を求める権利を有する。また鑑みるに，上記のように，政府は，執行の諸条件について検討する義務があり，秩序と安全への危険が存在すると判断する場合には，警察上援助を拒絶する権利を有するが，拒絶により引き起こされた損害は，それが一定の期間を超える場合には，関係者に通常負わすべき負担であると考えることは許されず，それ故，裁判官は，その限度を定めることができ，限度を超えれば政府が負担すべきである。」

クイテアス判決について，ジェズの本判決評釈は，次のように述べる。「［この場合の……小柳注］私人が被った損害は，公権力の働きにより，しかも，フォートによらないで，もたらされたものである。コンセイユ・デタは，この損害が賠償されなければならないことを認めた。というのも，これは，特別の損害（préjudice spécial）を構成するものであり，通常では，私人に帰することができないものである。それ故，この損失は，公共団体により補わなければならない。このコンセイユ・デタ判決は，本誌の主張の勝利を物語る。損害はそれが特別のものである限り賠償されなければならない。」[25]。

(b) 1927年コンセイユ・デタ判決──賠償額

1923年クイテアス判決は，国に賠償義務があることを明らかにしたにとどまり，具体の賠償額については，協議をなすべきこととしていた。同判決に基づき，クイテアスは賠償額について外務省と協議をし，外務省は1924年11月

---

[25] *Revue du droit public et de la science politique en France et à l'Étranger*, 1924, p. 77, note G. Jèze.

28日付で賠償額について決定した。しかし、クイテアスは、不十分であるとして再び訴訟を提起し、これに応えて、コンセイユ・デタ1927年12月2日判決（CE, 2 décembre 1927, *Basilio Couitéas*, Lebon 1159）が、賠償について、次のように述べた[26]。

> 「鑑みるに、1923年11月30日判決は、政府が判決執行を拒絶したこと、すなわち、スース裁判所がクイテアスのタビア・エル・ウビラの土地について占有を確保し、すべての占拠者を強制退去させるために言い渡した判決の執行について政府が軍事的な援助を与えることを拒絶したこと、そして、そのためにクイテアスの用益を不可能にしたこと、さらにクイテアスに損害を与えたことを認め、その損害についてクイテアスが賠償請求しうることを明らかにした。
>
> 鑑みるに、それ故、同判決に従い、上記の理由でクイテアスに与えた損害の正当な評価が必要であるが、これは、クイテアスが1908年11月1日以降土地の利用ができなかったことに対するものであり、本判決の日までの利息を含めて150万フランがそれに該当する。」

以上の次第で、クイテアスは、1908年11月1日以降の用益不可能な状態に関する賠償を取得した。その後、クイテアスの遺族として、妻ドゥフォコンベルジュと息子ジャン・クイテアスが、先の1927年12月2日判決以降1933年2月20日までの用益不可能な状態についての賠償を求めた。コンセイユ・デタ1936年11月6日判決（CE, 6 novembre 1936, *Héritiers Couitéas*, Lebon 967）は、同1927年判決がクイテアスの用益の確定的喪失に対する賠償として150万フランを認容し、その後の事情による変更を予定していないことを理由に、追加的賠償請求を認めなかった。

4　おわりに
——チュニジアのステップ地帯からパリのアパルトマン（そして日本）へ

以上のクイテアス判決法理は、その後フランス法に根を張るようになった。

---

[26]　この判決では、クイテアスは、パリのフォーブル・サントノレに居住していた。クイテアスは、アルジェリア・クレディフォンシエ銀行との訴訟に関するアルジェ控訴院1915年12月16日判決（CA Alger, 16 décembre 1915, *Revue algérienne, tunisienne et marocaine de législation*, 1918. 2. 37）で、自分の実際の住所は、パリ・フォーブルサントノレ通り238であると主張しているので、これがコンセイユ・デタ1927年判決での住所に該当する可能性がある。

財産法の新動向　Ⅲ

適用例としては，職場占拠を行う労働者への退去命令について警察上の援助を与えない場合での損害賠償が登場し[27]，その後，賃貸借解除等の強制退去へと適用が拡大した。本稿の冒頭で引用したフランス会計検査院のレポートは，強制退去の際の警察上の援助申立ての約半数につき拒絶及び賠償があると指摘する。

　このフランス法の法理は，フランス一国だけでなく，ヨーロッパ人権裁判所も容認している。たとえば，ヨーロッパ人権裁判所 2010 年 10 月 12 日コファンフォ社判決 (CEDH, 12 octobre 2010, Requête n° 23516/08, *Société Cofinfo c. France*) は，パリのアパルトマンについてのスクァッター (空屋不法占拠者) の強制退去について執行名義取得後も 7 年間にわたり警察上援助が与えられなかった事案である[28]。1999 年に 39 人の子供を含む 62 人 16 家族がスクァッターとして不動産会社所有の空き家アパルトマンの不法占拠を行った。所有者が 2000 年 3 月 22 日付けパリ大審裁判所のレフェレ (双方審尋保全訴訟) 裁判により，占拠者の強制退去命令を得たが，占拠者は退去せず，その後，所有者は同年 8 月 23 日に警察上援助を申し立てたが与えられなかった。また，行政訴訟においても，2002 年 12 月 11 日に行政地方裁判所が，仮に 62 人を強制退去させると公序に危険をもたらすとして，警察上援助拒絶は違法でないと判示した。アパルトマン所有者であったコファンフォ社は，7 年以上の判決執行の欠如は，公正な裁判を受ける権利及び財産権保障に違反するとして人権裁判所に提訴した。これに対し，フランス政府は，社会運動団体に支援された多数の占拠者を転居先なく強制退去させると公序への妨害になること，コファンフォ社が警察上援助拒絶賠償等を得たことなどを論じた。

　人権裁判所は，既に，2005 年 3 月 31 日判決 (CEDH, 31 mars 2005, Requête, n° 6274/00, *Matheus c. France*, マトゥース判決)[29]で，判決執行を求める権利は，裁判を受ける権利の一環である，しかし，絶対のものではなく，国家による制約が

---

[27] 問題の背景を含めて明らかにする優れた研究として，石井保雄「職場占拠法理の研究 (3)」亜細亜法学 19 巻 1・2 号 (1985 年) とりわけ 96 頁。

[28] 詳しくは，拙稿・前掲注(5)論文 304 頁以下。また，Nicolas Bernard, «Refuser l'expulsion de logement au nom de l'ordre public : pour les squatteurs aussi ? (Cour eur. dr. h., Société COFINFO c. France, 12 octobre 2010)», *Revue trimestrielle des droits de l'homme*, n° 86, 2011, p. 395 et s.

[29] JCP. G., 2005, I, 159, chr. F. Sudre, n° 11. なお，拙稿・前掲注(5)311 頁以下。

あり，その際，国家に「評価の余地」はあるが，採用された手段と目指された目的の間に合理的・比例的関係があるかを人権裁判所が判断できるし，警察上援助提供が公序への妨害となる場合には，拒絶は人権条約違反ではない，との法理を明らかにしていた。2010年のコファンフォ社判決は，この点を確認した後，全員一致で，次の理由で，本件は判決執行法理についての人権条約6条（公正な裁判を受ける権利）違反はなく，人権条約第1議定書第1条（財産権保障規定）違反もないと判示した。

> 「本件では，行政裁判所は，行政のなした判決不執行について過失を認めていない。逆に，警察上援助拒絶は，公序への妨害という真剣な危険を避けるためのもののようである。というのも，多くは子供からなる多数の家族の強制退去は秩序妨害を引き起こしかねず，それは，占拠者がメディアを巻き込んだ運動団体に支援されている場合は，一段とそうである。」

> 「申立人が，人権条約第1議定書1条を根拠に申し立てることがらは，大部分，人権条約6条と重複する。……人権裁判所は，第1議定書1条に関しても，（6条の問題と……小柳注）異なる判断をすべき理由を見いださない。」

チュニジアのステップ地帯の民を保護するために20世紀初頭に登場したクイエタス判決法理は，21世紀の現在ではパリのアパルトマンの不法占拠者にも適用される。

日本法でもどうであろうか？　とりわけ，国が判決執行への協力を拒絶する理由が，違法性のない場合が問題になる。この場合，国家賠償を求め得ないが，クイエタス判決法理を援用すると[30]，執行を認められなかった債権者は，国に対して損失補償を求めることが可能となる。損失補償については，最高裁大法廷判決昭和43年11月27日刑集22巻12号1402頁の裁判要旨が「財産上の犠牲が単に一般的に当然に受認すべきものとされる制限の範囲をこえ，特別の犠

---

[30] 「特別な危険および公負担の前の市民の平等原則を根拠として，コンセイユ・デタは一定の場合に行政の無過失責任（responsabilité sans faute）を認める。……もっとも注目されるのは，裁判所が公負担の平等を明らかに害しているものの当該措置が違法状況でなされたとは認めない——ないし認めたがらない——ような措置によってもたらされた重大かつ特別な被害のケースであろう。こうしたケースの判例は，適法な行政処分に関する1923年のクイエタス判決（arrêt Couitéas）によって除幕された。」P. ウェール＝D. プイヨー（著），兼子仁＝滝沢正（翻訳）『フランス行政法——判例行政法のモデル』（三省堂，2007年）121頁。

性を課したものである場合には，これについて損失補償に関する規定がなくても，直接憲法第29条第3項を根拠にして，補償請求をする余地がないではない。」と述べているのであり，フランスの1991年強制執行法16条のような法律の明文を待たずとも，損失補償請求が可能である。こうして，建物明渡しにおける権利実現の実効性と過酷執行の回避という相対立する要請は，フランス法の強制退去に関する立法・判例を参考とすることで，一定度の調和に達することが可能であろう。

[追記] 2011年12月19日2011-1895オルドナンスにより，民事執行法典（Code des procédures civiles des exécutions）法律部分が公布された。1991年法7月9日法16条は同法典L.153-1条となった。

33 株主会員制ゴルフ会員権に対する強制執行

安 斉 勉

1 ゴルフ会員権の種類と執行適格
2 会員権に対する強制執行
3 会員権の差押手続
4 差押手続における株券の取扱い
5 株券の占有がない場合の手続進行の可否
6 株券の占有がない場合の差押えの効力
7 差押手続における株券引渡執行の意義
8 民事執行148条の適用範囲
9 民事執行法165条の配当等を受けるべき債権者
10 占有取得ができない場合の差押命令の効力

1 ゴルフ会員権の種類と執行適格

　ゴルフ会員権は，ゴルフクラブによって，その内容がそれぞれ異なっているが，大きく次の3種類に分けることができる[1]。
　(1) 社団法人制ゴルフ会員権
　社団法人がゴルフ場を運営し，その社員でなければ，ゴルフクラブの会員になれない形態で，戦前からの名門コースが多い。しかし，公益性が問題となり，昭和40年代前半を最後にその後は社団法人制のゴルフクラブは認可されていない。社団法人の社員たる地位（社員権）は，一身専属的であって，譲渡性，相続性は認められていないのが原則であり，定款で譲渡性が認められている例外的な場合以外には，執行適格は認められないとされている。
　なお，公益法人制度の改革により，これまで社団法人が運営していたゴルフ

---

[1] ゴルフ会員権全般について，藤井英男『ゴルフクラブの法律知識』（ゴルフ日本，1979），藤井英男・古賀猛敏『ゴルフクラブ会員権の法律知識』（青林書院，1987），金融商事判例別冊 今中利昭編『ゴルフ法判例72』。

(2) 株主会員制ゴルフ会員権

　ゴルフクラブの会員たる資格を，原則としてゴルフ場経営会社の株主に限るもので，株主として剰余金配当請求権や株主総会における議決権を有するとともに，ゴルフクラブの会員として施設利用権を有し，会費支払義務を負う形態で，このゴルフ会員権について執行適格を認めることに問題はないものの，その執行方法には後述するとおり議論がある。

(3) 預託金会員制ゴルフ会員権

　ゴルフ場を経営する会社に，入会金や預託金を払い込んで，ゴルフ場の施設利用権を得るもので，会則で定められた据置期間経過後，退会時には預託金の返還を請求することができる。また，年会費の納入義務を負うが，会社の経営には関与できない。原則としてこの会員権は譲渡性，相続性を有するため，執行適格が認められている[2]。

2　会員権に対する強制執行

　(1)　ゴルフ会員権に対する強制執行の多くは，預託金会員制ゴルフ会員権であり，それは「不動産，船舶，動産及び債権以外の財産権」であることから，「その他の財産権」として債権執行の例によるとされており（民事執行法167条1項），執行裁判所による「ゴルフ会員権差押命令」によって開始される。その命令の具体的内容は下記のとおりである[3]。

記

1　債権者の申立てにより，上記請求債権の弁済に充てるため，別紙請求債権目録記載の執行力ある債務名義の正本に基づき，債務者が第三債務者に対して有する別紙ゴルフ会員権目録記載のゴルフ会員権を差し押さえる。
2　債務者は，前項により差し押さえられたゴルフ会員権について，退会，売買，譲渡，名義書換え，質入れ，預託金の取立てその他の処分をしてはならない。
3　第三債務者は，第1項により差し押さえられたゴルフ会員権について預託金

---

(2)　預託金の償還問題を契機に，預託金会員制ゴルフ会員権を株主会員制ゴルフ会員権へ移行させることを提案するものとして，高山征治郎『ゴルフ場・会員権再生の条件』（泉文堂，1998）。
(3)　東京地方裁判所民事執行センター実務研究会編『民事執行の実務　債権執行編下〔第2版〕』（金融財政事情研究会，2007）218頁。

〔安斉　勉〕　　　　　　　　*33*　株主会員制ゴルフ会員権に対する強制執行

の払戻し，名義書換え等の譲渡を承諾する手続をしてはならない。

(2) 株主会員制ゴルフ会員権に対する強制執行も，その数は預託金会員制ゴルフ会員権に比べると相当少ないと思われるが，申立てをされることがあり，東京地方裁判所では預託金会員制ゴルフ会員権の場合と同様「その他の財産権」として，「債権執行の例」により強制執行手続が行われている。そして，預託金会員制ゴルフ会員権の場合と多少文言が異なり，下記内容のゴルフ会員権差押命令が発令されている[4]。

記

1　債権者の申立てにより，上記請求債権の弁済に充てるため，別紙請求債権目録記載の執行力ある債務名義の正本に基づき，債務者が第三債務者に対して有する別紙ゴルフ会員権目録記載のゴルフ会員権（株式を含む。以下同じ。）を差し押さえる。
2　債務者は，前項により差し押さえられたゴルフ会員権について，退会，売買，譲渡，名義書換え，質入れ，預託金の取立て，株式に係る利益配当等の請求権の行使，その他の処分をしてはならない。
3　第三債務者は，第1項により差し押さえられたゴルフ会員権について，名義書換え等の譲渡手続及び株式に係る利益配当等をしてはならない。

3　会員権の差押手続

(1) 東京地方裁判所では，株主会員制ゴルフ会員権につき，上記のような差押命令を発する方法を採用する前に，その差押手続について，次の3通りの方法を検討したようである[5]。

(a) 株券を動産執行の方法（民事執行法122条1項）により差し押さえる。

(b) ゴルフ会員権を「その他の財産権」（同法167条）として差し押さえるとともに，株券については「動産」（同法122条）として差し押さえる方法。

(c) 「その他の財産権」に対する差押えとして，会員権とともに株主権も差し押さえた上で，株券については引渡執行（同法148条）をする方法。

(2) そして，東京地方裁判所では，上記3通りの方法を検討した上で，(c)の方法を採用している。(a)の方法では，株主会員制ゴルフ会員権が，株主権

---
(4)　前掲注(3) 219頁。
(5)　前掲注(3) 216頁。

743

とは別の権利であり，株券にその会員権は表章されていないため，株券を差し押さえただけでは，ゴルフ会員権の処分まで禁止できないのではないかという疑問があり，また(b)の方法については，株主会員制ゴルフ会員権の不可分一体として考えられる二つの権利（株主権と会員権）について，動産執行と債権執行という別々の執行方法で差し押さえることになることから，差押え，換価等を通じて権利の不可分性を保持できるかが問題となると指摘されている。

(3) これに対し，(c)の方法を採ることについても，裏書が禁止されている有価証券以外の有価証券については，民事執行法122条により動産執行の方法により差し押さえることとの整合性が問題となるものの，「民事執行法は，ゴルフ会員権と（株券に表象される）株主権とが不可分一体のものとして取引される株主制ゴルフ会員権を具体的に想定して規定されたものではないというべきであるから，このような特殊な会員権に係る株券については，その法的性質に応じた執行方法が許容され，動産執行の方法によらずとも違法ではないと解することができよう。」と結論づけている。

(4) 確かに，(a)，(b)の差押手続に比べ，(c)の方法は問題点が少なく，(c)の方法を採ることに筆者も賛成であるが，問題は株券の取扱いである。

4　差押手続における株券の取扱い

(1) 東京地方裁判所で採用されている株主会員制ゴルフ会員権に対する差押命令では，既に見たとおり，「別紙ゴルフ会員権目録記載のゴルフ会員権（株式を含む。以下同じ。）を差し押さえる。」として，株式（株主権）についても差押えの効力を及ぼすことを明らかにしている。

(2) そして，株券については民事執行法148条の引渡執行をするとしているのであるが，具体的には上記差押命令を債務名義として執行官に対して株券の引渡執行を申し立てることになる[6]。

(3) 債務者のもとに当該株券があり，執行官による引渡執行の結果，株券を差押債権者に引き渡すことができれば（同法169条），それ以後の換価手続を進めることができ問題はないが，差押債権者以外の債権者に債務者が当該株券を譲渡担保として差し出していたりして，債務者のもとに株券がなく，差押債権

---

[6] 前掲注(3)217頁。

者が株券の引渡しを得られない場合，当該差押命令の効力はどうなるのであろうか。

5 株券の占有がない場合の手続進行の可否

(1) 株主会員制ゴルフ会員権の差押債権者が，上記内容の差押命令を得ても，債務者以外の者が株券を所持しているときは，差押債権者はその第三者に対して株券の引渡執行をすることはできない。債務者がその第三者に対して，株券引渡しの債務名義を有しているのでない限り，債権者代位権に基づいて差押債権者が引渡執行をすることもできない[7]。

(2) ところで，「株主会員権は株主権そのものではなく，会員が経営会社の株主であることを前提として，会社と会員との間で締結された入会利用契約上の地位であって，株券だけ差し押さえても，会員権を差し押さえたことにはならず，財産的価値もさほどない。他方，会員権を差し押さえたとしても，通常は発行されている株券がなければ会社に対し会員権の名義変更を求めることができないから，ゴルフ会員権の差押えに株券の差押えが伴わなければ，執行としての実効性がない。すなわち，株主会員権ゴルフ会員権の差押えは，会員権（その他財産権）と株券（動産）に対する執行が不可分一体のものとしてなされなければならない」[8]が，株券に対する執行が不能となった場合，株主会員制ゴルフ会員権の強制執行は，差押命令は出されたものの，換価手続（民事執行法161条に定める売却命令，譲渡命令）には進めないとするのが東京地方裁判所の取扱いのようである。差押債権者としても，株券の占有が得られない以上，強制執行手続が進まないとしても，これを受け入れざるを得ない。

(3) これに対し，預託金制ゴルフ会員権の場合は，会員権証書（預託金証書）がなくても，換価手続を進めることに支障はない。「売却命令によるゴルフ会員権の譲受人は，執行官の作成した調書により，譲渡命令による譲受人は，譲渡命令正本により，自己が当該ゴルフ会員権を譲受けたことを証明することができ，これを第三債務者に提示して，名義書換を請求することになる」[9]。預託金制ゴルフ会員権の場合，会員権証書（預託金証書）を有価証券であるとする

---

[7] 香川保一監修『注釈 民事執行法(6)』〔近藤崇晴〕（金融財政事情研究会，1995）227頁。
[8] 前掲注(3)215頁。
[9] 今井隆一「ゴルフ会員権への強制執行」金融法務事情1442号49頁。

見解もあるが[10]，裁判実務では有価証券とは認めていない[11]。

(4) 預託金制ゴルフ会員権について，差押債権者は，会員権証書（預託金証書）の引渡しを受けておくのが相当である（民事執行法148条）との指摘はあるものの[12]，会員権証書（預託金証書）の引渡しが受けられなかったとしても，差押えの効力には何ら影響しない。

(5) この点，民事執行法148条に関して，「債権証書の返還（民487条）は債務の弁済と同時履行の関係に立たないと解されているだけではなく，第三債務者から弁済を受けても，債権証書を所持していなければこれを返還する義務もないのであるから，債務者から債権証書の引渡しを受けることに，それほど強い必要性があるわけではない。したがって，本条2項はもちろん，本条1項の規定が活用されることもあまりないと思われる。」と言われているとおりである[13]。

6　株券の占有がない場合の差押えの効力

(1) 上記のとおり，株主会員制ゴルフ会員権の差押命令があり，民事執行法148条による引渡執行にもかかわらず，差押債権者が株券の占有を得られなかった場合，当該ゴルフ会員権の換価手続が進むことはない。これは，株主会員制ゴルフ会員権の差押えは，会員権と株主権に対する執行が不可分一体のものとしてなされなければならないとする以上当然であり，株券がなければゴルフ場経営会社に対して，会員権の名義変更を求めることができないことから，強制執行手続を続行する意味がない。

(2) しかし，このような結論には争いがないとしても，差押債権者が株券の占有を得られないことは，執行手続の事実上の障害に過ぎないのか，それとも差押えの効力そのものに影響するものかは改めて検討する必要がある。

例えば甲という債権者が，乙という債務者の有するAというゴルフ場の株主会員制ゴルフ会員権につき強制執行を申立て，債権執行の例により，差押命令

---

[10] 須藤正彦『ゴルフ会員権の法律問題』（同信社，1979）131頁，小室金之助「ゴルフ会員権証券の有価証券性――最近の二，三の判例から――」ジュリスト697号105頁，松井一彦「ゴルフ会員権の譲渡担保と権利の実行」金融商事判例737号91頁等。
[11] 最判昭和57年6月24日判例時報1051号84頁。
[12] 前掲注(3)212頁。
[13] 前掲注(7)220頁。

〔安斉　勉〕　　***33***　株主会員制ゴルフ会員権に対する強制執行

を得て，債務者及び第三債務者に差押命令の送達ができたとしても，差押債権者が株券の占有を取得できなかった場合，この強制執行手続がこれ以上進まないことについて，差押えは有効であったが結局空振りだったと言おうが（預金の差押えの例でいえば，差押さえるべき預金がなかった場合と同じ），差押えが無効だったと言おうが，効果に違いはない。

(3)　ところが，甲という債権者以外に，丙という債権者がいて，債務者乙のＡゴルフ場の株主会員制ゴルフ会員権につき，丙が譲渡担保契約に基づき株券の交付を乙から受けていたとするとどうであろうか。

東京地判平成7年12月1日によると，「株主会員制ゴルフ会員権について，会員権の譲渡を譲渡当事者以外の第三者に対抗するには，株券の交付のほか，その譲渡に入会金払戻請求権等の指名債権の譲渡を伴うことに鑑み，指名債権の譲渡の場合に準じて，確定日付ある証書をもってする通知又は承諾を要し，かつ，それらをもって足りると解するのが相当である」とされているため[14]，丙が乙から株券の交付を受けるとともに，会員権の譲渡担保について確定日付ある証書による通知又は承諾を先に得ていれば，丙はゴルフ会員権の譲渡担保を甲に対抗することができる。しかし，通知，承諾がなされていなかったとすると，丙も甲と同じくゴルフ会員権の差押命令を求めることが考えられる。

このとき，丙が甲と同一内容の差押命令を得るとともに，占有している株券を執行裁判所に提出して売却命令を得て売却ができたとした場合，その売却代金を丙が単独で取得できるのか，配当手続となり，甲もまた配当を得られるのかという際には，甲が先に得ていた差押命令の効力が問題となってくる。

(4)　仮に，甲の得た差押命令は株券の占有を差押債権者が得られなかったために無効であるということであれば，甲は配当手続に加われないであろう。これに対し，甲自身としては株券の占有が得られなかったとしても，株券の占有がないことは事実上の障害に過ぎず，差押命令は有効ということであれば，丙が申立てた強制執行手続の過程で，株券が丙から執行裁判所に提出された場合，この事実上の障害はなくなり，甲も差押債権者として（民事執行法165条），配当を得られるとも考えられそうである。

---

[14]　判例時報1578号67頁，池田真朗「株主会員制ゴルフ会員権の譲渡担保と第三者に対する対抗要件」判例タイムズ933号54頁，加藤新太郎編『判例check 債権・動産担保の効力』〔片山憲一〕（新日本法規出版，2001）157頁。

7　差押手続における株券引渡執行の意義

(1)　株主会員制ゴルフ会員権を,「その他の財産権」(民事執行法167条) として,会員権とともに株主権についても差押命令の対象とし,株券については引渡執行(同法148条)をするという執行方法を提示している前掲『民事執行の実務 債権執行編下〔第2版〕』によると,「会員権に対する執行をするためには株式に対する執行も必要と」しているが,その株式に対する執行が不能に帰した場合の効果については,明言されていない。ただ,別の箇所で「ゴルフ会員権の差押えに株券の差押えが伴わなければ,執行としての実行性がないことになる。」と述べられているにとどまる[15]。

(2)　また,東京地方裁判所の志田博文裁判官(当時)も,「株主会員制ゴルフ会員権の場合には,株券に対する差押えも併せてしなければ執行の実をあげることができない」と述べている[16]。

(3)　同じく東京地方裁判所の安倉孝弘裁判官(当時)によると,「株主会員制の会員権について株券が発行されている場合は,株券の引渡執行が差押えの効果の完成のため不可欠となろう。」とされている[17]。

(4)　更に,今中利昭弁護士,今泉純一弁護士も,民事執行法148条により株券の引渡しを受けるべきであるとするが,「株主制会員権の場合は株券が発行されているのが一般であり,このような株券は有価証券であって,会員権に対する執行をするためには,株券の執行も当然に必要であり,株券を債権者から取り上げない限り無意味である。」としている[18]。

(5)　上記のとおり,いずれも株主会員制ゴルフ会員権について,差押命令が発せられたものの,株券についての引渡執行が不能に帰した場合の効果について,はっきり有効とも無効とも明言してはいない。

---

[15]　前掲注(3)211頁,216頁。
[16]　東京地裁債権執行等手続研究会編『債権執行の諸問題』(判例タイムズ社,1993) 466頁。
[17]　大石忠生外編『裁判実務大系7 民事執行訴訟法』(青林書院,1986) 441頁。
[18]　「実務・会員権担保とその執行法」債権管理58号33頁。

8　民事執行148条の適用範囲

(1)　株主会員制ゴルフ会員権について，差押命令が発せられた場合，差押債権者が株券の占有を得ていないときは，株券について民事執行法148条により債務者に対する引渡執行をすべきことはこれまで述べてきたとおりであり，預託金会員制ゴルフ会員権の場合も，差押債権者は債務者から会員権証書（預託金証書）の引渡しを受けておくことが相当であるとされていることについても前述したとおりである（5の(4)）。

(2)　預託金会員制ゴルフ会員権の場合，会員権証書（預託金証書）がなくても，差押命令の効力には影響がなく，換価手続を進める上でも支障がないのは，会員権証書（預託金証書）が有価証券ではないからである。

(3)　ところで，裏書の禁止されている有価証券以外の有価証券については，民事執行法上動産執行の対象とされており（122条1項），債権執行の対象から外されているため（同法143条），同法148条が適用されることはないのに対し，裏書の禁止されている有価証券は動産執行の対象ではなく，その有価証券に表章されている債権については債権執行手続が行われることになる。また，権利行使に有価証券が必要となる以上，差押命令を得た債権者は，同法148条によって「債務者から有価証券の引渡しを受けることがぜひとも必要になる」[19]。

(4)　したがって，例えば裏書禁止手形（手形法11条2項）についての強制執行では，手形債権につき執行裁判所により債権差押命令が発せられるが，有価証券である手形が存在している以上，その譲渡や権利行使に手形が必要であるから，手形について民事執行法148条による手形の占有取得が必要とされている[20]。

(5)　ただ，このような裏書の禁止されている有価証券について，差押債権者が同法148条による引渡執行を申し立てるも，その占有を取得できなかった場合における差押の効力について同法は何ら規定していない。また，この点に関する判例も見当たらない。

(6)　旧民事訴訟法603条は，「手形其他裏書ヲ以テ移転スルコトヲ得ル証券ニ因レル債権ノ差押ハ執行官其証券ヲ占有シテ之ヲ為ス」と定めていた。その

---

[19]　前掲注(7)221頁。
[20]　鈴木忠一外編『注解 民事執行法(4)』〔稲葉威雄〕（第一法規出版，1985）446頁。

ため，手形債権の差押えの執行方法としては，差押命令（同法594条）を債務者及び第三債務者に送達する（同法598条2項）外に，執行官による手形の占有を必要としていた。その趣旨は，「これら指図証券は権利と証券とか密接不可分の関係を有するため債権者は当該証券を所持しかつ呈示することなくして権利行使をすることはできず，反面債務者は証券と引き換えでなければ債務の弁済を強いられることはないことを執行手続面に反映したものである。」と説明されていた[21]。

(7) そして，判例は「斯ル債権ノ差押ニ付テハ同第五百九十八條ノ規定ニ從ヒ債権差押命令ヲ第三債務者ニ送達スル外尚執達吏カ其證券ヲ占有スルニ非サレハ差押ノ効力ヲ生セサル」としていた[22]。

(8) この差押命令の効力が生じないとの表現は，「差押の効果は完成しない」[23]，「差押の効力を全うすることができない」[24]と同様と思われるが，「執行裁判所における差押命令を第三債務者に送達したのみでは差押は効を奏せず，更に進んで執行官が債務者から当該証券を取り上げ占有することによってはじめて有効な差押となる」との説明もなされていた[25]。

(9) そして，旧民事訴訟法603条にかかわる事案において，手形債権の仮差押をしたものの，当該手形が公示催告申立中のため，執行官による当該手形の占有が取得できなかった場合に，その仮差押債権者は，当該手形の除権判決後に手形債権を差押えた者に対する配当手続に加われるかが争点となったところ，東京高等裁判所は昭和48年12月13日，次のとおり判決した。「配当異議の訴の原告は請求を求める理由あらしめる事由として，右訴の被告（以下被告という。）の債権が配当表の記載通りに存在しないことのほかに，被告の差押（仮差押をふくむ。以下同じ。）または配当要求が無効であることをも主張することができる（配当要求債権者の債権の存在とその差押あるいは配当要求の有効であることは配当受領権の実質的発生要件であり，配当の実質的有効要件でもあると解すべきである。）。したがって，配当要求債権者を甲，乙両名とする配当表が作成された場合において，

---

[21] 執行事件実務研究会編『債権・不動産執行の実務』（法曹会，1978）83頁。
[22] 大判大正3・3・31民録20輯250頁。
[23] 鈴木忠一外編『注解 強制執行法(2)』〔稲葉威雄〕（第一法規出版，1976）363頁。
[24] 『最高裁判所判例解説 民事篇 昭和51年度』〔井田友吉〕（法曹会，1979）114頁。
[25] 前掲注[21]84頁。

〔安斉　勉〕　*33*　株主会員制ゴルフ会員権に対する強制執行

乙の差押または配当要求が無効であるときは，甲は配当期日に右無効を主張して配当表中の乙の配当に関する部分につき異議を申立て，ついで乙を被告とする配当異議の訴を提起し，配当表中の乙に対する配当額を取消して甲へ配当すべき旨の判決を求めることができるものと解すべきものである」[26]。

(10)　上記東京高裁判決により差戻された東京地方裁判所における判決[27]及びその控訴審である東京高等裁判所における判決[28]で，公示催告中の約束手形の手形金債権に対する仮差押の執行は，執行官による手形の占有を必要とせず，通常の指名債権に対する仮差押と同じく仮差押命令を債務者及び第三債務者に送達すれば足りるので，本件仮差押は効力を生じているとされた。

同事件は，上告されたが最高裁判所第一小法廷は昭和51年4月8日上告を棄却している[29]。

(11)　上記事案では，紛失のため公示催告中の約束手形の手形金債権を仮差押えしたのであって，手形がない以上執行官による手形の占有を必要としないとされたが，仮に手形を債務者が所持しているにもかかわらず，執行官による手形の占有がなされなかったとすれば，債権者が当該手形債権の仮差押命令を得ていたとしても，その仮差押命令の効力は生じておらず，配当に加われないことを当然に前提としていたことは明らかである。

9　民事執行法165条の配当等を受けるべき債権者

(1)　旧民事訴訟法においては，配当等を受けるべき債権者について，民事執行法165条のような規定はなかったものの，判例，学説とも，同一債権に対する二重差押えを認めていた[30]。そして，二重の差押命令が第三債務者に送達されると，前の差押に対して配当要求と同一の効力が生じ，後の差押命令に基づいて換価手続が行われるときは，前の差押が後の差押に対して配当要求と同一の効力を有すると解されていた[31]。

(2)　民事執行法165条は，「配当等を受けるべき債権者は，次に掲げる時ま

---

[26]　金融商事判例408号9頁。
[27]　東京地判昭和49年11月12日 判例タイムズ320号215頁。
[28]　東京高判昭和50年7月17日 金融商事判例477号19頁。
[29]　民集30巻3号197頁。
[30]　宮脇幸彦『強制執行法（各論）』（有斐閣，1978）218頁。
[31]　前掲注[30] 219頁。

でに差押え，仮差押えの執行又は配当要求をした債権者とする」と規定し，配当等を受けるべき債権者の範囲を明記したが，ここで問題となるのは，「差押え」「の執行」「をした債権者」の意義である。

即ち，株主会員制ゴルフ会員権について，執行裁判所から差押命令を得たものの，株券の占有を取得できなかった債権者も，配当等を受けるべき差押債権者に該当するか否かが問題となる。

(3) 先に見た旧民事訴訟法603条にかかわる公示催告中の約束手形の手形債権に対する仮差押の執行方法を問題とした一連の判決は，いずれも仮に債務者の手もとに当該手形があった場合，仮差押命令を得ただけで手形の占有を取得していない債権者は，配当等を受けるべき債権者とは認めないことを前提にしていたが，民事執行法においても同様に解せられるであろうか。

(4) 株主会員制ゴルフ会員権の差押命令においては，差押対象として「株式を含む」ことを明示しており，当該ゴルフ会員権を差押えた債権者としては，民事執行法148条による引渡執行をするなどして当該株券の占有を取得すべきことについてはこれまで述べてきたとおりである。

しかし，差押債権者が当該株券の占有を取得できなかったとしても，当該差押債権者も民事執行法165条の定める差押債権者に該当するとなれば，後に競合する差押債権者が出てきて，後行の差押債権者が株券を提供して売却命令を得て，執行官が売得金の交付を受けることにより（同条3号参照），先行の差押債権者もその売得金の配当手続に加われるので，株券の占有取得が得られなくても結果的に何ら支障がないことになる。

(5) 結論から言うと，このような結果は認められないというべきである。

なぜならば，株主会員制ゴルフ会員権の差押命令を得た差押債権者であっても，株券の占有を取得していない差押債権者は，差押命令は得たものの，「差押え」「の執行」「をした債権者」に該当しないからである。

株主会員制ゴルフ会員権の差押命令の執行方法としては，差押命令の債務者及び第三債務者への送達（同法145条3項）のほか，差押えの対象となった株式を表章する株券の占有を必要としており，株券の占有を得られない限り，差押えの執行が完成していないことになる。

通常の債権差押であれば，「差押えの効力は，差押命令が第三債務者に送達された時に生ずる」が（同条4項），株主会員制ゴルフ会員権については，差押

命令が第三債務者であるゴルフ場経営会社に送達されただけでは足りず，差押債権者が株券の占有を取得した時に差押えの効力が生じるというべきである。

(6) したがって，株主会員制ゴルフ会員権の後行の差押命令及び株券の提供を伴う売却命令の申立てがなされ，売却が実施された場合には，先行の差押債権者は株券の占有を得ていない以上，その売得金の配当等に加われないと言うべきである。筆者の経験によれば，東京地方裁判所においては，株主会員制ゴルフ会員権の差押命令において，「株式を含む」ゴルフ会員権の差押えを命じておきながら，当該差押債権者が株券の占有を得ていない場合であっても，当該差押債権者を「配当等を受けるべき債権者」として扱っている。これは直ちに改められるべきである。

尚，法定の配当要求終期前に差押命令の申立てをしたが，配当要求終期までに第三債務者への送達ができなかった債権者につき，配当等に加われるか否かに関しては見解が分かれていたが[32]，最高裁判所は「他の債権者の差押事件の配当要求の終期までに，右差押えに係る債権につき差押えの申立てをしたにすぎない債権者は，同法165条にいう差押えをした債権者にも配当要求をした債権者にも該当しない」と判示した[33]。これは「法165条の差押債権者として配当を受けるには，その差押命令の効力が配当要求の終期までに生じなければならないことを明らかに」したものであるされている[34]。

10 占有取得ができない場合の差押命令の効力

(1) 差押命令にもかかわらず，当該差押債権者が株券の占有を得られなかった場合においては，当該差押債権者は，同一のゴルフ会員権につき差押命令を得た他の差押債権者が，株券の提供をして売却命令を申立て，得られた売却代金の配当に与れないことは既に見たとおりであるが，それは民事執行法165条の「配当等を受けるべき債権者」に該当しないとの解釈により得られるものであり，差押えの効力が配当等が行われるべき時点で未だ生じていないためであると説明すれば足り，当該差押命令が有効か無効かを断じなければ結論が出せないものではなかった。

---

[32] 中野貞一郎『民事執行法（増補新訂6版）』（青林書院，2010）734頁。
[33] 最三判 平成5年3月30日 民集47巻4号3300頁。
[34] 『最高裁判所判例解説 民事篇 平成5年度』〔八木良一〕（法曹会，1996）575頁。

(2) しかし,「株式を含む」として株主会員制ゴルフ会員権について差押命令が発せられ,その送達を受けた第三債務者たるゴルフ場経営会社として,当該差押命令にどのように対応すべきかを考える上ではどうであろうか。

(3) 先に見たように,東京地方裁判所における株主会員制ゴルフ会員権に対する差押命令には,名義書換え等の譲渡手続を禁じる文言が入っている。このような差押命令を受けた第三債務者たるゴルフ場経営会社が,当該ゴルフ会員権について,名義書換え等の譲渡手続をしない措置をとることは当然のように思えるが,このような行為が禁止されたゴルフ会員権は,「第１項により差し押さえられたゴルフ会員権」についてであって,仮に当該ゴルフ会員権の差押命令にもかかわらず,差押債権者が株券の占有を取得できなかった場合には,当該ゴルフ会員権は「差し押さえられたゴルフ会員権」とは言えず,ゴルフ場経営会社は当該ゴルフ会員権について,株券を呈示して会員権の名義書換えを求めてきた者に対し名義書換えに応じることが可能であるとすれば,あえて差押命令が有効か無効かを断じる必要はないことなる。

(4) ここでもう一度,旧民事訴訟法603条を見ることにする。

同条は,「手形其他裏書ヲ以テ移転スルコトヲ得ル証券ニ因レル債権ノ差押ハ執行官其証券ヲ占有シテ之ヲ為ス」と規定していた。そして,「執行官による証券の占有取得がなければ,差押の効果は完成しない」とされるとともに,「差押命令が送達されただけの状態では,第三債務者は,証券所持人に対し証券による債権の弁済をすることを禁じられない。」との解釈が示されていた[35]。

また,「この種証券に対する差押命令は債権に対するそれと異なり,取立禁止又は履行禁止はその本質的なものではなく,差押の宣言と執行吏をして占有せしむべき権限を債権者に付与することが眼目になる。」とも言われていた[36]。

(5) 更に,民事執行法148条の解釈として,動産執行の対象とならず債権執行の対象となる「裏書禁止の手形に関する手形債権のような場合には,手形債務者を第三債務者,手形債権者（手形所持人）を債務者として差押命令を得て,本条２項によって手形の占有取得のための執行をすることができよう。この場合,実質的な処分禁止の効力は,手形取上げによって生ずる。」との見解があ

---

[35] 前掲注(23) 363頁。
[36] 田倉 整「不動産及び有体動産以外の財産権に対する強制執行手続の研究（司法研究報告書９輯３号）」（司法研修所，1956）177頁。

る[37]。

(6) この点，株主会員制ゴルフ会員権の場合の差押命令の問題として，服部弘志弁護士は，「株券だけを差し押さえても，会員権を差押えしたことにならない反面，入会利用契約上の地位としての会員権を差し押さえても，株券の差押えが伴わなければ，実効性がない。契約上の権利としての会員権だけが差押えされた後に株券を譲り受けた第三者から会員権の名義書換請求を受けた第三債務者たる会社はこれに応じざるを得ないのか問題ではあるが，裁判所は株券がなければ譲渡・換価命令をなしえないからである。」と述べている[38]。

(7) 以上のような見解を踏まえ，筆者としては，株主会員制ゴルフ会員権について，差押債権者が株券の占有取得ができなかった場合には，差押命令による債務者に対する処分禁止の効力は生ぜず，第三債務者たるゴルフ場経営会社が当該ゴルフ会員権の名義書換えに応じることも禁じられないと考える。ゴルフ場経営会社としては，裁判所から差押命令が送達されるだけであるから，差押債権者が株券の占有を取得したか否かわからないものの，差押債権者以外の者が当該株券を呈示して，会員権の名義書換えを請求してきた場合には，差押債権者が株券の占有を取得できなかったことが明らかになったわけであるから，当該ゴルフ会員権について差押えの効力は生じておらず，ゴルフ場経営会社は名義書換えに応じることができると言うべきである。

---

[37] 前掲注(20) 446 頁。
[38] 服部弘志『ゴルフ会員権の理論と実務』（商事法務研究会, 1990）276 頁。なお，同弁護士は，株主会員制ゴルフ会員権の株券についての執行は，民事執行法 123 条の動産の差押手続によるべきものとの立場を採られている。

34 取締役会決議がないままなされた取締役の違法行為の効果と監査役の対応

石 山 卓 磨

1 はじめに
2 代表取締役の専断的行為に対する第三者からの無効の主張の可否に関する近時の最高裁判例
3 競業避止義務に違反する取引の効果
4 利益相反取引規制違反の行為の効果
5 利益相反取引における第三者からの無効主張に関する判例
6 むすび

1 はじめに

　監査役は，取締役（会計参与設置会社においては取締役と会計参与）の職務の執行を監査し，法務省令の定めるところにより（会社則105条），監査報告を作成しなければならない（会381条1項）。取締役の職務には，一般的な業務執行と計算書類の作成があるので，監査役には原則として，業務監査権限と会計監査権限とが備わっている。もっとも，非公開会社（監査役会設置会社および会計監査人設置会社を除く）の場合には，監査役の監査の範囲を会計に関するものに限定する旨を定款で定めることができる（会389条1項）。

　ところで現行会社法の施行前においては，旧商法施行規則133条で，①取締役の競業取引・取締役と会社間の利益相反取引，②会社が行った無償の利益供与，③子会社又は株主との通例的でない取引，④自己株式の取得及び処分等，について取締役の義務違反があるときは，監査役会の監査報告書に各別に記載し，その事項ごとに監査の方法の概要を記載することが義務づけられていた（いわゆる「133条監査」）。これらの事項は，現行会社法の施行により，監査報告への記載事項ではなくなったが，これらの監査の重要性に変わりはない。

　監査役が監査業務を執行するにあたり依拠する主たる実務指針に，社団法人

日本監査役協会の定める「監査役監査基準」があるが，そこでは業務監査にあたり遵守すべき基準として，取締役の職務の執行の監査[1]，取締役会等の意思決定の監督[2]，競業取引・利益相反取引等の監査[3]が規定されている。

そこで，本稿においては，取締役会決議がないまま代表取締役が専断的に代表行為をなした場合，あるいは取締役が違法な競業行為や利益相反取引を行った場合の効果および無効とされる場合の無効の主張権者に関し，学説および近

---

(1) 監査役監査基準第18条は，以下のように規定する。
　1　監査役は，取締役の職務の執行を監査する。
　2　前項の職責を果たすため，監査役は，次の職務を行う。
　　一　監査役は，取締役会決議その他における取締役の意思決定の状況及び取締役会の監督義務の履行状況を監視し検証する。
　　二　監査役は，取締役が，内部統制システムを適切に構築・運用しているかを監視し検証する。
　　三　監査役は，取締役が会社の目的外の行為その他法令もしくは定款に違反する行為をし，又はするおそれがあると認めたとき，会社に著しい損害又は重大な事故等を招くおそれがある事実を認めたとき，会社の業務に著しく不当な事実を認めたときは，取締役に対して助言又は勧告を行うなど，必要な措置を講じる。
　　四　以下省略。
(2) 監査役監査基準（平成23年3月10日改正版）第19条は，以下のように規定する。
　1　監査役は，取締役会決議その他において行われる取締役の意思決定に関して，善管注意義務，忠実義務等の法的義務の履行状況を，以下の観点から監視し検証しなければならない。
　　一　事実認識に重要かつ不注意な誤りがないこと
　　二　意思決定過程が合理的であること
　　三　意思決定内容が法令又は定款に違反していないこと
　　四　意思決定内容が通常の企業経営者として明らかに不合理ではないこと
　　五　意思決定が取締役の利益又は第三者の利益でなく会社の利益を第一に考えてなされていること
　2　前項に関して必要があると認めたときは，監査役は，取締役に対し助言もしくは勧告をし，又は差止めの請求を行わなければならない。
(3) 監査役監査基準第23条は，以下のように規定する。
　1　監査役は，次の取引等について，取締役の義務に違反する事実がないかを監視し検証しなければならない。
　　一　競業取引
　　二　利益相反取引
　　三　会社がする無償の財産上の利益供与（反対給付が著しく少ない財産上の利益供与を含む）
　　四　親会社又は子会社もしくは株主等との通例的でない取引
　　五　自己株式の取得及び処分又は消却の手続

〔石山 卓磨〕 *34* 取締役会決議がないままなされた取締役の違法行為の効果と監査役の対応

時の判例状況について概説し，監査役が監査業務を進める上での参考資料のひとつに供したいと思う[4]。

2 代表取締役の専断的行為に対する第三者からの無効の主張の可否に関する近時の最高裁判例
（最高裁平成 21 年 4 月 17 日判決・民集 63 巻 4 号 535 頁）

【事　実】

会社法 362 条 4 項によれば，取締役会は，重要な業務執行の決定を取締役に委任することはできない[5]。本件は，代表取締役が取締役会決議のないまま，この重要な業務を執行した事案である。すなわち，神奈川県下で墓地を運営していたA株式会社は，墓地開発の必要資金を貸金業者のY株式会社（被上

---

 2 前項各号に定める取引等について，社内部門等からの報告又は監査役の監査の結果，取締役の義務に違反し，又はするおそれがある事実を認めたときは，監査役は，取締役に対して助言又は勧告を行うなど，必要な措置を講じなければならない。
 3 監査役は，第 1 項各号に掲げる事項以外の重要又は異常な取引等についても，法令又は定款に違反する事実がないかに留意し，併せて重大な損失の発生を未然に防止するよう取締役に対し助言又は勧告しなければならない。

[4] 本稿は，平成 23 年 1 月 12 日に行った監査役業務研究会（主催，財団法人産業経理協会）での報告を文章化したものである。
[5] 取締役会の一般的専属事項に関し，会社法 362 条は以下のように規定する。
 第 2 項 取締役会は，次に掲げる職務を行う。
  1 取締役会設置会社の業務執行の決定
  2 取締役の職務の執行の監督
  2 代表取締役の選定及び解職
 第 3 項 略
 第 4 項 取締役会は，次に掲げる事項その他の重要な業務執行の決定を取締役に委任することができない。
  1 重要な財産の処分及び譲受け
  2 多額の借財
  3 支配人その他の重要な使用人の選任及び解任
  4 支店その他の重要な組織の設置，変更及び廃止
  5 第 676 条第 1 号に掲げる事項その他の社債を引き受ける者の募集に関する重要な事項として法務省令で定める事項
  6 取締役の職務の執行が法令及び定款に適合することを確保するための体制その他株式会社の業務の適正を確保するために必要なものとして法務省令で定める体制の整備
  7 第 426 条第 1 項の規程による定款の定めに基づく第 423 条第 1 項の責任の免除

告人）から，平成8年5月21日から同12年2月29日まで，7回にわたり，利息制限法違反の月3分の約定利息で合計4億6,000万円借り受けた。A社は利息の支払いを継続してきたが，利息制限法所定の利息制限額を支払ってきた結果，過払金が約2億1,000万円になっていた。一方，A社は，X株式会社（上告人）からも約3億3,000万円を借り入れていたが，平成16年5月，約20億円の負債を抱えて事実上倒産した。平成16年12月4日，A社の代表取締役甲は，X社の代表取締役乙との間で，Y社に対する約2億1,000万円の不当利得返還請求権（過払金返還請求権）をX社に債権譲渡する旨同意したが，この債権譲渡に関するA社の取締役会の承認決議はなく，乙はこの事情を知っていた。

本件は，X社がY社に対して本件過払金の返還を請求したのに対し，Y社が，本件債権譲渡はA社にとって「重要な財産の処分」に該当し，取締役会の承認が必要であったにもかかわらず，これを欠いており，かつ，X社の代表取締役乙が悪意であるから，本件債権譲渡は無効であると抗弁した事案である。

原審（東京高判平成19・4・25民集63巻4号608頁）は，本件債権譲渡は，A社の取締役会決議を必要とする「重要な財産の処分」であるにもかかわらず取締役会決議がなく，取引の相手方X社もこれを知っていたとして，本件債権譲渡を無効とした。

X社の上告に対し，最高裁は，以下のように判示して，破棄差し戻した[6]。

【判　旨】

「会社法362条4項は，同項1号に定める重要な財産の処分を含めて重要な業務執行についての決定を取締役会の決議事項と定めているので，代表取締役が取締役会の決議を経ないで重要な業務執行をすることは許されないが，代表取締役は株式会社の業務に関して一切の裁判上又は裁判外の行為をする権限を有することにかんがみれば，代表取締役が取締役会の決議を経ないでした重要な業務執行に該当する取引も，内部的な意思決定を欠くにすぎないから，原則として有効であり，取引の相手方が取締役会の決議を経ていないことを知り又は知り得べかりしときに無効になると解される（最高裁昭和36年(オ)第1378号同

---

(6) 本件判評として，弥永真生・ジュリスト1381号66頁，木下崇・速報判例解説 Vol. 5, 131頁，藤原俊雄・民事法情報276号30頁，松井智代・民商141巻3号361頁，中村信男・金判1334号2頁，山本為三郎・判例評論612号178頁（判時2060号），松中学・平成21年度重要判例解説120頁等。

〔石山卓磨〕　*34*　取締役会決議がないままなされた取締役の違法行為の効果と監査役の対応

40年9月22日第三小法廷判決・民集19巻6号1656頁参照）。……同項が重要な業務執行についての決定を取締役会の決議事項と定めたのは，代表取締役への権限の集中を抑制し，取締役相互の協議による結論に沿った業務の執行を確保することによって会社の利益を保護しようとする趣旨に出たものと解される。この趣旨からすれば，株式会社の代表取締役が取締役会の決議を経ないで重要な業務執行に該当する取引をした場合，取締役会の決議を経ていないことを理由とする同取引の無効は，原則として会社のみが主張することができ，会社以外の者は，当該会社の取締役会が上記無効を主張する旨の決議をしているなどの特段の事情がない限り，これらを主張することはできないと解するのが相当である。

　これを本件についてみるに，前記事実関係によれば，本件債権譲渡はA社の重要な財産の処分に該当するが，A社の取締役会が本件債権譲渡の無効を主張する旨の決議をしているなどの特段の事情はうかがわれない。そうすると，本件債権譲渡の対象とされた本件過払金返還請求権の債務者であるY社は，X社に対し，A社の取締役会の決議を経ていないことを理由とする本件債権譲渡の無効を主張することはできないというべきである。」

【概　説】

　上記の判旨で引用されている，最高裁昭和40年9月22日判決は，以下のように判示している。すなわち，「株式会社の一定の業務執行に関する内部的意思決定をする権限が取締役会に属する場合，代表取締役は，取締役会の決議に従い株式会社を代表して右業務執行に関する法律行為をすることを要する。しかし，代表取締役は，株式会社の業務執行に関し一切の裁判上または裁判外の行為をする権限を有する点に鑑みれば，代表取締役が，取締役会の決議を要する対外的な個々的取引行為を，右決議を経ないでした場合でも，右取引行為は，内部的意思決定を欠くに止まるから，原則として有効であって，ただ，相手方が右決議を経ていないことを知り〔＝悪意，筆者〕または知りうべかりし〔＝善意・有過失，筆者〕ときに限って，無効であると解するのが相当である」と。

　この最判昭和40・9・22が契機となって展開されてきた，取締役会決議を欠く代表取締役の専断的行為の効力に関する解釈はおおむね以下のように分かれてきた。すなわち，まず，この最判昭和40・9・22の立場であり，これは民法93

761

財産法の新動向　Ⅲ

条類推適用説あるいは心裡留保説とよばれるものであって，当該専断的行為は原則として有効であるが，会社は取締役会決議がないことにつき悪意または有過失の相手方に対してのみ無効を主張できると解する。しかし，当該代表取締役は会社に効果を帰属させようとして行為しているのであるから，これを心裡留保とみることはできず，また，相手方においては善意・無過失でなければ保護されないので，学説は批判的である。そこで，会社は相手方に対し一般悪意の抗弁によって対抗できるとする解釈もある[7]。この説によれば，相手方が善意・無重過失の場合には取引が有効となる。一方，代表取締役の権限濫用の問題として扱い，会社は悪意者に対してのみ無効を主張しうるとする解釈もある[8]。しかし，民法上の一個人の意思表示の場合と異なり，会社の代表権者がなす行為である以上，会社法349条5項が規定する代表取締役の権限に加えた制限に違反する行為として解釈する方が自然であろう。つまり代表取締役の権限濫用行為は，その無効を善意の第三者には対抗できず，この場合，重過失ある善意者は悪意者として扱うとする解釈である[9]。

なお，代表取締役の専断的行為の無効の主張権者の制限に関しては，会社のみが主張でき，相手方は主張できないが，それ以外の会社債権者は，会社が取引の無効を認めており，かつ，会社に対する債権保全のために必要であるならば，会社に代位して無効を主張することができる。その他の第三者も，会社が取引の無効主張の意思を有すると認められる場合であって，第三者自身がその無効主張につき具体的な利益を有しているときは，その者自身のために当該悪意者に対し取引の無効を主張しうると解するとして，当該専断的行為の当事者のみならず，第三者に及んでまで無効の主張の可否を論ずる先駆的研究もある[10]。

---

[7] 石井照久『会社法上巻〔第2版〕』334頁（勁草書房，1972），大隅健一郎＝今井宏『会社法論中巻〔第3版〕』204頁（有斐閣，1992）。

[8] 鈴木竹雄＝竹内昭夫『会社法〔第3版〕』286頁注13（有斐閣，1994）。

[9] 前田庸『会社法入門〔第12版〕』480頁（有斐閣，2009），落合誠一・8　会社法コンメンタール機関〔2〕20頁（有斐閣，2009）。

[10] 今井宏「代表権の制限と取引の安全」民商93巻臨時増刊号(1)167頁以下（1986）。

3 競業避止義務に違反する取引の効果

　取締役会設置会社においては，取締役が自己又は第三者のために株式会社の事業の部類に属する取引をしようとする場合には，取締役会において，当該取引につき重要な事実を開示し，その承認を受けなければならない（会356条1項1号）。

　取締役がこの競業避止義務に違反して競業取引をしても，相手方がこの違反事実を知っているか否かをとわず，取引の効力は有効と解される（通説）。無効とすれば規制の対象外である相手方の利益を害するからである。もっとも，会社は，当該取締役に対しては損害賠償を請求することができる（会423条1項）。

　この義務違反は株主総会による取締役解任の正当事由（会339条2項）となり，少数株主による取締役解任の訴えの事由にもなる（会854条）。

　取締役が競業避止義務に違反して取引した場合，これにより当該取締役または第三者がえた利益の額は会社に生じた損害額と推定される（会423条2項）。

4 利益相反取引規制違反の行為の効果

(1) 総　　説

　取締役会設置会社における取締役は，以下の場合，当該取引につき重要な事実を開示し，その承認を受けなければならない（会356条1項2号3号）。すなわち，

(i) 　取締役が自己又は第三者のために株式会社と取引をしようとするとき（直接取引・自己取引規制），

(ii) 　株式会社が取締役の債務を保証すること，その他取締役以外の者との間において株式会社と当該取締役との利益が相反する取引をしようとするとき（間接取引・利益相反取引規制），である。

　この規制に違反して，取締役会の承認がないまま，取締役がなした自己取引・利益相反取引の効果に関しては法規定がないため，会社の利益と取引の安全のうちいずれを優先させるかで解釈が分かれてきた。古い判例は会社の利益を重視して厳格に解し，取消説（会社は当該取引を取り消し，善意の第三者にもこれを対抗しうるとする説），絶対的無効説（当該取引は無効であり善意の第三者にも対抗しうるとする説）あるいは効力浮動説（当該取引は無効であるが取締役会の追認があれば

財産法の新動向　Ⅲ

有効になるとする説）などに分かれていた。

　しかし近時は取引の安全を尊重する立場から緩和的な解釈が普及しており，通説・判例（最判昭43・12・25民集22巻13号3511頁，最判昭46・10・13民集25巻7号900頁[11]）は相対的無効説に立っている。すなわち，本条違反の取引は会社と取引の相手方たる取締役または第三者との間では無効であるが，善意の第三者との間では有効と解するものである。したがって，取締役会の承認なくして会社から取締役に振り出された約束手形や会社財産を，当該取締役が第三者に譲渡した場合には，会社は当該第三者において取締役会の承認がなかったことにつき悪意であったことを証明するのでなければ，この譲渡の無効を主張することはできない。もっとも会社は善意の第三者に重過失があることを立証すれば，無効を対抗できるとする立場もある[12]。

(2)　無効の主張

　直接取引が無効な場合，会社は，当該利益相反取締役に対して無効を主張することができる。では，当該利益相反取締役が会社に対して無効を主張することは可能か。この点，判例は，以下のように判示して，これを否定する（最判昭48・12・11民集27巻11号1529頁）。すなわち，「商法265条（＝会365条1項）が株式会社と取締役個人との取引について取締役会の承認を受けることを必要とするものと定めた趣旨は，会社と取締役との間で利害の対立する取引について，取締役が会社の利益の犠牲において私利をはかることを防止し，会社の利益を保護することを目的とするものであるから，同条の右趣旨からすると，会社が取締役個人に対して貸し付けた金員の返還を求めた場合に，取締役が同条違反を理由としてみずからその貸付の無効を主張することは，許されないものと解するのが相当である」と。

　これに対し，間接取引の場合，利益相反取締役が当該取引の当事者たる第三者に無効を主張することは可能とされている（東京地判昭36・9・11下民集12巻9号222頁）。しかし，第三者が直接取引の当事者たる当該利益相反取締役に対して無効を主張することや，第三者が間接取引の当事者たる他の第三者に対して無効を主張することの可否については，判例が分かれている。以下，これを概観

---

[11]　判批，川村正幸・会社法判例百選［第2版］57事例（有斐閣，2011）。
[12]　前掲・大隅＝今井（注7）224頁。

〔石山卓磨〕 *34* 取締役会決議がないままされた取締役の違法行為の効果と監査役の対応
しよう。

5 利益相反取引における第三者からの無効主張に関する判例

(1) 第三者が主債務者・無権利者である場合
(i) 札幌地裁昭和44年6月27日判決・判時576号80頁（直接取引事例）
【事　実】
　Y_1社の取締役Xは，Y_1社より，同社の取締役会決議の承認がないまま，同社の土地を購入した。本件は，Xが本件土地上に建物を所有しこれを占有しているY_2社に対し，この土地の明渡しと工作物の明け渡しを請求した事案である。Y_2社は，Xにおけるこの購入の無効を主張したが，X・Y_1社間では調停によりXがこの土地の所有権を有することに確定していた。
【判　旨】
　「商法265条（＝会365条1項）は会社の利益を保護することを目的とする規定であるから，会社が自ら無効を主張しない場合もしくは無効を主張し得ない場合……には，会社以外の第三者が無効を主張することはできない。」

(ii) 東京高裁昭和59年6月11日判決（判時1128号123頁）（間接取引事例）
【事　実】
　A株式会社は，Yからビルの1室を賃借りして喫茶店を経営してきたが，営業不振に陥ってしまったため，当該賃貸借契約を解消し，A社の店舗内の什器・備品等を一括してYに売却した。その際，A社とYとの間では，Yに対する本件売買代金債権は他に譲渡せず，売却代金はA社の債権者らに分配して支払う旨が約束されたにもかかわらず，A社は，取締役会の承認がないまま，A社の取締役がXに対して負う債務につき代物弁済する趣旨で，この売買代金債権をXに譲渡してしまった。本件は，XがYに対して本件代金債務の履行を求めた事案である。
　第1審X勝訴。Yは，以下の理由で本件債権譲渡の無効を主張して控訴した。すなわち，
　①Xは，A社・Y間における本件売買代金債権の譲渡禁止特約を了知していた，②Xに対する債権譲渡は商法265条に違反する，と。

財産法の新動向　Ⅲ

【判　旨】
控訴棄却

「株式会社（＝A社）がその取締役個人の第三者（＝X）に負担する債務につき，取締役のために弁済又は代物弁済するときは，取締役個人の利益となり会社に不利益を与える行為であるから，商法265条に定める取引に当り，取締役会の承認を受けることを要すると解するのが相当であるが，会社に対し売買代金債務を負担している買主（＝Y）は，会社が右売買代金債権をもって取締役個人の第三者に対して負担する債務につき，取締役のために代物弁済として債権譲渡をした場合に，それが取締役会の承認を得ていないことをもって，その無効を主張することは許されない。けだし，商法265条は取締役個人と会社との利害が相反する場合に取締役個人の利益を図り，会社に不利益な行為がみだりに行われることのないようにこれを防止しようとするにほかならないから，会社に対し売買代金債務を負担している買主たる債務者（＝Y）の側から右債権譲渡の無効を主張する利益ないし利害関係はないからである。

そうすれば，A社がXに対してした本件債権譲渡につき，右債務者たるYはそれが商法265条所定の取締役会の承認がないことをもってその無効を主張することは許されないものといわなければならない。」

(iii)　広島高裁昭和41年5月12日判決・高民集19巻3号262頁（直接取引事例）

【事　実】
A株式会社の株主兼取締役のXが，手形を担保にして500万円を限度にA社に融資する約束をした事案。Yから融通手形の振出しをうけたA社が，それを担保のためにXに裏書きし，XがこれをもってYに支払を請求した。これに対し，Yは本件手形がA社からXへ裏書譲渡されるにあたり，A社の取締役会の承認がなかったことを理由に，この譲渡は無効であると主張した。

【判　旨】
「会社と取締役との利害が対立し，その取引につき取締役会の承認を必要とする場合であっても，取締役がその取引により取得した権利を第三者に対し行使し，これによって会社が直接損害を被るおそれのない場合には，その第三者は右取引につき取締役会の承認のないことを理由としてその取引の無効を主張することは許されないものと解するのを相当とする。」

(iv) 東京地裁昭和47年9月28日判決・判時683号122頁（直接取引事例）

【事　実】

本件は，Y社がAに約束振出を振り出し，これがB社それからB社取締役Xに裏書譲渡された事案である。Xの手形金請求に対し，Y社は，B社の裏書には取締役会の承認がないので無効と主張した。

【判　旨】

「商法265条の立法趣旨は，会社の利益保護のため取締役の自己取引を規制するにあるものというべきであるから，本件手形の振出人たる被告のごとき第三者は訴外会社の原告に対する本件各手形の裏書譲渡が商法265条に基づく取締役会の承認を得ていないことを理由としてその効力を云為することは許されないものと解するを相当とする。」

以上から，判例は，違法な直接取引の場合，原則として，第三者は当該取引の無効を主張しえないと解するものといえる。

(2) 第三者が保証人である場合

(i) 名古屋高裁金沢支部昭和42年4月28日判決・高民集20巻2号210頁（直接取引事例）

【事　実】

本件は，取締役会の承認なしにA社に融資した同社の取締役Xが，その担保として同社監査役Yが個人名義で降り出した約束手形の裏書を受けた事案である。XがYに対して手形金の支払を請求したのに対し，Yは取締役会の承認がなかったことを理由に，A社とXとの取引の無効を主張した。

【判　旨】

商法265条は会社の利益保護を目的とするものであるから，「直に会社以外の第三者はすべて，会社と取締役間の取引について取締役会の承認がないことを理由とするその無効を主張し得ないものと即断できない。本件約束手形の振出人Yのように，会社が取締役に対して負担した債務について担保義務を負担した者は，その担保義務を履行したときには，会社に対して求償できるわけであるが，その際，会社から，その取締役に対して負担した負債が法律上無効なものであり，したがってその担保義務の履行も，法律上無効な義務の履行であり，会社に対する求償権は発生しないと主張されるおそれがあるわけである

から，第三者（＝Y）ではあるが，会社と取締役間の取引について取締役会の承認がないことを理由とするその無効を主張し得ると解するのが相当である。」

もっとも，本件においては，YがXに対し当初融資を依頼した経緯があることから，Yの無効主張は信義則に反するとして，結果的にはXの請求が認容されている。

以上から，判例は，違法な直接取引における会社側の保証人は，当該取引の無効を主張しうると解している。

(3) 第三者が正当な会社債権者である場合

東京地裁昭和50年9月11日判決・金法785号36頁（間接取引事例）

【事　実】

A株式会社はY銀行に定期預金債権を有しており，XはA社に貸付債権を有していた。A社が期限後も返済しないので，Xはこの定期預金債権につき差押・転付命令をえて，Y銀行に支払請求した。これに対し，Y銀行は，この定期預金債権にはY銀行のB有限会社に対する与信債権のために質権が設定されており，すでに質権実行済みであるから，A社には定期預金債権はないと主張した。この質権設定はB社の代表取締役であり，かつA社の取締役でもあるCが，A社の代表取締役Dに依頼し，DがA社の取締役会の承認をえないで行ったものである。

【判　旨】

「同条（商265条）に違反する取引のうち，取締役（D）が会社を代表して自己のためにした会社以外の第三者との間の取引については，会社は，取締役会の承認を受けていなかったことにつき第三者（＝Y銀行）に悪意があり，またはこれを知らされなかったことに重過失があるときにかぎり，その無効を主張することができるものと解するのが相当である。

……被告（Y銀行）は，本件質権設定契約締結につき訴外株式会社の取締役会の承認を得ていないことを知っていたか，又は，容易に知りえた筈であったのに，重大な過失により知らなかったものと推認することができ，右推認を覆すに足りる証拠はない。

してみると，原告は被告に対し，本件質権設定契約が無効であることを主張しうるものといわなければならない。」

以上から，判例は，違法な間接取引は，当該会社の相手方当事者が悪意または善意・重過失の場合は無効であり，この無効は正当な会社債権者においても主張しうると解しているといえる。

6　むすび

監査役においては，自己の会社の代表取締役あるいは取締役が専断的な代表行為をしたり，違法な競業行為あるいは利益相反取引をした場合，違法であるにもかかわらず当該行為は有効とされてしまうことが多いことを銘記すべきである。また，自己の会社の取引に直接的あるいは間接的に関係のある会社の代表取締役や取締役がこれらの違法な行為をしていた場合でも，必ずしもその無効を対抗できない場合があることを注意しなければならない。これらの場合に自己の会社が不測の損害を被らないためにも，監査役は常日頃より監査業務を励行しなければならないわけであるが，数ある各種の職務権限中[13]，特に事前の措置として，違法行為の差止請求がきわめて重要といえるであろう。すなわち，取締役が，当該監査役設置会社の目的の範囲外の行為その他法令・定款に違反する行為をし，またはこれらの行為をするおそれがある場合で，当該行為によって会社に「著しい損害」が生ずるおそれがあるときは，監査役は，当該取締役に対する当該行為の差止請求権を有する，というものである（会385条1項）。

しかし，この伝家の宝刀を抜くことよりも，まずは日常の監査活動において各種の情報収集権限を行使し，適時に取締役会において意見を述べるなどして，取締役の違法行為を予防し，そのコンプライアンスの徹底に意を注ぐべきことはいうまでもないことである。

---

[13]　会社法は，監査役に関し，以下のような職務上の権限や義務を規程している。すなわち，①取締役の職務執行の監査権（会381条1項），②事業報告請求権（同2項），③業務・財産調査権（同2項），④子会社調査権（同3項），⑤取締役会報告義務（会382条），⑥取締役会出席・意見陳述義務（会383条1項），⑦取締役会招集（請求）権（会383条2項，3項），⑧株主総会における説明義務（会314条），⑨株主総会に対する報告義務（会384条），⑩違法行為差止請求権（会385条1項），⑪会社・取締役間の訴訟等に関する会社代表権（会386条1項），⑫監査費用請求権（会388条），⑬取締役の責任の一部免除に対する同意権等（会425条3項・426条2項・427条3項），⑭計算書類等の監査権（会436条2項）等である。

平井一雄先生 略歴

- 1935 年　東京市牛込区（新宿区）に生まれる。
- 1953 年　都立日比谷高校卒業
- 1958 年　中央大学法学部法律学科卒業
- 1961 年　中央大学大学院法学研究科修士課程修了
- 1964 年　中央大学大学院法学研究科博士課程単位取得満期退学
- 1966 年　獨協大学経済学部専任講師
- 1967 年　獨協大学法学部専任講師
- 1968 年　同　助教授
- 1973 年　同　教授
- 1990 年　獨協大学法学部長・大学院法学研究科委員長（1994 年まで）
- 1999 年　弁護士名簿登録
- 2004 年　獨協大学定年退職　同大学名誉教授
  中京大学法科大学院教授
- 2007 年　中京大学法科大学院客員教授
- 2009 年　同　大学院退職
- 2010 年　弁護士名簿登録取消（請求）

平井一雄先生 主要著作目録

■ 著書

1967 年　『現代法の諸問題』（青木英夫と共著）明玄書房
1969 年　『民法（総則・物権）講義』（分担執筆）青林書院
1970 年　『新選民法演習問題』（分担執筆）一粒社
　　　　『不動産用語辞典』（分担執筆）第一法規出版
　　　　『株式会社法辞典』（分担執筆）同文舘
1971 年　『口語民法総則』（分担執筆）自由国民社
　　　　『基本法コンメンタール民法1』（分担執筆）日本評論社
　　　　『ワークブック民法』（分担執筆）有斐閣
　　　　『隣り近所とつきあう法』有斐閣選書（分担執筆）有斐閣
1972 年　『基本法コンメンタール民法2』（分担執筆）日本評論社
　　　　『財産法100問』コメントシリーズ（神田博司ほかと共著）蒼文社
　　　　『判例による民法入門（財産法）』（分担執筆）青林書院
1973 年　『基本法コンメンタール借地借家法』（分担執筆）日本評論社
　　　　『物権法』青林双書（分担執筆）青林書院
1974 年　『現代法学辞典』（分担執筆）日本評論社
　　　　『民法総則』青林双書（分担執筆）青林書院
　　　　『新版交通事故の法律百科』（分担執筆）実業之日本社
1975 年　『財産法100問〔改訂版〕』コメントシリーズ（神田博司ほかと共著）蒼文社
　　　　『民法の基礎』（分担執筆）青林書院
　　　　『ジャンルジャポニカ経済産業編』（分担執筆）小学館
　　　　『民法学の基礎知識(2)』（分担執筆）有斐閣
　　　　『民法300題』有斐閣双書（分担執筆）有斐閣
1976 年　『民法副読本』（分担執筆）文真堂
　　　　『金銭貸借の基礎』（分担執筆）青林書院
　　　　『答練民法Ⅱ』（分担執筆）学陽書房
1977 年　『ケーススタディ民法Ⅲ』（分担執筆）法学書院
　　　　『判例コンメンタール民法Ⅱ』（分担執筆）三省堂
1978 年　『民法読本』有斐閣選書（分担執筆）有斐閣

平井一雄先生 主要著作目録

1978 年	『ケーススタディ民法Ⅳ』（分担執筆）法学書院
1979 年	『契約の基礎』（分担執筆）青林書院
1980 年	『民法(4) 契約・事務管理・不当利得』有斐閣新書（分担執筆）有斐閣
1981 年	『不動産売買の法律相談〔第 5 版〕』（分担執筆）有斐閣
1982 年	『口語訳基本六法全書』（分担執筆）自由国民社
	『基本判例叢書民法（債権）』（分担執筆）同文舘
1983 年	『要説民法総則』（三和一博と共著）蒼文社
	『新版民法概説 2（債権）』有斐閣双書（分担執筆）有斐閣
	『判例ハンドブック債権』（分担執筆）日本評論社
	『民法(総則・物権)講義〔新版〕』（分担執筆）青林書院
1984 年	『基本法コンメンタール住宅関係法』（分担執筆）日本評論社
1985 年	『新版債権回収の法律相談』（分担執筆）有斐閣
1986 年	『民法Ⅰ』地方公務員のための法律講座 5（分担執筆）第一法規
1987 年	『譲渡担保の法理』現代財産法研究会編（ジュリスト増刊号）有斐閣
1989 年	『物権法要説』（三和一博と共編）青林書院
	『民法コンメンタール(2) 総則(2)』（分担執筆）ぎょうせい
1990 年	『民法総則要説』（三和一博と共編）青林書院
	『債権総論要説』（三和一博と共編）青林書院
	『民法(4) 契約・事務管理・不当利得（改訂版）』有斐閣新書（分担執筆）有斐閣
	『判例マニュアル民法Ⅲ 債権総論』（分担執筆）三省堂
1991 年	『債権各論要説』（三和一博と共編）青林書院
1993 年	『民法演習Ⅱ（債権）』（編著）三嶺書房
	『注解不動産法Ⅰ（不動産売買）』（遠藤浩と共編）青林書院
	『実例借地借家法』（高島良一と共編）自由国民社
1997 年	『日本民法学史・通史』（水本浩と共編）信山社
	『日本民法学史・各論』（水本浩と共編）信山社
2000 年	『民法拾遺第一巻』信山社
	『民法拾遺第二巻』信山社
	『基本法コンメンタール民法総則〔第 5 版〕』（分担執筆）日本評論社
	『基本法コンメンタール新借地借家法〔第 2 版〕』（分担執筆）日本評論社
2002 年	『民法Ⅰ（総則)』（編著）青林書院
	『民法Ⅱ（物権）』（編著）青林書院
	『民法Ⅲ（債権総論）』（編著）青林書院

平井一雄先生 主要著作目録

2002 年	『民法Ⅳ（債権各論）』（編著）青林書院
2007 年	『磯部四郎研究』（村上一博と共編）信山社
2011 年	『法学民法Ⅰ（総則・物権)』信山社
	『法学民法Ⅱ（債権総論)』信山社
	『基本講座民法Ⅰ（総則・物権)』（清水元と共編）信山社
2012 年	『法学民法Ⅲ（債権各論)』信山社
	『基本講座民法Ⅱ（債権法)』（清水元と共編）信山社
	『法学民法Ⅳ判例編（総則・物権)』信山社

■ 論文

1968 年	「Joint Venture についての一素描」獨協法学 1 号
1970 年	「無能力者との契約」『不動産法大系 1（売買)』（青林書院）
	「解除・取消と登記」『不動産法大系 1（売買)』（青林書院）
1971 年	「留置権の効力」『不動産法大系 2（担保)』（青林書院）
	「仮登記担保の設定・効力」『不動産法大系 2（担保)』（青林書院）
	「住所」『演習法律学大系 4』（青林書院）
1972 年	「未成年者の供託能力」供託先例百選（別冊ジュリスト）
	「死者を被供託者とする供託物の還付請求」供託先例百選（別冊ジュリスト）
1973 年	「自賠法 3 条の「運航の範囲」について」『実務法律大系 4（交通事故)』（青林書院）
	「主物の処分と従物」『セミナー法学全集 2（民法 1 総則)』（日本評論社）
	「慣習上の物権」『セミナー法学全集 4（民法 2 物権)』（日本評論社）
	「遡及的無効と登記」法学セミナー 212 号
	「法定地上権」法学教室（第 2 期）2 号
1974 年	「受領遅滞」『セミナー法学全集 8（民法 3 債権総論)』（日本評論社）
	「売主の担保責任」『セミナー法学全集 11（民法 4 債権各論)』（日本評論社）
1975 年	「動機の錯誤」法学セミナー 246 号
1976 年	「財産分与と慰謝料との関係」『判例と学説 4』（日本評論社）
	「時効中断事由としての債務の承認」『民法学 1』（有斐閣）
1977 年	「消滅時効完成後の債務の承認」『判例と学説』（日本評論社）
	「仮登記担保の設定・効力」『不動産法大系 2（担保)〔改訂版〕』（青林書院）
	「預金者の死亡と相続の効力」銀行実務 52 年 10 月号

平井一雄先生 主要著作目録

1977年	「解除の効果についての覚書」獨協法学9号
	「消滅時効完成後に弁済をした債務者は取戻せるか」白門29巻4号
1978年	「表見預金者への弁済と民法478条」金融・商事判例544号
	「裁判上の請求と時効の中断」民法の争点（別冊ジュリスト）
	「更生手続と双務契約」金融・商事判例554号
	「土地賃貸借の対抗力」金融・商事判例555号
1980年	「共同抵当に関する若干の問題点」ジュリスト715号
	「取消と登記・解除と登記」『司法試験シリーズ 民法』別冊法学セミナー
1981年	「時効中断事由たる請求の種類」手形研究319号
	「割賦金債務と消滅時効」『新版・判例演習民法1』（有斐閣）
1982年	「代理権消滅後の表見代理」（岸上晴志と共同執筆）判例タイムズ455号
	「賃貸借の解除」Law School 6月号
	「譲渡担保における受戻件」Law School 9月号
1983年	「相続承認・放棄取消権の期間制限」法律時報55巻4号
	「種類売買と不完全履行・瑕疵担保」『現代民法学の基本問題（中）』（第一法規）
	「譲渡担保の受戻権の期間制限」ジュリスト798号
	「ジョイント・ヴェンチャー」『現代契約法大系第8巻（国際取引契約1）』（有斐閣）
1985年	「債権者代位権」『民法講座4（債権総論）』（有斐閣）
	「借地権の取得時効」『現代借地借家法講座 第1巻（借地法）』（日本評論社）
	「裁判上の請求と時効の中断」民法の争点1（ジュリスト増刊）
1986年	「建設共同企業体の法律的性質」ジュリスト852号
	「譲渡担保の対内的効力・対外的効力」金融・商事判例737号
	「債権者代位権」法学教室7月号
1987年	「民法学習の展開──民法総則」法学セミナー385号
	「代理権の濫用」法学セミナー385号
1988年	「債権者代位権」『基本問題セミナー民法2債権法』（一粒社）
1989年	「弁済による代位」『取引保護の現状と課題』（蒼文社）
1990年	「銀行取引における抵当権と保証債権」手形研究433号
	「債権者代位権の現代的機能はどこにあるのか」『講座・現代契約と現代債権の展望1』（日本評論社）
1992年	「担保目的でなされる買戻に関する一考察」獨協大学法学部創設25周年

平井一雄先生 主要著作目録

　　　　　　記念論文集
1993 年　「時効中断の事由となる中断の種類」手形研究 475 号
　　　　「不動産の譲渡担保」法律時報 65 巻 9 号
1995 年　「期間の制限」金融・商事判例 960 号
　　　　「非典型担保論史（譲渡担保論史）——明治初期から昭和 20 年まで」獨協法学 40 号
　　　　「貸付債権と不渡異議申立預託金との相殺」『企業の社会的役割と商事法』（経済法令研究会）
　　　　「親子・夫婦間で所有名義が別の土地建物と法定地上権」銀行法務 21　511 号
1997 年　「建物共有者の一人が土地を単独所有する場合と法定地上権」銀行法務 21　533 号
　　　　「裁判上の催告について」銀行法務 21　536 号
　　　　「建築請負人の建物敷地に対する商事留置権」獨協法学 44 号
1998 年　「借地権の消滅」『新借地借家法講座 1（総論・借地編 1）』（日本評論社）
　　　　「抵当権の実行と被担保債権の時効中断の効力」『現代裁判法大系 24（銀行取引・証券取引）』（新日本法規出版）
1999 年　「潜伏蓄積損害の意義と期間制限」『裁判実務大系 30（製造物責任関係訴訟法）』（青林書院）
　　　　「債権者代位権と債務者の無資力」『民法の基本判例〔第 2 版〕』（有斐閣）
　　　　「裁判上の催告について」獨協法学 48 号
2000 年　「抵当権に基づく妨害排除請求」ジュリスト 1189 号
　　　　「相殺」銀行法務 21　583 号
　　　　「賃料債権への物上代位と相殺再論」『現代企業・金融法の課題（下）』（信山社）
2001 年　「いわゆる「時効期間の転換」について」獨協法学 56 号
2006 年　「抵当権に基づく物上代位権行使における「差押」の意義」中京法学 40 巻 1・2 号

■ 判例研究
1961 年　「債権者の受領遅滞と口頭の提供及び賃貸借の解除」法学新報 68 巻 3 号
1963 年　「借地契約の合意解約と借地上の建物賃借人の敷地使用」法学新報 70 巻 6 号
1966 年　「消滅時効完成後の債務承認とその効果」金融・商事判例 29 号

平井一雄先生 主要著作目録

1967 年	「原因債権を自働債権とする訴訟上の相殺における手形提供の要否」金融・商事判例 53 号
1968 年	「他人の債務のために自己の所有物をいわゆる弱い譲渡担保に供した者の右債務の消滅時効援用の可否」金融・商事判例 103 号
	「売買契約の解除の前提たる催告が信義則に反し無効とされた事例」金融・商事判例 133 号
1969 年	「不法に抹消された仮登記の回復登記と登記上利害関係を有する第三者の承諾義務」金融・商事判例 157 号
1970 年	「代物弁済予約完結権行使の相手方その他」金融・商事判例 207 号
	「相殺予約に基づいてなされた相殺の効力」金融・商事判例 235 号
1973 年	「不動産売買において第三取得者に売主の留置権が認められた事例および判決主文」金融・商事判例 373 号
	「根抵当権設定契約につき契約の一部無効の理論を適用すべきものとされた事例」判例評論 175 号
1975 年	「贈与物の返還請求が認められた事例」獨協法学 6 号
	「ゴルフ場利用権に基づいて利用妨害禁止の仮処分申請が認められた事例」金融・商事判例 439 号
1978 年	「譲渡禁止特約のある債権の譲渡と債務者の承諾」金融・商事判例 534 号
	「養親が養子に対して養親を扶養すること等を条件としてした負担付贈与が養子の負担たる義務の不履行により解除されたものと認められた事例」判例タイムズ 363 号
	「土地利用権の取得時効の要件としての無過失が認められた事例」判例タイムズ 367 号
	「他人の物の売買における売主の債務不履行が認められた事例」判例タイムズ 367 号
1979 年	「共同抵当における異時配当の場合の物上保証人と後順位抵当権者との優劣」金融・商事判例 568 号
1980 年	「数量指示の土地売買における損害賠償の範囲」判例タイムズ 411 号
1981 年	「譲渡担保設定者の受戻権の時効消滅」金融・商事判例 609 号
	「破産債権者による債権の届出の時効中断事由としての性質」判例評論 256 号
	「他人の農地の売買と買主の売主に対する許可協力請求権の消滅時効の起算点」昭和 55 年度重要判例解説（ジュリスト別冊）

平井一雄先生 主要著作目録

1981 年　「土地の一部売買における買受部分の特定と選択債権規定の適用」判例タイムズ 439 号

1982 年　「建物買取請求権が否定された事例」金融・商事判例 619 号
　　　　「建築制限特約に基づく土地分譲会社の建築差止請求」判例タイムズ 472 号
　　　　「無実の者を犯人視したとされる検察官の論告が違法性を欠き名誉毀損に当たらないとされた事例」判例評論 284 号

1983 年　「物上保証人と民法 457 条 2 項の類推適用」法律時報 55 巻 6 号
　　　　「譲渡担保における受戻権と民法 167 条 2 項」判例タイムズ 505 号
　　　　「仮登記担保不動産の第三取得者と債務者の留置権の抗弁」金融・商事判例 683 号

1984 年　「抵当権の設定されている不動産の譲渡行為が詐害行為となる場合における原状回復の方法」法律時報 56 巻 1 号
　　　　「代物弁済予約完結に基づく本登記手続請求訴訟と時効の中断」法律時報 56 巻 3 号
　　　　「破産申立と期限の定めのない債務の付遅滞」法律時報 56 巻 11 号
　　　　「国税滞納処分としての差押と民法 94 条 2 項の類推適用」判例評論 308 号

1985 年　「建物抵当権の効力は右設定後に建物の敷地に成立した賃借権に及ぶか」金融・商事判例 728 号
　　　　「仮登記担保権の実行手続としてなされた実行通知前の本登記の効力」法律時報 57 巻 3 号

1986 年　「債権者代位権と債務者の無資力」『民法の基本判例』（有斐閣）
　　　　「詐害的短期賃借人に対する明渡請求」法律時報 58 巻 7 号

1987 年　「債務者が代物弁済に供した不動産を登記未了の間に二重譲渡し第三者が登記を経由したが解除により既存債務が消滅した場合の債権者に対する不法行為の成否」金融・商事判例金商 762 号
　　　　「民法 597 条 2 項の類推適用」法律時報 59 巻 7 号

1988 年　「損害賠償請求権と留置権」法律時報 60 巻 6 号
　　　　「帰属清算型の譲渡担保における清算金の有無及びその確定時期」判例タイムズ 677 号

1989 年　「地積更生登記と土地区画整理組合の承認請求」街づくり国づくり判例百選（別冊ジュリスト）
　　　　「無断転貸を理由とする賃貸借契約の解除権の消滅時効の起算点」民商

	法雑誌99巻4号
	「賃貸借の合意解除と転借人の地位」金融・商事判例810号
1990年	「物上保証人による承認と時効の中断」私法判例リマークス1号
	「未成年者の供託能力」供託先例判例百選（別冊ジュリスト）
	「死者を被供託者とする供託物の還付請求」供託先例判例百選（別冊ジュリスト）
1991年	「農地法3条の所有権移転許可協力請求権の消滅時効」不動産取引判例百選〔第2版〕（別冊ジュリスト）
1993年	「留置権者が留置物の一部を債務者に引渡した場合における被担保債権の範囲」判例評論410号
	「遺留分減殺請求が権利の濫用として許されないとされた事例」私法判例リマークス7号
	「会社更生法80条の「支払停止」の効力と同条1項の「悪意」の認定」金融法務事情1367号
1994年	「帰属清算型の譲渡担保の清算金確定時期」担保法の判例Ⅱ（別冊ジュリスト）
1995年	「敷地と共同で抵当に供された建物の再築と法定地上権の成否」金融・商事判例965号
	「法定代位権者のための担保保存義務を免責する特約の効力」法学教室12月号
1996年	「1.留置権者がいったん喪失した留置物の占有を再度取得した場合の留置権の再取得の可否　2.留置物所有者による民法298条2項の承諾があった後所有者が変更した場合に留置権者が留置物の賃貸を継続する場合あらためて同項の承諾が必要か　3.建物留置権に基づいて敷地を留置することの可否」判例評論450号
	「消滅時効の起算点―安全配慮義務違反による塵肺」民法判例百選〔第4版〕
	「譲渡担保権者が被担保債権の弁済期後に目的不動産を譲渡した場合における受戻しの可否」金融・商事判例994号
	「譲渡禁止の特約のある指名債権の譲渡後にされた債務者の譲渡についての承諾と債権譲渡の第三者に対する効力」金融・商事判例1030号
1998年	「債権者複数の根抵当権における配当金の充当」私法判例リマークス16号
1999年	「賃料債権に対する抵当権の物上代位に優先して賃借人である第三債務

	者が賃貸人に対して有する保証金返還債権を自働債権とする相殺の効力を認めた事例」金融・商事判例 1066 号
	「災害による居住用賃借家屋の滅失と敷引特約の効力」法学教室 223 号
2000 年	「抵当不動産の転貸賃料債権に対する抵当権に基づく物上代位権の行使」金融・商事判例 1102 号
	「後順位抵当権者と先順位抵当権の被担保債権の消滅時効の援用」判例評論 503 号
2001 年	「抵当権に基づく妨害排除が認められ，妨害者である抵当不動産賃借人の敷金・保証金の返還請求権および立退料請求権について，商事留置権・民事留置権の成立が否定された事例」銀行法務 21　591 号
	「集合債権譲渡担保契約において債権譲渡特例法に基づき譲渡を受けた債権の発生年月日（始期）のみを記載した場合の登記の対抗力」（太矢一彦と共著）銀行法務 21　594 号
2002 年	「瑕疵担保による損害賠償責任と消滅時効」金融・商事判例 1153 号
	「民法 564 条にいう「事実ヲ知リタル時」の意義」金融・商事判例 1133 号
2003 年	「留置権の要件である牽連性の判断基準」銀行法務 21　617 号
2004 年	「預金債権の時効利益の放棄および時効援用の信義則違反」金融・商事判例 1184 号
	「動産売買先取特権者が売買代金債権について差押命令を得ないまま第三債務者から物上代位権の行使として債権の支払いを受けることの可否──原判決変更（上告，上告受理申立て）」銀行法務 21　643 号
	「数量的な一部を明示して損害賠償を求める訴訟の係属中に請求が拡張された場合において損害賠償請求権の残部につき民法 153 条の催告が係属していたものとされた事例」銀行法務 21　682 号

■ 翻訳

| 1985 年 | J. M. ホールデン『英国流通証券法史』（高窪利一ほかと共訳）日本比較法研究所翻訳叢書 |